杨泓先生肖像（郑岩绘）

北京大学历史系53级同学与埃及专家费克里在北大西校门合影（1954年）

苏秉琦、宿白先生带领53级考古专业同学在考古研究所洛阳工作站（1956年）

在河北邯郸涧沟考古发掘（1957年，拉皮尺者为贾洲杰）

测量南响堂山石窟（1957年，举标杆者为刘勋、持皮尺者为孙国璋）

在河北邯郸市进行室内整理（1957年，陶甗后立者为杨锡璋、正面坐者为贾洲杰）

大学生活

与宿白先生在亚洲地区（中国）考古讨论会（1983 年）

与夏鼐先生讨论安阳出土十六国时期马具的复原（1985 年）

与苏秉琦先生在北大赛克勒博物馆开幕式（1993 年，后立者中为严文明、右为孙国璋）

与宿白先生（2012 年，后立者右为杭侃）

和老师们在一起

在响堂山石窟（1957 年，左一为刘勋、右一为孙国璋、右二为刘慧达）

在龙门石窟（1956 年）

在须弥山石窟（1985 年）

在云冈石窟（1994 年）

在山东青州考察龙兴寺遗址出土北朝石造像（1999 年，左一为张小舟、左二为李力、坐地上者为发掘者夏名采）

随宿白先生考察石窟寺和出土佛教造像

随夏鼐先生会见日本奈文研代表团（1985 年）

与徐苹芳会见美国学者丁爱博（20 世纪 80 年代）

随王仲殊会见日本学者河上邦彦（20 世纪 80 年代）

随夏鼐先生接待日本奈文研代表团看考古标本（1985 年）

随苏秉琦、安志敏先生接待日本学者（1982 年）　随安志敏、王仲殊接待日本学者（1982 年）

在考古研究所会见外宾

《中国大百科全书·考古学》分编委会扩大会议
合影（1983年）

《中国大百科全书·考古学》的《三国
两晋南北朝至明考古》分支学科审稿会
合影（1982年）

与考古研究所编辑室20世纪50至60年代老同事
合影（左一为徐保善、左三为徐元邦、右为周永珍）

与编辑室20世纪70年代老同事合影（左
为卢兆荫、中为周永珍）

与编辑室20世纪70年代老同事合影（右为黄展岳）

与《文物》月刊编辑部成员在北京法源寺合
影（前排右二为戴文葆、后排左二为姚涌彬）

参与编辑工作

在安徽休宁（1976年，与徐光冀）

在西安唐城（2006年，与安家瑶）

在辽宁姜女石秦宫遗址（1996年，与郭大顺）

在山西太原徐显秀壁画墓（2002年）

在江苏南京（1998年，与任式楠）

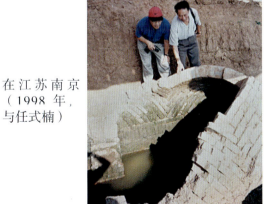

在宁夏固原观察李贤墓出土的金花银胡瓶（1985年）

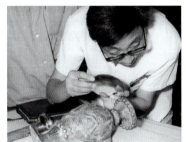

在江苏丹阳（20世纪80年代，与孙国璋）

在山东临朐崔芬壁画墓（2002年，与郑岩）

田野考察

在关西大学

与末永雅雄讨论日本甲胄

在关西大学大学院演讲前与末永雅雄及大学院教授们合影

在京都大学会见樋口隆康

在奈良橿原考古学研究所讲演

在九州大学会见冈崎敬（右为菅谷文则）

与网干善教在奈良东大寺前

1982 年首次出国访问日本（时为考古研究所助理研究员）

接受饶宗颐赠书

在中文大学参加"东亚古玉"学术研讨会
（1998 年）

参加香港城市大学中国文化中心成
立十五周年纪念会（2013 年）

参加"南中国及邻近地区古文化研
究"国际会议时在南丫岛大湾遗址
（1994 年，左二为张长寿、左四为
商志䪤、左五为安志敏、右为邓聪）

访问香港

访问历史语言研究所与石璋如合影（1994年）

访问台北故宫博物院（1994年）

在台北故宫博物院前（1994年）

在台北"国父纪念馆"参加"石佛青铜珍藏"
展览开幕式（2001年）

访问台湾

与王仲殊、徐苹芳在东京参加三角缘神兽镜学术会（1984 年）　　与王仲殊、徐苹芳访日本四国（1984 年）　　与王仲舒、徐苹芳考察日本三角缘神兽镜（1984 年）

与王仲殊、徐苹芳访问高知市（1984 年）　　　　　与吉村怜在新干线上（1995 年）

吉村怜陪同去泉屋博古馆看望樋口隆康（1995 年）　　重访橿原考古学研究所（1988 年）

在东京（1995 年，右为王巍）

续访日本

参加"汉唐之间的艺术与考古"学术研讨会时与安吉拉交谈（1999 年）

参加"汉唐之间的艺术与考古"学术研讨会时在芝加哥大学（1999 年）

在"汉唐之间的艺术与考古"学术研讨会上（1999 年，右为汪悦进）

在哈佛大学（1999 年）

与屈志仁在大都会美术馆（1994 年）

在芝加哥博物馆和美国小学生合影（1994 年）

访问美国

在通度寺参加中韩日佛舍利学术研讨会（1990 年）　　在首尔弘益大学学术讲座后合影（1990 年）

在济州岛参加"卒本时期的高句丽历史研究"学术研讨会（2008 年）

"卒本时期的高句丽历史研究"学术研讨会会后合影（2008 年）

访问韩国

郑岩研究生毕业时（2001年，右为李正晓）

苏铉淑研究生毕业论文答辩后（2006年，左一为徐润庆、右一为郑岩、右二为黄佩贤）

和老伴张玉华与学生聚会（2009年，左二为黄佩贤、左三为刘婕、右二为徐润庆）

与金镇顺在韩国（1990年）

在韩国首尔（2013年，左一为金镇顺、左二为苏铉淑、左三为徐润庆、右为郑岩）

在北京和泰园家中黄佩贤来访（2013年）

和学生在一起

在北京世纪坛世界艺术馆参加"奥地利百年绘画展"开幕式（2015年，左为王立梅、右为张敢）

参加北京时间博物馆开馆仪式（2015年，左一为蒋迎春、左二为吕济民、左三为谢辰生）

在"近藏集粹"展览开幕式时与老友孙机在一起（2015年）

与谢辰生、吕济民为时间博物馆击鼓开馆（2015年）

参加中国国家博物馆"近藏集粹"展览开幕式（2015年）

为中国国家博物馆赴香港鉴定文物（2015年）

八十岁时参加的活动

寿宴合影（2015 年）

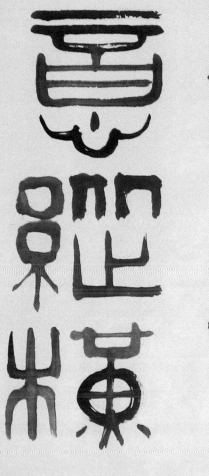

1979年黄苗子题赠

考古、艺术与历史

——杨泓先生八秩华诞纪念文集

杨泓先生八秩华诞纪念文集编委会　编

文物出版社
北京·2018

图书在版编目（CIP）数据

考古、艺术与历史：杨泓先生八秩华诞纪念文集／
杨泓先生八秩华诞纪念文集编委会编 . —北京：文
物出版社，2018.1
　　ISBN 978 - 7 - 5010 - 4535 - 8

　　Ⅰ.①考…　Ⅱ.①杨…　Ⅲ.①社会科学 - 文集　Ⅳ.
①C53

中国版本图书馆 CIP 数据核字（2016）第 036367 号

考古、艺术与历史——杨泓先生八秩华诞纪念文集

编　　者：杨泓先生八秩华诞纪念文集编委会

责任编辑：刘　婕　周艳明
责任印制：梁秋卉

出版发行：文物出版社
社　　址：北京市东直门内北小街 2 号楼
邮　　编：100007
网　　址：http：//www.wenwu.com
邮　　箱：web@ wenwu.com
经　　销：新华书店
印　　刷：北京京都六环印刷厂
开　　本：787mm×1092mm　1/16
印　　张：36
版　　次：2018 年 1 月第 1 版
印　　次：2018 年 1 月第 1 次印刷
书　　号：ISBN 978 - 7 - 5010 - 4535 - 8
定　　价：260.00 元

目　录

裂瓣纹银盒与帕提亚文化的东传

——东西方文化交流研究案例一则

黄　珊（中国社会科学院考古研究所）

自 20 世纪中期以来，从云南晋宁石寨山墓地[①]、山东淄博市临淄区大武乡窝托村西汉齐王墓一号随葬坑[②]、广东广州象岗山西汉南越王墓[③]、安徽巢湖北山头汉墓一号墓[④]、云南江川李家山墓地 69 号墓[⑤]、山东青州西辛战国墓[⑥]、江苏盱眙大云山汉墓一号墓[⑦]等墓葬中先后出土十一件裂瓣纹金属盒，其中云南石寨山和李家山出土的五件均为铜铸，年代也相对略晚，通常认为是对银盒的模仿，属于另一轮制作过程，可暂行别论；其余六件的器身部分皆为银质，经捶揲而成，呈上下交错的凸瓣状，十分引人瞩目（图 1：1~6）。关于这类器物的渊源、年代、制作方式及文化背景等问题的探讨，一直属于中外文化交流考古领域的热点问题之一，约二十年来，随着新考古学资料的出现，围绕裂瓣纹银盒的探讨日趋深入，其所反映的中外文化交流图景亦逐渐丰满生动，今试观之。

一　裂瓣纹银盒之追根溯源

裂瓣纹银盒乍见天光之时，就以其独特的异域风格吸引了学者们的注意，捶揲而成的裂瓣纹显然属于西方的工艺传统，这是毫无疑问的。但到底是哪一支西方工艺传统？裂瓣纹银盒的存在反映的是当时中国与哪个文明的互动？这是学者们首先关注的问题，在来源研究的过程中，也大多附带了关于输入途径的猜想。

孙机先生较早撰文论述裂瓣纹银盒的渊源，当时见诸发表的只有临淄齐王墓、广

---

① 云南省博物馆编：《云南晋宁石寨山古墓群发掘报告》，文物出版社，1959 年，第 69 页；张增祺：《晋宁石寨山》，云南美术出版社，1998 年，第 38 页。

② 山东省淄博市博物馆：《西汉齐王墓随葬器物坑》，《考古学报》1985 年第 2 期，第 258、263~265 页。

③ 广州市文物管理委员会等：《西汉南越王墓》，文物出版社，1991 年，第 209、210 页。

④ 安徽省文物考古研究所等：《巢湖汉墓》，文物出版社，2007 年，第 105~107、149 页。

⑤ 云南省文物考古研究所等：《江川李家山——第二次发掘报告》，文物出版社，2007 年，第 26、91 页。

⑥ 山东省文物考古研究所等：《山东青州西辛战国墓发掘简报》，《文物》2014 年第 9 期，第 4~32 页。

⑦ 南京博物院等：《江苏盱眙县大云山汉墓》，《考古》2012 年第 7 期，第 53~59 页。

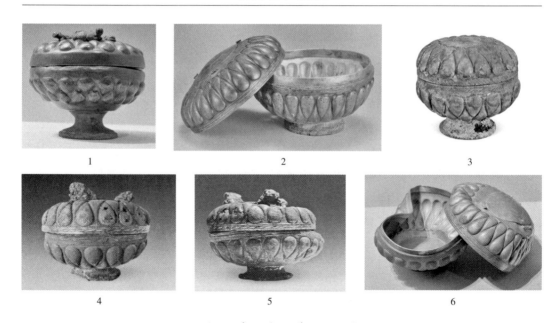

图 1　中国出土裂瓣纹银盒

1. 临淄齐王墓一号随葬坑出土银盒　2. 广州南越王墓出土银盒　3. 安徽巢湖北山头一号墓出土银盒
4. 山东青州西辛战国墓出土银盒 B1 – 11　5. 山东青州西辛战国墓出土银盒 B1 – 12　6. 江苏盱眙大
云山一号墓出土银盒

州南越王墓出土的两件银盒，以及晋宁石寨山出土的两件铜盒，出土金属盒的墓葬均属于西汉时期。他明确指出以捶揲之法在金属器上打压凸瓣，与公元以前古代中国制器传统不同。同时，通过与国外藏品相比对，他认为这种技术可追溯到亚述，然亚述时期可能没有此类金银器留存下来；当时大量可见的范例属于古波斯阿契美尼德王朝（Achaemenid，前 550 ~ 前 330 年），但仍然与我国发现的裂瓣纹银盒在造型艺术上存在较大差别；与我国发现的银盒最为相似的藏品为美国华盛顿赛克勒美术馆收藏的一件安息银筐罍（Phiale），以此判断临淄和广州的银器可能是从安息（即帕提亚，Pathia，前 247 ~ 224 年）输入的，是赛克勒美术馆之藏品的先型，并推测这两件银器的本体应是自伊朗的安息朝舶来之物经过西汉人的加工添改而成。关于此类器物进入中国的路线，他认为丝路开通之前安息产品要从陆路运到我国困难较大，然而从海路运输却完全有可能，安息银器可能附海舶到达广州，而临淄齐王墓随葬坑所出者也可能是进入我国南方的舶来品转运而来的①。

　　稍晚于孙机先生之后，齐东方先生也引用了阿契美尼德王朝带有铭文的数件金银碗和波斯波利斯出土的相似玻璃碗作为比对依据，同时考虑到广州与临淄都在中国沿

---

① 孙机：《凸瓣纹银器与水波纹银器》，《中国圣火——中国古文物与东西文化交流中的若干问题》，辽宁教育出版社，1996 年，第 139 ~ 143 页。

海地区，推测这两件银盒是通过海上丝绸之路传入中国的波斯或罗马地区的银器①。在近年举办的丝绸之路展览上，齐东方先生补充说明这类银盒尺寸相近，年代相当，汉代的均出土于贵族墓葬中，似乎是同一批产品进入中国，有可能原属于皇室，后分赐予贵族②。

山东青州西辛战国墓裂瓣纹银盒的出土推进了对此类器物的认识。林梅村先生认为这类金银器最早见于近东埃兰文明（Elam，前 9 ～前 6 世纪，按：林先生此处所指的应该是新埃兰时期），工艺传统后来为波斯人、帕提亚人所传承，并推测西辛战国墓出土的银盒是从海路传入中国的③。

这一阶段的研究普遍把目光投向西亚和地中海东部地区，鉴于此类海外收藏品中带有纪年的代表性器物都是阿契美尼德王朝时期的产品：大都会博物馆藏大流士金碗（Darius I，前 522 ～前 486 年）、伊朗国家博物馆藏薛西斯金碗（Xerxes I，前 486 ～前 466 年）、大英博物馆藏阿尔塔薛西斯银盘（Artaxerxes I，前 465 ～前 424 年）④，许多欧洲博物馆的藏品也属于阿契美尼德王朝，故学者们认为阿契美尼德王朝（亦即波斯第一帝国）是裂瓣纹金银器制作的繁盛时期。但是否我国出土的银盒亦生产于这一时期则存在争议。

孙机先生开展研究的年代虽早，获取材料之便利程度亦大不如今，然而他的研究思路实则切中肯綮。裂瓣纹金银器在其原产地有较长的生产历史和传统，我们的研究最需要的是寻找在年代及器型上最为接近的范例。以后学者们在来源和年代的研究结论上大致无出孙机先生的框架⑤。

严格来说，我们所讨论的裂瓣纹（Lobed Decoration），是装饰史研究上一个古老的课题，它与作为装饰图案的莲花纹（Lotus）或玫瑰纹（Rosette）大有渊源。19 世纪末奥地利艺术史家李格尔在《风格问题——装饰艺术史的基础》中指出，莲花纹和玫瑰纹其实都是古埃及莲花纹的二维再现，所谓莲花纹指的是莲花的侧视面，而所谓玫瑰纹表现的是莲花的正面（即俯视角度所见）⑥。当然这都是高度图案化以后的表现方式，莲花纹或许还有点埃及睡莲的影子，玫瑰纹与睡莲的正视图也只是略备神形，与具象的玫瑰几乎沾不上边。这两种纹样都广泛见于近东及地中海沿岸地区的古代文明，而玫瑰纹（Rosette）则是特别多见于亚述，除了单体纹样以外，它也常作为边饰或服装纹样出现。大英博物馆藏新亚述帝国（Neo-Assyrian，前 1000 ～前 609 年）时期的铺地

① 齐东方：《唐代金银器》第二编《金银制造业的发展》，中国社会科学出版社，1999 年，第 250 页。
② 齐东方：《丝绸之路与金银玻璃》，《丝绸之路》，文物出版社，2014 年，第 36 页。
③ 林梅村：《丝绸之路十五讲》，北京大学出版社，2006 年，第 104 ～ 105 页。
④ 李零：《论西辛战国墓裂瓣纹银豆——兼谈我国出土的类似器物》，《文物》2014 年第 9 期，第 58 ～ 70 页。
⑤ 李零、赵德云、倪克鲁的研究都认同孙机先生的这个基本时空框架。
⑥ ［奥］阿洛伊斯·李格尔著，刘景联、李薇蔓译：《风格问题——装饰艺术史的基础》，湖南科学技术出版社，2000 年，第 31 页。

石砖上，以大量玫瑰纹纵横交错形成基本构图框架，同时也包含了莲花纹（图2：1）。当它施加在容器底部时，就形成了本文讨论对象的同类产品（图2：2），图中所示的这种彩陶碗，是作为平面图案的裂瓣纹施加于容器上的一种比较简朴的方式，花瓣的形状是通过彩绘表现的。通过捶揲黄金和白银、模范浇铸青铜和玻璃，则能制作出凹凸有致的花瓣（图2：3），这种器物的俯视是所谓的玫瑰纹，而侧视则是莲花纹，莲花的母题在二维世界中的两种表现运用到三维载体上，再次得到了统一与回归。

　　　　1　　　　　　　　　　　　　2　　　　　　　　　　　　3

图 2　玫瑰纹样
1. 大英博物馆藏新亚述帝国时期宫殿铺地石雕（前935～前612年）
2. 大英博物馆藏土耳其锡姆伯拉（Thymbra）出土陶筐罍（前500年）
3. 大英博物馆藏希腊东部出土铜筐罍（前7世纪）

我们在欧美博物馆见到的这类器物，多以 Phiale（词源古希腊文）呼之，即前述之筐罍；许多碗中心的花蕊部分以向内凸出的半球形表现，形成一个脐状突起，有些地方见到 Omphalos 一词，亦是古希腊语对这种形态的称呼。这种器物是否有专门的功用尚存争议，但其与祭奠活动（libation）应该有较为密切的关系，这个脐部或为证据之一①。新亚述时期的浮雕上，就有猎狮归来的国王纳西帕尔二世（Ashurnasirpal Ⅱ，前883～前859年）以裂瓣纹碗祭酒的场面，值得注意的是国王的腕饰也是一朵玫瑰饰，这种题材的流行，可见一斑（图3）。许多罗马时期的棺椁上的墓主宴饮雕像，往往其手中持一件 Omphalos Bowl（图4），或在墓碑上刻一玫瑰饰。

我国发现的裂瓣纹银盒最富异域风情的部分在其银质器身，器盖与器腹上各自捶揲出一组上下相对交错的凸瓣纹，相反方向的凸瓣尺寸差距不大，形态较为圆润饱满，除了子母口口沿处之外再无纹饰，中心平坦无脐，以上特征前述六件银盒除了尺寸和具体瓣数上略有差别之外，显示出惊人的一致性，大云山出土的另一件裂瓣纹银盘亦

① Souren Melikian-Chirvani, "The International Achaemenid Style", *Bulletin of the Asia Institute* 7, 1993, pp. 111 - 130; Ann C. Gunter and Paul Jett, *Ancient Iranian Metalwork in the Arthure M. Sackler Gallery and the Freer Gallery of Art*, Washington: Arthur M. Sackler Gallery, 1992, pp. 66 - 67.

然。但放眼海外，我们很容易发现筐罍的裂瓣设计可谓五花八门。与之最为接近的，除了孙机先生所列举的美国华盛顿赛克勒美术馆藏品、倪克鲁先生（Lukas Nickel）列举的大英博物馆藏伊朗北部出土公元前 4 世纪银盘以外，我们也在大英博物馆发现一件与大云山出土裂瓣纹银盘极为相似的公元 1～3 世纪的银盘，时代上确实集中在阿契美尼德王朝晚期到帕提亚时期。详见后述。

　　但需要注意的是，这个阶段的研究在认同技术传统来自域外的背后，还有一种无意识的倾向：将工艺技术的产物——文物等同于技术本身。都认为中国出土的银盒的盒体是"洋货"，进入中国之后经过再加工，做成子母口对扣的盒子，添加盖纽和圈足，改造成颇具"汉风"的混搭式新器物。又及，基于山东、广东的地理位置靠海，这一时期的研究大多认为此类银盒是来自海上的舶来品①。

图 3　新亚述帝国浮雕
（前 883～前 859 年）

图 4　罗马棺雕
（前 150～100 年）

二　中国出土裂瓣纹银盒的产地与传输路线质疑

　　质疑的起点基于对器型特征的判断。赵德云先生赞同孙机先生的观点，表示这类

---

① 宿白：《中国古代金银器和玻璃器》，《中国文物报》1992 年 4 月 26 日；中国社会科学院考古研究所：《中国考古学·秦汉卷》，中国社会科学出版社，2010 年，第 920 页。

器物在阿契美尼德王朝非常流行，并认为中国银盒的造型艺术源头应该去古波斯寻找。然而他发现西方的筐罍绝无带盖的例子，除了裂瓣纹之外，中国出土品整体的造型更像中国以子母口契合的带盖器皿，例如敦和盖豆等。遂认为这类中国出土的金属盒存在外来工匠在中国制造的可能性，在制造的同时参考了中国传统的造型艺术。他怀疑战国晚期到西汉海路交通的可能性，结合山东、广东、云南等地都出土了相当数量的草原文化因素器物，认为草原游牧民族是将这种纹饰传入中国的中介①。

最近，倪克鲁先生从南越王墓出土的银盒谈起，提出了几点新的认识。首先，与赵德云先生一样，他也认为中国发现的这类裂瓣纹银盒的结构和造型完全不同于国外；同时他还怀疑南越王墓之类的银盒并非捶揲制作，而属铸造；其次，结合其他几件裂瓣纹银盒，他认为如此一致的设计和规格却发现在如此分散的地方，应该是集中某一段时间在某一个地区制作而成的，并倾向于是当时中国的政治中心：中原地区。基于西辛战国墓的相似发现，他认为南越王墓银盒的年代也可能早至公元前 3 世纪，进一步推测南越王墓的这件银盒有可能是从第一代南越王赵佗时代传承下来的。鉴于赵佗是河北真定人，他更确定了关于这类器物制作地点的推测。结合南越王墓出土文物面貌之多样化，他甚至怀疑中国制作裂瓣纹银盒的蓝本可能不是直接来自波斯，而是间接地从游牧民族传来。他认为这种银盒所体现的不是南越国和南亚或西亚之间的长线交流，更有可能是来自中国中部地区的作品，其制作受到了外来文化的启发，但整体的形状、功能以及使用的技术都是属于中国的②。

铸造裂瓣纹银盒的观点一经提出就受到了质疑，余雯晶女史表示这种推测需要进行金相学方面的研究，从技术角度而言，子母口裂瓣纹完全可以通过捶揲完成。不过她对倪克鲁先生所提出的制作和传播模式表示部分赞同，也认为其产地可能是政权中心所在的中原北方地区，经由流散或赏赐、馈赠等方式进入巢湖地区，是来源于西亚的凸瓣纹纹样在中国进行重新组合之后，与中国器形的结合体③。

关于裂瓣纹银盒最新的研究来自李零先生，他对上述所有出土材料从出土、年代、尺度、重量、容量、材质、工艺、风格、铭文、功能、组合、定名以及来源等方面都做了系统梳理。他表示目前能见到最早的裂瓣纹金银器的年代可上溯至古亚述时期，同时也充分肯定孙机先生关于这类器物兴盛的年代在阿契美尼德王朝，而与我们研究的对象直接相关的是帕提亚王朝。他确认裂瓣纹和捶揲技术是外来文明的影响，也确定南越王墓出土银盒属于锤揲制造，否定了尼克鲁提出的铸造假说，但他充分肯定了这种外来影响所发生的复杂性和输入孔道的多样性，境外输入和本地仿造的可能性都

①　赵德云：《凸瓣纹银、铜盒三题》，《文物》2007 年第 7 期，第 81~88 页。
②　Lukas Nickel, "The Nanyue Silver Box", Arts of Asia, vol. 42, No. 3, pp. 98–107.
③　余雯晶：《巢湖汉墓骆驼形席镇与凸瓣纹银盒初探》，《文物研究》第 20 辑，科学出版社，2013 年。

存在，尽管传入过程曲折，仍然是东西方交流的重要见证[①]。

顺带一提，也有部分学者怀疑南越王墓银盒和临淄齐工墓银盒是由滇缅印道或交趾陆路传来的可能性[②]。但目前尚属于比较小众的观点，需要进一步展开讨论。而这类器物的制作方式，大英博物馆经过 X 射线扫描，已经确认其为捶揲制作。X 光片显示了由捶打而造成的胎体厚薄不均，较薄的部分甚至在使用过程中出现破裂（详见图 5：4）。

在反复提及的中国裂瓣纹银盒器型特征中，三纽与底座属于明显的中国工艺传统，可视为有别于器身的另一个制作流程；直接质疑银盒产地的证据在于盒体本身。前文提到与我国出土银盒盒体裂瓣纹最为接近的范例集中在阿契美尼德王朝晚期到帕提亚时期，例如大英博物馆藏品（图 5：1）和华盛顿塞克勒博物馆藏品，但相比我国出土器物的裂瓣内外大小均匀，这两例的内外瓣形态相差较大，都是外圈饱满圆润而内圈细长尖锐。此外，笔者对"将海外传来的银器加工改制成银盒"的设想一直存在一个疑惑：将两只现成的裂瓣纹筐罍捶揲改制成严丝合缝的对扣盒，可能性有多大？若非动工之前就设计好，原有的器物尺寸如何互相匹配？虽然是对扣的盒状结构，实际上我们仔细观察不难发现，这六件银盒的上下两部分的深度和弧度并不完全对等，但在纹饰布局上却保持统一，并不是简单地以两个相似筐罍就能"改制"而成的。如果同意这一点，那么诚如李零先生所言，既言仿造，必有蓝本，这种蓝本是什么？我们以为蓝本的线索可能需要从大云山汉墓出土的另一件裂瓣纹银盘身上开始寻找，比之银盒，这件银盘所承载的"创造性因素"要少得多（图 5：2）。我们在大英博物馆收藏的一件来自伊朗或伊拉克的公元 1~3 世纪银盘结构上看到了更多的相似之处，这件银盘的中心平坦，并以之为底板錾刻了一副宴饮场面，主人的发型和服饰属于典型的波斯风格，手持酒碗，陪伴一旁的可能是其妻子，而身后侍立的仆从手中所执可能是来通（Rhyton）（图 5：3）。这件器物不仅再次帮助我们确认了中国这批器物的年代和风格来源，二者在边饰、主题图案的有无等细节上的差别可能也在提醒我们注意文化传播过程中的复杂嬗变。笔者不敢像倪克鲁先生一样肯定大云山汉墓的银盘就是目前六件银盒的蓝本，但赞同它确实具备更多的可比性。如果这类银盒是在中国境内制作，那么这种裂瓣纹银器制作工艺为何没有在中国古代金银器制作上流传下来？这也是值得探讨的一个问题，期待将来更多的考古学材料出现，以解释我们的疑问。

如果说银盒本身是舶来品还是仿制品尚存争议，估计没有人会对盒盖上三纽装饰的来源存疑，这显然是中国青铜器的作风。目前为止出土的六件银盒之中，属山东西辛战国墓出土的两件年代最早，在公元前 3 世纪晚期；同时临淄西汉墓中出土的带有"三十三年"铭文，因西汉无"三十三年"纪年，一般推测是秦始皇三十三年，但不

① 李零：《论西辛战国墓裂瓣纹银豆——兼谈我国出土的类似器物》，《文物》2014 年第 9 期，第 58~70 页。
② 周永卫：《南越王墓银盒舶来路线考》，《考古与文物》2004 年第 1 期，第 61~64 页。

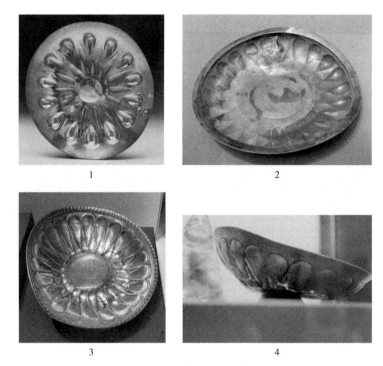

图 5　裂瓣纹银盘
1. 大英博物馆藏盘（前 4 世纪）　　2. 江苏盱眙大云山盘
3. 大英博物馆藏宴饮图裂瓣纹盘　　4. 大英博物馆藏宴饮图裂瓣纹盘破碎细节

知战国齐威王在位三十七年，齐王建在位四十四年是否亦可纳入考虑？总之亦在战国至西汉这个时间范围内。至于巢湖、大云山和南越王墓出土的三件，年代均在公元前 2 世纪，在造型、重量、尺寸、加工方式等方面也显示出惊人的一致性，倪克鲁推测它们可能是同一批产品，应不会相差太远。六件银盒中仅西辛战国墓和临淄西汉齐王墓出土者纽形尚存，可辨认为兽形；另外，云南晋宁石寨山墓出土的铜盒也有两件的盖纽保存完好，一个是兽形，另一个为鸟形，但总的来说都是动物。动物形三纽在我国青铜器盖上的出现约在春秋晚期，较早的例子有山西太原金胜村 M251（即通常所云赵卿墓）出土鼎（图 6：1）及山西浑源李峪村出土鼎、敦（图 6：2）等，每个墓中都有不止一件青铜器带有动物形三纽，都在山西中北部地区；战国以后，动物纽在青铜器盖，尤其是鼎盖上流行开来。早期仍然多见于山西、河北、北京等地，例如山西忻州忻口村出土鼎，河北中山成公墓出土鼎（图 6：3），河北三河大唐迴村出土战国早期鼎、络纹簋、高足敦，河北阳原九沟村出土战国早期络纹簋、高足敦，北京顺义龙湾屯出土战国早期鼎，河北唐山贾各庄出土战国早期络纹簋，北京通县中赵甫出土战国早期鼎（图 6：4）、高足敦等[①]。动物形三纽大行其道乃是在战国以后的北方地区，尤

---

① 关于动物形三纽的具体研究，拟另行撰文探讨。

图 6　中国出土动物形纽盖青铜器
1. 太原金胜村 M251 鼎　2. 上海博物馆藏李峪村鼎　3. 中山成公墓鼎　4. 北京通县中赵甫鼎

其是山西、河北等地，给银盒添加盖纽的工匠是否也正当此时此地？倪克鲁还提出南越国开国君主赵佗来自河北真定，结合南越王墓随葬品中也有与北方草原文化相关的牌饰等，他认为南越王墓的银盒有可能是秦朝赵佗南下时带来的，这似乎暗合动物形三纽的流行趋势，也解释了离北方较远的南越王墓出土此类银盒的原因，可作为一家之言留待进一步证实。

三　小　结

对我国出土裂瓣纹银盒的研究，是中西方文化交流研究的一个有趣案例。一方面，随着材料的积累和学术交流的便利，我们对一些基本信息的判断日趋准确精细，譬如此类器物的生产年代、渊源由来等。更为重要的则是认识的逐步深入，即通过挖掘文物本身、出土环境和历史背景所包含的每一点信息，从中不断发现新的问题，在以往两点一线式的长距离文化传播模式中不断填补新的内容，使制作过程、生产地点、传播路线等细节逐步清晰化起来。我们常谈丝绸之路开通以后商队和宗教团体的大量流动给文化互动带来巨大影响，反观之，正如李零先生指出："中国早期艺术风格往往不是直接传入，而是接力式传播，西域各国、南海诸国和北方草原都可能是输入孔道，输入者既可能是样品，也可能是设计，甚至是工匠。"① 裂瓣纹银盒的情况是一个十分生动的案例，它所承载的信息极大地丰富了我们的想象力。就算将来更多的证据表明中国出土的裂瓣纹银盒并非西亚原产，亦无碍于中西文化交流的事实，只是让我们对"接力式传播"这个说法有了更深一层的认识，对文化传播的复杂性有了更好的还原和解读。

---

① 李零：《论西辛战国墓裂瓣纹银豆——兼谈我国出土的类似器物》，《文物》2014 年第 9 期，第 58～70 页。

从有关秦国石刻的考古发现
看中国古代石刻的起源

赵　超（中国社会科学院考古研究所）

　　中华古代文明，作为人类历史最悠久的古代文明之一，具有自己独特的文化特征。其创造文字与书写工具的历史十分久远。但是在制作铭文石刻方面，却远远迟于西亚、北非、地中海等地区的古代文明。这里面的原因可能很复杂，涉及地理自然条件、生产方式与意识形态等众多方面。以往对中国古代石刻的起源长久没有深入的考察与探讨。近年来，在考古发现与研究中，可以找到越来越多的有助于研究中国古代石刻起源的资料。这里就对两周以来秦国地域内有关古代石刻的一些材料略作梳理，讨论一下中国古代石刻的起源问题。

　　首先，我们要把在石制器物与石材上面刻写的文字与形成具体形制的纪念性、实用性铭文石刻加以区别。众所周知，考古发现的中国古代文字铭刻最早出现在陶器上，而后有甲骨契刻、青铜器铭文、简牍等。而石刻的出现则明显偏晚。现知最早的中国古代石刻文字材料，应该是出现在商代，与我们熟知的甲骨文同时出现。但严格地说起来，商代的文字石刻只是一种器物上的题刻，并没有形成专门的纪念性石刻类型。例如在 1935 年，中央研究院历史语言研究所对河南安阳殷墟遗址进行的考古发掘中，曾经获得一件残破的石簋。即在发掘安阳侯家庄 1003 号大墓时，于此墓西墓道的北部发现了一个打破墓道的长方形小坑，坑中出土了一些殷商时期的遗物。据参加发掘的高去寻先生说，这些遗物可能是后来的盗掘者临时埋在这里的，也可能是一个被盗掘的小墓残存的遗迹。这些遗物中包括了三块石簋的残片。有一块簋耳的残片上刻写有铭文，共两行，存十六个字。有趣的是，在 1003 号墓东南方约 140 米的一处标号为3082 的探坑中也发现了一块石簋的残件，可以与那三块残片拼合，属于同一件石簋，由此得到了十分难得的一件商代文字石刻。

　　这件石簋耳部刻铭的文字形体、整个文体的句式以及其中"小臣"两个字写成合文的写法都与殷商的甲骨刻铭情况相同。高去寻曾经对这件石刻的文辞和年代等问题加以考证，结合石簋的形制与出土情况、地层等方面的证据，认为它属于殷后期，就是在祖甲、廪辛、康丁、帝乙、帝辛这五个商王所属的时段，距今三千多年。这件器物不大，可能是用于祭祀的①。《中国考古报告集之三：侯家庄第四本》中记录，这件有铭文的石簋耳部残存为 87 毫米高、22～26 毫米宽。这样，刻的字就很小了。刻字的刀法与甲骨上的契刻刀法相同。我们知道在殷墟发掘中发现过刻写甲骨的青铜小刀。看来这些石刻也是用青铜刀像刻甲骨文一样直接刻写的。

现存铭文释文为："辛丑，小臣［系］入禽，俎。在［专］，以簋。"（括号内的文字原有漫漶）

1976 年，在殷墟妇好墓的发掘中，也发现有一件鸱鸮纹小型石磬上面刻有文字，是"妊冉入石"四个字②。记载的应该是这件石磬是由叫作妊冉的人进献的。这两个例子说明在商代已经有了在器物上刻写题铭的习惯做法。石质器物上的刻铭可以称为早期的石刻文字。同样刻写题记的石磬还出现在东周时期的曾侯乙墓中。据发掘报告记录，在曾侯乙墓中出土石磬三十二枚，上面大多都有刻写的文字或墨书文字。这些石磬铭文的内容都是记录音律和音阶的名词或者编号③，这和在凤翔南指挥村秦公一号大墓中出土的刻有铭文的石磬属于相似的做法④，都表现着利用器物刻写题铭来表达实用意义的习俗。

根据对殷墟历年考古发掘情况的总结，在殷墟发现过约 5500 件石器，其中 87% 是工具，另外包括大量石制器皿，有礼器、兵器、乐器、装饰品和石雕艺术品等，反映了当时成熟的石器制作技术。但是这些器物的形制都比较小，制作的工艺可能还是与玉器制作一样，多采取琢磨而不是凿刻的方式。

中国古代琢磨玉器的历史十分悠久，加工出来的纹饰非常精细，这种玉器加工的琢磨手段也影响到在玉器上雕刻文字的形式。近年，在列入全国重大考古发现的陕西韩城梁带村芮国墓地，曾出土大量古代玉器，并发现一些玉器上琢有文字。如出土玉戚上有"小臣兹（系）用"⑤的字样，它应该是通过琢磨而不是凿刻制成的⑥。然而，石材的质地不如玉石坚硬，在雕刻工具不断发展的情况下，凿刻技艺会越来越多地使用在制作石刻文字上，并最后完全取代了琢磨技艺。

由此可见，在商代到春秋战国时期的一千多年间，虽然已经有了在石器、玉器等人工制品上刻写文字铭记的情况，但是这种做法是很不普遍的，可能只是受到在青铜

① 高去寻：《小臣（系）石簋的残片和铭文》，（台北）《"中央研究院"历史语言研究所集刊》第 28 本下册（1957 年），第 593～609 页。
② 中国社会科学院考古研究所：《殷墟妇好墓》，文物出版社，1980 年，第 198～199 页，图版一七〇，1、2。
③ 湖北省博物馆等：《曾侯乙墓》，文物出版社，1989 年，第 134～151 页。
④ 王辉、焦南峰等：《秦公大墓石磬残铭考释》，（台北）《"中央研究院"历史语言研究所集刊》第 67 本第 2 分册（1996 年）。
⑤ 释文中圆括号内的字为释读的本字，下同。
⑥ 陕西省考古研究院等：《陕西韩城梁带村遗址 M26 发掘简报》，《文物》2008 年第 1 期，第 4～21 页。该简报中释文作"小臣奚□"。

器、陶器等器物上题写铭记或制作记录的社会习俗影响。至于专门的纪念性石刻（除去石鼓文外）却一直没有发现过。

铭文石刻的出现，需要生产技术的支持，即需要开采石材、使用石材的社会生产能力。而中国上古时代使用石材不够普遍，加工石材的技术也不够发达，这可能影响着铭文石刻的利用。这从中国古代建筑使用石材的情况中或许能反映出来。与西方不同，中国早期文明乃至后来几千年的建筑大多采用土木结构。除柱础、散水、台阶外，石料使用得很少。现在从商周时期考古发掘中见到的一些迹象有：

陕西扶风召陈西周中期建筑遗址发现用卵石作柱础、铺散水、台阶前铺有石子路面的情况。其屋顶有瓦，但石料为天然卵石，未加工。

陕西扶风云塘的一处制骨遗址中发现有两处石板路面和一处石砌台阶，还有石砌墙基。石料加工与否不明。

西周时期使用石材的现象还不多见，等到了春秋战国时期，尤其是战国时期，石料加工制作的规模就逐渐加大。如河南永成姚家岗的春秋建筑宫殿遗址有卵石散水，河北平山中山国故城的建筑遗址中发现有大型柱础石以及制石作坊等。在已调查的一些春秋战国古城址中都发现过专门的石器作坊。如邯郸大北城、东周王城的西北部，发现有石环、石片等装饰物的半成品。

除去春秋战国时期的建筑使用较多的石料外，在这一时期的墓葬中也开始使用石料，可能是为了保护墓葬，防止盗掘。在很多这一时期的大型墓葬中都发现了积石。如河南陕县后川 M2040 的填土中就有大量石块。20 世纪 50 年代发掘的河南辉县固围村魏国国君墓葬，椁室周围堆积沙与石块，地上享堂出石础、瓦当等。1957 年发掘的河南洛阳东郊 M1 墓圹下部有积石积炭现象，棺西侧出土一件墨书"天子"的石圭。

山西长治分水岭韩国墓地发现大型的积石积炭墓十多处。其中 M14 出土九鼎四鬲与十件编钟、二十二件石磬，是规格很高的、相当于国君的墓葬。山东临淄也发现过战国时期的积石墓。1990 年发掘的山东章丘女郎山 M1 出土有积石、石编磬等，属于战国中期的大型墓葬[1]。

这些发现表现出古代石加工技艺的发展，也说明两周以来随着生产的发展，人们在建筑、墓葬以及日常生活中越来越多地使用石材。这就为石刻文字的更多出现奠定了基础。相对关东六国而言，在西部的秦国及秦代遗址中曾经发现了更多的、可以囊括早期石刻各种类型的石刻材料。

从现有材料来看，秦国可能比较早地应用石材，并且较早地产生了纪念性的专门文字石刻。值得注意的是，古代历史传说也反映出秦国是最早利用石材的地区。《史

---

[1]　中国社会科学院考古研究所：《中国考古学·两周卷》，中国社会科学出版社，2004 年，第 285～289、300～304、308～310 页。

记·秦本纪》记载："蜚廉生恶来……周武王之伐纣，并杀恶来。是时蜚廉为纣石北方，还，无所报，为坛霍太山而报，得石棺，铭曰：帝令处父不与殷乱，赐尔石棺以华氏。死，遂葬于霍太山。"① 这应该是现有历史文献中最早的使用石棺与刻铭的记录。中原地区的新石器时期墓葬中，以石为棺或积石为墓的现象较少见，而东北、西北地区的早期墓葬中则不乏石室墓、石棺的发现。如近代的考古调查发现，在新疆等西部地区的原始民族中存在着石人、石棺葬的风习，并且可能从新石器时期延续至中世纪，这应该早于中原地区对石葬具的使用。

秦国利用石材较早，除地质矿产条件外，可能与其所处地区与西北游牧部族紧邻，并且容易受到西方传来的一些风俗与技术影响有关。我们曾经提出汉代石刻的突然大发展可能与汉武帝通西域有一定联系，而这种影响的苗头可能在两周时期的秦国就有所传递了。

在春秋时期，中原各国一直把秦看作边鄙戎夷之国，秦的祖先也和西方的戎族保持着通婚等密切的关系。如《史记·秦本纪》记载，秦国的先祖非子，曾经被"（周孝王）使主马于汧渭之间，马大蕃息"。又，"申侯乃言孝王曰：昔我先骊山之女，为戎胥轩妻，生中潏，以亲故归周，保西垂，西垂以其故和睦。今我复与大骆妻，生嫡子成。申骆重婚，西戎皆服。所以为王"②。这些记载说明其不仅与西方、北方的众多游牧民族活动区域接壤，而且俨然是西北戎族的领袖，会首先接受西方传来的文化影响。

秦人与西方戎族的关系记载有：

秦穆公二十二年，穆公与晋自瓜洲迁陆浑之戎于伊川，迁允姓之戎于渭汭③。

《史记·秦本纪》：穆公三十七年，"用由余谋伐戎王，益国十二。开地千里，遂霸西戎。天子使召公过贺缪公以金鼓"④。

《史记·秦本纪》：秦孝公二十年，诸侯毕贺⑤。《后汉书·西羌传》称"使太子驷率戎狄九十二国"⑥，及公子少官率师会诸侯逢泽，朝天子。

结合近来发现的越来越多的秦石刻材料，可以说秦在使用石材、利用石刻上面是走在其他诸侯国前面的。现有材料越来越多地表现出，这很可能是受到了西北草原文

---

① 《史记》，中华书局，1959 年，第 174 ~ 175 页。
② 《史记》，中华书局，1959 年，第 177 页。
③ 《春秋左传》，《十三经注疏》，中华书局，1980 年，第 1813 页；《后汉书》，中华书局，1965 年，第 2873 页。
④ 《史记》，中华书局，1959 年，第 194 页。又，"益国十二"，《韩非子》作"兼国十二"，王先慎撰、钟哲点校：《韩非子集解》，中华书局，1998 年，第 72 页；《史记》卷一一〇《匈奴列传》作"八国服于秦"，《史记》卷八七《李斯列传》作"并国二十"，《史记》，中华书局，1959 年，第 2883、2542 页；《文选》卷三九《上书秦始皇》作"并国三十"，萧统编、李善注：《文选》，上海古籍出版社，1986 年，第 1756 页；《汉书》卷五二《韩安国传》作"并国十四"，《汉书》，中华书局，1962 年，第 2401 页。"开地千里"，《汉书》卷五二《韩安国传》："陇西，北地是也。"《汉书》，中华书局，1962 年，第 2401 页。
⑤ 《史记》，中华书局，1959 年，第 203 页。
⑥ 《后汉书》，中华书局，1965 年，第 2876 页。

化乃至中亚、西亚等古文化的影响。

例如在建筑用石方面，秦雍都遗址的发掘中就多次发现大面积的石子散水，如马家庄一号宫殿建筑遗址、四号建筑遗址、姚家岗宫殿遗址等。在姚家岗发掘的凌阴遗址还使用了片岩铺设地面。秦公陵园中也发现有大片的石散水。这些发现说明这时石材普遍进入秦国的土木建筑中①。

近期报道，秦始皇陵的考古工作中出土了大量有石刻文字的器物，以及多种石建筑材料。例如在内外城之间东部陪葬坑（K9801）中出土石甲胄。报告有八十七领石甲和四十三顶石胄，其中有些甲片上面刻有文字、数字、符号等。同出的还有石质的马缰构件等②。

经考古调查发掘，秦始皇陵区内发现有石料加工厂的遗址，出土有石下水管道、渗井盖、石门砧等。近来发掘的秦始皇陵园内陵寝遗址中，殿址的台阶用青石板铺成，地面有线雕菱纹的石块，甚至在二号建筑的门道壁面上贴砌了青石板。秦始皇地宫夯制宫墙内侧也发现石质宫墙。这些情况表现出秦国石材加工技艺的发展与石建筑材料的广泛应用③。

而石建筑的普遍应用与石雕技艺的发达，正是西亚北非与地中海诸多古文明的代表性成就，如古埃及的金字塔、神庙，古亚述、巴比伦、波斯等地的大型宫殿，古希腊、罗马的神庙、雕塑等。近者则有新疆草原上的石人等纪念性石雕。文字石刻也随之而大量产生。就现有考古资料可知，在公元前约8000～前7000年间的西亚耶利哥遗址中已经发现了用石头建筑的望楼与城楼，公元前3500～前3100年之间的西亚乌鲁克文化中便出现了刻有文字的石板和雕刻有图像的石碑。在公元前3100～前2686年之间的古埃及早王朝时期中也出现了石碑和石建筑。在公元前2686～前2181年之间的古埃及古王国时代中就出现了大量宏伟的石质神庙、金字塔和高大的方尖碑。到了公元前1500年以降的新王国时代（埃及第18～20王朝），埃及人已经建造出了大量的墓碑、方尖碑等纪念性石刻。最大的方尖碑可以达到上千吨重。公元前18～前12世纪的古巴比伦文明遗址中，曾出土带有浮雕的石界碑等石刻，其中尤以著名的汉穆拉比法典碑为典型代表。该碑石近似圆锥形，高达2.25米，经过精细修整的圆首顶部刻有人物浮雕，下面刻有铭文。古亚述文化中，遗存有公元前8世纪的石刻沙尔马尼瑟尔三世方尖碑等。古代波斯帝王大流士一世在位期间镌刻的贝希斯顿铭文，是在石崖上修整出

① 陕西省雍城考古队：《凤翔马家庄春秋秦一号建筑遗址第一次发掘简报》，《考古与文物》1982年第5期，第12～20页；陕西省雍城考古队：《凤翔马家庄一号建筑群遗址发掘简报》，《文物》1985年第2期，第1～29页；韩伟、焦南峰：《秦都雍城考古综述》，《考古与文物》1988年第5、6期，第111～126页。

② 张占民：《秦陵铠甲坑发现记》，《文博》1999年第5期，第7～13页。

③ 陕西省考古研究所等：《秦始皇帝陵园考古报告（1999年）》，科学出版社，2000年；陕西省考古研究所等：《秦始皇帝陵园考古报告（2000年）》，文物出版社，2006年；陕西省考古研究院等：《秦始皇帝陵园考古报告（2001～2003年）》，文物出版社，2007年。

来多幅长方形的碑面，共刻写 1200 行之多的长篇铭文。这些在世界史上十分重要的古代碑刻都远远早于中国古代文字石刻产生的年代。它们反映出在中国以西直到北非的一系列重要古代文明中都曾经广泛使用石刻，而且制作工艺发达，雕刻精美，势必会对东方的古代文明产生影响。这些文化习俗如果向东方传播，秦国应当首当其冲。

目前发现的考古资料可以证明秦国也是较早地在石料上制作了文字铭刻。如：比起通常认为的中国最早纪念性文字石刻——石鼓文来说，秦公一号大墓中出土的刻有文字的石编磬应该是制作时间更早、年代更确切的秦国石刻文字。该墓葬于 20 世纪 80 年代在陕西省凤翔南指挥村发掘。由于大墓以往曾被盗掘过，这些编磬多有残损遗失。王辉等人推测原有三套以上的编磬，经过缀合，找出二十六条可读的铭文。这些在石磬上刻写的文字字体规整精美，足以与青铜器铭文媲美。现在统计保存的文字共 206字（包括 6 个重文）。由于残缺不全，无法了解全部文意，但是它应该是一篇通过舞乐赞颂国君的颂词。铭文文体与一些词语同著名的秦国铜器秦公钟等铭文相似。

王辉、焦南峰等曾对石磬铭文做了详细可靠的考释解读，并且深入讨论了有关的问题。经他们释读，其中缀合最长的一条是："汤汤厥商，百乐咸奏。允乐孔煌，鉏錔载入，有几载漾。天子匽喜，龚桓是嗣。高阳有灵，四方以宓平。"[①] 根据铭文中有"天子匽喜，龚桓是嗣"的语词，王辉等人指出这个在铭文中宣称自己得到天子欢喜，继承了共公、桓公大业的秦公应该就是共公之孙、桓公之子秦景公。王辉等人还总结了推测秦公一号大墓为秦景公之墓的三个理由：首先，石磬铭文中反映的时代背景最接近秦景公时代，如 85 凤南 1：495 – 549 – 517 铭文中的"绍天命，曰：肇敷蛮夏，亟事于秦，即服……"提到诸夏也向秦国服事示好，表明秦国这时国力强大，可以与中原抗衡，正与秦景公时期秦的国力相符。其次，石磬文的文学体例与字体具有春秋晚期的特点，与秦景公时期的青铜器铭文十分接近。第三，石磬铭文中有"惟四年八月初吉甲申"的记载，与现在推算的当时历法符合。李学勤也在《夏商周年代学札记》里《秦公编磬的缀联及其历日》一文中推算"秦景公四年即鲁成公十八年的八月壬午朔，石磬铭甲申为初三"，属于初吉的范围[②]。陈昭容把石磬文字与秦公簋等铭文上的文字做了详细的比较，认为"它们的字体风格极为相似，部分几可说是出于一人手笔。相对于太公庙秦公钟镈铭文的随意活泼，簋铭与石磬铭的整饬，显示了春秋晚期秦文字的特点"[③]。

---

① 王辉、焦南峰等：《秦公大墓石磬残铭考释》，（台北）《"中央研究院"历史语言研究所集刊》第 67 本第 2 分册（1996 年）。

② 李学勤：《秦公编磬的缀联及其历日》，《夏商周年代学札记》，辽宁大学出版社，1999 年，第 114～119 页。"初吉"所指时日，现在学术界认识不一。有人说是月初的吉日。陈梦家和刘启益认为初吉指月亮刚有亮光的日子，即每月初二或初三。

③ 陈昭容：《秦系文字研究》，（台北）《"中央研究院"历史语言研究所专刊》（103）（2003 年），第 193～212 页。

　　王辉等人认为铭文中写的四年，应该是秦景公行冠礼之年。石磬就是在这一年制作的。而用它随葬则可能是由于秦景公晚年政局不稳，需要通过这些早期的礼乐用品来表明他执政的合法性。

　　我们可以看到这些石磬文字刻写得非常规整，刻字的技艺十分纯熟，表现出很高的文化素质。显然这是宫中专门制作器物的手工技师来刻写的。从它与当时的青铜器铭文极为相似这一点来看，很可能刻写这些石磬铭文的人也是刻写青铜器模范上铭文的专门技师，说明这时石刻还没有单独形成一种专门的雕刻制作技艺。因此，秦公大墓的石磬文字仍然属于附刻于其他器物上的铭刻，而不是专门制作的纪念性石刻。

　　至此，还应注意到，有关秦国石刻最重要的发现就是在凤翔出土的具有纪念性的专门石刻——石鼓文，以及其他几种用于祭祀祈神的专用石刻——华山玉版和诅楚文等。这些专门制作的铭文石刻，使石刻脱离作为其他器物附属品的地位，成为独立的、具有重要纪念意义的新器物。这表明在中国古代石刻发展的过程中，秦地以及秦文化可能具有非常关键的作用。因为我们在上面提及的商周石刻文字材料基本上都不是单独的专用石刻，而大多数都是附着于一件其他的实用器物上，如祭器、乐器、装饰品、兵器、建筑构件等，大多是属于制作者的加工记录。可以说，它们都不是单独的石刻。这里说的石刻，应该是现在概念中通常认为的那种独立的，具有宣传、纪念、艺术表现等文化意义或者实用意义的专用物品。而石鼓文的出现，标志着专门的纪念性石刻在古代中国的产生，也就开创了中国石刻发展的历史。

　　司马迁在《史记·秦始皇本纪》中记载的《琅琊台刻石》铭文中有"群臣相与颂皇帝功德，刻于金石，以为表经"[①] 的句子。说明在秦始皇统一天下后，企图把统治延至久远、并把自己的功德也永远传流下去的思想已经成为施政的主要理念。而这种思想应该是在秦国国力强大、野心也日益扩大的过程中逐渐形成的。因此，营造能够宣扬功德的纪念性石刻也开始成为国家意识形态中的一个组成部分。

　　在中国古代石刻中，独立出来成为专用石刻形制的刻石与碑，其本身的最初作用就是歌功颂德。现知古代最早的石刻群——秦始皇刻石就是用来赞颂秦始皇的赫赫功绩的。中国现存的石刻中，用于纪功颂德的碑记要早于墓碑出现。正表明石刻最早独立出来，就是由于它能历时久远，具有明显的纪念性意义。

　　从石鼓本身的外部形状来看，也表现出了这种石刻的原始性。早期的石刻，或者是在一块独立的天然大石上刻字，或者是将天然的石块略加表面处理后进行雕刻。西亚北非的一些古代石刻多采取这样的形制，例如著名的两河流域发现的汉谟拉比法典碑。中国古代将这样的石刻叫作"碣"。石鼓就是这样，所以有的古代学者也把石鼓文称作"猎碣"。

---

① 《史记》，中华书局，1959 年，第 247 页。

在山崖上直接刻写文字的形式也是最原始的石刻。它的制作方法与远古时期的岩画制作方法很相似，一般是在山崖中选择一片比较平直的石壁，直接在上面刻字。西亚、北非的一些古代石刻常采取这样的形制，例如古代波斯的贝希斯顿刻铭。中国古代将这样的石刻称作"摩崖"，它也是早期石刻常见的表现形式。

相比之下，中国古代石刻早期的产生与发展过程与西方古代文明是很相似的，早期也是尽量利用原始形态的石材。这一阶段比较漫长，而秦国利用石材与发展石刻的情况就是具体而明显的证明。直至秦始皇统一中国以后，他在巡行之处大量树立刻石，纪功载德，仍然采用的是类似石鼓形制的大型刻石。这也反映出当时外形类似"碑"这样的石刻形制还没有传入中国。由此我们推测，这时秦国在使用石刻方面接受的主要还是西北草原地区以及中亚一带的影响，西亚、北非以及希腊、罗马的文化影响还没有过多的进入中国。因为目前所见的碑这种形制在西亚、北非出现得很早，可达公元前3000多年，而且建碑之风主要兴盛于这一带。古波斯乃至中亚地区则很少使用碑，而更多采用刻石与摩崖的形式。从东西交通的历史来看，在以后的西汉时期，中国与西方的交通往来进一步拓展。同时罗马帝国在这时的东征，将其疆域扩展到今阿富汗一带，也缩短了中国与更远的西亚、北非、地中海古文明之间的距离，从而使制作碑石这样的文化意识与石工技艺得以传入中国，进而出现了新的专用石刻类型，如汉代流行开来的"碑"与大型艺术石雕。

我们曾经提出：碑石的使用与普及，与汉武帝开通西域后的外来文化影响应该是具有密切关联的。西汉武帝派遣张骞出使西域以来，中华文明与西方文明的接触和交流日益增多。《史记·大宛传》中记载："骞身所至者大宛、大月氏、大夏、康居……骞因分遣副使使大宛、康居、大月氏、大夏、身毒、于阗、扜罙及诸旁国……其后岁余，骞所使通大夏之属者皆颇与其人俱来，于是西北国始通于汉矣。"[1] "诸使外国一辈大者数百，少者百余人……汉率一岁中使多者十余，少者五六辈，远者八九岁，近者数岁而反……其吏卒亦辄复盛推外国所有，言大者予节，言小者为副。"[2] 这些亲身经历了异域旅行、接触了中亚乃至西亚地区各国文化习俗的使节返回后，必然大力宣扬西方古文明的新鲜事物。外国来使赠送的礼品与外来商旅交换的商品，也把西方的特产与工艺品传入了中原。《汉书·西域传》记载："明珠、文甲、通犀、翠羽之珍盈于后宫，蒲稍、龙文、鱼目、汗血之马充于黄门，巨象、师子、猛犬、大雀之群食于外囿。殊方异物，四面而至。"[3] 便反映了当时外国珍异物品大量流入、皇宫中充斥着西域海外文化风貌的景象。

---

① 《史记》，中华书局，1959 年，第 3160、3169 页。
② 《史记》，中华书局，1959 年，第 2170～2171 页。
③ 《汉书》，中华书局，1962 年，第 3928 页。

　　在西域交通道路开拓后，与汉朝交往频繁的国家中，多有擅长岩石雕刻加工、具有悠久利用石刻历史的西亚、中亚各国。《汉书·西域传》中提到，当时交往的国家中有："罽宾……其民巧，雕文刻镂，治宫室……自武帝始通罽宾。"[①] "安息……土地风气，物类所有，民俗与乌戈、罽宾同……武帝始遣使至安息……因发使随汉使者来观汉地。"[②] 据近人考证，汉代时的罽宾在喀布尔河中下游[③]，即今阿富汗与巴基斯坦北部一带，是早期佛教雕刻艺术的流行地。乌戈在今阿富汗一带。安息为古代波斯的一部分，在今伊朗地区。这一带丛山密布，石材丰富，很早就有使用石刻的风习，上文中提到的著名古波斯石刻贝希斯顿铭文以及著名的巴米扬大佛等早期佛教石刻即反映了这一带悠久的石刻历史与高度的石工技术。《汉书》中的记载，说明当时的人已经注意到了中亚一带的石刻技艺。这种利用石刻进行纪念与宣传的文化方式可能也随着中西交通而传入了中国。

　　这一点，可能关注中国古代石刻的人都会看出来。李零在他的《读丝绸之路草原石人研究——兼谈欧洲石人》一文中也提过类似的疑问。他认为："中国艺术大量使用石材，这件事来得太突然，新石器时代和商代、西周，几乎没有什么发现，建筑上不用，零散的作品也少；春秋、战国和秦代开始有一点，但主要是秦石鼓、秦刻石，还有中山国的守丘刻石；石刻的大量出现，还是到西汉，特别是东汉……这些都使我们不能不考虑，它们的突然出现，很可能是受了外来影响。因为中国最早的石刻是出在秦地，而秦多戎胡，又当西域往来的东端；汉承秦制，最初也是以这一地区为核心；还有，汉武帝伐匈奴，同样是继承秦始皇；中国的墓前石刻首先是出在汉征匈奴的大将霍去病墓前。当时，不光是石刻，或一点两点，有些偶然的发现，其实从整个文化的气氛，我们都能感受到四面来风。特别是西边和北边……正如大家知道的情况，在中国之外，使用石头为建筑材料、装饰雕刻、墓前石刻和大型神像，以旧大陆而论，年代最早也最高大雄伟还属西亚和北非。其次是受其影响的地中海沿岸。以及伊朗高原和伊朗高原以东的阿富汗[④]……中国的北方，还有很大一块是欧亚草原。那里的居民，他们对石头也是情有独钟，不仅喜欢用石头建城堡和房屋，修祭祀用的坛场，石冢和石棺，在山岩上作画，还有在墓前立石的传统，年代很长，分布很广。特别是，如果我们考虑到中国的石刻艺术传统，其早期主要还是表现在陵墓建筑上，这一点就更值得注意。"[⑤]

　　在西汉晚期和东汉时期，石刻开始大量出现，并且日益普及，雕刻技艺也非常成

---

①　《汉书》，中华书局，1962 年，第 3884~3885 页。

②　《汉书》，中华书局，1962 年，第 3889~3890 页。

③　余太山：《两汉魏晋南北朝正史西域传研究》，中华书局，2003 年。

④　佛教艺术传播是经过阿富汗与中亚传入，笔者按。

⑤　李零：《读丝绸之路草原石人研究——兼谈欧洲石人》，《入山与出塞》，文物出版社，2004 年，第 70~71 页。

熟。促成这一变化的应该是多方面的文化因素。就目前所见，石刻运用得最广泛的，还是在标榜功德的纪念性石刻以及丧葬建筑之中。墓葬建筑的发展，石室墓——尤其是画像石墓的流行，应该直接促进了用于墓葬的碑石产生与广泛应用。

所以，中国封建社会大一统的政治格局形成后，在思想意识方面提倡儒家道德体系，加强宣传教化，并推动了在此基础上进行的中国古代丧葬制度变化。这些变化可能是石刻在古代中国风行开来的一个根本因素。建造碑石的外来文化影响恰逢其时，并推动了中国古代石刻的定型与普及。实际上，这种利用石刻的新变化在秦代甚至在战国晚期的秦国就已经有所表现了。陈平更认为在秦穆王征西戎，扩大秦的西部领土时就迎来了中国石刻的第一个高潮①。我们在上面列举的有关考古发现情况，有助于加深对这一观点的认识。

特别耐人寻味的是：迄今为止，在汉代以前的各种古代出土器物中，很少能见到与东汉碑石形制相似的器物。比如汉碑独有的圭首、圆首形状，碑上部用图案装饰的方式、碑表面精工磨制等特点，在此之前，都找不到与之类似的旁证。现存先秦与西汉的石刻中，除了保持原石形状的刻石以外，只有一些没有固定形制的实用刻石，如鲁北陉刻石、杨量买山记、祝其卿神坛等。但是，上面提到的这些形制特点，却全都可以在远远早于汉代的北非、西亚一带的古代碑刻上面看到。这些形制在东汉突然出现，在中国文化中又没有先源或逐渐演进的痕迹。这种突变就使得我们倾向于把西汉晚期至东汉时期碑石外形的定型归结于外来文化的影响。

可以想象，如果秦始皇的万世基业能够持续下去，秦帝国可能也会开通西域，也会引进更多的外来文化因素。那么，应该会同样在较晚的时期内产生外部形制受到西方影响的碑石。只是由于短命的大帝国二世而终，虽然秦在古代中国最早地使用了石刻，但使之定型完备这样的发展却只能由继承了秦帝国统治的汉朝来进行了。

---

① 陈平：《关陇文化与嬴秦文明》，江苏教育出版社，2005年。

汉代视觉文化相关知识的生成与检讨

贺西林（中央美术学院）

近年来，在编写教材和教学实践中，我常常会思考这样一些问题，即：用什么样的知识构建艺术史？把怎样的知识传授给学生？现有知识是如何生成的？那些耳熟能详的知识可靠吗？是否需要重新审视和检讨？本文就西汉"霍去病墓"及汉画"伏羲、女娲图像"知识生成的讨论，正是基于上述思考。

一 "霍去病墓"知识的生成与检讨

茂陵以东约一公里处，耸立着一座奇特的土丘，土丘上下散落着许多大石和石雕，很像一座小山，其南侧立有一座清乾隆四十一年（1776年）陕西巡抚毕沅所书的石碑，上面写着"汉骠骑将军大司马冠军侯霍公去病墓"（图1）。这就是当今大家公认的霍去病墓。

图1 "霍去病墓"碑（立于清乾隆四十一年，1776年）

　　20 世纪早期，西方和日本汉学家接踵而至，开启了对"霍去病墓"现代意义上的调查研究。1914 年法国汉学家组队对中国川陕古迹进行了实地考察，在随后发表的调查报告中，谢阁兰（V. Ségalen）详述了"霍去病墓"①。1923 年 J. Lartigue 踏访了该遗址，并著有论文②。1924 年美国汉学家毕安琪（C. W. Bishop）接续而来，撰写了考察报告③。之后，C. Hentze、H. Glück、J. C. Ferguson、水野清一等多位汉学家亦相继发表论文④。除专论外，喜龙仁（Osvald Sirén）、H. D'Ardenne、桑原骘藏、足立喜六在相关著作中对此也有简要载述⑤。20 世纪 30 年代，马子云、滕固亦对"霍去病墓"及其石雕进行过考察著录⑥。20 世纪 50 年代至今，对茂陵及"霍去病墓"的调查和研究不曾间断。考古工作者对茂陵及其附属遗迹进行过两次大规模调查勘探，并发表了简报和报告⑦。此外，顾铁符、王子云、陈直、傅天仇、杨宽、刘庆柱、李毓芳、何汉南、林梅村、陈诗红、A. Paludan 等学者亦各抒己见，推陈出新⑧。回顾百年学术史，学者们通过调查勘探、著录考证、分析阐释等方式，就"霍去病墓"及其石雕的礼仪规制、

---

① G. de Voision, J. Lartigue et V. Ségalen, "Premier Exposé des Résultats Archéologiques Obtenus Dans la Chine Occidentale Par la Mission", *Journal Asiatique*, Onzième Série, Tome V, Paris, 1915, pp. 471 – 473; V. Ségalen, "Recent Discoveries in Ancient Chinese Sculpture", *Journal of the North-China Branch of the Royal Asiatic Society*, vol. XLVIII, Shanghai, 1917, pp. 153 – 155; V. Ségalen, G. de Voision et J. Lartigue, *Mission Archéologiques en Chine* (1914), 1, Paris, 1923, pp. 33 – 43.

② J. Lartigue, "Au Tombeau de Houo K'iu-ping", *Artibus Asiae*, 1927, No. 2, pp. 85 – 94.

③ C. W. Bishop, "Notes on the Tomb of Ho Ch'u-ping", *Artibus Asiae*, 1928 – 1929, No. 1, pp. 34 – 46.

④ C. Hentze, "Les Influences Etrangeres Dans le Monument de Houo-K'iu-ping", *Artibus Asiae*, 1925 – 1926, No. 1, pp. 31 – 36; H. Glück, "Die Entwicklungsgeschichtliche Stellung des Grabmales des Huo Kiu-ping", *Artibus Asiae*, 1927, No. 1, pp. 29 – 41; J. C. Ferguson, "Tomb of Ho Ch'ü-ping", *Artibus Asiae*, 1928 – 1929, No. 4, pp. 228 – 232; ［日］水野清一:《前汉代に於ける墓饰石雕の一群に就いてて——霍去病の坟墓》，（京都）《东方学报》第三册（1933 年），第 324 ~ 350 页。

⑤ Osvald Sirén, *Histoire des Arts Anciens de la Chine*, Tome III, La Sculpture, Paris et Bruxelles, Les Editions G. Van Oest, 1930, pp. 6 – 7; H. D'Ardenne, *La Sculpture Chinoise*, Paris, 1931, pp. 30 – 34; ［日］桑原骘藏:《考史游记》，中华书局，2007 年，第 61 页；［日］足立喜六:《长安史迹之研究》，（东京）东洋文库，1933 年，第 99 页。

⑥ 马子云:《西汉霍去病墓石刻记》（写于 1933 年），《文物》1964 年第 1 期，第 45 ~ 46 页；滕固:《霍去病墓上石迹及汉代雕刻之试察》，《金陵学报》第四卷第二期（1934 年），第 143 ~ 156 页。

⑦ 陕西省文物管理委员会:《陕西兴平县茂陵勘查》，《考古》1964 年第 2 期，第 86 ~ 89 页；咸阳市文物考古研究所:《汉武帝茂陵钻探调查简报》，《考古与文物》2007 年第 6 期，第 23 ~ 30 页；咸阳市文物考古研究所:《西汉帝陵钻探调查报告》，文物出版社，2010 年，第 43 ~ 72 页。

⑧ 顾铁符:《西安附近所见的秦汉雕塑艺术》，《文物参考资料》1955 年第 11 期，第 3 ~ 11 页；王子云:《西汉霍去病墓石刻》，《文物参考资料》1955 年第 11 期，第 13 ~ 18 页；陈直:《陕西兴平县茂陵镇霍去病墓新出土左司空石刻题字考释》，《文物参考资料》1958 年第 11 期，第 63 页；傅天仇:《陕西兴平霍去病墓前西汉石雕艺术》，《文物》1964 年第 1 期，第 40 ~ 44 页；杨宽:《中国古代陵寝制度史研究》，上海古籍出版社，1985 年，第 72 页；刘庆柱、李毓芳:《西汉十一陵》，陕西人民出版社，1987 年，第 47 ~ 68 页；何汉南:《霍去病冢及石刻》，《文博》1988 年第 2 期，第 20 ~ 24 页；林梅村:《秦汉大型石雕艺术源流考》，《古道西风——考古新发现所见中西文化交流》，读书·生活·新知三联书店，2000 年，第 99 ~ 165 页；陈诗红:《霍去病墓及其石雕的几个问题》，《美术》1994 年第 3 期，第 85 ~ 89 页；A. Paludan, *The Chinese Spirit Road: The Classical Tradition of Stone Tomb Statuary*, Yale University Press, New Haven and London, 1991, pp. 17 – 27。

渊源与风格、思想性等问题进行了全面、深入的探讨，可谓硕果累累。

上述所有讨论皆基于同一个前提，即认定毕沅题字立碑的那座小山丘就是霍去病墓。也正是基于同一前提，绝大部分的讨论都把这座小山丘的特殊形制及其石雕的思想性归结为纪功，唯水野清一指出其除纪功性外，可能还隐含着另一层意义。水野清一这一洞见虽然同样基于上述前提，但对重新检讨这座小山丘的功能、思想性及其可能的属性提供了重要线索和启示，寻着这条线索，我们或许会有新的思考。

霍去病墓的最早记载见于《史记》，《史记·卫将军骠骑列传》："骠骑将军……元狩六年而卒。天子悼之，发属国玄甲军，陈自长安至茂陵，为冢象祁连山。"①《汉书·霍去病传》亦曰："去病……元狩六年薨。上悼之，发属国玄甲，军陈自长安至茂陵，为冢象祁连山。"②《汉纪·孝武皇帝纪》也见类似记载③。关于石雕的最早记载见于《史记·卫将军骠骑列传》司马贞索隐姚氏案，曰："冢在茂陵东北，与卫青冢并。西者是青，东者是去病冢。上有竖石，前有石马相对，又有石人也。"④亦见于《汉书·霍去病传》颜师古注，曰："在茂陵旁，冢上有竖石，冢前有石人马者是也。"⑤此外，唐《元和郡县志》、宋《太平寰宇记》、《长安志》、清《关中胜迹图志》、《兴平县志》、《陕西通志》等历代文献皆有关于霍去病墓或石雕的简略记载，内容多袭《史记》、《汉书》及其相关注解⑥。其中清乾隆四十二年修《兴平县志》记载，乾隆四十一年（1776年）时任兴平知县的顾声雷请陕西巡抚毕沅题字立碑，以官方名义正式确认前述小山丘为霍去病墓⑦。

在整个茂陵陵区中，唯毕沅题字树碑的土丘上下散落有许多大石块，其外观最具"山"形，并且上下还存有多件大型石雕，其中包括"马踏匈奴"石雕。这座土丘的方位、状貌及其个别石雕的题材和象征性与上述相关文献记载吻合，故此人们不仅自然而然，而且理所当然地认为这座小山丘就是霍去病墓。直至今日大家提到茂陵陵区的其他土冢可以说"传为金日磾墓"、"毕沅所谓的霍光墓"，然而但凡谓及"霍去病墓"，皆肯定之。若仔细检视历代文献，并观照近年来相关考古钻探和发掘简报，笔者发现该知识的形成存在明显逻辑疏漏，其中很多问题值得再思。

---

① 《史记》，中华书局，1982年，第2939页。

② 《汉书》，中华书局，1962年，第2489页。

③ 荀悦：《汉纪》，张烈点校：《两汉纪》，中华书局，2002年，第221页。

④ 《史记》中华书局，1982年，第2940页。

⑤ 《汉书》中华书局，1962年，第2489页。

⑥ 李吉甫：《元和郡县志》卷二，《文津阁四库全书》第159册，商务印书馆，2005年，第830页；乐史：《太平寰宇记》卷二七，《文津阁四库全书》第160册，商务印书馆，2005年，第81页；宋敏求：《长安志》卷一四，《文津阁四库全书》第195册，商务印书馆，2005年，第60页；刘於义等：《陕西通志》卷七〇，《文津阁四库全书》第186册，商务印书馆，2005年，第317页；毕沅撰、张沛校点：《关中胜迹图志》，三秦出版社，2004年，第285页。

⑦ 顾声雷修、张埧纂：《兴平县志》卷七，乾隆四十四年（1779年）刻本。

早期文献《史记·卫将军骠骑列传》、《汉书·霍去病传》只记载霍去病墓"为冢象祁连山",并未说明霍去病墓在茂陵的具体位置,也只字未提石雕。石雕之最早记载见于《史记·卫将军骠骑列传》唐司马贞索引中引姚氏之语,据水野清一考证,姚氏可能是南朝陈姚察(533~606年)[①]。《陈书·姚察传》记载,其曾于陈太建初(569年)报聘于周,并著有《西聘道里记》,所述事甚详[②]。此外,石雕还见于《汉书·霍去病传》唐颜师古(581~645年)注。南陈太建初距汉武帝元狩六年(前117年)相去686年,唐颜师古所处时代更是相距700年以上。强调这一点,并非企图颠覆这批石雕的年代,因为从石雕的风格样式以及共存的"左司空"、"平原乐陵……"题记刻石看,其为西汉遗存不成问题,然而问题在于姚、颜二人凭什么说列竖石、存石雕的那座小土丘就是霍去病墓,依据是否可靠,我们不得而知。

桑原骘藏1907年踏访"霍去病墓"时,其北100米多处尚存一小丘,前有清康熙三十六(1697年)年督邮使者程兆麟立的"汉霍去病墓"碑[③](现小丘不存,碑尚在)(图2)。过去当地乡人一直把这座小丘称祁连山,而把南面的"霍去病墓"称"石岭子"[④]。清乾隆四十二年修(1777年)《兴平县志》说:"今案师古之说是也,尚存石马一。土人呼曰祁连山矣,不念谁何假路北小冢当之,知县顾声雷请巡抚毕沅题碑改正。"[⑤] 然而令人不解的是此县志茂陵图中标示"石岭子"即霍去病墓(图3),但县图中却标示"石岭子"以北一冢为霍去病墓(图4)。另据考古钻探证实"霍去病墓后面100米处、现在的茂陵博物馆宿舍区内有传说是霍去病的'衣冠冢',封土已平,经钻探为一座墓葬,墓室东西19、南北21米,墓道西向,长32、宽8~14米"[⑥]。如此,摆在我们面前的问题是"石岭子"与其北侧之墓到底哪个是霍去病墓?康熙三十六年碑与乾隆四十一年碑孰是孰非?所谓的"衣冠冢"可信吗?

2003年考古钻探调查表明,茂陵东部司马道两侧,共分布着19座陪葬墓,存有封土者11座,封土不存者8座(图5)。其中"霍去病墓前面、茂陵东司马道南部有两座大型墓葬,墓道皆朝北,其中东边一座陕西省考古研究所进行过发掘,西边的一座我们钻探时发现,地面封土不存"[⑦]。两墓距"霍去病墓"皆很近,且都是大型墓葬,其墓主身份、地位肯定绝不一般,那么我们要问的是这两座大型陪葬墓的主人又是谁呢?

---

① 〔日〕水野清一:《前汉代に於ける墓饰石雕の一群に就いてて——霍去病の坟墓》,(京都)《东方学报》第三册(1933年),第328~329页。

② 《陈书》,中华书局,1972年,第348~349页。

③ 〔日〕桑原骘藏:《考史游记》,中华书局,2007年,第61页。

④ 〔日〕水野清一:《前汉代に於ける墓饰石雕の一群に就いてて——霍去病の坟墓》,(京都)《东方学报》第三册(1933年),第329页;马子云:《西汉霍去病墓石刻记》,《文物》1964年第1期,第45页。

⑤ 顾声雷修、张埙纂:《兴平县志》卷七,乾隆四十四年(1779年)刻本。

⑥ 咸阳市文物考古研究所:《汉武帝茂陵钻探调查简报》,《考古与文物》2007年第6期,第27~28页。

⑦ 咸阳市文物考古研究所:《汉武帝茂陵钻探调查简报》,《考古与文物》2007年第6期,第27页。

图 2　"汉霍去病墓"碑（立于清康熙三十六年，1697 年）

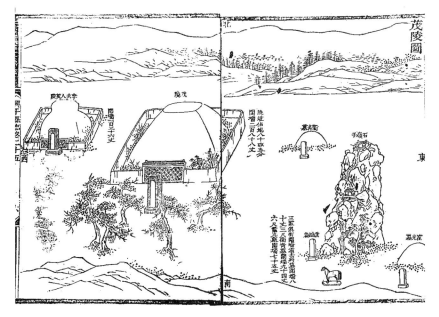

图 3　茂陵图（清乾隆四十二年，1777 年，顾声雷修《兴平县志》图）

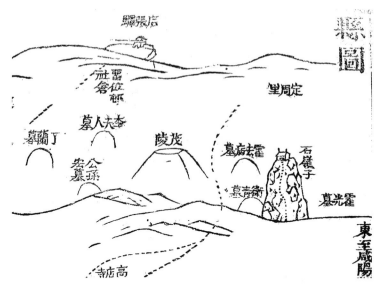

图4　兴平县图（局部，清乾隆四十二年，1777 年，顾声雷修《兴平县志》图）

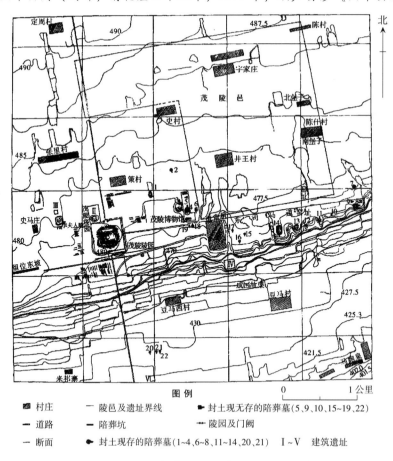

图 例

村庄	陵邑及遗址界线	封土现无存的陪葬墓（5、9、10、15~19、22）
道路	陪葬坑	陵园及门阙
断面	封土现存的陪葬墓（1~4、6~8、11~14、20、21）	I ~ V　建筑遗址

图 5　茂陵钻探调查平面图

《汉书·卫青传》记大将军卫青薨，"起冢象庐山"（匈奴辖区山名，一说为寘颜山），但未指明冢所在位置。对其方位的最早记载见于南陈时姚察之语，即"冢在茂陵东北，与卫青冢并。西者是青，东者是去病冢"①。唐颜师古亦曰："在茂陵东，次去病冢西，相并者是也。"② 其后文献及口传皆据此认为"霍去病墓"西北约50米处那座土冢就是卫青墓，冢前亦立有清乾隆四十一年毕沅所书"汉大将军大司马长平侯卫公青墓"石碑。然而20世纪考古发现则对这种传统说法提出了挑战。茂陵以东2公里处东西并列着5座冢，其中西端一座最大，南北长95、东西宽64、高22米，南高北低，颇似羊头，故当地人称"羊头冢"。1981年此冢一号陪葬坑出土大量器物，其中很多铜器上有"阳信家"铭③，据此学者断定其为武帝长姊卫青妇阳信长公主墓④。而根据《汉书·卫青传》记载："元封五年，青薨。""与主合葬，起冢象庐山云。"⑤ 如此，是否意味着"羊头冢"就是"庐山"呢？是姚察、师古记载有误，还是另有其他原因？对此有学者提出一种假设，认为"从《汉书》行文的语气看，公主可能比卫青先死。可否假定公主先葬于一号无名冢（即'羊头冢'）处，待卫青死后，公主迁葬于卫青墓处，与卫青墓并列于'庐山'形的大冢下。原来的随葬器物仍埋于无名冢处，未作搬迁，所以出现了现在所看到的这种现象"⑥。这种假设能否成立，实在令人怀疑。退一步讲，即便这一假设成立，位于"霍去病墓"西北50米处的冢丘就是卫青墓，那么我们不禁要问：同为抗击匈奴英雄的卫将军冢既不具备"山"的外观，封土上也未竖石，且不见大型石雕，若两墓都是以匈奴辖区之山为冢，用以旌功，那么相距咫尺之遥的两墓为何形制大异？

此外，传说与文献对古遗址讹传的事例不胜枚举，如长沙马王堆西汉轪侯家族墓地旧传为五代楚王马殷家族的墓地，故名马王堆。而《太平寰宇记》则记载此处为西汉长沙王刘发葬程唐二姬的墓地，号曰"双女坟"，后《大清一统志》、《湖南通志》、《长沙县志》皆沿袭此说。古往今来没有人对此表示怀疑，但发掘表明此前所有的传说和记载都是错误的。再如位于陕西咸阳周陵镇北的两座封土，自宋以来就被视为周文王和周武王的陵墓，陵前还立有清乾隆年间毕沅所书石碑，旁边祠堂内尚存有明清碑刻32通。然而2007年考古发掘证实，两冢系战国晚期某代秦王的陵墓，并非千余年来文献和口传中所谓的周文王和周武王的陵墓。那么，"霍去病墓"知识的生成是否也存在以讹传讹的可能呢？

① 《史记》，中华书局，1982年，第2940页。
② 《汉书》，中华书局，1962年，第2490页。
③ 咸阳地区文管会等：《陕西茂陵一号无名冢一号从葬坑的发掘》，《文物》1980年第9期，第1~8页。
④ 负安志：《谈"阳信家"铜器》，《文物》1980年第9期，第18~20页。
⑤ 《汉书》，中华书局，1962年，第2489、2490页。
⑥ 丰州：《汉茂陵"阳信家"铜器所有者的问题》，《文物》1983年第6期，第65页。

也正是基于"霍去病墓"这一前提，学者们大都不假思索地视前述小山丘为"祁连山"，并把它的思想性完全归结于旌功。不错，《史记》确谓霍去病墓"为冢象祁连山"，司马贞索隐中亦引北魏崔浩（？～450 年）言："去病破昆邪于此山，故令为冢象之以旌功也。"① 然而司马迁、崔浩二人所说"祁连山"是否指这座土丘，不得而知。土丘南侧"马踏匈奴"石雕确具纪功表征，但与其他石雕是否同组，历史上是否存在移位？亦有待考察。其他石雕的母题则绝非如许多学者所言，是取自祁连山中的野兽，象征祁连山环境的险恶，一个简单不过的道理就是祁连山绝不可能出现大象。而其中马、虎、象、鱼、蟾蜍等动物以及胡人抱熊都是汉代神仙世界中常见之母题（图 6～8）。20 世纪早期石雕的分布还表明，除"马踏匈奴"、卧马等几件作品位于土丘下外，其余皆在土丘上不同位置（图 9、10）②。土丘上石雕与竖石错落，景象正如水野清一之洞见，酷似汉代的博山炉③或其他博山形器（图 11、12）。如此，与其说这座土丘是"祁连山"，不如说它是一座"仙山"。

图 6　西汉石雕伏虎（长 200、宽 84 厘米）

倘若这座土丘模拟仙山，即便它是一座墓葬④，抑或就是霍去病墓，那么其思想主旨和象征要义或许不在纪功，而在于通过构建一个虚拟的神仙世界，来表达不死和永生观念。

---

① 《史记》，中华书局，1982 年，第 2939、2940 页。

② 图 9 采自 J. Lartigue，"Au Tombeau de Houo K'iu-ping"，*Artibus Asiae*，1927，No. 2，p. 86；图 10 采自 A. Paludan，*The Chinese Spirit Road：The Classical Tradition of Stone Tomb Statuary*，Yale University Press，New Haven and London，1991，p. 241。

③ ［日］水野清一：《前汉代に於ける墓饰石雕の一群に就いてて——霍去病の坟墓》，（京都）《东方学报》第三册（1933 年），第 348～349 页。

④ 咸阳市文物考古研究所：《汉武帝茂陵钻探调查简报》，《考古与文物》2007 年第 6 期，第 27 页。

图 7　西汉石雕卧象（长 189、宽 103 厘米）

图 8　西汉石雕胡人抱熊（高 277、宽 172 厘米）

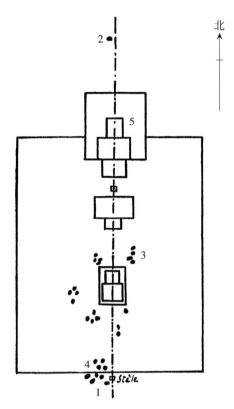

图9　"霍去病墓"石雕分布图
1. "马踏匈奴"　2. 卧马　3. 卧牛　4. 残立马　5. 胡人抱熊

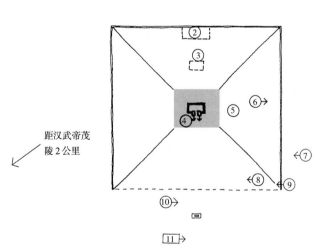

图10　"霍去病墓"石雕分布图
1. 卧马　2. 胡人抱熊　3. 蟾蜍　4. 鱼　5. 怪兽食羊　6. 卧牛
7. 残人像　8. 跃马　9. 伏虎　10. 残立马　11. "马踏匈奴"

图 11　河北满城陵山西汉中山靖王刘胜墓出土
错金银青铜博山炉（高 26、腹径 15.5 厘米）

图 12　甘肃平凉出土西汉青铜博山樽（高 28.1、径 23.5 厘米）

汉代是神仙信仰风靡的时代,神仙思想可以说渗透于汉代社会生活的方方面面,并成为当时文学和艺术表达的一项主题,汉代的文赋、建筑、绘画、雕塑、器物无不充斥有浓郁的神仙气息。仅就建筑而言,见于文献的集仙宫、仙人观、渐台、通天台、望仙台、神明台、集仙台等与神仙信仰有关的建筑就可谓林林总总,不可胜数。

《史记·封禅书》说建章宫:"其北治大池,渐台高二十余丈,命曰泰液池,中有蓬莱、方丈、瀛洲、壶梁,象海中神山龟鱼之属。"[①]《史记·孝武本纪》司马贞索隐中引《三辅故事》云:"殿北海池北岸有石鱼,长二丈,广五尺,西岸有石龟二枚,各长六尺。"[②] 1973年西安西郊高堡子村西汉建章宫泰液池遗址出土一件大石鱼,长490、头径59、尾径47厘米[③]。石鱼大致轮廓呈橄榄形,仅见有鱼眼,造型非常简练,颇具西汉大型石雕风格,故证明上述文献记载可信。

《史记·封禅书》、《汉书·郊祀志》皆记载元封二年(109年),汉武帝听信方士公孙卿之言,为招来神仙,于皇室举行重大祭天仪式的甘泉宫作通天台[④]。现存于陕西淳化县凉武帝村东的两座高大土堆即西汉甘泉宫通天台基址,两台基东西对峙,高约16米。其南侧不远处尚存一石熊和一石鼓,石熊高125、腰围293厘米,造型敦实,风格简约,酷似"霍去病墓"石雕[⑤](图13)。

图13　西汉甘泉宫通天台遗址(台高约16米,石熊高125、腰围293厘米)

① 《史记》,中华书局,1982年,第1402页。
② 《史记》,中华书局,1982年,第483页。
③ 黑光:《西安汉泰液池出土一件巨型石鱼》,《文物》1975年第6期,第91~92页。
④ 《史记》,中华书局,1982年,第1400页;《汉书》,中华书局,1962年,第1242页。
⑤ 姚生民:《关于汉甘泉宫主体建筑位置问题》,《考古与文物》1992年第2期,第94页。

可以想见，既然武帝于宫中大兴神仙建筑，那么茂陵陵区也一定缺少不了这类建筑。茂陵封土东南500米范围内现存两处汉代高台建筑遗址，其中较矮的一处被认为是文献中所说的孝武园"白鹤馆"遗址，较高的一处现高约9米，上有数块天然巨石，当地人称"压石冢"[①]。两处遗址皆被认定为建筑遗址，但其功能如何，目前尚难断定。然而与"压石冢"类似，"霍去病墓"上亦存大量石块，据说上下共有大小石块一百五十余[②]，其中大多为天然石块，亦见疑似建筑用石。若以方士公孙卿所言"仙人好楼居"以及宫苑神仙建筑状貌推测，茂陵陵区与神仙信仰有关的建筑亦当高大耸立。那么通观整个茂陵陵区，又有那座遗址具备如此状貌和性质呢？答案似乎不言而喻。

二　汉画"伏羲、女娲图像"知识的生成与检讨

汉代墓室壁画、画像石、画像砖中常见一种与日月组合在一起的人首龙（蛇）身对偶像或对偶交尾像，两像或临近日月，或托举日月，或怀揽日月（图14~17）。这类图像始见于西汉晚期，流行于东汉，并延续至后代。就此图像而言，最常见"伏羲、女娲说"，偶见"羲和、常羲说"[③]。

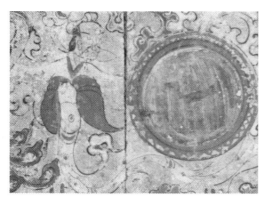

图14　河南洛阳浅井头西汉墓出土阴阳二神壁画

"伏羲、女娲说"出现最早，影响最大，已成知识。其知识生成线索大体如下：清乾隆五十一年（1786年）东汉武氏祠重见天日，其中武梁祠西壁第二层刻有人首龙

①　咸阳市文物考古研究所：《汉武帝茂陵钻探调查简报》，《考古与文物》2007年第6期，第26页；陕西省文物管理委员会：《陕西兴平县茂陵勘查》，《考古》1964年第2期，第87~88页。

②　陈直：《汉书新证》，天津人民出版社，1979年，第322页。

③　吴曾德、周到：《南阳汉画像石中的神话与天文》，《南阳汉代天文画像石研究》，民族出版社，1995年，第6~13页，原载《郑州大学学报》1978年第4期；南阳汉代画像石编辑委员会：《南阳汉代画像石》，文物出版社，1985年，第40~41页；汤池：《汉魏南北朝的墓室壁画》，《中国美术全集·绘画编12·墓室壁画》，文物出版社，1989年，第1~20页；洛阳市第二文物工作队：《洛阳偃师县新莽壁画墓清理简报》，《文物》1992年第12期，第1~8页；刘文锁：《伏羲女娲图考》，《艺术史研究》第8辑，中山大学出版社，2006年，第117~161页。

图 15　四川崇州收集东汉阴阳二神画像砖（纵 39、横 47.9 厘米）

图 16　河南南阳麒麟岗东汉墓出土阴阳二神画像石（纵 130、横 380 厘米，拓片）

（蛇）身、相互交尾、手执规矩的两神，题"伏戏仓精，初造王业，画卦结绳，以理海内"①。1821 年冯云鹏、冯云鹓《金石索・石索》就此而言："……王文考《鲁灵光殿赋》：'伏羲麟身，女娲蛇躯。'……彼图于殿，此刻于石，汉制一也。"此即暗示两神为伏羲、女娲。就武氏左石室类似画像，书中则明言为伏羲、女娲②。1825 年瞿中溶《汉武梁祠画像考》就武梁祠人首龙（蛇）身对偶交尾像进行了详考，认为此当伏羲及其后，并据《淮南子》、《天问》王逸注、王延寿《鲁灵光殿赋》等文献示意伏羲之后即女娲③。

---

① 蒋英炬、吴文祺：《汉代武氏墓群石刻研究》，山东美术出版社，1995 年，第 52 ~ 53 页。

② 冯云鹏、冯云鹓：《金石索》，书目文献出版社，1996 年，第 1263、1448 ~ 1449 页。

③ 瞿中溶：《汉武梁祠画像考》，北京图书馆出版社，2004 年，第 31 ~ 35 页。

图 17　河南唐河湖阳西汉墓出土阴阳二神画像石（纵148、横40厘米，拓片）

1847 年马邦玉《汉碑录文》谈到武梁祠人首龙（蛇）身像时，提及另两处类似画像，并由此及彼，说："予意古之图画羲、娲者皆类此。"① 1939 年常任侠发表《重庆沙坪坝出土之石棺画像研究》一文，以武梁祠为典型，推而广之，把汉画中出现的人首龙（蛇）身对偶像和对偶交尾像（包括托举日月者）统统认定为伏羲、女娲。说："古代图绘伏羲、女娲于祠殿者。今虽不可见，而文献尤足征。至石刻及绢画，颇多发现，若武梁祠及各古墓所获，今俱存在，可供参互比较。沙坪坝所出两棺，每棺各有人首蛇身像，亦其类也。"② 1942 年闻一多《从人首蛇身像谈到龙与图腾》一文亦比较宽泛地界定了伏羲、女娲形象。说："史乘上伏羲女娲传说最活跃的时期，也就是人首蛇身画像与记载出现的时期，这现象也暗示着人首蛇身神即伏羲女娲的极大可能性。"③ 自此以后，"伏羲、女娲说"日趋泛化，考古学、艺术史、文化史、思想史、人类学、民族学、民俗学等领域的众多学者但凡触及汉画中的人首龙（蛇）身对偶像或对偶交尾像（包括与日月关联者），一概冠之以伏羲、女娲。

2000 年孟庆利发表《汉墓砖画"伏羲、女娲像"考》一文，首度对上述共识提出挑战，并试图颠覆之。作者认为把汉墓砖（石）画人首龙（蛇）身、二尾相缠像附会为伏羲、女娲缺乏文献支持，并断言"其真正的寓意当是阴阳之人格化形象"④。该文作者就相关问题的思考无疑朝着正确方向迈出了关键一步，对本文探讨具有重要启示意义。

① 马邦玉：《汉碑录文》，《石刻史料新编》第二辑（八），（台北）新文丰出版公司，1979 年，第 6136 页。
② 常任侠：《重庆沙坪坝出土之石棺画像研究》，《常任侠艺术考古论文选集》，文物出版社，1984 年，第 1 ~ 8 页。原载《时事新报·学灯》第 41、42 期（1939 年）。
③ 闻一多：《伏羲考》，《神话与诗》，华东大学出版社，1997 年，第 15 页。原文载《人文科学学报》第一卷第二期（1942 年）。
④ 孟庆利：《汉墓砖画"伏羲、女娲像"考》，《考古》2000 年第 4 期，第 81 ~ 86 页。其文开篇就伏羲、女娲关系的考证，严谨翔实，而后续论证则见有疏漏。1. 作者说"伏羲、女娲在先秦及西汉时并没有人首龙（或蛇）身之说，到东汉中后期及魏晋之时，才被学者套上了这种面具。因此，将两汉墓中人首龙（或蛇）身、二尾相缠的画像附会于他们是没有根据的"。这一推论显然存在逻辑纰漏。2. 作者把研究对象表述为"人首龙（或蛇）身、两尾相缠像"，但在引证他人统计材料中，却不尽然，还包括人首龙（蛇）身，但两尾并未相缠的画像，并且文中配图亦见之。如此看来，其研究对象界定含混。3. 既然谈"阴阳之人格化形象"，那么与日月关联的人首龙（蛇）身像，作者为何视而不见？通篇只字未提，且配图中也不见一例。4. 作者论断出现人"首龙（或蛇）身、两尾相缠像"的汉墓墓主多为政府中、高级官员，并且说"这类画像石以南阳及相邻地区最为集中"。这一论断显然与事实不符，现有考古材料表明，此类图像在山东、江苏、河南、陕西、四川等地不同等级的汉墓中皆常见之。

关于伏羲、女娲早期尚不对偶一说，钟敬文有言在先①，孟庆利则做了翔实考证。检视相关文献，笔者以为此说不无道理，一、《汉书·古今人表》虽开卷首列伏羲、女娲，但把伏羲列为上上圣人，而把女娲放在了上中仁人之列②。《淮南子·览冥训》高诱注："女娲，阴帝，佐虙戏治者也。"③ 可见汉代两神地位显然不对等。二、早期文献谈及伏羲、女娲，多各自表述④，并举者少见⑤。就两神关系而言，只说女娲"佐虙戏治者"、"承庖犠制度"⑥、"伏希之妹"⑦。夫妇说或晚出，见于唐代文献⑧。因此，两神在汉代似乎并不具备成双、成对的特征。三、置伏羲、女娲于三皇之列，同样缺乏

---

① 钟敬文：《马王堆汉墓帛画的神话史意义》："从较古的文献上看，伏羲和女娲的故事，并不是合在一起的。《易系辞》记述伏羲的'功业'，陪着说的是神农、黄帝等而不是女娲，《楚辞·天问》，问到女娲的形体和它的制造者（'女娲有体，孰制匠之？'），但没有提及伏羲（把本节第一句'立登［案：应为登立］为帝'的'帝'字解释成'伏羲'是东汉《楚辞章句》作者王逸的说法，后代注释家已给以纠正）。《淮南子·览冥训》，大段地叙述了女娲平洪水、补天缺的伟大功业。在叙述前，虽然提到'伏羲'的名字，但从文字看，只能说明他们两人（神？）的世代上的关系，并不能说明他们的家属上的关系。"《中华文史论丛》第二辑，上海古籍出版社，1979 年，第 79 页。

② 《汉书》，中华书局，1962 年，第 863～864 页。

③ 《淮南子》，第 95 页，《诸子集成》七，中华书局，1954 年。

④ 《易·系辞下》："古者包犠氏之王天下也，仰则观象于天，俯则观法于地，观鸟兽之文，与地之宜，近取诸身，远取诸物，于是始作八卦，以通神明之德，以类万物之情。作结绳而为网罟，以佃以渔，盖取诸离。"孔颖达等：《周易正义》，《十三经注疏》，中华书局，1988 年，第 86 页；《管子·封禅》："虙羲封泰山。"《管子·轻重戊》："虙戏作造六峜，以迎阴阳；作九九之数，以合天道，而天下化之。"戴望：《管子校正》，第 273、414 页，《诸子集成》五，中华书局，1954 年；《庄子·人间世》："是万物之化也，禹舜之所纽也，伏羲几蘧之所行终。"《庄子·大宗师》："夫道，……伏戏氏得之，以袭气母。"《庄子·胠箧》："子独不知至德之世乎？昔者……伏羲氏、神农氏。"《庄子·缮性》："及燧人、伏羲始为天下，是故顺而不一。"《庄子·田子方》："古之真人，……伏戏、黄帝不得友。"王先谦：《庄子集解》，第 24、40、61、98、135 页，《诸子集成》三，中华书局，1954 年；《荀子·成相》："文武之道同伏戏。"王先谦：《荀子集解》，第 306 页，《诸子集成》二，中华书局，1954 年；《楚辞·大招》："伏戏〈驾辩〉，楚〈劳商〉只。"洪兴祖：《楚辞补注》，中华书局，1983 年，第 221 页；《战国策·赵二》："宓戏、神农教而不诛。"刘向辑：《战国策》，上海古籍出版社，1985 年，第 663 页；《世本·作篇》："伏羲制俪皮嫁娶之礼。"王谟辑：《世本》，第 35 页，《世本八种》，商务印书馆，1957 年；《楚辞·天问》："女娲有体，孰制匠之？"王逸注："传言女娲人头蛇身，一日七十化。"洪兴祖补注："娲，古天子，风姓也。"洪兴祖：《楚辞补注》，中华书局，1983 年，第 104 页；《礼记·明堂位》："女娲之笙簧。"孔颖达：《礼记正义》，《十三经注疏》，中华书局，1988 年，第 1491 页；《山海经·大荒西经》："有神十人，名曰女娲之肠，化为神，处栗广之野，横道而处。"郭璞注："古神女而帝者，人面蛇身，一日中七十变，其腹化为此神。"袁珂：《山海经校注》，上海古籍出版社，1980 年，第 389 页；《淮南子·览冥训》："往古之时，四极废，九州裂，天不兼覆，地不周载……于是女娲炼五色石以补苍天，断鳌足以立四极……阴阳之所壅沈不通者，窍理之。"《淮南子·说林训》："黄帝生阴阳，上骈生耳目，桑林生臂手，此女娲所以七十化也。"《淮南子》，第 95、292 页，《诸子集成》七，中华书局，1954 年；《世本·作篇》："女娲作笙簧。"王谟辑：《世本》，第 35 页，《世本八种》，商务印书馆，1957 年。

⑤ 《淮南子·览冥训》："伏羲、女娲不设法度，而以至德遗于后世。"《淮南子》，第 98 页，《诸子集成》七，中华书局，1954 年；王延寿：《鲁灵光殿赋》："伏羲鳞身，女娲蛇躯。"萧统编、李善注：《文选》，上海古籍出版社，1986 年，第 515 页。

⑥ 《初学记》引《帝王世纪》："女娲氏，亦风姓也，承庖犠制度，亦蛇身人首。一号女希，是为女皇。"徐坚等：《初学记》，中华书局，2004 年，第 196 页。

⑦ 《路史·后纪二》注引汉应劭《风俗通》曰："女娲，伏希之妹。"罗泌：《路史》，《文津阁四库全书》第 132 册，商务印书馆，2005 年，第 172 页。

⑧ 卢仝：《与马异结交诗》，"女娲本是伏羲妇"，《全唐诗》，中华书局，1960 年，第 4383 页。

对偶关系①。如此看来，把汉画中出现的人首龙（蛇）身对偶像或对偶交尾像笼而统之，一概冠以伏羲、女娲之名，的确缺乏文献支持，疑惑甚多。

那么反过来，一概否定汉画中的人首龙（蛇）身对偶像或对偶交尾像为伏羲、女娲，且全部归其为"阴阳之人格化形象"，同样缺乏理据，或面临更大风险。理由是：一、留存至今的汉代文献非常有限，其中就伏羲、女娲的记载更是只言片语，或含糊其辞，或语焉不详，由此产生的也只是质疑，并不表明事实就是如此。二、20 世纪 80 年代以前出土的汉画，见"伏羲"题记，似未见"女娲"题记。如 1954 年山东梁山（现东平）后银山发现一座东汉前期壁画墓，仅见一人首龙身像，并题"伏羲"②。再如前述山东嘉祥东汉元嘉元年（151 年）武梁祠西壁，虽然刻有人首龙（蛇）身、相互交尾的对偶像，但仅题"伏戏仓精，初造王业，画卦结绳，以理海内"。只字未言另一像。然而，1988 年四川简阳鬼头山东汉晚期崖墓发现一具画像石棺，足挡刻有一对人首龙（蛇）身像，分别题刻"伏希"、"女娃"，题记清晰可辨，明确无误（图 18）③。2015 年，陕西靖边渠树壕发现一座东汉壁画墓，墓顶二十八宿天象图中绘有一对手执规矩的人首龙身对偶像，并清晰可见"伏羲、女娲"墨书题记④。

图 18　四川简阳深沟村鬼头山东汉崖墓出土画像石棺
（棺高 63、长 210 厘米）伏羲、女娲（拓片）

①　《风俗通义·皇霸篇》引《春秋运斗枢》："伏羲、女娲、神农，是三皇也。"王利器：《风俗通义校注》，中华书局，1981 年，第 2 页；《文选·东都赋》李善注引《春秋元命苞》："伏羲、女娲、神农为三皇。"萧统编、李善注：《文选》，上海古籍出版社，1986 年，第 30 页；《吕氏春秋·用众》高诱注："三皇，伏羲、神农、女娲也。"《吕氏春秋》，第 42 页，《诸子集成》六，中华书局，1954 年。

②　关天相、冀刚：《梁山汉墓》，《文物参考资料》1955 年第 5 期，第 43～44 页。

③　雷建金：《简阳县鬼头山发现榜题画像石棺》，《四川文物》1988 年第 6 期，第 65 页。

④　陕西考古研究院等：《陕西靖边杨桥畔渠树壕东汉壁画墓发掘简报》，《考古与文物》2017 年第 1 期，第 3～26 页。

　　如此看来，就汉画中人首龙（蛇）身对偶像或对偶交尾像笼统地做出结论，要么一概肯定其为伏羲、女娲，要么全盘否定其为伏羲、女娲，似乎皆不可取。事实上，汉画中这类图像千差万别，不究细节，大致可见四类，即：单纯对偶像或对偶交尾像、手持规矩的对偶像或对偶交尾像、与日月组合的对偶像或对偶交尾像、手持规矩并与日月组合的对偶像或对偶交尾像。面对如此复杂的图像，笼而统之的讨论，或许无效。

　　若要对汉画中人首龙（蛇）身对偶像或对偶交尾像进行有效讨论，最好的办法莫过于区别对待，可辨者说之，不可辨者避之。就与日月不相干者而言，说它是伏羲、女娲，文献似不支持；说它不是伏羲、女娲，但却见图像例证。故此，就上述图像来说，以现有材料尚难厘清，只好搁置存疑。而与日月组合在一起者，其指向性则比较明确。《淮南子·天文训》："日者，阳之主也。""月者，阴之宗也。"[1] 而在汉代视觉艺术中，日月显然是代表阴阳的两个标志性符号。如此看来，汉画中与日月密切关联，或临近日月，或托举日月，或怀揽日月的人首龙（蛇）身对偶像或对偶交尾像，最有可能的就是阴阳神。

　　汉代言阴阳，那么是否存在阴阳神一说呢？《淮南子·原道训》："泰古二皇得道之柄，立于中央，神与化游，以抚四方。是故能天运地滞，轮转而无废，水流而不止，与万物终始。"高诱注："指说阴阳。"[2]《淮南子·精神训》："古未有天地之时，惟像无形，窈窈冥冥，芒芠漠闵，澒濛鸿洞，莫知其门。有二神混生，经天营地，孔乎莫知其所终极，滔乎莫知其所止息，于是乃别为阴阳，离为八极，刚柔相成，万物乃形。"高诱注："二神，阴阳之神也。"[3] 就此顾颉刚说："这或者确是当初用二数来定名的本意。"[4] 那么很显然，《淮南子》所谓"二皇"、"二神"即指汉代阴阳二神。

　　话说至此，问题似乎已昭然若揭。然而节外生枝，又见"二皇"、"二神"即伏羲、女娲一说[5]。倘若如此，问题又回到了原点，上述讨论就失去了意义。然而好在这一说法不堪推敲，一、若以高诱云"二皇"、"二神"即阴阳之神，那么指认"二皇"、"二神"即伏羲、女娲，也就意味着指认伏羲、女娲即阴阳之神。前述伏羲、女娲在汉代缺乏对等关系，而阴阳则是两种均衡力量，两者显然无法匹配。二、《淮南子》既言伏羲、女娲，又言"二皇"、"二神"，但未混淆之。三、汉代文献论阴阳者甚多，然

①　《淮南子》，第36页，《诸子集成》七，中华书局，1954年。
②　《淮南子》，第1页，《诸子集成》七，中华书局，1954年。
③　《淮南子》，第99页，《诸子集成》七，中华书局，1954年。
④　顾颉刚：《顾颉刚文史论文集》第三册，中华书局，1996年，第48页。
⑤　闻一多说：伏羲、女娲"二人名字并见的例，则始于《淮南子》（《淮南子·览冥篇》）。他们在同书里又被称为二神（《精神篇》），或二皇（《原道篇》，《缪称篇》）"。闻一多：《伏羲考》，《神话与诗》，华东大学出版社，1997年，第14～15页；刘起釪就此感叹说："是他（闻一多）明确以二神或二皇即指伏羲、女娲，实先获我心，当为确论。"刘起釪：《古史续辨》，中国社会科学出版社，1991年，第80页。

而不见把伏羲和女娲与之相提并论者。四、若以高诱云伏羲即大皞①，那么在阴阳五行系统中，伏羲乃五行中东方之帝，因此他就不可能再兼同一系统中的阳神。而女娲则与阴阳五行系统毫不相干。五、四川简阳鬼头山东汉石棺足挡刻有题记明确的伏羲、女娲画像，而棺左侧却出现了两个怀揽日月的人首鸟身画像，并见"日月"题记（图19）。类似画像常现于四川汉墓，陕西神木大保当 11 号东汉画像石墓左右门柱亦见有人首鸟足、身生毛羽且怀揽日月的对偶像②（图20）。这种造型特殊且怀揽日月的对偶像，很可能是阴阳神之变体。由此可见，汉代伏羲、女娲与"二皇"、"二神"，即阴阳之神当属不同系统的神祇。

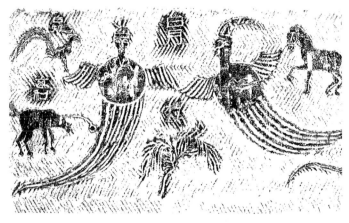

图 19　四川简阳深沟村鬼头山东汉崖墓出土画像石棺
（棺高 63、长 210 厘米）"日月"画像（拓片）

阴阳五行是汉代思想的骨干，是一切合理性的依据，是人们行为的前提和生活的准则。阴阳是天地自然和生命万物的力量源泉，五行则是"天"设定的秩序。"阴阳作为哲学范畴，与'五行'一样，它们既不是纯粹抽象的思辨符号，又不是纯具体的实体（substance）或因素（elements）。它们是代表具有特定性质而又相互对立又相互补充的概括的经验功能（function）和力量（forces）。"③《吕氏春秋·大乐》："太一出两仪，两仪出阴阳。阴阳变化，一上一下，合而成章……万物所出，造于太一，化于阴阳。"④《淮南子·览冥训》："故至阴飂飂，至阳赫赫，两者交接成和，而万物生焉。"⑤

---

① 《淮南子·天文训》高诱注："太皞伏羲氏有天下号也，死托祀于东方之帝也。"《淮南子》，第37页，《诸子集成》七，中华书局，1954年。
② 发掘者认为其是东方句芒与西方蓐收（陕西省考古研究所等：《神木大保当——汉代城址与墓葬考古报告》，科学出版社，2001年），笔者不认同此说。
③ 李泽厚：《中国古代思想史论》，人民出版社，1985年，第162页。
④ 《吕氏春秋》，第46页，《诸子集成》六，中华书局，1954年。
⑤ 《淮南子》，第91页，《诸子集成》七，中华书局，1954年。

图 20　陕西神木大保当 11 号东汉墓出土阴阳二神彩绘画像石
（纵 69/116、横 33/33.5 厘米）

《淮南子·本经训》："阴阳者，承天地之和，形万殊之体。含气化物，以成坱类。"①
《黄帝内经素问·四气调神大论》："故阴阳四时者，万物之终始也，死生之本也……从
阴阳则生，逆之则死。"②《焦氏易林》："麒麟凤凰，善政得祥。阴阳和调，国无灾
殃。"③《汉书·魏相传》："奉顺阴阳，则日月光明，风雨时节，寒暑调和……臣愚以
为阴阳者，王事之本，群生之命，自古贤圣未有不繇者也。"④ 由此可见，阴阳的均衡
协调、交通互动，不仅导致天地自然和生命万物的生成与变化，而且还决定家国的命
运与众生的福祉。汉画中阴阳二神的大量涌现可谓汉代阴阳思想最具体和最直观的表
征，其显然具有调阴阳、法天地、化万物、主沉浮的功能和象征意义。

　　本文由作者此前发表的两篇论文，即《"霍去病墓"的再思考》（《美术研究》
2009 年第 3 期）和《汉画阴阳主神考》（《美术研究》2011 年第 1 期）合并而成，略
作补充、修改。

---

① 《淮南子》，第 119 页，《诸子集成》七，中华书局，1954 年。
② 王冰次注：《内经素问》，《文津阁四库全书》第 243 册，商务印书馆，2005 年，第 360 页。
③ 焦延寿：《焦氏易林》，《丛书集成新编》第 24 册，（台北）新文丰出版公司，1985 年，第 558 页。
④ 《汉书》，中华书局，1962 年，第 3139 页。

北魏洛阳时代的墓葬礼制建设

韦　正（北京大学考古文博学院）

孝文帝迁都洛阳之后，全面汉化，加强礼制建设，史云"高祖稽古，率由旧则，斟酌前王，择其令典，朝章国范，焕乎大振"[①]。部分活动化为历史遗迹和遗物留存至今并为考古所发现，成为反映当时礼制建设的直观材料。其中墓葬材料发现较多，能够较好地说明墓葬礼制建设的状况。从这些墓葬材料看，北魏洛阳时代墓葬礼制建设的主导力量是北魏政权，但是大族的影响也非常大。墓葬礼制建设的总体特征是"稽山"，也即一定意义上的"复古"，但是"复古"外衣之下掩藏着很多新内容，对于理解北魏洛阳时代的历史进程有一定的帮助[②]。

一

墓葬礼制在古代最高统治阶层中很受重视，能得到充分的体现，其遗迹和遗物也容易保留至今，所以本节主要依据皇帝和皇族、大臣们的墓葬材料略加叙述。

1. 陪陵制度

墓地布局在一定程度上是现实社会关系的反映。在墓地布局方面能够充分体现墓葬礼制的莫过于帝王与他的臣子们的墓葬。皇族和大臣死后陪陵是君权大于族权、国家凝聚力上升到一定阶段的历史现象，华夏地区的陪陵制度出现于战国时期，两汉时期这一制度普及起来。北魏实行陪陵制度是经过较长的历史阶段才实现的，是北朝晚期在墓葬礼制建设方面的突出内容。

北魏平城时代帝陵埋葬在盛乐金陵，入葬金陵的除皇帝皇后之外，只有少数的宗室和功臣，还称不上有严格的陪陵之事。北魏洛阳时代发生了巨大的变化，陪陵成为由孝文帝亲自安排的重大举措。宿白先生在《北魏洛阳城与北邙陵墓》一文中对洛阳

---

① 《魏书》卷一〇八之一《礼志一》，中华书局，1974 年，第 2733 页。
② 讨论北魏墓葬礼制建设的专文尚不见，但有若干讨论陵寝制度的论文，可以参看。如韩国河：《东汉北魏陵寝制度特征和地位的探讨》，《文物》2011 年第 1 期，第 51 ~ 58 页；燕睿：《北魏陵寝制度的基本特征》，《南都学坛》（人文社会科学学报）第 29 卷第 1 期（2009 年 1 月），第 41 ~ 42 页；金爱秀：《北魏丧葬制度初探》，《河南科技大学学报》（社会科学版）第 22 卷第 4 期（2004 年 12 月），第 15 ~ 18 页。

北魏帝陵布局有深入的分析，节略如下：洛阳瀍河两岸是北魏墓葬最集中的分布区。孝文帝长陵是这个墓区的中心，其子恪（宣武）景陵位于它的右前方，恪子诩（孝明）定陵在距长陵较远的左前方。距长陵较近左前方的高地埋葬了自拓跋宏七世祖拓跋珪（道武）子孙以迄拓跋宏自己的一支子孙。其布局是以拓跋珪（道武）子孙的墓地为中心，宏六世祖嗣（明元）、四世祖晃（景穆）、二世祖弘（献文）的子孙的墓葬位于右侧；宏五世祖焘（太武）、三世祖濬（文成）子孙和宏子怀一支的墓地位于左侧。这块高地的前沿和坡下一带，除埋葬妃嫔之外，还有傅姆、大监、内司等内职。拓跋珪以上的什翼犍（昭成）、郁律（平文）后裔的墓地，则远离这块墓地，甚至分散到这个大墓区的北部边缘。墓葬的排列方式系不同辈分按前后布置，同辈按长幼一线布置。这个大墓区集中的对象有：不久以前还是一个氏族（皇室元氏）、一个大氏族（九姓帝族）的死者；同属于一个联盟而又类乎兄弟氏族（勋旧八姓）的死者；同一个联盟的其他部落的死者（其他内入的余部诸姓）；其他鲜卑诸部的降臣（如慕容诸燕和北燕冯氏）；投魏的中原和南方的降臣（如弘农杨氏、琅邪王氏）（图 1）。孝文帝安排自己与宣武帝和孝明帝、安排自己以上七世祖子孙墓地的方法合于中国上古文献记载的庙制中的昭穆制，这种制度无论是在先秦墓葬还是两汉魏晋墓葬中都没有发现可以确认的例证，孝文帝竟然将之付诸现实，实在是丧葬礼制建设中的旷世之举①。

　　用大同附近的北魏墓葬略作对比，就可以看出洛阳北魏陵墓规划之谨严。北魏贵戚大臣的墓葬集中分布在今大同东郊，既有几座至十余座墓葬的小型墓群，如国营粮食原种场墓群（6 座）、雁北师院墓群（11 座）、沙岭北魏墓群（12 座），也有数十座的较大墓群如迎宾大道墓群（75 座）。这些墓群中既存在家族墓群，大概也存在家族以上组织的墓群。大同南郊分布着以平民墓为主的墓群，其中大同电焊器材厂墓群有167 座墓葬，分布秩序井然，是由若干鲜卑家族墓和宗族墓组合到一起的大墓群。这样大的墓群在洛阳地区没有发现。即使眼光放大到秦汉以来，虽然也有很大的墓群如敦煌地区的魏晋墓群，但像大同电焊器材厂墓群这样由很可能具有血缘关系的社会成员埋葬到一起的墓地似未听闻，可见北魏洛阳时代所发生的变化之巨。

　　2. 陵园设置

　　北魏平城时代，皇帝按照祖宗之法归葬盛乐，但并非没有突破的可能，如冯太后没有追随文成帝而是要求将自己安葬在大同北郊的方山，还在自己的陵前建立了思远灵图。更有甚者，为表达自己的孝思，孝文帝在冯太后永固陵东为自己预营了规模不及永固陵一半的"万年堂"。但是迁都洛阳以后，孝文帝放弃了代北的"万年堂"，营

① 宿白：《北魏洛阳城和北邙陵墓——鲜卑遗迹辑录之三》，《文物》1978 年第 7 期，第 42～52 页；又，谢宝富有不同看法，见谢宝富：《北魏金陵、桑乾、北邙、乾脯山西葬区研究——兼以此求教于宿白先生》，《北京航空航天大学学报》（社会科学版）1998 年第 2 期，第 72～78 页。谢氏认为孝文帝国长陵附近不存"昭穆葬"式的规整次第，所据例证颇为细碎，忽略了帝陵附近无不有总体规划的情况。

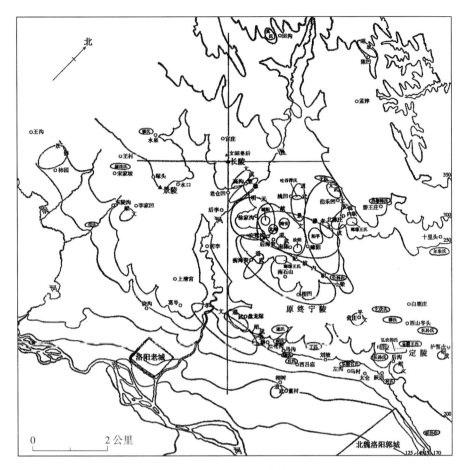

图 1　洛阳北郊北魏皇室墓地分布示意图

建了一个完全汉文化色彩的陵园。

　　孝文帝长陵陵园平面近方形，东西长 443、南北宽 390 米。陵园四周构筑夯土墙垣，墙垣外侧挖有壕沟，墙垣的中间开陵门。陵园内有两座陵寝，孝文帝陵位于中轴线偏北部。文昭皇后陵位于孝文帝陵西北约 106 米处。孝文帝陵封土直径最大处 103、高约 21 米；文昭皇后陵封土最大直径仅 42、高约 12 米。孝文帝陵墓道向南，为长斜坡式。在封土南部 21 米处，有两个对称的石墩，应为石翁仲座。再向南 46 米处有两个对称的长条形竖穴方坑。墓道、石墩、方坑在一条轴线上，应为原神道位置（图 2）。长陵遗址调查者认为："长陵陵园遗址给人的主观印象是具有明显的中原地区陵寝制度的特点。例如圆形的封土，方形的陵园平面，四面构筑夯土垣墙，园内建有祭祀建筑。与洛阳邙山地区的东汉帝陵和高级别的东汉大墓相比，二者之间存在着明显的继承关系。"① 调查者的这个

---

① 洛阳市第二文物工作队：《北魏孝文帝长陵的调查和钻探——"洛阳邙山陵墓群考古调查与勘测"项目工作报告》，《文物》2005 年第 7 期，第 50～62 页。

判断是可信的，长陵陵园的确透露出浓重的中原气息。
可以作为补充的是文昭皇后陵的迁移过程。《魏书》卷一
三载："孝文昭皇后高氏，司徒公高肇之妹也……暴薨于
汲郡之共县……世宗践祚，追尊配飨。后先葬城西长陵
东南，陵制卑局。因就起山陵，号终宁陵，置邑五百家。
肃宗诏曰：'文昭皇太后，德协坤仪，美符文姒，作合高
祖，实诞英圣，而夙世沦晖，孤茔弗祔……'又诏曰：
'文昭皇太后尊配高祖，祔庙定号，促令迁奉，自终及
始，太后当主，可更上尊号称太皇太后，以同汉晋之典，
正姑妇之礼。庙号如旧。'文昭迁灵榇于长陵兆西北六十
步。"① 由此可知，文昭皇后比孝文帝早死，长陵建立后，
宣武帝将她的陵墓迁移到长陵西北，并且安排在同一陵
园之中，这样"以同汉晋之典"。按照汉晋丧葬礼制，并

石墩·　·石墩

方坑 ▭　　　▭ 方坑

图2　孝文帝长陵封土、
石墩、方坑示意图

加上自己的理解以安排北魏洛阳时代的陵墓是孝文帝和他的后继者的基本思路②。

　　对陵园进行考古勘测的目前只有长陵一处，但像长陵这样具有完整陵园的墓葬当
时应不在少数，因为在若干墓葬前都发现了石刻等遗迹。如在宣武帝景陵墓冢南墓道
延长线约10米处西侧发现俯卧于地下的石刻武士像一躯，头残失，颈部以下连座高
2.89米，身穿广袖袍服，双手平举，挂剑于胸前③。长陵近处的孝庄帝元子攸静陵位
于邙山公社上砦大队村南，为一直径约30、高15米的坟丘。在坟丘前约12米处，发
现一身高约3.14米的石人，形象一如景陵目前的武士像，应为墓前的石翁仲④。

　　曹操父子提倡的不封不树的薄葬思想在两晋十六国产生了巨大影响，但从北魏洛
阳时代开始，中国古代丧葬史又发生了转折，那就是矢志汉化的孝文帝率先对此加以
破坏。洛阳的陵墓可谓既封又树，直追两汉。孝文帝是一位积极向经典学习的君主，

①　《魏书》，中华书局，1974年，第335～336页。
②　没有再在陵园附近建立寺院，大概也是沿袭"汉晋之典"的缘故。
③　中国社会科学院考古研究所洛阳汉魏城队等：《北魏宣武帝景陵发掘报告》，《考古》1994年第9期，第801～
　　814页。
④　黄明兰：《北魏洛阳景陵位置的确定和静陵位置的推测》，《文物》1978年第7期，第36～39、22、40、41页。
　　在陵墓前设置石刻的做法后来得到延续。在磁县湾漳北朝大墓前发现的遗迹比较完整，"在墓室南偏西处约
　　100米处有一石刻人像，高3.28米（含座0.43米），面部已被破坏，其服饰为上衣下裳，双手握仪剑。位置
　　可能有移动。据村中老人介绍，早年在此石刻之东，另有一石刻人像，已埋入土中。经在周围钻探未曾发现。
　　墓南经钻探发现道路，长270米，宽约15米，应是墓前'神道'。保存的石刻人像即在'神道'西侧约15
　　米。在墓室南270米处，在'神道'东西两侧各发现一座夯土建筑基址……这应该是陵园的地面建筑。关于
　　陵园的围墙，经反复钻探未发现遗迹"。见中国社会科学院考古研究所等：《磁县湾漳北朝壁画墓》，科学出版
　　社，2003年，第13、14页。咸阳北周尉迟运墓面向南略偏东，前面深约1米的地层中，发现了由南向北依次
　　对称分布着的石人、石羊和石虎。见贠安志：《中国北周珍贵文物》，陕西人民美术出版社，1992年，第93～
　　97页。

且精于丧礼，迁都洛阳后大概也有机会看到遗留在北邙山上的东汉高坟大冢，北朝晚期的丧葬制度建设事实上是他首倡的，尽管有一些新创的内容，但他和他同时代的人们所面临的经典和现实条件都决定了丧葬礼制的建设不能完全跳出两汉的藩篱。

3. 墓室形制和布局①

墓室形制和墓室内部的布局也是墓葬礼制建设的重要方面，这里只讨论墓室平面形状、棺木或棺床位置、随葬器物的总体位置三个方面。

关于墓室的平面形状，北魏洛阳时代的大中型墓绝大多数为近方形或方形墓室，这在洛阳地区显得特别突出，如宣武帝景陵、元邵墓、元乂墓、元冏墓、染华墓、偃师南蔡庄墓、王温墓、侯掌墓、司马悦墓、偃师杏园元睿墓、M1101、M926、联体砖厂二号墓、偃师前杜楼北魏石棺墓、朱仓 M11、M4、M51、吕达墓等等。身份尊贵者，尤其是北魏诸王及以上者，未见不使用近方形或方形墓室的。已经发现的若干非方形墓室的墓主身份都不那么显赫，如洛阳发掘的河间太守郭定兴墓为梯形②、宁远将军吕仁墓为长方形③。因此，墓室形状与墓室规模一样也应出于北魏朝廷的有关规定，同样是墓葬礼制建设的一个内容。如果与大同地区的北魏墓葬相比，更可以看出洛阳地区墓室以近方形或方形为主是人为规定的结果。根据王倩整理的结果，资料较全的大同地区平城时代晚期大型墓葬有 18 座，皆呈弧壁方形，但这些墓葬中，司马金龙墓、七里村 M1、M14、雁北师院 M52 都是双室或三室墓④，这种类型的墓葬在洛阳地区不再出现。从各种墓葬形制并存，身份相近者陶俑或有或无的情况看，即使到了北魏平城时代的晚期，墓室形状及规模与墓主身份的对应关系应还没有建立。或许可以说，从近方形墓室越来越流行的情况看，平城时代墓葬的汉化程度在日渐加深，但终平城时代很可能还没有上升到规制的高度，这个上升是在北魏洛阳时代实现的。

墓室平面形状之外，墓室内部布局在北魏洛阳时代也已显得不那么随意，可能也

---

① 墓葬礼制建设在墓葬形制、棺椁位置和头向，随葬器物的种类、数量和位置，壁画布局等方面都有体现。墓葬形制中的墓室规模、随葬器物的种类和数量以往关注较多。在墓室规模方面，根据考古材料，宿白先生首先依照墓主身份和墓葬尺寸划分了北魏墓葬的类型，其基本认识为："长七米以上、四至五米以上、四至五米以下，是较清楚的划线所在。"此后李梅田等人又根据新出土材料进行了补充，但大体不出宿白先生的归纳。文献中也有关于墓葬规模的记载，如孝文帝太和十四年诏书说："又山陵之节，亦有成命，内则方丈，外裁掩坎，脱于孝子之心有所不尽者，室中可二丈，坟不得过三十余步。今以山陵万世所仰，后广为六十步。"在随葬器物的种类和数量方面，宿白先生特别强调外出仪仗俑的墓葬礼制意义："十六国以后，外出仪仗俑数量的多少，二百件以上、八十件以上、三十件以上、二十件以下和有无鼓吹、骑俑，也具有了区别类型的意义。"见宿白：《三国—宋元考古（上）：魏晋南北朝考古》，北京大学考古系试用讲义，1974 年，第 10 页。为节约篇幅，本文不再对墓葬规模和随葬器物的数量、种类进行分析。墓主的头向和墓室壁画布局也具有礼制含义，但发现不多或情况多不明，故从略。

② 洛阳市第二文物工作队：《洛阳纱厂西路北魏 HM555 发掘简报》，《文物》2002 年第 9 期，第 9～20 页。

③ 洛阳市文物工作队：《河南洛阳市吉利区两座北魏墓的发掘》，《考古》2011 年第 9 期，第 44～57 页。

④ 王倩：《拓跋文化变迁历程的考古学观察——以大同北魏墓为视点》，北京大学硕士学位论文，2014 年，第 46 页。

已具备礼制意义。由于随葬器物的位置多因墓葬被盗扰而不甚清楚，壁画墓发现的数量也很有限，所以目前只能对棺木或棺床的位置和随葬器物的总体位置略作分析。

棺木或棺床在墓室中的位置有几种类型。棺木或棺床位于墓室西半部的北魏墓葬有宣武帝景陵、元邵墓、杨舒墓、侯掌墓、贾思伯墓、元睿墓、偃师杏园 M1101、M926、偃师染华墓、偃师前杜楼北魏石棺墓、元暐墓等。夫妻双棺都明确位于墓室西部的只有元睿墓，但不少墓葬都在墓室的东半部放置了随葬器物以及墓志，可知夫妇棺木或棺床原来都应该安排在墓室西半部。棺木或棺床位于墓室北半部的北魏墓葬有司马悦墓、西安任家口墓、沁阳西向墓等。夫妻双棺并列放置在东西两半的北魏墓葬主要有太原辛祥墓、赞皇李弼墓等。棺木或棺床位于墓室中部的北魏墓葬主要有崔鸿墓、偃师南蔡庄北魏墓①等。棺床沿东、西、北三壁而设的北魏墓葬有曲沃侯马秦村墓②等。其中棺木或棺床位于墓室西半部墓葬的数量比其他类型的总和还多。大同地区北魏墓葬中棺木或棺床位于墓室北半部的墓葬数量则比其他类型的总和还多③。棺木位置从以墓室北部为主转变为以西侧为主与北魏从平城迁都到洛阳相应，这个变化应是有意而为之。北方和西方在方位上都属"阴"位，人死之后归于"阴"，但就华夏民族而言，西方似更重要。《仪礼·既夕礼·记》："士处适寝，寝东首于北墉下。"这是为防不测而将士移住于正寝北墙之下。士死后的处理活动集中在西阶之上。《礼记·檀弓》说："周人殡于西阶之上，则犹宾之也。"《仪礼·既夕礼·记》："大敛于阼。"郑玄注："未忍便离于主人位也。主人奉尸敛于棺，则西阶上宾之。"钱玄认为："按《记》以主宾释之，似不若以阴阳释之为近。大敛于东阶，犹以生人事之。殡于西阶，则以死人事之。如在初死陈尸时，皆南首，以生人事之，及朝祖及葬始北首，以死人事之。"④《论衡·讳篇》说："夫西方，长老之地，尊者之位也。尊长在西，卑幼在东。"曹魏实行薄葬后，单室墓流行起来，原来在双室或多室墓中置于后室的棺木在单室墓中放在北壁还是西壁下（以墓葬朝南为准）成了个问题，西晋墓葬棺木在北壁和西壁下的都有不少，平城时代在北壁下则占据主流，估计与鲜卑民族来自于北方有关。因此，不通过行政手段，棺木或棺床在北壁下为主转变为以在西壁下为主的现象不太可能出现并普遍于洛阳时代，何况背后还有一个以汉化为己任的孝文帝。

---

① 山东省文物考古研究所：《临淄北朝崔氏墓》，《考古学报》1984 年第 2 期，第 221～244 页；偃师商城博物馆：《河南偃师南蔡庄北魏墓》，《考古》1991 年第 9 期，第 832～834 页。

② 杨富斗：《山西曲沃县秦村发现的北魏墓》，《考古》1959 年第 1 期，第 43～44 页。

③ 棺木或棺床位于墓室北半部的大同地区北魏墓葬主要有：雁北师院 M1、M3、M52、M2、M5（即宋绍祖墓）、齐家坡墓，七里村 M36、M25，下深井墓，迎宾大道 M54、M51、M64、M78，湖东一号墓也可算是这种类型。这些墓葬多将棺木放在地面或棺床上，多数棺木头向西。棺木或棺床位于墓室西半部的北魏墓葬主要有：尉迟定州墓、司马金龙墓、田村墓，七里村墓群中也有但数量不详。还有一些墓葬比较特殊，如大同七里村 M1、M37 在墓室中央设木榻，上有男女骨骼；七里村 M14 在主室的北、西壁，耳室的北壁贴壁设石质棺床，大同文瀛路墓在北、西壁，北壁棺床上有骨架，云波里墓在墓室中央沿墓道方向放置木棺。

④ 钱玄：《三礼通论》，南京师范大学出版社，1996 年，第 518 页。

　　棺木位置的变化必然引起随葬器物位置的变化。棺木或棺床位于墓室西半部，随葬器物只能集中摆放在东部，具体情况略有不同，保存较好的染华墓、吕仁墓和侯掌墓三墓具有代表性。染华墓志摆放在甬道接近墓室的地方，随葬器物由前至后可分三组，第一组是镇墓和仪仗类，有镇墓兽、镇墓武士和普通武士俑、鞍马牛车；第二组为伎乐俑和日常生活器皿，有执乐器俑、舞蹈俑、碗、盒、灯等；第三组是劳作俑和模型仓厨明器（图3）[①]。吕仁墓的墓志放置在墓室东半部前端，墓志旁还有一口部残破的青瓷盘口壶；随葬器物分为两列，均朝向墓室前方；靠西即近棺的一列为披裘俑和小冠俑夹于两侧的牛车、骆驼、驴行列，在这个行列之后附有侍女俑和舞蹈俑；东侧一列为陶动物和模型明器如碓、磨等（图4）[②]。侯掌墓志摆放在西侧棺木的前端，

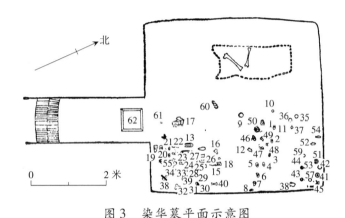

图3　染华墓平面示意图

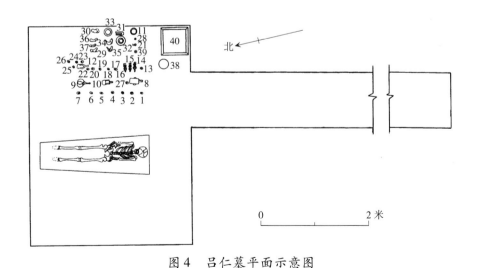

图4　吕仁墓平面示意图

①　偃师商城博物馆：《河南偃师两座北魏墓发掘简报》，《考古》1993 年第 5 期，第 414～425 页。
②　洛阳市文物工作队：《河南洛阳市吉利区两座北魏墓的发掘》，《考古》2011 年第 9 期，第 44～57 页。

随葬器物放在墓室东半部，"甬道与墓室交界处放置武士俑、镇墓兽，其后为陶马、驴、骆驼。墓室东南角置陶鸡和陶狗等；中部靠近东壁处陶俑，原应贴壁而置；后部置陶盆、盒、圆案。墓室内其余部分散置陶酒杯、碗、钵等日常生活用品"（图5）①。随葬器物的总体位置方面，值得注意的有三点：一是墓志始终位于最前端，吕仁墓志旁还有一口部残破的青瓷盘口壶，表明墓志所在位置具有特定的内在含义；一是墓室东部多有集中放置一组生活用品的小区域，似为墓主而设，可能相当设奠之意，仓厨明器等则放置在墓室的边角部位；一是居于墓室前部仪仗行列非常隆重。墓室本是藏尸栖神之所，但随葬器物中给人造成强烈印象的却是仪仗出行，与同时代以出行题材为主体的石棺床线刻画和同时期可能已存在、稍后特别流行的墓室壁画具有内在的一致性，是这个时代墓葬礼制的特殊之处。所以如此，既与这个时期流行单室墓，仪仗俑等不得不与生活器皿放在一起，也与这个时期特别强调以卤簿显示身份和威势，不惜减少墓室的"生活"气息以表现卤簿出行有关。

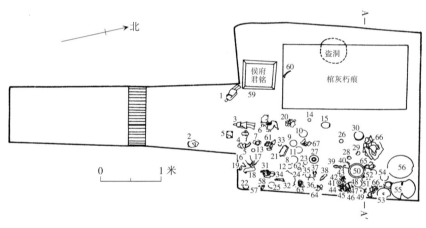

图 5　侯掌墓平面示意图

从墓室形状到墓室内部布局在北魏洛阳时代所发生的新变，孝文帝未必直接参与了设计改造，但这些新变与陪陵制度和陵园设置同时发生，而且充满封建等级制含义，就让人不能不将这些变化归结为同样的政治背景，最后又不能不追踪到孝文帝那里去。

二

在孝文帝倡导、北魏政府组织实施的墓葬礼制之外，还应该重视的是，汉人大族

①　洛阳市文物工作队：《洛阳孟津晋墓、北魏墓发掘简报》，《文物》1991 年第 8 期，第 48～61 页。

不仅参与了政府层面的墓葬礼制的制定①，还独立创设了若干墓葬礼制，并产生深远的历史影响。下面仅就几项内容略作分析。

1. 圆形墓室、十二辰俑和神怪俑

大族墓葬礼制创设活动中，首屈一指是崔氏。原籍东清河鄃地的乌水房崔氏在十六国晚期随南燕政权迁移到今山东北部的临淄一带，刘裕灭南燕后转归南朝，469 年慕容白曜平齐地后，举族被迁往平城，孝文帝迁洛后不久回到了今山东故里。这个家族的墓地在今淄博市大武公社窝托村发现，墓地坐南朝北，背山面河，已清理十九座墓，都是西北向带墓道的石室墓，只有一座墓葬平面为方形，其余皆呈圆形或椭圆形，墓壁用条石作人字形斜砌，石灰抹缝，墓顶内收成穹隆顶。墓室中部或一侧砌有低矮的棺床。随葬器物有很强的家族特色，其中特别引人注目的是十二辰俑和双首连体俑、人首人身蛇尾俑、跪拜俑等神怪俑（图 6）②。墓地中年代最早的是 512 年下葬的崔猷墓，可知 5 世纪中期被迁往平城的平齐户崔氏因北魏迁洛而返回故里后不久，就营建了以圆形墓室和随葬神怪俑为主要特色的家族墓地。

圆形墓室在北魏之前只见于春秋时期的钟离国君墓，跪拜俑只见于海宁东汉画像石墓，双首连体、十二辰的形象见于墓室壁画，十二辰的文字记载在秦代简牍文书中已经见到。但将十二辰、双首连体等神怪形象制成陶俑并安排在圆形墓室之中，构成稳定的组合关系，则为崔氏之首创，并且几乎应用于本家族所有墓葬之中，可以认定为崔氏家族内部特别制定的墓葬礼制。圆形墓葬还从崔氏家族内部向外扩散，据王佳月研究，"这类墓葬（即圆形墓，包括椭圆形和圆角方形者）最早见于清河崔氏乌水房墓地，为延昌元年（512 年）崔猷墓，此后除乌水房外，又有神龟二年（519 年）高道悦墓、正光六年（525 年）封龙墓、孝昌元年（525 年）贾思伯墓，可见它的兴起应在北魏后期，并很快在青齐定冀的一些大族中得到了认可"③。北齐时期圆形墓从山东、河北南部扩至今河北中部和北部，如平山崔昂墓、北京王府仓齐墓。隋代在关中左近的潼关也出现了圆形墓，如税村墓。唐朝则扩及辽宁朝阳等地，仅朝阳地区发现的圆形墓就达 100 余座，如左才墓、张狼墓、黄河路唐墓等④。延至宋金时期，几乎成为华北地区略具规模的墓葬的主要形制。

---

① 汉人大臣常与北魏皇帝特别是孝文帝讨论礼法，丧礼是他们讨论的重要内容，参见《魏书》卷一〇八之三《礼志三》、卷一〇八之四《礼志四》，中华书局，1974 年，第 2777 ~ 2793 页。墓葬礼制的创设活动基本都是关东大族所为，关中大族与北族人物基本无与，与关东大族文化上高出一筹，政治上不完全依附北魏政权有关，也与关东大族的故里距洛阳较远有关。东魏北齐时期汉化政策不再作为基本的国策，首都从洛阳迁到邺城，华北大族施展礼制创造力的空间更大了。

② 山东省文物考古研究所：《临淄北朝崔氏墓》，《考古学报》1984 年第 2 期，第 221 ~ 244 页；临淄市博物馆等：《临淄北朝崔氏墓地第二次清理简报》，《考古》1985 年第 3 期，第 216 ~ 221 页。

③ 王佳月：《北朝崔氏墓研究》，北京大学硕士学位论文，2013 年，第 62 页。

④ 辽宁省博物馆文物队：《辽宁朝阳唐左才墓》，《文物资料丛刊》6，文物出版社，1982 年，第 102 ~ 109 页；辽宁省文物考古研究所等：《朝阳隋唐墓葬发现与研究》，科学出版社，2012 年；辽宁省文物考古研究所等：《辽宁朝阳市黄河路唐墓的清理》，《考古》2001 年第 8 期，第 59 ~ 70 页。

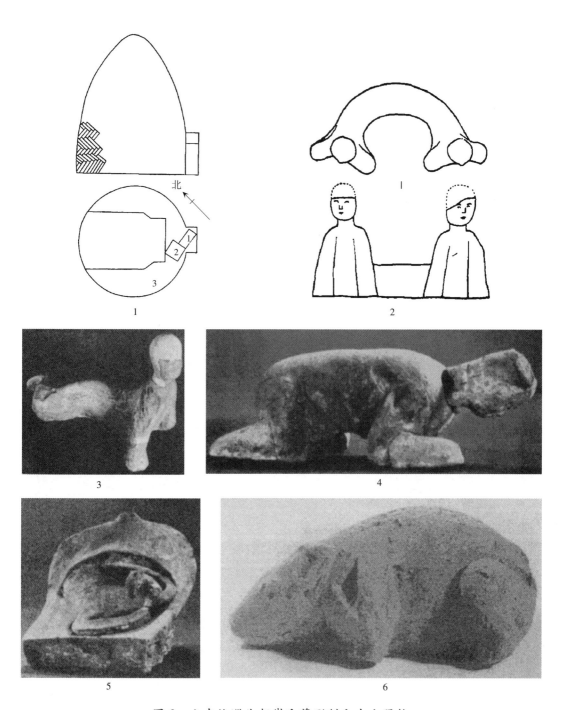

图 6　山东临淄北朝崔氏墓形制和出土器物

1. 1 号墓平、剖面图　2. 12 号墓出土连体俑　3. 12 号墓出土人首蛇尾俑

4. 12 号墓出土跪拜俑　5. 10 号墓出土十二时动物之蛇　6. 17 号墓出土十二时动物之鼠

十二辰俑和神怪俑也存在从崔氏家族向外扩散的情况，但是不像圆形墓的扩散那样清晰。北朝时期崔氏家族之外的墓葬中还没有发现十二辰俑和神怪俑。但在唐代前期的河北和辽西等地发现了不少出土神怪俑的墓葬，河北地区如南和郭祥墓、南和东贾郭唐墓、文安董满墓、定县南关唐墓①等，朝阳地区这种墓葬发现得更多，除左才墓、张狼墓、黄河路唐墓外，还有韩相墓、中山营子唐墓、朝阳纺织厂王君达墓等②。有学者总结说："出土神煞俑（即本文所说之神怪俑）地域的东北端集中在辽宁西部的朝阳市区周围，中间散布于天津、河北南部地区，西南端集中在山西东南部的长治市区周围，呈东北至西南方向分布。"③ 长江中游隋唐墓中出土有十二辰俑和神怪俑，如武汉东湖岳家嘴隋墓、武昌马房山隋墓、湘阴隋大业六年墓以及 20 世纪 50 年代发掘的武昌郊区隋唐墓等④。近年在江苏扬州的隋炀帝萧后墓（贞观二十二年，648 年）中也发现了双人首连体俑。似乎河北直至辽宁朝阳的北方地区接受了圆形墓和神怪俑，而没有接受十二辰俑和神怪俑；长江中下游地区接受十二辰俑和神怪俑，而没有接受圆形墓室。看来，在崔氏家族墓群中作为 个组合的圆形墓、十二辰俑和神怪俑在向外流传的过程中，各地是有所选择的⑤。

崔氏首创的以圆形墓室、十二辰俑和神怪俑为代表的墓葬礼制能够产生如此大的影响，当与这些礼制因素的内涵有直接的关系，而且那些内涵当为北朝及此后隋唐时期的人们所熟知，但时至今日却成为难解之谜，不少学者集中针对圆形墓室尝试提出了若干不同的意见，主要观点有以下五种：其一，是传统墓葬自然演化的结果⑥；其

① 辛明伟、李振奇：《河北南和唐代郭祥墓》，《文物》1993 年第 6 期，第 20 ~ 27、64 页；李振奇、辛明伟：《河北南和东贾郭唐墓》，《文物》1993 年第 6 期，第 28 ~ 33 页；廊坊市文物管理所等：《河北文安麻各庄唐墓》，《文物》1994 年第 1 期，第 84 ~ 93 页；信立祥：《定县南关唐墓发掘简报》，《文物资料丛刊》6，文物出版社，1982 年，第 110 ~ 116 页。

② 前两墓均见辽宁省文物考古研究所等：《朝阳隋唐墓葬发现与研究》，科学出版社，2012 年；王君达墓见朝阳市博物馆：《朝阳纺织厂唐墓发掘简报》，《边疆考古研究》第 8 辑，科学出版社，2009 年，第 365 ~ 388 页。

③ 吴炎亮：《试析辽宁朝阳地区隋唐墓葬的文化因素》，《文物》2013 年第 6 期，第 50 ~ 56 页。

④ 武汉市文物管理处：《武汉市东湖岳家嘴隋墓发掘简报》，《考古》1983 年第 9 期，第 793 ~ 798 页；武汉市文物管理处：《湖北武昌马房山隋墓清理简报》，《考古》1994 年第 11 期，第 997 ~ 1004 页；熊传薪：《湖南湘阴县隋大业六年墓》，《文物》1981 年第 4 期，第 39 ~ 43 页；20 世纪 50 年代发掘的武昌郊区隋唐墓材料见权奎山：《武昌郊区隋唐墓出土陶俑的分期》，《庆祝宿白先生九十华诞文集》，科学出版社，2012 年，第 202 ~ 244 页。

⑤ 有学者认为圆形墓和神煞俑都是从朝阳地区向外流传的，"从时间上看，神煞俑可能是从朝阳地区经河北南部向长治地区传播的，这与前述圆形墓传播的路线相同"。见吴炎亮：《试析辽宁朝阳地区隋唐墓葬的文化因素》，《文物》2013 年第 6 期，第 50 ~ 56 页。此说仅就神煞俑在唐代的流行情况而论，如果考虑神煞俑最初出现在青齐地区，隋唐之际青齐与辽西地区曾因辽东战事发生过紧密的联系，而且现在已经发现一些墓主（如王君达、左才）籍贯为青齐的朝阳墓葬，而且北朝时期北京地区已经出现圆形墓葬（王府仓齐墓），那么，神煞俑和圆形墓传入朝阳地区以及其他地区的路径和时间都有重新考虑的余地。

⑥ 谢宝富：《北朝墓葬的地下形制研究》，《湖北大学学报》（哲学社会科学版）1997 年第 6 期，第 61 ~ 66 页；李梅田：《论南北朝交接地区的墓葬——以陕南、豫南鄂北、山东地区为中心》，《东南文化》2004 年第 1 期，第 27 ~ 31 页。

二，象征草原上的毡帐①；其三，象征穹庐形的石窟②；其四，象征道教的太一出行③；最新的研究认为与崔氏家族深厚的佛学义理背景有关④。笔者撰有《试谈北朝崔氏墓的象征性》一文，认为崔氏首倡的将墓室建成圆形之举有可能是浑天思想的产物。中国最初宇宙思想为盖天说，认为天圆地方，这里面存在明显的漏洞，天之圆和地之方不能密合，浑天说代替盖天说是必然趋势。《魏书·律历志上》还记载崔氏家族的代表人物崔光至少从延昌四年（515 年）至正光初年（520 年）这段时间内，曾实际主持着北魏政府的天文立法之事。崔氏在北魏政权和汉人大族中都具有广泛影响，圆形墓室又具有"象天地"这一最素朴、合理的内涵，所以才能成为一种墓葬礼制在很多地区被接受⑤。至于说圆形墓与十二辰之间的关系，是后者从属于前者，圆形墓室本身就内含着十二辰，这或许是河北、辽宁、山西等北方地区不出现十二辰俑的原因。当十二辰俑出现时，方形墓室在本质上已与圆形无别而象征着圆形的大地了，因此没有必要一定砌成圆形。

2. 汉代样式的陶礼器

偃师杏园北魏 M1101⑥、山东寿光北魏孝昌元年（525 年）贾思伯墓出土有汉代样式的陶壶⑦，河北赞皇北魏永熙三年（534 年）李弼墓出土有汉代样式的陶壶、陶钫（图 7：1~4）⑧。如众所知，曹魏时期的陶器面貌基本同东汉晚期。西晋时期产生一批新样式的陶器，汉代样式陶器还有所见。东晋十六国时期汉代样式陶器不仅很少见，而且形态发生较大变化，如安阳固岸十六国墓葬出土的陶壶只有一些汉代的遗意，例如 M95、M118 所出土者（图 7：5）⑨，如果不对汉代陶器比较熟悉并向上追溯的，或许以为是十六国时期的新器类。由于安阳固岸墓地的资料尚未完全公布，所以固岸 M95、M118 属于十六国时期的哪个阶段不明确。西安附近发现一批十六国前秦晚期的墓葬，其中没有发现汉代样式的陶壶。由此推测，大概十六国中晚期北方地区汉代样式的陶壶已经基本绝迹了。上述几座北魏墓葬的年代距十六国晚期在百年左右，汉代样式陶器重新出现墓葬之中，可以视为一种"复古"行为。这种复古的知识来源有两种可能，一是北魏洛阳时代仍有大量的汉代"文物"留存于世，一是汉代墓葬在北魏

① 黄河舟：《浅析北朝墓葬形制》，《文博》1985 年第 3 期，第 44~45、56 页。
② 倪润安：《试论北朝圆形石质墓的渊源和形成》，《北京大学学报》（哲学社会科学版）2010 年第 3 期，第 57~63 页。
③ 沈睿文：《唐代墓葬神煞考源——中国古代墓葬太一出行系列研究之三》，《唐研究》第十八卷，北京大学出版社，2012 年，第 201~224 页。
④ 王佳月：《北朝崔氏墓研究》，北京大学硕士学位论文，2013 年，第 74~77 页。
⑤ 韦正：《试谈北朝崔氏墓的象征性》，《庆贺徐光冀先生八十华诞论文集》，科学出版社，2015 年，第 427~439 页。
⑥ 中国社会科学院考古研究所河南二队：《河南偃师县杏园村的四座北魏墓》，《考古》1991 年第 9 期，第 818~831 页。
⑦ 寿光县博物馆：《山东寿光北魏贾思伯墓》，《文物》1992 年第 8 期，第 15~19 页。
⑧ 河北省南水北调考古资料，现藏河北省文物保护中心。
⑨ 潘伟斌、薛冰：《河南安阳固安墓地》，《2006 中国重要考古发现》，文物出版社，2007 年，第 101 页。

洛阳时代被发现，如宁夏固原雷祖庙北魏墓葬中随葬有西汉中期之前的铜壶、铜钫①，它们既可能是留传至北魏的汉代古董，也有可能是建墓时碰巧遇到汉代墓葬而以其中的物品随葬，后一种情况在考古上不是一个罕见现象。总之，汉代"文物"在北魏洛阳时代并不稀罕，但仿制汉代"文物"并将它们埋藏在墓葬之中，就是一种有意识的行为了，这种行为所具有的文化内涵要远大于文物的具体形态，这在任何一次复古活动中都是正常的现象。在这里，形态不是第一位的，重要的是通过某些器物表达复古的意绪。只有这样才好理解为什么李弼墓出土的汉代样式陶钫是西汉中期之前流行的器物，贾思伯墓出土陶壶似乎也有西汉陶壶的特点，但李弼墓与杏园北魏 M1101 的陶壶形态则不伦不类，难以断定为汉代的哪个具体阶段了。

此外，这几座北魏墓葬出土的陶器都是汉代特点，不能不让人怀疑北魏洛阳时代人们这一次对复古的想象的极致不过是汉代而已。做出这样的推测，不完全是向壁虚构，北魏时人的古代知识一般只能追溯到汉代，如已经出土的北魏墓志铭数量颇为可观，其中所引用的典故几乎都是汉代的人物和故事。墓志铭的体例有一定限制，但流传至今的史书、文学作品所体现的时人的历史知识也多为汉代，涉及先秦时期的不多。因此，以汉代文物体现复古情趣应有其不得不然。《北史·儒林传序》言："大抵南北所为章句，好尚互有不同。江左，《周易》则王辅嗣，《尚书》则孔安国，《左传》则杜元凯。河洛，《左传》则服子慎，《尚书》、《周易》则郑康成。《诗》则并主于毛公，《礼》则同遵于郑氏。南人简约，得其英华；北学深芜，穷其枝叶。"② 这是说北朝继承东汉经学传统，多用汉人的旧注。唐长孺先生在《论南朝文学的北传》一文中说："北方经历了长期战祸，社会经济和文化遭到严重破坏，北边民族相继进入中原，魏晋兴起的各项变化在一个时期内不能延续，以后经历了一个相当长的时期才重新和魏晋以来发展的道路相衔接。文学的衔接实际上是南朝文学北传过程，始于北魏太和间而完成于唐代。"③ 此处所论虽为文学，但以之况于北朝整体文化的变迁过程也无不可。北方地区魏晋之后的政权体系虽为北方民族所把持，两汉文化却始终是北方社会强劲的潜流，那么汉代名物受到重视，以汉代样式陶器为礼器可谓顺理成章。

出土汉代样式陶器的三座墓葬中，偃师杏园北魏 M1101 墓主不明，贾思伯是青齐地区的名族，李弼属于关东四大高门之一的赵郡李氏，像圆形墓最早出现于崔氏家族一样，似可认为复古式陶礼器最初也出现于北朝世家大族之门。北魏宣武帝陵以及元邵等一批北魏皇室成员的墓葬已经发掘，都没有发现复古式陶礼器，表明复古式陶礼器还没有为北魏皇室所接受。时代略晚的磁县湾漳大墓被认为是北齐文宣帝高洋陵墓，其中出土陶

---

①　固原县文物工作站：《宁夏固原北魏墓清理简报》，《文物》1984 年第 6 期，第 46～56 页。
②　《北史》，中华书局，1974 年，第 2709 页。
③　唐长孺：《论南朝文学的北传》，《唐长孺社会文化史论丛》，武汉大学出版社，2001 年，第 206 页。

图7　河南偃师杏园北魏 M1101 等墓出土汉代样式陶器

1. 偃师杏园北魏 M1101 陶壶　2. 贾思伯墓陶壶　3. 李弼墓陶壶
4. 李弼墓陶钫　5. 安阳固岸 M95 陶壶　6. 安阳固岸 II 区 51 号墓陶壶

鼎、陶耳杯和汉代样式的陶壶。陶鼎分罐式和盆式两类，与以往历代鼎式皆不相类，
为北齐时期之新见，应为追求礼仪制度而特造。由北魏经东魏入北齐不过十余年时间，
而且又是岁月倥偬，复古式陶礼器已从大族人家走入帝王陵之中，足见其应合时代之
需要。不唯帝王，北齐东安王娄睿墓、北齐武安王徐显秀墓等墓葬中也出土有汉代样
式的釉陶壶。低级官员或平民墓也有发现，如安阳固岸墓地是一处平民墓地，发掘简
报认为属于东魏时期的 II 区 51 号墓近正方形，边长不及 3 米，其中也发现有汉代样式

陶壶（简报中称为瓶）（图7：6）①。大族在墓葬礼制方面的成果同时向社会上层和下层扩大着影响。

这些复古式陶器在墓室中的位置也较特殊。赞皇李弼墓保存完好，汉代样式的陶壶、陶钫与墓志相邻，摆放在棺木前端，远离其他日用陶瓷器，而且这几件陶器的形体是其他陶瓷器一倍以上，其礼仪性质十分明显②。上面提到的时代略晚的安阳固岸墓地Ⅱ区51号墓也未被盗或扰乱，2件陶壶与1件陶碗、2件陶罐排放在棺床前，几件陶器前面是镇墓兽，左侧是牛车，可见这几件陶器构成一个礼仪器皿的组合，具体而言，应具有设奠含义，也即具有礼制意义。类似的器物及其组合在北齐墓葬中有较多发现，唯已逸出本论题的时代范围，故不再涉及。

三 小 结

尽管文献中有一些北魏政权和大族进行墓葬礼制建设的记载，但已有的考古发现还是相当令人惊诧的。像所有的礼制建设一样，向古代寻找理论依据和动力成为北魏洛阳时代这次礼制建设的主要取向。但古代已不可复见，文字记载与过去的事实之间又存在着难以填平的鸿沟，那么，必要时师心独运是不可避免的。于是，很多新因素就出现了：如皇帝和皇后分别埋葬，但后陵规模不大（如孝文帝和文昭示皇后陵），又如在陵墓前除石兽之外，又增加了石人，这些都与汉代似是而非。洛阳附近北魏政权体制内的官员死后被按照官方礼制安排进墓室的时候，获得新生的华北汉人大族正借北魏朝廷的"稽古"政策之便，制造着半新半旧的墓葬礼制，似乎无言地宣称着自身的存在和文化上的优越。于是，汉代样式陶器被制造出来以唤起人们对汉代的向往，但圆形墓室、十二生肖俑和神怪俑则平添了几分诡异色彩。一切似乎出于自然，实质也是无可奈何。历史毕竟已经发生了剧烈变化，人死不可能复生已成为常识，如汉代般事死如事生已成为不必要。墓葬为生人服务的思想越来越强于为死者服务的思想，墓葬因之日益成为家族、宗族团结的象征物，借墓葬风水以福泽后人的思想越来越浓重，由此塑造的墓葬礼制自然不得不发生显著的变化。

---

① 河南省文物局南水北调文物保护办公室等：《河南安阳市固岸墓地Ⅱ区51号东魏墓》，《考古》2008年第5期，第49~58页。

② 前述吕仁墓也有类似情况：墓志放置在墓室东半部前端，墓志旁还有一青瓷盘口壶。这里的盘口壶也不再是普通器皿，而具有明显的礼制意义。

后母的诡计：北魏漆棺画中尹伯奇的故事

罗　丰（宁夏文物考古研究所）

中国传统孝子故事中父子间的矛盾冲突是一个重要的故事类型，例如人们耳熟能详的舜与父瞽叟的故事[①]。在这一经常性的话题中，表面上不合情理行为的背后，都有着一整套完整的中国传统伦理作为支撑。在儒家界定的所谓"五常"关系中，父子关系是一种唯一具有血亲的人伦秩序，它是维系父系制度的根本。父系制度实际上就指家系的传承是依父传子，男性一线承袭而下，家族财产、姓氏的继承，甚至死后地位的确定，都仅限于男性后代，排除所有的女性后代[②]。这种秩序规范，受到传统礼法的保护，围绕着父系制度权益的传承、巩固，父系制度所衍生出来的相似关系，便对传统单纯的父子关系形成挑战。

在父系法则的影响下，古代人的居处法则是从父居，其基本单位居住人口是男性家长和他的配偶及未婚子女。同时只有少数男性才是未来家庭财产的拥有者（父亲）及潜在拥有者（儿子们）[③]。如果有更大利益存在时，如王位的继承等等，潜在利益便很早就会浮上台面。儿子们相互之间争夺，与长子继承制度有一定关联。母亲们是通过婚姻关系进入父系制度内的[④]，如果有亲生儿子，当然会"母以子贵"，并未与既往的制度形成矛盾；但如果是母亡或母出，父亲继娶他人，前妻所留之子与父亲后娶之妻，很快会形成新的母子关系。尹伯奇与其后母的故事就是在这样的背景下展开的。

[①] 关于舜故事研究者甚众，较新且重要的研究参见谢明勋：《舜子故事源流考论：以〈史记·舜本纪〉及敦煌写本〈舜子变〉为中心考察》，《第五届唐代文化学术研讨会论文集》，（台北）丽文文化事业有限公司，2001年，第337~364页；陈泳超：《尧舜传说研究》，南京师范大学出版社，2000年；[日]黑田彰：《重华赘语——孝子伝图と孝子伝》，原载《論集　太平記の時代》，（东京）新典社，2004年，后收入[日]黑田彰：《孝子伝図の研究》，（东京）汲古书院，2007年，第619~737页；罗丰：《从帝王到孝子——汉唐间图像中舜故事之流变》，《徐苹芳先生纪念文集》，上海古籍出版社，2013年，第637~671页。
[②] 李亦园：《中国人的家庭与家的文化》，《中国人：观念与行为》，（台北）巨流图书公司，1988年，第115页。
[③] 李亦园：《中国人的家庭与家的文化》，《中国人：观念与行为》，（台北）巨流图书公司，1988年，第118页。
[④] 杜正胜：《从五服论传统的族群结构及其伦理》，《中华文化的过去、现在和未来——中华书局八十周年纪念论文集》，中华书局，1992年，第256~275页，后收入杜正胜：《古代社会与国家》，"五服制的族群结构与伦理"，（台北）允晨文化实业股份有限公司，1992年，第870~871页。

一　固原北魏漆棺上的尹伯奇画面

1981 年，宁夏固原东郊出土一具北魏时期彩绘漆棺，漆棺画绘有精美的图案及人物故事，其中右侧棺板上绘有尹伯奇的故事。漆棺的年代据推测在北魏太和十年（486年）左右①。

漆棺左侧板上部为孝子舜、郭巨故事②。右侧板亦对应为孝子故事，从左至右依次为尹伯奇、蔡顺、丁兰。其中蔡顺与丁兰相连，蔡顺画面榜题为"东家失火蔡顺伏身官（棺）上"。尹伯奇故事画面残存两幅半，漆画的孝子故事用三角状火焰纹相间隔，残存的画幅中有三组三角形火焰，或许有四到五幅画面。不过这些画幅仍然不是故事的全部。

残画第一幅，三角形火焰纹向右是两行榜题，榜题墨线勾出边框，内涂黄色，墨书"尹吉符（甫）诣闻□唤伯奇化作非（飞）鸟"③。有一人头戴黑色高冠，冠后有披风，着夹领窄袖长袍，侧身骑于马上，马作奔跑状。人物肩上落一鸟，鸟后有榜题三字"上肩上"，榜题并无边框（图1、2）。

图 1　固原北魏漆棺尹伯奇
故事画面（残画第一幅）

图 2　固原北魏漆棺尹伯奇故事画面
线图（残画第一幅，徐永江绘）

残画第二幅，实际上由两幅或三幅画面构成。左侧有半幅已残画面，云气纹中央有一方块，中间画一鸟。向右间隔一三角状火焰纹，火焰纹较为完整。右侧有三行榜

---

① 宁夏固原博物馆：《固原北魏墓漆棺画》，宁夏人民出版社，1988 年，第 15 页。
② 宁夏固原博物馆：《固原北魏墓漆棺画》，宁夏人民出版社，1988 年，第 11～12 页；罗丰：《从帝王到孝子——汉唐间图像中舜故事之流变》，《徐苹芳先生纪念文集》，上海古籍出版社，2013 年，第 653～669 页。
③ 漆画中的榜题辨识这里采用黑田彰的结果，参见［日］黑田彰：《孝子传图の研究》，（东京）汲古书院，2007 年，第 372 页，以前我们的辨释工作有阙字。

题"将仮鸟□□□树上射入□"。一男子亦头戴黑色高冠,身着交领窄袖长袍,手中执一弓箭作发射状,对面为一人,面部已看不清楚,不过可以看出人物头部戴黑色冠,身着黄色衣袍。其身后有一白色飞鸟,鸟喙较长,圆眼,作张翼飞行状。向右又间隔一火焰纹,画面残阙(图3、4)。

图3   固原北魏漆棺尹伯奇故事画面(残画第二幅)

图4   固原北魏漆棺尹伯奇故事画面线图(残画第二幅,徐永江绘)

根据榜题,故事要表现的是尹吉甫与尹伯奇父子故事,不过情节已是故事的尾声。在此之前还应有几幅画面表达故事的进展。

尹伯奇的故事出现在北魏葬具之上还有其他例子。

现藏于美国明尼苏达州明尼阿波利斯美术馆(The Minneapolis Institute of Arts)的元谧石棺,据郭玉堂记载元谧墓 1930 年出土于洛阳城西北的李家凹村①。墓志称元谧葬于北魏正光五年(524 年)。石棺的左右侧板上分刻有丁兰、伯余(榆)、郭巨、闵子骞、眉间志、尹伯奇、董笃、老莱子、舜等孝子故事②。

① 郭玉堂:《洛阳出土石刻时地记》,大华书报供应社,1941 年,第 35 页。2005 年,郭玉堂的后人根据郭玉堂原稿,补充资料,出版《洛阳出土石刻时地记》全本,郭培育等主编:《洛阳出土石刻时地记》,大象出版社,2005 年。关于这条材料所记内容的辩释亦参见罗丰:《从帝王到孝子——汉唐间图像中舜故事之流变》,《徐苹芳先生纪念文集》,上海古籍出版社,2013 年,第 659 页,注释 [2]。
② [日]奥村伊九良:《镀金孝子伝石棺の刻画に就いて》,《瓜茄》第五册,1939 年,第 359～382 页;[日]长广敏雄:《六朝美術の研究》,(东京)美术出版社,1969 年,第 176～179 页;黄明兰:《洛阳北魏世俗石刻线画集》,人民美术出版社,1987 年,第 30～39 页;Eugene Y. Wang, "Coffins and Confucianism——The Northern Wei Sarcophagus in the Minneapolis Institute of Arts", *Orientations*, 1997, June, pp. 56–64。

石棺左侧板方形明窗下有两组尹伯奇的故事画面。由左向右，一形体较大者站立一旁，手中执一物，中间置一敞口、束颈、鼓腹的高足壶，壶上饰有三角形纹、涡纹等，壶口中探出一条卷曲的蛇。边有榜题"孝子伯奇母赫儿"，其侧一方毯上跪一光头小孩，双手袖于前（图5、6）①。中间隔一树，又为一组画面。一男子头戴冠，身着褒衣博带，双手袖于胸前，坐一方榻上。其前伫立一男子，头戴方冠，身着宽大长袍，身子前倾，双手袖于胸，作恭敬探问状。二人中有榜题"孝子伯奇耶父"（图7、8）②。

图5　元谧石棺左侧板方形明窗下
尹伯奇故事画面之一

图6　元谧石棺左侧板方形明窗下尹伯奇
故事画面之一线图（徐永江绘）

图7　元谧石棺左侧板方形明窗下
尹伯奇故事画面之二

图8　元谧石棺左侧板方形明窗下尹伯奇
故事画面之二线图（徐永江绘）

洛阳古代艺术馆收藏一件石棺床围屏③，据说是沁阳县（现沁阳市）出土，高51、宽112、长223厘米。围屏由四块石板构成，中间两块中央墓主人夫妇，每边有三组人物，左右两侧各有四组人物，或为孝子故事内容。其中左侧最外有二人跪坐于方毡之

① 图5采自［日］黑田彰：《孝子伝図の研究》，（东京）汲古书院，2007年，彩版12，图七。
② 图7采自［日］黑田彰：《孝子伝図の研究》，（东京）汲古书院，2007年，彩版12，图八。
③ 黄明兰：《洛阳北魏世俗石刻线画集》，人民美术出版社，1987年，第82、120页，文中介绍得较为含混，类似的文字亦见宫大中：《洛都美术史迹》，湖北美术出版社，1991年，第302页。

上，或为夫妇二人，女子前有一盘曲向上的蛇（图9、10）①。林圣智、赵超等以为是表现伯奇故事的孝子图画②。

图9　洛阳古代艺术馆藏北魏　　　　　图10　洛阳古代艺术馆藏北魏
　　石棺床围屏拓本　　　　　　　　　　　石棺床围屏线图（徐永江绘）

　　另外，太原金胜村曾出土唐代墓室壁画③，其中6号墓树下老人图中的一幅表现老人俯身探视，其下有一蛇；337号墓树下老人与蛇的画面，赵超在梳理北朝孝子故事后做出它们可能表现是尹伯奇的故事的推论④。当然，类似的推测或有待于更多的考古发现去映证。

二　尹吉甫与尹伯奇的故事

　　北魏漆棺画、孝子石棺上所描绘的尹吉甫与其子尹伯奇的故事。尹吉甫是西周宣

---

① 林圣智：《北朝時代における葬具の図像と機能——石棺床囲屏の墓主肖像と孝子伝図を例として》，《美术史》卷154，2号，2003年，第213页；林氏关于围屏复原的推测大体可信，他将伯奇画面复原在右侧最外，见第212页。图9采自黄明兰：《洛阳北魏世俗石刻线画集》，人民美术出版社，1987年，第74页，图82。

② 林圣智：《北朝時代における葬具の図像と機能——石棺床囲屏の墓主肖像と孝子伝図を例として》，《美术史》卷154，2号，2003年，第213页；赵超：《关于伯奇的古代孝子图画》，《考古与文物》2004年第3期，第68~72页；邹清泉：《北魏孝子画像研究——〈孝经〉与北魏孝子画像身份的转换》，文化艺术出版社，2007年，第139~140页。

③ 山西省文物管理委员会：《太原市金胜村第六号唐代壁画墓》，《文物》1959年第8期，第19~22页；山西省考古研究所等：《太原金胜村337号唐代壁画墓》，《文物》1990年第12期，第11~15页。

④ 赵超：《关于伯奇的古代孝子图画》，《考古与文物》2004年第3期，第70页。

王时的大臣，宣王时铸有铜器兮甲盘（图 11）①。另外一些史籍也有零星记载，《诗经·小雅·六月》有"文武吉甫，万邦为宪。吉甫燕喜，既多受祉"②；《今本竹书纪年》中记周宣王五年"夏六月，尹吉甫帅师伐猃狁，至于太原"③。其随宣王北伐猃狁，南征淮夷，并著诗多首，如《烝民》、《崧高》、《韩奕》、《江汉》等④，后来也见于《汉书》等⑤。刘向《说苑》中记载了伯奇故事：

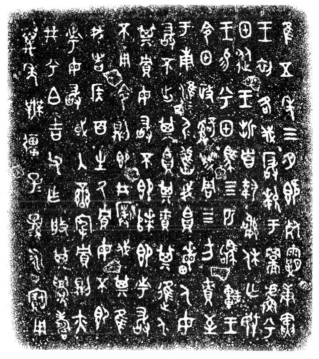

图 11　兮甲盘铭文拓片

　　王国子。前母子伯奇，后母子伯封，兄弟相重。后母欲令其子立为太子，说王曰："伯奇好妾。"王不信。其母曰："令伯奇于后园，王上台视之，即可知。"

①　兮甲盘在历代著录中曾被称为兮田盘，兮伯盘，兮伯吉甫盘，伯吉父盘。是记录西周与猃狁、淮夷之间各种关系的传世重器。盘铭为："（略）兮白（伯）吉父乍（作）般（盘）……"王国维曰："此兮伯父，疑即《诗·小雅·六月》之吉甫……盖尹其官而兮其氏也。"后人多从此说。王国维：《观堂集林·附别集》（四），《兮甲盘跋》，中华书局，1959 年，第 1206～1209 页；于人聪等：《香港中文大学文物馆藏"兮甲盘"及相关问题研究》，《故宫博物院院刊》1992 年第 2 期，第 74、77 页。图 11 采自上海博物馆商周青铜器铭文选编组编：《商周青铜器铭文选（一）》，文物出版社，1986 年，第 276 页，图 437。

②　《毛诗注疏》卷一〇"六月"，上海古籍出版社，2013 年，第 911～912 页。

③　方诗铭等：《古本竹书纪年辑证·今本竹书纪年疏证》，上海古籍出版社，2005 年，第 257 页。

④　《毛诗注疏》卷一八，上海古籍出版社，2013 年，第 1766 页"崧高"；第 1781 页"烝民"；第 1798 页"韩奕"；第 1815 页"江汉"。

⑤　《汉书》卷七〇《陈汤传》，中华书局，1962 年，第 3017 页；尹吉甫见《汉书》卷二〇《古今人物表第八》，第 900 页作"尹吉父"。

王如其言。伯奇入园，后母阴取蜂十数，置单衣中，往过伯奇边，曰："蜂螫我。"伯奇就衣中取蜂杀之。王见，让伯奇，伯奇出。使者就袖中有死蜂。使者白王。王见蜂，追之，已自投河中。①

《太平御览·虫豸部》引《列女传》云：

> 尹吉甫子伯奇至孝，事后母，母取蜂去毒，系于衣上，伯奇前欲去之，母便大呼曰："伯奇牵我。"吉甫见，疑之伯奇，自死。②

在此《列女传》中尹吉甫与尹伯奇的父子关系得以明确，而《说苑》中所称"王国子"者，有人这样解释："盖《韩诗》以'黍离'为伯封作，其诗列于《王风》，吉甫又畿内诸侯，故以'王国君'目之耳"③。

《太平御览·宗亲部》引蔡邕《琴操》称：

> 尹吉甫，周卿也。子伯奇，母早亡，吉甫更娶后妻。妻乃谮之于吉甫，曰："伯奇见妾美，欲有邪心。"吉甫曰："伯奇慈仁，岂有此也。"妻曰："置妾空房中，君登楼察之。"妻乃取毒蜂缀衣领，令伯奇掇之。于是，吉甫大怒，放伯奇于野。宣王出游，吉甫从之，伯奇作歌以感之。宣王闻之曰："此放子之辞也。"吉甫乃求伯奇而感悟，遂射杀其妻。④

《太平御览》引《琴操》较为简略，较完整的传世本《琴操》卷上则有更为完整的内容：

> 履霜操者，尹吉甫之子伯奇所作也。吉甫周上卿也，有子伯奇。伯奇母死，吉甫更娶后妻。生子曰伯邦，乃谮伯奇于吉甫曰："伯奇见妾有美色，然有欲心。"吉甫曰："伯奇为人慈仁，岂有此也。"妻曰："试置妾空房中，君登楼而察之。"后妻知伯奇仁孝，乃取毒蜂缀衣领。伯奇前持之。于是，吉甫大怒，放伯奇于野。伯奇编水荷而衣之，采楟花而食之。清朝履霜，自伤无罪见逐，乃援琴而鼓之曰："履朝霜兮采晨寒，考不明其心兮听谗言；孤恩别离兮摧肺肝，何辜皇天兮遭斯愆；痛殁不同兮恩有偏，谁说顾兮知我冤。"宣王出巡，吉甫从之，伯奇乃作歌，以言感之于宣王。宣王闻之曰："此孝子之辞也。"吉甫乃求伯奇于野而感悟，遂

---

① 今本《说苑》中此段佚，经历代学者搜辑，分别从《汉书·冯奉世传》注、《后汉书·黄琼传》注、《文选》、陆士衡《君子行》注中辑补。参见向宗鲁：《说苑校证·佚文辑补》，中华书局，1987 年，第 549～551 页。
② 《太平御览》卷九五〇《虫豸部七》，"蜂"条，今本《列女传》无此条，中华书局，1962 年，第 4217 页。
③ 向宗鲁：《说苑校证》，中华书局，1987 年，第 551 页。
④ 《太平御览》卷五一一《宗亲部一》，"继母"条，中华书局，1962 年，第 2329 页。

射杀后妻。①

在以上故事中尹伯奇与其后母交恶的过程已经大体清晰，《说苑》佚文记载，"王国君"有二子，一为伯奇，前妻子，一曰伯封，后妻所生，兄弟两人原本相安无事，并"兄弟相重"。后母欲立伯封为太子，才引起事端。后母设计以蜂置衣中，使伯奇取之，王在后园台上观之，即放逐伯奇。后使者见袖中有死蜂，便告王，王见蜂后顿悟，追伯奇时，伯奇已投河自尽。《列女传》则补充若干细节，以活毒蜂置放衣中，多少有点背离生活常识，才有后母"取蜂去毒"的细节，并确立尹吉甫与尹伯奇的父子关系。这个故事是否是一个古老的传说我们并不能确定，成书于汉代初年的《韩诗外传》中即有"传曰：伯奇孝而弃于亲"②的记载，大约在汉朝初年，尹伯奇至孝的故事已经颇为流行。

东汉末年蔡邕的《琴操》中尹伯奇的故事已经完备，但后母欲立其子为太子的说法，随着尹吉甫只是周上卿的认定便不再有，并且伯奇在被放逐时曾作《履霜操》，尹吉甫在听了宣王感言后，遂射杀了其后妻。

故事至此已经结束，并且首尾俱全，但并未形成最终的版本。三国时曹植《贪恶鸟论》叙述故事的另外缘由和结局：

> 国人有以伯劳鸟生献者，王召见之。侍臣曰：世人同恶伯劳之鸣，敢问何谓也？王曰：《月令》：仲夏鵙始鸣。《诗》云：七月鸣鵙。七月夏五月，鵙则博劳也。昔尹吉甫用后妻之谗，而杀孝子伯奇，其弟伯封求而不得，作《黍离》之诗。俗传云：吉甫后悟，追伤伯奇。出游于田，见异鸟鸣于桑，其声嗷然。吉甫动心曰："无乃伯奇乎？"鸟乃抚翼，其音尤切。吉甫曰："果吾子也。"乃顾谓曰："伯奇，劳乎！是吾子，栖吾舆；非吾子，飞勿居。"言未卒，鸟寻声而栖于盖。归入门，集于井干之上，向室而号。吉甫命后妻载弩射之，遂射杀后妻以谢之。故俗恶伯劳之鸣，言所鸣之家必有尸也。③

曹植所讲述的故事内容从国人向王贡献活的伯劳鸟开始。侍臣向王请教伯劳鸟因何故鸣叫，王的回答是仲夏鵙鸣，鵙即博劳鸟。他并没有描述尹伯奇遭受后母迫害的过程，只是说尹吉甫听信后妻谗言，而杀孝子伯奇。其弟伯封求而不得，作《黍离》这首有名的诗：

① 蔡邕：《琴操》卷上，"履霜操者"，《丛书集成初编》，中华书局，1985年，第6页。
② 屈守元：《韩诗外传笺疏》卷七，巴蜀书社，1996年，第630页。
③ 赵幼文：《曹植集校注》卷二《令禽恶鸟论》，人民文学出版社，1984年，第305页；另见《太平御览》卷九二三《羽族部一○》，"伯劳"条，中华书局，1962年，第4098页，文字与赵注略有出入；欧阳询：《艺文类聚》卷二四《人部八·讽谏》"讽"条作"魏陈王曹植令禽恶鸟"，中华书局，1965年，第432页。

彼黍离离，彼稷之苗。行迈靡靡，中心摇摇。知我者，谓我心忧。不知我者，谓我何求！悠悠苍天，此何人哉。

彼黍离离，彼稷之穗。行迈靡靡，中心如醉。知我者，谓我心忧，不知我者，谓我何求！悠悠苍天，此何人哉。

彼黍离离，彼稷之实。行迈靡靡，中心如噎。知我者，谓我心忧，不知我者，谓我何求，悠悠苍天，此何人哉。①

这首诗共三章，每章有十句，全诗多有重复，异者仅有六字，先有稷之苗，又见稷之穗，后见稷之实，朱熹称："所感之心终始如一，不少变而愈深，此则诗人之意也。"② 他并没有指出何人所作，可见在传统儒家的心目中，伯封作《黍离》或有保留，但这并不影响诗作感人深切。

吉甫出游于田野，见异鸟鸣哀，遂动恻隐之心，会不会是伯奇，鸟听抚动双翼，其声尤切。吉甫的测试办法是："是吾子，棲吾舆；非吾子，飞勿居。"果然，鸟闻声即棲栖于舆盖之上。吉甫返回后对妻子采取行动，首先命后妻向集聚在井干上的鸟用弩射击，这一举动有点让人费解，然后吉甫射杀其后妻，以谢罪。

伯奇的死因，曹植以为是吉甫所杀，与蔡邕《琴操》所记投河自尽并不一致。王充《论衡》中仅称"伯奇放流，首发早白"③。张澍曾专门对伯奇的出生地、流放经过、死后埋葬地等进行了考辨④。不过，《水经注·江水》引扬雄《琴清英》载：

尹吉甫子伯奇至孝，后母谮之，自投江中，衣苔带藻，忽梦见水仙，赐其美药，思维养亲，扬声悲歌，船人闻之而学之。吉甫闻船人之声，疑似伯奇，援琴作《子安之操》。⑤

可见伯奇投水自尽，在汉代流传甚广，只是投水的地点转至长江流域。吉甫也是听船夫之歌，疑似伯奇，稍后三国时期则转为吉甫直接听自鸟鸣，后者内容出现在流传于日本的《孝子传》中。

唐以前流行的《孝子传》种类众多，已知的约有十几种，但多已失传，清人茆泮

---

① 朱熹：《诗集传·王》卷四《黍离》，上海古籍出版社，1980 年，第 42 页。

② 朱熹：《诗集传·王》卷四《黍离》，上海古籍出版社，1980 年，第 43 页。

③ 黄晖：《论衡校释》卷四《书虚篇》，中华书局，1990 年，第 172～174 页。该书另有关于伯奇的史料，见卷五《感虚篇》，第 239～240 页；卷一《累害篇》，第 16～17 页。

④ 屈万里等主编：《明清未刊稿汇编·张介侯所著书》第 2 册，《尹吉甫子伯奇考》，（台北）联经出版事业公司，1976 年，第 450～452 页。同一材料亦见《明清未刊稿汇编·张介侯所著书》第 8 册，第 2345～2349 页，仅是排版有别。

⑤ 陈桥驿：《水经注校释》卷三三《江水》，杭州大学出版社，1999 年，第 582 页；另见第 581 页：江水"又东过江阳县南，洛水从三危山，东过广魏洛县南，东南注之"。

林曾从古书中辑出一本《古孝子传》①，内容却并不完全。较为完整是流传至日本的《孝子传》。根据大约成书于九世纪末藤原佐世的《日本国见在书目录》记载有《孝子传图》一卷，《孝子传赞》十卷②（图12）。类似《孝子传》流传后世便形成现存的阳明文库本、船桥本《孝子传》③。这两个抄本均包括了四十四名孝子的故事，其中伯奇被排在第三十五位④。两抄本内容差异不大，为方便讨论现抄录于下。

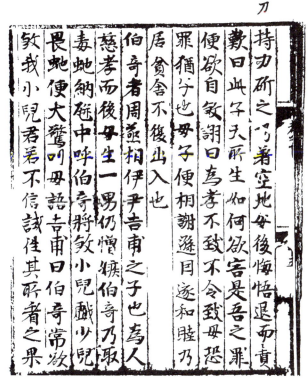

图12　阳明文库本《孝子传》伯奇故事影印

　　【阳明文库本】伯奇者，周丞相伊尹吉甫之子也。为人慈孝。而后母生一男，仍憎嫉伯奇，乃取」毒虵（蛇）纳瓶（瓶）中，呼伯奇将煞（杀）小儿。戏少儿，」畏虵（蛇）便大惊叫。母语吉甫曰："伯奇常欲」煞（杀）我小儿，君若不信，试往（往）其所看之。"果」见之，伯奇在瓶（瓶）虵（蛇）焉。又谗言："伯奇乃欲」非法干我。"父云："吾子为人慈孝，岂有如」此事乎？"母曰："君

---

① 茆泮林：《古孝子传》，《龙溪精舍丛书》，梅瑞轩辑本校刊，1917 年。

② ［日］藤原佐世：《日本國見在書目錄》，东京帝室博物馆藏本，古典保存会，1925 年，非卖品，第 20 页。

③ ［日］吉川幸次郎：《〈孝子伝〉解說并释文》，京都大学附属图书馆藏船桥本《孝子伝》影印本，（京都）便利堂，1959 年，第 2～3 页；关于阳明文库本、船桥本最重要的研究者是日本佛教大学黑田彰教授，［日］幼学の会编：《孝子伝注解》，（东京）汲古书院，2006 年，第 3～13 页。

④ ［日］幼学の会编：《孝子伝注解》，（东京）汲古书院，2006 年，第 189～198 页。

若不信，令伯奇向后园」取菜，君可密窥之。"母先赍蜂置衣袖中，」母至伯奇边曰："蜂螫我！"即倒地令伯奇」为除，奇促头舍之。母即还白吉甫："君」伺见否？"父因信之，乃呼伯奇曰："为汝父」上不惭天，娶后母，如此？"伯奇闻之，嘿然」无气，因欲自殒。有人劝之，乃奔他国。父」后审定，知母奸诈，即以素车白马追伯」奇。至津所向津吏曰："向见童子赤白」美儿，至津所不？"吏曰："童子向者而度至」河中，仰天叹曰：飘风起兮吹素衣，遭世」乱兮无所皈，心郁结兮屈不申（伸），为蜂厄」即灭我身！"歌讫，乃投水而死。父闻之遂」悲泣曰："吾子狂（枉）哉！"即于河上祭之。有飞」鸟来，父曰："若是我子伯奇者，当入吾怀。"」鸟即飞上其手，入怀中，从袖出。父之曰："」是伯奇者，当上五（吾）车，遂吾还也。"鸟即上」车，随还。到家，母便出迎，曰："向见君车上」有恶鸟，何不射煞（杀）之？"父即张弓取矢，便」射其后母中腹而死。父骂曰："谁煞（杀）我子」乎？"鸟即飞上后母头，啄其目，今世鸱枭」是也，一名檽鶹，其生儿还食母。《诗》云："知」我者，谓我心忧。不知我者，谓我何求？悠」悠仓（苍）天，如（此）何人哉！"此之谓也。其弟名西」奇。①

船桥本文字大体略同，只有结尾处稍有不同②，阳明文库本多出《黍离》一诗，并称其弟名西奇。

阳明文库本《孝子传》大约形成于六朝时期③，其中保留了一些其他《孝子传》不传的内容，当然其他《孝子传》所留故事非常不完整，尹伯奇就属于后者。相较我们以上所引尹伯奇故事情节，阳明文库本《孝子传》更为完整。

成书于初唐时期于立政所编的类书《类林》中亦有尹伯奇故事，不过这部私家所修的类书没能完整地传下来，金代以后亡佚。西夏时期《类林》曾被译为西夏文，并

---

① 罗丰等：《古孝子传辑注》（未刊稿），第128页。
② 【船桥文库本】卅四："伯奇者，周丞相吉甫之子也。为人孝慈，」未尝有恶。于时，后母生一男，始而憎伯奇，」或取虵（蛇）入砸（瓶），令赍伯奇遣小儿所，小儿见」之，畏怖泣呌（叫）。后母语父曰：'伯奇常欲煞（杀）吾，」若君不知乎，徍（往）见畏物！'父见砸（瓶）中果而」有虵（蛇）。父曰：'吾子为人一无恶，岂有之哉？'母」曰：'若不信者，妾与伯奇徍（往）收（收）园采菜，君窥」可见。'于时，母蜜（密）取蜂置袖中，至园，乃母倒」地，云：'吾怀入蜂！'伯奇走寄，探怀扫蜂。于时，」母还，问：'君见以乎？'父曰：'信之！'父召伯奇曰：」'汝，我子也，上恐乎天，下耻乎地。何如犯后」母砌？'伯奇闻之，五内无至（主），既而知之后母」谗谋也。遂诤难信，不如自煞（杀）。有人诲云：'无」罪徒死，不若逊（逃）奔他国。'伯奇遂（逃）。于时，父」知后母之谗，驰车逐。行至河津，问津史（吏）」曰：'可爱童子，渡至河中，仰天叹曰：我不计」之外，忽遭蜂难，离家浮荡，无所归心，不知」所向。'謌（歌）已，即身投河中，没死也。父闻之，闷」绝悲痛无限尔。乃曰：'吾子伯奇含怨（冤）投身，」嗟嗟焉，悔悔哉！'于时，飞鸟来至吉甫之前。」甫曰：'我子若化鸟欤？若有然者，当入我怀。'」鸟即居甫手，亦入其怀，从甫出也。又父曰：」'吾子伯奇之化而居吾车上，顺吾还家！'鸟」居车上，还到于家。后母出见，曰：'噫，恶鸟也！'」何不射煞（杀）？'父张弓射箭，不中鸟，当后母腹，」忽然死亡。鸟则居其头，喙穿面目尔。乃高」飞也。死而报敌，所谓飞鸟是也。雏而不眷」养母，长而还食母也。"罗丰等：《古孝子传辑注》（未刊稿），第157页。
③ ［日］黑田彰：《孝子伝の研究》，（京都）思文阁，2001年，第28～44页。

被保留至今，残卷的开篇就是尹伯奇故事的残文：

　　□□分别，自抱石投水中而死。周宣王时人。此事《孝子传》中说。①

史金波等人依据金代王朋寿《增广分门类林杂说》复原于立政《类林》，其文如下：

　　尹伯奇，周之上卿吉甫之子。父更娶后妻，又生圭。伯奇至孝，后母嫉之，欲杀奇。乃取蛇，密安瓮中，命奇、圭视之。圭年小，见蛇乃惊，便号叫走，称："奇打我。"母问吉甫，甫不信，又谓甫曰："奇从非法向我，君不信，今与奇游后园，君遥观之。"甫信其言。于是母与奇至园中，诈云被剌脚，令奇看之。父遥见，谓如母言，呼奇责之。奇恐伤母，意终不自治，遂自抱石投河而死。周宣王时人。出《孝子传》。②

虽然西夏文《类林》与《增广分门类林杂说》并不完全属于一个相同的版本，甚至可能属于两个流传系统。但它们在条目设置上却有一致之处，可以相互参校。具体到尹伯奇故事，西夏文条对《类林》复原无疑有很大帮助，它们的内容都出自《孝子传》。

敦煌发现的伯 2502 号文书中也有类似的尹伯奇故事。王三庆《敦煌类书》中以为当出自类句式类书，即"集句隶事，将事类用一句、二句成语概括，或四字，或六字，然后同类合编。有些或以骈偶句成对，如《北堂书钞》体制"。并将此卷中孝子故事归为《北堂书钞体甲》③。当然，这种类句式类书不独《北堂书钞》，徐坚《初学记》、张楚金《翰苑》、吴淑《事类赋》皆是这种体制。不过《北堂书钞》卷六"孝德"条中有"鸟集庭"句，或许与伯奇故事有关④。

伯 2502 文书以伯奇抱石开头：

　　伯奇抱石，而……
　　伯奇者，周时之上卿，尹吉甫之子。少……以奉侍，过于亲母。母生一子，字子封，伯奇……妒，欲却伯奇。谓夫曰："伯奇无慈，打伯子封……"有此后母屡进谗言，其父遂不信。母谓夫……挽甫，便取言，谓伯奇曰："既是汝母，因何有此不

① 史金波等：《类林研究》，宁夏人民出版社，1993 年，第 33 页。
② 史金波等：《类林研究》第三部分《〈类林〉复原本》卷二《孝友篇第九》95 条，宁夏人民出版社，1993 年，第 256 页。史氏复原《类林》可能参考王鹏寿：《重刊增广分门类林杂说》卷一《孝友篇第四》，嘉业堂丛书，1918 年，第 5 页。
③ 王三庆：《敦煌类书》，（台北）丽文文化事业股份有限公司，1993 年，第 111 页。
④ 虞世南：《北堂书钞》卷六，"孝德"条，天津古籍出版社影印本，1988 年，第 41 页。

仁，汝若有……虐，汝若无理，速即出矣。"伯奇得责，终不自理，徘徊内惭……遂
诣（至）何（河）曲，被发行啼，束身投何（河），何（河）伯不受。仰天叹曰：
"我……天不覆我，地不载我，父母不容，何（河）伯不受。如此苦我，将何所
适？"……一老母，诣（至）何（河），遇见伯奇，曰："吾今无子，与我为儿！"
奇曰："我事一亲，尚不得所，今当事母，如不秤（称）意，悔将何及？"遂抱石
沈河而死。于后，父知子枉，为子煞（杀）其妇也。①

伯 2502 号文书中故事情节与前引诸书有类似之处，也有省略之处，伯奇离开吉甫
至河边投河则是重点，束身投河后，而河伯不受，遇一老母想收伯奇为子，伯奇以事
一亲尚不能，别事母如不称意，后悔时将会如何，遂抱石投河。文中伯奇后母之子王
三庆释为"子春"，黑田彰释为"子圭"②。

现在我们大体上已经厘清了现存文献中尹伯奇故事的流传脉络和全部的故事内容。
在具体情节上可以归结为以下诸段：

1. 国王子或尹吉甫有子为其前妻所生名伯奇，其后妻生子曰伯封，两人感情很好。

2. 伯奇后母欲立伯封为太子。

3. 后母将毒蛇置于瓶中，叫伯奇与小儿同时观看。

4. 小儿见蛇害怕，大呼小叫。

5. 后母对尹吉甫说："伯奇准备杀我小儿，君若不信，可到那边一看。"

6. 吉甫果见伯奇立于蛇瓶之旁。

7. 伯奇后母又向尹吉甫进谗言："伯奇见我美，欲非礼。"吉甫并不相信："伯奇
至孝，不会有这样的举动。"后母道："让伯奇到后花园中，您在远处高台上一看，便
知真相。"

8. 伯奇到后花园中，后母则私下密取毒蜂，将蜂毒拔去，放置在衣领之上。

9. 后母去伯奇身边并称："蜂螫我。"伯奇便掀开后母衣领，将毒蜂取出杀死。

10. 尹吉甫见伯奇这样的举动，便将伯奇驱逐。

11. 尹伯奇恐伤及后母，只好离开。

12. 伯奇被迫流放，青年白首。

13. 尹伯奇投河自尽，以示清白，但河伯不受。

14. 有一老妇无子，想收伯奇为子，伯奇说："我奉事一亲，尚不得所，现在如再

① 王三庆：《敦煌类书》，（台北）丽文文化事业股份有限公司，1993 年，第 463、905 页内容大体相似，释文稍
有不同，今据伯 2502 原卷（上海古籍出版社等编：《法藏敦煌西域文献》14，上海古籍出版社，2001 年，第
353～354 页）复校录上。

② ［日］黑田彰：《伯奇赞語——孝子与孝子伝图》，《說話論集》第 12 集，2003 年，后收入［日］黑田彰：《孝
子伝图の研究》，（东京）汲古书院，2007 年，第 771 页。

事一母，如遇不称心，将如何？"谢绝老妇好意。

15. 伯奇抱石投河而亡。

16. 一天，尹吉甫从周宣王出游，听见一鸟鸣，宣王道："这是孝子之辞啊。"伯奇借鸟还魂。

17. 尹吉甫说："若是我儿伯奇，便飞到我怀中。"鸟即飞上吉甫手上，遂入怀中，从袖中出。

18. 尹吉甫又说："若是伯奇，当上我车，随我回家。"刚说毕，鸟便飞上车舆华盖上。

19. 尹吉甫回家后，其后妻便出门迎接，说："见君车舆上有恶鸟，为什么不射杀？"吉甫便取弓箭，让后妻射向车上鸟，后妻准备这样做。

20. 尹吉甫见状便将后妻射杀。

21. 吉甫骂道："是谁杀了我儿子？"鸟即飞上后母头，啄其眼睛。

22. 伯奇弟名西奇（或曰伯邦、子圭、子封、子春、伯封），因怀念哥哥而作《黍离》一诗。

尹伯奇的故事在孝子故事中属于情节曲折、内容复杂的一类。其先并无二子同观毒蛇故事，六朝后阳明文库本《孝子传》中设置这一内容。老妇欲收为子情节更是晚至唐代的敦煌文书所增加。敦煌文书中虽有题名《孝子传》者，但其中并无尹伯奇的故事，而类似的故事却出现在类书中，当然前者《孝子传》故事现存并不完全，我们尚不便从无而论。

不过，尹伯奇的故事在唐以后的汉地并不流行确是事实，最著名的二十四孝中没有尹伯奇。根据黑田彰的研究，尹伯奇故事在日本镰仓以后却颇为流行，《今昔物语》之类的故事书详细记载了尹伯奇的故事①。这恐怕与日本流传后母虐待前妻儿子故事有关。

值得注意的是，故事中除了有伯奇弟一首著名的《黍离》诗外，伯奇投河前也有一首诗。《琴操》引：

> 履朝霜兮采晨寒，考不明其心兮听谗言；孤恩别离兮摧肺肝，何辜皇天兮遭斯愆；痛殁不同兮恩有偏，谁说顾兮知我冤。

阳明文库本作：

> 飘风起兮吹素衣，遭世乱兮无所归；心郁结兮屈不申，为蜂厄即灭我身。

---

① ［日］黑田彰：《伯奇赘语》，《孝子伝図の研究》，（东京）汲古书院，2007 年，第 738～746 页。

前者八言、七言混成，后者是一首七言诗。七言，在两汉时期虽已有人在写，但并不在正式的诗歌之中，也就是说社会上只承认四言、五言是诗歌，七言甚至六言都被排除在外①。这些新兴的诗体主流的诗界认为是异体，这种情况一直持续至魏晋。傅玄在《拟张衡四愁诗》的序文中云：

张平子作四愁诗，体小而俗，七言类也。②

七言遭遇歧视的原因是"体小而俗"，颇与正体诗不同，不登大雅之堂。《后汉书·张衡传》中亦称："所著诗、赋、铭、七言（略）凡三十二篇。"③将七言专门提出别列一类。宋汤惠休做七言诗，颜延之便称其诗为"委巷中歌谣耳"④。总的来说，七言诗是普通民间流行的诗体，并不为主流诗坛认可。这种诗体中有楚辞系统的某些特征，尤其在伯奇的这两首诗中或有所体现，中间夹一"兮"字，与汉高祖的"大风起兮云飞扬"似为同一基调，后者则被认为是七言诗的鼻祖。三国魏晋七言、八言的风格，与之类似，也从侧面证明《孝子传》的写作年代或距此不远。

三　孝子的无奈

继母子关系相较亲生而言，显然是一种只有母子之名分，实际上并无母子血缘的新兴母子关系，这种新型的母子关系，当然在制度层面有一定的阐述。继母与继子之间虽并无血缘关系，但礼制的要求却说："继母如母。传曰：继母何以如母？继母之配父，与因母同，故孝子不敢殊也。"⑤伯奇当然遵照这样规矩，视继母如亲母。继母虽然是父亲的继嫡妻，家庭中已取得无可动摇的女主人地位，其尊卑荣辱与夫相伴随⑥。但如果有更进一步的目标，仅有女主人的地位并不足以支持其目标的实现。尹伯奇故事，在最初的文献中后母欲使其子立为太子。前妻子业已成年，已生子尚幼，如果按照正常的长幼继承顺序，幼儿并无成为太子的机会。原有的礼制规定在实际操作中却受到人性贪婪一面的挑战，矛盾冲突在所难免，故事伴随着诬陷展开。最初汉代的文献中，只有一个毒蜂的故事，六朝《孝子传》中却增加毒蛇的故事。仅仅用一个毒蜂的事件，便迫使自己的儿子离开，在后人眼中多少有点牵强。使两儿同观毒蛇，使小

① 余冠英：《七言诗起源新论》，《汉魏六朝诗论丛》，上海古典文学出版社，1956年，第140～142页。
② 傅玄：《拟四愁诗四首并序》，《玉台新咏笺注》卷九，中华书局，1985年，第404页。
③ 《后汉书》卷五九《张衡传》，中华书局，1965年，第1940页。
④ 《南史》卷三四《颜延之传》，中华书局，1975年，第881页。
⑤ 郑玄：《仪礼注疏》卷三〇《丧服十一》，上海古籍出版社，2008年，第901～902页。
⑥ 郑雅如：《情感与制度：魏晋时代的母子关系》，《台湾大学文史丛刊》114，（台北）台大出版委员会，2001年，第49页。

儿受到恐吓，后母直接寻求的仲裁对象当然是男主人。知子莫若父，仅凭一面之词父亲当然不会相信，而面对后母的设计，父亲也只好承认眼见为实的一面。

虽然仅仅是怀疑，毒蛇故事无疑已经有了很好的铺垫。后母更为恶毒的诡计是不惜利用自身，导演一出毒蜂故事，成年儿子调戏继母，在父亲看来是罪无可恕。两个故事中的当事人伯奇却始终没有获得辩白的机会。孝道作为儒家的核心价值观，在全社会有着广泛认同的社会基础。家庭矛盾爆发时，孝道的制约作用尤为明显，作为儿子的伯奇不但不能与长辈直接发生冲突，即使受到后母的设计陷害，以孝道为戒律的晚辈伯奇并不得越雷池一步，更何况发生一件匪夷所思、骇人听闻的故事。伯奇或许是评估了他的辩白根本无人相信，更何况是父亲亲眼看见全过程，只能选择用牺牲自我甚至结束生命的方式完成所谓的孝道。父母们也常常会利用孝子自我克制的行为，做出一些后世看来十分荒唐的举动。孝子的克制行为博得社会的普遍同情，伯奇投河，河伯不受，老妇欲收其为儿子。如果人们面对冤案无动于衷，明显不合乎儒家所倡导的社会伦理，这种铺陈显然是顺应社会一般情感的举动，孝子的孝举获得进一步塑造。

从汉代开始中国人关于孝道的理论得以固化，先秦时期一些尚在争论的标准，在汉儒眼中变成无可争辩的唯一。例如孟子主张并允许子女在其父母犯有大错时，可以出言反对其父母，他给出的理由是如果子女对父母的残暴毫无反应，会增加二者之间的距离与疏离。孔子也允许儿女劝谏父母，不过要态度温和而已。汉时类似的原则遭受弱化，儿子对于父母的责任则受到格外重视。为了保证子女对于父母的绝对孝顺，儒家学者发明了一言以蔽之曰的通则："天下无不是底父母。"[1] 子女永远该责备，不论父母如何对待他们[2]。伯奇的故事是这种思想指导下的产物，结果虽然残忍无比，却合乎汉儒论述的道德标准。尹吉甫逼迫儿子自尽，这样的故事流传实际上与我们以前讨论的父权有关。在父权支配下的中国家族，父亲就是统治的首脑，家族中一切权力都集中在他的手中，家族中所有的人口都在他权力的覆盖范围之下。同时，法律也对其统治权予以承认和支持[3]。《吕氏春秋》指出："家无怒笞，则竖子、婴儿之有过也立见。"[4] 这种鞭策之道也曾经被上升到与国家治理同道的高度来认识："笞怒废于家，则竖子之过立见；刑罚不中，则民无所措手足。治家之宽猛，亦犹国焉。"[5] 在孝子故事中被父母杖击者有舜、曾子、韩伯瑜等几例，有趣的是被打之后，个人的感觉并不一

① 丁湘：《精校小学集注》卷五外篇"嘉言"，昌文书局，1932年，第19页。
② 杨联升：《报——中国社会关系的一个基础》，《中国文化中"报"、"保"、"包"之意义》，（香港）香港中文大学出版社，1987年，第79~80页。
③ 瞿同祖：《中国法律与中国社会》，中华书局，2003年，第5~6页。
④ 陈奇猷：《吕氏春秋新校释》卷七《荡兵篇》，上海古籍出版社，2002年，第388页。
⑤ 王利器：《颜氏家训集解》卷一《治家第五》，中华书局，1996年，第41页。

样。韩伯瑜是觉得母亲的气力渐衰落，打他也不如往日疼痛，故泣之①；曾参竟然被父亲打晕过去②；只有舜被父亲痛打时采取了合理的行为，即小杖可以忍受，大杖超出人可以忍受的范围则逃跑。针对舜的做法孔子有一段说辞，他教训曾参：

> 汝不闻瞽叟有子名舜？舜之事父也，索而使之，未尝不在侧，求而杀之，未尝可得。小箠则待，大箠则走，以逃暴怒也。今子委身以待暴怒，立体而不去，杀身以陷父不义，不孝孰是大乎？汝非天子之民耶？杀天子之民罪奚如？

这种道理却不是人人都能明白的，所以《说苑》感叹道："以曾子之材，又居孔氏之门，有罪不自知，处义难乎！"③

既然父亲有随意殴打儿子的权力，那么像孔子所担心的那样"委身以待暴怒"，很有可能致人死亡。当时的法律究竟是否容许父母杀死其子？瞿同祖以为在宗法时代，尤其是父权最盛的年代，父亲操有生杀大权④。尹吉甫与伯奇的故事年代发生在周宣王时代，父逼子死显然在道义上并无任何障碍。

《说苑》保留的是孔子时代的遗文琐语，还是汉儒托孔子名假述当时思想，确实分辨起来有一定的困难。显然孔语中"杀天子之民罪矣"，是法律制度发展到一定阶段生杀大权完全操纵在国家机器和天子手中的结果，父亲对于儿子并不能像以前一样，随意处置，如失手杀死也治罪，所以才有陷父于不义的担心。尹伯奇故事中流露出上古遗风，但在选择画面时并无尹吉甫直接处置伯奇的场面。

四　汉唐间伯奇孝子图的选择

汉代开始，孝子的故事以图画的形式出现在公共建筑之上，借以教化民众。汉景帝时期，景帝的儿子鲁恭王修建了一座宏伟的宫殿，称作灵光殿。殿内用壁画的形式表现天地万物，开天辟地以来的历史，其中一个重要的内容就是绘制"忠臣孝子、烈士贞女。贤愚成败，靡不载叙。恶以诫世，善以示后"⑤。唐李善注："孝子，申生、伯奇之等。"伯奇的故事被绘制在绘画的重要位置。

尹伯奇的故事根据我们以上讨论，有诸多的情节，那么汉代的绘画内容有什么样

---

① 向宗鲁：《说苑校证》卷三《建本》，中华书局，1987 年，第 62 页。
② 向宗鲁：《说苑校证》卷三《建本》，中华书局，1987 年，第 61 页。
③ 向宗鲁：《说苑校证》卷三《建本》，中华书局，1987 年，第 61 页。
④ 瞿同祖：《中国法律与中国社会》，中华书局，2003 年，第 7 页。瞿氏引《左传》宋司马华费遂语："吾有逸子，而弗能杀。"杨伯峻：《春秋左传注》（四），"昭公·二十一年"，中华书局，2009 年，第 1426 页；及秦二世矫始皇诏赐太子扶苏死，扶苏说："父而赐子死，尚安复请。"《史记》卷八七《李斯列传》，中华书局，1959 年，第 2551 页。
⑤ 王延寿：《鲁灵光殿赋》，《文选》卷一一，"宫殿"，中华书局，1977 年，第 171 页。

的场面，却是一个需要详尽辩解的工作。黑田彰的研究告诉我们大约有这样一些画像石的内容，值得关注，很可能与伯奇故事有关联①。

1. 东汉桓帝元嘉元年（151 年）武梁祠左石小龛东壁第一层图像。一建筑内，一人踞坐，一人前跪，中间为一柱间隔。建筑外旁依梯，一人肩扛畚沿梯向上爬行，并呈回首状。其上有一形体硕大飞鸟空中飞行。侧有一长方形榜无题，一童子抱一箭囊，前有一形体更小侍者躬身侍立。中间为一形体高大者，手执弓箭作射击状，前亦有一榜无题。其身后有着宽衣二人作交谈状（图 13）②。

图 13　武梁祠左石小龛东壁第一层图像

2. 嘉祥南武山东汉画像石建筑内的人物也是被一柱间隔，外有一梯，一人肩扛铁畚，畚上挂一包袱，正蹬梯欲逃。后立三人，前一人执一剑应为中心人物，前后各有形体较小的侍者，中间似着裙女子，怀中抱有一弓，后立一男子也好像拿一张弓（图 14）③。

图 14　嘉祥南武山东汉画像石

3. 嘉祥宋山一号墓第四石的中层和第八石的二层也有大体与之相同的场面，只是

---

① 数年前笔者在研究舜故事图像在汉唐间演变时，曾经注意到武梁祠、嘉祥宋山汉画像石及山东邑东阙西面一幅大体相同的画面。当时只注意到黑田彰早年的说法，并未注意后来黑田彰所著《伯奇赘语》中的完整研究。［日］黑田彰：《伯奇赘语》，《孝子传图の研究》，（东京）汲古书院，2007 年，第 780 ~ 784 页。
② 丁瑞茂：《朴古与精妙——汉代武氏祠画像》，（台北）华品文创出版股份有限公司，2007 年，第 23 页，图 35。此拓片较他处公布者为胜。
③ 朱锡禄：《嘉祥汉画像石》，山东美术出版社，1992 年，第 62 页，图版 79；第 126 页，图版说明。图 14 采自顾森：《中国汉画像拓片精品集》，西北大学出版社，2007 年，第 60 页。

建筑内有两人一坐一双手揖状，空中飞鸟为两只，飞行方向并不完全一致。侍者抱箭囊的方向也与之相反。中间体型庞大人物身后，亦有一只向前飞行的飞鸟。身侧二人，一小一大，小者手中抱物，形体大者一手前举，作行进状（图15、16）①。只是整个画面中并无武梁祠石中的榜题框。

图15　嘉祥宋山一号墓第四石拓本

图16　嘉祥宋山一号墓第八石拓本

4. 山东平邑乡东阙西面有另一幅图像。根据阙身铭文，其主人为"南武阳平邑皇圣卿"，修建于东汉元和三年（86年）。画面为细线阴刻，从左向右依次有三个人物，左侧人物头戴高冠，侧身，双手拱于胸前，上有榜题"宣王"。中间一人似为女子，头梳发髻，身着交领长袍，长裙，裙摆甩地，手执弓箭，弓弦已被拉弯，作射箭状。头顶上有榜题"信夫"。其前有一阙的侧面，阙似有两层檐沿。阙前有一童子作奔跑状，披发，身着短衣，裤装。有上榜题"孺子"（图17、18）②。

5. 松永美术馆藏东汉画像石上层也有一幅，一男子挂一铁舌，肩扛一包袱，作蹬梯状，后有八人，其中中间有一形体高大者作射箭状（图19）③。

---

① 嘉祥县武氏祠文管所：《山东嘉祥宋山发现汉画像石》，《文物》1979年第9期，第1～6页；图15、16采自孙青松等：《嘉祥汉画像石选》，（香港）唯美出版公司，2005年，第29页，图26；第25页，图22。

② 傅惜华：《汉代画像石全集·初编》，商务印书馆，1950年，第150页，图217。

③ 文物图象研究室汉代拓本整理小组：《"中央研究院"历史语言研究所藏汉代石刻画象拓本精选集》，（台北）"中央研究院"历史语言研究所，2004年，山东画像十六。

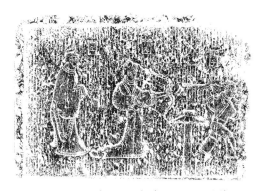

图 17　山东平邑乡东阙西面图像

图 18　山东平邑乡东阙西面
线图（徐永江绘）

图 19　松永美术馆藏东汉画像石

另外，黑田氏将山东泰安大汶口东汉画像石墓的一块画像石也归在伯奇故事之中
（图 20）[1]。赵超以为武梁祠左石室后壁小龛的东侧第二层图像属于伯奇故事中二子观
蛇的场景（图 21）[2]。

图 20　山东泰安大汶口东汉画像石墓

这些画面虽然仔细分辨起来各不相同，但如果将其类似的场面综合起来，却有着
较为一致的场景，即有人执弓作射箭状，有一人在执弓者之前。如果我们再作进一步

① ［日］黑田彰：《伯奇赘语》，《孝子伝図の研究》，（东京）汲古书院，2007 年，第 781 页。图 20 采自中国画
　　像石全集编辑委员会：《中国画像石全集·第 1 卷·山东汉画像石》，山东美术出版社，2000 年，第 178 页，
　　图 232。
② 赵超：《关于伯奇的古代孝子图画》，《考古与文物》2004 年第 3 期，第 71 页。图 21 采自丁瑞茂：《朴古与精
　　妙——汉代武氏祠画像》，（台北）华品文创出版股份有限公司，2007 年，图 36。

图 21　武梁祠左石室后壁小龛东侧第二层图像

分析，平邑卿东阙画面中有榜题"宣王（？）"，或许可以提供年代线索。姑且以为号"宣王"者即周宣王，那么或许与尹伯奇的故事有关联。不过，画面中的内容并不能与尹伯奇的故事完全重合，但有一些情节却值得进一步推敲。如武梁祠宋山画像石上有人上梯，其射击对象或为飞翔的大鸟。平邑卿东阙中央一女子射击一小孩，榜题"信夫"者，如果解释为伯奇后母，那么结合以前故事所讨论的情节，或许有合理之处。类似的假设前提只是我们一些思考方向，其中也不乏难通之处，如信夫的射击对象榜题"孺子"，恐怕不能简单地对应说这一定就是伯奇，虽然故事有一定的相似之处。

　　虽然在中国人的道德理想中不必计较别人的小恶与小错，甚至有所谓的"以德报怨"在今人眼中有些过分的说法。但儒家也注重公正的原则①，尤其是涉及处置生命的事件。汉画像石中可能是所谓尹伯奇的故事中有一个重要的结点值得关注：尹吉甫在知道后妻诬陷迫害前妻儿子时将后妻射杀。

　　如果是真如研究者所述，以上画面表现的是后母射杀伯奇的场景，那么这个场面的被选择就有点耐人寻味了。虽然在普通社会中父母并称，法律要求对他们同样孝顺，对父母侵权时的处分，并无轩轾。但在实际传统社会的认知上尤其是上升到制度层面，二者的权力并不相同。母亲权力的大小来自于父亲，可以说母权的延续性决定父亲的意志。从权力高下的角度分析，妻从夫，母权即不是绝对的，也不是最高的②。从这个角度分析，父亲对于儿子过错的处置是天经地义，而母亲在二者不相冲突时，一切皆无问题。或者母亲的举动应在父亲支援下实施，后母虽然在名义或法律地位上继承母亲权力，尤其在处分前妻子女时并不能单独行动。超越世俗容忍范围的行动，不仅仅被看作是家庭内部的纠纷。选择"命后妻载弩射之"③的画面，应该是吉甫对后妻的一种试探，从而突出后母恶毒的一面，降低父亲在整个事件中的罪恶感。在汉人的眼中，伯奇父子之间的冲突，完全是后母一人诡计的结果：

---

① 杨联升：《中国文化中"报"、"保"、"包"之意义》，（香港）香港中文大学出版社，1987 年，第 56～57 页。
② 瞿同祖：《中国法律与中国社会》，中华书局，2003 年，第 18 页。
③ 赵幼文：《曹植集校注》卷二，"令禽恶鸟论"，人民文学出版社，1984 年，第 305 页。

伯奇流放，骨肉至亲，父子相疑，何者？①

孝子无不孝，而父却有不察之责，这一点却被画面的设计者有意忽略。

继母与前妻子之间紧张的关系，会产生许多纠纷，祝总斌曾举例表明矛盾的尖锐性②。东汉时太尉庞参"夫人疾前妻子，投于井而杀之"③；陈文矩妻"而前妻四子……四子以母非所生，憎毁日积"④；杜畿"少孤，继母苦之"⑤。继母虐待甚至谋杀前妻子的情况，会在现实社会中发生。画像石中对伯奇故事强调的，既有孝子隐忍的一面，也有表现继母凶残的场景。

东汉末年以后，社会动荡，旧有秩序损坏，继母与假子（前妻子）之间原本紧张的关系加剧。父继娶被认为是导致这种紧张的根源，颜之推进行专门论述：

> 河北鄙于侧出，不预人流，是以必须重娶，至于三、四，母年有少于子者。后母之弟，与前妇之兄，衣服饮食，爰及婚宦。至于士庶贵贱之隔，俗以为常。身没之后，辞讼盈公门，谤辱彰道路，子诬母为妾，弟黜兄为佣，播扬先人之辞迹，暴露祖考之长短，以求直己者，往往而有。⑥

在这种风尚的导引下，彰显孝子事迹变得极为重要，并且也成为儒家批评的理由。伯奇故事常用于训诫继娶者，并成为一些人拒绝继娶的原因。

> 吉甫，贤父也，伯奇，孝子也，以贤父御孝子，合得终于天性，而后妻间之，伯奇遂放。曾参妇死，谓其子曰："吾不及吉甫，汝不及伯奇。"王骏丧妻，亦谓人曰："我不及曾参，子不如华、元。"并终身不娶，此等足以为诫。其后，假继惨虐孤遗，离间骨肉，伤心断肠者，何可胜数。慎之哉！慎之哉！⑦

对后母的预期如此低下，并不只是世俗习惯的评价。而是后母的行为顾虑到前妻子会影响到己子的前途，后夫则没有类似的考虑，这恐涉及人性的根本。儒家学者试图从角色的角度来解释这样一个发人深省的问题：

> 凡庸之性，后夫多宠前夫之孤，后妻必虐前妻之子；非唯妇人怀嫉妒之情，

---

① 《汉书》卷六三《武五子传》，中华书局，1962年，第2744页。
② 祝总斌：《略论晋律之"儒家化"》，原载《中国史研究》1985年第2期，后收入祝总斌：《材不材斋史学丛稿》，中华书局，2009年，第495页。
③ 《后汉书》卷五一《庞参传》，中华书局，1965年，第1691页。
④ 《后汉书》卷八四《陈文矩妻传》，中华书局，1965年，第2793页。
⑤ 《三国志》卷一六《魏书·杜畿传》，中华书局，1959年，第493页。
⑥ 王利器：《颜氏家训集解》卷一"后娶"条，中华书局，1996年，第34页。
⑦ 王利器：《颜氏家训集解》卷一"后娶"条，中华书局，1996年，第31页。

丈夫有沈惑之僻，亦事势使之然也。前夫之孤，不敢与我子争家，提携鞠养，积习生爱，故宠之；前妻之子，每居己生之上，宦学婚嫁，莫不为防焉，故虐之。[1]

这样看来后母不可理喻的举动，实际上来自对未来生活不确定性的焦虑。这些焦虑多半出自既往生活经验或他人经验，刚开始也许只有微小的冲突。随着事态扩展，人性中恶毒的一面开始呈现，一般人经验中根本没有预见的故事随即上演。母权的权威是这些悲剧的根本，虽然母权的独立性是不确定的，但他依附在父权的旗帜下，便所向披靡。孝子的孝顺必须承受非常大的压力，世俗社会关于孝道风尚使一般的孝顺行为根本满足不了社会观感。尤其是继假母子之间的良好互动，不过是人们一个美好的愿望，而非现实。即使继子有所表示的孝行，能否代表儿子对母亲情感的自然流露，实在也是非常可疑[2]。更何况有记载的继假关系很难使人满意，与规定要达到的程度落差极大。

元谧石棺上的伯奇故事选择了有"毒蛇"的场面，洛阳艺术博物馆藏石棺床围屏或也有同样的情景，后母的毒计直接表现在画面中央。汉画像石中的场面则是后母射杀伯奇。不过，固原北魏漆棺上描绘的故事内容或许要完整的多。漆棺的左侧板起首孝子故事选择舜，多达八幅，并配有解说内容的榜题，情节复杂。右侧板起首的孝子选择伯奇，或许有情节变化方面的考虑。虽然，现存的只有两三幅，已是故事的结尾，但前面当有若干幅绘制故事进展的场面，或者画工本身就是依据当时流行的《孝子传》，作为绘画的脚本来制作的。伯奇化作飞鸟，并飞入吉甫怀中，吉甫射杀后妻等内容，都出现在阳明文库本的《孝子传》中。

当一个孝子有诸多孝行故事，每个时代会选择什么样的场面作为表达的对象，其实会有实际状态的考量。伯奇的孝行，一直作为冤假错案故事被提及。如何能避免出现类似的冤假事件，每个引用者都从自己理解的角度给予诠释，故事细节也随时代变化而变得丰满可信。我们虽然不必怀疑哪些以前没有的内容这时被羼入，至少过去不完善的内容获得发掘却是事实。伯奇的故事在唐以后从孝行故事中逐渐退出，不再成为人们耳熟能详的孝子榜样。换言之，北魏孝子故事中所倡导的那种孝行会促使奇迹出现的现象，恶毒的父母迫害孝子的故事，不再被社会主流思想认可。儒家所提倡的孝行模式，会在某些特定故事下被固化，所谓的"二十四孝"就是这种结果。

五　结　语

以上我们从尹伯奇故事入手，梳理了文献、图像自汉代到唐代关于伯奇故事的内

---

① 王利器：《颜氏家训集解》卷一"后娶"条，中华书局，1996 年，第 37 页。
② 郑雅如：《情感与制度：魏晋时代的母子关系》，《台湾大学文史丛刊》114，（台北）台大出版委员会，2001 年，第 197 页。

容。分别从故事变化、内容增删的角度讨论了继假关系。儒家社会伦理虽然对理想的继假关系有较系统的论述，但总的来说，停留在道德、法律层面的条文，并不能保证世俗社会有着正常的继假关系。相反，类似的规定恰好反映出在一般观感中继假关系的紧张，尹伯奇故事的图像就是在继假关系紧张的时段出现在墓葬或葬具上。

伯奇继母的诡计，显示出一个继母最恶毒的一面。汉代画像石上或许是伯奇故事的场面，呈现的是尹吉甫在儿子蒙冤的最后，进行复仇的瞬间。从汉武帝独尊儒家开始，儒家的政治势力逐渐壮大，严酷的刑法条律涉及社会的方方面面①。不过，在处理复仇案件中却采取折中的办法，实际生活中类似的复仇案件甚至获得社会某种程度的鼓励。吉甫射杀后妻的故事，大约在这种背景下获得肯定。东汉末年以后，社会动荡，原有秩序损坏不稳，显然不能再用私复仇的方法解决个人恩怨，那样只会加剧社会混乱，魏文帝曾下诏："今海内初定，敢有私复仇者皆族之。"② 但也从侧面反映出类似的行径在以前颇为盛行。魏晋南北朝时期孝道的观念与汉代相较已发生很大程度的变化。时逢乱世，忠孝间常常冲突，人们效忠的对象也频繁变更，孝道则往往会遭到特殊的强调③，成为社会道德的第一要务。北魏政权尤甚，孝文帝汉化使孝道获得重大发展的契机④。北魏葬具上出现数量庞大的孝子图，他们所依赖的文本，大约就是当时社会上流行的《孝子传》，很可能就是流传日本阳明文库本之类的《孝子传》。伯奇的故事选入葬具图像中，大约代表了流传广泛的几个重要故事之一。受石棺、石屏等葬具形制限制，它们只能选择一两幅画面作为代表，只要看到毒蛇的场面，人们无一例外的要想到后母的恶毒和伯奇遭受的冤案。漆棺的绘制则要从容得多，它们描绘了多幅伯奇故事并有榜题，以使观者了解故事内容情节，这一点或许对于不太熟悉传统孝悌故事的鲜卑贵族尤为重要。

作者附记：屈指计算认识杨泓先生已逾三十年，期间得到先生不少点拨、帮助。今适逢先生八十华诞，各位好友筹措先生颂寿文集，承蒙抬爱，我自当全力以赴。无奈，身体偶感小恙，只能匆匆落笔，草草结束。谨以小文恭祝泓先生八秩华诞。

---

① 傅乐成：《汉法与汉儒》，原载《食货》复刊卷 5 第 10 期（1976 年），后收入傅乐成：《汉唐史论集》，（台北）联经出版公司，1995 年，第 37～63 页。

② 《三国志》卷二《魏书·文帝纪》，中华书局，1959 年，第 82 页。

③ 唐长孺考察了魏晋以后忠孝观念的变化，在汉代忠孝之间发生矛盾冲突时，大部分人会选择忠君。三国初期开始，孝道开始有凌驾于忠君之上的趋势，不过，人们尚有选择的机会。晋以后，门阀制度的确立，促使孝道的实践在社会上具有更大的经济和政治上的作用，因此亲先于君，孝先于忠的观念得以形成。至唐统一，孝道的过分发展必然会妨碍到忠节。这时，一统帝国专制君主的权威业已建立，那种有害于君主利益的观点随着旧门阀制度的衰落而消沉。唐长孺：《魏晋南朝的君父先后论》，《魏晋南北朝史论拾遗》，中华书局，1983 年，第 233～248 页。

④ 康乐：《孝道与北魏政治》，（台北）《"中央研究院"历史语言研究所集刊》第 64 本第 1 分（1993 年），第 51～87 页。后收入康乐：《从西郊到南郊——国家祭典与北魏政治》，（台北）稻禾出版社，1995 年，第 229～280 页。

河北临漳邺城遗址赵彭城
北朝佛寺的发现与探索

何利群（中国社会科学院考古研究所）

一　发掘缘起

赵彭城北朝佛寺遗址位于今河北省临漳县习文乡赵彭城村，地处东魏北齐邺南城朱明门外都城中轴线东侧，北距邺南城南墙约 1 公里。根据文献记载及历年的调查，这一区域可能是东魏北齐时期邺城南郊礼制和宗教建筑群较为集中之处，早年在赵彭城村西南和东侧核桃园村地界各有一处高于地表的大型夯土台基。1957 年，俞伟超先生踏查邺城遗址时，将赵彭城村西南土台遗迹编为Ⅵ号台基，在其附近地面发现大量北朝时期黑光瓦及绳纹砖和莲花瓦当①。而当地文物部门根据明《嘉靖彰德府志》记载，将其定性为三国时期魏元帝曹奂的陵墓，并推测赵彭城村东部核桃园村的台基可能是北齐时期的圜丘遗址②。1992 年，赵彭城村砖瓦厂在取土过程中发现一座隋代墓葬，出土墓志明确提到墓主人赵凯与夫人樊氏于大业九年（613 年）"合葬于明堂园东庄严寺之所"③。此墓东距赵彭城夯土台基约 700 米，南距核桃园夯土台基约 220 米，墓志的出土为我们探讨东魏北齐邺城南郊宗教礼制建筑群的方位提供了重要的线索（图 1）。

2000 年以来，围绕着探索邺南城外郭城这一中心课题，由中国社会科学院考古研究所与河北省文物研究所联合组建的邺城考古队对上述区域进行了持续多年的考古勘探和发掘，取得了一系列重要的考古收获，确认了赵彭城建筑基址群是一座大型北朝佛教寺院遗址，其发现填补了汉唐考古学的多项空白，对探讨邺南城里坊体系及北朝至隋唐时期的建筑技术、佛教寺院布局及瘗埋制度的演变具有举足轻重的意义。

---

① 俞伟超：《邺城调查记》，《考古》1963 年第 1 期，第 15～24 页。
② 河北省临漳县文物保管所：《邺城考古调查和钻探简报》，《中原文物》1983 年第 4 期，第 9～16 页。
③ 中国社会科学院考古研究所等：《邺城文物菁华》，文物出版社，2014 年，第 119 页。

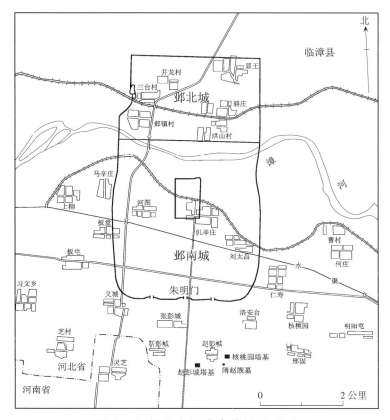

图 1　赵彭城北朝佛寺遗迹位置图

二　发掘过程及主要收获

赵彭城佛寺的考古工作先后持续了十余年，从 2001 年至 2012 年间可分为三个阶段，在寺院整体范围内进行了全面勘探和重点遗迹现象的发掘，明确了寺院以塔为中心、多院多殿的建筑格局（图 2）。

第一阶段为 2001～2002 年，首先对赵彭城村西南夯土基址进行勘查，了解了夯土的范围、结构和保存状况。根据钻探结果否定了此处为曹奂墓的可能性，初步认定是一处北朝时期的大型建筑台基，结合赵觊墓志记载推测可能与明堂类礼制建筑有关。2002 年 10 月初～12 月底，邺城考古队对这处遗迹进行了全面揭露，依据地层关系、出土遗物及建筑结构最终确认其为东魏北齐时期的一座大型土木结构的方形木塔基址（图 3）①。

赵彭城佛寺塔基由地面以下的基槽和地面以上的台基两部分构成。基槽宽约 45 米，距开口深 5 米左右，下半部为十层卵石与夯土交叠层，上半部为纯夯土层。在塔

---

① 中国社会科学院考古研究所等：《河北临漳县邺城遗址东魏北齐佛寺塔基的发现与发掘》，《考古》2003 年第 10 期，第 3～6 页。

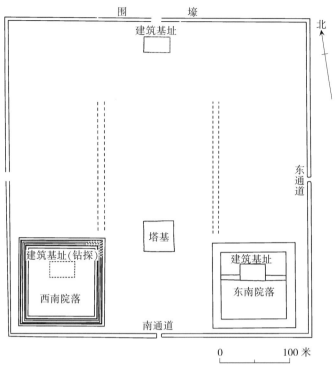

图 2 赵彭城北朝佛寺平面图

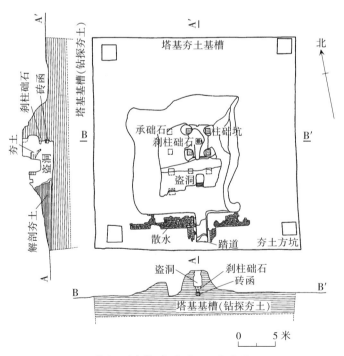

图 3 塔基遗迹平、剖面图

基中心近地面处以质地细腻的黑灰砖砌筑正方体的砖函，形制规整，长、宽、高均为 70 厘米。因砖函被两处早期盗洞打破，故在其内未发现任何遗物（图4）。地面以上的台基宽约 30、残高 4.5 米，除南部边缘外，其余三面均破损严重，台基东、西、北面踏道及散水等辅助设施无迹可寻。台基南部正中踏道尚存，宽约 2.3 米，外缘包砖。踏道两侧有砖铺散水，南北宽约 3 米，均用破碎的残砖铺设。塔基中部的砖函上方发现了中心刹柱础石，青石质，保存完好无损，表面光素无纹，底座方形，宽 1.2 米，上部覆盆形，中有圆形榫槽。刹柱周围础石虽均已无存，但从残存的础坑及础坑下埋藏在夯土中的承础石可以确认十处柱础位置，由内向外分三圈排列，柱间距 4 米，根据台基尺寸及柱础坑分布情况，至少可以恢复为面阔五间、进深五间的开间结构。另外在塔基基槽的四角还发现四处夯土方坑，边长均约 3、深约 1.5 米，底部为两层砖瓦和夯土交叠层，其上为夯土层，构建方式与塔基基槽一致，应该也是某类较小的建筑物地基[1]。

塔基发掘出土遗物除东魏北齐时期常见的绳纹灰砖、板瓦、筒瓦、莲花瓦当、兽面饰件及石质螭首和大量建筑装饰构件残块外，另有部分与佛教相关的遗物，比较重要的有泥塑彩绘贴金的坐佛、菩萨、天人像及琉璃瓶等，值得注意的是，出土泥塑造像虽残损过甚，但其服饰、面容、姿势表现出的均是北齐天保年以后出现的新样式[2]。

第二阶段为 2003～2005 年，围绕着赵彭城佛寺塔基，对周边地区进行了较为全面的勘探和试掘，先后发现作为寺院外围边界的方形围壕、

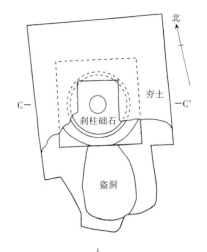

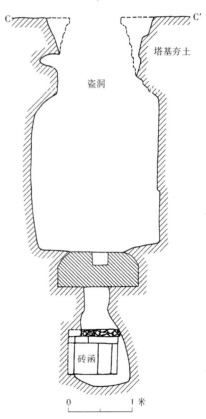

图4　塔基中心柱础与砖函平、剖面图

---

[1]　中国社会科学院考古研究所等：《河北临漳县邺城遗址赵彭城北朝佛寺遗址的勘探与发掘》，《考古》2010 年第 7 期，第 31～42 页。

[2]　何利群：《从北吴庄佛像埋藏坑论邺城造像的发展阶段与"邺城模式"》，《考古》2014 年第 5 期，第 76～87 页。

寺院西南隅和东南隅的大型院落、院落北侧向北延伸的建筑基址及寺院最北端的殿堂遗迹[1]。2003 年，根据钻探提供的迹象，在寺院围壕四面开设 8 条探沟，并在西南角布设一处探方，经发掘确认，寺院外围由一圈方形的沟渠环绕，内侧未发现墙址的遗迹。围壕平面近方形，东西宽 433～435、南北长 452～453 米。从保存较好的地段来看，沟口宽 5～6、深 3 米左右，沟内包括多层灰褐色淤土和废弃后的填土，沟边无包砌痕，转角处亦未做特殊处理。从地层叠压关系、出土遗物以及与塔基的相对位置分析，此壕沟可以认为是赵彭城佛寺的外围界限。

2004 年的发掘主要集中在寺院的西南院落。院落平面呈正方形，边长 110 余米。地下基槽形制较为特殊，是由跨度 12.4 米的四组平行的条形夯围合而成。其中内外两道条形夯土基槽较宽且深，而中间两道夯土基槽较窄且浅，间距较大，推测其建筑形式可能是进深三间的廊房式结构。在西南院落中部偏北处勘探出一座大型殿堂遗迹，东西长约 38、南北宽约 26 米，由此构成一组中央建佛殿、四周环绕回廊式建筑的封闭院落（图 5）。另外在西南院落的东北角和东南院落的西北角还各发现一道向北延伸的建筑基址，跨度约 8 米。在寺院北部略偏西的位置探出两处小型水池的遗迹。

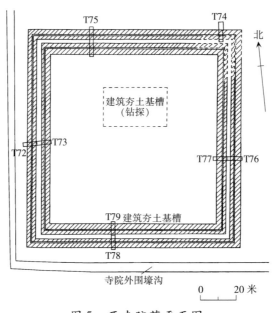

图 5　西南院落平面图

西南院落出土建筑材料中发现一种小型筒瓦及莲花瓦当，瓦当直径 6.7～7.9 厘米，有些莲瓣外缘还有细密的联珠纹，推测此类筒瓦和瓦当应该是院墙上使用。另还

① 中国社会科学院考古研究所等：《河北临漳县邺城遗址赵彭城北朝佛寺遗址的勘探与发掘》，《考古》2010 年第 7 期，第 31～42 页。

出土了一定数量陶或青釉质的碗、豆、瓶等实用器。

　　第三阶段为2010～2012年，先后勘探发掘了寺院的东通道、南通道、东南院落大殿和周边廊房式建筑以及寺院北部殿堂局部[①]。赵彭城佛寺四面围壕的中部均发现有通道的痕迹，应该是寺院的主要入口。2010～2011年度的发掘确认，两处通道均呈陆桥形式，水沟未曾从下部贯通。东通道宽约5.5米，南通道宽约7米，表面破坏严重，未见路土痕迹，通道内外也没有发现门址类的建筑遗迹。通道两侧的壕沟断面呈倒梯形，口大底小，沟边陡直，沟底较平，无包砌痕。值得注意的是在东、南通道两侧壕沟底部均发现有排列相对整齐有序的瓦片堆积，以较完整的板瓦为主，层层扣叠，似为整体垮塌形成的堆积，由于在通道附近未发现建筑物的残迹，故其形成原因有待进一步分析（图6）。

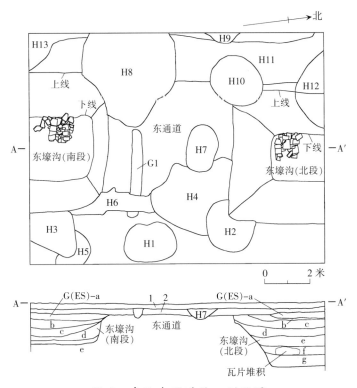

图6　寺院东通道平、剖面图

　　这一阶段重点发掘了寺院的东南院落，包括院落四周廊房、中部偏北的大型殿堂及两翼连廊。东南院落平面方形，边长117米。地下基槽由2～4道条形夯围合而成，总跨度均为13米左右，与西南院落廊房类似，推测为进深三间的结构，中间间距约

---

① 中国社会科学院考古研究所等：《河北临漳县邺城遗址赵彭城北朝佛寺2010～2011年的发掘》，《考古》2013年第12期，第25～35页。

4.8 米，内外间间距约 2.8 米，从部分保存较好的地段可见地面以上夯土部分连为一体
（图 7）。院落北部大殿经全面揭露，平面呈长方形，坐北朝南，东西长 36.6、南北宽
23.4 米，现存地下基槽和地上台基部分。地下基槽为条形夯结构，由四面环绕的一周
条形夯与中部 6 道条形夯组成，形同在一长方形土坑中保留 7 道南北向隔梁，纵向条
夯的中心距离为 4.5 ~ 5.2 米。地面以上部分为整夯，最厚处残存 0.1 米左右，原来的
础石及础坑均无迹可寻。根据大殿尺寸和条形夯的跨度，初步推测大殿应为面阔七间
的大型殿堂（图 8）。另在大殿东西两侧的南端，还发现了与院落外围廊房连接的连廊
遗迹。连廊东西长约 28、宽 7.5 米，地下基槽由两道宽 2 ~ 2.5、深 0.3 米的条形夯构
成，与廊房的南北向条形夯基槽相连，地面以上的夯土部分则连成一片。

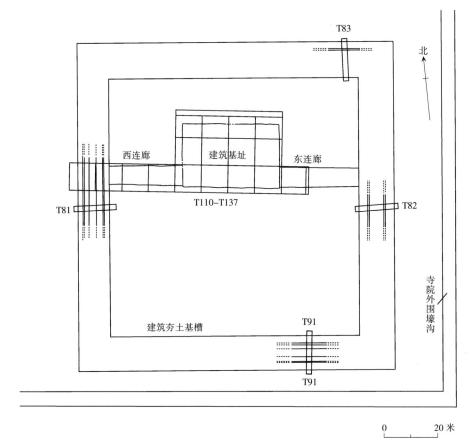

图 7　东南院落遗迹平面图

2012 年 4 ~ 5 月，邺城队对赵彭城佛寺中轴线最北端的一处殿址进行了局部发掘①，

① 中国社会科学院考古研究所等：《河北邺城遗址赵彭城北朝佛寺与北吴庄佛教造像埋藏坑》，《考古》2013 年
第 7 期，第 49 ~ 68 页。

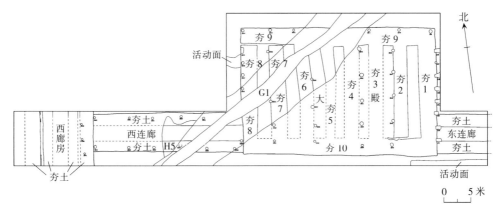

图 8　东南院落大殿及连廊平面图

此处殿址接近寺院北通道，南距塔基约 240 米，发掘确认台基东西长约 38、南北宽约 24.2 米，边缘残留包砌砖痕。此殿规模与东南院落大殿相当，是目前发现的寺院北部最重要的大型殿址。

上述遗迹出土的遗物以砖瓦、瓦当等陶质建筑构件为主，其中在东、南通道发现的板瓦和筒瓦上常见有各类戳记，另有少量小型覆莲陶座出土。

三　相关问题的探索

1. 寺院的名称和性质

东魏北齐之际，邺下佛学达到极盛，成为中原北方地区佛教文化中心。史称"属高齐之盛佛教中兴。都下大寺略计四千，见住僧尼仅将八万，讲席相距二百有余，在众常听出过一万，故宇内英杰咸归厥邦"[①]。此处四千之数若非四十之误，即是将民间招提、兰若之类的佛教场所笼统计入。严格说来，没有常住僧尼和定时法事活动的场所是不能称之为寺院的，由于早期文献并未明确区分其概念，由此导致文献中北朝时期寺院数量动辄数以万计。但真正具有皇家或官方背景的国家大寺数量并不很多，如元魏一朝，全境之内，"国家大寺四十七所……其王公贵室五等诸侯寺八百三十九所，百姓造寺三万余所"[②]。而"高齐六君二十八年，皇家立寺四十三所，译经六人一十四部"[③]。

赵彭城佛寺地处邺南城中轴线东侧，地位显著。寺院规模宏大，总面积约 19 万平

---

① 道宣：《续高僧传》，《大正新修大藏经》第 50 卷，（东京）大正一切经刊行会，1924～1934 年（下简称《大正藏》），第 501 页。

② 法琳：《辩正论》，《大正藏》第 52 卷，第 507 页。

③ 法琳：《辩正论》，《大正藏》第 52 卷，第 508 页。

方米，占当时的一坊之地。再考虑到塔基及殿堂的规格和建筑材料的尺度，无疑可以确认这一佛寺当为具有皇家背景的国家大寺。查诸文献，邺城周围东魏北齐时期的寺院有二十余座，除几处残存至今的石窟山寺外，地面寺院均湮没于地下，而文献对于其所在方位、建筑格局及历史沿革也大多语焉不详①。目前可确认位于邺城南郊且具有国家大寺地位的佛寺共有三处，即大庄严寺、大总持寺和大慈寺。大慈寺是北齐后主高纬所建，《北齐书·后主纪》载其"为胡昭仪起大慈寺，未成，改为穆皇后大宝林寺，穷极工巧"②。隋代因寺旧址建相州邺县治所③，其地在赵彭城村西南约 2.5 公里处河南灵芝村一带④。

大庄严寺为北齐文宣帝高洋在位期间所建，《北史》载天保九年十二月（559 年）"起大庄严寺"⑤。其地为清河王高岳旧宅，"清河王岳字洪略，神武从父弟也……归彦密构其短，奏岳造城南大宅，僭拟为永巷，但无阙耳……敕以城南宅为庄严寺"⑥。齐隋之际神异僧圆通为此寺僧人，隋代兴善寺主灵幹年少时亦曾投邺下大庄严寺衍法师为弟子⑦。近年来，邺城队在核桃园村西南地界先后勘探出五座建筑基址，并于 2012 ~ 2013 年对隋赵觊墓北约 220 米的 1 号建筑基址进行了全面发掘，通过对地层关系、建筑结构和出土遗物的分析，确认其为北齐天保四年以后修建的一座大型木塔遗迹⑧。如果赵觊墓志所记"明堂园东庄严寺之所"的方位无误，此区域的建筑群似在北齐大庄严寺的范围之内。至于明堂园位置所在，目前还没有发现直接的证据。由于核桃园佛寺的外围界限尚不明确，因而需要借鉴赵彭城佛寺的相关数据。考虑到两者都是当时级别最高以塔为中心的国家大寺，发掘也证明两寺的塔基在规模、尺度和建造技术上几乎完全一致，因此寺院的整体规模大体应该比较接近。赵彭城佛寺东西约 435 米，塔基距东部边界围壕 210 米有余，核桃园佛寺与赵彭城佛寺塔基的直线距离约 830 米，因此两座寺院的外围界限之间应该还有 400 米左右的空间。这里是否就是赵觊墓志中所记的明堂园，还有待考古勘探和发掘工作的进一步深入。

① 何利群：《东魏北齐时期的邺城佛教研究》，《追溯与探索——纪念邯郸市文物保护研究所成立四十五周年学术研讨会文集》，科学出版社，2007 年，第 273 ~ 288 页。
② 《北齐书》，中华书局，1972 年，第 113 页。
③ 《旧唐书》卷三九《地理二》："邺，汉县，属魏郡。后魏于此置相州，东魏改为司州。周平齐，复为相州。周大象二年，隋文辅政，相州刺史尉迟迥举兵不顺，杨坚令韦孝宽讨迥，平之，乃焚烧邺城，徙其居人，南迁四十五里。以安阳城为相州理所，仍为邺县。炀帝初，于邺故都大慈寺置邺县。贞观八年，始筑今治所小城。"中华书局，1975 年，第 1492 页。
④ 《隋书》卷三〇《地理中》："邺，东魏都。后周平齐，置相州。大象初县随州徙安阳，此改为灵芝县。开皇十年又改焉。"中华书局，1973 年，第 847 页。
⑤ 《北史》卷七《齐本纪中》，中华书局，1974 年，第 255 ~ 256 页。
⑥ 《北史》卷五一《齐宗室诸王上》，中华书局，1974 年，第 1846 ~ 1848 页。
⑦ 道宣：《续高僧传》，《大正藏》第 50 卷，第 518 页。
⑧ 中国社会科学院考古研究所等：《河北临漳邺城遗址核桃园一号建筑基址发掘报告》，《考古学报》2016 年第 4 期，第 563 ~ 591 页。

除了大慈寺和大庄严寺，文献记载邺城南郊的国家大寺还有大总持寺。《北齐书》载北齐武成帝高湛河清二年（563 年）五月壬午，"诏以城南双堂闰位之苑，回造大总持寺"①。《北史》则记为"诏以城南双堂之苑，回造大总持寺"②。《续高僧传》载北齐侍中崔光之弟、慧光弟子国僧都慧顺终于此寺③。有关大总持寺的文献虽然简略，但仍有一些措辞值得深究。所谓"城南双堂"意指哪两座大型建筑？是否与大庄严寺及明堂园有关？"闰位"似指寺院地处双堂偏侧方位，而"回造"则可理解为改建之义。目前核桃园佛寺和赵彭城佛寺的考古勘探和发掘工作仍在继续中，尽管缺乏确凿无疑的证据，种种迹象显示这两座寺院很可能就是北齐天保至河清年间建造的大庄严寺和大总持寺。

邺城南郊大型佛教寺院集聚的现象亦有先例可循，无论是南朝的建康城还是北朝的洛阳城，都可见到寺院在局部地区呈簇群状分布的特点④。隋唐延续了这一传统，尤其是隋文帝和隋炀帝在大兴城西南隅和平、庄严二坊毗邻而建的两禅定寺，在唐武德年间分别改名为庄严寺和总持寺。两寺规制相同，各占两坊之半，均以木塔为中心，重廊复殿，隔街相望⑤。考虑到东魏北齐邺南城与隋大兴唐长安城在古代都城发展史上密切的渊源关系，似可将其视为邺南城核桃园、赵彭城佛寺亦为抵近起建的北齐庄严、总持二寺的旁证之一。

2. 建筑结构与技术

作为一组具有皇家背景的大型建筑群，赵彭城佛寺的发掘为探讨北朝晚期的古代建筑提供了弥足珍贵的实物资料，寺内建筑形式多样，筑造技术复杂，多项建筑结构和技术是目前所见最早的实例，对我们了解汉唐时期建筑工艺的传承具有非同寻常的意义。赵彭城佛寺木塔时代上承北魏洛阳永宁寺塔，两者具有相近的结构和筑造方式，但在许多方面赵彭城塔基又为后者补充了新的资料。中心刹柱础石的发现，填补了早期寺院考古的空白。刹柱础石下砖砌的函室，原应为盛放舍利的设施，这种做法或可视为后世地宫之雏形，是中国古代舍利瘗埋制度演变过程的一个重要阶段⑥。塔基基槽内卵石层与夯土层交替夯筑及柱础石下垫置承础石的做法在北朝时期尚属罕见，但在隋唐以后的大型宫廷建筑，诸如隋仁寿宫唐九成宫 37 号殿址及唐大明宫含元殿中已成

① 《北齐书》卷七《武成纪》，中华书局，1972 年，第 91 页。

② 《北史》卷八《齐本纪下》，中华书局，1974 年，第 283 页。

③ 道宣：《续高僧传》，《大正藏》第 50 卷，第 484 页。

④ 龚国强：《隋唐长安城佛寺研究》，文物出版社，2006 年，第 207 ~ 209 页。

⑤ 韦述：《两京新记》卷三记："仁寿三年（603 年），（文帝）为献后立于禅定寺……寺内复殿重廊，天下伽蓝之盛，莫与为比……武德元年（618 年），改为庄严寺。""隋大业元年（605 年），炀帝为父文帝立。初名大禅定寺，制度与庄严同……武德元年，改为总持寺。"韦述、杜宝撰，辛德勇辑校：《两京新记辑校·大业杂记辑校》，三秦出版社，2006 年，第 69 ~ 70 页；宿白：《试论唐代长安佛教寺院的等级问题》，《文物》2009 年第 1 期，第 27 ~ 40 页。

⑥ 杨泓：《中国古代和韩国古代的佛教舍利容器》，《考古》2009 年第 1 期，第 73 ~ 84 页。

为常见的承重技法①。

赵彭城佛寺塔基基槽四角的夯土方坑在东亚地区同时期的佛塔中均未有见，其建造方式与塔基完全一样，应当是某类小型建筑物的基础。由于方坑上部地面已完全破坏，无建筑残迹遗留，故只能对其上方建筑的性质做出推测。通常认为，中央立大塔四角环绕小塔的金刚宝座塔是密教五佛的象征，实际上在犍陀罗地区公元一世纪左右的寺院，佛塔四周拱立四根立柱的传统就已较为常见②。金刚宝座这一概念至迟在十六国时期的译经中也已出现③。云冈北魏6号塔庙窟已见在象征佛塔的中心柱四角并立小塔的现象④，而在敦煌428窟西壁中层的北周壁画中更是明确描绘出了五塔组合的具体样式⑤，由此可以认为金刚宝座塔的建筑形式在南北朝时期已经传入河西及中原北方地区。赵彭城佛寺塔基四角有可能立有小石塔的另一个证据是，发掘过程中曾出土多件外形呈梯形、五角形或近方形的青石构件，形状大小不一，厚35厘米左右，因均出自扰乱层和废弃层中，原来的位置并不明确⑥。经过对其角度和形状拼合，这类青石构件应该是某类八角形基座的组成部分，因而很有可能是原先塔基四角建筑的台基。

条形夯是赵彭城佛寺建筑中常见的一种地基结构，特点是根据建筑物的形状和承重的需要，在地下挖掘出相应的宽窄深浅不同的沟槽，其内逐层夯实，地面上台基部分则浑然一体。赵彭城佛寺西南院落和东南院落四周的廊房式建筑及大殿均采用这种地下基槽，在地上台基破损严重、础石及础坑无存的情况下，条形夯结构对于恢复原来的柱网和开间结构具有重要的参考价值。类似的条形夯基槽在南北朝时期的大型建筑中尚未见诸报道，但在隋唐以后的宗教礼制建筑中却时常可见，如唐长安城西明寺东部院落的中殿，隋唐洛阳城武则天明堂、衙署区和宫殿区的廊道式建筑及唐睿宗桥陵下宫遗址建筑群⑦，可视为中古时期北方地区颇具特色的一种建筑结构。

3. 赵彭城佛寺建筑布局及其重要意义

赵彭城佛寺是国内进行系统发掘的少数几座中古时期的国家大寺，其布局对于研究中国乃至东亚地区古代佛教寺院建筑格局的演变具有十分深远的意义。根据十余年

① 中国社会科学院考古研究所西安唐城工作队：《隋仁寿宫唐九成宫37号殿址的发掘》，《考古》1995年第12期，第1083~1099页；中国社会科学院考古研究所西安唐城工作队：《唐大明宫含元殿遗址1995~1996年发掘报告》，《考古学报》1997年第3期，第341~406页。
② ［意］卡列宁等编著，魏正中、王倩译：《犍陀罗艺术探源》，上海古籍出版社，2015年，第35~36页。
③ 鸠摩罗什译：《佛说弥勒大成佛经》，《大正藏》第14卷，第431页。
④ 云冈石窟文物保管所：《中国石窟·云冈石窟》一，文物出版社、（东京）平凡社，1991年，图版90、91。
⑤ 敦煌石窟研究所：《中国石窟·敦煌莫高窟》一，文物出版社、（东京）平凡社，1982年，图版165。
⑥ 中国社会科学院考古研究所等：《邺城文物菁华》，文物出版社，2014年，第110页。
⑦ 安家瑶：《唐长安西明寺遗址的发掘》，《唐研究》第六卷，北京大学出版社，2000年，第337~352页；中国社会科学院考古研究所洛阳唐城工作队：《唐东都武则天明堂遗址发掘简报》，《考古》1988年第3期，第227~230页；中国社会科学院考古研究所：《隋唐洛阳城——1959~2001年考古发掘报告》，文物出版社，2014年，第275、455、533、609、651页等；陕西省考古研究院：《唐睿宗桥陵陵园遗址考古勘探、发掘简报》，《考古与文物》2011年第1期，第11~23页。

的勘探和考古发掘，赵彭城佛寺的建筑格局已基本得以确认。其显著的特点是寺院规模宏大，占有一坊之地。土木结构的方形木塔占据寺院中轴线略偏南的中心位置，而在塔后相应的位置迄今尚未勘探出大殿的迹象。轴线最北端发现一座大型殿堂，参考同时期文献记载[1]，以及朝鲜半岛和日本公元 6 世纪前后的寺院[2]，此处殿堂遗迹为探讨北朝晚期寺院讲堂的配置提供了重要的线索。尤为值得注意的是寺院东南隅和西南隅各有一座由廊房封闭的大型院落，院落中部偏北处建有大型佛殿，佛殿通过连廊与周边廊房连接，寺院的整体布局呈现出多院多殿的特征。

迄今为止，经过考古发掘的 5~8 世纪佛教寺院主要有山西大同北魏云冈佛寺、山西大同方山北魏思远佛寺、辽宁朝阳北魏思燕佛寺、河南洛阳北魏永宁寺、河北临漳赵彭城北朝佛寺、陕西西安隋灵感唐青龙寺以及唐西明寺。虽然其中部分寺院只做了局部的考古工作，但是根据相关文献的记载和重要建筑的勘探和发掘，寺院的总体布局大致可以明晰。尤其是这批寺院都建立在当时的政治和宗教中心，时代上前后衔接，且多是具有皇室或官方性质的国家大寺，因而在更大范围内具备不言而喻的示范性和影响力。就现有的考古发掘资料来看，中国中古早期的佛教寺院布局大致可以分为四个发展阶段：

第一阶段，公元 5 世纪中期，约当北魏中期，以塔为中心的寺院布局。目前所见唯一实例为山西大同云冈石窟窟顶新近发现的一座北魏佛寺，其特点为佛塔居中，四周环绕僧房类辅助建筑[3]。这种布局样式应为直接模仿古代犍陀罗地区的佛教寺院[4]。

第二阶段，公元 5 世纪晚期至 6 世纪早期，大体相当于北魏中后期，前塔后殿单院式布局。以河南洛阳永宁寺为典型代表，北魏思远佛寺和思燕佛寺均属此类，特点是所有建筑物集中在一座院落之中，以塔为中心，塔后有大型佛殿，四周分布廊庑僧房类建筑[5]。

第三阶段，公元 6 世纪中期至 7 世纪早期，约当于东魏北齐至隋代，塔殿分立式布局。典型代表是赵彭城北朝佛寺，其特点是方形木塔仍然占据着寺院的中心位置，

[1] 道宣：《续高僧传》，"释灵幹，姓李氏，金城狄道人……年十四，投邺京大庄严寺衍法师为弟子。昼夜遵奉无寸阴，每入讲堂，想处天宫无异也"，《大正藏》第 50 卷，第 518 页。
[2] ［韩］国立扶余文化财研究所：《동아시아고대사지비교연구Ⅱ-금당지편（东亚佛殿的比较研究）》，《国立扶余文化财研究所学术研究丛书》第 54 辑（2010 年），第 40、44、48、64、74、78、149、156、173、182 页。
[3] 张庆捷等：《山西云冈石窟窟顶北魏寺庙遗址》，《2010 年中国考古重要发现》，文物出版社，2011 年，第 127~130 页。
[4] 李崇峰：《从犍陀罗到平城：以寺院布局为中心》，《佛教考古——从印度到中国》Ⅰ，上海古籍出版社，2014 年，第 267~312 页。
[5] 中国社会科学院考古研究所：《北魏洛阳永宁寺——1979~1994 年考古发掘报告》，中国大百科全书出版社，1996 年，第 6~8 页；大同市博物馆：《大同北魏方山思远佛寺遗址发掘报告》，《文物》2007 年第 4 期，第 4~26 页；辽宁省文物考古研究所等：《朝阳北塔——考古发掘与维修工程报告》，文物出版社，2007 年，第 126~133 页。

但多院多殿的特征开始显现①。

第四阶段，公元 7 世纪中期，约当初唐以后，多院多殿式布局。具体实例为唐长安青龙寺、西明寺②，寺院常由许多形制规整、大小不一的院落构成，佛殿成为寺院最主要的建筑，一些重要的院落中常有单独的殿堂。佛塔地位明显下降，一些大型寺院或无塔，或将塔另置别院。

概括而言，北朝至隋唐时期佛教寺院发展的总趋势是由以塔为中心向以殿为中心、由单院式向多院式布局的演变，这一过程与中国古代都城里坊制度的建立与完善，建筑技术的进步，佛教思想的发展及崇拜理念的变化密切相关，而赵彭城佛寺正处于这一历史时期的中间转变阶段，具有承上启下的重要意义。

---

① 何利群：《北朝至隋唐时期佛教寺院的考古学研究——以塔、殿、院关系的演变为中心》，《石窟寺研究》第一辑，文物出版社，2010 年，第 180 ~ 196 页。

② 中国社会科学院考古所西安唐城工作队：《唐长安青龙寺遗址》，《考古学报》1989 年第 2 期，第 231 ~ 262 页；中国社会科学院考古研究所西安唐城工作队：《唐长安西明寺遗址发掘简报》，《考古》1990 年第 1 期，第 45 ~ 55 页。

山西净居寺石窟初步研究

李裕群（中国社会科学院考古研究所）

　　净居寺石窟位于山西省静乐县城南 15 公里丰润镇南 500 米处。洞窟开凿在汾河东岸南北走向的山体下部崖面上。现存唐代洞窟 9 座，均坐东朝西，南北向排列。洞窟编号从北向南，其中第 1～7 窟是窟群的中心区，集中在长约 24 米的崖面上（图 1～3），中心窟群前原有净居寺遗址，遗址上散落有唐代砖瓦等遗物。第 8、9 窟则位于中心区之南约 200 米处（图 4）。

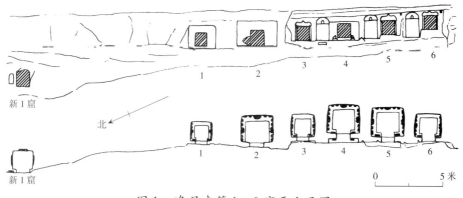

图 1　净居寺第 1～6 窟平立面图

　　净居寺石窟是山西境内保存唐代洞窟数量最多的石窟之一。尤其重要的是：洞窟外崖面上保留有三通唐高宗时期的开窟功德碑，在年代序列上不仅早于太原天龙山唐代洞窟，而且在洞窟形制、造像样式与题材方面也显示出与天龙山唐窟不同的特征。因此，净居寺石窟对于研究山西唐代石窟的发展演变，以及与两京地区唐代石窟造像的关系，具有重要的学术意义。本文依据 2000 年和 2011 年笔者的考察资料以及已刊布的调查简报①，拟对洞窟构造、营造次第与功德主、造像题材和造像样式及其渊源等相关问题做初步的探讨。

---

① 　详细考察报告待刊。另外，2004 年，忻州市文物管理处与静乐县文管所对石窟进行了调查、绘图、拓碑、记录等，2005 年刊布了调查简报。参见忻州市文物管理处等：《山西静乐县净居寺石窟调查报告》，《文物世界》2005 年第 2 期，第 34～46 页。2011 年笔者再次进行考察时，获知当地有关部门在寺院遗址上重修了净居寺，在第 1 窟之北崖面下方还新发现一座北朝洞窟，虽然造像保存不好，但说明该石窟始创于北朝时期。然而，令人痛惜的是，2006 年第 5 窟和第 9 窟部分造像被盗。

图 2　净居寺第 1~6 窟外观

图 3　净居寺新 1 窟和第 1~7 窟外观

图4　净居寺第8、9窟外观

一　洞窟构造

净居寺石窟所在的山体上面呈缓坡状，下部崖面则明显陡直，露出较大的岩石面，岩质属于红略偏灰色的砂岩，岩层结构大体呈水平节理，但间有松软的夹层。洞窟的营造者就是利用夹层之间质地较坚硬细腻的岩层进行开凿。由于受上下夹层之间高度的限制，每个洞窟的规模都不大，窟室面宽、进深和高度均在2米左右。保存造像的礼拜窟有第1~6窟、第9窟。第7窟无造像，推测为僧房窟①。第8窟未完工，无造像。第9窟的洞窟前部因村民开山采石被毁。因此，窟型完整的礼拜窟只有第1~6窟。从崖面观察，第3~6窟在一个垂直崖面上，整组洞窟上部有一长凹槽，其中第5窟和第6窟长方框内南上角各有一梁孔，可以判断这组洞窟前原或有遮雨的木构窟檐建筑。第1、2窟所在崖面较第3~6窟靠前，无建筑遗迹。由于洞窟窟口均朝西，凛冽的西北风往往顺着汾河河谷强劲刮来，对洞窟造像造成了极大的破坏。因此，窟内一般东壁（正壁）造像风化最为严重，南壁后部亦影响较大，唯北壁造像保存较好。

洞窟开凿方式均是在崖面正中凿出方框或横长方框。框内正中或偏南侧开窟门。

① 该窟位置陡峭，笔者未能攀登此窟，详细情况参见忻州市文物管理处等：《山西静乐县静居寺石窟调查报告》，《文物世界》2005年第2期，第34~46页。

门略呈方形，边长1米左右。一般窟门两侧雕八角束莲柱，下有覆莲柱础，柱头为圆鼓形物，如第3、5、6窟（图5）。第1窟为浮雕长方形门柱。门柱上承尖拱门楣，门楣两端雕作内卷式卷圆头。楣面皆雕刻精美的缠枝和葡萄纹，第1窟楣面还雕有二飞天。第2、4窟无立柱和门楣，第4窟门两侧下方各雕一蹲狮。第4~6窟门外北侧均镌刻开窟功德碑。碑通高1.6~1.8、宽约1米。碑额为螭首，圭形额题中开一圆拱龛，龛两侧雕八角柱，有龛梁和尖拱龛楣。龛内雕一禅定坐佛。碑身镌刻功德记，分上下栏。上栏为发愿文，下栏为功德主题名。第4窟的碑为《北龛三像之碑》；第6窟为《（静乐）县石龛像碑》；第5窟的碑题为"万基乐孝慈等卅人敬造宝龛"。第2窟门上方镌刻开窟发愿文[①]。唯第1、3窟既无碑刻也无发愿文。

图5　第3窟窟门和第4窟北侧功德碑

　　窟内平面均为弧方形，除第1窟为四角攒尖顶外，其余均为覆斗顶（图6）。顶部四披无雕刻，只有第9窟覆斗中心雕一朵单瓣大莲花。窟内四壁前一般都设低坛基，坛上雕成组造像。东壁（正壁）雕一坐佛二弟子二菩萨像（图9）；南壁雕一倚坐佛二弟子二菩萨像（图10）；北壁雕一坐佛二弟子二菩萨像，如第1~3、9窟（图11），或一坐佛四菩萨像如第4~6窟（图12）。西壁窟门两侧各雕一力士像。第1、3窟较为特殊，东壁（正壁）坛上不雕偶像（图7），而是在壁面高浮雕一幅西方净土变。第2、3

---

① 现存5行，行8字，为"一铺文□□□（殊普贤）菩萨」迦叶圣像金刚力士」狮子宛然道异良工」□□恩之垄茔匠石」□□敬之雕□于是"。

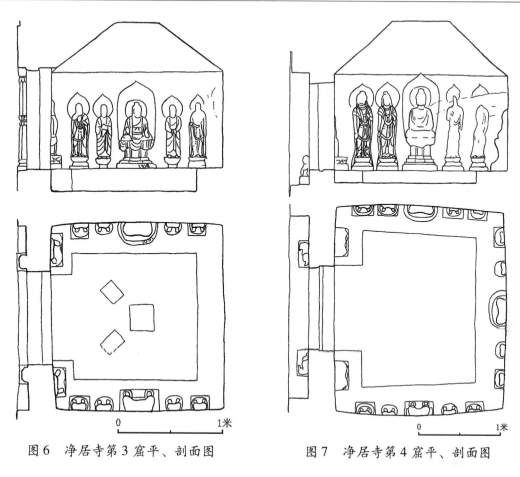

图6　净居寺第3窟平、剖面图　　　　图7　净居寺第4窟平、剖面图

图8　净居寺第1窟东壁西方净土变

窟窟内中央地面凿有3个方形浅凹槽，一大二小，呈"品"形排列，疑是为放置圆雕三尊像而凿的。

图 9 第 2 窟东壁造像

图 10 第 5 窟南壁和前壁南侧力士

图 11　第 3 窟北壁造像

图 12　第 2 窟北壁造像

二　营造次第与功德主

净居寺第4、5、6窟均有凿窟功德碑，这为判断唐代洞窟的营造次第提供了可靠依据。三通碑大小相仿，碑额造型一致，表明镌刻年代相近。第6窟《（静乐）县石龛像碑》记载（参见附录）："静乐县丰闰村山崖龛像者净居寺僧云郡县人太仆寺录事王召威等邑义卅三人共所立也……岁次丁丑七月辛西朔十五日乙亥建立。"根据干支纪年以及发愿文中"上为天皇天后"之语，可以确定该窟完工年代为唐高宗仪凤二年（677年）。

第5窟碑文首行"……月甲辰朔十五日……"（参见附录），可惜月份不清，无法用干支纪年来确定。按仪凤二年前后月份为"甲辰朔"者有上元二年（675年）五月、调露二年（680年）六月。表明该窟与第6窟不是同时开凿的。从发愿文"上愿□□陛下□□三朋下为法界众生"之语看，与第6窟"上为天皇天后"不同，仅仅是为皇帝陛下祈福[1]，而第5窟在三座洞窟中的位置又是居中的，因此，该窟开凿于上元二年（675年）五月的可能性更大些。

第4窟北侧崖面上为《北龛三像之碑》（参见附录），所谓"北龛"是指与第5、6窟的相对位置而言。因此，可以确定第4窟开凿之时，第5、6窟应已存在，或已开始雕造，那么第4窟的年代或稍晚于第5、6窟。

同样理由，在第4窟动工之时，第1~3窟还尚未开凿。不过第1~3窟与第4~6窟相比，在造像样式与题材上具有高度的一致性，如佛和菩萨的造型、三佛题材均相同。因此，其开凿年代应相当接近，也属于唐高宗时期（675~684年）。

第9窟距离净居寺遗址较远，但从洞窟形制和题材看，与中心窟群也有较多的一致性。如弧方形、覆斗顶的形制；南壁为倚坐佛的三壁三佛题材；坐佛袈裟遮覆双足，垂于佛座前，菩萨披巾横于腹膝二道的做法，第9窟都与中心窟群相同。因此，年代序列上可能稍晚于第1~3窟，但亦应属于唐高宗时期（675~684年）。

总之，第4~6窟开凿在先，第1~3窟继后，第9窟最晚。

三通碑均镌刻功德主题名。第6窟发愿文中有"净居寺僧云郡县人太仆寺录事王君威等邑义卅三人"，题名中有王、陈、邢、宋、曹、翟、张、李、武、贾、兰、路等姓氏及家眷。第5窟发愿文中有"僧□□万基药孝慈等卅人敬造宝龛"，题名均称"邑子"，有崔、乔、朱、李、张、侯、邢、陈、马、乞扶、翟、鲁等姓氏及家眷。第4窟功德主第1行有"龛主王士闰，祖归洛隋住（任）汾源县中正，婆武，父海昌住（任）□□□□□□"；第2行有"等三代县令，母武，妻武，息……"；第7行有

---

[1]《旧唐书》卷五《高宗纪》记载，咸亨五年（674年）八月"皇帝称天皇，皇后称天后"，中华书局，1975年，第99页。

"龛主录事王士文，祖隋住（任）大都督……"。按《旧唐书》卷四四《职官志》记载：太仆寺"掌邦国厩牧、车舆之政令，总乘黄、典车之属"。有录事二人，为从九品上。邑义即为民间邑社组织，可以推测来自京城的太仆寺录事王君威应为本地王姓家族。由此可知第 6 窟系净居寺僧侣和民间邑社共同开凿的。第 5 窟未提及邑社，但功德主为邑子，无职官，从残留的"僧"字看，应与第 6 窟相同，也由净居寺僧侣和民间邑社共同开凿。第 4 窟龛主王士闰无职官，其祖归洛为隋汾源县中正。从第 2 行看，父辈曾出任县令，按《隋书》卷三〇《地理志》记载："静乐，旧曰岢岚。开皇十八年（598 年）改为汾源，大业四年（608 年）改焉。"同书卷二七《百官志》记载："县令，属官有丞，中正。"可知龛主王士闰为久居静乐县的王姓家族。"龛主录事王士文"应与王士闰为同一家族，大概是静乐县录事。《唐六典》卷三〇《三府督护州县官吏》记载：诸州上县，属吏中有录事二人，中、下县一人，无品秩。据此，第 4 窟为王姓家族（包括下层官吏）共同出资营造。

第 1~3 窟和第 9 窟无供养人题名，但也应是净居寺僧侣和当地民间邑社所为。

三　造像题材

净居寺唐代诸窟造像题材均为三佛组合，第 2、4、5、9 窟南壁为倚坐弥勒佛，东壁和北壁为结跏趺坐佛。通常情况下可以确定为过去、现在、未来的三世佛组合。据第 4 窟《北龛三像之碑》记载的"其堂内敬造阿弥陀佛、释迦牟尼佛、阿弥陀佛……造二菩萨二圣僧金刚二师子"，窟内三佛组合似应为阿弥陀佛、释迦牟尼佛和阿弥陀佛。但由于此窟为二坐佛一倚坐佛。唐代倚坐佛是弥勒佛特有的坐姿，显然三佛中有弥勒佛的存在，那么，三佛组合应是释迦、阿弥陀和弥勒。因此，可以怀疑撰写发愿文或镌刻者将其中的倚坐佛称为阿弥陀佛，恐系误刻。第 5 窟碑文有"龛内□□迦、阿弥陀像并二菩萨阿难迦叶"，可知第 5 窟是释迦、阿弥陀和弥勒的三佛。第 2、9 窟虽无铭文，但题材也应相同。

上述诸窟东壁和北壁佛像的手印是我们确定佛像身份的依据。其中北壁佛像均双手施禅定印；东壁佛像左手施降魔印，右手或上举施无畏印，或置于腹前。根据第 1、3 窟东壁西方净土变中阿弥陀佛均施禅定印，可以判定第 2、4、5、9 窟北壁为阿弥陀佛；东壁施降魔印者为释迦佛。

第 1、3 窟较为特殊，南北壁分别是倚坐弥勒和释迦佛，东壁则用高浮雕手法通壁雕刻一幅西方净土变。画面风化虽然十分严重，但仍可看出高浮雕西方三圣的大体形象（图 8、13）。画面正中阿弥陀佛结跏趺坐，施禅定印。两侧观音、大势至菩萨坐于莲座上。佛和菩萨间各有三身菩萨立像。画面左右上方有七宝楼阁，下方为力士护持，现南侧楼阁和力士尚存。画面下方有一排莲花，象征着莲池。整个构图十分简略，主题突出。第6窟南壁为倚坐弥勒，北壁坐佛施降魔印，可以确定为释迦佛。但正壁风化，壁前台基未见有造像座的痕迹，怀疑原可能与第1、3窟相同，雕有西方净土变。无论如何，至少可以确定第1、3窟是以阿弥陀佛为主尊的三佛组合。

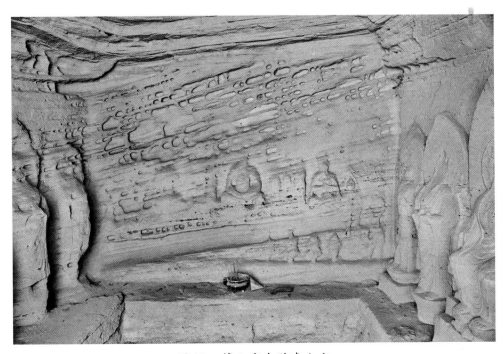

图13　第1窟东壁净土变

　　总之，净居寺诸窟造像都属于释迦牟尼佛、阿弥陀佛和弥勒佛的组合，有的甚至阿弥陀佛居三佛之首，显著地突出了西方阿弥陀佛的地位。

　　释迦、阿弥陀和弥勒组成的三佛，最早可以追溯到北齐时期。如河南安阳小南海石窟中，著名禅师僧稠开凿的中窟①，正壁为主尊释迦，左壁为弥勒菩萨，右壁为无量寿佛。河南浚县北齐武平三年（572年）四面造像碑，正面上下三龛，上龛为交脚菩萨，题名为"弥勒大像"；中龛为坐佛，题名为"释迦大像"；下龛为坐佛，题名为"阿弥陀大像"②。山东邹县岗山摩崖刻经中有北周大象二年（580年）"释迦、弥勒、阿弥陀"三佛名的大字题刻③。河南安阳灵泉寺大住圣窟为著名论师灵裕法师于隋开皇九年（589年）主持开凿。洞窟为方形、覆斗顶，三壁三龛窟，正壁主尊是释迦的法身佛卢舍那佛，左壁为弥勒佛，右壁为阿弥陀佛。可知，释迦、阿弥陀和弥勒组成的三佛流行于东部地区北齐、隋时期。

---

① 李裕群：《关于安阳小南海石窟的几个问题》，《燕京学报》新六期，北京大学出版社，1999年，第161~181页。
② 周到、吕品：《河南浚县造像碑调查记》，《文物》1965年第3期，第31~38页。
③ 陆增祥：《八琼室金石补正》卷二三，文物出版社，1985年，第147页。

入唐以后，中原地区石窟中很少见到这种组合形式。在龙门开凿于高宗后期的龙华洞为一坐佛二立佛，东壁一倚坐佛，西壁一坐佛。温玉成认为正壁三尊可能是"三身佛"，东壁弥勒，西壁阿弥陀佛①。如果考虑三壁主尊的关系，正壁似为释迦牟尼，左右壁分别为弥勒和阿弥陀佛。

在敦煌莫高窟中，西方净土变与弥勒净土变相对绘制，始见于初唐时期的第329窟，正壁龛内为说法印的释迦坐佛塑像，北壁绘制弥勒经变，南壁绘阿弥陀经变②。敦煌壁画题材的渊源来自于长安，因此，这种三佛组合应是长安佛寺常见的题材。

然而，净居寺第1、3窟正壁雕刻西方净土变，释迦、弥勒位居两侧壁的配置，则不见于其他石窟中，应是当地僧俗热烈崇奉西方净土的突出表现。究其原因当与并州佛教流行风尚有密切关系。并州是西方净土信仰的发源地，北魏昙鸾、唐道绰都在并州弘法③。净土大师善导曾投并州玄中寺道绰禅师受净业，后至长安弘扬净土，"写弥陀经十万卷，画净土变相三百壁，坏寺废塔所至修营"④。善导何时入长安，不得而知。但在长安弘扬净土，影响很大。唐高宗将善导弘法之寺，赐号光明寺，可见其受到高宗重视的程度。因此，净居寺出现这种题材应当不是偶然的。静乐与并州毗邻，又是并州沿汾河北上的交通要道。净居寺第6窟碑刻的镌刻者有"并州大都督府太原县陈君表"、"晋阳县徐神威、赵英彻"，可以反映两地民众的密切交往。所以，净居寺石窟的西方净土变题材的出现，应是并州地区西方净土信仰广为流行的反映。

净居寺石窟造像单铺组合比较简单，有一佛二弟子二菩萨像，也有一佛四菩萨组合（第2、4、5窟北壁）。窟门内左右各雕一力士像。一佛二弟子二菩萨像是北魏晚期以来流行的组合形式，如北魏宣武帝开凿的龙门宾阳中洞，唐代续凿的宾阳南洞。一

① 温玉成：《龙门唐窟排年》，《中国石窟·龙门石窟》二，文物出版社、（东京）平凡社，1992年，第195～196页。温玉成认为：这样的布列，完全是由功德主信仰使然，并无佛经依据。
② 敦煌文物研究所编：《中国石窟·敦煌莫高窟》三，文物出版社、（东京）平凡社，1987年，图版43～45。
③ 戒珠：《净土往生传》卷中《道绰传》记载："并汾诸郡，熏渍净业，由绰盛焉。"《大正新修大藏经》第51卷，（东京）大正一切经刊行会，1924～1934年（下简称《大正藏》），第118页。道绰弟子众多。赞宁：《宋高僧传》卷二四《僧衒传》记载："释僧衒，并州人也。本学该通，解行相副。年九十六，遇道绰禅师著《安乐集》，讲《观经》，始回心念佛。恐寿将终，日夜礼佛一千拜，念弥陀佛八百万遍。于五年间，一心无怠。"《大正藏》第50卷，第863页。
④ 道宣：《续高僧传》卷二七《会通传》记载："近有山僧善导者，周游寰宇求访道津，行至西河遇道绰部，惟行念佛弥陀净业。既入京师，广行此化，写弥陀经数万卷，士女奉者其数无量。"《大正藏》第50卷，第684页；志磐：《佛祖统纪》卷二六《净土立教志》记载："法师善导，不知何处人。唐太宗贞观中，见西河绰禅师九品道场讲诵《观经》。大喜曰：此真入佛之津要。修余行业迂僻难成，唯此观门速超生死，于是勤笃精苦，昼夜礼诵。续至京师击发四部……写弥陀经十万卷，画净土变相三百壁，坏寺废塔所至修营。然灯续明常年不绝……长安道俗传授净土法门者不可胜数，从其化者至有诵弥陀经十万至五十万卷者，念佛日课万声至十万声者……高宗知其念佛口出光明舍身精至，赐其寺曰：光明。"《大正藏》第49卷，第263页；沙门袾宏辑：《往生集》卷一记载："唐少康，缙云仙都人。十五通法华楞严。贞元中因诣洛阳白马寺，见殿中文字放光，探之则善导和尚西方化导文也。师祝曰：若于净土有缘，当更放光。言已光明闪烁。师曰：劫石可磨，我愿无易矣。遂至长安光明寺善导和尚影堂，瞻礼忽见遗像。"《大正藏》第51卷，第131页。

佛四菩萨的组合形式最早可以上溯到南朝造像，如成都出土的南朝萧梁时期造像中，多一佛二弟子四菩萨或一佛四菩萨①。在北朝、隋则见于北齐开凿的北响堂山石窟南洞、天龙山第 16 窟正壁和山西平定开河寺隋开皇元年（581 年）定州刺史豆卢通造像中②。入唐以后，这种造像组合较为少见，在龙门初唐时期洞窟中，仅有清明寺洞窟外北侧高宗上元二年（675 年）王仁恪造像龛③；传出自山西的唐麟德元年（665 年）造像碑为一佛四菩萨像，其中二身菩萨作弟子装④。在陕西彬县大佛寺大佛洞初唐开凿的 D3、D4、D14 龛中也有实例⑤。而太原天龙山唐窟中一佛四菩萨组合比较多见，如第 17 窟东壁和西壁、第 18 窟北壁和东壁⑥。与净居寺四菩萨组合均为立像不同，天龙山其中二尊为坐姿。以往探讨天龙山唐窟这种组合形式的来源时，其脉络并不清晰。现在看来，在初唐高宗时期，并州地区再次出现这样的组合，应是本地北齐、隋造像题材的延续，天龙山唐窟四菩萨组合中出现坐菩萨形象只是这种组合的发展形式。

四　造像样式及其渊源

净居寺唐代造像种类较少，有佛、菩萨、弟子和力士像。这些造像既有自身的特点，也明显受到来自两京地区石窟造像的影响。

1. 佛像

佛像大多头已被盗，或经现代修补，已失原貌。从现存残迹看，佛像头上有高大的肉髻（第 4 窟），面相丰圆。佛像双肩宽厚，挺胸收腹，身着双领下垂式袈裟。坐佛袈裟的裙摆遮覆双腿，再垂于座前，呈倒"山"字形，结跏趺坐于束腰仰覆莲座上，束腰部一般为八角形，有的有短立柱，下部为宝装覆莲（图 14、15）。身着袒右式偏衫者，仅第 9 窟北壁佛像一例。值得关注的有二点：一是钩纽式袈裟；二是坐佛裙摆遮覆双腿、衣纹突起的样式。

钩纽式袈裟见于第 4 窟南壁倚坐佛（图 16）和第 6 窟北壁佛像。按《四分律》卷

---

①　如成都成都商业街出土的梁天监十年（511 年）王叔子造像为一佛四菩萨；成都西安路出土的梁中大通二年（530 年）比丘晃藏造像为一佛四菩萨二力士，浮雕四弟子像。参见四川博物院等：《四川出土南朝佛教造像》，中华书局，2013 年，图 48，第 137～140 页，王叔子造像；图 54，第 17～160 页，比丘晃藏造像。

②　山西省古建筑保护研究所等：《山西平定开河寺石窟》，《文物》1997 年第 1 期，第 73～85 页。

③　龙门清明寺洞窟外北侧王仁恪造像龛，高宗上元二年（675 年）主佛两侧各二身菩萨像。参见龙门文物保管所等：《中国石窟·龙门石窟》二，文物出版社、（东京）平凡社，1992 年，图版 84。

④　Osvald Siren, Chinese Sculpture: From the Fifth to the Fourteenth Century, London: Ernest Benn, Limited, 1925, pl. 509.

⑤　常青：《彬县大佛寺造像艺术》，现代出版社，1998 年，第 64～65 页。

⑥　李裕群、李钢：《天龙山石窟》，科学出版社，2003 年，图七三、七六～七八。

图 14　第 2 窟北壁佛像　　　　　　　　图 15　第 5 窟北壁佛左侧菩萨

四〇《衣揵度》所记："尔时比丘不系僧祇支入聚落行，使衣堕形露。佛言：不应不系衣入聚落，听安带若缝。尔时舍利弗入白衣舍，患风吹割截衣堕肩。诸比丘白佛。佛言：听肩头安钩纽。"① 可知这种着衣法是为了避免袈裟为风吹落而设计的。钩纽式袈裟始见于北朝晚期，最早的实例是太原童子寺北齐佛阁南壁二层台上坐佛像②以及山西平定开河寺石窟隋开皇元年（581 年）定州刺史豆卢通开凿的倚坐弥勒大像③。山东临朐县博物馆收藏的北齐立佛像也有钩纽式袈裟④。隋开皇前期开凿的山东青州驼山石窟

---

① 《四分律》卷四〇《衣揵度》，《大正藏》第 22 卷，第 855 页；《五分律》卷二六《第五分杂法》也记载："有诸比丘着轻衣入聚落，风吹露形，诸女人笑羞耻。佛言：听作衣纽钩钩之，应用铜铁牙角竹木作钩除漆树，乃至作带带之。诸比丘一向着衣下易坏。佛言：听颠倒着衣上下皆安钩纽及带。"《大正藏》第 22 卷，第 174 页。

② 参见李裕群、阎跃进：《太原龙山童子寺佛阁遗址发掘》，《2013 中国重要考古发现》，文物出版社，2014 年，第 89 页图版，佛阁内南壁二层台上石佛像。

③ 山西省古建筑保护研究所等：《山西平定开河寺石窟》，《文物》1997 年第 1 期，第 73~85 页，图二五：2，开皇元年摩崖大佛。此造像是豆卢通自长安经并州前往定州赴任途中雕造的。因此，可以说明这种袈裟样式可能率先出现于太原。

④ 宫德杰：《临朐县博物馆收藏的一批北朝造像》，《文物》2002 年第 9 期，第 84~90 页，图一，佛立像（SLF625）。此佛像从文物贩子中收缴。佛像为螺发，面相浑圆，身体圆润，属于典型的北齐青州造像样式。由于发表的图片不清晰，很难分辨出钩纽式袈裟。

图 16　第 4 窟南壁倚坐佛

第 2 龛主尊佛像①、隋大业七年（611 年）重修的山东济南四门塔内四面佛像②；初唐时期的山东济南千佛崖石窟摩崖龛像均有之③，龙门初唐造像宾阳南洞等出现的钩纽式袈裟与山东地区有渊源关系。由此说明，这种袈裟样式出现于东部地区北朝晚期，其源头极有可能在太原或青州地区④。净居寺石窟虽然只有两例，但应承袭了太原佛像钩纽式袈裟的传统。

北朝佛像一般都露出双足。大约到隋代，出现裙摆遮覆双腿、不显露足形的着衣方式，并流行于初唐时期。如安阳宝山灵泉寺隋开皇九年（589 年）开凿的大住圣窟的三尊佛像就是如此⑤。在龙门石窟中最早见于北齐至隋间雕造的药方洞主尊⑥，唐太宗和高宗时期开凿的大多数洞窟佛像亦大多采用这种裙摆的处理手法⑦。这种样式主要在东部地区所流行。在西部地区，初唐造像中主要流行裙摆紧裹双腿，显露足形的表现手法。其最早实例见于日本东京藤井有邻馆收藏的唐贞观十三年（639 年）中书舍人马周造像⑧；以及陕西麟游慈善寺初唐开凿的 1 号窟主尊佛像⑨。大约到高宗后期，这种样式影响到东都洛阳，如龙门石窟

① 李裕群：《驼山石窟的开凿年代与造像题材考》，《文物》1998 年第 6 期，第 47～56 页，图四右，图七，驼山第 2 龛佛像。

② 郑岩、刘善沂：《山东佛教史迹——神通寺、龙虎塔与小龙虎塔》，（台北）法鼓文化，2007 年，图 1-19～31，四门塔内佛像。

③ 郑岩、刘善沂：《山东佛教史迹——神通寺、龙虎塔与小龙虎塔》，（台北）法鼓文化，2007 年，图 1-54～71，千佛崖初唐摩崖龛。

④ 河北地区钩纽式袈裟十分罕见，曲阳修德寺出土的一尊北齐无首佛立像袈裟有钩纽。参见河北博物院编：《北朝壁画曲阳石雕》，文物出版社，2014 年，图版 43。

⑤ 河南省古代建筑保护研究所：《宝山灵泉寺》，河南人民出版社，1991 年，图二九、三〇、三二。

⑥ 龙门文物保管所等：《中国石窟·龙门石窟》一，文物出版社、（东京）平凡社，1991 年，图版 97。

⑦ 参见龙门石窟研究所：《龙门石窟雕刻萃编——佛》，文物出版社，1995 年，图六六，宾阳南洞南壁唐太宗贞观十五年（641 年）豫章公主龛佛像；图八四，同窟东壁唐高宗永徽元年（650 年）驸马都尉刘玄意龛佛像；图九七，唐高宗龙朔元年（661 年）开凿的韩氏洞主尊佛像；图一一四，唐高宗永隆元年（680 年）开凿的万佛洞主尊佛像。

⑧ 参见 [日] 大阪市立美术馆：《中国の石仏—庄严なる祈り》，（大阪）大阪市立美术馆，1995 年，图版 141。

⑨ 参见西北大学考古专业等：《慈善寺与麟溪桥——佛教造像龛调查研究报告》，科学出版社，2002 年，彩版二。编者认为："慈善寺 1 号窟和主尊佛像应完工于隋仁寿二年（602 年）六月五日之前。"见同书第 98～99 页。此年代判断明显偏早。

被定为高宗上元二年（675 年）前后开凿的清明寺窟主尊佛像①。到武则天时开始流行。据此，净居寺佛像的裙摆样式，应来源于东都洛阳龙门石窟初唐造像。

2. 菩萨像

菩萨一般头束高发髻，头两侧有宝缯下垂及肩。面相浑圆，颈下饰联珠纹项饰，双肩敷搭披巾，横于腹膝二道。上身袒露，无络腋衣，下身着裙，腹饰外翻裙腰，有系带。宽肩细腰，肌体丰满，身体微有扭曲，表现出"S"形的优美曲线。大多数菩萨像双肩垂挂二道璎珞。璎珞的佩戴方式是从双肩垂下，在胸部与一花饰相连，但并不交义，而是直接沿身体垂于膝下，再向后绕（图 17）。另一种无璎珞装饰，如第 1、6、9 窟菩萨（图 18）。

图 17　第 4 窟北壁右侧二菩萨　　　图 18　第 6 窟北壁右侧弟子和菩萨

璎珞装饰是龙门唐代菩萨像的特点，从太宗贞观十五年（641 年）来自长安的魏王李泰为其生母长孙皇后在龙门宾阳南洞雕凿大像后②，龙门初唐诸窟菩萨像均佩戴华丽的"X"形璎珞。大约从龙门清明寺（675 年）开始出现无璎珞装饰的菩萨③。而长安地区菩萨像简洁明快，大都缺少璎珞装饰。这是长安与洛阳菩萨造像的主要差别之处。虽然净居寺菩萨像披挂璎珞的方式与龙门有所不同，但应是受到洛阳的影响。无璎珞装饰的菩萨或有长安的因素。

---

① ［日］曾布川宽：《唐代龙门石窟造像的研究》，（台北）《艺术学》第七期，1992 年，第 219 ～ 222 页，图五二之一。

② 张若愚：《伊阙佛龛之碑和潜溪寺、宾阳洞》，《文物》1980 年第 1 期，第 19 ～ 24 页。

③ 参见龙门文物保管所等：《中国石窟·龙门石窟》二，文物出版社、（东京）平凡社，1992 年，图版 83。

菩萨身姿略呈"S"形的扭曲，也与龙门初唐菩萨像相似。长安初唐菩萨与龙门并不相同，而是十分夸张地扭动身姿，最为典型的是彬县大佛寺大佛洞贞观二年（628年）二胁侍菩萨大像[1]。因此，从菩萨造型看，净居寺菩萨样式与龙门关系密切。

3. 弟子像

弟子像分为两种样式，一种为左右弟子像无法区分老（迦叶）少（阿难），形体呈直筒状。另一种迦叶、阿难形象明确。迦叶多作直筒站立状。阿难像一般身体扭向主尊佛像，内着僧祇支，外着双领下垂式袈裟，双手相握，持念珠或香袋（图19）。这种样式，是龙门唐代窟龛第三期（即武周时期，684～705年）阿难弟子像的特征[2]。河南省浚县武周前开凿的石窟弟子像也十分类似[3]。在长安地区，武周时期也流行这种身姿的阿难，如陕西彬县大佛寺唐代洞窟[4]。

上述造像在年代上均晚于净居寺阿难像，因此，阿难的这种形象来源还不是很清楚。不过，从佛和菩萨造型与龙门关系密切的情况看，这种样式可能来源于洛阳。

图 19　第 1 窟南壁左侧弟子和菩萨

图 20　第 3 窟窟门南侧力士

① 参见常青：《彬县大佛寺造像艺术》，现代出版社，1998 年，彩图三一、三二，插图十九、二三。
② 参见李崇峰：《龙门石窟唐代窟龛分期试论——以大型窟龛为例》，《石窟寺研究》第四辑，文物出版社，2013年，第 58～150 页，图 44，二莲花南洞右侧弟子，图 45，极南洞右侧弟子。
③ 河南省古代建筑保护研究所：《浚县千佛洞石窟调查》，《文物》1992 年第 1 期，第 31～39 页。
④ 参见常青：《彬县大佛寺造像艺术》第三章《大佛寺石窟造像的时代风格》，现代出版社，1998 年，第 234 页。常青将大佛寺石窟造像分为四个阶段，第三阶段的年代定为武周朝（690～704 年），认为"第三阶段的胁侍弟子不仅头身比例与胖瘦适度，身体也有了扭动的感觉，特别是其中的右侧弟子像，即一般代表阿难者……以双手迭放于腹际，胯部向主佛一侧扭动的做法，是这一阶段最为典型的阿难形象"。

4. 力士像

力士像肌肉发达，身姿夸张地扭曲，一手上举，一手下垂。这种样式为龙门初唐洞窟力士像所常见，应与龙门关系密切。但净居寺力士像还有自身显著的特征，力士上身着兽面甲，露出腹部。第3窟和第5窟南侧力士像手持金刚杵（图20），为其他唐代石窟所不见，这种样式应是承袭了北朝力士传统的做法。

总之，净居寺唐代造像样式的渊源应来自洛阳。这与唐高宗显庆二年（657年）置东都，以后高宗则天长期留居洛阳不无关系。这一时期正是皇室臣僚在龙门进行开窟造像活动的高潮，佛教造像样式自然会影响到并州。

五　结　语

静乐县与太原市娄烦县毗邻，南距太原市约100公里①。《隋书》卷三〇《地理志》记载："楼烦郡，大业四年（608年）置。统县三，户二万四千四百二十七。静乐，旧曰岢岚。开皇十八年（598年）改为汾源，大业四年改焉。有长城，有汾阳宫，有关官；有管涔山、天池、汾水。"《元和郡县图志》卷一四记载："岚州宜芳县，本汉汾阳县地，属太原郡，后魏于此置岢岚县。""静乐县本汉汾阳县地，城内有堆阜三，俗名三堆城。隋开皇三年（581年），自今宜芳县北移岢岚县于三堆城，十八年改为汾源县，大业四年改为静乐县。"可知汉代静乐为太原郡属县，北魏于此置岢岚县，治三堆城。大业四年改静乐县。东魏、北齐时期，这里曾是并州西北的军事要地。《资治通鉴》卷一六五《梁纪二十一》记载：承圣二年（537年）"九月，柔然为魏侵东魏三堆，丞相欢击之，柔然退走"②。现丰润镇北1公里的汾河西岸山崖上，有北朝时期开凿的苏坊石窟，保存东魏、北齐洞窟各一座。其中东魏洞窟为三壁三龛、覆斗顶窟。窟顶四披原各雕二飞天，窟顶形制与飞天形象与天龙山东魏开凿的第2、3窟窟顶完全一致，窟内北壁千佛龛有"统军侯乐供养"等题名；南壁千佛龛题名有"太原见汉村"、"丁恒供养"等。北朝时期统军的职位并不低，可见，苏坊石窟的开凿与来自太原的驻军和佛教信徒有关③。据此，净居寺石窟可以视作初唐时期太原佛教造像的流行样式。

太原地区唐代洞窟主要是天龙山石窟，共有洞窟15座，其开凿年代为武则天至中宗、睿宗时期（684～712年）④。在年代序列上与净居寺唐窟前后相继。因此，两者正

---

① 《旧唐书》卷三八《地理志》记载："岚州，在太原府西北二百五十里。"中华书局，1975年，第1387页。岚州治所，在今山西岚县之北，位于静乐县之西，太原府即唐代北都太原城，今太原市南晋源区晋阳古城遗址。

② 《北齐书》卷四《文宣纪》记载："（天保）四年春正月丙子，山胡围离石。戊寅，帝讨之，未至，胡已逃窜，因巡三堆戍，大狩而归。"中华书局，1972年，第57页。

③ 此据笔者2011年调查资料。

④ 李裕群、李钢：《天龙山石窟》三《太原地区石窟寺的分期》，科学出版社，2003年，第165～175页。

好反映了太原唐代石窟发展演变的脉络。

正如前述，净居寺唐窟洞窟形制为弧方形、覆斗顶，壁前设坛基，上雕成组造像。这与天龙山唐窟流行方形、三壁三龛窟，或椭圆形、三壁设坛基的形制明显不同。造像题材，两者多三壁三佛，但天龙山主要流行三世佛题材，与净居寺释迦、阿弥陀和弥勒组成的三佛不同，而且不见有西方净土变题材，后者反映了西方净土信仰的流行。同时，天龙山还有弥勒佛大像（第9窟）和以弥勒佛为主尊的洞窟（第14窟）[1]。这表明净土的信仰，由西方阿弥陀信仰转变为弥勒净土信仰。一佛四菩萨的组合，天龙山则明显承袭了净居寺。在造像样式方面，天龙山唐窟既有差异，也有继承关系。如佛像裙摆遮覆双腿、不显露足形的着衣方式；阿难像双手相握持念珠的形象，为天龙山唐窟前段洞窟佛像所继承[2]。天龙山后段出现的佛像裙摆紧裹双腿，显露足形；菩萨出现坐姿或半跏坐姿，以及上身斜披络腋衣、双肩不披挂璎珞的做法与净居寺有别。

上述这种差异表明：太原唐代佛教造像主要经历了两个发展阶段：即唐高宗时期（675～684年）和武则天至睿宗时期（684～712年）。前一阶段主要受到来自东都洛阳佛教造像样式的影响；后一阶段出现诸多新因素，表明其主要受到来自西京长安佛教造像样式的影响。

附　录

1. 第4窟《北龛三像之碑》

碑通高1.6、宽1米。螭首，额高0.41米。圭形额题中圆拱龛外两侧各竖刻3字："北龛三"像之碑"。发愿文行书，36行，行24字。碑文据《山西静乐县静居寺石窟调查报告》录文部分补录：

> 若夫九九重圆□维作镇临（？）凤池丹以书事物义□龙图而」□帝□夏□法华之由周□洎龙之故上极天人之际下穷情」性之□虽文质殊途然事迨斯在至于沉迷忧□□蹶声华」居止空而卧损□安丘并□必□旧十载而□悟终□□于而」后（？）知芬芳洄游□寰□出□□□□□有传法□□□□□」主之善邑子□□□□□□□□冀乘步□明移」□□而□□可□□□□□□普海负萨陀波崎□之行怀雪山童」子之心□拯□生思□□□□为皇帝及法界含识等于此岚」州静乐县丰闰城东大山上□□□□凿石作法□上堂方圆□」尺之镂槛纳兹曜以玲

---

① 龙山童子寺也发现武周时期的二座唐代洞窟，其中一座窟内主尊为倚坐弥勒佛。参见中国社会科学院考古研究所边疆考古研究中心等：《太原市龙山童子寺遗址发掘简报》，《考古》2010年第7期，第49页，图八。
② 前引《天龙山石窟》三《太原地区石窟寺的分期》将第四期唐代洞窟分为前后两段，前段为武周时期（684～704年），后段中宗至睿宗时期（705～712年）。

珑以宇□担戴烟霞而出没悲鸪」□栋□□□橡春风吹玉女临阑□□参凤□□□于
其堂内」敬造阿弥陀佛释迦牟尼佛阿弥陀佛等三如来像并□宾」莲目三十之相俱
严庶传焉藏八十之好皆具如来慈悲之念知」□喜舍之心虽分前际石□□验方登似
住□于□□仪则心匪」智□□正□之乡又处言像之内者因石可□辞旨书心又」
□□□之侧□造二菩萨二圣僧金刚□□二力士□□二狮子」□□□如□十地圣僧
乃□□□□□□□」严□质□二狮子□若□□□□□□□□□□□」
□□□□阿育王铸金以□灵像尊仪□□□□□□……」临□水资鼎之气虽凝远□天
池龙种之奇仍……」神定乃南望周公亦一方之胜概也将征□□□□□□□还既」
□□老之□□资不刊之□式□尘□勒□□□日」……

2. 第5窟功德碑

通高1.8、宽0.97、厚0.04米，碑首高0.43米。发愿文行书，共39行，行23
字。碑文漫漶较严重。据《山西静乐县静居寺石窟调查报告》录文部分补录：

　　□□□□□□□□□□□□□月甲辰朔十五日戊□□□」□□□□□□具出大千
石佛□□□□□□□□□」……（中间15行磨灭不清）」□□□□及结庐于
黄垆由是幽显钦□人□□德故传野俗」□□士女同趣情弥藉□□勤志劝□□□之
□□慕是以僧」□□□万基药孝慈等卅人敬造宝龛□□乃□鏊龛内」□□迦阿弥
陀像并二菩萨阿难迦叶贰在左右上愿」□□陛下丞僚三朋下为法界众生
□□□基」□□□□□□□□□□□归依□□□□□」□正觉
□□勉励□□宝龛四高而□不□□□□□」九州肇政惟冀土之郊七国初□之
赵□□汾□□岑」局则鹫岳非遥俯带汾□□解则何远□□□□胜□近」风烟云
舒宝盖之姿日照法轮之精山幽谷奇众□□」虚信真如之胜境谅圣善之青居虑埋
岑□□□故」石流刊诸乃为铭曰　荡荡夫子荏荏三界圣善慈远能」独迈鹫岭
闻乘庶园垂诫金棺□掩真容□□□□□」法既没像教方融金人在感□青□
崇载弘月殿」□开□宫阶澄宅水林枝宝风其二□□代俗蠢蠢生灵色」□□趣辟秒
交情滔滔水□流□景倾悟弥道□方思入」□明□宝地□裁禅居□孰匪崇基宇空
资□□倪」□陆湖瞰层□□日□□杂□□松披□□□山」□□□□□霄
门□□□□□□□□杓由玄风」□□□.石斯□镌」

3. 第6窟《（静乐）县石龛像碑》

碑通高1.7、宽0.93、厚0.05米，碑首高0.4米。发愿文行书，共33行，行30
字。据《山西静乐县静居寺石窟调查报告》录文（似有讹漏）：

　　……（静乐）县石龛像碑文并序　净居寺僧庆寂

若夫洪流森涌□辩□□之□峻极须弥尚晓微尘之悲□□□□洲至理」难详变
贤劫□宝瓶动疏筹于金案故能阐微言于祇□慧日□□□□」于庵园慈云洒润缅寻
阿育分舍利而树雕龛逖监牧斯写真金玉面灵相」神通应现弗可殚论静乐县丰闰村
山崖龛像者净居寺僧云郡县太仆」寺录事王君威等邑义卅三人共所立也笙谐仪凤
□芳□游三倏焉动翔应」茂嘉声于三辅开镜冰而鳞跃辩李味于遗遐
□□□□□□□晓清于鲁」殿流芳囊代美誉前循加以育德蓝□永芬阗
□□□□□□累使□菩」提之心撤此五家笃断金而劝率减兹又或系连辟以招
□□□□□遐□□」阙因斯崖巇岂攘袂于督邮籍以崔嵬匪专仪于□□□□之□
映变（？）□」寔挺质之标奇苔舒绚锦于是工镌灵相妙写真容月白凝容箸玉锁」
□轮殊特类金乌之耀朝光舒经悬以同赢布丹唇而似笑庄严□□事用」□以此胜缘
暨罄兹丹鹄上为」天皇天后下暨法界众生牧宰官僚俱资福善其地县温溪乘来游□
秀□」缚余磨诏西连绕秀城而澄澈南临嵘石之巇盖□□于云绛北眺管涔」之崖飘
花凝于雪岫前瞻渥徒之水时游素练之驹左带天池下跃束鳃之鲤君」威等正以含奇
桂□摧贞干而流蕴德瑶峰徒孤光而练彩标属水露之操禀」悚风雨之资咸以识悟若
□□诚毕□归依种觉俱诣丹崖复藉福从普露」被礭峙石室□绮林于朝云辉映瑶房
入雕□□夜月发玉练而馥郁引焕觉于」峰金庐光炬以昑眬耀珠光于星彩虹詹纷轧
多宝而爱者间鲸拽峥嵘」以梵宫而居灵鹫晖交磬铎影乱幡虹唯愿忱迷花台游神净
土永沾甘露」恒沐宝池九祖腾魂四生殊类咸登正觉俱契玄津此义重宣乃为铭曰」
泽哉百亿火天三千普资十地迥被九天上罩有顶下□无边□□显湛鸾趾」嘉莲模容
雕琢写态贞坚妙质轮漾灵相周□火烁□胜侑历绮钱」翳郁林中潺湲陇上夕照重峦
朝辉迭嶂周庙傍瞻赵□斜望屈产」淳澄汾川济□鹿□归依龙宫回向珠纳晨开金铺
晓亮品广陶甄君□生亭」□上为　　巨唐下资宰牧久□无疆长守位禄邑义贞坚春
兰秋菊孝」情冥感永怀恩育七祖同沾九玄俱沐树此洪基恒资五福」修文洪州都督
府高安县沈嗣宗」书耆岚州静乐县本邑曹知信」□□□并州大都督府太原县陈君
表」雕饰晋阳县徐神威赵英彻」□□□□岁次丁丑七月辛酉朔十五日乙亥建立」

天堂法像

——洛阳天堂大佛与唐代弥勒大佛样新识

罗世平（中央美术学院）

引　子

唐朝大佛造像中，有一类善跏趺坐姿的佛像，通常称作弥勒大佛[①]。这些大佛所在的石窟和寺院，曾因大佛的庄严伟岸而名动四方，如今仍是一地的名胜。如太原天龙山大佛、敦煌莫高窟的南大像和北大像、永靖炳灵寺摩崖大佛、甘谷大象山摩崖大佛、固原须弥山大佛、乐山凌云寺大佛等等，这些标志性的大佛，纪年最早的是敦煌北大像，建造于武则天延载二年（695年），高33米。唐玄宗开元初年始建的乐山大佛，完成后高达71米，坐享世界第一大佛之盛誉。

按遗迹所示，善跏趺坐姿的弥勒大佛是唐朝流行起来的造像，日本学者宫治昭曾专题讨论过中国河西及丝路沿线的大佛，又将弥勒大佛的源头追溯至北印度陀历（Darel，今达丽尔）造立的弥勒菩萨立像[②]。由于敦煌是丝绸之路进入中国的门户，敦煌的北大像自然会引起学界的格外关注，甚至还有将敦煌的弥勒大佛视为输向内地相式的意见。在大一统的唐朝，一种造像新样的流通多是经由政治文化中心向外发布，传播推广而成常例，大佛造像似不应例外。既然如此，敦煌、河西以及四川等地的弥勒大佛就可能另有其样式来源。近年洛阳清理发掘的唐朝天堂遗址，提供了弥勒大佛样的新线索。探诸史实，洛阳天堂于垂拱四年（688年）起建，又有武则天的直接授意，早于敦煌北大像七年，故洛阳应是唐朝大佛新样的发动地。为辨析清楚弥勒大佛样与洛阳的关系，本文将围绕天堂大佛展开相关线索的讨论，未尽之处，请方家教正。

[①] 这类双腿下垂坐姿的佛像，佛像仪轨称为善跏趺坐。日本在描述善跏趺坐佛时习惯称为倚坐佛像。

[②] 参见［日］宫治昭著，李萍、张清涛译：《涅槃与弥勒的图像学——从印度到中亚》，文物出版社，2009年，第321～345页。

一　洛阳天堂遗址与天堂大佛

洛阳天堂遗址位于今洛阳市定鼎北路与唐宫东路相交的东南，隋唐城宫城中轴线西侧，隋大业殿的旧址之上。20 世纪七八十年代已探明并进行过初步发掘工作。2008年开始进行全面清理，遗址现已全面揭露。天堂遗址是一处方形台基，台基之上另有五重圆形承重基础，基础的夯土部分直径近 70 米。天堂建筑平面呈圆形，中心有圆形地宫，石板砌筑。地宫中心安设三条刹心础石，现可见础石中心位置的刹心柱洞。地宫外存柱础石两圈，内圈一组 12 石，外圈一组 20 石（图 1）。

图 1　洛阳天堂遗址

洛阳天堂起建于垂拱四年（688 年），原是专为安奉大佛而建造的，建造过程在《唐书》中凡三见：

《旧唐书·薛怀义传》："垂拱四年，拆乾元殿，于其地造明堂，怀义充使督作……明堂大屋凡三层，计高三百尺。又于明堂北起天堂，广袤亚于明堂。怀义以功拜左威卫大将军，封梁国公。"

又《旧唐书》卷二二《志第二》："时则天又于明堂北隋大业殿处造天堂，以安佛像，高百余尺。始起建构，为大风振倒。俄又重营，其工未毕。证圣元年（695 年）正月丙寅夜，佛堂灾，延烧明堂，至曙，二堂并尽。"[1]

---

[1]　证圣元年火灾，一说由明堂起。《旧唐书·五行志》："证圣元年正月十六日夜，明堂火，延及天堂，京城光照如昼，至曙并为灰烬"。《新唐书·五行志》记载相同。《旧唐书》，中华书局，1975 年，第 1366 页；《新唐书》，中华书局，1975 年，第 885 页。

又《旧唐书·则天皇后本纪》:"怀义作夹纻大像,其小指犹容数十人。于明堂北起天堂五级以之,至三级则俯视明堂矣。"

是知天堂与明堂都兴建于垂拱四年,明堂建在隋代乾元殿旧址上,天堂则建在隋大业殿旧址上。工程由薛怀义督造,初建之时天堂曾被大风刮倒,又行重建,内塑夹纻大佛,到证圣元年遭火灾,与明堂一起被烧毁。

另杜佑《通典》卷四四"明堂"条下注文:"初为明堂,于明堂后又为天堂五级,至三级则俯视明堂矣,未就,并为天火所焚,至重造,制度卑狭于前。为天堂,以安大像,铸大仪以配之。天堂既焚,钟复鼻绝。至中宗,欲成武太后志,乃断像令短,建圣善寺阁以居之。"①

上述有关天堂和大佛的文字所提供的信息归纳起来,有几点值得注意。

第一,主持天堂佛像的建造者是洛阳白马寺僧薛怀义。这位和尚得幸于武则天,曾在武氏夺位称帝的过程中,谋划主持过两大工程。督造明堂和天堂是其一;联合洛阳宫寺僧人法明等人造《大云经疏》,找寻佛典依据,为武则天的登基提供谶语说辞是其二。他也因此而得到优厚的封赏。由此可见,天堂大佛的兴建意义实非寻常②。

第二,天堂五级以奉安佛像,堂内的佛像为夹纻大像,高度虽未详述,但按文中描述"小指犹容数十人",即知大佛体量之巨大。天堂是专为大佛而量身定制,主要作用是为大佛遮风避雨,兼带巡行瞻礼的功能。由此得知天堂的高度是由大佛的高度所决定的,天堂高百余尺,大佛亦应在百尺之内。按唐尺换算成公尺,约合30余米,这在佛寺造像中确属一时创举③。

第三,天堂自垂拱四年起建至证圣元年被毁,前后存世七年。在唐代洛阳城中,这尊天堂夹纻大佛雄伟而高显,与同年新建成的明堂彼此辉映④,是武则天时期洛阳神都的两处地标。

---

① 杜佑:《通典》卷四四,中华书局,1984年,第254页。

② 薛怀义僧籍白马寺,得武则天宠,常出入宫闱,参知军政事。曾先后于永昌(689年)、延载(694年)年间出任新平道、伐逆道、朔方道行军大总管。洛阳明堂和天堂皆由其经手督建。关于兴建天堂大佛的用意详见后文。

③ 张鷟(660~732年)《朝野佥载》记天堂高千尺,佛像长九百尺,超出其他记载的十倍,恐不确,仅备一说,暂不采信。

④ 洛阳明堂的沿革,《资治通鉴》、《唐会要》、《唐两京城坊考》等文献记载甚详。洛阳明堂基址初为隋代的乾阳殿,唐武德四年(621年)平王世充乱,焚毁乾阳殿。高宗麟德二年(665年)依旧址造乾元殿。武则天垂拱四年(688年)毁乾元殿造明堂,高294尺,东西南北各广300尺,凡有三层。下层象四时,各随方色;中层法十二辰圆盖,盖盘九龙捧之;上层法二十四气,亦圆盖……刻木为瓦,夹纻漆之。明堂之下,施铁渠,以为辟雍之象。改明堂为万象神宫。证圣元年火灾后,复命薛怀义更造明堂。万岁通天元年(696年)三月,重造明堂成,改曰"通天宫"。二年铸九州鼎,置于明堂庭。玄宗开元五年(717年),更明堂为乾元殿,开元十年,复乾元殿为明堂。开元二十七年毁明堂上层,改建明堂下层新殿。二十八年,佛光寺大火,延烧廊舍,改新殿为乾元殿。唐明堂毁于何时,不见确切文字记载。1986年,洛阳明堂遗址经考古发掘清理出来,遗址面貌与开元二十七年改建后的乾元殿相符。中国社会科学院考古研究所洛阳唐城队:《唐东都武则天明堂遗址发掘简报》,《考古》1988年第3期,第227~230页。

第四，洛阳大火之后，明堂重建，号"通天宫"。天堂未及建成，中宗即位后，欲完成武则天的遗愿，在天堂原来的基础上减短佛像尺度，新建成了圣善寺阁。

有关洛阳天堂佛像起始原委及其变迁，记载大略如上条述，而现已清理的遗址到底属于武则天的天堂遗址还是中宗复建的圣善寺阁遗址，则还有待进一步论证求实。

二 天堂大佛弥勒像考

洛阳天堂大佛是什么尊格名号，并没有直接的文字记述。按两唐书"武则天传"的线索，武则天在登基称帝后曾有过多次上皇帝号，同时改元的举动。如载初元年（690 年）武则天夺位称帝，改元天授，上皇帝号"越古金轮圣神皇帝"。天册万岁元年（695 年）正月，在皇帝头衔上加号"慈氏越古金轮圣神皇帝"，改元证圣。同年二月，又去"慈氏越古"尊号，直称"金轮圣神皇帝"。同年九月，又加尊号"天册金轮圣神皇帝"改元天册。在武则天前后的这些皇帝号中有两个尊号很可能关系到天堂大佛的名属尊格，一为"慈氏"，一为"金轮圣神"。"慈氏"直白，即弥勒的另一中文名，这一尊号是后于"金轮圣神"五年而新加上的，虽只用了一个月，但已表明武则天信奉弥勒净土，且以弥勒自诩这一事实。相比"慈氏"，"金轮圣神"的尊号则自打称帝始起用，到她去世前不久才改去，其名称来历系于前揭薛怀义造《大云经》（Mahanagha）一事。按《旧唐书·薛怀义传》：

> 怀义与法明等造《大云经》，陈符命，言则天是弥勒下生，作阎浮提主，唐氏合微，故则天革命称周……其伪《大云经》颁于天下，寺各一本，令升高座讲说。

薛怀义表进《大云经》发生在载初元年（690 年）七月，同年九月武则天即称帝，改元天授，加皇帝号"越古金轮圣神皇帝"，这一尊号的出典即出自《大云经》。按经文中有净光天女，前身为菩萨，有佛为之授记将为转轮圣王。薛怀义等在经疏中妄引经义，强说净光天女化生武氏，下界阎浮提为现世金轮转轮王，替弥勒下生，代唐为阎浮提主。武则天好符谶，乐以转轮王自居，所以始称帝即以"金轮圣神"为皇帝号。在登基之后薛怀义又导演了进《宝雨经》符谶，上金轮圣神皇帝号的宫廷闹剧。长寿二年（693 年）薛怀义联合京寺诸翻经僧进《佛说宝雨经》新译本，夹符谶于其中，称长寿天女蒙佛授记为转轮王，文称："尔时东方有一天子名日月光，乘五色云来诣佛所……佛告天子曰：汝之光明甚为稀有……汝于此瞻部洲东北方摩诃支那国……现女身，为自在主。"[1] 上《宝雨经》后六日，魏王武承嗣即率五千人表进尊号"金轮圣神

---

[1] 《佛说宝雨经》卷一。《宝雨经》旧本由萧梁时扶南国三藏曼陀罗仙共僧伽婆罗翻译，一名《宝云经》。新本由唐代天竺三藏达摩流支译成，译本中即加入了武则天所需的内容。

皇帝",武则天在万象神宫（即明堂）欣然接受朝臣们的进表,并作金轮等七宝为符应,每朝会必陈于庭①。借弥勒下生的谶纬符应表明武氏"皇权天授"的正统身份,其所行年号中的天授、证圣、天册等皆缘于此。这样一来,武则天从称帝到上皇帝号到天堂大佛的建造在时间上,在出典上就都有了剪不断的联系,其中的关键角色是薛怀义,经他的穿针引线,弥勒授记于武周代唐为转轮王一事即由虚拟变为了现实。按此推证下去,由薛怀义经手营造的洛阳天堂大佛也就只能是弥勒佛了。

循着这条线索,我们在现存的初唐佛像遗存中观察到与记载可以互证的现象,即善跏趺坐弥勒佛像集中出现在高宗、武则天时期。或可以认定,高宗、武则天时期正是弥勒像的流行期。唐代弥勒像兴盛的源流始末,有两类造像遗存可以作为观察的基础资料,一类是洛阳龙门石窟的唐代造像。第二类是流散的唐代佛寺造像。以下提及的这两类佛像中一部分有明确的纪年,另有一部分则是通过比较推证而知其造像的年代。

先看洛阳龙门石窟现存的弥勒佛像。

龙门石窟善跏趺坐姿的弥勒像总计有十余例,年代从初唐贞观至盛唐开元年间。现存最早的善跏趺坐弥勒像为破窑贞观十一年（637年）刘氏造像小龛。该像善跏趺坐,着通肩衣,左手抚膝,右手向上外展过肩,在手印姿势上较常见的善跏趺坐姿的弥勒大佛不同,属于龙门石窟善跏趺坐佛像中较早的存例②。龙门石窟善跏趺坐弥勒佛像的集中雕造在唐高宗、武则天时期,按温玉成《龙门唐窟排年》一文捡得的造像中,纪年的和可以推定年代的弥勒像计有十数例,依次为:

1. 梁文雄洞坛上主尊弥勒及胁侍二弟子二菩萨。该窟位于敬善寺洞北,窟龛形制及造像风格与敬善寺接近,敬善寺窟为高宗显庆年间开凿,以此推定,梁文雄洞造像应在显庆至麟德年间（656～661年）。

2. 双窑南洞主尊弥勒。通高217厘米。双窑分南北二洞,原为同时开凿的一组洞窟,窟外共用窟檐,推定为唐高宗麟德至乾封年间（664～668年）开凿的一组洞窟。

3. 三弥勒洞。因洞内造三尊弥勒像故称。洞窟位于莲花洞南,造像风格与优填王像近似,推定排年为高宗时期（649～683年）。

4. 大万五千佛龛。位于惠简洞北,龛内三壁设高坛,正壁主尊弥勒并二菩萨,是武则天时期流行的弥勒三尊的造像类型,推定为武则天时期（684～704年）。

---

① 《资治通鉴》卷二〇五记武则天长寿二年（693年）,于洛阳万象神宫接受魏王武承嗣等五千人表,上尊号"金轮圣神皇帝",作金轮七宝陈于庭以为符应。《资治通鉴》卷二〇五,上海古籍出版社影印本,1987年。按《佛说转轮王经》及《佛说轮王七宝经》,转轮王七宝分别为:金轮、白象轮、绀马轮、如意珠轮、财臣轮、女眷轮、武将轮,七者中以持金轮者最尊贵。经中所谓的转轮王在佛教中为护持佛教的法王,人世间治平戡乱的英明君主。

② 龙门石窟宾阳南洞南、北二壁另存贞观二十三年弥勒造像龛,右手皆当胸作说法印,已不同于刘氏龛弥勒像。

5. 惠简洞主尊弥勒像。善跏跌坐姿，双手抚膝，高背座椅上刻有日月图案，是龙门弥勒像中最具有标志性的造像。该窟是由西京法海寺僧惠简发愿为高宗皇帝、则天皇后及诸王施造开凿的洞窟，位于奉先寺大像北，题记的年代为高宗咸亨四年（673年），开窟时间仅晚于奉先寺卢舍那大龛一年。

6. 摩崖三佛龛弥勒像。位于宾阳洞南，造像弥勒居中，左释迦牟尼，右阿弥陀，是个未完成的大型造像龛。初有学者认为三佛龛开凿于唐贞观之际，现据造像题材及风格比对，推定的年代为武则天长寿年间（692～694年）。

7. 擂鼓台中洞正壁主尊弥勒及二胁侍菩萨像。高浮雕，善跏跌坐于靠背椅上，椅侧浮雕六擎具。擂鼓台区有主要洞窟三所，俗称擂鼓台三洞，为同期先后开凿的一组洞窟。按位于擂鼓台北洞之北的刘天洞，存有天授三年（692年）题记，据此推断，三洞的年代也应相去不远，现推定为武则天天授年间（689～692年）应可信。

8. 丝南洞正壁主尊弥勒。洞内三壁三佛组合，弥勒佛居中，左为释迦佛，右为阿弥陀佛。依其题材和造像风格，推定年代为武则天天授年间或略晚[①]。

9. 龙华寺洞北壁弥勒像。该窟纪年造像龛为长安四年（704年），是武则天时期有明确纪年的弥勒像。

10. 极南洞主尊弥勒像。极南洞是武则天朝重臣姚元之为亡母造像的功德窟，其龛像不晚于中宗时期（705～710年）。

11. 腾南洞东侧窟主尊弥勒像。通高177厘米。面部和双手皆损，造型近似于双窑，年代推定为高宗中晚期（666～683年）。

12. 唐字洞南壁大龛主尊弥勒像。通高153厘米。头部及双手损坏，造型丰满健壮，该窟位于奉先寺下方，造像年代推定为高宗时期。

13. 药方洞北壁释迦弥勒并坐像。通高45厘米。头部皆损坏，造型与唐字洞相同，造像年代推定为高宗时期。

第二组唐代弥勒佛像，原都是供设于佛寺中的龛像或造像碑，其中初唐的纪年像例也以唐高宗武则天时期的遗存数量最多，这一现象与洛阳龙门石窟弥勒造像的时间正相吻合。以下特选出一组流散的纪年弥勒像例分述如下：

1. 高□造弥勒佛像。唐上元二年（675年），美国旧金山亚洲艺术馆藏。

2. 比丘僧慈□造弥勒佛像（残）。唐永淳二年（683年），美国克利夫兰美术馆藏。

3. 毋丘海深造弥勒佛像碑。唐垂拱三年（687年），美国旧金山亚洲艺术馆藏。

4. 宝庆寺砖塔弥勒佛三尊龛像。武则天时期（684～704年），西安宝庆寺砖塔西北二层龛。

---

① 原定该窟三佛的尊格分别为中尊弥勒佛，左药师佛，右阿弥陀佛。武则天时期的以弥勒为中尊的三佛组合，应为弥勒、释迦、阿弥陀三尊，详见本文后续的讨论。

5. 比丘尼贵相造弥勒佛像。长安三年（703 年），日本大阪市立美术馆藏。

6. 萧元春造弥勒佛像。长安三年（703 年），日本东京国立博物馆藏。

7. 姚元之造弥勒佛像。长安三年（703 年），美国旧金山艺术博物馆藏。

8. 姚元景造弥勒佛像。长安四年（704 年），日本东京国立博物馆藏。

9. 石室精舍线刻弥勒佛像。长安四年（704 年），美国波士顿美术博物馆藏。

10. 闫宗造弥勒佛像。神龙元年（705 年），美国芝加哥美术馆藏。

11. 杨思勖等造弥勒佛像。开元十二年（724 年），日本东京文化厅藏。

在以上所列的两组造像存例中，洛阳龙门擂鼓台弥勒像和流失日本原属西安宝庆寺的弥勒像是观察唐代弥勒造像源流最重要的资料，以下就这两处造像作进一步讨论。

图 2　龙门石窟擂鼓台中洞弥勒像

龙门擂鼓台中洞主尊弥勒像与日本收藏的弥勒像都属于武则天时期和稍后的遗存。擂鼓台中洞的年代推定为天授三年（692 年）左右，前文已经述及，属于武则天称帝之初的造像（图 2）①。现藏日本的这批弥勒龛像是 20 世纪初从西安宝庆寺流出，原属武则天晚年在长安光宅寺建七宝台时朝臣为武则天祈福延寿施造的功德，属于武则天称帝后期的造像②。这两处弥勒像，一在西京长安，一在东京洛阳。造像的年代，洛阳在前，长安在后，横跨了武则天女皇时期，是可引为推断洛阳天堂大佛最为直接的实物参照。

擂鼓台和七宝台佛像另有组合上的相同之处不容忽视，即同组中见有善跏趺坐的

① 采自温玉成：《龙门唐窟排年》，《中国石窟·龙门石窟》二，文物出版社、（东京）平凡社，1992 年，第 205 页，图一三九。

② 光宅寺七宝台造像在清代金石学家著作中已有造像记的著录，但对造像本身的关注较少。最先介绍七宝台造像的是光绪十九年（1893 年）日人冈仓天心、早崎梗吉氏，他们游历西安宝庆寺旧塔，发现嵌入砖塔壁间的龛像。1902 年后早崎氏始经手购藏宝庆寺石刻，前后流入日本 21 件（19 件由细川家收藏，2 件原家收藏），这批造像已由日本政府公布为"重要文化财"，现有 9 件陈列于东京国立博物馆。流散至美国 4 件（弗利尔美术馆 2 件，波士顿美术馆 1 件，旧金山亚洲美术馆 1 件）。宝庆寺塔上存 6 件，陕西省博物馆存 1 件，总计 32 件。流传情况详见颜娟英：《武则天与长安七宝台石雕佛相》，（台北）《艺术学》第一期（1987 年），第 47～49 页。

弥勒像、戴花冠，佩项圈臂钏，结降魔印的菩提瑞像以及跏趺坐的阿弥陀像①。擂鼓台三洞为同时开出的一组洞窟，北洞的主尊为菩提瑞像，中洞主尊为弥勒佛。南洞为中心方坛式窟，坛上原有的铺像已不存，现留存于坛上的一尊菩提瑞像，是从洛阳周边的佛寺中移来，原窟坛上的一铺造像是何内容，已难知其详②。不过，可供参照的是龙门摩崖三佛龛的组合，即弥勒佛居中，左为释迦，右为阿弥陀。摩崖三佛龛是武周时期并未完工的造像龛，而同属武周时期营建的擂鼓台三洞，似采用了相同的造像题材，现知中洞主尊为弥勒，北洞主尊为释迦牟尼成道像（即菩提瑞像），南洞的主尊很可能是阿弥陀佛。这样的造像组合入唐后盛行于武则天时期，或可称为武周新样。东京洛阳的龙门石窟开风气之先，西京长安的光宅寺七宝台是其回响。

　　七宝台现存造像 32 件，只因七宝台的被毁，造像已淆乱，按造像龛的形制和尺度可以分为两种，一种为方形龛，造像为一佛三尊或一佛五尊的组合，据颜娟英氏统计，阿弥陀三尊像计 4 件，弥勒三尊像 7 件，菩提瑞像 9 件，不知名的 5 件③。另一类形制窄长，题材为十一面观音菩萨立像，计 7 件。按题材分，七宝台佛像尊格主要也是释迦牟尼佛（菩提瑞像）、弥勒佛、阿弥陀佛这三种武周时期多见的造像题材④。在这三种尊格的佛像中，阿弥陀佛是最早进入中国且流传已广，传承有自的造像，在初唐的三佛中暂且单列不论。弥勒像和菩提瑞像则是在此时段内始见流行的新题材，杨思勖所造的菩提瑞像和弥勒像最能体现这一新的样式。循此例，东京国立博物馆陈列的七宝台龛像中萧元春长安三年、姚元景长安四年造弥勒龛像和未刻功德主名衔的几尊菩提瑞像，同样应视为在题材上紧相关联的造像（图 3）。

　　弥勒像与菩提瑞像形成组合主要流行于唐高宗武则天时期，相式源流系于王玄策出使印度这一外交事件。王玄策曾先后四次出使印度，在第四次出使回国，由摩揭陀

---

① 龙门擂鼓台北洞和南洞的菩提瑞像，之前多被误读为大日如来，温玉成《龙门唐窟排年》即持大日如来说，现予校正。除擂鼓台外，菩提瑞像存例还有刘天洞下部小窟主尊，高平郡王洞南壁主尊，古阳洞门壁龛像等。见温玉成：《龙门唐窟排年》，《中国石窟·龙门石窟》二，文物出版社、（东京）平凡社，1992 年，第 194 ~ 211 页；有关菩提瑞像的识读参见罗世平：《广元千佛崖菩提瑞像考》，（台北）《故宫学术季刊》第九卷第 2 期，1991 年，第 117 ~ 121 页。

② 擂鼓台南洞坛上原放置了多件从洛阳周边佛寺中收集的石佛像，后在擂鼓台石窟区建文物廊，将部分雕像移放至廊内，洞内仍留下一尊即今所见带花冠的菩提瑞像。移至文物廊的佛像中另有两尊菩提瑞像，还有多尊跏趺坐佛和立佛。存放于文物廊内的佛像现已移出擂鼓台石窟区。

③ 关于七宝台菩提瑞像，颜娟英氏名为"装饰佛"，细分为两型。一型为带冠佛，戴臂钏；一型则只带钏环于右臂，无头冠，但这类佛都袒右肩，右手作降魔印。据此推测与武周时期流行的"降魔佛"或"金刚座真容像"有直接关系，定名似不确。参见颜娟英：《武则天与长安七宝台石雕佛相》，（台北）《艺术学》第一期（1987 年），第 56 页。菩提瑞像的传入在唐高宗时期，是作为摩伽陀国的印度瑞像传入中国的，按玄奘《大唐西域记》，全称为"释迦牟尼菩提树下降魔成道像"，简称"菩提瑞像"。

④ 中国三佛造像的组合格制，初为过去、现在、未来三世佛，南北朝后期始见阿弥陀、释迦、弥勒三佛的新组合，唐高宗武则天时期，由印度传入释迦牟尼菩提树下降魔成道像，即菩提瑞像，开始形成阿弥陀、菩提瑞像、弥勒三佛组合的新变体，三佛的尊格没变，但样式已更新。

图3　日本东京国立博物馆藏姚元景造弥勒像

国引进了菩提瑞像及经本。在王玄策事迹中曾明确记述过随行塑工宋法智摹绘菩提瑞像的情形，记载中虽未见请来弥勒像的文字，但菩提瑞像的塑造者则是弥勒。按中国得知印度摩揭陀国的菩提瑞像是在玄奘从印度归国后，《大唐西域记》有专章记玄奘到摩揭陀国礼敬菩提瑞像事，并详细叙说了弥勒化形工匠塑造释迦牟尼菩提树下降魔成道像，即菩提瑞像的经过，是知菩提瑞像的塑造与弥勒的联系。王玄策在将菩提瑞像带回时，同时携有专说菩提瑞像的经本十卷。像取到西京长安后，曾一度引发了"道俗竞模"的造像热潮。最有影响者，如麟德元年（664 年）为玄奘在嘉寿殿塑菩提瑞像，塑工即是在印度摹绘摩揭陀国菩提瑞像的宋法智。麟德二年（665 年）高宗幸洛，洛阳大敬爱寺塑菩提瑞像，工程的指挥者即是王玄策本人①。这期间，王玄策还在龙门石窟造了一龛弥勒像，造像题记至今仍保存在宾阳南洞内②。由此可见，有关王玄策的文献和石窟造像遗存都将菩提瑞像与弥勒像联系在了一起。更清楚的造像实例是四川

<hr/>

① 有关菩提瑞像传入中国的经过，见罗世平：《广元千佛崖菩提瑞像考》，（台北）《故宫学术季刊》第九卷第 2 期，1991 年，第 117～121 页。

② 1974 年，龙门宾阳南洞西壁北侧新发现王玄策造像题记一则："王玄策□□□□□□下及法界众生敬造弥勒像一铺麟德二年九月十五日。"参见李玉昆：《龙门石窟新发现王玄策造像题记》，《文物》1976 年第 11 期，第 94 页。

广元千佛崖柏堂寺的菩提瑞像窟和弥勒窟，二窟紧邻，大小相近，雕刻手法一致，系一组同时开凿的洞窟。依窟内所存的《菩提瑞像之碑》知，开窟的功德主是时任利州刺史的毕重华①。在四川地区唐代的石窟中，蒲江县飞仙阁石窟另存有武则天永昌年（689年）的龛像遗存。在这批菩提瑞像和弥勒佛像的存例中，长安、洛阳是先发地，影响流布远届四川。可见，洛阳龙门石窟、长安七宝台以及四川石窟中的菩提瑞像与弥勒像的组合应是同时并出的造像。

三　二佛并坐、三佛并坐与弥勒单尊像

上述龙门石窟和七宝台佛像的存例中，分别见有二佛并坐，三佛并坐和弥勒单尊三类。有意味的是，这三类造像组合发生变动，时间有先有后，线索相对清晰。以龙门唐窟为例，二佛并坐像主要在高宗显庆至永淳年间（656～675年），这期间正是高宗苦患风疾，武则天在皇后位上理朝辅政，决断国事，权势日渐坐大的阶段，即史称的"二圣时期"。三佛并坐像流行于弘道至武则天永昌年间（676～689年），这是武则天大权独揽，子嗣孱弱，她在皇太后任上独断专行，这一时期即史称的"武后时期"。弥勒单尊像，尤以大像的雕造为标志，出现在武则天坐上皇帝位，改唐称周（690～704年）前后，即史称的"武周时期"。天堂夹纻弥勒大佛是个风向标，而雕造于龙门石窟中的弥勒单尊像有其早晚的存例。在这三类佛像的组合变动之中，弥勒佛像是其中变动的因子，这种变动，表面上缘于正在兴起流行的净土信仰，它的深层寓意则直接与高宗武则天时期的政治生态相关联。

"二圣"政治是唐高宗朝的特有现象，《新唐书·则天皇后传》称：

则天顺圣皇后武氏讳曌，并州文水人也……后年十四，太宗闻其有色，选为才人。太宗崩，后削发为比丘尼，居于感业寺。高宗幸感业寺，见而悦之，复召入宫。久之，立为昭仪，进号宸妃。永徽六年（655年），高宗废皇后王氏，立武宸妃为皇后。

高宗自显庆后，多苦风疾，百司奏事，时时令后决之，常称旨，由是参豫国政。后既专宠与政，乃数上书言天下利害，务收人心，而高宗春秋高，苦疾，后益用事，遂不能制……上元元年（674年），高宗称天皇，皇后亦号天后，天下之人谓之'二圣'。

由史官简笔素描的这段历史，从武则天册立皇后的永徽六年（655年）算起，到高宗去世的弘道元年（682年），前后二十七年，由"二圣"而导致了李唐政权的空前

①　罗世平：《广元千佛崖菩提瑞像考》，（台北）《故宫学术季刊》第九卷第2期，1991年，第117～121页。

震荡，提供了武则天枭起的舞台。"二圣"政治虽说只是唐朝的一段特殊历史，却不能说是中国历史上的特例。北魏孝文帝与文明皇太后二圣在平城并治的范例去唐不远，烟云并未散尽，宣武帝与胡灵太后又再次在洛阳上演。在中国佛教史上，北魏首开"皇帝即佛"的治世理念，将政治与宗教牢牢捆绑在一起，政教合一被形象地浓缩在石窟造像之中。大同云冈石窟继昙曜五窟之后，新创了一廊二窟的双窟形制，窟内的主龛大像分别有指代孝文帝和文明皇太后的寓意。这一时期洞窟内多见的释迦、多宝并坐像，出典依据虽是《妙法莲华经》，但藏在背后的则是"二圣"的意志。这种新窟型和新题材沿袭了"皇帝即佛"的做法，又加入了孝文帝平城时期"二圣"的政治生态，洛阳龙门石窟北魏宾阳三洞的营建仍有这一成例的影响。

唐高宗朝的"二圣"政治在武则天权势日渐坐大之时，政治重心开始由长安移至洛阳，龙门石窟以奉先寺造像为标志，在入唐之后再度掀起造像热潮，佛像题材出现了释迦与弥勒二佛的新组合。如前讨论的菩提瑞像和弥勒像，在这一时段的存例较多，与文献记载相扣合。如高宗麟德二年（665年）王玄策指挥在洛阳大敬爱寺塑菩提瑞像和王玄策本人在宾阳洞造弥勒像，是洛阳二佛造像最早的实录。接续其后，龙门唐窟的造像遗存中出现了双窟、双龛等窟龛形制以及释迦、弥勒二佛并坐的造像题材。双窟的存例如双窑，有南北二洞，为同时营建的一组洞窟，窟外原有窟檐将二洞通联，形成一个整体单元。北洞内主尊为跏趺坐的释迦佛，南洞为善跏趺坐的弥勒佛，格局近似于云冈双窟而更简化。《龙门唐窟排年》推证二洞的造像年代为高宗麟德至乾封年间。

双龛遗存可见二例。破窑是一处不规则穹隆顶洞窟，窟内大小造像龛错落不齐，没有统一规划，最早纪年龛为贞观十一年（637年），高宗武则天时期陆续补刻了多种小龛。在北壁现存一竖长方形龛，造像分上下两层，上层并坐三释迦佛，下层并坐三弥勒佛，是龙门唐窟释迦、弥勒组合中一式三像重复雕造的存例，其推证年代也属高宗时期。另一双龛造像保存在奉先寺大卢舍那佛龛的下方，是一组并列的小型浅龛。北龛为释迦佛二胁侍菩萨，南龛为弥勒佛二胁侍菩萨，造像较稚拙。此前龙门石窟定此龛为北宋，似不确。按一佛二菩萨像的三尊样式以及释迦、弥勒二主尊的龛像组合是唐高宗武则天时期的流行样式，非属北宋的造像，故本文将此二龛提前到本期造像中加以观察。

龙门双佛并坐最有代表性的存例保存在药方洞北壁，一龛之内，释迦在北，弥勒在南，同龛并坐。这种双佛并坐像更为直观地连带起双窟和双龛的造像格局和组合，进一步说明了二佛并坐在高宗武则天时期的语义内涵（图4）。

洛阳之外可供观察的二佛并坐像的存例，在太原龙山童子寺遗址考古发掘时有了新发现，按发掘简报的描述，在童子寺大佛阁与寺院区下方东向的断崖上清理出左右并列的两个唐窟，现编号为第6、7窟。两窟的大小和格局基本相同，虽然风化较重，

图4 龙门药方洞双佛龛

但造像仍能辨识。第6窟造像一铺五尊，正壁造像为倚坐弥勒佛及胁侍二弟子像，左右二壁各雕刻一菩萨。第7窟经造像复位后，主尊为跏趺坐的释迦佛，洞外残存力士像①。童子寺唐窟造像和洞窟组合与龙门唐窟相同，属于高宗武则天时流行的造像格制（图5）②。

第7窟   第6窟   0   1米

图5 太原童子寺唐代双窟

童子寺唐代开凿双窟与"二圣"的联系有更为直接的文字线索可予佐证，开窟者

① 详见中国社会科学院考古研究所边疆考古研究中心等：《太原市龙山童子寺遗址发掘简报》，《考古》2010年第7期，第43～56页。
② 中国社会科学院考古研究所边疆考古研究中心等：《太原市龙山童子寺遗址发掘简报》，《考古》2010年第7期，第49页，图六。

的功德行为或与显庆末年（660 年）高宗武则天巡幸童子、开化二寺，瞻礼大佛的事件相关，其事在《法苑珠林》中载述甚详，兹录《敬佛篇·感应缘》文字如下：

> 唐并州城西有山寺，寺名童子，有大像坐高一百七十余尺。（高宗）皇帝崇敬释教，显庆末年巡幸并州，共皇后亲到此寺及幸北谷开化寺，大像高二百尺，礼敬瞻睹，嗟叹希奇，大舍珍宝财物衣服，并诸妃嫔内宫之人并各捐舍，并敕州官长史窦轨等令速庄严，备饰圣容，并开拓龛前地务令宽广。还京之日至龙朔二年秋七月，内宫出袈裟两领，遣中使驰送二寺大像，其童子寺像披袈裟日，从旦至暮放五色光，流照崖岩，洞烛山川，又入南龛小佛，赫弈堂殿，道俗瞻睹数千万众，城中贵贱睹此而迁善者，十室而七八焉，众人共知，不言可悉。

按《法苑珠林》的叙述，这次高宗武则天的巡幸，除了瞻礼大佛，舍资财宝物供奉外，还敕令并州长史窦轨重装佛像，拓宽大佛前的场地。又于龙朔二年（662 年）秋专派宫中内侍送大佛袈裟两领，以示皇帝皇后奉佛之敬意。文中所言及的童子、开化二寺大佛，属北齐皇帝分别在蒙山和龙山营建的二处大佛，蒙山开化寺大佛，即《北齐书》记载的晋阳人佛，童子寺大佛又称龙山大佛，是汉地创建大佛"以兹山之顶为佛顶，以兹山之足为佛足"这一格制的样板。两处大佛都于近年经过系统的考古发掘，遗址中北齐和唐代的遗存皆可印证《法苑珠林》等文献的记述。童子寺大佛在唐高宗、武则天巡幸之后修葺一新，佛像得以重装，还扩建拓宽了大佛前的场地，增修了前殿。这次装修扩建工程历时两年竣工，待大佛重光之日，皇帝皇后所奉袈裟披上佛身时即现出五色光明之瑞相，事在朝野间广泛传颂。大佛崖下新开的二处洞窟，应是在这次工程中或之后新开出的。按二窟并置，二佛并坐的格制，又是高宗武则天时"二圣"政治生态影响下的造像风尚，能领会并有条件在二圣敕令的皇朝福地营建石窟者，绝非等闲之辈，开窟的功德主很可能就是并州在任的州官大员。结合高宗、武则天巡幸这一事件，再看童子寺唐代新开的二窟，规模尽管不大，但意义则不可再作等闲观了。

二佛并坐样式在北魏和唐朝的流行，概因独特的政治生态而起。北魏选择释迦、多宝二佛并坐像是北魏"二圣"语境之下出现的图像语义。唐朝并坐二佛的尊格为释迦佛和弥勒佛，反映了唐朝二圣语义指代的不同。北魏和初唐在各自政治生态之下选择了适于自身的造像形态，"皇帝即佛"的成例在唐高宗、武则天朝得以继承的同时，又吸纳了印度转轮王的政治形态，借助于佛教经义，为开创新一轮的"二圣"政治作了舆论上的铺垫。

唐高宗朝二圣政治的主导者是武则天，而当她成为太后，掌握生杀予夺大权后，开始了"启维新之命"的"圣母神皇"历史，以洛阳为中心的武后政治，与佛教僧团之间达成了空前的默契。武则天好谶纬，以薛怀义为首的僧人便以撰伪经，造佛像功德来投其所好，为武则天的称帝鸣锣开道。于是，龙门石窟属于武则天时期的造像出

图6 龙门石窟摩崖三佛龛中尊弥勒佛

现了尊格主次上的变化，弥勒佛的中心地位得以突出。擂鼓台三洞的造像例已如前述，是武周时期释迦、弥勒、阿弥陀三佛的新组合，弥勒佛居中，左释迦，右阿弥陀。即使擂鼓台南洞主尊不存，尚不能骤断洞内主佛的尊格。但以弥勒佛居中的格局亦很明了。明确可指为武周三佛新样的造像是龙门西山的摩崖三佛龛。这是一个未完成的大龛，龛内并坐三佛，中尊弥勒，左释迦，右阿弥陀（图6）①。弥勒佛像主体已完成，释迦和阿弥陀也雕刻出了大模样，造像的尊格与组合关系清楚。更值得注意的一点是，并坐三佛的中尊弥勒，其体量明显大于左右二佛。实测的数据，中尊坐高538厘米，左右二佛坐高480厘米，将三佛作这般安排，功德主意在突出弥勒佛的本愿是明白无误的。龙门摩崖三佛龛开凿于武周时期，规模较大，也算是龙门唐窟中的一项大工程，最终未能完工是什么原因，已不得而知。龙门唐窟中以弥勒为中尊的三佛造像实例，还有大万五千佛窟和丝南洞造像。二者也都是武则天时期营造的大窟，属于龙门唐窟中具有标型价值的洞窟。

三佛并坐像并不是唐朝的创制，在东魏、齐、隋之际的造像实例中已经出现了这样的组合。太原天龙山石窟、邯郸南响堂山石窟、安阳小南海石窟三壁三坛式的洞窟中已形成了阿弥陀、释迦、弥勒三佛的组合，不过这时的造像排列，正壁主尊释迦佛，左右壁为跏趺坐阿弥陀和善跏趺坐弥勒，这个造像格局不同于早期三世佛的组合，是新一轮的三佛并坐样式。虽然所持依据尚不清楚，但已是相对稳定的配置。恰如水野清一、长广敏雄氏在《响堂山石窟》中所言："释迦、阿弥陀、弥勒的三壁三佛形制在齐、隋时期的石窟中已经成为较普遍的像式。"②这种形成于齐隋之际的三佛并坐样式入唐以后沿用下来，在武后时期再次加以改造，弥勒佛位居中尊，释迦、阿弥陀佛侧坐左右。三佛尊格未变，主次一变，造像语义的所指则绝然不同了。

以善跏趺坐弥勒佛为中尊的三佛造像因有了洛阳龙门的范例，当朝臣们在长安光宅

① 采自龙门石窟研究所：《龙门石窟粹编——佛》，文物出版社，1995年。

② 参见［日］水野清一、［日］长广敏雄：《响堂山石窟》，（京都）东方文化学院京都研究所，1937年。这种三佛并坐或可能是南北朝后期形成的三世佛配置，龙门石窟魏牧谦洞开元五年造阿弥陀、释迦、弥勒三佛是唐玄宗朝恢复齐隋三佛尊号后的存例。按《魏牧谦家像铭》录文："尝读佛经，云过去、未来、现在为三世佛……乃于龙门奉先寺北敬为亡考妣造阿弥陀像、释迦牟尼像、弥勒像，合为三铺，同在一龛。"是为例证。

寺为武则天晚年祈福造七宝台时，三佛造像再一次集中得以复制。七宝台造像题材相对单纯，仅见十一面观音像和三佛龛两类。颜娟英氏曾撰文尝试复原七宝台龛像，提出了有启发性的意见。若依龙门三佛并坐的示例，重新将已经打散拆分的光宅寺造像加以组合，或许会更接近七宝台的造像原貌。美国波士顿美术博物馆收藏的一件石造精舍，四面或浮雕或线刻佛像及供养人众，雕刻的佛像也是以弥勒为主的三佛题材，精舍制作于长安四年（704年），同属武则天晚年时段的造像。由洛阳和长安的造像存例可以推知，弥勒佛尊格的提升可能就在武则天为自己塑造"圣母神皇"形象的过程之中。

武则天登上皇帝位，推行转轮王政治，自诩弥勒下世，是武氏"金轮神皇"光环煊赫的时期。龙门唐窟也于此时新造了一批弥勒下生主题的洞窟，窟中的尊像止于弥勒及胁侍，不再出现其他佛像，兹举两例以见一斑。

首先看惠简洞。惠简洞在龙门唐窟中是一龛具有标志性的大窟，造像题记指明，该窟开凿于咸亨四年（673年），在龙门唐窟中十分重要。除此之外，惠简洞另有两点与本题相关。其一，主尊弥勒像的椅靠在左右端浮雕出日月，这一图像并非单纯的装饰，而是武则天圣讳"曌"字的图谶，这样的图解在敦煌同时期的壁画中也能看到[1]。在字形与弥勒佛像结构之间作如此比附同构，类似于相术的测字伎俩，图像实指明武氏为弥勒佛几无疑问。这种以像寓名或以字造义的手法将武周比作"尧曦佛日"，是朝野一时间的不言之喻。如督造七宝台的王璿造像铭文所述"尧曦将佛日齐悬"，"金莲拥座，宝树

图 7　龙门石窟惠简洞主尊弥勒佛

成阴，同日月之光辉若山河"云云[2]。长安寺僧惠简深谙个中奥义，率尔将谶语颂辞转为图像。这一创意颇类武周颁行使用的新字，字法与像法在结体构义上如出一辙（图 7）。

---

[1] 天授元年（690年），武则天采纳宗秦客新造字的建议，自名"曌"，命布于天下。事载《旧唐书》卷六，中华书局，1975年，第120页。敦煌莫高窟第321窟《宝雨经变》壁画，海中绘一双大手，一手擎日，一手擎月，以此象征日月光天子，日月为曌，也是武则天名讳的图解。

[2] 参见王睿：《石龛阿弥陀像铭并序》，转引自颜娟英：《武则天与唐长安七宝台石雕佛相》，附录造像铭文，（台北）《艺术学》第一期（1987年），第41~47页。

其二，开窟功德主惠简的身份是西京长安法海寺僧，造像题记虽称"为高宗皇帝、则天皇后及诸王施造"，然就窟内单造弥勒佛，又以日月附会"曌"字的做法，真实目的是向武则天曲迎奉承，行事手法与薛怀义撰《大云经疏》，造天堂大佛并无二致。按惠简洞是在奉先寺开工后的第二年开始营建，在龙门唐窟中也是仅次于奉先寺的大型洞窟。据研究者推算，奉先寺自高宗咸亨年兴工，咸亨三年（672 年）武则天捐脂粉钱助力，于上元二年（675 年）告竣，前后用时约五年。是武则天为母亲杨氏追福所做的功德，督造奉先寺的朝廷官员和僧人皆来自长安[1]。惠简洞北距奉先寺不远，惠简本人同样是来自长安。若比量奉先寺工程的耗时来推算，惠简洞竣工大约在仪凤年（676～677 年）左右。依武则天传，这个时间正是"天下人号之二圣"的节点。也就在这期间，西京长安发生了一件颇耐人寻味的灵应事件。仪凤二年（677 年），望气者在长安光宅坊官葡萄园内发现石盝，盛佛舍利子万粒，于是皇帝敕令创立光宅寺，分舍利子于京寺及诸州各四十九粒。这件事作为感应武氏"护持正法，大得舍利之验"被佛教徒记录了下来[2]，又于天授元年（690 年）武则天称帝前夕得以追述。来自长安法海寺的惠简，完全知晓系于武氏后台的西京故事，紧随武则天捐脂粉钱造奉先寺卢舍那佛龛之后，兴工开窟造弥勒佛像，以投合武则天好符谶神异的心理，是更早于薛怀义造洛阳天堂大佛的动作。视此，或有理由认为，龙门惠简洞弥勒像还可能为造天堂大佛起着示范的作用。这是在薛怀义之外，京寺僧人与武氏默契合作的另一个例证。

第二例是龙门极南洞弥勒像。极南洞是曾任职武周朝的姚元之为其母刘氏祈福所造的功德窟，窟内主尊弥勒佛并胁侍一铺。残存造像碑一通，年款已失，造像风格属于武周后期，温玉成《龙门石窟排年》考订该窟完成于唐睿宗景云元年（710 年）左右[3]。姚元之造弥勒像另有一例可供参考，即前文所列美国旧金山亚洲艺术博物馆藏姚元之造弥勒像，题记的年代为长安三年（703 年）九月十五日。这是一件残损的龛像，原是一铺弥勒及二胁侍菩萨二蹲狮的组合，现仅存弥勒佛和右边的蹲狮，按该龛像的现存状况判断，造像的材质、尺寸与七宝台造像相合，题记的年代与七宝台李承嗣、

[1]　关于奉先寺卢舍那龛的造像功德和工程耗时，现有不同的意见，李玉昆、温玉成认为，奉先寺是高宗为太宗皇帝祈福所建的功德，造像时间应提早到龙朔二年（662 年）之前。参见李玉昆：《龙门续考》，《文物》1983 年第 6 期，第 31～33 页；温玉成：《略谈龙门奉先寺的几个问题》，《中原文物》1984 年第 2 期，第 53～57 页；温玉成：《〈河洛上都龙门山之阳大卢舍那像龛记〉注释》，《中原文物》1984 年第 3 期，第 99～100 页。A. Forte 与颜娟英皆认为奉先寺是高宗和武则天为纪念杨氏所建的功德，兴工时间应在 670 年以后。参见 A. Forte, *Political Propaganda and Ideology in China at the End of the Seventh Century*, 1976；颜娟英：《武则天与唐长安七宝台石雕佛相》，（台北）《艺术学》第一期（1987 年），第 41～47 页。
[2]　敦煌文书 S. 6502《大云经疏》，《敦煌宝藏》第 47 册，（台北）新文丰出版公司，1982 年，第 498～502 页。
[3]　此据温玉成《龙门唐窟排年》据极南洞碑文考订的年代。姚母刘氏卒于 706 年，按惯例，子孙为母造像追福应在去世的周年后进行，温氏考订洞窟年代可以采信。温玉成：《龙门唐窟排年》，《中国石窟·龙门石窟》二，文物出版社、（东京）平凡社，1992 年，第 200 页。

萧元春等造弥勒像同属长安三年，比其兄姚元景造弥勒像早一年，应是流失到美国的
七宝台造像，故颜娟英氏将姚元之造像归入七宝台佛像之列（图8、9）①。姚元之兄弟
皆为当朝命官，在七宝台造像的官秩中仅次于王睿②。洛阳龙门姚元之开窟造弥勒像的
功德，去七宝台造像的时间不远，诚然有为其亡母祈福的目的，似也合于七宝台姚氏
兄弟为武则天祈福所造弥勒佛像的功德。姚崇传中有一段文字可为辅证：

图8　龙门石窟极南洞主尊弥勒佛　图9　美国旧金山亚洲艺术馆藏姚元之造弥勒像

　　神龙元年……则天移居上阳宫，中宗率百官就阁起居，王公以下皆欣跃称庆，
　　元之独呜咽流涕。彦范、柬之谓元之曰："今日岂是啼泣时，恐公祸从此始。"元
　　之曰："事则天岁久，乍此辞违，情发于衷，非忍所得……今辞违旧主悲泣者，亦
　　臣子之终节，缘此获罪，实所甘心。"无几，出为亳州刺史，转常州刺史。

　　姚元之当着众臣面哭武则天的这一情节，发生在武氏死，中宗继位，改元神龙的
705年，第二年姚元之母刘氏卒，按温玉成的考订，极南洞"其上限，是刘氏亡故的神

①　温玉成：《龙门唐窟排年》，《中国石窟·龙门石窟》二，文物出版社、（东京）平凡社，1992年，第199页，图一一三。
②　姚崇生平及历任职官详见《旧唐书》卷九六《姚崇传》，中华书局，1975年，第3021～3029页。

龙二年（706 年）正月"。姚氏造的两尊弥勒像，一在长安为武则天祈福，一在洛阳龙门为亡母祈福，前后相继①。按上引姚元之甘冒罢官的风险，哭悼武则天一事，知姚氏对武则天"情发于衷"的悲泣之情是丝毫不减于对其母亲的悼念缅怀的。如姚氏七宝台为武则天造像记中"爰凭圣福，上洎君亲，悬佛镜而朗尧曦，流乳津而霈血属"之谓，明确表达出视武则天为慈母的情感寄予。对于姚氏而言，在长安造弥勒像和在洛阳开窟造弥勒像就不能说二者是毫无关联之事了②。

四　武周时期的弥勒大佛

武则天在洛阳造天堂大佛的心愿，也许在巡幸并州童子寺和开化寺大佛时就已经埋下了。咸亨三年（672 年），武则天捐脂粉钱二万贯赞襄龙门造奉先寺卢舍那大佛，是武氏建造大佛，付诸实施的开篇之作。十六年后，武氏新造洛阳天堂大佛，目的不止于祈福做功德，而是承载了皇权天授的符谶功能。借助弥勒下界托于武氏的谶语，我们完全可以将武则天与弥勒佛等量齐观，天堂大佛不妨看作是武氏为自己登基建造的一座纪念碑。

洛阳神都弥勒大佛的高大瑰玮，高逾百尺的身量也有京寺僧人从佛经中寻觅出的依据。有关弥勒下生成佛的经典，在唐之前已经译出单行，如东晋失译《弥勒来时经》（《大正藏》No. 457）、竺法护译《弥勒下生经》（《大正藏》No. 453）、鸠摩罗什译《弥勒下生成佛经》（《大正藏》No. 454）和《弥勒大成佛经》（《大正藏》No. 456）等，经中说弥勒将在人寿八万四千岁时，托生繁荣富乐的理想国翅头城，具三十二相八十种好，身长十六丈。转轮圣王穰佉奉国中七宝，子息千人追随弥勒出家，弥勒于龙华树下三次说法，救脱众多在释迦教化时未渡之人。佛经中有关弥勒佛身量十六丈的说法，日本学者宫治昭曾有专文讨论过，并将其来源与印度三世轮回的思想相联系③。过去、现在、未来三世佛的身量高低与人世的好坏有着对应关系，如佛陀跋陀罗译《观佛三昧海经》（《大正藏》No. 643）的描述：过去丰乐，人寿八万，迦叶佛身高十六丈；现在浊世，人寿百岁，释迦佛身高丈六；未来富乐，人寿八万，弥勒佛身高十六丈。意思是说过去、现在、未来三世的人寿长短和佛陀的身高是对应的，由过去丰乐到现在浊世再到未来丰乐，佛陀的身高也由十六丈、六丈复至十六丈。武周治世，

---

① 极南洞姚氏造像碑温玉成录文见《龙门唐窟排年》，《中国石窟・龙门石窟》二，文物出版社、（东京）平凡社，1992 年，第 200 页。

② 武则天母仪天下，用"圣母神皇"尊号，垂拱四年（688 年）崔融拟《代宰相上尊号表》，文中即有"非母则不能慈爱域中，非皇则不能导化天下"句，是颂赞武氏以慈母形象抚育子民。同样的颂词也见七宝台其他人的造像记中，如长安三年李承嗣造像记："陇西李承嗣为尊亲造阿弥陀像一铺……资益慈颜永超尘网。"又富平县丞韦均造像记："比为慈亲不豫敬发菩提之心……愿回光于孝道，永锡寿于慈亲。"文中所谓"慈亲"、"慈颜"皆是指武则天。姚元之造像记颂词内容表达的也是同样的意思。

③ ［日］宫治昭：《涅槃和弥勒的图像学》，文物出版社，2009 年，第 335 页。

一度被道俗美化成"尧曦佛日"，比附成转轮圣王与弥勒同时下世的理想国，洛阳神都也被美化成人间天堂般的翅头城。武则天与佛教僧人共同合作讲述了一个盛世天堂的神话，这就为洛阳神都建造天堂弥勒大佛找到了经典支持。弥勒佛身量高大，多于释迦十倍之数，也是龙门石窟摩崖三尊弥勒居中，大于他佛的造像依据。诚如宫治昭的观察，"很多弥勒大佛的建造都是以皇帝崇拜为背景，在依靠皇帝权力和财力的情况下完成的"①。应该说，洛阳天堂弥勒大佛是最具有传奇色彩的一例。

　　洛阳天堂弥勒大佛作为武则天登上皇位的标志，在证圣元年（695年）的一场大火中被毁，武则天心有不甘，于长安三年（703年）兴建光宅寺七宝台，朝中部分大臣捐资为武氏造像。又于长安四年（704年）"作大像于洛阳城北邙山白司马阪，令春官尚书武攸宁检校，靡费巨亿"。按《资治通鉴》的说法，白司马阪的大佛工程后因监察御史张廷珪等人的力谏，"太后为之罢役"②，大佛工程似未如愿竣工。尽管如此，武则天造弥勒大佛的意愿再一次得到强化，也明白无误的传递到州郡各地。在洛阳天堂大佛存世的七年间，境内造弥勒像的风气已然盛行。以下举述武周时期弥勒大佛的存例——太原天龙山大佛和敦煌北大像，试以说明天堂法像的示范作用。

　　太原天龙山石窟弥勒大佛（编号第9窟），位于天龙山石窟西段山体断崖的转角处，岩体突出，外有楼阁覆盖。造像分上下两层，上层雕善跏趺坐露顶弥勒大佛，高7.55米，下层雕造十一面观音、文殊、普贤三大菩萨。整龛造像造型丰满，雕刻精细，呈现出唐代造像的风格。弥勒大佛在唐代大佛中尺度不算高大，但因大像选址高险，借其山势而格外壮观，是并州城北继龙山童子寺，蒙山开化寺大佛之后的第三处大佛（图10）。在现存的大佛造像中，一龛之中分段雕造佛和菩萨的现象十分罕见，天龙山是个特例。关于天龙山弥勒大佛的造像年代，现有初唐、盛唐等说法，尚无定论③。本文将大龙山弥勒大佛归为武周时期，有两点依据。

图10　天龙山石窟弥勒大佛

①　[日]宫治昭：《涅槃和弥勒的图像学》，文物出版社，2009年，第335页。

②　《资治通鉴》卷二七〇《唐纪二十三》，上海古籍出版社影印本，1987年，第117页；《旧唐书》卷九四《李峤传》记事略同，并全文转录了李峤所上的谏文，中华书局，1975年，第2994~2995页。

③　参见李裕群、李钢：《天龙山石窟调查报告》，科学出版社，2003年。

其一，位于弥勒佛下方的十一面观音立像，是武周神功元年（697年）之后新出现的题材，起因在于当时与契丹战争的失利。时武则天为了挽回战局，特请长于禁咒之术的和尚法藏在宫中设十一面观音道场，希以菩萨法力抗拒强敌。结果应验，朝廷请得突厥出兵，一举击败了契丹。为庆贺这次对契丹的胜利，武则天改年号为神功元年，令造十一面观音像以示敬信。武则天礼敬十一面观音像，注重菩萨护国靖边的法力，长安光宅寺七宝台造像龛在佛像之外，只造十一面观音立像即是一证。天龙山弥勒大佛龛中以十一面观音为中尊，体量和地位高于左右的文殊和普贤，也与七宝台十一面观音像的配伍相同。据此可知，开造大佛的年代其上限当在神功元年以后。其二，在弥勒大佛足下，存有一方莲枝千佛浮雕，原可能是作为十一面观音像的背景而雕刻的，在位于西侧偏下的位置，有并列刻出的三个莲枝形小龛，龛内各刻一身坐佛，中间龛即善跏趺坐弥勒，左为跏趺坐偏袒右肩的释迦成道像[①]，右为跏趺坐的阿弥陀像，三佛的身形，中尊弥勒明显大于左右二佛，与龙门石窟武周时期开凿的摩崖三尊取法相同。以弥勒为中尊的三佛并坐像，龙门石窟的其他存例已见前文，概属武则天时期出现的造像题材。以上留在天龙山弥勒大佛龛中的年代因素，足以证明大佛雕造于武周时期，可以用来印证洛阳的天堂弥勒大佛样。至于天龙山大佛龛的其他问题，容另文再作讨论。

　　敦煌莫高窟北大像是有明确纪年的弥勒大佛，按《莫高窟记》，北大像造于武周延载二年（即证圣元年，695年），大佛坐高一百四十尺，由敦煌灵隐禅师和居士阴祖等共同建造。北大像的营建之年与洛阳天堂大火为同一年，在时间上赓续洛阳天堂大佛，在大佛规模尺度上也与天堂大佛相比高，是敦煌边地忠实模仿洛阳天堂弥勒大佛的存例。阴家为敦煌大族，阴祖年八十四，颁授秦州清水县令，上柱国。敦煌文书《沙洲图经》另有载，阴氏一门为迎合武周朝廷，其子阴守中，侄子阴嗣鉴都曾编造过瑞应符谶，事报刺史李元虔表奏武周朝廷，以示阴家的效忠之忱。在敦煌遗书中，敦煌学者曾清点出两件《大云经疏》残卷（S.6502、S.2658），文中一再提到大云寺名，明显是对武氏向全国颁行《大云经》，敕建大云寺的积极响应。另有敦煌学者推测，文书中的大云寺可能就是阴家营建的北大像，这两件《大云经疏》或属大云寺的写卷[②]。无论上述推断是否成立，敦煌造弥勒大佛的事与洛阳天堂大佛的联系直接而明了，这点是毫无疑问的。

　　天龙山弥勒大佛和敦煌北大像仅是保存下来的两处武周时期的大佛，在《法苑珠林》、《朝野佥载》等唐人记事中还有数例寺院营建的弥勒大佛，如吕州普济寺弥勒大

---

① 该造像风化较重，头部不存，袒右，手臂依稀可辨臂钏痕迹，是否为菩提瑞像尚不能断定。

② 贺世哲：《从供养人题记看莫高窟部分洞窟的营建年代》，《敦煌莫高窟供养人题记》，文物出版社，1986年，第202页。

佛，五台山佛光寺弥勒阁大像等等。若将这些见于记载和遗存至今的唐朝弥勒大佛联系起来观察，可以明确得出以下结论：

一、唐朝的新一轮营建弥勒大佛的风气，发动地在洛阳，天堂大佛是其时间起点。

二、以武则天垂拱四年洛阳天堂夹纻大佛为起点，以长安四年洛阳城北邙山白司马阪大佛工程为终点，可以完整地呈现武则天以谶纬符应为特点的治世理念和由此形成的政治生态，营建弥勒大佛具有政治风向标的意味。

三、唐朝弥勒大佛样的传播，并非如遗存所示沿中印传播路线分布的规律，而是通过国家皇权的大力推行，形成以洛阳、长安两京为中心向各州郡辐射的规律。皇帝意志的介入，赋予了弥勒大佛法像仪则的效力。

2015 年 4 月 3 日于望京花园

北京法海寺壁画的佛像着衣

陈悦新（北京联合大学应用文理学院）

一　法海寺壁画

法海寺位于北京西郊 20 公里处的翠微山南麓。寺院坐北朝南，殿宇依山层叠而上，有护法金刚殿、钟鼓楼、天王殿和伽蓝、祖师二堂及两庑，正中为大雄宝殿。现于天王殿前台阶东西侧立有两通石碑，东碑为《敕赐法海禅寺碑记》①，碑文系明代礼部尚书胡濙撰；西碑为《法海禅寺记》②，碑文系明代吏部尚书王直撰。两碑均立于正统八年（1443 年），其对法海寺建成之初的殿堂配置，有较为明确的记载。

《敕赐法海禅寺碑记》记："中为大雄宝殿，左右列以伽蓝、祖师二堂，环翼两庑。后殿之前，左为方丈之所，右为选佛之场。四天王殿居大殿之前，钟鼓二楼附焉。护法金刚之殿又居其前……外则缭以穹垣，远门复据于山口。"《法海禅寺记》进一步记录殿堂建造顺序，"先作正殿，药师殿、天王殿次之，翼以钟鼓二楼；伽蓝、祖师二堂又次之；方丈、僧房、廊庑、厨库诸屋次第皆成，环以修垣，高厚式称；前启三门，开广途以通来者"。

据《敕赐法海禅寺碑记》和《法海禅寺记》载，此寺是明"御用监太监"李童集资倡建，于明英宗正统四年（1439 年）闰二月开工，正统八年（1443 年）冬十月迄工，历时五年建成，英宗敕额曰法海禅寺。另据《敕赐法海禅寺碑记》载，修职郎工部营善所副吴郡杨春镌字，《法海禅寺记》载，修职郎工部营善所副京口陈敬篆额，知该寺的建成，明宫廷工部营善所是参与其事的。法海寺建成后，正统十年（1445 年）

---

① 胡濙：《敕赐法海禅寺碑记》，《北京图书馆藏中国历代石刻拓本汇编》第 51 册，中州古籍出版社，1989 年，第 112 页。
② 王直：《法海禅寺记》，《北京图书馆藏中国历代石刻拓本汇编》第 51 册，中州古籍出版社，1989 年，第 114 页。

英宗颁赐《大藏经》一部①，正统十二年（1447 年）又敕赐"青铜梵钟"一口②。法海寺蔚然"京师名刹"，在当时是一座有地位的、堪比皇家级的寺院。

法海寺正殿大雄宝殿面阔五间，殿内原有三世佛、十八罗汉、大黑天及明代太监李童供养像，"文革"期间塑像被毁③。殿内尚保存完成于正统八年（1443 年）的十幅精美壁画，是由宫廷画士官苑福清、王恕，画士张平、王义、顾行、李原、潘福、徐福林等十五人所绘④。

壁画分布在大殿的北壁、东西壁以及大殿中后部的扇面墙正、背两壁，共十铺。北壁绘帝释梵天礼佛护法图两铺，扇面墙正面绘云气纹三铺，背面绘普贤、文殊、观音菩萨像三铺，东西壁绘佛众赴会图两铺。本文所要讨论的即是东西两壁佛众赴会图中佛与菩萨的着衣形式。

东西壁上方各绘制五尊佛、十尊菩萨和一身飞天。画面布局对称，均以五佛居中，十菩萨分为两组，一组四身，一组六身，位于五佛两侧。佛与菩萨坐在祥云中的莲座上，结跏趺坐，手结禅定、无畏等印相。

二 法海寺壁画中的佛衣与菩萨衣

根据东晋南北朝传下来的汉译"四律"，即后秦弗若多罗共罗什译《十诵律》、后秦佛陀耶舍共竺佛念等译《四分律》、东晋佛陀跋陀罗共法显译《摩诃僧祇律》及刘宋佛陀什共竺道生等译《弥沙塞部和醯五分律》⑤，以及唐宋时期的汉籍文献，如唐玄奘《大唐西域记》、唐义净《南海寄归内法传》、宋赞宁《大宋僧史略》、宋元照《佛制比丘六物图》等文献中，对佛与僧着衣法式的记录，初步梳理出佛衣的概念，同时对照印度与汉地实物造像，进一步分析归纳佛衣的分类，并对其称谓予以拟定。

佛衣由内而外披覆三层长方形的三衣。里层第一衣称安陀会（意译下衣），其

---

① 《御颁法海寺"大藏经"圣旨碑》，《北京图书馆藏中国历代石刻拓本汇编》第 51 册，中州古籍出版社，1989 年，第 54~55 页。据李松《北京法海寺》记，寺正后方山坡上矗立着正统十年二月十五日御颁《大藏经》的圣旨碑。李松：《北京法海寺》，《现代佛学》1963 年第 4 期，第 38 页。

② 青铜梵钟原来悬挂在大雄宝殿前东侧，现移入大雄宝殿东侧展厅。在梵文经咒下方的钟腰部有"敕赐法海禅寺大明正统丁卯年四月吉日铸造"。

③ 参见杨博贤主编《法海寺壁画》所附旧图。杨博贤：《法海寺壁画》，中国民族摄影艺术出版社，2001 年，第 78~79 页。

④ 《楞严经幢记》由修职郎工部营善所副京口陈敬书丹，在《楞严经幢记》后附有"匠官"名号。《北京图书馆藏中国历代石刻拓本汇编》第 51 册，中州古籍出版社，1989 年，第 130 页。经幢原在寺西山坡上，现移入法海寺大雄宝殿西侧展厅。

⑤ 僧祐：《出三藏记集》（苏晋仁、萧链子点校本）卷三《新集律来汉地四部记录》，中华书局，1995 年，第 116~120 页。

覆下体，中层第二衣称欝多罗僧（意译中衣），其覆全身，外层第三衣称僧伽梨（意译上衣），亦覆全身。据印度和汉地佛教造像中三衣的披覆形式，首先，从层次上将佛衣区分为上衣外覆类和中衣外露类。上衣外覆类仅表现上衣的披覆形式，中衣外露类则既表现上衣也表现中衣的披覆形式。其次，上衣外覆类据上衣披覆形式可分出通肩式、袒右式、覆肩袒右式、搭肘式、露胸通肩式等五种类型；中衣外露类据上衣及中衣披覆形式可分出上衣搭肘式、上衣重层式、中衣搭肘式等三种类型①。

其中，通肩式和袒右式是来自印度的佛衣样式，仅表现上衣的披覆形式，上衣的右衣角搭肩；覆肩袒右式、搭肘式和露胸通肩式佛衣，是在不改变印度佛衣表现层次或披覆形式的基础上，所做的局部变动。上衣搭肘式、上衣重层式和中衣搭肘式佛衣，则改变了印度佛衣的表现层次和披覆形式，是本土化程度较高的变革。

法海寺壁画的佛衣，以中衣搭肘式为主，只有东壁中间一身佛像除外，其为覆肩袒右式佛衣。此处仅讨论汉化程度较高的中衣搭肘式佛衣，这种中衣搭肘式佛衣的披覆形式为，中层的中衣自身后通覆两肩，右衣角垂搭右肘，左侧被外层的上衣遮覆，不得而见；外层的上衣自身后通覆两肩，右衣角自右腋下绕过腹前搭向左肩，使得搭右肘的中衣露出。在胸腹部可见一斜向的遮覆衣，其为僧祇支，是防止弄污三衣而披覆的助身衣（图1）②。

法海寺壁画的菩萨衣分两种，一种着传统的裙，一种与佛衣相同，为中衣搭肘式衣（图2），其数量较多。西壁一组四身菩萨中，3身着中衣搭肘式衣，一组六身菩萨中，4身着中衣搭肘式衣；东壁一组四身菩萨中，2身着中衣搭肘式衣，一组六身菩萨中，4身着中衣搭肘式衣。

三　法海寺壁画佛衣溯源

来自印度的佛衣披覆形式，经过南北朝的纷繁变化，至唐代，中衣搭肘式的披覆形式成为流行的样式之一③，如龙门潜溪寺（图3：1）、广元千佛崖211窟主尊佛（图3：2）等。上衣通覆两肩，右衣角由右腋下方绕过搭左肩，中衣可见搭右肘的部分，内着僧祇支。

---

① 陈悦新：《佛衣与僧衣概念考辨》，《故宫博物院院刊》2009年第2期，第48～72页。
② 慧琳：《一切经音义》卷四一《六波罗蜜多经》："本制此衣恐污汗三衣，先以此衣掩右腋交络于左肩上，然后披着三衣。"《大正新修大藏经》第54卷，（东京）大正一切经刊行会，1924～1934年（下简称《大正藏》），第581页。
③ 中衣搭肘式佛衣的另一种形式，是上衣仅覆左肩，右衣角不覆右肩，而从右腋下绕过搭左肩，如南响堂1窟中心柱正面主尊、龙门石窟宾阳南洞主尊等。

1

2

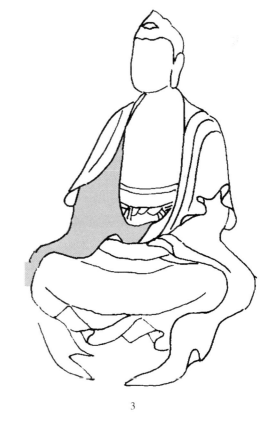

3

图 1

1. 法海寺大雄宝殿西壁上方五佛　2. 法海寺大雄宝殿西壁上方五佛中间佛像

3. 法海寺大雄宝殿西壁上方五佛中间佛像示意图

1

2

3

图 2

1. 法海寺大雄宝殿西壁上方右侧四菩萨　2. 法海寺大雄宝殿西壁上方右侧四菩萨右端菩萨像

3. 法海寺大雄宝殿西壁上方右侧四菩萨右端菩萨像示意图

图 3
1. 龙门潜溪寺佛像 2. 广元千佛崖 211 窟正壁佛像 3. 应县木塔第二层佛像正、背面
4. 子长钟山石窟主洞佛像 5. 朔州崇福寺观音菩萨像

辽宋金至元明清以来，这种披覆形式的佛衣仍为流行的样式，如辽清宁二年（1056 年）山西应县佛宫寺释迦塔内佛像①（图 3：3），北宋治平四年（1067 年）陕西黄陵钟山石窟主洞佛像②（图 3：4），金皇统三年（1143 年）山西朔州崇福寺弥陀殿内观音像③（图 3：5），元至大二年（1309 年）至元至正二年（1342 年）所建山西洪

① 梁思成：《山西应县佛宫寺辽释迦木塔》，《梁思成全集》第十卷，中国建筑工业出版社，2007 年，第 6～7、113～117 页。
② 延安地区文物普查队等：《子长县钟山石窟调查记》，《考古与文物》1982 年第 6 期，第 39 页。
③ 柴泽俊、柴玉梅：《山西古代彩塑》，文物出版社，2008 年，第 67～69 页、彩版八三。

洞广胜下寺大雄宝殿内的佛像与菩萨像①，明代山西平遥双林寺地藏殿地藏菩萨像、太原永祚寺大雄宝殿内铜铸阿弥陀像、长治观音堂正殿明间悬塑佛像、隰县小西天大雄宝殿内佛像②，剑阁觉苑寺明代壁画中的佛像③，清代的民间版刻佛像（图4）等。

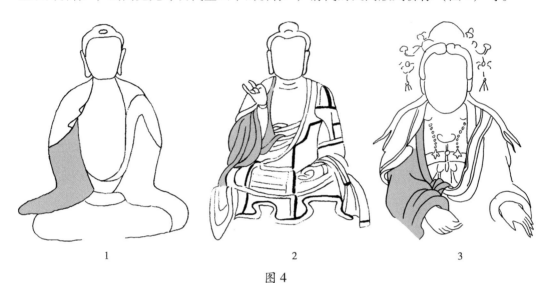

图 4

1. 剑阁觉苑寺壁画佛像　　　2. 清代民间版刻佛像　　　3. 清代民间版刻观音像

这种中衣搭肘式的佛衣形式，在北朝时期高齐邺都响堂山石窟中表现较为成熟（图5）。佛衣右衣角搭左肩的披覆形式，是印度的传统。义净在《南海寄归内法传》中说："其着法衣……以衣右角宽搭左肩，垂之背后，勿安肘上。"④ 然在初唐时期，仍存在衣角搭在肘上的讹误现象，故义净又说"唐三藏来传搭肩法"⑤。同时，为了防止搭肩的右衣角滑落，还在肩部安钩钮用以固定。《四分律》云："患风吹割截衣堕肩，诸比丘白佛，佛言：听肩头安钩钮。"⑥ 由此看来，响堂山石窟的中衣搭肘式佛衣，其外层的上衣披覆形式保持了印度的搭肩法式。

图 5　北响堂北洞中心柱左龛佛像

① 柴泽俊、柴玉梅：《山西古代彩塑》，文物出版社，2008 年，第 91 页文及彩版九九、一〇〇、一〇一。
② 柴泽俊、柴玉梅：《山西古代彩塑》，文物出版社，2008 年，彩版一二二、一七四、一八九、一九〇、二〇九、二一〇。
③ 王振会等：《剑阁觉苑寺明代壁画》，文化艺术出版社，2010 年。
④ 义净：《南海寄归内法传》卷二《着衣法式》，中华书局，王邦维校注本，1995 年，第 98 页。
⑤ 义净：《南海寄归内法传》卷二《着衣法式》，中华书局，王邦维校注本，1995 年，第 98 页。唐三藏即指唐玄奘，见该书第 100 页注释（一）。
⑥ 《四分律》卷四〇《衣揵度》，《大正藏》第 22 卷，第 855 页。

在响堂山石窟集中出现的这种中衣搭肘式佛衣的现象，很可能与昭玄统法上的僧服改制有关，这一点已得到越来越多研究者的认同①。《续高僧传》记载：

> （法上）年阶四十，游化怀卫。为魏大将军高澄奏入邺。微言一鼓，众侣云屯……故魏齐二代历为统师。昭玄一曹，纯掌僧录。令史员置五十许人，所部僧尼二百余万。而上纲领将四十年，道俗欢愉，朝庭胥悦……乃下诏为戒师。文宣常布发于地，令上践焉……卒于合水故庑，春秋八十有六，即周大象二年（579年）七月十八日也……自上未任已前，仪服通混，一知纲统，制样别行，使夫道俗两异，上有功焉……初，天保之中，国置十统，有司闻奏，事须甄异。文宣乃手注状云：上法师可为大统，余为通统。故帝之待遇，事之如佛，凡所吐言，无不承用。②

法上深得东魏北齐皇室尊崇，历任魏齐两代昭玄统师，又为戒师，天保（550 ~ 559年）年间升任大统。从"天保之中，国置十统，有司闻奏，事须甄异。文宣乃手注状云：上法师可为大统，余为通统"的记述来看，法上"制样别行，使夫道俗两异"的改革，大体当在文宣帝时（550 ~ 559年在位）他成为大统后进行。而这个"制样"的要旨，可能即是将外层的上衣披覆方式恢复为印度的搭肩传统。正是这一点可以使服制"道俗两异"。从此，在汉地绵延千余年，至清代仍为主要流行的样式。

实际上自南北朝以来，印度的佛衣披覆形式与汉化的佛衣披覆形式，最终流传下来的比较少，而印度与汉文化合璧的这种佛衣披覆形式，自北朝后期形成以来，就成为主流直到清代，反映出两种文化融合的强大生命力。

本文为2015年度国家社会科学基金重大项目"中印石窟寺研究"（批准号：15ZDB058）阶段性成果。

---

① 例如，刘东光：《有关安阳两处石窟的几个问题及补充》，《文物》1991年第8期，第75 ~ 78页；李裕群：《北朝晚期石窟寺研究》，文物出版社，2003年，第191 ~ 192页；王振国：《北齐佛装新样"偏衫"考——试论法上僧服改制的内容及意义》，《艺术史研究》第十一辑，中山大学出版社，2009年，第131 ~ 158页。本文所名"中衣搭肘式佛衣"，刘东光、李裕群分别称为"覆搭双肩式袈裟"和"双领下垂式袈裟"，其将覆右肩的中衣和覆左肩的上衣混同为一；王振国文称为"偏衫"，其将僧祇支和覆右肩的中衣混为一体。

② 《续高僧传》卷八《法上传》，《大正藏》第50卷，第485页。

邛崃龙兴寺等石刻佛经数则①

张　总（中国社会科学院世界宗教研究所）

一　四川邛崃龙兴寺石刻经文拓本

四川邛崃龙兴寺自 1947 年就开始出土佛经像，2005 年又作考古工作。其前后经拓因缘，涉连颇广，因而详述考述关联如下。

美国芝加哥富地博物馆（Field Museum of National History）藏有一小批石刻佛经拓本，标明出自四川邛崃龙兴寺。虽然都是较小的残件拓本，显得散乱，但是基本可以查明状况、比定原典。笔者 2007 年在美国芝加哥大学访学时，曾赴富地博物馆专项考察②。该馆以收藏四千余件中国拓本而著称（多为民国初年入藏）③。这批邛崃龙兴寺小残件经拓为什么会来到富地博物馆呢？原因不难查明，是由曾在芝加哥大学攻读博士的葛维汉先生（D. C. Graham）收集④。他到芝加哥大学之前和之后都曾去过四川，先任传教士，后做华西大学博物馆馆长⑤。华西大学 1931 级学生易遵谅的回忆文章⑥，

---

① 此文主要部分曾以《石刻佛经杂考数则》为名，参与 2011 年纪念房山石经开洞刊印 55 周年研讨会（未正式刊布，网络有载）。此次作了重要修改，用以奉参杨泓先生颂寿文集。

② 我对富地博物馆（The Field Museum of Natural History）藏拓佛典的访问整理，得到留学生高琳娜大力帮助，富地博物馆相关部门、Asia Anthropology Curator、Ph. D Bennet Bronson 先生等多方支持。

③ 富地博物馆的中国石刻拓本主要来自于汉学家劳弗（Berthold Laufer, 1874 ~ 1934）。劳弗 1901 至 1904 年在华，1915 至 1934 年曾在馆工作，逝后其藏拓归于博物馆。

④ 该馆曾出版 Harmut Walravens 编《富地博物馆藏拓本聚英》，新系列 3，芝加哥，1981 年。陈和选撰序并与 M. Kenneth Starr 研究。该目录从 546 ~ 557 等列十余条（拓本编号 2333771 ~ 233791）"佛教文字残石"，均标明葛维汉收集（David Crockett Graham），内容未加比定。

⑤ 华西大学博物馆（华西协和大学古物博物馆），由美国学者戴谦和（Deniel Sheets Dye）始筹建于 1914 年。张丽萍等：《"洋人"与四川大学博物馆》，《四川日报》2006 年 8 月 11 日。另据易遵谅 2005 年 9 月 30 日的《忆华西大学博物馆》一文，1952 年"院系调整"，华西协和大学改为四川医学院，华西大学的理学院、博物馆等并入四川大学，现为四川大学博物馆。

⑥ 1952 年"院系调整"时易遵谅随博物馆调入四川大学，1955 年由博物馆调到图书馆。成恩元、易遵谅夫妻同在博物馆工作。

清楚地阐明了葛维汉在华主要经历以及与龙兴寺的关系。曾五赴邛崃龙兴寺作考古的成恩元，就是易女士的同学与丈夫。

葛维汉（1884～1962年）于1911年被派到中国传教，两年后来四川宜宾。1926年回芝加哥大学获文化人类学博士（图1）。1929年美国哈佛燕京学社派他任华西大学博物馆馆长，三年后到任并教文化人类学和考古课（1941～1947年期间由郑德坤教授任馆长）。1947年邛崃发现唐代佛教石刻残件，次年葛维汉馆长派成恩元去邛崃发掘，先后去了五次，用人力车运回250多件石刻等遗物。经研究整理和拼接后陈列[1]。成恩元曾用英文写了邛崃龙兴寺佛教石刻发掘报告，并在当年华西边疆研究会上作过学术讲演[2]。这些情况清楚地说明，葛维汉由此机缘将这些拓本带回到了美国，最终入藏芝加哥富地博物馆。

图1　芝加哥大学图书馆存葛维汉论四川省之宗教的博士论文内签（张总摄影）

邛崃龙兴寺出土品多年来展出于四川省与四川大学博物馆。成都文物考古研究所与邛崃文物局又于2001年、2005至2006年对此遗址再加发掘，2011年出版了考古报告[3]，为此批拓本的确切比定提供了更好基础。此考古报告中又公布了一批石经，包括一些经幢与40件碎石拓本，但未曾比定。美国亚利桑那大学（Arizona State University）陈怀宇先生已作比定并刊布于 *Notes on the Medieval Buddhist Stone Sutras from Qionglai, Sichuan*[4]。笔者先曾对富地博物馆藏此地约21件拓片作过比定，对此作了查核。对比可知，前后考古所见刻经联系并不太多。所以，本文在此只插入几件陈怀宇比定联结

---

① 其中一尊高近2米的断臂菩萨立像，被誉为"东方维纳斯"，是为镇馆之宝。
② 原计划在华西边疆研究学会年刊上发表该报告，年刊因故停刊。英文原稿有留存。1951年《华西文物》有其《邛崃大佛院为唐龙兴寺考》。
③ 成都文物考古研究所等：《四川邛崃龙兴寺：2005—2006年考古发掘报告》，文物出版社，2011年。
④ 《高田时雄教授退职纪念——东方学研究论集》（日英文分册），（京都）临川书店，2014年。

于前次发现的部分。最后简要说明陈怀宇比定成果的经籍，并稍作总结。

简列如下：富地博物馆拓本号（个别标号不清者以笔者照片号代替）、《大正藏》经号页栏行与卷品；插入新考古拓本编号。前后两次考古所得经拓残件，有联系者不多，现仅知《法华经》、《维摩经》、《般若心经》。所插入的新拓前标"插"字，有一则由笔者比定。

（一）鸠摩罗什译《妙法莲华经》

1. Field550 No. 233773 – a（富地拓本号）（T. 9，no. 262，p6c11 –22）（《方便品第二》）

（1）□则能［敬信尔时舍利弗欲重宣此义而说］（图2）

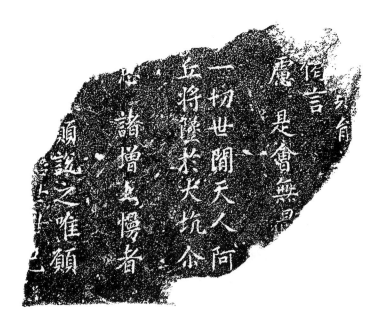

图2　富地博物馆藏《法华经方便品》

（2）偈言［法王无上尊唯说愿勿］

（3）虑是会无量［众有能敬信者佛复止舍利弗若说是事］

（4）一切世间天人［阿修罗皆当惊疑增上慢比］

（5）丘将坠于大坑尔［时世尊重说偈言止止不须说我法妙难］

（6）思诸增上慢者［闻必不敬信尔时舍利弗重白佛言世尊唯］

（7）愿说之唯愿［说之今此会中如我等比百千万］

（8）亿世世已［曾从佛受化如此人等必能敬信］

2. 插TYJ1（5）（T. 9，no. 262，p8c11 –22）（笔者比定《方便品第二》）

（1）［坚著于五欲痴爱］故生［恼以诸欲因缘坠］（图3）

图 3　邛崃 IT1705《法华经方便品》

（2）［堕三恶道轮回六］趣［中备受诸苦毒受胎］

（3）［之微形世世常增］长

3. 插 TJ1（5）16（T. 9，no. 262，p11b19 – 29）（卷二《譬喻品第三》）

（1）行足善逝世间［解无上士调御丈夫天人师佛］

…………

（9）佛智力无能［知者若欲行时宝华孙足此诸菩萨］

4. Field548 No. 233771 – a（T. 9，no. 262，p37a18 – 26）（卷五《安乐行品第十四》）

（1）云何名菩萨［摩诃萨行处若菩萨摩诃萨］

（2）住忍辱地柔和善顺［而不卒暴心亦不惊］

（3）又复于法无所行而观［诸法如实相亦不］

（4）行不分别是名菩萨摩［诃萨行处云何名菩］

（5）萨摩诃萨亲近处菩萨摩［诃萨不亲近国王］

（6）王子大臣官长不亲近［诸外道梵志尼揵子］

（7）等及造世俗文笔赞咏外［书及路伽耶陀逆］

（8）路伽耶陀者亦不亲近诸［有凶戏相扠相扑］

（9）及那罗等种种变现之戏［又不亲近旃陀罗］

（10）及畜猪羊鸡狗吆猎渔捕［诸恶律仪如是人等］

（11）或时来者则为说法［无所悕望］

5. Field549 No. 233772 – b（T. 9，no. 262，p50a22 – 30）（卷六《随喜功德品第十八》）

（1）根乃至闻［一偈一句通达无量无边之］（图 4）

（2）义解是义已能演说一句一偈至于一月四

（3）月乃至一岁诸所［说法随其义趣皆与实相］

图 4   富地博物馆藏《法华经随喜品》

（4）不相违背若说俗［间经书治世语言资生业］
（5）等皆顺正法［三千大千世界六趣众生心之］
（6）所行心所动作［心所戏论皆悉知之虽未得］
（7）无漏智慧［而其意根清净如此是人有所思］

（二）鸠摩罗什译《维摩诘所说经》

1. 插 IT1801（4）A2（T. 14，no. 475，p554b16 - 18）（卷下《菩萨行品第十一》）
（1）［舍诸所有具一切］智想［见毁戒人起救护想］（图 5）
（2）［诸波罗蜜为父］母想道［品之法为眷属想］
2. Field No. 233772（T. 14，no. 475，p555c19 - 22）（卷下《见阿閦佛品第十七》）
（1）人亲［近供养其诸众生若今现在若佛灭］（图 6）

图 5   邛崃 IT1801《维摩经菩萨行品》   图 6   富地博物馆藏《维摩经见阿閦佛品》

（2）后闻此经［者亦得善利况复闻已信解受持读］

（3）诵解［说如法修行若有手得是经典者］

（三）玄奘译《般若波罗蜜多心经》

1. 插 H22（T. 8，no. 251，p8481c11 – 18）

（1）［眼耳鼻舌身意无色身香味触］法无眼界乃……

（2）［阿耨多罗三藐三菩提故知般若波罗］蜜多

2. Field No. 233771 – c（T. 8，no. 251，p848c19 – 24）

（1）是［无上咒是无等等咒能除一切苦真］（图7）

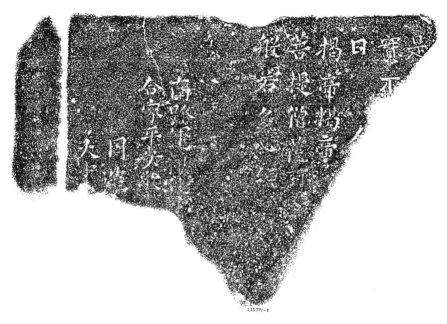

图 7　《般若波罗蜜多心经》

（2）实不［虚故说般若波罗蜜多咒即说咒］

（3）曰

（4）揭帝揭帝［般罗揭帝般罗僧揭帝］

（5）菩提僧萨诃①

（6）般若波 ②多心经

（7）南路运……

---

① 此句拓本与常见本有点区别。

② 拓本此处原缺"罗蜜"二字。

（8）合家平安……

（9）同……

（10）大中……

（四）北凉三藏法师昙无谶译《金光明经》

1. 插 IT0113（3）：3（T. 16，no. 663，p351a23 –25）（《授记品第十四》）

（1）［过阿僧祇百千万亿］那由［他劫于是世界当成］（图8）

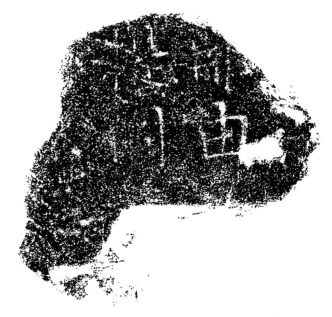

图 8　邛崃 IT0113《金光明经授记品》

（2）［阿耨多罗三藐三菩］提同［共一家一姓一名］

2. Field550 No. 233773 – b（T. 16，no. 663，p351b7 – 14）（卷三《授记品第十四》）

（1）如余无量百千菩萨以种［种资生供养之具］（图9）

（2）恭敬供养过去无量［百千万亿那由他等诸］

（3）佛世尊如是菩萨于未来世［亦舍无量所］

（4）重之物头目髓脑所爱妻子［财宝穀帛乃至］

（5）仆使次第修行成就具足［六波罗蜜成就是已］

（6）备修行①苦行动经无［量无边劫数然后方得受］

———————————

① 拓本此多一"行"字。

图 9　富地博物馆藏
《金光明经授记品》

（7）菩提记世尊是［天子等何因何缘修行何等胜妙善根］

3. 插 IT1404（2）：3（T. 16，no. 663，p351c11 – 15）（《除病品第十五》）

（1）［众生受诸苦恼故为是众］那由［他劫于是世界当成］

…………

（5）［往反要因几杖困顿］疲乏不能至彼城邑聚

此后还可接七残石并经后题记。新拓比定不止于此经尾 IT1501（4）e：1 – 1（T. 16，no. 663，p358a22 – 27），还拟接 IT1705（4）b：8 存"佛」光明经」也"三行字为此经题记①。但彼石厚 8 厘米，字径 1.8～2 厘米。与报告所云共五件残块的标本 IT1501（4）e：1 不同。此石厚 2.5 厘米，字径 1.6 厘米。前几块可拼为四卷本《金光

_____

① 标本 IT1504（4）e：1，报告中说明共五个贴金经版残块，图版拓十六 13、14、15 可合为《金光明经》四卷本接尾处。陈怀宇已比定（图拓十六 11 – 15）。

明经》结尾，而e1－1、e1－2、e1－3的六行内容也符合此经题记及卷数，所以，题记应以此为准。

4. 插 IT1501（4）e：1－3

（1）四卷当

（2）［法］界众［生］

（3）妇阿

5. 插 IT1501（4）e：1－2

（1）弟子张□

（2）功德往生

（3）霑此福

（五）鸠摩罗什译《梵网经》（以下为旧拓所仅见，不知原石是否存四川大学博物馆）

Field548 No. 233771－b 01（ T. 24，no. 1484，p1005c11－p1006a1）（卷下《卢舍那佛说菩萨心地戒品第十》）

（1）杀父母尚不加报况［余一切众生若故畜一切刀杖］（图10）

（2）者犯轻垢罪如［是十戒应当学敬心奉］

图 10　富地博物馆藏《梵网经》

（3）持下六品中当广明①［佛言佛子不得为利养］

（4）恶心故通国使命军［阵合会兴师相伐杀无］

（5）量众生而菩萨不得［入军中往来况故作国］

（6）贼若故作者犯轻垢［罪若佛子］

（7）不得②故贩卖良人奴婢六畜市易［棺材板木］

（8）盛死之具尚不应③自作况［教人作若故作者犯轻垢罪］

（六）昙摩伽陀耶舍译《无量义经》

1. Field（T. 9, no. 276, p384b24 - c2）（《德行品第一》）

（1）日光［尔乃洪注无上大乘润渍众生诸有善根布善种子遍功德田普令一切发菩提萌智慧日月方便时节扶疏增长大乘事业令众疾成］

（2）阿耨多罗［三藐三菩提常住快乐微妙真实无量大悲救苦众生是诸众生真善知识是诸众生大良福田是诸众生不请之师是诸众生安隐］

（3）乐处救［处护处人依止处］

2. DSC 3181（T. 9, no. 276, p386c13 - 20）（《说法品第二》）

（1）世诸佛所［共守护无有众魔外道得入不为一切邪见生死之所坏败。菩萨摩诃萨若欲疾成无上菩提应当修学如是甚深无上大乘无量义］

（2）经佛说是已于是［三千大千世界六种震动自然空中雨种种花天忧钵罗华钵昙摩华拘物头华分陀利华。又雨无数种种天香天衣天璎珞天］

（3）无价宝于上空［中旋转来下］

3. DSC 3182（T. 9, no. 276, p387a7 - 19）（《说法品第二》至《十功德品第三》）

（1）眷属百千众［俱闻佛如来说是经时或得煖法顶法世间第一法须陀洹果斯陀含果阿那含果阿罗汉果辟支佛果又得菩萨无生法忍又得］

（2）一陀罗尼又得［二陀罗尼又得三陀罗尼又得四陀罗尼五六七八九十陀罗尼得百千万亿陀罗尼又得无量无数恒河沙阿僧祇陀罗尼］

（3）皆能随顺转不退转法轮无量众生发阿耨多罗三藐三菩提心无量义经十功德品第三尔时大庄严菩萨摩诃萨复白佛言世尊世尊说是微妙

（4）甚深无［上大乘无量义经］

4. Field（T. 9, no. 276, p387b6 - 16）（《十德行品第三》）

（1）众疾成［阿耨多罗三藐三菩提尔时世尊告大庄严菩萨摩诃萨言善哉善哉善男

---

① 拓本"广明"，《大正藏》作"广开"。

② 拓本比《大正藏》多出"不得"二字。

③ 拓本比《大正藏》多出"应"字。

子如是如是如汝所言善男子我说是经甚深甚深真实〕

（2）甚深所以〔者何令众疾成阿耨多罗三藐三菩提故一闻能持一切法故于诸众生大利益故行大直道无留难故善男子汝问是经从何所来去〕

（3）至何所〔住何所住者当善谛听善男子是经本从诸佛宫宅中来去至一切众生发菩提心住诸菩萨所行之处善男子是经如是来如是去如〕

（4）是住是〔故此经能有如是无量功德不思议力〕

5. Field549 No. 233772 – a（T.9，no.276，p387c14 – 18）（左上角一片，其他几片与之重复）（《十功德品第三》）

（1）健想〔如壮力士能担能持诸有重者是持经人亦复如是能荷无上菩提重宝担负众生出生死道未能自度已能度彼犹如船师身婴重〕

（2）病四体不〔御安止此岸〕

（七）《佛顶尊胜陀罗尼经》

1. Field552 No. 233775 – a（T19，no.969，p355c26 – 28）（地婆诃罗译本）

（1）便微笑〔告释天言我有如是清净诸趣灌顶最〕

（2）胜陀罗尼①

2. Field552 No. 233775 – b（T19，no.969，p355c26 – 28）（《最胜》地婆诃罗译本）

（1）瑟耻帝慕姪曬（十六）

（2）钵罗底〔祢伐怛耶阿（长声）瑜输提萨末耶〕

（3）颂〔地瑟耻帝摩尼〕

3. Field552 No. 233775 – c②

（1）常与诸佛共（俱）③会一处一切如来恒为演说微妙之义一切世尊即受其记身光照曜一切刹土佛言若诵此陀罗尼法于其佛前先取净土作坛随其大小方四角作以种种草

（2）华散于坛上烧众名香

4. Field547 No. 233770（T. 19，no. 967，p352b24 – 26）

此拓应为六棱面，每棱三或四竖列刻经文的经幢，残泐约十行。

文字基本上可比定于佛陀波利译《佛顶尊胜陀罗尼》咒文。

5. Field555 No. 233788（T. 19，no. 967，p352a28 – b23）

---

① 此两行在佛陀波利译《佛顶尊胜陀罗尼》中相隔字数太多。地婆诃罗译本有相近字数，但拓本"胜陀罗"，缺一"大"字。

② 《佛顶尊胜陀罗尼经》佛陀波利或义净译本。

③ 此段原疑比定为《佛说幻士仁贤经》有误，即因此拓为"佛共会一〔处〕"，而佛陀波利与义净译本《尊胜陀罗尼》中均为"佛俱会一处"。

此拓为 16 列是竖列，可见出每两列为一棱面，知原件为八棱经幢。有经题《佛顶尊胜陀罗尼》与"大中十三年佛子文志愿平安"云云的题记。可比定为佛陀波利《佛顶尊胜陀罗尼》33 句咒。

……怛他揭多三摩湿婆娑遏地瑟耻帝……①

6. Field555 No. 233789（T. 19，no. 967，p352b24 – 26）

此拓为八棱面、每棱两竖列经文的经幢。有一行空白上约为"经主"二字。

文字基本上可比定于佛陀波利译《佛顶尊胜陀罗尼》咒文。

7. 插 IT1201（3）：2，插 IT0502（3）：4（T. 19，no. 967，p352a28 – b23）

均为八棱双列，可比定佛陀波利《佛顶尊胜陀罗尼》33 咒句之段落。

8. 插 IT0502（3）：4（T. 19，no. 974E，p389a6 – b3）

存 12 列，可比定为《佛顶尊胜陀罗尼真言》（图 11）。

图 11　邛崃 IT0502《佛顶尊胜陀罗尼真言》

---

① 见罽宾国沙门佛陀波利译《佛顶尊胜陀罗尼经》，拓片用字与《大正藏》的版本不尽相同。

（八）地婆诃罗译《最胜佛顶陀罗尼净除业障咒经》

1. Field557 No. 233791（T. 19，no. 970，p359，p19－21）

约六字，即"伐」瑟耻帝」胅钵」"可补入陈怀宇比定新拓117号。

2. 插（T. 19，no. 970，p359，p5－21）

（1）输提十八［钵啰祢］伐［怛］

（2）耶［頞地］瑟耻帝

（3）部多［俱］胅钵［唎输提］

（九）《加句灵验佛顶尊胜陀罗尼》

1. Field555 No. 233790（T. 19，no. 974，p387b14－26）（图12）

图12　富地博物馆藏《加句灵验》

插新拓 IT0311（4）a：11 与插 IT1604（4）e：1 均可比定为此本。

此拓为八棱面、每棱两竖列经文的经幢。首行题《佛顶尊胜陀罗尼真言》下注："新本女弟子先发心敬造供养。"存49咒句，虽较藏经本少四五咒句，但仍较完整，可比定为《加句灵验佛顶尊胜陀罗尼》。而新拓中 IT0311（4）a：11 存14行，有经题尊胜灵验陀罗尼结尾的第56咒句。有趣的是其咒句序数较《大正藏》本后错一位，最后较藏经本更完整。

2. Field551 No. 233774（其余信息不明）

（1）九□梵（图13）

（2）七箇二合

图 13　富地博物馆藏《加句灵验》

（3）夫二

（4）一卷

附：《月灯三昧经》，那连提梨耶舍译

Field No. 233783（？）（T. 15，no. 639，p587a19 – b4）①

（1）［以不痴心］而为说法知彼法

（2）义萨摩诃萨得于智藏童子云

（3）得过去未来现在智藏童子

（4）切众生心行准自心行次

（5）以无乱想修习方便如自

（6）所见色闻声有爱无爱心

（7）菩萨得过去未来现在

（8）听菩萨摩诃萨

　　龙兴寺出土唐代石刻佛经，四川大学博物馆原应藏有更多。冯国定等《四川邛崃唐代龙兴寺石刻》②，所刊一经文残石实为《观无量寿经》结尾处，并题铭"经一卷。镇龙兴寺原合家」女十五娘 女婿（？）郭乾德"。富地博物馆旧拓本中《无量义

———————————

① 《月灯三昧经》残经段可以比定，仅是否龙兴寺刻经有些存疑。

② 冯国定：《川邛崃唐代龙兴寺石刻》，中国古典艺术出版社，1958 年。

经》、《梵网经》、《佛顶尊胜陀罗尼经》，《瑜伽集要施食仪轨》四种为新拓所无。新旧拓本皆具者有《妙法莲花经》、《维摩诘经》、《心经》、《金光明经》四种。新旧拓本中均有一些字数太少，不易比定，如富地馆藏一两种尚不能确切比定。《佛顶尊胜陀罗尼》多为径刻真言，有些也刻出其前经文，有些可能是唐地婆诃罗译本。新拓比定出此类中的《最胜佛顶陀罗尼净除业障咒经》，笔者则发现旧拓中一小块竟可被缀于新拓比定此件之中。笔者还比出由女弟子敬造新本者，即《加句灵验佛顶尊胜陀罗尼》。新拓中插 IT0311（4）a：11 具"尊胜灵验陀罗尼"题，亦属此经，而且其结尾处很有校勘价值。新拓中还有插 IT1604（4）e：1 亦可比定于《灵验陀罗尼》[1]。笔者在四川绵阳北山院调查时，也核明其铭刻有包括武彻序言的完整此经[2]（图 14）。前此笔者拟推定《佛说幻士仁贤经》及《四分律疏》等有误，仍应为《佛顶尊胜陀罗尼经》，应加改正。总之，龙兴寺众多《佛顶尊胜陀罗尼》幢文，现可知主要是佛陀波利译本中 33 咒句与《最胜佛顶陀罗尼净除业障咒经》与《加句灵验佛顶尊胜陀罗尼》三种（图 15）。

图 14　四川绵阳北山院刻经（张总摄影）

① 唐法崇的《佛顶尊胜陀罗尼教迹义记》注疏的也属这个灵验本。
② 张总：《四川绵阳北山院地藏十王龛像》，《敦煌学辑刊》2008 年第 4 期，第 84～92 页。指明北山院第 10 龛后先刻三十二分金刚经，再刻此经，包括武彻序言。四川文物考古研究院的《绵阳龛窟——四川绵阳古代造像调查研究报告》（文物出版社，2010 年）中，《魏城北山院摩崖造像》一节对此经录文介绍仍有错误。

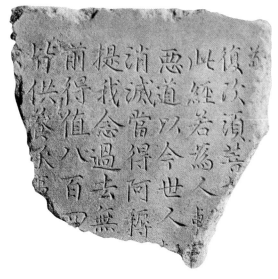

图15　邛崃龙兴寺经幢座　　　图16　邛崃《金刚经》

　　新出拓片有四种可联系旧拓即《法华经》、《心经》、《维摩经》与《金光明经》，其中《法华经》旧拓三件，可插入两块新拓。其一为笔者新比定，其二为陈怀宇比定。《维摩经》两块之中，新旧比定各一。《般若心经》两件，亦新旧比定各一，且陈文已指明两者联系。《金光明经》拼合最后亦复杂，旧拓比定的一件，可以插入新拓的十二件之中，排在第三的序次。又此经的题记所存，笔者本文也有新的看法。唐玄奘译《般若心经》，有唐大中年间题记。

　　新出石拓中还有《金刚经》（图16）、《最胜佛顶陀罗尼消除业障咒经》、《佛说摩利支天经》、《佛说摩利支天陀罗尼经》，《佛说无常经》（三启经）、《阿弥陀经》。最有趣的是还有两种疑伪经即《佛说善恶因果经》、《天地八阳神咒经》。还有一种佛教以外的《道德经》，颇有意趣，令人想起四川出土佛教造像中，也会有一件老子像。还余有几件字数太少，难以识别。

　　四种相联系的经本，相互穿插，可以显出其原本混融的关系。《佛顶尊胜陀罗尼经》等，文句与现在通行本或有不同。虽然其中多数还是常见的经典，但仍令人兴奋与诧异的是新拓中两种疑伪经与《道德经》的面世。龙兴寺出土本有"藏经楼"残碑记，因而，通过旧拓与新拓的比定与相关研究，可以对邛崃龙兴寺的石刻佛经，有较为全面的了解与把握，对其与四川相关刻经、如安岳卧佛陀的刻经窟、都江堰灵岩寺的刻经版，都有一定的帮助。

二　《宝梁经》

　　《北京文物精粹大系·古籍善本卷》刊收有《宝梁经》拓本一册①。刻经年代不

---

①　此拓本原藏北京文物局，后藏首都图书馆。

详，清代拓本，一册，宽9、高172厘米。六行，行十一字。题跋为："宝梁经沙门品第一，比丘品第二。周肇祥旧藏，宝觚楼金石拓本第二十七种。"钤有"养□庵审定真迹"章。

其实此经金石著作著录不在少数。叶昌炽《语石》卷四"刻经"列有"《佛说宝梁经沙门品》，无年月，关中赵乾生家藏，定为隋"。柯昌泗《语石评》说，自来访碑者于刻经每不注意。举两例后言及，"赵乾生《宝梁经》之名最著，后归陶斋，又转归王兰泉。私家之藏，此石最遍"①。由此可知《宝梁经》拓本应不少。何以确定此拓与彼拓即同石呢？此经共有两卷四品，流行者仅为一品有余，所以应出一石。《陶斋藏石记》著录其全文，知其仅有一石，为第一品沙门品全部和第二品比丘品的一部分。端方评价："凡三千余字，毫无残损，几刻如新。洵为艺林之宝。"②

《宝梁经》是重要的律典，典籍中引用很多，北凉沙门道龚译，后编入《大宝积经》卷一一三、一一四，为《宝梁聚会第四十四》（T11，p638）。诸多经目俱载，《开元录》言其入宝积，故不出别本。

《宝梁经》中一些句子如箴言警句，如："比丘不修比丘法。大千无唾处。"③"宁自噉身肉。不得盗三宝财物。"道宣《四分律删繁补阙行事钞》对此亦有引用④。

敦煌遗书里有北魏时《宝梁经》写本，并且有题记。

　　……使恺七世父母师工父母、现在眷属及以知府，一切含生有识之类，乘此微福，愿托生西方无量寿佛国，长求三趣，永与若隔。并三界应因，果成佛道。所愿如是，普同斯哲。
　　永熙二年（533年）岁次壬子四月八日讫。

由此可明《宝梁经》石刻本及相关情况。

---

① 叶昌炽撰、柯昌泗评：《语石、语石异同评》，中华书局，1994年，第288页。
② 端方《陶斋藏石记》中据其书法与房山石经同中有异，异中有同，定为隋代。且对其书法评价更高。端方：《陶斋藏石记》，《石刻史料新编》第一辑，第11册，（台北）新文丰出版公司，1982年，第8138页。
③ 如昙：《缁门警训》，《大正新修大藏经》第48卷，（东京）大正一切经刊行会，1924～1934年（下简称《大正藏》），第1049页。
④ "如前宝梁经说。五百问事云。不得卖佛身上缯。与佛作衣。""宝梁经周那沙弥洗粪扫衣。诸天取汁自洗身。""宝梁经云。若破戒比丘受他持戒者恭敬礼拜得八轻法。一作愚痴。二口瘖痖。三颜貌丑陋。四其面侧戾见者蚩笑。五转受女身作贫穷婢使。六形体羸瘦夭损寿命。七人所不敬常有恶名。八不值佛世。此破戒者乃至大地无涕唾处。""宝梁经云。兰若习禅经广明独住患比丘法。僧祇病人有九法成就必横死。一知非饶益食贪食。二不知筹量。三内食未消而食。四食未消而摘吐。五已消应出而强持。六食不随病。七随病食而不筹量。八懈息。九无慧。"

三　山东济宁博物馆的救苦观世音经碑

笔者赴山东省会同德国海德堡大学中国佛教石经项目组考察济宁市博物馆时，确认一件刻经碑，内容为高王观世音经与般若心经。

济宁市博物馆著名的小汉碑廊中，除名闻遐迩的数件汉碑及武梁祠中一石（孔子见老子）以外，还有一件风化颇重的经像碑。此碑正面具象，背面刻经。经文残毁颇重，仅有数行字数可辨。现知其存《般若心经》一段，或为唐译本，余字可定为高王经。

碑阳上为螭龙额，侧面现两条龙身，碑额正中有华盖，下部形象不清，似有一莲座。阳面中开大龛，主佛旁立二胁侍菩萨，上方有二飞天，侧下似又有两胡跪菩萨，左侧不清。龛侧各有两龛上下相置。左侧上龛两较大像立姿，下龛三像正面跪。右侧上龛亦似两像，卜龛三像。碑阴上额具有小龛中刻僧人与尼姑的形象。小小龛上下相倚，上方一龛侧铭"尼普」上"，龛中一像坐，旁有树。下旁一龛侧铭"僧……"，中一人禅定坐姿。其上龛小大刻七尊像，佛居中，胁侍六身。佛坐须弥台，胁侍立莲上。

（1）府……石刊（？）照见五蕴皆空

（2）无恚……

（3）世诸佛……罗三藐

（4）般若波……无上咒是无

（5）一切……多咒即说咒

（6）揭谛

（7）救苦观世音经一卷　世音 暮念观世音行

联系相关的旧金山亚洲艺术博物馆藏观音经像碑，主龛下边碑面全刻铭佛教经文，内容有《救苦观世音经》、《高王观世音经》、《天公经》；碑侧与后面还刻有《法华经普门品》、部分《救苦观世音经》等。全碑除短小的《天公经》外都是观音经典。其中虽有正统的《观音经》即法华普门品，但仍以中土撰述的《高王观世音经》、《救苦观世音经》为主。这些观音经典比施主的发愿铭文等更有力地说明了此碑尊崇观音的性质①。

此碑刻之中的《高王经》之文，较早期另一些石刻本，包括唐本刻经的内容更多，而且有《救苦观音经》，其中还包括了《十句观音经》的内容，说明此这一组石刻经典，无论从那一方面，都有重要的参考价值，特别是同时具备"真伪"两种性质的观音经典，且以中土撰述处碑面主位。这不仅说明民众观音信仰的集中信向，伪经与法

---

① 此碑像博物馆号应为 B6355 号，感谢台北故宫博物院李玉珉提供此像情况。

华系观音经具联系与同一性的特色，但更有力地说明中国民间在一定层面上，"伪经"较"真经"更有亲和力。

此刻经文已较最早东魏本有变化，因此录出：

> 自然转径行道，弥勒佛前。朝念观世音，暮念观世音，行念观世音，坐念观世音，念念从心起，念佛不离心。刀山自摧折，剑落不伤人。今当诵此经，可得勉脱身。菩萨在世时，乘船南度海，道逢疾风雨，海水扬波满。船上五百人，首死不望舍，齐唱南无佛，一切得度脱。

> 自然转经行道，恒在佛前。

> 朝念观世音，暮念观世音，坐念观世音，行念观世音，念念相因起，念佛不离心。刀山自摧折，剑树不伤人。念当诵此经，可得免脱身。菩萨在世时，乘船南渡海，道遭卒风雨，海水杨被满。船上五百人，首死不□活，三唱南无佛，一切皆度脱。

最后附说两个小主题。其一是河南泌阳贞谷寺石窟门口所刻《敬福经》。此经侯旭东先生作过研究，有《〈敬福经〉杂考》一文[1]。笔者原从河南文史馆所藏拓本及说明中确认其所刊一二刻经存文，比定其所刻为《佛在金棺上嘱累经》或《敬福经》。两经名实为一本，符合中土撰述疑伪经发展变化的特点。因残存文字过少，不容易确定其为前本《嘱累经》还是后本《敬福经》。原河南文史馆藏拓精选《翰墨石影》[2] 说明此刻为山沟中上下两块。笔者赴现场考查后，明白所刻即在石窟门口旁。所谓上下两块只是中间略残而已。因叙明窟刻情况较复杂，经文题与内容已明，在此不赘。还有一则是再略说一下观世音经。作为《法华经》中一品即普门品，因为观音信仰而得到极大的流行。现存的石刻经为数不少，从北魏开始延续下来。依据石刻经本应可对应解决早期译经中《添品法华经》普门品本的情况，笔者也作了一些探考，但终因材料不够充分，不能完全阐明，因略此部分，以待将来。

后记：笔者入中央美术学院就学不久就认识了杨泓先生，多年来对我指教有加，获益匪浅。欣逢先生寿诞，因奉此篇小文，用以志贺。

---

[1] 《藏外佛教文献》第四辑，宗教文化出版社，1998 年，第 384～393 页。
[2] 李源河：《翰墨石影——河南省文史研究馆馆藏拓片精选》，广陵书社，2003 年。

北朝时期仪仗出行的再现及祭仪

[韩国] 徐润庆（韩国美术研究所）

一　前　言

"仪仗出行"属于古代东亚封建社会制度下的礼仪制度，意指着为了呈现出诸如帝王在行幸、祭祀宗庙等典礼仪式的威仪，所动员的各种仪仗以及出行行列。即在帝王的御驾出动时，随扈的侍卫队、车马，以前后仪仗的方式，来表达出各自所属的等级地位，而这样的队伍行列、装备、仪仗、进行过程等，在历代帝王的典章制度记载下都有着严谨的规范。

有关于仪仗出行的文献资料，从有关"卤簿"的记载中可以观察到。卤簿在汉代已经出现，当时专指皇帝的仪仗出行。当皇帝出行时，后方有着文武百官的车驾跟随，百官车驾的顺序，被称为"卤"；而作为前导，引导百官前进的甲盾的兵力侍卫，称之为"簿"。因此我们可以把"卤簿"视作为构成皇帝出行的仪仗以及侍卫队①。此时根据用途的不同，帝王的卤簿又可以被分为大驾、法驾、小驾，借此来区分车马以及随行人员的成分②。汉代以后卤簿不只限于皇帝，随着官员的功绩、官位高低，随行队伍

---

① "天子出，车驾次第。谓之卤簿。"蔡邕：《独断》卷下，上海古籍出版社，1990年，第17页；"天子出车驾次第谓之卤，兵卫以甲盾居外为前导，皆为之簿，故曰卤簿。"应劭，《汉官仪》，中华书局，1985年，第46页；"舆驾行幸，羽仪导从谓之卤簿。自秦汉已来，始有其名。蔡邕《独断》载，卤簿有大驾、小驾、法驾之异，而不详卤簿之仪。按字书，卤，大楯也。字亦作橹，又作樐，音义皆同。卤以甲为之……甲楯有先后部伍之次，皆着之簿籍。"封演：《封氏闻见记》卷五，《景印文渊阁四库全书》第862册，（台北）商务印书馆，1983年，第436页。

② "天子出车驾次第谓之卤簿。有大驾有小驾有法驾，大驾则公卿奉引大将军参乘太仆御，属车八十一乘，备千乘万骑。在长安时，出祠天于甘泉备之，百官有其仪注，名曰甘泉卤簿。中兴以来希用之。先帝时，时备大驾上原陵也。不常用，唯遭大丧，乃施之法驾。公卿不在卤簿中，唯河南尹执金吾洛阳令奉引侍中参乘奉车郎御属车三十六乘。"蔡邕：《独断》卷下，上海古籍出版社，1990年，第17页。

及百官的车服，也与之相对应①。来到唐代，除了记载着王室仪仗出行之外，还翔实记载了诸如王公、官人等各式各样的典礼形式的卤簿仪仗的种类、服饰以及规模，这些都有着严密的等级制度，借此我们可以想象到盛世卤簿的威容②。

卤簿制可以说是历代王朝重要的仪礼制度，而有关卤簿的视觉材料，即《卤簿图》早在汉代已经出现。根据宋代记录，汉代应劭收藏了《汉官卤簿图》，此时也已有《天地郊祀卤簿图》、《大驾卤簿图》等，并且六朝时期制作有《卤簿图》和《卤簿仪》等③。唐代张彦远（815～875年？）也记载有几件《卤簿图》以及《大驾卤簿图》。借此，我们可以得知早在唐朝以前，卤簿图已经广泛被制作及传播④。但可惜的是，我们对于唐代以前流传的卤簿图有着怎么样的图形和形式，至今仍无法确实地得知。但从北宋以来的卤簿图的记录与实物作品都被流传下来，因此我们可了解到卤簿图的类型分类⑤。而关于此前的卤簿图，通过墓葬美术表现的车马出行图、仪仗出行图、行列图等，我们只能推论为其图的形式。好在从汉代到唐代流行过画像石墓以及壁画墓，可以通过画面上表现出的巨大规模的出行图及行列图，来重构属于卤簿图的先行样式。继之，在墓葬中的这种画面上，除了可以看到对墓主的身份地位的夸耀，也可以看到象征着墓主灵魂出行或葬礼行列的队伍，这一点与卤簿是有着差异的。因为此主题并非对卤簿的如实记录，而是在葬仪美术的范畴内，为刻意表现出墓主的威仪而创作的。因此，在此创作意涵不同的判断之下，在墓葬美术上表现的这种画面，与其用"卤簿图"来称呼之，倒不如以"仪仗出行图"概念来处理，更显妥当。

本文集中探讨了北朝时期墓葬美术中出现的仪仗出行图的变迁过程以及时代样式，同时，考察了此时期卤簿仪仗相关的文献记载以及其他的墓葬美术材料，以此再现北朝时期仪仗出行的面貌。北朝墓葬美术中出现的仪仗出行图，乃是继承汉代车马出行图而来，且通过演变之后，对于后来的隋唐的仪仗出行图产生直接、巨大的影响。但是有关北朝时期仪仗出行图的研究较为忽略，主因在于北朝跟其他时期比起来，北朝遗留下来的文献记录以及实物作品较为稀少。因此，本文将以北朝时代壁画墓中的仪仗出行图以及以往对墓葬出土陶俑的

① "夫礼服之兴也。所以报功章德，尊仁尚贤。故礼尊贵贵，不得相踰，所以为礼也。非其人不得服其服，所以顺礼也。顺则上下有序，德薄者退，德盛者缛。"《后汉书》志二九《舆服上》，中华书局，1965年，第3640页。

② 请参考唐的卤簿制，《新唐书》卷二三《仪卫上》，中华书局，1975年，第481～482页。在其中，我们可以看到唐代卤簿制的全体规模记载。

③ "应劭有汉官卤簿图，古秘府珍图目有天地郊祀卤簿图一卷、大驾卤簿图三卷，晋有卤簿图一卷，齐有卤簿仪一卷，陈有卤簿仪三卷、卤簿图一卷。"高似孙：《纬略》卷二，《景印文渊阁四库全书》第852册，（台北）商务印书馆，1983年，第273～274页。

④ 张彦远撰、［日］谷口铁雄编：《历代名画记》，（东京）中央公论美术出版社，昭和五十六年（1981年），第60页。

⑤ 有关于北宋的卤簿图三大原型研究，请参考 Patricia Ebrey，"Taking out the Grand Carriage: Imperial Spectacle and the Visual Culture of Northern Song Kaifeng"，*Asia Major*，12：1（1999），pp. 33－65。

研究为基础①，来解释北朝各时期的仪仗出行图的特征，使其盛行的环境因素以及图像的渊源，从而探讨北朝时期仪仗出行图在葬仪美术中的象征意涵。

二　北朝仪仗出行的变迁样式与时代特征

北朝时期包括北魏（398～534 年）、东魏（534～550 年）、西魏（535～556 年），北齐（550～577 年）以及北周（557～581 年）几个朝代。虽然该时期是一个社会动荡变化和经济发展不平衡的时期，但在丧葬文化及艺术方面都出现了许多新的文化因素。诸如，从秦汉以来留传下来的汉民族传统文化，至北朝时期融汇了北方民族的文化特征，以及吸取了广大的中外文化因素，形成了新的丧葬文化及墓葬美术，对隋唐时期及至以后时期产生了深远的影响。

继之，北朝的墓葬形制大体为砖筑墓、土洞墓、土坑墓以及石椁墓等，而来到北朝后期，我们更可以观察到，在单室砖筑墓上，多出现了长斜坡墓道、甬道和墓室的结构。同时壁画墓也渐渐兴起，主要画像题材为墓主画像、宴饮、厨房、伎乐、狩猎、侍卫、出行、门吏、神兽以及天象等。其中仪仗出行的场面，可以说是在北朝墓葬美术中，一个重大的画像题材。继之，在随葬品上，我们还可以看到，诸如陶罐、陶壶、陶瓮等陶器，以及仪仗俑、侍卫俑、鼓吹俑等陶俑的出现。其中随葬俑是与仪仗出行图相同，在墓葬美术中展现墓主的身份与威仪的，因此在下一节，我们将就这些材料与仪仗出行图一起进行分析。

1. 北魏墓葬的仪仗出行

北魏墓葬大多集中分布于山西大同地区与河南洛阳地区，除此之外，也分布于内蒙古、宁夏、陕西、河北、山东以及辽宁等地。迄今已发现的北魏墓葬中可以看到仪仗出行图的为年代确切的太延元年（435 年）沙岭 M7 壁画墓②、和平二年（461 年）富乔 M9 壁画墓③、内蒙古和林格尔榆树梁壁画墓④、大同智家堡墓出土的木棺画⑤以及

① 从这个角度来论述北朝时代仪仗出行图的研究学者有赵永洪、苏哲等人。赵永洪认为北朝时期墓葬的仪仗出行图跟当时的卤簿制度有关联，且随着各个时代变迁的墓葬构造的变迁，来对仪仗图进行分析；而苏哲则是把出行图以及古坟内的陪葬品陶俑一起进行分析；而因为北朝时期的墓葬大多数受到毁损，陶俑的仪仗主要是用树木制成，所以毁坏、遗失的状况严重，导致要回复当初的模样、仪仗对的配置以及构成等工作有所困难，但此研究方法对于后来研究，具有相当大的启发。请参阅赵永洪：《由墓室到墓道：南北朝墓葬所见之仪仗表现与丧葬空间的变化》，《汉唐之间文化艺术的互动与交融》，文物出版社，2001 年，第 427～462 页；苏哲：《五胡十六國·北朝時代の出行圖と鹵簿俑》，《東アジアと日本の考古學·第二卷·墓制》，（东京）同成社，2002 年，第 113～163 页。

② 刘俊喜：《山西大同沙岭北魏壁画墓》，《2005 中国重要考古发现》，文物出版社，2006 年，第 115～122 页；大同市考古研究所：《山西大同沙岭北魏壁画墓发掘简报》，《文物》2006 年第 10 期，第 4～24 页。

③ 张庆捷等：《大同新发现一批北魏墓葬》，《中国文物报》2008 年 9 月 26 日第五版；张庆捷：《大同南郊北魏墓考古新发现》，《2009 中国重要考古发现》，文物出版社，2010 年，第 106～111 页。

④ 王大方：《内蒙古首次发现北魏大型砖室壁画墓》，《中国文物报》1993 年 11 月 28 日第一版。

⑤ 刘俊喜、高峰：《大同智家堡北魏墓棺板画》，《文物》2004 年第 12 期，第 35～47 页。

大同南郊 M253 出土的木棺画①等。除此之外，大同迎宾大道 M16②、大同智家堡的北魏石椁③、孝昌三年（527 年）宁懋石室④内也表现有牛车与鞍马，都可以被视作为出行图的类型。

　　2005 年山西大同发现的沙岭 M7 壁画墓可以视作北魏明确纪年壁画墓的代表之一。该墓的壁画分布在墓室四壁、甬道的顶部及侧部。主要墓室壁画内容为：东壁墓主夫妇图、南壁宴饮以及厨房图、西壁武士图、北壁车马出行图。值得我们注意的是，在北边墙壁上刻画出巨大的车马出行图，这正可以作为在北朝仪仗出行图中有明确纪年的最早的墓葬。在行列中，有着六名导骑作为先锋部队，而之后随伴着六名吹着长角的骑马军乐队，而在行列左右，分别有着披着风帽、披风、手持长戟以及弓的士兵，伴随在主车两旁守护。在主车之前，还有着掌着幡、吹着乐器以及杂耍的仪仗队、鼓吹百戏以及乐伎，后面可以看到男墓主所乘坐的马车。主车上有着伞盖、车前有挥帐、车后有旌旗。在墓主主车的左右，还可以看到轻骑兵和着甲骑具装的重骑兵贴身护卫着墓主。在这样的行列最外侧，我们可以看到有着 19 名侍女随伴。下图为沙岭壁画墓北壁出行图的全貌以及笔者绘制的沙岭壁画墓车马出行图简单的再构图（图 1、2）。

图 1　沙岭 M7 壁画墓墓室北壁仪仗出行图

　　继之，与沙岭壁画墓的车马出行有关，对于北魏早期卤簿仪仗的记载如下：

---

①　山西大学历史文化学院等：《大同南郊北魏墓群》，科学出版社，2006 年，第 334 页，图 140C，出行的部分，请参考彩色图版 6 - 2、7 - 1。

②　大同市考古研究所：《山西大同迎宾大道北魏墓群》，《文物》2006 年第 10 期，第 50 ~ 71 页。

③　王银田、刘俊喜：《大同智家堡北魏墓石椁壁画》，《文物》2001 年第 7 期，第 40 ~ 51 页。

④　郭建邦：《北魏宁懋石室线刻画》，人民美术出版社，1987 年。

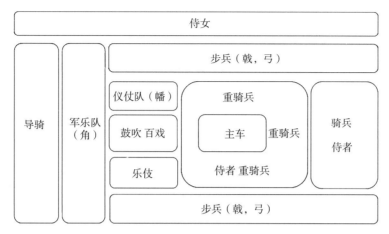

图 2　沙岭 M7 壁画墓墓室北壁仪仗出行图示意图（徐润庆绘）

太祖天兴二年（399 年），命礼官掇采古事，制三驾卤簿。一曰大驾，设五辂，建太常，属车八十一乘。平城令、代尹、司隶校尉、丞相奉引，太尉陪乘，太仆御从。轻车介士，千乘万骑，鱼丽雁行，前驱，皮轩、阘戟、芝盖、云罕、指南；后殿，豹尾。鸣笳唱，上下作鼓吹。[①]

根据这段记载我们可以得知，北魏道武帝定平城为首都之后，于下一年天兴二年（399 年）制定了卤簿制度。而在天赐二年（405 年）大规模地制定典章制度时，卤簿制度也再次制定了，也就是：

天赐二年初，改大驾鱼丽雁行，更为方陈卤簿。列步骑，内外为四重，列标建旌，通门四达，五色车旗各处其方，诸王导从在钾骑内，公在幢内，侯在步矟内，子在刀盾内，五品朝臣使列乘舆前两厢，官卑者先引，王公侯子车旒麾盖，信幡及散官构服，一皆纯黑。[②]

在其中，我们可以看到北魏原先的"鱼丽雁行"的队伍配置于天赐年间，被更改为"方陈卤簿"。在古代，"鱼丽"意指的是鱼于水中游行的长型队形，而"雁行"意指的就是空中飞雁展翅放射线状的队形，因此我们可以说"鱼丽雁行"的队伍配置，是参考了中国古代的阵法[③]。根据古代的礼制而制成的三驾卤簿，在北魏所更改的卤簿制内，最为特别的就是把鱼丽雁行，更改为方陈卤簿这一点。苏哲分析了在天赐年间

① 《魏书》卷一〇八之四《礼志四》，中华书局，1974 年，第 2813 页。

② 《魏书》卷一〇八之四《礼志四》，中华书局，1974 年，第 2813~2814 页。

③ 张衡：《东京赋》，"火列具举，武士星敷，鹅鹳鱼丽，箕张翼舒。"薛综注："鹅鹳鱼丽，并阵名也。谓武士发于此而列行，如箕之张，如翼之舒也。"《文选》卷三《［赋］东京赋》，中华书局，1997 年，第 62 页。

的卤簿的队伍编成，绘制了示意图（图3）①。但这是描写太武帝大驾的车驾卤簿，异于身份等级较低的沙岭壁画墓的墓主。而在沙岭壁画墓内的车马出行图，我们可以看到导骑、军乐队分别以前后各有六人、六行编排的形式，中心、后半部分的队伍没有太大的变动，为长方形的队伍。以主车为中心点，在左右两旁有着重装、轻装骑兵，以及持幢幡、矛的步兵、仪仗队等多重配置的表现手法，我们可以说沙岭壁画墓内的车马出行图与天赐年间的卤簿有着相当大的共通点②。

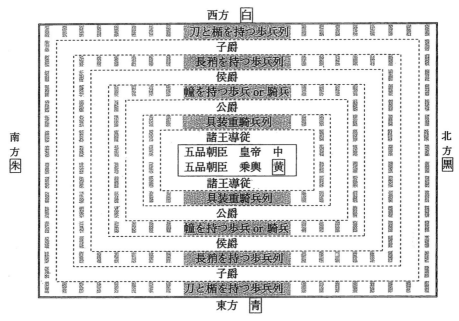

图3　北魏天赐年间卤簿的队伍编成示意图（苏哲绘，再引用）

在大同智家堡内发现的木棺上也展示了出行场面。在木棺的残片A板上，绘制有盛大的车马出行图和狩猎图。出行场面中心的主车高大华丽。拉车的巨大黑牛身上赤红的皮带如网状，而车顶呈现前高后低中间凹的卷棚式模样，且在卷棚帐顶上置帷帐，其内有端坐的墓主，帐顶还有着展翼的金翅鸟。队列顺序为主车之前有导从仪仗、乐舞杂技，之后为主人所搭乘的牛车和侍者，后有随从侍者和车辆（图4）③。因为限于此木棺材料的朽毁，目前不能看到出行图的全貌，尽管如此，我们还是可以得知，大同智家堡木棺上出行队列的排列、画面布局与沙岭壁画墓是没有多大差异的。除此之外，我们在木棺残片B板上，还可以看到与沙岭壁画墓主要画像题材相似的宴饮图以

① 苏哲：《五胡十六國·北朝時代の出行圖と鹵簿俑》，《東アジアと日本の考古學·第二卷·墓制》，（东京）同成社，2002年，第130页，图8。
② 林圣智在该墓的研究中探讨了北魏车马出行图的形式。林圣智：《北魏沙岭壁画墓研究》，《历史语言研究所集刊》第83本第1分（2012年），第11～15页。
③ 刘俊喜、高峰：《大同智家堡北魏墓棺板画》，《文物》2004年第12期，图3～7、14、16。

及厨房图。人物服装为男性上衣下着袴褶，女性上衣下着襦裙，男女头上均戴鲜卑特有的垂裙皂帽，其特征与沙岭壁画墓的相·致[1]。

图4 智家堡北魏墓木板出行图

有关北魏前期车马出行图的配置以及仪仗队伍的构成，从汉晋壁画墓装饰得到保留并发展，永和十三年（357年）安岳3号墓、药水里壁画墓等高句丽墓葬的马出行图与之十分相似[2]。在安岳3号墓的车马出行图上，我们看到导骑在最前方，之后分别为军乐队以及鼓吹队，左右为手持长枪以及盾牌的步兵随伴保护主人搭乘的主车牛队，之后为持幡的仪仗队，持弓以及斧头的弓手以及斧钺手随行在后。在队列的外边，仍是有着重骑兵、轻骑兵贴身护卫（图5）。整体的队伍为前三行的导骑开头，之后为五行的骑马队，再后为中心牛车以七到八行队伍出行，而这就是我们前方言及的鱼丽雁行阵法。虽然这样的队伍与方形的队伍为主轴的沙岭壁画墓有所差异，但是安岳3号墓的车马出行图的整体配置、长型弯长角队伍、鼓吹队、持幡的侍卫队等细部的仪仗表现，与沙岭壁画墓有相当大的共同点。药水里壁画墓的车马出行行列构成及仪仗，与安岳3号墓的很相似，不同的是药水里的没有重装骑兵，并从前导到后导的队伍变

---

① 大同南部郊外地区的墓葬M253木棺画损害程度严重，因此我们无法看到木棺画整体图样，但是借由马车以及牛车出现的出行画面，我们可以看到大同智家堡的木棺画与沙岭壁画墓有其同时代的形式。请参考山西大学历史文化学院等：《大同南郊北魏墓群》，科学出版社，2006年。

② ［朝鲜］朝鲜民主主义人民共和国社会科学院等：《高句丽壁画古坟》，（东京）讲谈社，1986年；［朝鲜］朝鲜科学院考古学与民俗学研究所：《药水里壁画墓葬发掘报告》，《考古学资料集》3（1963年）。

为方形的队伍（图6）。药水里壁画墓为4世纪末到5世纪初，也就是与沙岭壁画墓的时间接近，出行行列也与沙岭的同样都为方形阵法。此外，安岳、药水里出行的牛车与北魏智家堡木棺上的很相似，上顶帐篷以前高后低长形的延伸，帐顶都垂挂着流苏和幡帜，牛车做为主车驾，这一形象，乃是在魏晋之后所兴起的"通幰牛车"①。虽这两个地方有着不同的时间和地域，但是绘画构图、画面布局及画风都相近。这些绘画的共同性，与在北魏攻破河北邺城时，大量吸收残存于那里的汉魏以及前燕的文化有所关联②。安岳3号墓的墓主——冬寿，官拜前燕慕容仁的司马之职，之后又有流亡到高句丽的人物，也说明这地区墓葬绘画所表现的共同性，进而为北朝的首都平城、河北以及高句丽所形成的文化共同圈找到了佐证。

图5　安岳3号墓出行图示意图

与此同时，对同时期的仪仗出行相关的墓葬材料——陶俑进行考察，特别是在北魏墓葬内出土的陶俑，多出现诸如武士俑、鼓吹俑、仪仗俑以及侍卫俑等。而北魏初期的陶俑从十六国时期关中地区陶俑的特征得以保存，由重装骑兵和步兵围护着牛车

① 《晋书》卷二五《舆服志》："通幰车，驾牛，犹如今犊车制，但举其幰通覆车上也。诸王三公并乘之。"中华书局，1974年，第761页。

② 有关于沙岭壁画墓以及高句丽安岳3号墓所出现的构图以及画风的相近性、社会文化因素，请参阅徐润庆：《从沙岭壁画墓看北魏平城时期的丧葬美术》，《古代墓葬美术研究》，文物出版社，2011年，第161~188页。

图 6　药水里壁画墓车马出行图

和鞍马,尤其是出现有许多甲骑具装俑,模拟着人马都披铠甲的重装骑兵的形貌,还有拿着大鼓或者是吹着长角的鼓吹俑以及护卫着牛车、鞍马卤簿俑群[1]。但是与北魏后期的相比,陶俑制作粗率,身躯比例不协调,造型颇为稚拙,缺乏细部刻画等,塑制工艺极不成熟。经过孝文帝太和年间(477 ~ 499 年),可以看到制作技巧上更为精密的陶俑纷纷出土,其中又以彭阳新集 1 号北魏墓、山西大同石家寨的司马金龙墓、大同雁北师院北魏墓群,以及洛阳盘龙冢村的元邵墓的陶俑为代表[2]。

延兴四年(474 年)至太和八年(484 年)入葬的司马金龙夫妇合葬墓可谓是北魏

---

[1]　足以代表十六国时期特色的俑,乃是以西安古墓草厂坡 1 号墓为其代表。参见陕西省文物管理委员会:《西安南郊草厂坡北朝墓的发掘》,《考古》1959 年第 6 期,第 285 ~ 287 页;苏哲:《西安草厂坡 1 号墓的结构、仪仗俑组合及年代》,《宿白先生八秩华诞纪念文集》,文物出版社,2002 年,第 185 · 200 页。另外,在西安市未央区董家村内,我们也可以发现具有相同陶俑形式的釉陶镇墓兽以及具装陶马,请参考《考古与文物》1998 年第 5 期,前后标示的图版。

[2]　杨泓:《中国俑的渊源及发展》,《美术史论坛》26,(首尔)韩国美术研究所,2008 年,第 7 ~ 48 页的"东晋·十六国·南北朝俑"部分参考;郭素新:《内蒙古呼和浩特北魏墓》,《文物》1977 年第 5 期,第 38 ~ 41 页;宁夏固原博物馆:《彭阳新集北魏墓》,《文物》1988 年第 9 期,第 26 ~ 42 页;山西省大同市博物馆等:《山西大同石家寨北魏司马金龙墓》,《文物》1972 年第 3 期,第 20 ~ 33 页;山西省考古研究所等:《大同市北魏宋绍祖墓发掘简报》,《文物》2001 年第 7 期,第 19 ~ 39 页;大同市考古研究所:《大同雁北师院北魏墓群》,文物出版社,2008 年;洛阳博物馆:《洛阳北魏元邵墓》,《考古》1973 年第 4 期,第 218 ~ 224 页。

后期的重要墓葬之一。该墓出土的陶俑总共高达 367 件，包含着骑马武士俑 88 件、步兵武士俑 122 件、披风男俑 81 件、持仪仗的男俑 32 件、女俑 15 件、胡俑 8 件、陶马 13 匹、陶牛 5 匹、陶骆驼 3 匹等。大部分的陶俑为披铠甲的步兵、不披铠甲的轻骑和人马披铠甲的甲骑具装，因此我们可以推论当时的出行场面一定极为盛大。而陶俑所穿戴的服装、皮带样式、帽子、抵挡北方酷寒冷风的披风，以及头发样式，都有着浓厚的鲜卑风习。可惜的是，因为后来盗墓的情况严重，为数不少的陶俑受到损害或配置被扰乱，无法得知原来出行队伍的面貌。

大同雁北师院 M5，为太和元年（477 年）宋绍祖墓。在该墓墓室内发现有三间仿木结构的殿堂型石椁，石椁的周围放置着仪仗出行的陶俑。出土的 174 件陶俑器物中，大部分都为仪仗出行有关的陶俑。仪仗队伍以墓主为中心，集中放置于墓室与石椁形成的回廊中。墓室的入口有胡人形状的镇墓武士俑以及兽状的镇墓兽；继之，队伍在墓室前方东侧回廊开始，一直来到西侧的回廊，展开其出行队伍的盛况。仪仗队的配置以三个部分来分析：第一个部分，主要是鸡冠轻装骑兵以及披铠步兵为前导，保护着前导牛车、传乘车以及有着精巧设计的马鞍、障泥的鞍马；第二个部分为位于墓室回廊的东部至北部正中，配置着铠甲重装骑兵所保护的副乘车，以及主车两台，中心队列的外侧有步兵的仪仗队守护着主车；最后一个部分位于墓室回廊的西侧至石椁前部，有着铠甲重装骑兵及马群。且在前第一个部分还有着胡俑以及陶骆驼的配置，该墓的仪仗队列表现了宏大的出行场面。下图为大同雁北师院 M5 墓室的平面图，以及笔者以此为基础，重构出的该墓仪仗出行队编成的示意图（图 7、8）。

由于北魏后期墓葬大部分的盗墓情况严重，很难了解墓葬内仪仗队原来的配置，甚至陶俑上所具有的仪仗器物也大量被毁损、失落，但是借由有限的资料来考察，我们可以得到几点事实：第一，对于队伍的编成，骑兵的数量大量增加。骑兵继承了十六国的铠甲骑兵特色而来，盛行骑乘穿戴甲胄的马、全身穿戴盔甲保护全身的铁骑兵；第二，铠甲骑兵以及步兵的服饰，多为山形的鸡冠形官帽、北方式的袴褶等北方服装。然而，至北魏晚期，广泛流行宽袍大袖的褒衣博带式服饰，如北魏建义元年（528 年）常山文恭王的元邵墓内出土的陶俑①。同时人物多面相圆满，形体比例较准确，塑制技术逐渐成熟；第三，多种形式的车子登场（图 9）②，牛车成了主人所搭乘的主车，且来组成仪仗出行的主队形编成。而牛车作为东汉后期之后，高官贵人才可以搭乘的坐骑，也突显出主人的身份。根据史实记载，可得知在南朝时期以及北魏熙平年间，朝

---

① 洛阳博物馆：《洛阳北魏元邵墓》，《考古》1973 年第 4 期，第 218～224 页；冯健：《洛阳北魏元邵墓与杨机墓出土陶俑》，《中华文化画报》2012 年第 8 期。

② 举例而言，大同雁北师院北魏墓群内，既存的卷棚形车型之外，也发现圆形车顶的鳖甲车、帐篷形式为方形的账房形车、半圆形的圆形账房形车。大同市考古研究所：《大同雁北师院北魏墓群》，文物出版社，2008 年，彩色图版 38～42。

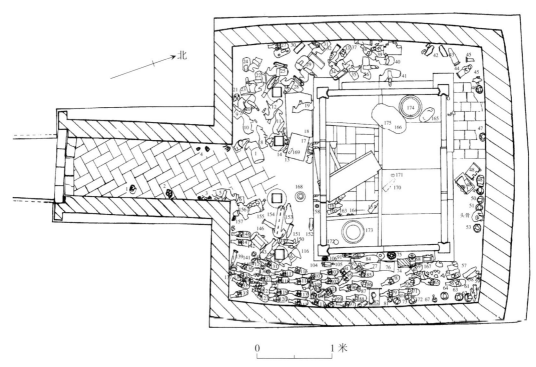

图 7　大同雁北师院 M5 墓室平面图

图 8　大同雁北师院 M5 陶俑仪仗出行队编成示意图（徐润庆绘）

廷对于品阶与所搭乘的车子种类，也有严格的规范①，当时南齐使者来到北魏平城看到皇帝仪仗出行之后，留了记载如下：

　　　　其车服，有大小辇，皆五层，下施四轮，三二百人牵之，四施絙索，备倾倒，辎车建龙旗，尚黑，妃后则施杂彩宪，无幢络，太后出，则妇女着铠骑马近辇左

① 《隋书》卷一〇《礼仪志五》，中华书局，1973 年，第 192～193、195～196 页。

图 9　大同雁北师院 M2 出土牛车

右。虏主及后妃常行，乘银镂羊车，不施帷幔，皆偏坐垂脚辕中。[1]

据记载，北魏孝明帝出行时，以巨大规模的车辆为中心，从其中开展出仪仗队，而当太后出行时，妇女着铠骑马保护着仪卫队伍，这使南朝的使者印象深刻。在大同雁北师院北魏墓群中 M2 所发现到的卷棚车上，画有着黑色的龙[2]，虽然这不是龙旗，但是借此，我们也可以推断出当时车辆的装饰。

除此之外，北魏的仪仗队伍所具有的特征还有背负物品的驴子以及骆驼，并在其后方有着牵驼俑。这些胡俑，以胡须和深目高鼻为特征，呈现出当时胡人牵着骆驼背负着货物，或是以伎乐或百戏的身份来进行活动的社会现况。2009 年在山西文瀛路发现的北魏壁画墓内墓室的石棺床下半部，就清楚刻画着胡商牵着骆驼的牵驼图以及力士图[3]，而这搭配着北魏墓葬出土的各种胡俑，也让我们看到遥远的西域文化对北魏社会内投入新活力的现象。

2. 东魏—北齐、西魏—北周墓葬的仪仗出行

经过北魏六镇之乱，北魏于 534 年间分裂为东魏以及西魏，而东魏在 550 年之后被北齐所取代，西魏则是在 556 年之后被北周所取代，之后北齐又被北周灭亡，北周直

---

①　《南齐书》卷五七《魏虏传》，中华书局，1972 年，第 985～986 页。

②　大同市考古研究所：《大同雁北师院北魏墓群》，文物出版社，2008 年，第 65～66 页，图 44，彩色图版 36－3、37－1、37－2。

③　大同市考古研究所：《山西大同文瀛路北魏壁画墓发掘简报》，《文物》2011 年第 12 期，第 26～60 页。

在581年才被隋取代。东魏—北齐墓葬发现于河北、河南、山西、山东、北京等地。其中东魏—北齐统治中心的邺城（今河北磁县）和霸府晋阳（今山西太原）最为集中。西魏—北周墓葬多发现于陕西咸阳和西安等地和宁夏固原。该时期墓葬中发现了大量的彩绘壁画，这些壁画材料继承北朝前期墓葬画像的传统，且反映出本地内在的文化特质，在中国古代壁画墓发展史上有着重要的地位。因为，在这些壁画墓的画像题材中"仪仗出行图"，呈现出该时期绘画艺术的发展程度，也反映出属于各自地域性的卤簿仪仗制度。

（1）东魏—北齐的仪仗出行

东魏—北齐的壁画墓中，具有仪仗出行图的墓葬有这几座：河北磁县的东魏武定八年（550年）的茹茹公主墓①、湾漳大墓②、天统三年（566年）骠骑大将军赵州刺史尧峻墓③、武平七年（576年）左丞相文昭王高润墓④，以及高孝绪墓⑤、山西太原武平元年（570年）右丞相东安王娄叡墓⑥、武平二年（571年）司空武安王徐显秀墓⑦，以及太原南郊第一电厂的北齐墓⑧等。

上述这些同时期墓葬中，湾漳大墓属于身份地位最高的墓葬，由于该墓规模和所处兆域的位置，被认为北齐文宣帝高洋（在位550～559年）之帝陵。该墓由斜坡墓道、前后甬道和弧方形墓室组成，墓室宽度7.5米，甬道为6.7米，斜坡墓道长为37米。墓室以及随葬物品因为长年遭到盗墓的关系，损害极为严重，相较于此，在墓道、甬道、墓室的内壁满绘壁画，保存现况较为良好。其中在墓道东西两壁面上，描绘了总共以106人组成的仪仗出行图。

此仪仗出行图，前方由青龙、白虎导引，上段部分有着腾云驾雾的神兽，赋予此图祥瑞之气。仪仗队伍从墓室内开始，一直延伸到甬道，接着朝向沿斜坡墓道上升。墓道东西两壁仪仗人物的形态、所执仪仗及透视关系等基本对称，分别由53人组成，出行队员执着总共22种不同仪仗的步兵以及侍卫队，开展出盛大的仪仗出行队伍（图10）。

随着仪仗原型以及种类的不同，构成了墓道东侧壁画的八个仪仗队伍，分别为：第一段仪仗为前导，执着叉、长矛；第二队仪仗为警卫队，执着剑、弓、鼓、旌旗以

---

① 磁县文化馆：《河北磁县东魏茹茹公主墓发掘简报》，《文物》1984年第4期，第1～9页。

② 中国社会科学院考古研究所等：《磁县湾漳北朝壁画墓》，科学出版社，2003年。

③ 磁县文化馆：《河北磁县东陈村北齐尧峻墓》，《文物》1984年第4期，第16～22页。

④ 磁县文化馆：《河北磁县北齐高润墓》，《考古》1979年第3期，第235～243、234页。

⑤ 《河北磁县北齐高孝绪墓》，《2009中国重要考古发现》，文物出版社，2010年，第100～105页。

⑥ 山西省考古研究所等：《太原市北齐娄叡墓发掘简报》，《文物》1983年第10期，第1～23页；山西省考古研究所：《北齐东安王娄叡墓》，文物出版社，2006年。

⑦ 山西省考古研究所等：《太原北齐徐显秀墓发掘简报》，《文物》2003年第10期，第4～40页。

⑧ 山西省考古研究所等：《太原南郊北齐壁画墓》，《文物》1990年第12期，第1～10页。

图 10　湾漳大墓墓道西壁仪仗出行图部分

及盾牌；第三段仪仗队执着旌旗、笏板以及幡；第四段侍卫队拿着幡旗、伞盖、相风以及罩罕；第五段仪仗队执着麾幢以及节；第六段仪仗队执着长戟、长矛、槊氅以及手板；第七段仪仗队执剑以及幢；最后一段仪仗队在兵栏后方，持着槊氅[①]（图 11）。特别是第四段侍卫队持皇帝卤簿行列中专用的仪仗，从此大阵仗的出行图，我们就可以看到墓主的身份地位。

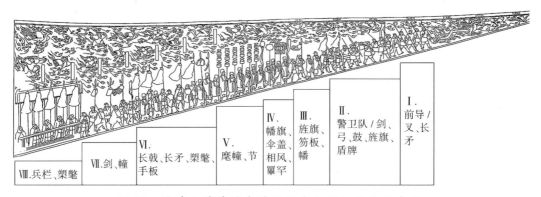

图 11　湾漳大墓墓道东壁仪仗出行图及仪仗示意图

　　而与湾漳大墓内的仪仗出行图相关联的，乃是在其中随葬的陶俑群。陶俑是该墓的主要随葬品，但是该墓由于多年来地下水的冲荡，再加上墓室四壁下沉以及盗墓的损毁，陶俑原来的配置及原型已不存。墓室内出土的陶俑总共 1805 件，根据这些陶俑

① 仪仗的名称是参考发掘报告书和扬之水考证。中国社会科学院考古研究所等：《磁县湾漳北朝壁画墓》，科学出版社，2003 年，第 145～161 页；扬之水：《磁县湾漳北朝壁画卤簿图若干仪仗考》，《故宫博物院院刊》2006 年第 2 期，第 114～123 页。

的形态、服饰及用途，可区分出五大类：镇墓俑 4 件；军卒俑的步卒俑 785 件、甲胄
骑兵俑 39 件，以及甲骑具装俑 90 件，共为 914 件；仪卫俑的文吏俑 31 件、袴褶威仪
俑 176 件、笼冠立俑 64 件、平巾帻裙俑 2 件、风帽立俑 342 件，以及仪卫骑俑 34 件，
共计 649 件；鼓乐仪仗俑的鼓乐立俑 95 件、鼓乐骑俑有 39 件，共计 134 件；最后为侍
仆俑 105 件，大部分的陶俑是为仪仗出行的目的组成。在陶俑造型及样式方面，沿袭
着北魏晚期的样式，但是有些变化，例如甲胄武士装俑所着铠甲，已由两当铠改为当
时盛行的明光铠，长盾也为贴附着狮子面图案的金花狮子盾。甲胄、马甲和马具形状，
平巾帻、风帽、胡帽、笼冠等冠帽，以及朝服、袴褶、袍衣以及军服等服饰，都被精巧
地刻制出来，体现了当时仪仗队伍雄伟的面貌。虽然关于北齐的仪仗队伍以及卤簿制度，
相关记载比起其他朝代为少，但据以下北齐车服制度记载，我们可以有一些推论。

> 孝文帝时，仪曹令李韶，更奏详定，讨论经籍，议改正之……至熙平九年，
> 明帝又诏侍中崔光与安丰王延明，博士崔瓒采其议，大造车服……自斯以后，条
> 章粗备，北齐咸取用焉。[①]

> 齐文宣受禅之后，警卫多循后魏之仪。及河清中定令，宫卫之制，左右各有
> 羽林郎十二队。又有持钑队、鋋槊队、长刀队、细仗队，楯铩队、雄戟队、格兽
> 队、赤氅队、角抵队、羽林队、步游荡队、马游荡队。又左右各武贲十队，左右
> 翊各四队，又步游荡、马游荡左右各三队，是为武贲。又有直从武贲，左右各六
> 队，在左者为前驱队，在右者为后拒队。又有募员武贲队、强弩队，左右各一队，
> 在左者皆左卫将军总之，在右者皆右卫将军总之，以备警卫。其领军、中领将军，
> 侍从出入，则着两裆甲，手执桎杖。左右卫将军、将军则两裆甲，手执檀杖。侍
> 从左右，则有千牛备身、左右备身、刀剑备身之属。兼有武威、熊渠、鹰扬等备
> 身三队，皆领左右将军主之，宿卫左右，而戎服执仗。兵有斧钺弓箭刀槊，旌旗
> 皆囊首，五色节文，旆悉赪黄。天子御正殿，唯大臣夹侍，兵仗悉在殿下。[②]

根据这段记载我们可以得知，北魏晚期制订的卤簿制度一直沿用到北齐初年，而
一直到河清年间（562～565 年）才被改善。改变的内容中记有宫卫仪仗队的构成以及
仪仗器物方面，仪仗队伍被区分为持钑队、鋋槊队、长刀队，以及细仗队等，以"队"
为单位编成，并以弓、箭、刀、槊，以及旌旗等仪仗兵器来加以命名。这些文献记载

---

① 《隋书》卷一〇《礼仪志五》，中华书局，1973 年，第 195 页。在本文内言及时间，为北魏孝明帝年号——熙平
年号九年，但其实应该是熙平元年才对；且我们可以在《魏书·礼志》内看到，熙平元年（516 年）内，车服
制度有着巨大的改善这一事实，符合我们这边的推论，也就是："肃宗熙平元年六月，中侍中刘腾等奏：'中宫
仆刺列车舆朽败。自昔旧都，礼物颇异，迁京已来，未复更造。请集礼官，以裁其制。'"（《魏书》卷一〇八之
四《礼志四》，中华书局，1974 年，第 2814 页）这里的"九"和"元"字因为字形接近，故产生其误会。
② 《隋书》卷一二《礼仪志七》，中华书局，1973 年，第 280～281 页。

的仪仗器物，我们可透过湾漳大墓上表现的仪仗队加以佐证。

　　东魏武定八年（550年）茹茹公主闾叱地连墓墓道中也发现了仪仗出行图（图12）。虽然该墓仪仗出行的规模比不上湾漳大墓的壮大，但以青龙与白虎为首的仪仗队伍的画面布局、持着幡戟的侍卫队、兵栏后方持着盾牌的侍卫兵，以及上段描绘的神兽群等，都与湾漳大墓类似。除此之外，墓室内也发现数量高达1064件的陶俑，而这些陶俑都具有技工精巧、人物描绘细腻、人体比例及肌肉表现的手法精准等特点，这些让我们看到东魏—北齐在雕刻和绘画方面，体现了高水平的艺术成熟程度。这些美术上的发展，以当时邺城的经济实力，以及北魏后期的传统为基础，吸纳了南朝以及西域文化的因素①。

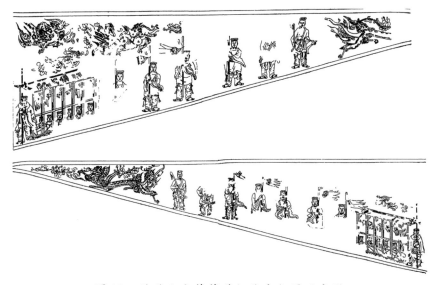

图12　茹茹公主墓墓道仪仗出行图示意图

　　另外一方面，北齐的霸府晋阳现位于山西太原，此地多发现了北齐时期的壁画墓，其中以武平元年（570年）娄叡墓为代表，该墓的壁画描绘了极为生动、自然的人物形象与画面布局，可以说代表了北齐壁画墓的艺术风格。在墓室北壁上绘有坐于帷帐内的墓主夫妇像，两侧有着歌舞伎乐及侍从们；而在东西两壁上，分别描绘了出行准备的鞍马与牛车；在21米长的墓道两壁上表现了人物车马行进的场面。在墓道西壁上绘有出行图（图13），而东壁上则绘有回归图，这些仪仗人物、出行及回归场景，以几幅完整的画面来组合，呈现出全景式的壮观画面。墓道画面以三个层段为组成：第一层以出行与回归为主题来表现，有着导骑以及墓主夫妇的出行队伍以及扈从队伍，其

① 杨效俊：《东魏、北齐墓葬的考古学研究》，《考古与文物》2000年第5期，第68~88、96页；郑岩：《论邺城规制——汉唐之间墓葬壁画的一个接点》，《艺术史研究》第3辑，中山大学出版社，2001年，第295~329页；李梅田：《北齐墓葬文化因素分析——以邺城、晋阳为中心》，《中原文物》2004年第4期，第59~65页。

中有牵着骆驼的导骑，和背负着行李的胡商、健壮的马队等；第二层为鞍马出行为主
题，其中有着手持旌旗和兵器的骑兵以及步兵，作为鞍马扈从的场面；第三层为仪卫的
部分，有吹着长角的军乐队，以及拿着旌旗、弓箭、弓匣和剑等仪仗兵器类的士兵，并
有着双手拱手、露出正面宾礼的侍卫队等。墓门的内外面，东西两壁上还有着头戴梁冠
或者笼冠，身着大袖衫的朝服配剑的文官，呈现出肃穆的仪卫景象。此外，透过在酷寒
的北风中，拉着缰绳人物的动作、表情，以及马与骆驼等动物群像的配置，表现出随行
队伍的生动感（图14）。除此之外，该墓随葬品848件中，有着武士俑、仪仗俑，以及侍
女俑的数量高达608件，因此，我们可以推断，这是以表现仪仗出行为目的制作的器物。

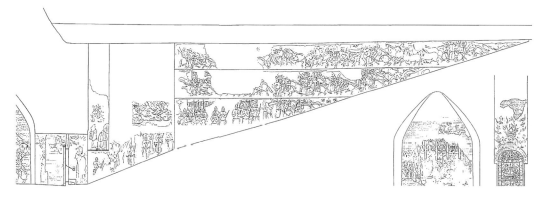

图 13　娄叡墓墓道西壁仪仗出行图示意图

图 14　娄叡墓墓道的东壁出行场面

　　武平二年（571年）徐显秀墓葬中也有仪仗出行图，其与娄叡墓时期、地域相近，
都体现了北齐绘画的风格。在墓室的北壁绘有墓主夫妇像，两侧则有演奏的伎乐以及

侍从，而在东西两壁上描绘与娄叡墓做同样出行准备的鞍马和牛车。墓道、过洞、天井壁面的画像主题为仪仗队列图，也是墓室出行仪仗的延续。东西两壁壁画较对称，共画 86 人，驱神辟邪的神兽 4 个，鞍马 6 匹。在墓道东西两壁上的仪仗队，以三组人群组成：第一组为在神兽后前导的人群；第二组人执着飘舞的彩色旒旗、剑的仪仗队；第三组则是手中执旗、肩扛鼓吹、腰中佩带弓囊的仪仗队。这些仪仗队前后呼应，作行进的形状。

（2）西魏—北周的仪仗出行

西魏和北周的墓葬主要是集中在陕西西安、咸阳，以及宁夏固原等地区。其中有着仪仗出行图的墓葬为北周保定五年（565 年）大将军大都督宇文猛墓[①]、天和四年（569 年）柱国大将军原州刺史河西公李贤壁画墓[②]、建德四年（575 年）柱国大将军田弘夫妇墓[③]等。此外，因其他壁画墓的保存状况不好，不知具体的画像内容。

李贤墓的墓葬形制为单室土洞墓，由斜坡墓道、天井、过洞、甬道和墓室等几部分组成。墓道长达 42 米。壁画的画像题材有侍卫武士、伎乐、侍女以及门楼等，每幅图均用红色边框分隔，人物均为独幅的形式。其中，墓道两壁绘有武士图十八幅，武士皆戴高冠，上身着两当明光铠或着交领袍，下身着裤褶，脚穿麻履，持刀。对于人物描绘上，画家刻意用彩色来加强阴暗的处理（图 15）。

除此之外，宇文猛墓和田弘墓的墓室及墓道上，同样都可以看到残存着仪仗武士和侍卫图，以及建筑图案，但因为这些墓葬毁损严重，我们至今无法得知整个画面布局及具体的画像。

目前为止，西魏—北周壁画墓数量少，而且发现的壁画墓也遭受到严重损害，因此我们难以评价西魏—北周绘画的艺术水平。但是我们可以知道，若是西魏—北周与同时期东魏—北齐的相较而言，壁画画面的构图和人物的具体表现等，仍是有一段落差的。西魏—北周的仪仗出行图也是由于墓葬资料不充分，难以得知当时仪仗出行的状况，文献记载对其有关的也缺失，我们只能从以下的记载中窥其大略。

> 后周警卫之制，置左右宫伯，掌侍卫之禁，各更直于内。小宫伯贰之。临朝则分在前侍之首，并金甲，各执龙环金饰长刀。行则夹路车左右、中侍，掌御寝之禁，皆金甲，左执龙环，右执兽环长刀，并饰以金。次左右侍，陪中侍之后，并银甲，左执凤环，右执麟环长刀。次左右前侍，掌御寝南门之左右，并银甲，左执师子环，右执象环长刀。次左右后侍，掌御寝北门之左右，并银甲，左执犀

---

① 宁夏文物考古研究所固原工作站：《固原北周宇文猛墓发掘简报》，《宁夏考古文集》，宁夏人民出版社，1996 年，第 134～147、216 页。

② 宁夏回族自治区博物馆等：《宁夏固原北周李贤夫妇墓发掘简报》，《文物》1985 年第 11 期，第 1～20 页。

③ 原州联合考古队：《北周田弘墓》，（东京）勉诚出版社，2000 年。

环，右执兕环长刀。左右骑侍，立于寝之东西阶，并银甲，左执黑环，右执熊环长刀，十二人，兼执师子形楯，列左右侍之外。[①]

图 15　李贤墓仪仗武士图

以上文段描述着北周禁卫，以及保护宫卫的侍卫编队的构成，其中可以看到对于兵器、仪仗的描述。据记载，对于保卫宫内君主的安全，宫廷内的宿卫体系、军制秩序都有其严格规范，这包括了禁卫、侍卫队所持的兵器、仪仗。其中，依循着品阶不同而搭配的仪仗也就不同这一规律，在禁卫、侍卫队所穿的甲胄，也依军制的高低，分成金甲、银甲两类，而手中的环首大刀也依军制的高低，被赋予了龙环、兽环、凤凰、麒麟、狮子、象形以及犀牛等装饰物在其刀上。这些文献描写的服装和仪仗装饰，我们可以在李贤墓的侍卫武士画像中看到：侍卫队的服装袖口宽大，大衣为袴褶样式，而在武士胸部配件上有明光铠，同样的，武士手上执着有着圆形环状的环首大刀。另外，从李贤墓的墓道到墓室，总共会经过三个天井和三个过洞，其各个部分绘有三间门楼，这种设计使得进入到墓室的过程中，有着层层城门空间的效果，体现了严肃的场景。并且在城门的左右壁画上，还描绘了这些手持环首大刀的仪仗武士队，也就可以联想到，以防护为重心的，保护墓室的宿卫制度在这里被呈现出来。

三　北朝仪仗出行盛行的原因以及其图像的渊源

从上述可知，北朝时期的仪仗出行图与仪仗陶俑，在墓葬美术中大量出现，证明其无疑是北朝墓葬美术中很重要的主题内容之一。该时期墓葬的仪仗出行图，主要表现在墓室以及墓道中：北朝前期仪仗出行图以生活风俗为题材，主要表现在墓室壁面和棺椁等葬具上，有的与狩猎、宴饮等题材在一起，有的以单幅画面来描绘；北朝后期仪仗出行图大多表现在长斜坡墓道中，而墓室正壁有墓主像，其左右有着侍卫，以及鞍马牛车等，墓门和甬道部分有着仪仗具备的侍卫，一直延伸向墓道的出行图。除

① 《隋书》卷一二《礼仪志七》，中华书局，1973 年，第 281 页。

此之外，至北朝后期随葬仪仗俑的数量、比例逐渐增加。即使随着时间和区域的不同，仪仗侍卫队的编成、构造、服饰以及仪仗器物等有所变化，但是在北朝墓葬美术中，仪仗出行仍占据了重要的地位。下面，我们将从北朝时代的有关记载以及图像材料着手，来探讨北朝墓葬中仪仗出行题材的盛行原因，进而阐释北朝仪仗出行图的渊源。

仪仗是天子、王公等具有崇高地位者，表现出身份地位、权力以及威仪的手段之一。在仪仗出行中，他们要向世人展示权威以及威容。因此在历代王朝，都具有较严格的等级区划，卤簿制度也详细记载着仪仗、出行的规矩，也就是说加强了品阶与仪仗之间的相对应关系。但是，至北朝时期，我们可以看到仪仗出行的范围更甚扩，诸如王公、公卿、侍中等不同的身份、权力被过分利用于仪仗出行的现象。如同北魏王公——子思在担任御史中尉期间，仪仗出行时，造成了"车辐前驱，除道一里，王公百辟避路"① 的盛况；而在北齐御史中丞——毕义云再婚时，也是"众储备设，克日拜合，鸣驺清路，盛列羽仪，兼差台吏二十人，责其鲜服侍从车后"② 等盛况；由此可见，仪仗出行的范围除了扩大之外，甚至也造成与仪仗出行等级不同的身份、权力被过分利用的情况。北朝时期这样的状况，不同于之后唐代依循官阶，而配以符合身份的车辆、服装以及颜色的情况③。

由于北朝多属混乱、频繁翻覆朝代的时期，对于北朝仪仗以及典礼制度，建构起一套礼仪制度是需要时间累积、沉淀的。即使北魏孝文帝大举采用汉族人士、实施汉化政策，鼓励鲜卑和汉人的通婚、姓氏改革，以及禁止胡语胡服等一系列的改革，到了北魏晚期，还是保留着胡族习俗浓厚的现象。而北齐车服制度，吸纳北魏的制度之后，经过三十多年之后才革新，当时制定的卤簿仪仗内容也较为粗略。在这样的情况下，在当时要对世人表现出自己的尊贵，也只有借由夸张的仪仗出行表达出自己的地位高尚。而这种社会现象影响到墓葬美术中，为了显扬墓主生前的威仪，在墓葬中更表现为宏大的仪仗出行场面。

另外，对于北朝墓葬美术中仪仗出行的主题盛行的原因，还有南朝文化的影响。据前章所知，北魏平城时期墓葬中出现的仪仗出行图，大多是吸收着汉晋、前燕文化加以融合；而至北魏孝文帝积极推行了汉化政策，并吸收南朝文化，在墓葬中也有所反映，如当时流行的升仙思想、儒家观念影响的画像题材渐渐出现，并体现了南朝绘画的风格；而至北朝晚期以继承北魏后期美术为基础，同时透过南朝直接交流，也就

---

① 《魏书》卷一四《神元平文诸帝子孙列传第二》，"案御史令云：⋯⋯中尉出行，车辐前驱，除道一里，王公百辟避路"，中华书局，1974 年，第 353 页。
② 《北齐书》卷四七《酷吏列传》，"及义云成婚之夕，众储备设，克日拜合，鸣驺清路，盛列羽仪，兼差台吏二十人，责其鲜服侍从车后"，中华书局，1972 年，第 658 页。
③ 关于唐代的卤簿制度，除了皇帝的卤簿之外，以王公、官人等身份地位的各品阶来区分，有严格的规定。见《唐六典》卷一七《太仆寺》，中华书局，1992 年。

展示了新的墓葬美术和丧葬文化。因此，我们可以说北朝晚期流行的仪仗出行图，是此时期历史文化条件下的产物。

继之，为了能够绘制以长斜坡墓道为画面，开展出横卷式长画面的仪仗出行图，有可能需要绘画的范本。有关的记载中，《卤簿图》卷值得瞩目。根据宋代高似孙《纬略》一书中记载，六朝时期仪仗队伍图的范本分别有《天地郊祀卤簿图》一卷、《大驾卤簿图》三卷、晋的《卤簿图》一卷、陈的《卤簿图》一卷，以及南齐和陈的《卤簿仪》；而在唐代张彦远《历代名画记》中，也记载了古代流传下来的《卤簿图》极多，诸图的篇目也相当多，但没有一一记录其名目[1]；另一方面，在南朝时期宋的刘韫担任湘州以及雍州刺史时，曾经令画家描画自己的《卤簿图》为乐[2]，这是一种欣赏自己被绘入此类画中的趣味取向。总之，南朝时期从皇帝卤簿仪仗的《大驾卤簿图》，到个人作乐的《卤簿图》，多种形式和篇目的《卤簿图》大量出现。作为自己生前最威仪、华丽的履历的《卤簿图》描绘，可能以横卷式长画面的画面布局及形式较为适合。

迄今为止，有关于南朝文献记录的《卤簿图》至今仍未被找到，我们只有透过墓室中表现的仪仗出行图，来推理当时仪仗出行队伍的配置。诸如江苏丹阳仙塘湾墓、胡桥吴家村墓，以及建山金家村墓中表现的仪仗出行队伍的场面[3]。其中，吴家村墓与金家村的墓葬形制和画像很相似，主要画像为：在甬道两侧有着蹲伏的狮子以及执着长刀的披甲武士；而在墓室两壁上，分成上下段，上段有着羽人戏虎、龙的图样，后有着竹林七贤的画像；而在下段则有着重装甲骑兵、执戟侍卫、执伞盖侍从，以及骑马鼓吹队。根据发掘报告，仙塘湾墓的墓室东西两壁的画像内容和示意图如下（图16）。这座墓葬曾推测为南齐帝陵，其以画像砖拼砌成壁画，画像内容中具有仙人导引青龙和白虎、竹林七贤等题材，仪仗出行图的画面在于墓室两壁下段，这些特征与北朝时期的有所不同。但是，以横卷式长画面的仪仗出行的场面、仪仗器物的内容，以及画面的布局，皆可视为北朝仪仗出行图的先行样式。

北朝晚期的仪仗出行图多在于长斜坡墓道上，长度不一，最长到37米，这些画面上体现了宏伟壮观的仪仗出行场面。尤其是湾漳大墓、娄叡墓等北齐墓葬中的仪仗出行图，画面布局紧凑，各种特征的仪仗队分组清楚，两壁对称的画面相互呼应，人物

---

① 张彦远撰、［日］谷口铁雄编：《历代名画记》，"诸卤簿图，不备录，篇目至多"，（东京）中央公论美术出版社，昭和五十六年（1981年），第60页。

② 《宋书》卷五一《宗室列传》，"韫人才凡鄙，以有宣城之勋，特为太宗所宠。在湘州及雍州，使善画者图其出行卤簿羽仪，常自披玩。尝以此图示征西将军蔡兴宗，兴宗戏之，阳若不解画者，指韫形象问曰：'此何人而在舆上？'韫曰：'此正是我。'其庸鄙如此"，中华书局，1974年，第1466页。

③ 南京博物院：《江苏丹阳胡桥南朝大墓及砖刻壁画》，《文物》1974年第2期，第44~56页；南京博物院：《江苏丹阳胡桥、建山两墓南朝墓葬》，《文物》1980年第2期，第1~17页；常州市博物馆等：《江苏常州南郊画像、花纹砖墓》，《考古》1994年第12期，第1097~1103页。

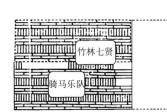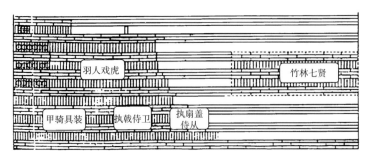

图 16　南朝仙塘湾墓墓室东西两壁壁画内容示意图

和器物造型准确、自然、姿态各异，天上世界的神兽描绘精美等，为探讨北齐绘画提供了很重要的美术资料。有学者根据这些北齐绘画的艺术水平，推测为北齐宫廷画家杨子华亲手所画的作品。"杨则鞍马人物为胜"，且杨子华画风为"自像人已来，曲尽其妙，简易标美，多不可减，少不可踰"[1]，这样的评价，与墓葬画像的相比是有其道理的。我们对这些画像，无论杨子华亲手的作品，还是杨子华画风的作品，虽然不能确定，但可以清楚地看到北朝晚期绘画的成就、高水平的艺术风格。

四　北朝墓葬美术的仪仗出行所反映的祭仪

在北朝晚期墓葬的墓道东西两壁多为配置仪仗出行图，而这些图像与青龙、白虎，以及各种神禽异兽图像之间有着紧密的关系。即使有着生活风俗题材的仪仗出行图，也由象征祥瑞的天上世界的神兽引导着，出现在横卷式的墓道画面上（图11、12）。这种两个世界之间的连接，把墓葬所具有的埋葬死者的现实的空间，转变成了具有威严、庄重气氛的空间。因此，我们在把仪仗出行图视作现实世界重要典礼仪式的再现手法之外，也可以当作构成葬仪礼制中墓葬装饰的一环。特别是在凶礼上，作为礼仪仪式的仪仗出行场面，在墓葬中有着极为重要的功能意义。

仪仗的"仪"意指着"威仪"，而"仗"乃是指诸如剑、戟等"兵器"，即仪仗基本上的功能就是"象征"意涵。在仪仗所使用的兵仗中，如斧、钺、弓、箭、刀、槊，以及旌旗等器物，虽有着原来武器的功能，还象征着主人的身份地位，必须配备符合其身份象征的仪仗。这样的仪仗在皇帝行幸，以及王公官员出行时，可以在他们身边的守卫队的礼仪器物上见其端倪，换句话说，具有礼仪性的功能。在墓葬中的仪仗出行图，反映着墓主生前出行时的经历，还体现着送葬队列或墓主灵魂的出行。北朝墓葬中的壁画画面布局多为：墓室正壁绘有墓主像，其两侧绘有鞍马和牛车，甬道和墓

---

① 张彦远撰、〔日〕谷口铁雄编：《历代名画记》，"杨则鞍马人物为胜"，"阎立本云，'自像人已来，曲尽其妙，简易标美，多不可减，少不可踰，其唯子华乎'"，（东京）中央公论美术出版社，昭和五十六年（1981 年），第 27、97 页。

道壁面两侧绘有侍卫和仪仗队，仪仗队的先锋绘有神兽引导。而从这些画面布局及图像题材来看，最强调的为仪仗出行图，此画面布局为从墓室到长斜坡墓道的大规模出行队伍，且画像题材配置天上和现实世界的相结合，队列井然有序，对称安排，仪式庄重，强调出墓主灵魂前往天上、升仙的意涵存在。而这种以礼仪性的仪仗出行为主题，还可能与葬礼时的入葬有关①。

　　上述的北朝仪仗出行图，我们还在隋唐时期壁画墓的墓道上，如陕西潼关税村的隋代壁画墓②、唐贞观五年（631 年）的李寿墓③、唐神龙二年（706 年）的懿德太子墓④等墓葬中有所发现。这些墓葬的仪仗出行图，以青龙和白虎在前、侍卫队在后的编成结构，列戟、仪仗人物、行列、建筑的描绘，以及神兽形态等，都可以看到北朝的影响。当然，隋唐仪仗出行图的仪仗和队列，与墓主的身份地位以及官品相比，有着较为严格的规定以及区分⑤。也就是说，唐代墓葬中的仪仗出行图，是与墓主的身份地位较严格对应的，这和北朝的有所差异。如在高句丽安岳 3 号墓的仪仗出行图中，有关墓主的身份地位的问题，至今仍引起很多学者的讨论，因为在巨大规模的出行行列中，甚至使用着圣上幡仪仗等，显然是跟墓主的身份地位不相符合的；相较丁茹茹公主墓、湾漳大墓中的仪仗出行图，有着门列棨戟⑥，以及湾漳墓中的符合皇帝卤簿的幡旗、伞盖、相风，以及罩罘等仪仗装饰等，便于我们推断墓主的身份地位，但是这些墓葬的与唐代的大驾卤簿相比，仪仗队列的规模极少。因此，北朝墓葬中的仪仗出行图以及仪仗俑，以墓主的威仪为创作出发点，表现出一种葬礼祭仪时庄重的行列，而且为其内的墓主灵魂出行加以守护。

五　结　论

　　仪仗行列是在古代王朝表现权威、威严的标识，且是古代典章制度以及礼仪文化

---

① 郑岩探讨了对于两汉至北朝时期的墓葬材料与葬礼的关系，而提示了北朝晚期墓葬的长斜坡墓道和出行场面可能是为了适应北朝晚期特定的葬礼仪式而设计的，这种观点有启发。郑岩：《葬礼与图像》，《美术研究》2013 年第 4 期，第 64~76 页。

② 陕西省考古研究所：《陕西潼关税村隋代壁画墓发掘简报》，《文物》2008 年第 5 期，第 4~31 页。

③ 陕西省博物馆等：《唐李寿墓发掘简报》，《文物》1974 年第 9 期，第 71~88、61 页。

④ 陕西省博物馆等：《唐懿德太子墓发掘简报》，《文物》1972 年第 7 期，第 26~31 页；周天游、申秦雁：《懿德太子墓壁画》，文物出版社，2002 年。

⑤ 范淑英：《唐墓壁画中所见的仪仗用具》，《唐墓壁画国际学术研讨会论文集》，三秦出版社，2006 年，第 53~68 页。

⑥ 在唐代随着身份的不同，所使用的"门列棨戟"规定的葬礼仪式也就不同，且有严格规定："给六品以上卤簿，棨戟。凡戟，庙、社、宫、殿之门二十有四，东宫之门一十八，一品之门十六，二品及京兆河南太原尹、大都督、大都护之门十四，三品及上都督、中都督、上都护、上州之门十二，下都督、下都护、中州、下州之门各十。衣幡坏者，五岁一易之。薨卒者既葬，追还。"《新唐书》卷四八《志第三十八·百官三》，中华书局，1975 年，第 1249 页。

的重要组成，历代统治者十分重视仪仗制度的建设以及经营。仪仗行列指得是在典礼仪式时，从帝王的御驾到护卫官人的侍卫队、马车以及各式各样和仪仗等。而在墓葬中所表现的仪仗行列，与其有关文献记载一起，是我们理解仪礼文化的一个重要的视觉资料。特别是，北朝时期的墓葬多数为砖筑单室墓内发现的壁画装饰墓，仪仗出行是其中一个重要的绘画题材。

　　本论文主要是分析北朝墓葬中发现的仪仗出行图以及陶俑，来解释当时的卤簿队伍以及仪仗出行图的特征，并探讨了北朝仪仗出行盛行的因素，以及其图像的渊源，从而揭示了北朝时期仪仗出行图在葬仪上的象征意涵。

　　通过上述分析可知，北魏的仪仗出行，是以汉晋的卤簿为基础，构成了独特的方形仪仗队伍，也就是身穿甲胄的武装骑兵数量增多，鞍马以及牛车为其中心，而融合北方的胡服和汉服为其特征；而东魏—北齐、西魏—北周，有着属于它们的地域性墓葬美术特征，而仪仗队伍图在北朝晚期从墓室到墓道配置转移，侍卫队的编成和仪仗内容也有所变化。墓葬出土的陶俑，随着墓主的身份及地域，在服装及其数量上有区分。其中，北齐首都邺城和晋阳出土的壁画以及陶俑生动感十足，仪仗行列更是北朝艺术的最高成就。

　　在画面布局上，仪仗图将现实世界和天上世界结合，做了威严、祥瑞的空间处理。墓葬中的仪仗出行场面，有着送走死者前往仙界的意涵存在，也蕴含着"威仪"等礼仪的功能，表达出对于死者灵魂的安慰以及最后施行祭仪的所属之地。北朝墓葬美术中的仪仗出行图，反映出此时绘画、工艺等的发达，且是探究北朝丧葬观念的一个很好的实证。

南北朝时期墓葬美术中的佛教影响

[韩国] 金镇顺（文化财厅）

    佛教植根于中国之地以前的汉晋时期，人们的死后观念就是出自神仙思想的"升仙观念"[①]，当时人们基本上都相信死后还有不老长生的神仙居住的另一个世界。于是，汉代的人都希望自己死后能达到神仙世界，而长生不死，所以该时期用多种多样的有关神仙思想的题材来装饰满了整个墓室，把世俗空间的墓室变成为超越世俗的另一个世界，即神仙世界，从而永远安息于其内。

    佛教刚传入中国时，这种死后观念没有变化，继续影响着当时的人们。但从佛教开始发展的东晋时期起，佛教式的生死观念，即天堂地狱观念开始影响于当时人们的死后观念。东晋南朝时期，为了传播地狱观念，佛教僧侣使用讲经、倡导的途径，或者借助图像而宣传地狱之苦。当时译出的地狱经典颇多，而地狱图像也是6世纪以后多所出现，或刻于造像碑，或绘于寺院壁，使观者触目惊心，起到宣扬天堂地狱观念的效果[②]。因此，人们为了不沦落于地狱而往生天堂，按照佛教的教导，热烈信奉佛教，不杀生，多积善。这种天堂地狱观念影响于当时人的生死观念，进而直接反映于墓葬美术。

    实际上，在墓葬中的佛教因素早在汉魏时期已出现，有内蒙古和林格尔壁画墓、山东沂南画像石墓和河南密县打虎亭壁画墓里发现的佛像、菩萨像、莲花等题材，还有长江流域墓葬中发现的佛教雕像、摇钱树等，资料较为丰富[③]。但这些与佛教造型有

---

① 关于中国古代的死后世界观参看余英时·《中国古代死后世界观的演变》，《中国哲学史研究》3号（1985年），第177～196页；Yu Ying-shih, "Life and Immortality in the Mind of Han China", *Harvard Journal of Asiatic Studies*, vol. 25, 1964 – 1965, pp. 80 – 122；Yu Ying-shih, " 'O Soul, Come Back！' A Study in the Changing Conceptions of the Soul and Afterlife in Pre-Buddhist China", *Harvard Journal of Asiatic Studies*, vol. 47, No. 2, 1987, pp. 363 – 395。

② 侯旭东：《东晋南北朝佛教天堂地狱观念的传播与影响——以游冥间传闻为中心》，《佛学研究》第8期（1999年），第248页。

③ 杨秋莎：《汉魏时期蜀汉、孙吴墓葬中的佛教遗物——兼长江流域的佛教传播》，《四川文物》2003年第5期，第44～49页。

关的图像，并不反映真正的佛教思想。因为，该时期是佛教刚传入汉地的初期，民众对此的认识和理解不够，与中国的民间信仰互相结合而接受。如释迦牟尼在他们的眼里视为有灵验的外来神，与西王母、东王公等中国神仙区别不大，图像特征亦为近似①，因此，该时期的佛像，佛教传统图像的特征不太明显。

具有明显的佛教造像特征的佛教造型，是出现于吴、西晋时期墓室里随葬的"魂瓶"上贴塑的小型佛像，带有莲座、狮子座、头光、衣纹等佛教造型特征。另外，还有青铜镜背的装饰图案中，也出现具有佛教造型特征的佛像，但它与神仙或神兽等图像一起出现。这些资料，虽然在外观特征上都能表明受到佛教艺术的影响，但仍然具有与中国民间信仰互相结合的特征，绝不是受人信奉的佛教造像②。

反映真正的佛教思想的佛教造型艺术题材，从南北朝时期的墓葬美术中开始出现。这与从东晋、十六国以来继续进行的佛教发展有密切关系。该时期墓室里出现的佛教题材，一般有莲花、莲花化生、飞天和菩萨等佛教眷属、僧侣以及供养人物等，都带有浓厚的佛教色彩。为了深入了解接受佛教影响的南北朝时期墓葬美术，本文拟对南北朝时期墓葬美术中出现的佛教题材进行综合性的探讨，分别阐明南北两朝各自接受佛教影响的墓葬美术的特征和意义，进而揭示佛教盛行以后蔓延于当时社会的生死观念。通过这些探索，期待有助于进一步了解复杂多样的中国墓葬美术的一面，尤其是极为流行于汉代的神仙题材，经过南北朝时期之后几乎完全消失于墓室内的现象和原因。

一 南朝墓葬美术中的佛教色彩

以南京地区为中心的南朝前期的大型拼镶砖墓中，佛教题材出现不多，有甬道上的狮子、墓室里的莲花等，种类不多，是次要的装饰题材。而墓室里的主要题材为竹林七贤与荣启期、羽人戏龙和羽人戏虎等道教题材。丹阳金家村墓甬道两壁上有着蹲伏的狮子画像（图1）③。双狮子早期出现于西晋时期的佛教造像里，作为猛兽之王，在佛教里扮演守护佛法的重要角色。所以在墓葬美术里，它与门吏武士一起，卫护墓主人和墓室空间。在狮子周围，漂浮忍冬莲花纹，加强了佛教色彩。

南朝前期墓葬中的莲花纹大体有两种，即飘动的忍冬莲花纹和八瓣或十瓣的大朵莲花纹。前者主要与"天人"一起出现，构成天上世界，而后者是规则地装饰于一定范围的墓室壁上，装饰性颇为强烈。莲花本来盛开于佛国净土，因此，它们装饰在墓

---

① 更详细的内容参看 Wu Hung, "Buddhist Elements in Early Chinese Art (2ⁿᵈ and 3ʳᵈ Centuries A. D.)", *Artibus Asiae*, vol. XLVII, 3/4, 1986, pp. 263 – 352。

② 杨泓：《四川早期佛教造像》，《考古》1996 年第 11 期，第 28 ~ 30 页。

③ 图片采自《六朝艺术》，文物出版社，1981 年，图 201、202。

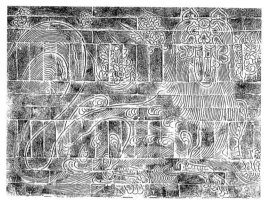

图 1　丹阳金家村墓狮子画像

室里有可能象征清净高洁的理想世界，即佛国净土。丹阳金家村墓墓室壁上装饰天人与忍冬莲花纹（图 2）①。该画像砖的天人图像，手捧仙果或丹鼎，相随飞翔，都着系飘带的长裙子，两腿弯曲，身姿优美。这些图像特征与汉代以来的传统羽人图像完全不同，传统的羽人图像是身上出毛或着羽衣，显出半人半兽的特征。但这里的天人显出已完全人格化的形貌，这么细长而优美的仙人图像是佛教传入以后受佛教造像的影响而出现的②。

图 2　丹阳金家村墓天人画像

　　四川省成都万佛寺址出土的刘宋元嘉二年（425 年）的佛教造像碑（图 3）背后，出现与此相似的例子。在画面的最左边中段，有一个飞天，衣带飘飞，从上方飞下来。此像亦为表现出两腿弯曲，身姿优美的图像特征，与丹阳金家村墓的天人像大同小异，可知南朝前期的天人像源于佛教造像的飞天。如此受佛教艺术影响的天人像又影响于

---

① 　图片采自《六朝艺术》，文物出版社，1981 年，图 197、195。
② 　Audrey Spiro，"Shaping the Wind：Taste and Tradition in Fifth-Century South China"，*Ars Orientalis* XXI，1991，pp. 95 – 117.

图3　成都万佛寺址出土刘宋时期造像碑

北朝的天人图像①。

　　如上所说，南朝前期大型拼镶砖墓的装饰美术呈现偏重于道教题材的倾向。这些墓葬都推定为南齐帝王陵墓②。据《南齐书·东昏侯纪》和《南史·齐本纪下》，东昏侯萧宝卷永元三年（501年），建康城内宫殿失火。此事之后，萧宝卷又大兴土木，重修诸殿，还别为潘妃起神仙、永寿、玉寿三殿，"其玉寿中作飞仙帐，四面绣绮，窗间尽画神仙。又作七贤，皆以美女侍侧"③。由此可知当时的宫殿内流行装饰道教题材。加之，东昏侯修建宫殿时，曾使用安置于寺院的玉佛像和金铜佛像的材料来装饰宫殿。此事表明，当时虽佛教正在走向发展之路，快要面临佛教盛世时期，但皇族更倾向于道教和升仙思想。在这种情况下，南齐皇帝的陵墓里多装饰着道教题材，绝不是奇怪的事情。

　　南朝前期墓葬中明显的佛教题材，发现在南京地区之外的其他地区。在福建闽侯南屿墓里出土了装饰僧尼、供养人物的画像砖（图4）④。他们都表现在较窄小的画面内，其中，一位僧侣诵经，另一位捧炉供养。此外，该墓里还出现大量的莲花、持炉供养

图4　闽侯南屿墓出土供养人和僧侣

图5　邗江包家1号墓莲花化生与供养人

① ［日］吉村怜：《南朝天人像の北朝及び周边国家への传播》，《佛教艺术》第159号（1985年），第11～29页。
② 杨泓：《东晋、南朝拼镶砖画的源流及演变》，《文物与考古论文集》，文物出版社，1985年，第217～227页。
③ 转引自杨泓：《北朝美术考古壁画篇》，《美术考古半世纪》，文物出版社，1997年，第228页。
④ 图片采自福建省博物馆：《福建闽侯南屿南朝墓》，《考古》1980年第1期，第62页图四。

的天人、忍冬护绕立于莲台上的宝炉及护法的狮子等图像，整个墓室带有浓厚的佛教色彩。当时的广州成为海上丝绸之路的门户，相当于西北的敦煌地区。由于该地区离南京地区较远，且能通过海路直接接受从印度过来的佛教文化。因此，该地区的佛教除了接受南京地区的影响之外，还接收了通过海路进入的印度佛教文化，出现与同时期南京地区的墓葬美术不同的特征。

　　总的来说，南朝前期墓葬美术中虽出现带有佛教色彩的题材，但装饰墓室的主要题材为道教题材，这与当时南齐皇室的喜好有关系。

　　到了佛教盛行的南朝后期墓葬中，佛教色彩则极为浓厚，出现多种多样的佛教题材，有供养人物、菩萨、莲花化生、莲花和宝瓶等。

　　首先看供养人物。在南朝后期墓葬中供养人物较为经常出现，有江苏邗江 1 号墓（图 5）①、湖北襄阳贾家冲墓（图 6）②、南京油坊桥贾家凹墓、河南邓县画像砖墓（图 7）、湖北武昌吴家湾墓（图 8）③ 等。其中，江苏邗江 1 号墓的供养人数最多，有男供养人 8 名，女供养人 20 名，都双手拱于胸前，表现供奉的姿势。女供养人，全身修长，头梳双圆髻，其中六人夹在八瓣大莲花和八瓣小莲花之间，加深浓厚的佛教色彩。还有武昌吴家湾和南京贾家凹墓出土的供养人，都装饰于较窄小的双线方框里，细长的人物形态，显出互相近似的风格，可视为同时期制作。这些供养人物图像表明当时佛教徒深厚的信仰心和积极的宗教活动。

图 6　湖北襄阳贾家冲墓莲花化生与供养人

①　图片采自扬州博物馆：《江苏邗江发现两座南朝画像砖墓》，《考古》1984 年第 3 期，第 246 页图四。
②　图片采自崔新社、潘杰夫：《襄阳贾家冲画像砖墓》，《江汉考古》1986 年第 1 期，第 24 页。
③　图片采自武汉市革委会文化局文物工作组：《武昌吴家湾发掘一座古墓》，《文物》1975 年第 6 期，第 94 页图三。

菩萨像极少出现，如邓县画像砖墓（图7）、武昌吴家湾墓（图8）。邓县画像砖墓的菩萨像着长裙子，两条衣带形成"X"形交叉于下半身，显示菩萨的特征。还有吴家湾墓的菩萨像也着长裙子，衣带飘飞。这些菩萨像装饰在墓葬里，可能是像道教的仙人一样为了保护或引导墓主人到天堂。

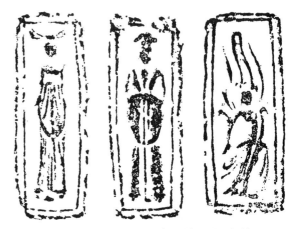

图7　邓县画像砖墓菩萨与莲花化生　　　图8　武昌吴家湾墓供养人与菩萨

南朝后期墓葬壁画的装饰题材中，除莲花外，莲花化生最为频繁出现。装饰该题材的墓葬有江苏邗江一号墓（图5）、河南邓县画像砖墓（图7）、湖北襄阳贾家冲墓（图6）。有趣的是，江汉地区的两座墓葬中都有出现。

先看南京邗江墓出土的莲花化生画像。该墓室里出现的莲花化生图像共有32个，装饰于墓室四壁，报告中说他们是"小佛像"①　而不是莲花化生。其实，该图像背后带着类似头光的东西，看起来很像端坐在莲花座的佛像，因此很容易把他们看成佛像。湖北襄阳贾家冲的莲花化生图像也同样因此被认为是端坐于莲花座的佛像。但仔细观察发现，他们只是相似于佛像，却不是佛像。为了解决该问题，我们先看一下邓县画像砖墓的莲花化生（图7）。该图像的人物，头饰双鬟髻，衣带飘飞，坐在还没盛开的花朵里，表示正在从莲花中诞生出来的瞬间。该像与邗江包家1号墓的图像比较来看，可以发现两个图像互相非常近似。如头饰双鬟髻，衣带飘飞，坐在还没盛开的花朵中。唯一不同之处是他双手拱于胸前，是与同墓出土的供养人物一样的姿势，充分表示对佛教的信仰心。这两个图像的特征中，双鬟髻的发型，就是与同墓出土的供养人一样的发型，这正表明他们不是佛像，而是莲花童子。并且，在邗江包家1号墓中被视为头光的物体，如果与河南邓县画像砖比较来看，可以发现这不是头光而是飘飞的衣带的一部分。以此来判断，可知该像其实不是佛像而是莲花化生的人物。加之，再考虑该图像不止出现了一个而是32个的事实，其无疑是包含死者希望死后生天愿望的莲花化生。

①　扬州博物馆：《江苏邗江发现的两座南朝画像砖墓》，《考古》1984年第3期，第244页。

　　湖北襄阳贾家冲墓的化生人物与上述的两例有所不同。这里有两种莲花化生，一种是一般的莲花化生，另一种是变化的莲花化生。首先看前者。该化生人物坐在已盛开的莲花上，头饰双鬟髻，衣带飘飞，在一枝忍冬莲花茎的中间，人物和莲花连成一体。从此考虑，这亦不是佛像而是所谓的莲花化生图像。该化生人物已完成再生，所以莲花表现为已盛开的样子。另一个莲花图像是与道教结合而显出道佛混合特征的莲花化生。这里的化生人物是两名穿着羽衣的仙人，要是只看图像外表的话，就是踏在莲花座上的仙人，表现出浓厚的道教色彩。但只要仔细分析，这分明是再次诞生于佛国净土的仙人。仙人是道教人物，确是与佛教不同世界内的存在。但如果考虑仙人具有的含义，也就是升天而不死，永生于仙界的"升仙观念"，会发现其与佛教的生于天界而不死，永生于佛国净土的"生天观念"极为相似，道佛在这方面结合是非常有可能的①。并且仙人是汉代以来的墓葬美术里最常见的道教题材之一，在佛教盛行之前，他是墓主死后向往达到的理想世界的象征人物，正是由此，道教的仙人才被表现为莲花化生的人物，而出现在反映佛教色彩的墓葬美术里。

　　值得注意的是莲花是象征佛国国土，佛教信徒通过莲花再生于天堂或者西方净土。所以踏在莲花座上的仙人可以解释为带有佛教色彩的题材。可以证实此点的图像又出现于南京贾家凹墓（图9）②。该图像也是仙人，他身着羽衣，双手拱于胸前，又执莲蕾，与佛教的供养人物非常近似，可知该仙人也是显出佛教色彩的道教人物。其实，在南朝时，很多士人认为佛教和道教是具有同样理念的类似的宗教。并且，如上所述，当时佛教的地狱天堂观念广泛普及，而大为影响人们的生死观念。因此，在这种背景下，可以出现道教和佛教题材一起结合而创作另一种具有中国固有特色的莲花化生。

图 9　南京贾家凹墓供养人物、羽人、宝瓶

图 10　武昌吴家湾墓宝瓶

①　关于南北朝时期佛教的生天观念和道教的升仙观念参看［日］久野美树：《造像背景としての生天托生西方愿望——中国南北朝を中心として》，《佛教艺术》第 187 号（1989 年），第 25～50 页。

②　图片采自南京市博物馆：《南京油坊桥发现一座南朝画像砖墓》，《考古》1990 年第 10 期，第 902 页图六。

　　莲花化生的另一种表现方式是插着莲花的宝瓶。宝瓶也是较为常见于墓葬装饰壁画中，其中，有南京贾家凹墓（图9）、南京铁心桥王家洼墓（图11）① 和武昌吴家湾墓（图8、10）②，都很相似。有趣的是，在龙门石窟北魏时期的皇甫公窟里也看到类似的宝瓶（图12）。宝瓶、莲花的样子与南朝的很相似，但画面中又描绘从莲花中有一名童子刚要诞生出来的瞬间，与南朝的不同，就是直接表现出来的莲花化生。该像给我们提供了有关宝瓶的装饰目的的线索。以此可知，插莲花的宝瓶亦是暗示莲花化生的另一种方式。

　　在印度，莲花遍生各处，印度佛教就以莲花作为佛教的“圣花”而出现在佛教艺术中。莲花出淤泥而不染，在炎炎盛夏给人清爽之感，故佛教把它作为清净高洁的净土。由于这种原因，南北朝流行的生天思想就表现为莲花化生，暗示着诞生在佛国净土，即天堂。

图 11　南京铁心桥王家洼墓宝瓶、莲花、踏莲座的千秋

　　莲花纹从东晋开始作为墓室里的装饰纹样，但数量不多。到了南朝后期，就是从梁代开始，装饰莲花的画像砖墓极为流行（图13、14）③。并且，此时除了大中型的画像砖墓之外，还大量出现中小型的花纹砖墓，正是这些花纹砖墓中，莲花纹成为主要的装饰题材，几乎无一例外。它表现在甬道、墓室四壁和天顶，墓室里充满着能诞生生命的“生气”，把整个墓室变成为佛国净土。以此可知，佛教盛行的南朝后期，墓葬里装饰的莲花纹已超越单纯的装饰纹样，具有象征佛国净土的内涵。据目前为止的发掘资料，这种花纹砖墓的总数比画像砖墓还要多④。有了它们的存在，更证明在南朝后期的墓葬美术中佛教题材极为流行，显出浓厚佛教色彩。这都是佛教的来世观积极影响于当时人的死后世界观的结果。

　　以上探讨了南朝墓葬中的佛教色彩。通过上述的内容，可以得出以下的结论：

　　第一，从东汉时期开始墓葬里出现的佛教题材，到了南朝时期真正流行，显示出

① 　图片采自《六朝艺术》，文物出版社，1981 年，图229、227。
② 　图10采自武汉市革委会文化局文物工作组：《武昌吴家湾发掘一座古墓》，《文物》1975 年第 6 期，第 94 页图三。
③ 　图13采自扬州博物馆：《江苏邗江发现两座南朝画像砖墓》，《考古》1984 年第 3 期，第 246 页图五；图14采自南京市博物馆：《南京油坊桥发现一座南朝画像砖墓》，《考古》1990 年第 10 期，第 900 页图四。
④ 　武翔：《江苏六朝画像砖研究》，《东南文化》1997 年第 1 期，第 72～96 页。

随着佛教的盛行，佛教的生死观念也深刻地影响于当时人们的死后观念。有趣的现象
是，对佛教认识不深的汉晋时期墓葬里多出现佛像，而到了佛教盛行的南朝时期却不
再出现。这正是表明当时人们对佛教的认识程度，又反映他们对佛陀的观点上的变化。
汉魏时期，佛陀包容于神仙思想，列入道教神仙之中，与诸多神仙题材一起出现。但
到了人们对佛教的理解更为成熟的南朝时期，有了对佛教的正确的认识，领会佛陀的
形象不适合装饰在墓室里，所以该时期的墓葬中不再出现。

图 13　邗江包家 1 号墓莲花

图 12　龙门石窟
皇甫公窟宝瓶

图 14　南京贾家凹墓莲花画像

　　第二，南朝时期装饰在墓室里的佛教题材，南朝前期和后期显出不一样的特征。南
朝前期的壁画题材以道教题材为主，佛教题材有狮子、莲花等，种类不多。这种现象起
因于当时南齐皇室的兴趣。后期的画像砖壁画以佛教题材为主，有莲花、莲花化生、供
养人物、菩萨、狮子、宝瓶等，种类较多，反映浓厚的佛教色彩。这与南朝后期佛教的
盛行有直接关系。值得注意的是，南朝后期的花纹砖墓壁画题材，由东晋至南朝前期的
以绳纹、钱纹为主转向以莲花纹为主，又反映佛教对墓葬美术的深厚影响。南朝后期墓
葬美术显示浓厚的佛教色彩的观点，正是从此点再次得到充分的证实。因为莲花作为佛
教的"圣花"，象征着佛国净土，所以墓室里装饰满了各种莲花纹，用以表示死后能够生
于天堂（佛国净土）而永生的愿望。并且莲花化生更是具体地表现这种观念的题材。
　　第三，南朝后期墓葬壁画的主要题材，如莲花和莲花化生，正是反映南朝时期流行

的生天观念。当时佛教的天堂地狱观念极为盛行，人们都希望死后能够再生于天堂，即佛国净土，而永生不死。在墓室里表现的莲花化生和莲花正是反映人们的这种盼望。并且表现莲花化生时，又使用了仙人图像，表现出道佛混融的生死观念，创造出了与此相关的墓葬美术。这是因为佛教的生天观念与道教的升仙观念极为相似，这一现象才得以发生。

二　北朝佛教美术与墓葬美术

对于北朝佛教美术的发展，居住于河西地区，如敦煌、酒泉、张掖、武威一带的北方少数民族担当重要的角色。他们通过丝绸之路早就接受了从印度传来的佛教文化，热衷于译经和开凿石窟的事业，到了北凉时期已经达到了相当高的佛教文化水平。当时开凿的石窟有敦煌莫高窟、酒泉文殊山天佛洞、武威天梯山石窟，还有永靖炳灵寺石窟等①，均为后来北魏时期佛教美术的发展，做出了颇大的贡献②。

当时西北的佛教以凉州为中心，北魏灭北凉之后，把凉州的居住民都移住到北魏首都平城。从此时，北魏的佛教文化走向繁荣之路，在平城开凿了云冈石窟，迁洛之后又连续开凿了龙门石窟和巩县石窟。北魏分裂为东、西魏之后，到了北齐和北周时期，这种开凿石窟的传统不断绵延下去，分别开凿了响堂山石窟、天龙山石窟和敦煌莫高窟。这么繁荣的佛教石窟艺术还导致其他同时期艺术的发展，例如，北朝墓葬美术的发展，正是与当时的佛教石窟艺术分不开的，它对墓葬美术的影响力巨大。下面将专门探讨北朝佛教美术对于墓葬美术的影响。

（一）北朝前期

1. 平城时期

平城时期的北魏墓葬美术中，显出佛教美术因素的，有山西怀仁县丹阳王墓和大同方山永固陵，还有大同司马金龙墓出土石棺床腿（483 年）、宁夏固原雷祖庙墓出土漆棺、山西大同湖东漆棺与棺床、大同智家堡墓出土石椁、智家堡墓出土木棺等，都与当时的河西地区石窟和云冈石窟有着密切关系。主要佛教题材有联珠圈纹、缠枝圈草纹、缠枝忍冬纹等装饰纹样、童子或天人、守门菩萨等佛教人物和供养人物等。

首先，看装饰纹样题材。该时期受佛教美术影响的装饰纹样，有联珠圈纹、缠枝卷草纹、缠枝忍冬纹等，均为从西域而来的域外文化因素，常装饰于佛教石窟。联珠圈纹见于大同湖东漆棺（图 15）③ 和固原雷祖庙墓漆棺侧帮上（图 17），缠枝卷草纹见于固原雷祖庙墓漆棺盖上（图 18）④，缠枝忍冬纹见于大同司马金龙墓石棺床腿上

---

① 董玉祥等：《北凉佛教与河西诸石窟的关系》，《敦煌研究》1986 年第 1 期，第 90～98 页。
② 宿白：《凉州石窟遗迹和“凉州模式”》，《考古学报》1986 年第 4 期，第 435～446 页。
③ 图片采自山西省大同市考古研究所：《大同湖东北魏一号墓》，《文物》2004 年第 12 期，第 31 页图九。
④ 图 17、18 采自宁夏固原博物馆：《固原北魏墓漆棺画》，宁夏人民出版社，1988 年。

（图16）①，均显出大同小异的图像特征。先看联珠圈纹。大同湖东漆棺和固原雷祖庙墓漆棺的联珠圈纹中部均绘姿态各异的童子，发髻上挽，椭圆形脸，细眉大眼，有些穿三角裤，上下身裸露、赤脚，臂绕彩带向后飘扬，两腿呈交叉或胡跪式，体态面相丰满，十分相似。不同的是固原雷祖庙墓漆棺的童子带有圆形头光，并且联珠圈纹上面还画着联珠龟背纹，有的圈纹内部装饰着奇禽怪兽。与此相似的题材配合见于大同司马金龙墓石棺床的缠枝忍冬纹，该图像由伎乐童子和奇禽怪兽而构成。还有另一种装饰纹样为缠枝卷草纹，如固原雷祖庙墓出土的漆棺盖上的画像，缠枝卷草纹满布于棺盖上，在近似菱形的图案中分别配置异鸟、异兽等。

图15　大同湖东漆棺

图16　大同司马金龙墓石棺床腿

① 图片采自张鸿修：《北朝石刻艺术》，陕西人民美术出版社，1993 年，第 108 页。

图17 固原雷祖庙墓出土漆棺画

18 固原雷祖庙墓漆棺画盖上的画像

　　这种装饰图案常见于北魏云冈石窟。云冈石窟6、9、10窟的缠枝圈草纹（图19），把异鸟、异兽配置于六角形的图案中，并且圆形的缠枝图案里装饰童子，与上述的北魏平城时期墓葬美术中的装饰纹样十分相似，因此该纹样的来源从这些装饰石窟的纹样中能找到。

　　其次，出现在墓葬美术中的佛教题材还有佛教人物，如童子、菩萨等。童子图像见于司马金龙墓出土石棺床腿和方山永固陵出土的石雕刻。先看刻于司马金龙墓出土石棺床腿的画像。该画像表现举手托梁的两个童子（图20)①，他们与上述的装饰纹样里的童子颇为近似；椭圆形脸，穿三角裤，上下身裸露、赤脚，臂绕彩带向后飘扬，两腿呈胡跪式，体态面相丰满。

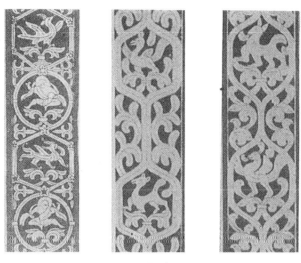

图19　云冈石窟第6、9、10窟

图20　大同司马金龙墓石棺床腿

　　大同方山永固陵出土的童子画像（图21)② 亦显出与司马金龙墓石棺床的童子非

①　图自采自张鸿修：《北朝石刻艺术》，陕西人民美术出版社，1993年，第109页。
②　图片采自《中国美术全集·雕塑编·3》，人民美术出版社，1988年，图85。

常近似的姿势和外貌特征。永固陵为文明皇太后冯氏的陵墓，墓内甬道南端石券门拱形门楣的两侧下端，各雕一捧莲蕾的童子。微露笑容，姿态优美，与云冈石窟6、9、10窟非常近似。带这些特征的菩萨亦曾发现于云冈石窟（图22）①，菩萨发髻上挽，椭圆形脸，细眉长眼，穿贴身的长裙子，赤脚，臂绕飘带向后飘扬，两腿呈胡跪式，有圆形头光，体态面相丰满，与墓葬美术中的童子像极为相似，可知这些童子像都接受佛教美术的影响而出现于墓葬美术。值得注意的是这些图像均呈现中亚佛教美术因素的影响，该时期的佛教美术因为刚传入到中国不久，尚未完全摆脱外来文化因素，所以还保留着西域美术文化因素。

图21　方山永固陵　　　　　　　　图22　云冈石窟

图23　固原雷祖庙墓漆棺画

---

① 图片采自云冈石窟文物保管所：《中国石窟·云冈石窟》一，文物出版社、（东京）平凡社，1991年，图版80。

　　有趣的是，永固陵的建筑接受佛教的影响，永固堂"院外西侧有思远灵图（浮屠），灵图之西有斋堂"①，整个建筑结合了佛教的信仰，使佛堂、斋堂和祠庙相结合，体现了儒家传统与佛教在思想上的结合。

　　此外，墓葬美术里出现的佛教人物图像中还有守门的菩萨像，绘于固原雷祖庙墓漆棺前挡（图23）②和山西怀仁县丹阳王墓甬道壁上（图24）③。这种菩萨像位于门两侧，担当门吏的角色，发髻上挽，后有头光，硕耳戴环，裸胸佩饰璎珞，颈着项圈，手臂着钏，长眉大眼，嘴部有胡须，涂粉面，侧身斜立，天衣绕臂而下，弓臂于耳际。这些特征与甘肃武威天梯山石窟北凉时期的菩萨像（图25）④极为相似，可知固原漆棺的菩萨像就是接受当地佛教美术的影响而出现的。

图 24　怀仁丹阳王墓壁画　　　　图 25　武威天梯山石窟菩萨像

　　最后看供养人物。供养人物为佛教石窟美术中常出现的题材之一，墓葬美术中也有出现。大同智家堡墓出土的石椁内壁左右绘有持莲花的供养人物（图26）⑤，这种供养人物曾绘于甘肃炳灵寺西秦时期开凿的第169窟第6号龛侧（图27）⑥，可知

①　杨宽：《中国古代陵寝制度史研究》，上海古籍出版社，1985 年。
②　图片采自宁夏固原博物馆：《固原北魏墓漆棺画》，宁夏人民出版社，1988 年。
③　图片采自 *Orientations*，vol. 33，No. 5，第 54 页图 1。
④　图片采自敦煌研究院等：《武威天梯山石窟》，文物出版社，2008 年，彩版 51。
⑤　图片采自王银田、刘俊喜：《大同智家堡北魏墓石椁壁画》，《文物》2001 年第 7 期，第 43 页图 7。
⑥　图片采自甘肃省文物工作队等：《中国石窟·永靖炳灵寺》，文物出版社、（东京）平凡社，1989 年，第 190 页图 14。

墓葬美术中出现的这种题材亦是接受了佛教美术的影响。两个图像的供养人物周围莲花到处飘动，加强佛教的气氛。值得注意的是，智家堡墓石椁顶盖内部，代替传统的天象图而出现莲花池（图28）①，更显出浓厚的佛教色彩。

2. 洛阳时期

北魏迁洛之后，在洛阳时期的墓葬美术中，平城时期多出现的缠枝忍冬纹、缠枝卷草纹等装饰纹样继续出现，多见于石刻葬具上（图29、30）②。并且守门菩萨也继续出现在这些石棺床腿上，显出洛阳时期的墓葬美术一定程度上继承

图26　大同智家堡墓石椁

平城时期的传统。但更多的是反映接受南朝新美术影响的风格。这种现象亦出现于该时期的佛教美术，龙门石窟的佛教艺术风格已经完全脱离了西域佛教艺术的风格而形成中国佛教艺术的风格。

图27　永靖炳灵寺石窟169窟第6号龛侧供养人物

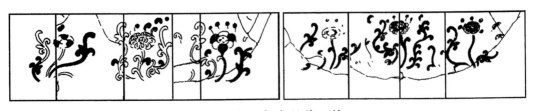

图28　大同智家堡墓石椁

① 图片采自王银田、刘俊喜：《大同智家堡北魏墓石椁壁画》，《文物》2001年第7期，第49页图20。
② 图片采自黄明兰：《洛阳北魏世俗石刻线画集》，人民美术出版社，1987年，图75、76。

图 29　洛阳古墓博物馆藏北魏石棺床腿

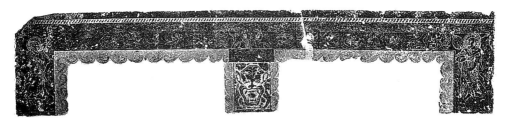

图 30　洛阳古墓博物馆藏北魏石棺床腿

该时期墓葬美术里见到的佛教题材以莲花纹为主，无论是孝子故事、出行场面，还是装饰道教题材的场面，均与各种莲花纹一起出现，显出浓厚的佛教色彩。还有，该时期的墓葬美术接受佛教美术风格而出现新的艺术风格，如墓主肖像的帐幕和其他新的装饰题材。

首先看墓主像的帐幕。在美国芝加哥博物馆藏的北魏石棺床围屏（图 31）上，墓主夫妇分别单独坐于不同形状的帐幕下，帐盖上用莲花和火焰纹来装饰，这种帐幕与常见于北朝时期维摩诘经变图的帐幕形状颇有相似之处（图 32）。虽然它们主要是表现出同样的风格，但可知这种题材也显出佛教美术和墓葬美术之间的密切关系。

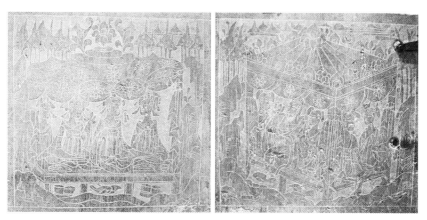

图 31　芝加哥博物馆藏北魏石棺床围屏（金镇顺摄影）

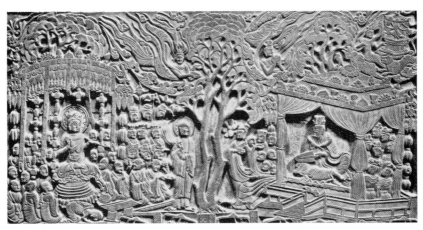

图 32 6 世纪前期北朝文殊菩萨和维摩诘画像

其次，又有两幅图像呈现出两者之间的密切关系。其一为北魏冯邕妻元氏墓志盖（522 年），画面中央有一团莲花，周围有两条互相缠绕的龙围绕着它，四周四躯畏兽举手承托龙躯，显出合理的布局（图 33）。与此相似的布局也见于云冈石窟第 10 窟明窗顶部画面（图 34）①。此画面中央雕着一团莲花，周围的八躯飞天围绕着它，其中四角上的高髻飞天，举手承托莲花，与元氏墓氏盖的布局非常相似，可知该图像的布局正是影响于冯邕妻元氏墓志盖的布局。云冈石窟第 10 窟明窗顶部配置四躯童子的部分，在元氏墓志盖上由刻榜题的方框来代替。

图 33 北魏冯邕妻元氏墓志盖（522 年）

图 34 云冈石窟第 10 窟

综上所述，关于北朝前期的佛教美术和墓葬美术的关系可以得出以下的结论：

---

① 图片采自云冈石窟文物保管所：《中国石窟·云冈石窟》二，文物出版社、（东京）平凡社，1994 年，图 75。

第一，平城时期的墓葬美术，显出较为浓厚的佛教色彩，有联珠圈纹、缠枝卷草纹、莲花纹等装饰纹样，伎乐童子、菩萨等佛教人物，还有供养人物等，都装饰于各种葬具。这些题材，主要接受当时的佛教石窟美术影响，显出佛教美术给墓葬美术带来的影响和发展。有趣的是，当时的佛教美术，因为由北方民族刚传入中国不久，除了供养人物之外，其他题材尚保留着中亚佛教美术的外来色彩，可知中国和中亚之间有着密切的文化交流关系。

第二，洛阳时期的墓葬美术，继承平城时期的墓葬美术传统，继续出现带佛教色彩的题材，主要为缠枝卷草纹、缠枝忍冬纹、莲花和菩萨等。除此以外，还出现佛教美术风格的题材和布局。值得注意的是，该时期佛教石窟美术，开始接受南朝新兴美术的影响，脱离了中亚美术的域外色彩，而形成了中国化的佛教美术。

（二）北朝后期

在北朝后期的墓葬美术中，佛教题材很少出现。在东魏、北齐的墓葬美术中，除了壁画中的忍冬莲花纹（图35）[1] 以及石刻葬具上的菩萨和力士像（图36），其他佛教题材是几乎见不到的。并且，在西魏、北周的墓葬美术中，也几乎不见带佛教色彩的题材。因为该时期的墓葬美术，主要是墓室壁画，已经走向典型化，如北齐的墓室壁画以墓主肖像、出行、男女侍从和仪仗队列为主，北周以侍女画像、仗剑武士、侍卫为主，主要表示墓主身份等级[2]，所以仪仗队列等壁画题材极受重视，而带有宗教色彩的题材已经被弱化了。这正是一个预告隋唐时期墓室壁画来临的转折点，从此以后，过去一直流行的道教、佛教等带宗教色彩的题材在墓葬美术里不受重视而逐渐消失了。

北朝也与南朝一样，天堂地狱观念和升天观念相当普及，但这些观念似乎不太影响于墓葬美术中，而推动了造像碑的大量制作。当时北朝非常流行制作造像碑，碑的背面刻有为先人祈祷的铭文，其内容就是希望他们死后能够达到西方净土或者弥勒居住的兜率天[3]。因为当时的佛教思想认为，生者也可以为死者修行功德，免除苦难，于是这成了传统葬俗的重要职能。根据一位日本学者的统计，北朝时期的造像记中百分之七十以上的造像记包含为死者求福的内容[4]。以此可见，当时的升天观念对中国传统

① 图片采自山西省考古研究所等：《太原北齐徐显秀墓发掘简报》，《文物》2003 年第 10 期，第 21 页图二九。
② 这种现象与当时北朝朝廷的礼乐制度的改革分不开。"《魏书·孝静帝》记载兴和三年冬十月，孝静帝诏文襄王与君臣于麟趾阁议定新制，并颁于天下。与制度的修订相配合，东魏武定年间朝廷曾下令对墓葬制度进行整肃……天保元年（550 年）朝廷又诏令'吉凶车服制度，各为等差，其立条式'。从这两道政令中可见在高欢统治之初到北齐朝廷，都曾着力加强政治制度和礼制，以强化统治。作为五礼之一的丧葬礼仪，必然得到充分的重视。"杨效俊：《东魏、北齐墓葬的考古学研究》，《考古与文物》2000 年第 5 期，第 84 页。
③ 关于南北朝的生天思想的详细情况参看 ［日］久野美树：《造像背景としての生天托生西方愿望——中国南北朝を中心として》，《佛教艺术》第 187 号（1989 年），第 25～50 页。
④ ［日］佐藤智水：《北朝造像铭考》，《史学杂志》86 卷 10 期（1977 年），第 18～19 页。

图 35　徐显秀墓墓主肖像

图 36　弗利尔美术馆藏北齐石棺床腿（金镇顺摄影）

丧葬观念带来的影响。因此，在北朝墓葬美术中，除平城时期之外，从洛阳时期开始，带佛教色彩的题材逐渐弱化，到了北朝后期，几乎消失，墓葬美术开始具有了新的功能，即表示墓主身份地位的功能。这种变化，在中国墓葬美术史上是一个重大的变化，是一个从汉代墓葬美术穿越至隋唐时期墓葬美术的过渡期。往后的墓葬壁画中，很难以见到像汉代以后墓葬美术中能见到的那种丰富多彩的神仙题材或者带佛教色彩的题材。

三　佛教对南北朝时期生死观念的影响

南北朝时期发展而盛行的佛教，无疑影响了当时人的生死观念，因为宗教最优先而最重要的任务是给信徒保障死后的永生和安宁，所以佛教对当时死后世界观的影响是必然的。因此，为了充分而正确地了解南北朝时期的墓葬美术的特点，有必要探讨南北朝时期由于佛教而变化的生死观念。

一般认为视觉美术资料直接反映当时人们的精神文化和物质文化，可以让我们具体目击到古代人的意识形态和生活情景。其中，墓葬壁画可以说在古代艺术中最敏感地反映由宗教、思想的变化而引起的人们意识形态的变化。因为对古代人而言，对他们最关心的是"死"和"死后世界"，而这种关心最早在人类文化中催生了丧葬文化和墓葬美术。为了"死后"，古代人把自己的喜爱或者对死后的愿望坦率地投影于墓室内或葬具上，营造理想的死后世界，从而要体现死后的永生和安宁。因此，我们通过墓葬壁画可以窥见当时人们对待"死"的态度，即生死观念。

南北朝时期的生死观念，与先秦、汉代以来的生死观念颇不相同，发生了新的变化。这种变化起因于佛教的传入与盛行。佛教盛行之前，人们的生死观念仍然深受中国的传统思想即儒教和道教的影响，而到了佛教盛行的南北朝时期，人们才逐渐接受佛教主张的生死观念。但丧葬观念是保守性极强的，一旦人们形成了对死后的某种观念，就很难用另一种观念来重新取代它并使它完全消失于人们的观念中。因此，关于南北朝时期的生死观念，我们难以认识清楚它到底反映着哪种思想的影响，反而往往看到在人们的意识中这些思想融合在一起而形成混合的生死观念。

其实，在当时人看来，儒教、道教和佛教等思想并不是互相排斥，信徒只能选择其中 个宗教对象，而更是具有不同价值和需要的、既是宗教又具道德观念的对象。因此，南朝士人中不少人热烈信奉佛教，同时仍然保持道教和儒教的倾向。三教关系中，引人注目的是，在南北朝时期，儒教、道教和佛教各自的丧葬观念，即儒教《孝经》的辟邪功能、道教的升仙思想以及佛教的生天观念，同时为人们所信奉。具体揭示这种现象的，如南齐的张融，他遗命入殓时，"左手执《孝经》、《老子》，右手执《小品》、《法华经》"[1]，以此可以窥见当时三教对人们死后观念的影响。此外，北朝前期墓葬美术中，同样发现三教有关的图像表现于同一个葬具上的情况，都呈现出南北朝时期这种混合的死后观念。

但到了南北朝后期，佛教的天堂地狱观念广泛普及时，这种三教并立的局面就告终了。佛教僧侣为了扩展教势借助于中国传统思想，宣传佛教，成功地使人们接受佛教思想和天堂地狱观念。因为该观念与道教传统的升仙思想很接近，所以人们容易接受它，并且当时为了弘扬天堂地狱观念而大量翻译或制作的地狱经典和地狱图像又使人们感到恐惧，使人们更为信奉佛教，因而佛教终于成为对人们的生死观念影响力最大的宗教。

如上所述，佛教在南北朝晚期的生死观念上占据主导地位，通过当时的文献资料或者佛教石窟和墓葬美术，我们可以得到更多的证实。根据文献记载，佛教除了对丧葬观念的影响之外，还影响于南北朝时期的丧葬习俗，出现受佛教影响的葬礼法。《南齐书》卷二二记载，南齐文献王嶷（444~492年）临死时留下遗言，在葬礼时只使用

---

① 《南齐书》卷四一《张融传》，中华书局，1972年，第729页。

香火、粲水、饭、酒脯、槟榔而举行节葬，还遗命"后堂楼可安佛，供养外国二僧"①。可知当时出现了受佛教影响的葬礼法。此外，还有关于佛教与人的生死有关的记载，其中一例为南齐晋安王子懋为病重的母亲做莲花供养的事例②，还有颇多的与南朝帝王和贵族奉佛活动有关的记载③。其中引人注目的是，在南北朝时期，皇族和贵族在家人死亡时为他的极乐往生建立了寺院。因此寺院除为佛教的殿堂之外，还成为这些豪门世族举行祭祀的祠堂，而僧侣正是为他们主管祭礼的责任者。

关于佛教和丧葬的融合，亦见于北魏时期石窟和造像碑的铭文中。铭文内容的大多数为祈愿他们祖先的灵魂能得到安宁和救赎④。这种现象就是与当时佛教的天堂（佛国净土）地狱观念分不开的。当时人们这种对佛国净土即西方净土的向往，又导致了制作装饰净土变相图的造像碑的流行。四川成都万佛寺址出土的梁代造像碑上就是如此（图37）⑤。该图像正是表现了佛教的西方净土，画面由中部立着一座桥的莲花池而分为上下两段，上段为净土，下段为世俗，意味着通过那座桥能够达到佛国净土。在西方净土思想中，莲花池因为与莲花化生有直接关系所以极受重视。在这里，莲花池上面设一座桥，象征通过它与通过莲花化生一样能够达到彼岸即西方净土。这种表现净土思想的图像从南北朝时期开始流行，表明当时净土思想的盛行。

图 37　成都万佛寺遗址出土造像碑

图 38　元谧石棺前挡画像的拓片

① 《南齐书》卷二二《豫章文献王传》，中华书局，1972 年，第 417 页；［日］鎌田茂雄著、章辉玉译：《中国佛教史——南北朝的佛教·上》，首尔（汉城），1996 年，第 131 页。
② 《南史》卷四四《齐武帝诸子》，中华书局，1975 年，第 1110 页。
③ ［日］鎌田茂雄著、章辉玉译：《中国佛教史——南北朝的佛教·上》，首尔（汉城），1996 年，第 91~225 页。
④ ［日］水野清一、［日］长广敏雄：《龙门石窟の研究》，（东京）东方文化研究所，1941 年，第 449 页，塚本善隆的表。
⑤ 图片采自［日］东京国立博物馆等：《中国国宝展》，（东京）朝日新闻社，2000 年，图 119。

很有趣的是，与此类似的图像，亦发现于北朝墓葬美术中的元谧石棺（图 38）①上。石棺前挡刻门和门吏，画面由下段的莲花池和设于其上面的一座桥而开始，一过桥就面对一个门，那个门就是通往另一个世界的门，而那个世界由莲花池和桥梁暗示为佛国净土。以此，我们可以肯定地认为，即使在南北朝时期的墓葬美术往往显出道佛或儒道佛混合的生死观念，但是，通过上述的内容和元谧石棺的启示，当时人们最希望死后能够达到的世界就是"佛国净土"。在遥远的南北朝时期，人们在告别今世后，正是希望在那儿能够得到来世的安宁和永生。

----

① 图片采自《瓜茄》第 5 号，第 367 页。

建筑基址出土螭首考古学初探

沈丽华（中国社会科学院考古研究所）

中国古代建筑有着悠久而灿烂的文明史，魏晋南北朝时期是建筑技术由土木结合向以木构为主方向发展的重要转折时期，由于单纯利用木构建造高层建筑技术的逐渐发达，战汉以来盛行的夯土高台在力学需求上大为减弱，出现台体大幅缩小的现象，随之而来的是建筑台基包砌装饰更为复杂化。在北朝时期的都城遗址开始出现一种专用于台基上的石质建筑构件，文献中称为"螭首"，该类遗物雕刻精细、造型独特，仅见于宫殿和佛寺等一些重要建筑基址中。经考古调查和发掘发现，此类遗物虽然总体数量不多，但大多为发掘出土品，出土地点和建筑属性明确、造型特征明显、发展演变有序，具有较重要研究价值。本文拟对这类遗物进行初步整理，探讨其基本形制、功能、时代特征演变及与建筑尺度的关系。

一　从文献记载和考古发现看螭首基本形制和功能

（一）文献记载

螭首，又名"螭头"，顾名思义"一种名为螭的动物头部"。螭是古代人们虚构出来的一种动物，关于其具体形象和种属问题，历来没有定论。东汉许慎在《说文解字》中释为："若龙而黄，北方谓之地蝼，从虫离声，或云无角曰螭。"[1]三国曹魏时期张揖在《广雅》中将龙分为四种："有鳞曰蛟龙，有翼曰应龙，有角曰蛇龙，无角曰螭龙。"[2]与张揖同时期的文颖在《汉书注》中称："龙子为螭。"而如淳称："螭，山神也，兽形。"唐人颜师古则认为："（螭）别是一物，既非山神，又非雌龙、龙子，三

---

[1]　许慎撰、徐铉校定：《说文解字》，中华书局，1963年，第281页。
[2]　王念孙：《广雅疏证》卷一〇"释鱼"，《清经解·清经解续编》第五卷，凤凰出版社，2005年，第5739页。

家之说皆失之。"① 长期以来，螭一直是作为一种介于龙和兽之间的特殊动物形象出现的，这种动物形象在中国古代各类遗迹与遗物中有着比较广泛的使用。在古代文献中，螭首一般有三种特指：碑碣上的装饰、器物上的雕饰和建筑台基上的构件②。

作为建筑学名词，螭首最早见于唐宋时期文献中。《新唐书》卷四七《百官二》之"门下省"条："其后复置起居舍人，分侍左右，秉笔随宰相入殿。若仗在紫宸内阁，则夹香案分立殿下，直第二螭首，和墨濡笔，皆即坳处，时号螭头。"③ 卷一二七《张次宗传》："文宗始诏左右史立螭头下记宰相奏对。"④ 卷一六五《郑朗传》："开成中，擢起居郎，文宗与宰相议政，适见郎执笔螭头下，谓曰：向所论事，亦记之乎？"⑤

南宋程大昌在《雍录》和《演繁露》等书中曾对螭首进行考释。《雍录》卷三"含元螭头"条："殿前螭头，盖玉阶扶栏上压顶横石，刻为螭头之状也。唐都城中有三大内，皆尝受朝，而螭头也者，惟大明宫有之，为其据高而道峻，故峻道两旁有石扶栏也。既有扶栏，则其下必立石柱，既有石柱，其上必有压顶横石，横石南出突兀不雅驯，故刻螭以文之，此螭头之所从起也……此之小级，两旁各有石扶栏，扶栏上压顶横石，即刻螭首也。其谓东西鳞次者，足以见小级皆有螭首也，故左右二史立则直第二螭也。凡此螭头、龙尾，皆含元之制，而宣政、紫宸叙载在后。"⑥ "宣政紫宸螭头"条转引了前述《新唐书·百官志》记载。"左右史立螭头"条转引李肇《国史补》曰："两省谑起居为螭头，以其立近石螭也。"《演繁露》卷一一"左右史螭壁侍立"条所引诸文均与《雍录》一致，程大昌还指出："则宣政紫宸每陛每级压栏悉应有螭，故有第二螭首也。二史所立，下乎赤墀，而高乎前庭，故在宣政则俯陛乃可听命。在紫宸则正直次二螭首者其地，其制皆相应也。"⑦

北宋李明仲《营造法式》卷三"殿阶螭首"条："造殿阶螭首之制：施之于殿阶，对柱，及四角，随阶斜出。其长七尺；每长一尺，则广二寸六分，厚一寸七分。其长以十分为率，头长四分，身长六分。其螭首令举向上二分。"书中还附有螭首图样（图1）⑧。梁思成在点校时认为，殿阶螭首目前尚无实例，明清故宫的螭首只用于殿前石阶或天坛圜丘之类的坛上。但是从书中所附图样来看，殿阶螭首与殿前螭首在基本形态上并无明显差异。

---

① 《汉书》卷五七上《司马相如传》注二七，中华书局，1962年，第2551页。

② 《辞源》，商务印书馆，1983年，第2781页。

③ 《新唐书》，中华书局，1975年，第1208页。

④ 《新唐书》，中华书局，1975年，第4449页。

⑤ 《新唐书》，中华书局，1975年，第5069页。

⑥ 程大昌撰、黄永年点校：《雍录》卷三，中华书局，2002年，第58～59页。

⑦ 程大昌：《演繁露》卷一一，清代学津讨原本。

⑧ 图1、6、11、12采自《梁思成全集》第七卷，图5、8～10和表1-7为笔者拍摄，图2和表1-2、1-3为邺城考古队拍摄，图3、4、7及表1其他图片均采自相关发掘报告，不一一注明。

宋代以后文人对螭首的认知基本承袭了
程大昌的观点，这点从清代陈元龙编纂的
《格致镜原》卷一九 "宫室类一·殿" 条的
描述可窥一斑①，但同时亦需注意的是元代
也称螭首为 "鳌头"，清代时则有工匠将
"螭首" 称为 "龙头"②。

（二）考古发现

螭首在考古著述中较早见于日本人下中
弥三郎编著的《世界美术全集》（1929 年版）
第 3 卷中，在《世界美术全集》（1952 年版）
第 7 卷中又刊布了邺城遗址金凤台前文昌阁
门楼内螭首照片③。20 世纪以来，伴随中国

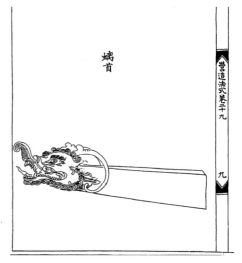

图 1　　《营造法式》附螭首图样

古代都城考古工作的持续开展，在汉魏洛阳城遗址、汉魏至北朝邺城遗址、隋唐长安
城遗址、隋唐洛阳城遗址、元上都遗址和元中都遗址等都城遗址中，陆续发现了数百
件螭首遗物，其中不乏比较完整者。

目前考古发现最早螭首遗物出土于北魏洛阳城永宁寺遗址。永宁寺是北魏洛阳城
内唯一由皇室拟建的寺院，地位非常崇高。1979～1981 年在永宁寺塔基发掘中出土石
雕兽首约 150 余块，包含较大的上颚、下颚、头顶等各部残块，依吻部计算，至少有
十个以上个体，其中能基本复原的只有一件（表 1－1），另有一件上颚（含顶部）也
能大体复原。此外，还有些形体较小的兽首。报告中根据兽首形象特征分为有角和无
角二型，推测有角兽首是木塔基座周边螭首，而无角兽首及形体较小兽首是螭首还是
另有他用，有待发现和研究证实④。

汉魏至北朝邺城遗址所见螭首共有 12 件，均为青石质，其中故宫博物院雕塑馆存
4 件⑤；临漳县文物保管所收藏 4 件，2 件原作金凤台南文昌阁门楼内木柱垫石使用
（图 2），1 件在现金凤台南碑廊内，1 件征集自景隆村⑥；邺城考古队于 1986 年在铜雀
台遗址发掘出土角螭首 1 件（表 1－3）⑦；2002 年在赵彭城东魏北齐佛寺塔基遗址发掘

①　陈元龙：《格致镜原》卷一九，《景印文渊阁四全书》第 1031 册，（台北）商务印书馆，2008 年，第 242 页。
②　梁思成：《清式营造则例》，清华大学出版社，2006 年，第 176 页。
③　俞伟超：《邺城调查记》，《考古》1963 年第 1 期，第 15～24 页。
④　中国社会科学院考古研究所：《北魏洛阳永宁寺——1979～1994 年考古发掘报告》，中国大百科全书出版社，
　　1996 年，第 122～123 页。
⑤　俞伟超：《邺城调查记》，《考古》1963 年第 1 期，第 15～24 页。
⑥　河北省临漳县文物保管所：《邺城考古调查和钻探简报》，《中原文物》1983 年第 4 期，第 9～16 页。
⑦　中国社会科学院考古研究所等：《河北临漳邺北城遗址勘探发掘简报》，《考古》1990 年第 7 期，第 595～600 页。

出土螭首 4 件（表 1 - 2）①。

隋唐时期螭首主要见于唐长安城、洛阳城和渤海上京城遗址。唐长安城大明宫遗址共出土较完整螭首 12 件，均为青石质。其中 1957～1959 年调查大明宫遗址时在麟德殿"东亭"南边的唐代地面发掘出土 1 件，仅残存舌部以下的下颚部分（图 3）；在龙首渠出土 2 件，螭首面部有贴金痕迹（表 1 - 6）②。1995～1996 年含元殿遗址发掘出土螭首残件 49 件，其中后段保存基本完好 2 件、头部基本完好 4 件，此外还有上唇部残件 4 件、额部残件 1 件和可辨认为螭首的小碎块 38 件（表 1 - 4、5）③。此外，考古研究所西安研究室陈列室内展有麟德殿出土螭首 1 件，西安碑林博物馆藏有角螭首 2 件（表 1 - 7）。唐洛阳城遗址出土螭首 3 件，均为青石质，其中 1989～1993 年在上阳宫遗址水池西侧入水口淤泥中发掘出土 2 件，1 件保存较完好（图 4）④；洛阳博物馆藏唐洛阳城宫城出土螭首 1 件（图 5）。唐渤海国上京龙泉府遗址 2 号宫殿遗址也曾发现石螭首 1 件（表 1 - 9）⑤。

图 2　临漳县文保所藏北朝螭首

图 3　唐长安大明宫麟德殿出土螭首

① 中国社会科学院考古研究所等：《河北临漳县邺城遗址赵彭城北朝佛寺遗址的勘探与发掘》，《考古》2010 年第 7 期，第 31～42 页。

② 中国科学院考古研究所：《唐长安大明宫》，科学出版社，1959 年。

③ 中国社会科学院考古研究所西安唐城工作队：《唐大明宫含元殿遗址 1995～1996 年发掘报告》，《考古学报》1997 年第 3 期，第 341～405 页。

④ 中国社会科学院考古研究所洛阳唐城队：《洛阳唐东都上阳宫园林遗址发掘简报》，《考古》1998 年 2 期，第 38～44 页。发掘简报中将该遗物称为螭首，但其在形态方面与同时期螭首差异较大，兽身上部设有斜坡形凹槽，与兽首嘴部相通，与明清以后流行的具有流水功能的螭首略有相似，但兽身部分没有榫卯结构，无法与围栏构件相连接，故应非螭首，而或为戏水兽一类。

⑤ ［日］驹井和爱：《世界考古学大系》第 7 卷"汉·南北朝·隋·唐时代"，（东京）平凡社，1959 年。《渤海国上京龙泉府宫城 2 号宫殿遗址发掘简报》（《文物》2000 年第 11 期，第 13～22 页）中曾误将陶质脊兽视为殿阶螭首，并附会法式记载，提出所谓建筑台基设施经历从木结构向石结构过渡的结论，该观点在正式报告中已予以纠正。见黑龙江省文物考古研究所：《渤海上京城：1998～2007 年度考古发掘调查报告》，文物出版社，2009 年。

图 4　唐洛阳上阳宫出土石构件　　　图 5　洛阳市博物馆藏唐代螭首

五代和两宋时期螭首罕见考古实例，梁思成在注释《营造法式》时曾列举山西平顺大云寺疑为五代螭首 1 件（图 6）①，山西太原晋祠圣母殿（北宋天圣年间建筑）和大同善化寺大雄宝殿（辽代建筑）殿前台基上也可见螭首设置，但螭首是否即为古代实物就不得而知了②。与两宋大致同时期的西夏六号陵陵城南门遗址出土青砂岩螭首 2 件（表 1 - 10）③。元代螭首遗物出土较多，主要集中于元上都和元中都遗址。元上都城遗址出土汉白玉螭首 4 件，其中 1937 年东亚考古学会调查时在乾元寺遗址采集 1 件（图 7）④，1973 年内蒙古大学贾洲杰等调查时在华严寺遗址发现 1 件⑤，此外正蓝旗文物保管所在宫城内采集 2 件（表 1 - 11）⑥。元中都城遗址发掘出土汉白玉螭首近百件，其中角螭首发现较完整 1 件、砸坏 1 件、残块 21 件，台沿螭首完整、基本完整和残块较大者 74 件、残块 85 件，其中除 5 件征集自白城子村外，余均为一号殿址发掘出土（表 1 - 12）⑦。元大都雍和宫豁口西出土螭首 1 件⑧。

除上述螭首实物以外，在一些塔类建筑遗物上也可见到模仿螭首的形象，如山西平顺明惠大师塔⑨、安阳灵泉寺唐代双石塔（图 8）、西安碑林博物馆藏乾县石牛寺出土石灯（图 9）等，此类遗物均模拟建筑形象构造出高台基，而螭首则雕刻于台基四角或四面，应属于对现实生活中建筑形象的摹写。

---

① 梁思成：《梁思成全集》第七卷，中国建筑工业出版社，2001 年，第 63 ~ 64 页。
② 刘敦桢：《中国古代建筑史（第二版）》，中国建筑工业出版社，1984 年，第 199、213 页。
③ 宁夏文物考古研究所等：《西夏六号陵》，科学出版社，2013 年，第 216 ~ 219 页。
④ 东亚考古学会：《上都——蒙古多伦诺尔元代都城址调查》，东亚考古学会，1941 年，图版五七 ~ 六〇。转引自魏坚：《元上都》，中国大百科全书出版社，2008 年，图版 4。
⑤ 贾洲杰：《元上都调查报告》，《文物》1977 年第 5 期，图五。
⑥ 魏坚：《元上都》，中国大百科全书出版社，2008 年，第 59 页，彩版陆叁 : 2。
⑦ 河北省文物研究所：《元中都——1998 ~ 2003 年发掘报告》，文物出版社，2012 年，第 200 ~ 201 页。
⑧ 张宁：《记元大都出土文物》，《考古》1972 年第 6 期，第 28 页。
⑨ 杨烈：《山西平顺县古建筑勘察记——大云寺、明惠大师塔》，《文物》1962 年第 2 期，第 40 ~ 51 页。

图 6 大云寺疑为五代螭首　　　　图 7 元上都乾元寺出土螭首

图 8 灵泉寺唐代石塔　　　　图 9 乾县石牛寺出土石灯

（三）螭首基本形制和功能

结合文献记载和考古发现，我们可以对螭首基本形制和功能概括如下：螭首，又称"螭头"，属于建筑台基上围栏构件的重要组成部分。从基本形态而言，螭首一般由兽首和兽身两部分组成[①]，兽首部分雕琢成螭头状、略上昂、打磨光滑，兽身部分一般呈长方体状，因镶嵌在台基内部不露明，故只做简单雕琢打磨，并且保留穿凿痕迹，

---

① 兽首和兽身的区别以与台基结合边缘为界限，即伸出台基露明部分为兽首、伸入台基不露明部分为兽身。

在兽首和兽身衔接处附近往往设有榫孔或凹槽，以与其他构件相结合。在建筑功能方面，螭首位于台基顶部、望柱下方，与望柱、栏板、压栏石等组合使用，对建筑台体起到保护和美观的作用①。

二　形制特征演变

根据螭首使用位置的差异，我们可将这批遗物分为两型（表1）。

A型：阶沿螭首，该类螭首为大宗，使用于建筑台基四面除四角以外位置。根据兽首形态特征的差异又可分为两个亚型。

Aa型　兽首较接近于兽面形态，吻部俯视大致呈长方形，根据兽首形态特征和兽身榫卯结构的差异可分为三式。

Ⅰ式　兽首近似方形，阔口大张，舌头微吐，齿牙毕露，两侧犬齿齿尖相对，涡状鼻孔向上翻卷，双目圆鼓，双耳作尖圆形，紧贴头顶两侧，两颊刻出三绺鬃毛，鬃毛末端向上卷曲，头顶两耳间生出双角，角贴头顶直伸脑后②，脑后有插入建筑体内的榫卯痕迹；兽身呈长方体状，兽首与兽身长度比约为2∶1。典型标本：北魏洛阳永宁寺塔基遗址出土T1∶4001、4008、4103拼合体（表1-1）。

Ⅱ式　兽首双颌紧闭，正面露出门齿，两侧上犬齿露出，涡状鼻孔上翘，双目圆鼓，双耳作尖圆形，向后紧贴头顶两侧，双颊刻出三绺带状鬃毛，耳后刻出两绺带状鬃毛，鬃毛末端均向下翻卷；兽身成长条状，接近于兽首处有一圆形榫孔，兽首与兽身长度比近似1∶1，兽首略长。典型标本：邺城遗址赵彭城东魏北齐佛寺塔基02JYNT2B∶1（表1-2）、唐长安含元殿T305∶182（表1-4）。

Ⅲ式　兽首大嘴微张，犬齿毕露，涡状鼻孔上卷，双目圆睁鼓突，腮部和眼后刻出多绺条状鬃毛，头顶塑卷曲双角，紧贴于头顶两侧；兽身呈长条状。典型标本：渤海上京龙泉府2号殿址出土螭首（表1-8）。

Ⅳ式　兽首双颌微闭，正面塑四颗门齿和两颗上犬齿，两侧塑出上下四颗獠牙，上唇向上翻卷，鼻孔上扬，双目圆睁，尖圆形双耳向上贴于脑后，腮部刻出半圆弧状鬃毛，颈部和下颌部线刻竖向鬃毛，头顶塑卷曲双角；兽身为方形榫头，已残断。典型标本：西夏六号陵陵城南门出土T1508②∶14（表1-9）。

Ab型　兽首形态较接近于龙形，吻部俯视大致呈三角形，根据兽首形态特征和兽身榫卯结构差异可分为三式。

---

① 对于每座单体建筑螭首数量的多寡，是否与望柱数量一一对应，目前尚缺乏证据说明。据《营造法式》"螭子石"条记载："造螭子石之制：施之于余阶棱钩阑蜀柱之下，其长一尺、广四寸、厚七寸，上开方口，其广随钩阑卯。"可见，在围栏构件中还有一种与螭首功能相似但较为简单的石构件。
② 永宁寺塔基遗址同时出无角螭首，与有角螭首除角以外差异不大。

Ⅰ式　兽首大嘴微张，舌头向内卷曲，齿牙毕露，正面四颗犬齿齿尖相对，上唇略上卷，鼻孔上扬，双目微闭，尖圆状双耳紧贴于脑后，双颊向后刻出多绺条状鬃毛，头顶塑粗壮双角，延伸至脑后，双角后段中部有一长方形榫孔；兽身呈长条状，长度与兽首大致相当，高度略低。典型标本：唐长安大明宫含元殿遗址出土石螭首 T128∶236（表1-5）。

Ⅱ式　兽首大嘴微张，舌头微吐，齿牙毕露，正面两侧犬齿均上扬，上唇略上卷，鼻孔上扬，双目圆睁，腮部塑出半圆弧状鬃毛，尖圆状双耳紧贴于脑后，头顶塑出微卷粗壮双角，延伸至脑后，头顶双角间有一圆形榫孔；兽身残缺不详。典型标本：唐长安大明宫龙首渠1∶1（表1-6）。

Ⅲ式　兽首双颌微闭，犬齿毕露，两侧上下犬齿分别向上下露出，上唇上卷，鼻孔上扬，双目鼓凸圆睁，尖圆状双耳紧贴于头顶两侧，双颊塑出卷涡状鬃毛，头顶塑虬状龙角，延伸至脑后；兽身呈长条状，略长于兽首部分，接近兽首处刻有长方形凹槽。典型标本：元上都宫城内征集螭首（表1-10）、元中都一号殿址出土螭首 CS2（表1-11）。

B型：角螭首，使用于建筑台基四角。根据兽首形态特征和兽身榫卯结构的差异可分为三式。

Ⅰ式　兽首大嘴微张，齿牙毕露，两侧前端四颗犬齿齿尖相对，后端上下四颗犬齿分别向上下露出，上唇向上扬起，鼻孔上扬，双目鼓凸圆睁，眉心有摩尼宝珠状隆起，尖圆状双耳紧贴于脑后，两颊塑出三绺带状鬃毛，鬃毛末端向下卷曲，下颚塑出三道卷云状鬃毛，头顶塑虬状双角，向后延伸至脑部；兽身略短于兽首，高度也略小，兽身前段有两处曲尺形转折，显示其应为角螭首，两处转折中部有一圆形榫孔。典型标本：邺城铜雀台遗址 88JYT13⑥∶16（表1-3）。

Ⅱ式　兽首双颌微闭，齿牙毕露，上唇上卷，鼻孔上扬，双目圆睁，双颊和耳后塑出绺状鬃毛，头顶双角延伸至脑后；兽身呈长条状，侧面可见与压栏石、地袱石衔接痕迹，顶部有方形榫孔。典型标本：西安碑林博物馆藏螭首（表1-7）。

Ⅲ式　兽首双颌微闭，齿牙毕露，上唇上卷，鼻孔上扬，双目鼓凸，尖圆状双耳紧贴于脑后，双颊塑出涡状和多绺条状鬃毛，头顶双角略弯曲，延伸至脑后；兽首两侧塑出两只强壮前肢，双爪撑于方座上；兽身由长条状石和方形石座组成，兽身与兽首结合处呈曲尺形转折，临近转折处有一方形榫孔。典型标本：元中都宫城一号殿址出土石螭首 CS1（表1-12）。

上述螭首大多属考古发掘品，出土地点与地层明确、时代和遗迹属性清晰，结合前面的类型学分析，我们可以根据螭首形制特征演变，将其分为四期。

第一期　Aa型Ⅰ式出土于北魏洛阳永宁寺的塔基遗址，永宁寺始建于北魏熙平元年（516年），毁于永熙三年（534年），故此第一期的年代约相当于北魏洛阳时期。我

们目前尚未见到比永宁寺更早的螭首形
象，因此也不排除螭首始出现于北魏时
期的可能。北魏时期螭首目前仅见阶沿
螭首实例，形态方正古朴，与同时期的
石门墩等在制作工艺上具有密切关联
（图10）①。

图 10　洛阳龙门石窟宾阳北洞石门墩

第二期　Aa 型Ⅱ式、B 型Ⅰ式均出土
于邺城遗址，前者出土于邺南城赵彭城
北朝佛寺塔基遗址，时代属东魏北齐时
期，后者出土于铜雀台遗址东魏北齐地层中，因此第二期的年代约相当于北朝晚期。这
一时期螭首集中见于邺城遗址，主要用于宫殿和佛寺塔基等高台建筑台基上。螭首头部
继续保持兽面形态，兽面较第一期更为圆润，双颊鬃毛呈条带状②，与第一期螭首鬃毛特
征相似，唯鬃毛末端由向上翻卷演变为向下翻卷；角螭首开始出现兽首上唇向上扬起姿
态，下颚刻有卷云状鬃毛。螭首兽身榫孔一般为圆形③，位于兽身前段、近兽首处。

第三期　Aa 型Ⅱ式、Ab 型Ⅰ式出土于唐长安城含元殿遗址，含元殿始建于唐高宗
龙朔二年（662 年），毁于唐末；Ab 型Ⅱ式出土于唐长安大明宫龙首渠遗址；B 型Ⅱ式
出土于唐大明宫麟德殿遗址，大明宫麟德殿始建于唐高宗麟德年间（664～665 年），
毁于唐末；Aa 型Ⅲ式出土于渤海上京龙泉府 2 号宫殿址，渤海上京始建于唐代中期，
毁于五代时期。故此第三期的年代约相当于唐初至五代十国时期。这一时期螭首主要
见于唐长安大明宫遗址和渤海上京龙泉府遗址，均用于宫殿内大型殿址的高台上。这
一时期吻部俯视呈长方形、兽面形态螭首继续使用，而吻部俯视呈三角形、近似于龙
首形态螭首逐渐成为主流，兽首鬃毛开始出现多绺、条状、向脑后聚集和腮后半圆弧、
线条状两种形态，兽首上唇上扬更为明显，并开始出现向内卷曲现象，兽嘴两侧开始
出现更多獠牙。螭首兽身榫孔开始以方形为主，圆形仍有保留，一般位于兽首末端。

第四期　Aa 型Ⅳ式出土于西夏六号陵陵城南门遗址，Ab 型Ⅲ式和 B 型Ⅲ式分别出
土于元上都宫城和元中都宫城一号殿址。因此，第四期的年代大约相当于宋元时期。
宋元时期螭首主要见于西夏六号陵陵城南门、元上都宫城和佛寺、元中都宫城一号殿
址等处，仍主要使用于重要宫殿和佛殿建筑台基上。这一时期螭首的最大变化是开始

---

① 山西大同方山永固陵内有石门两重，石门两侧门柱下有虎形门墩，其整体造型与元中都出土螭首有一定相似
　　性，但兽身部位凹槽更为宽深，兽首造像则与洛阳永宁螭首较为相似，同类遗物在云冈石窟博物馆和龙门石
　　窟第 104 窟宾阳北洞亦能见到。因此，可以怀疑在北魏时期作为建筑物不同位置构件的螭首和门墩在制作工艺
　　上存在一定的关联性。
② 类似条带状鬃毛的雕塑方式在同时期佛教造像底座上的护法狮子和墓葬镇墓兽的身上亦可见到，不过鬃毛末端都
　　与永宁寺螭首一样向上翻卷。
③ 邺城遗址文昌阁内两件螭首在兽首与兽身衔接处有长方形凿孔打破圆形榫孔，应为后代再利用形成。

表1　螭首类型演变表

	A 型		B 型
	Aa 型	Ab 型	
第一期	I 式 1－1 北魏洛阳永宁寺塔基		I 式 1－3 邺城铜雀台遗址
第二期	II 式 1－2 东魏北齐邺城赵彭城佛寺塔基	I 式 1－5 唐长安大明宫含元殿	
第三期	II 式 1－4 唐长安大明宫含元殿　III 式 1－8 渤海上京龙泉府象 2 号殿址	II 式 1－6 唐长安大明宫龙首渠	II 式 1－7 碑林博物馆藏

续表

第四期	A 型		B 型
	Aa 型	Ab 型	
	Ⅳ式 1－9 西夏六号陵陵城南门	Ⅲ式 1－10 元上都宫城征集 Ⅲ式 1－11 元中都一号殿址	Ⅲ式 1－12 元中都一号殿址

从流行青石质地演变为流行汉白玉质地，兽面形态螭首只在早期还有所保留，逐渐为吻部俯视呈三角形、近似于龙首形态螭首所取代。兽首两颊和顶部开始出现涡状鬃毛，兽首上唇向上卷曲和兽嘴两侧獠牙更为明显，角螭首兽首两侧开始出现强壮的前肢。角螭首榫孔又回到兽身接近兽首位置，仅见长方形榫孔；阶沿螭首则直接在兽身前端雕凿出长方形凹槽，凹槽宽深与压栏石宽深保持一致。

三　余　论

综上所述，螭首在古代社会作为体现建筑等级的一种重要建筑构件，主要见于都城中宫殿或礼制建筑和大型佛寺塔基、主殿等高台基上。北朝时期能见到的螭首遗物较少，主要出现于由皇室敕建的大型佛寺塔基上。隋唐时期，螭首数量和种类逐渐增多，并扩展到大型宫殿和皇家园囿中，并且在一些高僧墓塔或石灯等具有典型佛教特征的遗物上，也可以看到其在模仿建筑形象同时也雕塑出螭首形象，足见其在建筑等级上的重要表象意义。宋元时期，螭首开始由为宫殿和皇室寺院专属，转而流入民间，但仅见于一些大型地方佛寺中。

明清时期建筑至今多有保存，螭首实物主要可见于明南京故宫奉天门、明孝陵宝城前殿、明清北京紫禁城太和殿（图11）、中和殿、保和殿、乾清宫、钦安殿等中轴线建筑和礼制建筑天坛（图12）、太庙以及清崇陵、泰陵隆恩殿等大型建筑台基上。明清时期螭首基本形制承袭了元代特征，但是在兽首口中出现小圆孔，并与围栏内侧地面相连接，演变为具有排水功能的实用构件；在个别建筑上如天坛祈年殿，螭首形制也开始呈现多样化的趋势，出现凤首和云纹状的排水构件。但是需要注意的是，具有排水功能的螭首仅见于阶沿螭首，不见于角螭首。伴随使用功能的增益，螭首在使用范围上也逐渐广泛化，在一些地方佛寺中也多有发现，但是在礼制上用质地来区分使用等级，如皇室建筑使用汉白玉材料，而民间则只能使用青石质地等。

图 11　北京故宫太和殿螭首　　　图 12　北京天坛螭首

从建筑结构角度而言，螭首并非围栏构件的必备组成部分，但是纵观其发展演变史，可以发现螭首在注重美观的装饰作用同时也具有较严格的尺度规范，以保证达到力学的平衡。从下表（表2）可以看到，主要体现在如下三个方面：一、螭首最大宽和最大高基本维持在1∶1左右，一般最大高略大于最大宽。二、兽首和兽身的长宽比发生了比较大的变化，阶沿螭首在北魏洛阳时期近似于2∶1，北朝晚期以后均接近于1∶1，且呈现兽身长度略大于兽首长度的趋势；角螭首在北朝时期兽首略长于兽身，到宋元时期则兽首渐短于兽身。三、兽首一般呈上扬态势，上扬角度基本没有发生变化，阶沿螭首兽首上扬角度保持在17°~18°之间，而角螭首兽首上扬角度则保持在10°左右。对比北宋《营造法式》和清代《营造算例》记载，可以发现目前所见实例虽然没有与之完全相符者，但大致比例关系是相当的。

表2　螭首各部位尺寸统计表（长度单位：厘米）

出土地点	器物编号	通长	宽	高	首长	身长	螭首上举	榫孔径
北魏洛阳永宁寺塔基	T1∶4001、4008、4103	残38	28	约34	残38			
北魏洛阳永宁寺塔基	T1∶4503	残120	26.2	20	残77.5	残41.2		
邺城文昌阁	文237	113	27.4	27.4	60	53	18°	
邺城景隆村	不详	残65		37				
邺城赵彭城佛寺塔基	02JYNT2B∶1	残97	30.5	38	74	残23	18°	圆，8.8
邺城赵彭城佛寺塔基	02JYNT3B∶1	残75	31.5	40	73		18°	
邺城赵彭城佛寺塔基	02JYNT3B∶2	残86	30.5	残33.5	74	残9	18°	
邺城赵彭城佛寺塔基	02JYNT1F∶1	残40	25.8	残31				
邺城铜雀台遗址	86JYT13⑥∶16	192	33.4	33.8	104	88	10°	圆，8
唐长安大明宫麟德殿	66∶1	残20		残15				
唐长安大明宫含元殿	T118∶246	残138	30	28	残40	98		方，8.5×6×7
唐长安大明宫龙首渠	1∶1	残26.4	残16.8	约17.8	残26.4			圆，6

出土地点	器物编号	通长	宽	高	首长	身长	螭首上举	榫孔径
唐长安大明宫龙首渠	1：2	残26.4		约18.4	残26.4			
唐长安大明宫含元殿	T123：247	残80	24	26.4	残40	40		方，10×6×6
唐长安大明宫含元殿	T128：236	残65.4	30	40.5				
唐长安大明宫含元殿	T304：180	残31.8	28.2	37.2				
唐长安大明宫含元殿	T305：182	残27.9	24.6	27				
唐长安大明宫含元殿	T218：181	残26.4	22.2	36				
唐洛阳上阳宫水池入水口	T31④：46	74	29	21	24	50		
西夏六号陵陵城南门	T1508②：13	残35	18	19	35	8.5		
西夏六号陵陵城南门	T1508②：14	残38	残17	20	38			
元中都宫城一号殿址	CS1	151	33	34	74	77	10°	方，12
元中都宫城一号殿址	CS2	90	27	30.5	49	41	17°	
元大都雍和宫豁口西		74	20	28				
营造法式		七尺	二寸六分×7	一寸七分×7	二尺八寸	四尺二寸	一尺四寸	
	按一尺合31厘米计	217	56.4	36.9	86.8	130.2	27°	
营造算例		台基明高加倍	高六分之七	台明折半	通长折半			

后记：本文写作缘起于 2013 年前后杨泓、苏铉淑等先生在参观邺城博物馆时对铜雀台遗址出土螭首的讨论。为解决心中的一些疑问，笔者搜罗国内各都城遗址出土遗物，进行了尝试性探讨。由于这些材料在发掘报告中多语焉不详甚或有错漏，而文献记载又颇多牴牾，并且限于笔者学识，本文可能只是初步提出了相关问题，而问题的解决还有待进一步努力。

自 2005 年初到北京参加研究生复试开始，到硕论开题、毕业答辩，笔者非常幸运的一直得到杨先生的指导和帮助。毕业之后留在考古研究所工作，有幸被先生安排参与《中国考古学·三国两晋南北朝卷》的一些工作，后来又被研究室安排承担《20 世纪中国知名科学家学术成就概览·考古学卷》之先生传记的撰写工作，再加上笔者现居地与先生府邸不足百米，时常能在街头路口偶遇。由于上述种种机缘，笔者虽无缘入先生门下，但却有幸能时常上门请教，实在是人生之大幸。故不揣简陋，谨以此文恭祝先生八十华诞，愿先生伉俪健康长寿！

唐东都九洲池研究

韩建华（中国社会科学院考古研究所）

 九洲池是隋唐东都洛阳宫城内一处重要的池苑建筑，位于宫城西北部。隋唐宫城中以九洲池为中心的园林建筑区，荟萃了唐代园林建筑艺术的精华，可谓中国古代皇家园林的杰出典范（图1）。

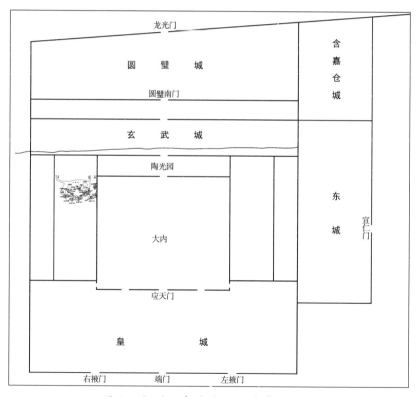

图1　九洲池在隋唐洛阳城中的位置

 关于九洲池，唐人韦述在开元十年（722年）撰写的《两京新记》中，对其地望和形状规模作了简要概述。韦述是唐代颇负盛名的史官，他的《两京新记》应是探讨九洲池最有价值的文献。宋代著名的地理学家宋敏求在其所著《河南志》中收录有关九洲池的文献资料，内容与逸失的《两京新记》基本相同。南宋王应麟等编著《玉海》的《东京记》也论及九洲池。清人徐松的《河南志》中记述了九洲池及其周边建筑景观的昔时风貌。徐松从《永乐大典》中辑得元人佚名编的《河南志》，该志保存了宋敏求《河南志》的大量内容，是今天能见到的比较系统的有关东都洛阳的资料。徐松依据《河南志》，又广泛搜集资料，编辑了《唐两京城坊考》，该书征引有关文献对唐东都，包括九洲池，作了详细的考证，取得了许多收获。

　　近年来关于九洲池的研究，杨鸿年先生的《隋唐宫廷建筑考》[①]和李健超先生的《增订〈唐两京城坊考〉》[②]，还有阎文儒、阎万钧先生的《两京城坊考补》[③]都对九洲池进行了专门讨论，最重要的是王岩先生《隋唐宋时期洛阳园林考古学初探》[④]，依据考古发现，对九洲池及隋唐宋洛阳园林特点进行总结。杨鸿勋先生依据九洲池考古发掘的岛上建筑基址进行复原研究[⑤]。杨焕新先生的《略谈隋唐东都宫城、皇城和东城的几个问题》[⑥]中也论及九洲池。汪勃先生的《东亚地区古代宫城池苑之比较》和《试论汉唐时期中国宫城池苑之特点》[⑦]都论及九洲池遗址。王铎《中国古代苑园与文化》[⑧]也论证了九洲池。

　　以上关于九洲池的研究，无疑是重要而卓有成效的。本文拟在上述研究的基础上，利用九洲池考古新材料，结合有关文献，对九洲池的规模、建筑特点、水系以及使用沿革作进一步探讨。

一　九洲池的考古资料

　　历史文献对九洲池的记述资料比较零星，而九洲池遗址的考古调查和发掘，最终为世人揭开了大唐盛世九洲池皇家园林的神秘面纱。

　　隋唐洛阳城的考古工作始于 1954 年，当时进行全面勘查，成果主要是"关于外郭城址的范围、形制以及一些城门位置大体已摸索清楚"。1959 年春，中国科学院考古研究所洛阳发掘队进行一次复查，并发掘了皇城南面的右掖门。1960 年以后，考古工作者对隋唐洛阳城作了长期、系统的钻探与发掘，大体弄清了隋唐洛阳城宫、皇城及外郭城的布局。探索宫、皇城及其附属诸小城的平面布局是工作的重点，方法是以钻探

① 杨鸿年：《隋唐宫廷建筑考》，陕西人民出版社，1992 年。
② 李健超：《增订〈唐两京城坊考〉》，三秦出版社，2006 年。
③ 阎文儒、阎万钧：《两京城坊考补》，河南人民出版社，1992 年。
④ 王岩：《隋唐宋时期洛阳园林考古学初探》，《汉唐与边疆考古》第一辑，科学出版社，1994 年。
⑤ 杨鸿勋：《宫殿建筑考古学通论》，紫禁城出版社，2001 年。
⑥ 杨焕新：《略谈隋唐东都宫城、皇城和东城的几个问题》，《汉唐与边疆考古学》第一辑，科学出版社，1994 年。
⑦ 汪勃：《东亚地区古代宫城池苑之比较》，《新世纪的考古学：王仲殊先生八十华诞纪念论文集》，科学出版社，2005 年；汪勃：《试论汉唐时期中国宫城池苑之特点》，《汉代考古与汉文化国际学术研讨会论文集》，齐鲁书社，2006 年。
⑧ 王铎：《中国古代苑园与文化》，湖北教育出版社，2003 年。

为主，"发掘工作做得较少"①。1982～1986 年，隋唐洛阳城的工作主要是在宫城、皇城内配合市政基本建设工程进行必要的勘察和考古发掘。

（一）九洲池遗址的考古简史

对于九洲池遗址的认知，是随着对九洲池遗址的考古工作不断深入而逐渐清晰的。

1960 年秋的勘查中首次确定了九洲池的位置及范围②。在宫城西北角发现大面积的淤土堆积，西距西墙 5 米，北距陶光园南墙 148 米，淤土东西 280 米，南北最宽 260 米，总面积约为 55600 平方米。淤土有赤褐色及白色两种，距今地表深度不一，西部及西南部一般深在 2 米以下，东部深 1.8 米左右，东北部深 0.5 米左右，中心部分距地表口只 0.3 米。四周堆积厚度均保留在 0.7～1 米左右，只有中部竟厚达 6 米多。淤土正南有缺口向南伸出，宽约 9 米。通过与文献对照，"其形状大小和位置都比较相符，因此完全有可能为九洲池的遗迹。南面突出的缺口，恐是排水用的出入口"（图 2）③。

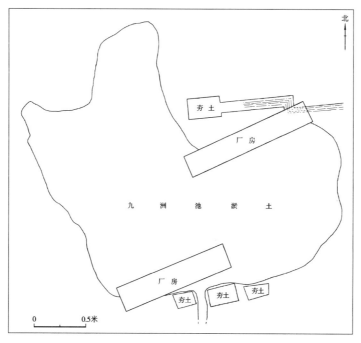

图 2　20 世纪 60 年代钻探的九洲池的范围及布局

1982～1986 年，隋唐洛阳城的工作主要是在宫城、皇城内配合市政基本建设工程进行必要

---

① 中国科学院考古研究所洛阳发掘队：《隋唐东都城址的勘查与发掘》，《考古》1961 年第 3 期，第 127～135 页。
② 中国科学院考古研究所洛阳发掘队：《隋唐东都城址的勘查与发掘》，《考古》1961 年第 3 期，第 127～135 页。
③ 中国科学院考古研究所洛阳发掘队：《隋唐东都城址的勘查与发掘》，《考古》1961 年第 3 期，第 127～135 页。
图 2 采自中国社会科学院考古研究所：《隋唐洛阳城（1959～2001 年考古发掘报告）》，文物出版社，2014 年。

的勘察和考古发掘。其中重要成果之一就是九洲池范围的勘探确定及岛上亭阁遗址的发掘①。

20 世纪 90 年代末，随着新的考古工作的开展，对九洲池范围的认知又有新的变化。

（二）20 世纪 80 年代的九洲池范围及建筑

20 世纪 80 年代以来，在配合洛阳玻璃厂的基本建设工程中，在可能的条件下进行全面的钻探，确定九洲池遗址位于宫城的西北部，陶光园南 250 米处，东西长约 205 米，南北宽约 130 米。初步搞清了九洲池的轮廓，北部因铁路、水泥路面和厂房无法钻探，故范围还不十分准确，南部因基建部分建筑未拆除，还未做工作。掌握了池内堆积情况，大致分为四层。其中第三层、第四层是与九洲池有关的遗迹。在九洲池已知范围内探出六座小岛，均为生土台基，岛呈椭圆形或近圆形，直径分别为 23～50 米，面积在 1000～1400 平方米之间。还探明池北面东西两侧各有一条宽约 5 米、深 4 米的渠道向北延伸，至陶光园南墙附近向内折，相交处被晚期淤土破坏，可能是九洲池的进水口。南面东南角也有一条渠道遗迹，可能是九洲池的出水口（图 3）②。

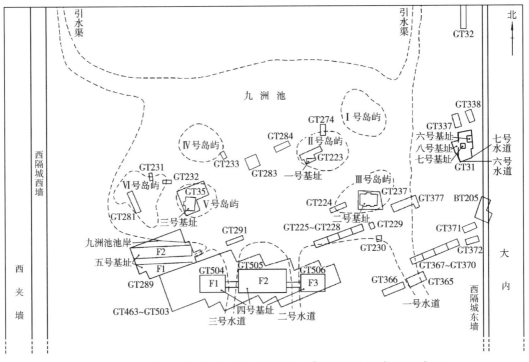

图 3　20 世纪 80 年代九洲池的范围、岛屿及发掘基址分布图

---

① 中国社会科学院考古研究所洛阳唐城队：《洛阳隋唐东都城 1982～1986 年考古工作纪要》，《考古》1989 年第 3 期，第 234～250 页。

② 中国社会科学院考古研究所洛阳唐城队：《洛阳隋唐东都城 1982～1986 年考古工作纪要》，《考古》1989 年第 3 期，第 234～250 页。图 3 采自中国社会科学院考古研究所：《隋唐洛阳城（1959～2001 年考古发掘报告）》，文物出版社，2014 年。

文献记载九洲池建筑形式多样，有"池之洲"，洲上有"殿曰瑶光"，有"亭曰琉璃"，有"观曰一柱"，环九洲池有花光院、山斋院、翔龙院、神居院、仙居院等，还有千步阁。九洲池考古发现的建筑遗迹可分为隋唐和宋两个时期。其中隋唐时期的建筑遗迹有"池之洲"上的"亭台建筑"①和环池建筑两大类。宋代建筑遗迹保存较差，发现磉墩建筑的千步廊和其北侧的砖砌方坑。

1. 池之洲的"亭台建筑"（一至三号基址）

九洲池考古勘探发现了六座岛屿，其中三座岛屿上发掘了建筑基址各一处，20 世纪 80 年代命名为"亭台建筑"。"这三座建筑规模大小虽有差别，但从基址的处理、建造技术、建筑材料等方面观察，可以确定为同一时期的建筑。再从基址地基保存较好、踏步磨损轻微、出土遗物时代单纯方面来看，这些建筑使用时间不长，毁弃后也未再建。"②

依据《隋唐洛阳城（1959～2001 年考古发掘报告）》，编号一、二、三号基址③。

一号基址位于九洲池的 II 号岛上。基址仅残存西北一角，系夯筑而成，夯土厚约0.5 米。夯土呈红褐色，坚硬，纯净。夯层厚 8～10 厘米。基址外侧用长方形小砖包边，残存二层，皆为横向错缝平铺，以素泥黏合。基址面上清理出 1 个柱础石坑和 3 方柱础石。它们由南向北为二排，由东向西为三列。排距与列距大体相同，皆为 1.9～1.93 米。有的柱础石坑中同时出土 2 方石块。它们上下叠压，通常下面一块较大。柱础石上居中皆凿有圆形透榫孔，径约 13.5 厘米。榫孔边沿压印白灰柱痕，径约 20 厘米（图 4）④。

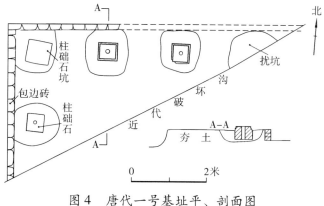

图 4　唐代一号基址平、剖面图

---

①　中国社会科学院考古研究所洛阳唐城队：《洛阳隋唐东都城 1982～1986 年考古工作纪要》，《考古》1989 年第 3 期，第 234～250 页。

②　中国社会科学院考古研究所洛阳唐城队：《洛阳隋唐东都城 1982～1986 年考古工作纪要》，《考古》1989 年第 3 期，第 234～250 页。

③　中国社会科学院考古研究所：《隋唐洛阳城（1959～2001 年考古发掘报告）》，文物出版社，2014 年。

④　图 4 采自中国社会科学院考古研究所：《隋唐洛阳城（1959～2001 年考古发掘报告）》，文物出版社，2014 年。

二号基址位于九洲池的Ⅲ号岛上。岛呈扁椭圆形，最大径50米，短径30米。基址为坐北朝南的长方形建筑，系夯筑而成。东西长11.4米，南北宽8.58米，厚0.7米。夯土呈红褐色，较为纯净，夯层厚1厘米。基址四面皆用长方形小砖包砌，单砖顺砌，以素泥黏合，砌砖残存2~4层，高12.5~26厘米。基址上残存有柱础石坑，从现有残留柱坑观察，原有柱石南北五排，东西六列，共计30块。现存柱坑18个，其中完整者13个，平面近方形，边长约50厘米，深10~18厘米。现存柱石1块，平面呈方形，边长44厘米，厚11厘米。柱础石居中凿有圆形榫孔，径12厘米。柱础石或柱础石坑底部皆铺一层细沙。柱坑南北排距为1.8米，东西列距为2米，外侧一周柱础石坑距包边砖外沿均为0.76米。基址南、北均有踏步，南面2个，北面1个，形制、大小基本相同。南面踏步长2.65米，宽0.7米。间距2.15米，西边踏步西距台基西南角2.56米。踏步一面与台基包砖相连，另外三面顺立两行砖包边镶砌。两垂带之间长1.3米。踏步共二级，第一级宽27.5厘米，第二级宽31厘米，高9.5厘米。垂带砖为平铺斜放，长59厘米，宽25厘米。里侧靠踏道顺立两块，外侧在平砖下顺立两块，砍作斜坡状。垂带斜坡度为21°。北面踏步距西北、东北二角均4.66米。踏步长2.08米，宽0.75米，两垂带之间长1.33米。垂带斜坡度为21°。这处遗址基础部分比较完整，结构比较清楚，柱坑分布整齐划一，排列有序。从建筑形式、结构及建筑材料分析，当属于唐代园林建筑中的亭台遗迹（图5）[①]。杨鸿勋先生认为此建筑是一座面阔五间进深四间的"小阁"，推测其平面呈金箱斗底槽布局，并对其进行复原[②]。

三号基址位于九洲池的Ⅴ号岛上。这座建筑基址为长方形，坐东朝西，南北长9.72米，东西宽6.74米。四面均有砖砌包边，西边有阶梯式踏步。基址夯筑，夯土深褐色，坚硬，土质纯净。夯土范围大于基址，超出2米左右。基址四周砌包边砖四层，均横向单砖平铺错缝叠砌，其上平铺一层顺砖。包边砖为长方形小砖，多素面，部分有绳纹及手印纹，砖与砖之间用普通黄泥黏合，接缝严密。从基址上残留的柱石及柱石坑观察，南北向分布柱石四排，东西向六行。现存柱石11方。南北排与排之间，1、2排和3、4排柱石相距1.48米（以柱石中心测量，下同），2、3排相距2.33米。东西行与行之间，1、2行和5、6行（自南向北编号），二柱石相距1.51米；2~4行相距3.5米；4、5行相距1.75米；外围柱石距包边砖外沿0.76米。柱石，方形，边长42~44厘米，青石制成，表面光滑平整。中心凿一圆孔，穿透柱石，孔径10厘米。有的柱石圆孔周围尚留有清晰的柱痕，柱痕边缘残留有朱色痕迹。柱痕径20厘米。柱石置放在柱坑内，柱石与柱坑空隙处填土夯实，夯土内含有大量卵石或板瓦碎片。

踏步在基址西面居中，为砖砌阶梯式。分两级，南北长1.03米，东西宽0.7米。

---

① 图5采自中国社会科学院考古研究所：《隋唐洛阳城（1959~2001年考古发掘报告）》，文物出版社，2014年。

② 杨鸿勋：《宫殿考古通论》，紫禁城出版社，2001年。

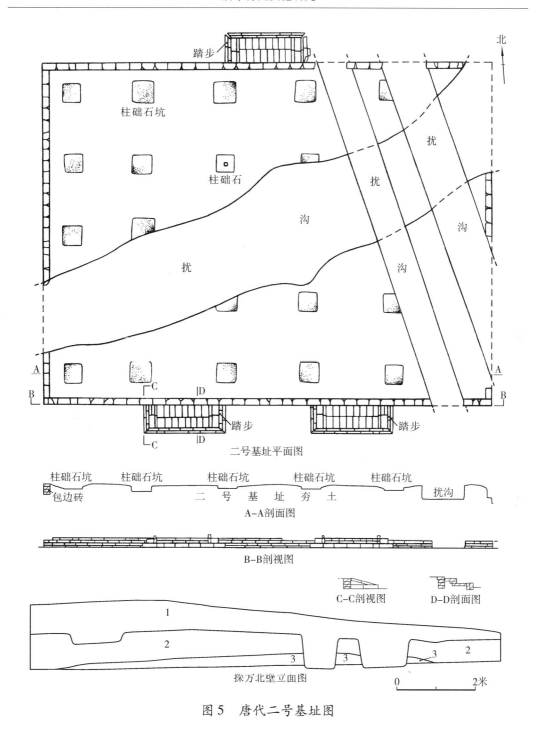

图 5 唐代二号基址图

第一级宽 37 厘米，高 5 厘米，用长方素面砖平砌；第二级宽 33 厘米，高 9 厘米，用素面方砖平砌，其上即为包边砖的最上一层。踏步两侧用素面长方形砖砌垂带，北边垂带宽 20 厘米，南边垂带宽 24 厘米，坡度 12.5 度。结构依如二号亭台建筑踏步的做法。

另外，在踏步的前面，紧接阶梯的包边砖南北向平铺一排长方形砖，宽 14 厘米。

这座基址上出有大量的板瓦、筒瓦残片等建筑材料，其他遗物较少。板瓦以素面布纹里较多，也有少量素面光里的，筒瓦均素面布纹里。瓦当均饰莲花纹。

从建筑形制、规模和出土遗物来看，这处遗址的性质和年代与上述二号基址遗址大致相当（图 6）[①]。

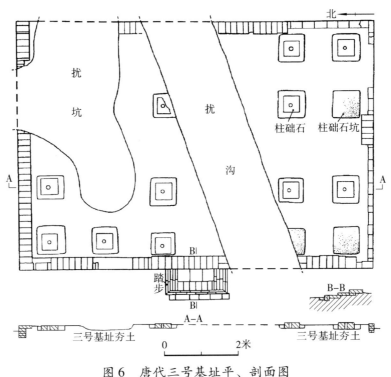

图 6　唐代三号基址平、剖面图

2. 环池建筑

20 世纪 80 年代，在确认的九洲池范围周边发掘了多处建筑基址，形式多样，有"殿亭"、"廊房"和殿阁等。其中殿亭位于九洲池东岸，廊房位于九洲池西南岸，殿阁位于九洲池南岸。

（1）殿亭建筑

1982 年夏，配合洛阳玻璃厂基本建设，在西隔城内北距玄武城南墙约 310 米，西距西隔城西墙约 320 米，在九洲池东岸发掘六至八号基址（图 8）[②]。基址发现于唐代层下。

六号基址坐北朝南。夯筑，基址残存残南北长 10.5 米，东西宽 7.6 米，总厚 1.8 米。夯土深褐色，坚硬，内含大量卵石。基址西、南两边皆有包边砖，宽 0.4 米。西

---

① 图 6 采自中国社会科学院考古研究所：《隋唐洛阳城（1959～2001 年考古发掘报告）》，文物出版社，2014 年。

② 图 8 采自中国社会科学院考古研究所：《隋唐洛阳城（1959～2001 年考古发掘报告）》，文物出版社，2014 年。

包边砖南北残长 1.25 米，残高 0.23 米。砌砖残存三层，其中底层为东西向平铺长方形素面或绳纹砖一排，上面两层则为南北向平铺长方形素面砖两排。南包边砖东西残长约 1 米，砌作与西壁相同。基址北包边砖破坏严重，故而不太明显。基址西边和西南拐角处的包边砖外侧，皆清理出砖铺散水。西南角的砖铺散水有散水面砖和勒砖，发掘部分东西残长 1.49 米，南北宽约 1.25 米。散水南边横立侧砌内外两排勒砖。拐角对角线方向平铺一排长方形砖，长方形砖两侧平铺素面方砖。为了使方砖的边线与建筑平行，紧靠长方形砖的方砖均制成三角形。散水西边两排侧立勒砖被晚期遗迹破坏。西边散水仅清理出少量残砖及砖痕。基址南边紧靠散水，残存砖砌踏步一处。踏步南北残宽 1.8 米，东西残长 1~1.7 米，残高 0.4 米，仅存上下二级。每阶底部皆衬铺有素面方砖或长方形小砖，而其阶面上皆铺"吉"字凤鸟纹方砖。

七号基址位于六号基址西南，基址东北角距六号基址西南角散水仅 2.6 米。基址平面近方形，南北长 8.23 米，东西宽 7.5 米。七号基址的四角清理出三方柱础石和一个柱础石坑。南北间距为 4.63 米，东西间距为 5.3 米。柱础石为青石，表面平整光滑；平面皆呈近正方形，石面中心均有直径 0.12 米的榫窝。柱础坑位于台体的西北角，平面呈方形，边长 0.8 米，深 0.15 米。

基址四边皆砌有包边砖，因遭破坏仅存数段。四面包边砖皆宽 0.35 米，残存一至三层。包边砖皆为长方形砖，包边砖外侧未发现散水。

八号基址位于七号基址西侧，由夯土隔墙及其东西两侧的柱础组成。夯土隔墙呈南北向，分南、北二段，二段间有一缺口，间距 5 米，可能为通道。夯土深褐色，质较硬，内含瓦片等杂质，夯土厚 0.35 米。南段呈倒"T"形，北端被水沟破坏，南端夯土加宽，加宽部分呈东西长方形，东西残长 2.1 米，南北宽 0.8 米。加宽部分以北段残长 6 米，宽 0.9~1.25 米。北段呈长条形，北端被砖砌水渠破坏，残长 5.6 米，宽 0.9~1.25 米。隔墙上均各有一块三角形础石。南侧础石长 0.4 米，宽 0.35 米，厚 0.12 米。北侧础石长 0.51 米，宽 0.37 米，厚 0.15 米。夯土隔墙东、西两侧残存三块础石，东侧二块，西侧一块。西侧础石与隔墙间距 3.85 米，础石呈方形，南北 0.48 米，东西 0.52 米，厚 0.2 米。东侧北端础石与隔墙间距 2.15 米，础石呈方形，南北 0.42 米，东西 0.44 米，厚 0.15 米。东侧南端础石与隔墙间距 2.85 米，础石南北 0.4 米，东西 0.35 米，厚 0.15 米。

（2）五号基址（廊房建筑）

位于九洲池的西南，由南廊庑 F4、北廊庑 F5、甬道和五号水道组成（图 7）[①]。廊庑建筑呈东西向，南北两排并列，其间以砖砌甬道相连。建筑西端伸入现熔制车间而无法扩方，东端被晚期坑破坏。水道砖砌，在廊庑东端发现。

---

① 图 7 采自中国社会科学院考古研究所：《隋唐洛阳城（1959~2001 年考古发掘报告）》，文物出版社，2014 年。

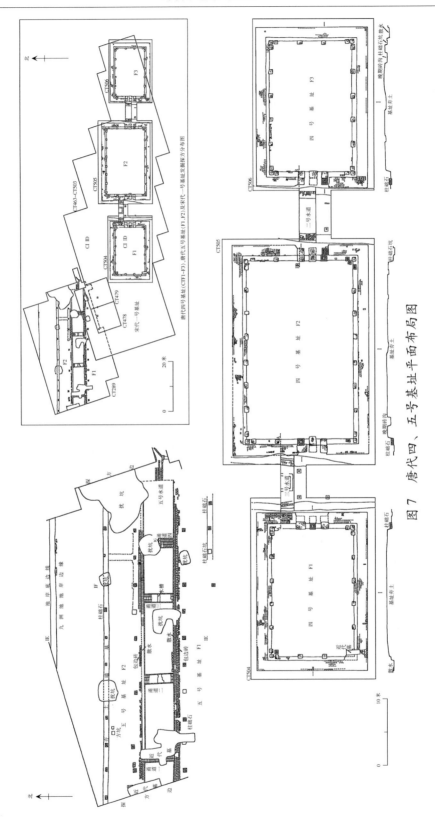

图 7　唐代四、五号基址平面布局图

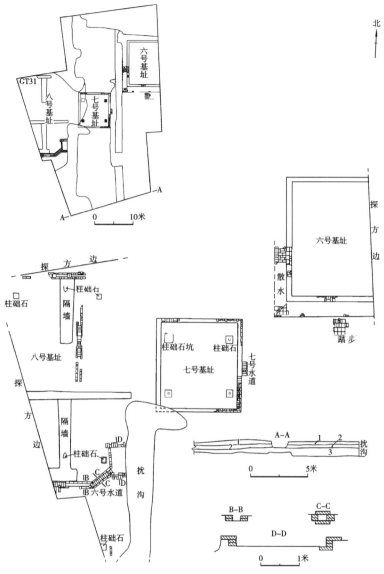

图 8　唐代六至八号基址平面及局部剖面图

　　F4 平面呈东西向长方形。基址夯筑。发掘部分东西残长 43.5 米，南北宽 6.25 米。夯土红褐色，较硬，稍净，厚 2.4 米。

　　廊庑内为夯土地面。夯土灰褐色，稍硬，较杂，内含许多红烧土颗粒、白灰点和碎瓦片等，厚 0.2～0.4 米。夯土地面下即为基址夯土。基址上还清理出南北两排柱础石或柱础石坑。北排柱础石残存 7 方，另有柱础石坑 2 个，相邻柱础石间距为 3.85 米。柱础石平面近方形，长 0.47～0.6 米，宽 0.45～0.6 米，厚 0.16～0.23 米。柱础石上面有的磨光，有的经过锻打。南排柱础石残存 3 方，另有柱础石坑 1 个，均与北排柱础石相对应，其形制、大小也与北排柱石基本相同。南北两排柱石排距为 4.25 米。

基址北侧有包边砖和散水。发掘部分东西长 40.4 米，南北宽 0.37 米，残深 0.23 米。包边砖三行，均为东西向横铺。内侧一行铺砖分上下两层，大部分为残砖拼对，上下层之间垫有厚约 3～5 厘米的黄褐色素土。中间一排铺砖也为两层，两层间无垫土。外侧一行仅有一层铺砖。这三行铺砖由里向外逐渐降低，相邻两行砖面之间低差为 2～4 厘米。最外一行砖面稍倾斜，与散水砖面持平。砖铺散水位于包边砖外侧，残存遗迹有面砖、勒砖和顶砖。面砖一层为条砖，南北竖向平铺，砖面略向外倾斜，呈 6°倾角。勒砖位于散水面砖外侧，单行侧立，其上面与散水面砖平齐，下部则埋入土中。顶砖数量较少，均为残砖，主要起加固勒砖的作用。

F5 位于 F4 北部，南与 F4 相互平行，间距 5.1 米。平面呈长方形。基址夯筑。发掘部分东西残长 42.6 米，南北宽 5.6 米。夯土红褐色，厚 2.75～2.9 米。廊庑内为夯土地面。夯土灰褐色，稍硬，较杂。夯层不显。残厚 0.3 米。基址上清理出南北两排柱础石。皆呈东西向。南排柱础石残存 7 块，另有 1 个柱础石坑，北排柱础石残存 9 块。柱础石平面有正方形、长方形、不规则形等几种，个别柱础石上还凿有榫孔。柱础石长 0.3～0.7 米，宽 0.26～0.61 米，厚 0.08～0.25 米。南排相邻柱础石的间距为 3.85 米，北排相邻柱础石的间距为 3.9～4.1 米，两排柱础石的排间距为 3.9～4.5 米。南北两排柱础石并非完全对称，个别位置稍偏。北排柱础石直接坐在一条呈东西向的夯墙上。墙南北宽 0.7～0.8 米，厚 0.4～0.6 米。夯土呈深褐色，坚硬。夯层厚 7～12 厘米。夯土墙南侧有包边砖及散水，包边砖东西纵铺两行，外边一行两层，里边一行为一层，直接铺在夯土上，与外边一行上层砖平齐。然后在这两行砖上再南北向横铺平砖一层。其外面加砌散水砖，结构和砌法与 F4 台体北侧基本相同。散水坡度为 3°。

甬道共有四条，皆位于 F4 和 F5 之间。自西向东，相互平行，建筑规模和结构基本相同。南北长 4.25 米，东西宽约 1.3 米。甬道中横向平铺三行条砖。铺砖两侧各自镶砌有呈南北向的横立砖。甬道中部略高，两侧略显低平，截面呈弧面。自西而东，相邻甬道间距分别为 10.3 米、10.2 米、6.37 米。东端甬道中部清理出呈东西向的水槽残迹，南北两壁各镶砌东西向横立砖，中间底部则铺一行长方形大砖以构成流水槽，宽 0.37 米，深 0.03 米。

五号水道位于五号基址的东端，与甬道中部的水槽相对应，呈东西向，两条并列。水道壁由三行单砖东西向错缝平砌，高四层，形成两条水道，底部为南北向平铺砖一层，顶部则用单砖叠盖二层形成暗水道。由西向东 3.3 米处，即与南来的另外一条砖砌排水暗渠汇合。三者向东北方向汇流之后，注入九洲池遗址内。水道总长 5.06 米，宽 1.06 米，深 0.32 米，汇合处宽 0.86 米，汇合后宽度又逐渐缩小为 0.27 米。水道内淤土呈浅灰色，内含大量小螺壳。水道南北两侧为夯土，颜色较深，厚 2.4 米。

（3）四号基址（殿阁建筑）

位于九洲池南侧，横跨二号、三号水道。由三座建筑（F1～F3）组成。四号基址发现于唐代晚期层下，由三座建筑（F1～F3）组成（图7）。

三座建筑呈东西向排列，自西向东编号为F1、F2、F3。F1、F3以中间较大的F2为中心，对称分布。相邻两座之间，皆清理出南北向水道，即九洲池二号、三号水道。

三座建筑筑建方法完全相同，平面皆呈长方形，夯筑。F1基址东西长20.3米，南北宽13.3米。F2基址东西长27.85米，南北宽17.2米。F3基址东西长20.5米，南北

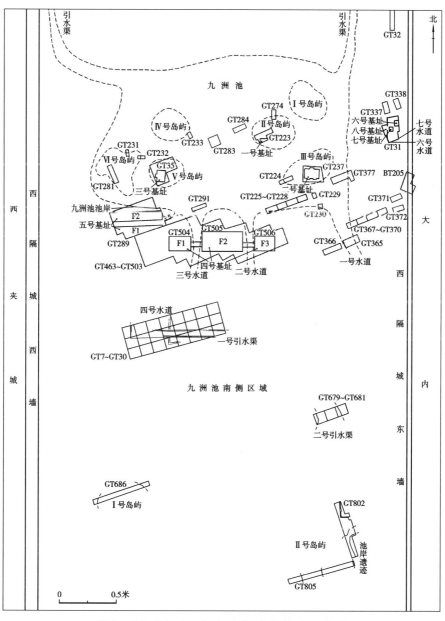

图9　20世纪90年代的九洲池范围及岛屿

宽 13.5 米。台体残存高约 0.65 米。夯土呈红褐色，纯净，坚硬，夯层厚 5~10 厘米。基址周边皆有宽 0.5~0.7 米的二层台，二层台低于基址面 0.2~0.45 米。二层台上残存有砌砖。砌砖与夯土间用碎砖和杂土填塞夯实。在 F1 和 F3 二层台偏里侧各清理出柱础石 22 个。其中南北两侧各 6 个，F1 西侧 4 个，东侧 2 个，F3 东侧 4 个，西侧 2 个，拐角处各 1 个。所有柱础石坑的坑底低于二层台 10~20 厘米，坑底皆铺细沙。柱础石坑平面呈方形或长方形，长宽为 0.45~1 米，相邻柱础石坑的中心间距为 3.3~3.85 米。柱础石坑中心与墙基砌砖不在一条直线上，即一半在墙内，一半在屋内。在 F1 台体西北角残存一方柱础石，方形，边长 0.55 米，厚 0.21 米，上面磨光。F2 位于 F1 和 F3 之间，在二层台里侧清理出柱础石坑 26 个。其中南北两侧各 8 个，东西两侧各 3 个，拐角处各 1 个。个别柱础石坑内残存有柱础石。在台体的东南角残存一方柱础石，平面不规则，长 0.47 米，宽 0.5 米，厚 0.18 米，锻造较粗。

二层台以下基址四面有包边砖，纵向错缝平砌。包边砖外侧有散水，散水低于二层台面 0.26~0.28 米，宽 1.05~1.15 米。散水底层平铺残砖，砖上垫一层厚 2~6 厘米的黄褐色土，其上平铺方砖，共三行。方砖底面四边均砍成斜面，上大下小。散水面里高外低，相差 5~10 厘米。外侧有勒砖，内外两层条砖侧砌而成。经钻探，基址四面皆宽出台体边缘 0.3~2 米，夯土厚 3.6~4 米。

三座建筑之间两条水道的外侧，清理出大型柱础石 5 方和柱础石坑 12 个。它们排列有序。相邻两个基址边沿的两列柱础石，外侧至外侧柱础石的间距为 10.3 米，内侧至内侧柱础石间距为 12.3 米，南北两个柱础石的间距则为 1.7~1.8 米。柱础石上面皆凿有长方形榫槽。自西而东编为 1~5 号。柱础石长宽 85~97 厘米，厚 36~44 厘米；榫槽长 40~54 厘米，宽 19~26.5 厘米，西端深 1.5~18 厘米。榫槽深度自外向里呈斜坡状，断面呈三角形。在 2 号柱础石长方形槽北侧，3 号柱础石长方形槽南侧，各连有一个浅槽，其东西长 20 厘米，宽 14 厘米，深 3 厘米。所有这些大型柱础石，皆分布在相邻两个基址的边缘，同时也是位于两个建筑之间的水道遗迹的两侧，应为水道上类似桥梁建筑的残迹。

此外，在二条水道的淤土之上，即与两侧大型柱础石相对应的位置上，还清理出另外一些普通的柱础石。在 F1 与 F2 之间的三号水道淤土上清理出 3 方柱础石，在 F2 与 F3 之间二号水道淤土上清理出 2 方柱础石（其中一方残甚）。F1 和 F2 之间的水道淤土之上，东侧柱础石东距 F2 基址西沿柱础石的间距为 4.35 米。西侧柱础石西距 F1 基址东沿柱础石的间距为 4.15 米。两块柱础石间距为 3.8 米。柱础石平面呈方形，边长 0.5~0.56 米，厚 0.18~0.19 米。柱础石上皆凿有圆形榫孔，径约 0.15~0.16 米。柱础石直接坐在三座建筑之间的水道淤土之上，应为唐代晚期水道上桥梁建筑的修葺或改建遗迹。

三座殿阁间连接方式早晚不同，早期连接跨九洲池排水渠而建，晚期当排水渠废弃后，在排水渠废弃堆积上置柱础而建，北宋时期，修建廊庑，说明九洲池在唐宋时期南岸排水渠、池岸发生大的改变。

20 世纪 80 年代以来对九洲池遗址的认知，"虽然就目前的考古发掘资料，尚难复原九洲池的原貌，文献记载中的一些殿堂亭院也不宜和发掘出的遗迹相比附，但就这些遗迹的分布范围，建筑规模、结构、特点来考察，结合文献记载已经可以勾画出一个大致的轮廓：这是一处人工开凿的湖面，池内有多处洲岛，其上建有精巧的殿亭台阁，岛之间以虹桥相通，沿岸绿树成荫，环池建有一个个各具特色的庭院。各个景点之间又以廊庑相连，有分有合，有机地联为一个整体"[1]。

3. 宋代九洲池

九洲池到了宋代仍然存在，文献记载称九曲池、九江池，五代时"梁太祖沈杀九王之处"[2]。但对其形状和范围，已经无法弄清楚。考古发掘中，在九洲池唐代四号基址之上发现了宋代遗迹，以东西向千步廊基址为主体，在其北侧有两排排列整齐的方坑，在其南侧有晚期道路，在廊庑基址上还发现晚期的隔墙（图10）[3]。

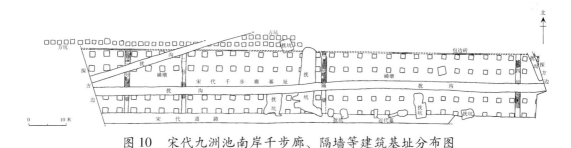

图 10　宋代九洲池南岸千步廊、隔墙等建筑基址分布图

（1）道路

呈东西向，位于廊庑基址南侧。道路打破廊庑南边一排部分磉墩，晚于廊庑建筑。东西两端皆出探方，发掘部分东西长 124 米，南北宽 2.2～2.9 米，厚 0.1～0.15 米。路土呈灰褐色，坚硬，起薄层。路土较杂，内含许多炭灰、红烧土粒、碎砖块和碎瓦片等。

（2）隔墙

4 道隔墙开口在宋代层下，均南北向，夯筑，仅存基础。自西向东，编号一至四号隔墙。

一号隔墙位于第三、四列磉墩之间；二号隔墙位于第七、八列磉墩之间，与一号隔墙间距 14 米；三号隔墙位于第十七、十八列磉墩之间；四号隔墙位于第三十一、三十二列磉墩之间。二、三号隔墙间有十列磉墩，间距为 37.6 米；三、四号隔墙间有十

① 王岩：《隋唐宋时期洛阳园林考古学初探》，《汉唐与边疆考古研究》第一辑，科学出版社，1994 年。
② 徐松辑、高敏点校：《河南志》，中华书局，1994 年，第 152 页。
③ 中国社会科学院考古研究所：《隋唐洛阳城（1959～2001 年考古发掘报告）》，文物出版社，2014 年。

四列磉墩，间距为52.5米。隔墙北起廊庑北侧包砖，南抵廊庑南侧一号街道路土北沿，南北长17.5米。一、三、四号隔墙形制相同，口大底小，呈倒梯形。以三号隔墙为例进行介绍。隔墙打破四号基址F2。上口宽1.2~1.4米，底宽0.9米。南端被现代坑破坏。隔墙底部残存少量砌砖及砖痕，砖长38厘米，宽17~18厘米。做法是先挖口大底小的沟槽，然后在沟内砌砖，两侧空隙用碎砖块加土夯实。底部横向平铺两砖，两砖间夹一顺向残砖。

二号隔墙北端被现代沟破坏，南端到路土北边。墙宽1.1~1.5米，夯土黄褐色，较净。夯墙西侧南部，南距路土北边1.6米处，横向立砌砖六块，砖宽17~20厘米，厚4~7厘米，有素面砖，也有粗条纹砖等。

（3）千步廊基址

东西向。叠压在四号基址之上，残存遗迹主要有基址夯土、磉墩。

基址东西向，平面呈长方形，东西均不到边，发掘部分东西长124.3米，南北宽17.5米。基址夯筑，厚0.4~0.6米。夯土分为西、中、东三部分，西部和东部夯土较净，内仅含少量瓦片。中部夯土较杂，内含较多素面布纹里、素面光里板瓦和筒瓦残片，以及白灰墙皮和铁钉等。

基址上清理出116个磉墩，南北向四排，东西向三十三列。排距由南向北依次为3.5~4.1米、7.7~8.15米、3.6~3.95米；列距则为3.6~4.1米。磉墩规格彼此不同。其中基址西部的磉墩较大，边长1.65~1.7米；基址东部的磉墩较小，边长1.1~1.12米。磉墩截面呈倒梯形，残厚约0.7米，为一层素土加铺一层碎瓦片夯筑而成。

（4）方坑

宋代千步廊基址北侧，发现东西向两排方坑遗迹。经与1987年发掘的GT289拼接，南排共发现35个，其中1987年GT289中发现9个，北排发现8个，共计43个方坑，其中7个为砌砖方坑，其余方坑四壁均无砌砖，但个别方坑底部有铺砖印痕。砌砖方坑，南排发现3个，北排发现4个。南排西端第一个、北排东起第三、五、七个均保存完整。以南排第一个砖砌方坑为例，方坑底部平铺一层砖，中心为一素面方砖，四壁砌砖，均错缝平砌，共五层。砖坑口大底小，呈斗状，砌砖逐层内收。上口边长0.83米，下口边长0.75米，深0.4米。砖为细绳纹砖，宽17~18厘米，厚7~8厘米。无砌砖方坑，坑长1.05~1.25米，宽1.15~1.3米，深0.43~0.5米。南北排间距0.6米，每排相邻两个方坑间距为0.6~0.75米。

北宋时期，在四号基址之上修建廊庑，说明在宋代时唐代水道彻底废弃，九洲池的南岸发生很大变化。

（三）20世纪90年代以来九洲池范围的考古新发现

20世纪90年代以来，在20世纪80年代所确认的九洲池遗址范围以南发现了大面积的淤土，据钻探和发掘资料推定其大致范围，东边缘在洛阳市公路总段住宅楼之下，南边缘在洛阳玻璃集团唐四住宅小区，西边缘在洛阳玻璃集团西大门附近，北边缘位于洛阳玻璃集团浮法一线和二线之间。在此范围内曾进行过多次发掘，发现的遗迹有池岸、岛屿和亭台建筑等（图9）[①]。

1. 池岸遗迹

堆积呈坡状。池岸由东西向弧形向南拐，池岸北侧、西侧均为淤土。东西段淤土南北宽 6.3 米，岸宽 0.5 米，南北段淤土发掘 17.2 米，东西宽 1.1～3.3 米。在南北段池岸上发现 8 个不规则的柱洞遗迹。柱洞间距不尽相同，洞内填土灰褐色，较净，松软，洞底呈圆锥形。柱洞打破汉代层。

2. 岛屿和亭台建筑

在此水域范围内发现两个岛屿遗迹，编号Ⅰ号、Ⅱ号。

Ⅰ号岛屿范围目前仍不能确定，东、西两边均呈弧形，向北逐渐内收。据此推定岛屿可能为圆形或椭圆形。岛屿堆积为黄褐色杂土，岛屿东岸坡度较大，西岸较平缓。岛屿西岸发现路土遗迹，随岛屿岸方向。岛屿东、西两侧均被淤土环绕。

Ⅱ号岛屿范围目前仍不能确定，发掘部分岛屿北宽南窄，东、西岸平面相对较直。岛屿堆积为汉代堆积，厚度不详。岛屿东侧淤土东西宽 27.5 米，淤土以岛屿东岸为西边，较陡直，东边发掘出池岸遗迹，较缓。岛屿西侧淤土东西宽 11.7 米，淤土以岛屿西岸为东边，较陡直，西边出发掘范围。

亭台建筑，呈南北向，由夯土墙、石柱础等组成。夯土墙呈"L"形，夯土总厚度 2.3 米，共二十四层，层厚 8～9 厘米。夯土分上下两部分，下部，共五层，灰黄色土，质硬，夯层明显，没发现夯窝，包含大量红烧土和炭渣颗粒。柱础石就在这部分夯土上发现。上部，共十九层，浅黄色土，松软，分层不显。南北段夯土墙上发现三个柱洞，间距 4.5 米，柱洞均向东倾斜，底部有柱础石。柱洞均圆形，仅残存夯土墙上的半圆形柱洞痕迹明显，大小不一。柱洞壁系用板瓦包砌。柱础石被打在夯土中，近正方形，制作规整。南北段夯土墙西侧，发现一些零散的遗迹，有铺砖、础石和沙坑。

在玻璃厂路与唐宫东路交叉的东南，发掘时发现大面积淤土和池岸遗迹，池岸土壁，应该是西南池岸。在靠近池岸位置的池底发现汉窑二座。在淤土中出土大量螺壳，还有少量蚌壳[②]。

20 世纪 60 年代以来，在宫城西北勘探与发掘的大量园林考古资料与文献记载的九洲池地望基本相符。九洲池遗址的调查与发掘，不但验证了历史文献的记载，而且还填补了人们对唐九洲池皇家园林认知方面的许多空白。

---

① 中国社会科学院考古研究所：《隋唐洛阳城（1959～2001 年考古发掘报告）》，文物出版社，2014 年。

② 2003 年考古发掘，资料现存中国社会科学院考古研究所洛阳唐城队。

二 九洲池规模的新认识

关于九洲池的规模,考古勘探的结果与文献记载的不尽相同。20 世纪 60 年代考古勘探其范围是"在宫城西北角发现大面积的淤土堆积,西距西墙 5 米,北距陶光园南墙 148 米,淤土东西 280 米,南北最宽 260 米,总面积约为 55600 平方米"。20 世纪 80 年代考古勘探,结合考古发掘确认其范围"确定九洲池遗址位于宫城的西北部,陶光园南 250 米处,东西长约 205 米,南北宽约 130 米"。同时初步搞清了九洲池的轮廓,尽管范围还不十分准确。在九洲池已知范围内探出 6 座小岛,还探明池北面进水口和南面东南角的出水口。至此,九洲池的规模基本清楚。有关九洲池文献,从唐代韦述的《两京新记》、宋代宋敏求的《河南志》,至清代徐松的《唐两京城坊考》,记载基本一致。韦述是唐玄宗时代的史官,他于唐开元十年所撰述的《两京新记》一书,是中国古代城市文献编述史上一部划时代的著述,应是探讨九洲池最有价值的文献。遗憾的是这部书在中国早已散佚,所幸北宋皇祐、熙宁间宋敏求在这本书的基础上增删改订,撰写成《河南志》替代之,故《元河南志》中尚有关于九洲池的佚文。《两京新记》唐末传入日本后,以写本形式,保留下来很大一部分内容,这也是今天所能见到的《两京新记》最大的一块断片。自从日本天瀑山人在《佚存丛书》中刊布此残写本《两京新记》以来,中国和日本两国的学者,都利用这份珍贵的资料,做了很多研究工作。辛德勇先生依据中日两国学者的辑校本,重新辑校《两京新记》,其中尚有关于九洲池的记载。另外在《河南志》和《唐两京城坊考》中也有相同记载,兹抄录于下:

唐人韦述撰,辛德勇辑校的《〈两京新记〉辑校》东都宫城条载:

九洲池在仁智殿之南,归义门之西。其池屈曲,象东海之九洲,居地十顷,水深丈余,鸟鱼翔泳,花卉罗植。

元《河南志》卷三隋城阙古迹中记载:

千福门、德阳门、千步阁、九洲池,其地屈曲象东海之九洲,居地十顷,水深丈余。中有瑶光殿。琉璃亭,在九洲池南。一柱观,在琉璃亭南。

元《河南志》卷四唐城阙古迹中记载:

九洲池,在仁智殿之南,归义门之西,其地屈曲象东海之九洲,居地十顷,水深丈余,鸟鱼翔泳,花卉罗植。瑶光殿,在池中洲上,隋造。琉璃亭,在瑶光殿南,隋造。望景台,在九洲池北,高四十尺,方二十五步,大帝造。一柱观,在琉璃亭南,隋造。

《唐两京城坊考》宫城条中记载九洲池：

> 在仁智殿南、归义门西，其池屈曲，象东海之九洲，居地十顷，水深丈余，鸟鱼翔泳，花卉罗植。池之洲，殿曰瑶光，隋造。亭曰琉璃，隋造，在瑶光殿南。观曰一柱，隋造，在琉璃亭南。环池者曰花光院、曰山斋院，在池东。曰翔龙院，在花光院北。曰神居院，在翔龙院北。曰仙居院，在安福殿西。曰仁智院，在仙居院西。殿西有千步阁，隋炀帝造。南有归义门。曰望景台，在池北，高四十尺，方二十五步，大帝造。

20 世纪 80 年代所确认的九洲池，其地望与文献记载相符。但其范围，显然与文献记载九洲池"居地十顷"相差比较悬殊。出现这种情况，有两种可能，一种就是文献记载夸大了九洲池规模；另一种就是考古勘探与发掘的九洲池遗址区并不是原九洲池的全貌，九洲池应该有更大的范围。虽然历史文献记载并不一定完全正确，但是九洲池遗址考古是配合基建而进行的抢救性发掘，发掘时已经被现代建筑覆盖，这就注定它的不彻底性和不完整性。当时基于考古资料认识的九洲池范围，只是阶段性认识，这也是考古的局限性所致。

与九洲池同时代的太液池，是唐长安大明宫内重要的皇家园林，是唐代园林鼎盛时期的表现，汇集了唐代园林建筑技艺的精华。1998 年至 2005 年，持续对太液池遗址进行考古勘探与重点发掘，经勘探"确定太液池由西池和东池两部分组成。其中，东池较小，略呈水滴形，面积约 3.3 万平方米；西池较大，略呈椭圆形，面积约 14 万平方米，池底处距现代地表 5 米左右。东池和西池之间有一条百余米长的砖砌渠道连接"。此考古结果告诉我们一个信息，那个时代水池景观并不一定是一个单独的水池，普遍都由两个或以上的水池构成，且有一定的距离。相互由水渠连接，其间再由岛屿和亭阁构成一幅蜿蜒迤逦的景象。

20 世纪 90 年代以来，在西隔城南，即现在的唐宫东路以南，玻璃厂家属区配合基建时发现大面积的淤土，范围西至玻璃厂路，东至公路段家属院，南至唐四街坊。并发掘出池岸、岛屿和亭台建筑。结合文献，我们初步推断隋唐时期九洲池包括 20 世纪 80 年代所确定的范围和 20 世纪 90 年代新发现的范围。宋代九洲池，根据考古现象，其范围可能比隋唐时期小。在 20 世纪 80 年代的九洲池南侧发现宋代千步廊及道路等东西向线型遗迹，这就表明宋代九洲池面积缩小。也就是说 20 世纪 80 年代所确定的九洲池范围正是宋代九洲池的范围。

三　九洲池的水系

隋唐洛阳城地处洛阳盆地中部，周边水系较为发达，"左瀍右涧，洛水贯都"，使城市供水更为丰沛，可以很好地解决规模庞大、人口众多的都城供水问题，同时也满足了城内园林水景的用水。

九洲池所关系的水源是位于隋唐洛阳城西的谷水。谷水，古称涧水、涧谷水，为洛河第二大支流，发源于三门峡市陕县观音堂北马头山，向东流经渑池、义马，至新安县铁门镇入洛阳市境，再向东经磁涧后，穿过市区至瞿家屯入洛河，全长 105 公里，集水面积 1349 平方公里。其中，在洛阳市境内河长 75 公里，流域面积 708 平方公里。谷水与洛阳的文化及城址变迁的关系也十分密切，谷水的流向影响了洛阳盆地诸城址的布局变化。

东周迁都洛阳后，充分利用涧、谷水和洛水，形成东南城角缺失，西城墙不甚规则且中部缺失的东周王城布局。西城墙的这种状况，可能是修建之初，巧妙地利用了自然河流和陡壁断崖。西墙中部偏北那一部分就没有修筑城墙，而是利用涧河，将人工夯筑城墙和涧河相结合共同构成西城墙，这从西墙中段偏南的城墙屡次修补及王宫被洪水冲毁可以看出。周灵王二十二年"谷洛斗，将毁王宫"，为防止两河再冲毁宫室，于是筑堰修堤，使谷水由城北东流入于瀍水，再由城东汇入洛水。而位于王城西部的谷水入洛的故道，在灵王壅谷之后就没有水了，称为死谷。1960 年在王城考古勘探中发现了王城西部的谷水入洛故道，"河道北起七里河村老石桥的东面，东行一段以后南移，一直南下入洛河，河道宽约 100 米，深约 12 米，河道北段基本没有变化，只是在今中州路以南，河谷位置偏于现代涧河的西侧约 100 多米"[1]。在东周王城的北垣外曾发现了一条深约 5 米左右的干枯渠道[2]，这可能就是谷水东流入瀍的河道，这与文献记载"瀍、涧水道之变，自东周始，灵王壅谷使东出，一变也"[3] 相符。

自灵王壅谷东流，使谷水与汉魏以来都洛的诸王朝关系密切。谷水成为当时洛阳城最主要的水源。东汉至北魏时期引谷（即涧水）入城，主要是解决城市生活、生产用水及园林和护城河水源问题。引谷工程始于东汉光武帝在位期间，此后经过曹魏、西晋、北魏诸代的不断增修和完善，从而使得整项工程质量日益提高，主配套工程分布更趋合理、系统，最终形成了一个我国历史上水利工程的完美典范。

引谷工程是人工开凿沟渠，从王城西北，引涧谷水向东，经王城北，继续向东汇入瀍水，向东至千金堨，由堨东流，经晋皋门桥，又东经长分桥进入北魏外郭城，再东抵达金墉城西，即洛阳城西北角（今翟泉村内），渠水由此向东和向南分流绕城四面，至城东建春门外汇为阳渠。渠道或仍用谷水之名，或被称作千金渠、阳渠等。谷水是当时洛阳城最主要的水源，它的流通路线在《水经注》和《洛阳伽蓝记》多有记

① 中国社会科学院考古研究所：《洛阳发掘报告》，燕山出版社，1989 年，第 140 页。
② 中国科学院考古研究所洛阳发掘队：《洛阳涧滨东周城址发掘报告》，《考古学报》1959 年第 2 期，第 15～36 页。
③ 胡渭：《禹贡锥指》卷八，上海古籍出版社，1996 年，第 250 页。

载。20 世纪 50 年代初，中国科学院考古研究所在翟泉村东北寨墙里探得一条由西而来的较大淤土冲积沟，该沟在此处分成向东、北、南三个方向的三个支流[1]。20 世纪 80 年代，中国社会科学院考古研究所进行的北魏洛阳城外郭城和水道勘察进一步探明谷水自西北流至齐郭西北、尤村西南处时分为两股，一条向南流注入洛河（为北魏修筑外郭城西城垣的护城河即所谓长分沟遗迹）；另一条为谷水的主道，向东穿西郭城而进入内城，在乙城西面注入环绕洛阳城的阳渠[2]。

　　大业元年（605 年），隋炀帝下诏在汉魏洛阳城故城西十八里处营建东都，洛阳城"前直伊阙，后据邙山，左瀍右涧，洛水贯其中，以像河汉"[3]。隋唐洛阳城的宫城、皇城偏居全城的西北隅，地势高亢，俯瞰全城。此处以洛河为水源难度极大，因而只能利用谷水，"开渠引谷、洛水，自苑西入，而东注于洛"[4]。而当时采取的办法正是根据地形开凿人工渠道引谷水入城，使宫皇城区内渠道互通，构成以谷水为主干的水道网络。谷水从西北流来，主要流经西苑、上阳宫和宫皇城，最后汇入洛河。

　　隋唐时期引谷工程所开凿的人工沟渠，可分为城外段和城内段。隋炀帝建洛阳城时，在洛阳城外西北修谷水渠二条，一条渠由西向东流，直接引谷水入宫城中，一条渠从东西向河道分谷水沿洛阳城西墙南流，称为分谷渠[5]，引水入上阳宫中。1981 年发掘隋唐洛阳城西夹城时，在西墙外侧发现宽 13 米、深 2.5 米的壕沟[6]。"考古发现隋唐时期将原东周王城东城墙 4 米宽的护城壕向东扩宽至 20 米，引部分谷水南流入洛河。这一渠道与隋唐城西墙基本南北并行，是宫城西墙外的护城壕，并可能被武周时宫城西南部的上阳宫作为主要引水渠道之一。"[7] 其余水则由城西旧道进入西苑，之后于城西南注入洛水。东西向渠从王城西北，引涧谷水向东，经王城北。此段与汉魏时期引谷工程线路一致。2008 年，西工区纱厂西路与王城大道交汇处的德众汽车城院内钻探出南北宽近百米的河道淤土。该处河道南距东周王城北墙约 30 米，西距王城西北城墙拐角约 250 米[8]。同年，在西工区道南路南侧的中储 801 仓库院内发现了南北宽约百米的河道淤土。该处河道东距隋唐洛阳城西城墙约 180 米，西距东周王城东北城墙拐角约 160 米。其淤土冲积层的年代跨度较大，在距现地表 6 米深的淤土中清理出唐代筒瓦、板瓦残片，距地表 9 米深处有汉代砖块，距地表 13 米深处则为原生黄土[9]。进入

① 中国科学院考古研究所洛阳工作队：《汉魏洛阳城初步勘查》，《考古》1973 年第 4 期，第 198～208 页。
② 中国社会科学院考古研究所洛阳汉魏城工作队：《北魏洛阳外郭城和水道的勘查》，《考古》1993 年第 7 期，第 602～608 页。
③ 《新唐书》卷三八《地理志二》，中华书局，1975 年，第 982 页。
④ 《隋书》卷二四《食货志》，中华书局，1973 年，第 686 页。
⑤ 徐松辑、高敏点校：《河南志》，中华书局，1994 年。
⑥ 洛阳市文物工作队：《1981 年河南洛阳隋唐东都夹城发掘简报》，《中原文物》1983 年第 2 期，第 65～74 页。
⑦ 王炬：《谷水与洛阳诸城址的关系初探》，《考古》2011 年第 10 期，第 79～84 页。
⑧ 王炬：《谷水与洛阳诸城址的关系初探》，《考古》2011 年第 10 期，第 79～84 页。
⑨ 王炬：《谷水与洛阳诸城址的关系初探》，《考古》2011 年第 10 期，第 79～84 页。

隋唐洛阳城内，谷水渠在玄武城由西向东顺地势而流，成为宫城内主要水源，依水建造了众多园林池沼，其中最大的就是隋代兴修的位于宫城西北隅的九洲池。在玄武城内考古勘探发现两个渠道，间距 16 米，南渠紧贴玄武城南墙向东，然后拐向南北向而流，穿玄武城南墙进入陶光园，渠宽 24 米，深 6.5 米。北渠呈东西向，西段较窄，向东逐渐加宽。底部平整，明显系人工加工。渠宽 30 米，深 4.2 米。另外还要强调的一点是，在玄武城的考古工作中，我们发现了汉魏时期引谷工程的渠道遗迹，这条渠道被玄武城的南墙叠压，宽 70 多米，渠内发现北魏时期的磨光瓦片和莲花瓦当。这个发现说明汉魏时期引谷渠道在隋唐城修建之前就已经废弃，同时说明两个时期的渠道在隋唐城内段是不重合的。

四　九洲池的布局特点

文献记载，在隋唐洛阳城宫城北部主要是供皇帝、妃嫔、公主、皇子等居住、宴游的御园，像陶光园、九洲池等；还有重要宫殿前面的园池小景，像徽猷殿前的石池等。陶光园位于隋唐城宫城大内之北，构成大内北的园林区。"陶光园在徽猷、宏徽之北，东西数里，南面有长廊即宫殿之北面也。"[①] 园中有东西渠，西通于苑。园中有池，池有二洲，东洲有登春阁，其下为澄华殿；西洲有丽绮阁，其下为凝华殿。池之南有临波阁，池之北有安福门。园之东有袭芳院，并有宏徽、流杯、飞香、庄敬、文思等殿和丽春台，皆园居之建筑。徽猷殿前的石池，"东西五十步，南北四十步。池中有金华草，紫径碧叶，丹花绿实，味酸可实"[②]。"唐代的宫城（皇城）之内不设较大规模的园池，而是在建筑物的前后或建筑物之间配以小规模的园池，建回廊，筑亭台，使人漫步其间而赏泉林之胜，并由此而使建筑物的格局得到调协，以维持其风致。"[③]

九洲池是隋唐两代重要的宫城御园，位于隋唐洛阳城宫城西北隅。《唐两京新记》和《玉海》卷一七一均有较多的记载，徐松《唐两京城坊考》也作了较详细的考证[④]。

---

① 徐松辑、高敏点校：《河南志》，中华书局，1994 年，第 122 页。

② 徐松辑、高敏点校：《河南志》，中华书局，1994 年，第 121 页。

③ ［日］冈大路著、常瀛生译：《中国宫苑园林史考》，农业出版社，1998 年，第 109 页。

④ 《两京城坊考补》载："陶光园之西有九洲池，唐时池水颇深，鱼鸟咸集。《玉海》卷一七一云：'东都城有九洲池。在仁智殿之南，归义门之西。其池屈曲，象东海之九洲，居地十顷，水深丈余，鸟鱼翔泳，花卉罗植。'池中之洲有殿曰瑶光，有亭曰琉璃，有观曰一柱。环池有花光、山斋、翔龙、神居、仙居、仁智诸院。池北有高四十尺之望景台。"见徐松撰，阎文儒、阎万钧编著：《两京城坊考补》，河南人民出版社，1992 年；《两京城坊考》载："其北则达九洲池在仁智殿南、归义门西，其池屈曲，象东海之九洲，居地十顷，水深丈余，鸟鱼翔泳，花卉罗植。池之洲，殿曰瑶光，隋造。亭曰琉璃，隋造，在瑶光殿南。观曰一柱，隋造，在琉璃亭南。环池者曰花光院、曰山斋院，在池东。曰翔龙院，在花光院北。曰神居院，在翔龙院北。曰仙居院，在安福院西。曰仁智院，在仙居院西。殿西有千步阁，隋炀帝造。南有归义门。曰望景台，在池北，高四十尺，方二十五步，大帝造。"见徐松撰、李健超增订：《增订〈唐两京城坊考〉》，三秦出版社，2006 年。

从这些记载的考证中可以看出，九洲池形状并不规则，规模相当壮观。文献记载"其池屈曲，象东海之九洲，居地十顷，水深丈余，鸟鱼翔泳，花卉罗植"①。另外还记载了池中有洲，洲上有瑶光殿、琉璃亭、一柱观。环池有花光、山斋、翔龙、神居、仙居、仁智等院落，各处建筑皆自成一体，组成一个个相对独立的院落单元。仁智院西还有千步阁，九洲池北有望景台，高四十尺，方二十五步。

考古发现的九洲池遗址有池中岛屿、岛上殿亭建筑、环池建筑多处。池中岛屿的发现与文献"池中之洲"的记载相符。发现六处大小不同的岛屿，在其中三处岛屿上发现殿、亭类建筑，虽还不能与文献记载的瑶光殿、琉璃阁、一柱观对应，但至少说明此类建筑在池中洲上的存在。多岛屿是九洲池最突出的特征之一，堆土为岛，岛上筑殿亭，是中国山水画园池风格的延续。在渤海东京城的王宫的园池遗迹中，池中也有岛山，岛山上也建有楼阁建筑，显然山水画的园池风格成为唐代园池构筑的一种规范，并影响到周边地区。

九洲池环池还创造性地营建许多别致的建筑形象和构造，规模、大小、建筑形式和风格有较大的差别，既有长廊式的廊庑建筑，又有较小的亭类建筑，还有不同的单体殿阁建筑，中间架虹桥相连一起，有分有合，和谐统一。亭，这种最简单的建筑物在九洲池中随处可见，不仅具有点景的作用和观景的功能，而且通过其特殊的形象体现了以圆法天，以方象地，纳宇宙于芥粒的哲理。廊，是联系建筑划分空间的手段，好像纽带一般，把人为的建筑与天成自然贯串结合起来，常见山石包围着房屋一角，堆叠在平桥的两端，甚至代替台阶、蹬道，这都是建筑与自然环境之间的过渡与衔接。九洲池发现的殿阁，虹桥相连，三连殿以中心殿阁为轴，左右对称，犹如双翼护卫，增加了九洲池的内涵。在这些建筑之间，有发达的排水系统，明暗水道纵横交错，与九洲池连为一体。

园林建筑巧妙应用"尺度设计"。三号岛屿上的二号基址，杨鸿勋先生确认其为殿阁②，东西长 11.4 米，南北宽 8.58 米，"引人注目的是，如此小的殿阁正面竟用两个踏道，即南部为左、右二阶"，"这些融汇于九洲池景象中的建筑，其开间之小，仅 1 米多至 2 米多，远小于正常殿堂 4 米左右至 5 米左右的开间。同时，采用左右阶制，以表现此殿的正规，看起来就像是一座大殿。把大殿做得如此之小，参照之下，显得空间很大。这显然是为了表现'东海'主题，使景象产生了辽阔的效果而采取的一种拓展空间的处理。压缩景象尺度的手法表明，此时园林艺术创作已建立'尺度设计'的概念，这在中国造园史上，是一个重大的发展"（图 11）③。

---

① 徐松辑、高敏点校：《河南志》，中华书局，1994 年，第 124 页。
② 杨鸿勋：《宫殿考古通论》，紫禁城出版社，2001 年。
③ 杨鸿勋：《宫殿考古通论》，紫禁城出版社，2001 年。图 11 采自杨鸿勋《宫殿考古通论》，紫禁城出版社，2001 年。

图 11　九洲池三号岛屿上的二号基址"小阁"复原透视图

"鸟鱼翔泳，花卉罗植"，生物配置范围广泛，品种极其丰富，足以说明九洲池不仅是复杂的艺术创作，也是庞大的土木工程和绿化工程，是园林规划设计方面的里程碑，它标志着中国古典园林全盛期的到来。

虽然目前的考古发掘资料，尚难复原九洲池的原貌，文献记载中的一些殿堂亭院也不宜和发掘出的遗迹相比附，但就这些遗迹的分布范围，建筑的规模、结构、特点来考察，结合文献记载已经可以勾画出一个大致的轮廓：这是一处人工开凿的湖面，池内有多处洲岛，其上建有精巧的殿亭台阁，岛之间以虹桥相通，沿岸绿树成荫，环池建有一个个各具特色的庭院。各个景点之间又以廊庑相连，有分有合，有机地联为一个整体①。

五　九洲池的兴建、使用及废弃

九洲池位于汉河南县城东墙之外。汉魏时期引谷工程从其北侧通过，在九洲池北部发现隋唐以前的零星淤土，可能就是引谷工程时谷水外泄形成的，也就是说，在隋唐时期以前，九洲池位置就可能有小面积的水域。在九洲池南部，发现零星的汉代夯土建筑和大量的汉代砖瓦窑遗迹，这些夯土被唐代再次利用，大量的砖瓦窑叠压在九洲池下，被九洲池淤土打破。根据大量砖瓦窑的分布，推断此处在汉代可能是砖瓦生产区。

大业元年（605 年），隋炀帝下诏营建东都，"九洲池是隋朝创建东都时为隋炀帝

---

① 王岩：《隋唐宋时期洛阳园林考古学初探》，《汉唐与边疆考古研究》第一辑，科学出版社，1990 年。

与嫔妃、宫人们嬉戏所创作的园林环境"[①]。文献记载九洲池中的瑶光殿、琉璃阁和一柱观均为隋造，池北的望景台也是隋代所造。环池的仁智院西的千步阁，文献明确为隋炀帝造。

唐代继续沿用隋代营造的九洲池。考古发掘的九洲池中岛屿上的三座殿亭，从其规模、形制、建筑特点和建筑材料分析，均为同一时间的建筑，约在隋或唐初。其中一座殿亭，正面竟用两个踏道。

到武则天时期，九洲池成为宫廷政治斗争的舞台，武后常到此游玩。天册万岁元年，太后因厌恶薛怀义的骄恣不驯，密选宫人有力者百余人埋伏殿前，诱其前来，"执之于瑶光殿树下"。目前所认为的九洲池南岸发掘的三座殿阁基址，筑建方法完全相同，平面皆呈长方形，夯筑而成。均呈东西向排列，坐南朝北，皆面向九洲池方向。在这三座唐代殿阁建筑基址之上，叠压着宋代廊庑建筑基址。

晚唐至宋，文献记载九洲池称九曲池、九江池，"梁太祖沈杀九王之处"[②]。考古发掘九洲池南岸有宋代的廊庑建筑。叠压着唐代殿阁建筑，唐代殿阁建筑之间以虹桥相连，宋代时，虹桥废弃，意味着九洲池的两个排水口的废弃。这种变化，是宋代九洲池缩小的证明。"园圃之废兴，洛阳盛衰之候也。且天下之治乱候于洛阳之盛衰，而知洛阳之盛衰候于园圃之废兴。"[③] 随着北宋西京政治的衰落，皇家的九曲池也随之衰落。自此以后，九洲池这座曾经闻名一时的豪华宫城御苑，便湮没地下，鲜为人知。直到20世纪60年代以来的考古勘探与发掘，使之重现人间，面貌才逐渐清晰起来。

园林作为一种文化现象，成为都市建筑中不可缺少的重要内容。园林的发展从一个侧面反映出当时国家政治、经济、文化的发展水平。初盛唐时期，政治安定，经济繁荣，为园林发展提供了社会和经济条件，此时园林有较大的发展。东都苑的雄浑大气，上阳宫的精致美丽，宫内园林的朴素典雅，各具特色，从设计到建造，都达到了较高的水平。

附记：此文的认识是来源于《隋唐洛阳城（1959～2001年考古发掘报告）》（文物出版社，2014年）整理的成果，完成于2014年。当时九洲池遗址的整理是由我完成，基于报告中形成的认识，草成此文，以兹纪念杨泓先生八秩华诞。2013年以来，配合国家遗址公园建设，对九洲池遗址开展大规模的考古发掘，此时发掘对九洲池形成新的认识，特别是唐代的规模与形状、水系、池岸等。考虑到学术发展的阶段性，故此文中并没有更改当时的认识，特此说明。

---

① 杨鸿勋：《宫殿考古通论》，紫禁城出版社，2001年。
② 徐松辑、高敏点校：《河南志》，中华书局，1994年。
③ 李格非：《洛阳名园记》版本较多，此处引邵博著，刘德权、李剑雄点校：《邵氏闻见后录》卷二四，中华书局，1983年，第191页。

经变初探

李崇峰（北京大学考古文博学院）

中土传统上称佛教为象（像）教①，即立像设教。道宣撰《广弘明集》卷一引法琳等《上秦王论启》曰："梦见金人已来，像教东流。"同书卷二二引李俨《金刚般若经集注序》云："自真容西谢，像教东流。"② 关于像教，唐开元六年（718 年）完成的五臣注本《文选》，李周翰在注卷五九《头陀寺碑文》时明确释义："'象教'，谓为形象以教人也。"③ 因此，佛教雕塑与绘画是佛法传播的重要媒介与手段。

一 变、变相与经变

在佛教画塑中，"经变"是隋唐以降地面寺院和石窟寺壁画特别流行的一种类型。经变，亦作变、变相或变相图，系依佛经绘制而成。关德栋认为，"这种绘画在寺庙墙壁上的图画，在当时称之为'变相'，有时也简称为'变'。绘画的内容，完全是取材于佛经。所以称为'变相'的缘因，实际就是变佛经为图相的意思"④。阎文儒观点与此基本相似，主张"因为佛教是'像教'，重视神的供养，于是根据佛经内容，创造了许多经变画，或是各样的造像"。换言之，"根据各经内容而创造的故事图像，就叫作'经变'或'变相'"；"经变，除可以说是把经文改变成为通俗文学外，就是按着经

---

① 正史中最早出现"像教"一词，应是《魏书·释老志》所记"太延中（435～439 年），凉州平，徙其国人于京邑，沙门佛事皆俱东，象教弥增矣"，中华书局，1974 年，第 3032 页。
② 道宣：《广弘明集》，《大正新修大藏经》第 52 卷，（东京）大正一切经刊行会，1924～1934 年（下简称《大正藏》），第 161b、259c 页。
③ 《六臣注文选》，影印日本足利学校藏宋刊明州本，人民文学出版社，2008 年，第 891 页。
④ 关德栋：《谈"变文"》，《敦煌变文论文录》，上海古籍出版社，1982 年，第 199 页；其文原连载于《觉群周报》第一卷第一至十二期（1946 年）。

文，变成为一幅画"①。美国艾惟廉（William R. B. Acker）推断：佛教术语中的"'变'、'变相'和'经变'都是指图画，它们用来解说诸佛乐园、地狱或佛经故事及事件如维摩诘故事等"②。不过，我们所称的"经变"，有别于传统的本生、因缘和佛传故事画，特指把一部佛经的主要内容或几部佛经"合本"③ 绘制或雕塑成一幅首尾完整、主次分明、构图严谨的巨型画作④。

"变相"一词，至迟南朝时已经出现。据唐裴孝源《贞观公私画史》记载，"'豫章王燕宾图'［梁《太清目》中有］、'维摩诘变相图'、'天女像'［一本作天王像］，'东晋高僧像'三卷、'无名真貌'一卷［三人，冠武弁，题云：袁蒨画，有梁太清年月］、'博弈图'、'三龙图'一卷。右七卷，袁蒨画，并是梁朝官本，有太清年月号［张彦远《名画记》，又有'苍梧图'］……'维摩诘变相图'一卷［梁《太清目》所无］。右一卷，张墨画，隋朝官本……'楞伽会图'一卷、'宝积变相图'一卷。右二卷，张儒童画［僧繇之子，《太清目》不载］"⑤。裴孝源有关南朝画迹，多依梁《太清

---

① 阎文儒：《经变的起源种类和所反映佛教上宗派的关系》，《社会科学战线》1979 年第 4 期（宗教学号），第 221 页。这种观点，与文献记载颇符。据张彦远《历代名画记》卷三，长安大云寺"外边四面，杨契丹画'本行经'"；洛阳敬爱寺"山亭院'十轮经变'、'华严经'，并武静藏画"；洛阳大云寺"'净土经'……尉迟画"。段成式《酉阳杂俎续集》卷五《寺塔记》上记载平康坊菩提寺"佛殿内槽后壁面，吴道玄画'消灾经'事"。参见《历代名画记》，上海人民美术出版社，1964 年，第 69、73 页；《酉阳杂俎》，方南生点校，中华书局，1981 年，第 252 页。

② William Reynolds Beal Acker, *Some T'ang and Pre-T'ang Texts on Chinese Painting*, Leiden: E. J. Brill, 1954: 257, note 3.

③ 本文所用"合本"一词，系借用史学家陈寅恪先生拟定之同名术语。陈先生认为："中土佛典译出既多，往往同本而异译，于是有编纂'合本'，以资对比者焉。'合本'与'格义'，二者皆六朝初年僧徒研究经典之方法。""'合本'之比较，乃以同本异译之经典相参校。"据僧祐《出三藏记集》卷八载支愍度《合维摩诘经序》：《维摩诘经》"梵本，出自维耶离（Vaiśālī）。在昔汉兴，始流兹土，于时有优婆塞支恭明。逮及于晋，有法护、叔兰……先后译传，别为三经，同本，人殊出异。或辞句出入，先后不同；或有无离合，多少各异；或方言训古，字乖趣同；或其文胡越，其趣亦乖；或文义混杂，在疑似之间。若此之比，其途非一。若其偏执一经，则失兼通之功。广披其三，则文烦难究，余是以合两令相附。以明所出为本，以兰所出为子，分章断句，使事类相从。令寻者瞻上视下，读彼案此，足以释乖迁之劳，易则易知矣"。六朝时，"合本"之法盛行。陈先生推断：杨衒之撰《洛阳伽蓝记》，"其书制裁乃模拟魏晋南北朝僧徒合本子注之体"，"观今本《洛阳伽蓝记》杨氏纪惠生使西域一节，辄以宋云言语行事及《道荣传》所述参错成文，其间颇嫌重复，实则杨氏之纪此事，乃合《惠生行纪》、《道荣传》及《宋云家传》三书为一本，即僧徒'合本'之体，支愍度所谓'合令相附'及'使事类相从'者也"。裴松之《三国志注》和刘孝标《世说新语注》等，"亦同一体材"；至于"明代员珂之《楞伽经会译》者，可称独得'合本'之遗意"。参见陈寅恪：《支愍度学说考》，《金明馆丛稿初编》，上海古籍出版社，1980 年，第 161～165 页，其文原刊《中央研究院历史语言研究所集刊》外编第壹种《庆祝蔡元培先生六十五岁论文集》（1933 年）；陈寅恪：《读〈洛阳伽蓝记〉书后》，《金明馆丛稿二编》，上海古籍出版社，1980 年，第 158～160 页，其文原刊《中央研究院历史语言研究所集刊》第捌本第贰分（1939 年）；支愍度：《合维摩诘经序》，《出三藏记集》，中华书局，1995 年，第 310～311 页。

④ 段文杰：《敦煌壁画概述》，《敦煌石窟艺术论集》，甘肃人民出版社，1988 年，第 53 页，其文原载于《中国美术全集·绘画编 14·敦煌壁画》，上海人民美术出版社，1985 年；王惠民：《敦煌经变画的研究成果与研究方法》，《敦煌学辑刊》2004 年第 2 期，第 67～76 页；施萍婷：《敦煌经变画》，《敦煌研究》2011 年第 5 期，第 1～13 页。

⑤ 裴孝源：《贞观公私画史》，明王世贞万历初郧阳原刻《王氏画苑》本，叶二十二至二十八。

目》编写，"上承南朝的系统"①。又，《文苑英华》卷八五七所收元黄之《润州江宁县瓦棺寺维摩诘像碑》云，"江宁县瓦棺寺'变相'者，晋虎头将军顾恺之所画也"②；"瓦棺寺变相"，疑为维摩诘变相③。故而，文献记载中土创作的最早"变相"，或为西晋"画圣"张墨所绘，或为东晋顾恺之所画，惟题材皆作维摩诘。后来刘宋袁蒨，亦画"维摩诘变相图"。中国现存最早的"维摩诘变相"，疑为永靖炳灵寺第169窟420年前后绘制的"文殊师利问疾品"④。据支愍度《合维摩诘经序》，"《维摩诘经》者，先哲之格言，弘道之宏标也。其文微为婉，厥旨幽而远，可谓唱高和寡"⑤。陈寅恪先生认为：《维摩诘经》本一绝佳故事，自译为中文后，遂盛行于震旦。六朝时期维摩诘故事之佛典，实皆哲理小说之变相；"当时文化艺术籍以想象推知，故应视为非文字之史料"⑥。中土现知、现存最早的佛经"变相"都为维摩诘，是否也含有"弘道之宏标"及"唱高和寡"之意？

至于"经变"，据《梁书》卷五四《诸夷·扶南国》，"光宅寺……大同（535～545年）中，出旧塔舍利，敕市寺侧数百家宅地，以广寺域，造诸堂殿并瑞像、周回阁等，穷于轮奂焉。其图诸经变，并吴人张繇运手。繇丹青之工，一时冠绝"⑦。这是"经变"一词，最早出现在正史之中；该术语产生之时或在萧梁，因为梁时创造了不少佛教词汇和术语，如金刚、力士等⑧。又，《册府元龟》卷八六九《总录部·图画》所记与《梁书》略有差异："张繇，吴人，丹青之巧，冠绝一时。高祖于光宅寺造诸堂殿并瑞像、周回阁等，穷于轮奂。其图诸经变，并繇运手。"⑨《梁书》及《册府元龟》记载的"张繇"，宋范成大考定为萧梁画家张僧繇。据《吴郡志》卷四三，"梁张僧繇……《南史·夷貊传》：张繇，吴人，丹青之工，一时冠绝。大同中，瓦官寺造诸堂殿，穷于轮奂。其图诸经变，并张繇运手。案：此人即僧繇也"⑩。

① 宿白：《张彦远和〈历代名画记〉》，文物出版社，2008年，第22页。
② 李昉等：《文苑英华》，影印本，中华书局，1966年，第4524页。
③ 俞剑华认为："顾恺之所画则仅为维摩一躯，既无文殊，亦无侍从听众，恐系画维摩的原始形态。"俞剑华：《关于维摩诘变相的内容》，《顾恺之研究资料》，人民美术出版社，1962年，第153页。又，据明王世贞万历初郧阳原刻《历代名画记》卷三（叶十九）附记："顾画'维摩诘'，初置甘露寺中，后为卢尚书简辞所取，宝于家以匣之。大中七年，今上因访幸臣，此画遂诏寿州刺史卢简辞求以进，赐之金帛，以画示百寮后，收入内。"参见《历代名画记》，上海人民美术出版社，1964年，第75页。
④ 甘肃省文物工作队等：《中国石窟·永靖炳灵寺》，文物出版社、（东京）平凡社，1989年，图版36～37，第205页图版说明37。
⑤ 支愍度：《合维摩诘经序》，《出三藏记集》，中华书局，1995年，第310页。
⑥ 陈寅恪：《敦煌本维摩诘经文殊师利问疾品演义跋》，《金明馆丛稿二编》，上海古籍出版社，1980年，第185～186页，其文原刊《中央研究院历史语言研究所集刊》第贰本第壹分（1930年）。
⑦ 《梁书》，中华书局，1973年，第793页。
⑧ 李崇峰：《金刚力士钩稽》，《佛教考古：从印度到中国》，上海古籍出版社，2014年，第799～808页。
⑨ 王钦若等：《册府元龟》，影印明本，中华书局，1960年，第10313页。
⑩ 范成大：《吴郡志》，《宋元方志丛刊》本，中华书局，1990年，第987页。

　　唐代以降，"经变"在中土大量绘画或雕刻，既便于僧众"辄献虔祝"①，也与"变文"流行有关②。"变文"是唐代俗讲话本之一类③。变文，"亦省称变"④。美国梅维恒（Victor H. Mair）推想："变"和"变文"是中国式术语，在印度语言中没有哪个词能与之对应；变文不是单纯印度的或中国的，它是印度文化与中国文化合璧的产物⑤。向达先生认为：法藏 P. 4524 号卷子，"内容为'降魔变'，正面为变文六段，纸背插图六幅，与文相应。张彦远《历代名画记》以及段成式《酉阳杂俎》记述两京寺院壁画，多作种种变相，法京本'降魔变'纸背插图，当即变相之流耳"⑥。换言之，"变文、变相是彼此相应的，变相是画"⑦。孙楷第断定："盖人物事迹以文字描写之则谓之变文，省称曰变；以图像描写之则谓之变相，省称亦曰变。"⑧关德栋以为："'变相'图与'变文'，实际是当时佛教宣传的两种不同方式：一个是以绘画为空相的表现者，一个是以口语文辞为时间的展开者。"⑨王重民则认定："画在墙壁上称为变相，用讲唱形式写出便称为变文。"⑩因此，俗讲、变文与变相具有内在联系⑪。近年，巫鸿以"何为变相"为题，从敦煌艺术和敦煌文学两个

---

① 段成式撰、方南生点校：《酉阳杂俎》，"（慈恩寺）上人，时常执炉循诸屋壁，有变相处，辄献□祝，年无虚月"，中华书局，1981 年，第 263 页。

② 阎文儒认为："根据文献的记载，从初唐时起，宣传佛教的教徒们，不只把经文中的主要故事，画成为大幅的画，而且为了进一步麻痹人民，又把很玄奥的经文，改写成通俗的'变文'，然后给群众讲解，收到宣传佛教更大的效果。"阎文儒：《经变的起源种类和所反映佛教上宗派的关系》，《社会科学战线》1979 年第 4 期（宗教学号），第 223 页。

③ 向达：《唐代俗讲考》，《唐代长安与西域文明》，生活·读书·新知三联书店，1957 年，第 304～307 页，其文原刊《国学季刊》第六卷第四号（1950 年）。

④ 1936 年，孙楷第作"变文变字之解"时写道：敦煌写本演说故事之书，有题"变文"者，如"大目乾连冥间救母变文"；亦省称变，如"八相变"、"降魔变"、"昭君变"等。孙楷第：《读变文》，《沧州集》，中华书局，1965 年，第 61 页。

⑤ ［美］梅维恒著，杨继东、陈引驰译，徐文堪校：《唐代变文——佛教对中国白话小说及戏曲产生的贡献之研究》，中西书局，2011 年，第 80～81 页。

⑥ 向达：《唐代俗讲考》，《唐代长安与西域文明》，生活·读书·新知三联书店，1957 年，第 317 页，注 24，其文原刊《国学季刊》第六卷第四号（1950 年）。实际上，法藏 P. 4524 画卷表现的是佛弟子舍利弗与外道牢度叉斗法的故事。

⑦ 向达：《敦煌变文集引言》，《敦煌变文集》，人民文学出版社，1957 年，第 4 页。

⑧ 孙楷第：《读变文》，《沧州集》，中华书局，1965 年，第 65 页。

⑨ 关德栋：《谈"变文"》，《敦煌变文论文录》，上海古籍出版社，1982 年，第 201 页。其文原连载于《觉群周报》第一卷第一至十二期（1946 年）。

⑩ 王重民：《敦煌变文研究》，《敦煌遗书论文集》，中华书局，1984 年，第 190 页。

⑪ 据段成式撰《酉阳杂俎续集》卷五《寺塔记》上记载：长安平康坊菩提寺塑绘，"元和末，俗讲僧文溆装之"。俗讲高僧文溆重装菩提寺，说明俗讲与变相之关系颇为密切。又，阎文儒认为，"讲经变文，应当是受到'经变画'的影响而形成的。也可以反映当时人们乐意听法师们讲的那一部经。当然大家乐意听的经，必定也是人们所乐意创造变相的题材了。可见经变画虽早就出现，而讲经文形成约在唐初。盛唐以后，不只在石窟或寺院壁上画'经变'，就是开俗讲时，或唱变文的女妓，也要配以'经变'的图卷"。阎文儒：《经变的起源种类和所反映佛教上宗派的关系》，《社会科学战线》1979 年第 4 期（宗教学号），第 223 页。

方面论述了变相与变文的关系。认为"敦煌石窟的变相壁画不是用于口头说唱的'视觉辅助'","敦煌变相可以分为'经变'以及与变文密切相关的绘画两类"①。

梅维恒主张:"配有图画而散韵相兼地说唱故事的技法是在印度出生的,由佛教化的伊朗族'伯父'和突厥族'伯母'培养长大,最后由中国'双亲'收养。"②"在印度的平话中,看来是先有文字部分,而图则是说明文字。但是从俗文学这种文学形式的演变来看,这些证据不能不使人认为,最早的重点是图,而'本文'则是对图的口头的说明。"③据印度学者伯鲁阿(B. Barua)研究,表现天堂与地狱之图文对应的艺术形式乃前佛教遗产,后被游方僧布道时成功尝试,其中绘画具有举足轻重的作用。这种艺术形式,在佛教文献中被称作 charaṇa 或 karaṇa chitra,是一种不规则的、即席创作的图画,被佛陀誉为视觉艺术之佳例④。不过,编撰于3世纪初的《天业譬喻》(Divyāvadāna),清楚地说明这种艺术形式后来被浮雕和壁画替代⑤。

印度现存最早的佛教浮雕,是帕鲁德(Bhārhut)大塔周围的栏楯,镌刻时间为公元前2世纪,主要表现本生、佛传(单幅场景)、象征物以及装饰纹样等⑥。后来陆续建造的桑吉(Sāñcī)大塔和佛陀伽耶(Bodh-Gayā)大菩提寺(Mahābodhi Vihāra)周围栏楯上的浮雕,也主要表现同样内容⑦。至于佛像起源地之秣菟罗(Mathurā)和犍陀罗(Gandhāra),前者造像的年代主要为公元1~5世纪,既有数量不少的世俗场景和象征物,又有大量的单体佛像、菩萨像及单幅佛传浮雕和造像碑;后者年代与前者相仿,主要为佛与菩萨的单体造像,单幅及连续场景的佛传浮雕,包括舍卫城神变

①　[美]巫鸿著、郑岩译:《何为变相? 兼论敦煌艺术与敦煌文学的关系》,《礼仪中的美术:巫鸿中国古代美术史文编》,生活・读书・新知三联书店,2005年,第389页。

②　[美]梅维恒著,王邦维、荣新江、钱文忠译:《绘画与表演:中国的看图讲故事和它的印度起源》,北京燕山出版社,2000年,第72页。

③　[美]梅维恒著,王邦维、荣新江、钱文忠译:《绘画与表演:中国的看图讲故事和它的印度起源》,北京燕山出版社,2000年,第4~5页。

④　Benimadhab Barua, Barhut, Book Ⅰ, Stone as a Story-teller; Book Ⅱ, Jātaka-scenes; Book Ⅲ, Aspects of Life and Art, rep., Patna: Indological Book Corporation, 1979, Book Ⅰ, p. 92.

⑤　E. B. Cowell and R. A. Neil eds., The Divyāvadāna, Cambridge: Cambridge University Press, 1886, pp. 300 – 303.

⑥　Alexander Cunningham, The Stūpa of Bharhut: A Buddhist Monument Ornamented with Numerous Sculptures Illustrated of Buddhist Legend and History in the Third Century B. C., London: W. H. Allen & Co., 1879; Benimadhab Barua, Barhut, Book Ⅰ, Stone as a Story-teller; Book Ⅱ, Jātaka-scenes; Book Ⅲ, Aspects of Life and Art, rep., Patna: Indological Book Corporation, 1979, Book Ⅰ, p. 92.

⑦　John H. Marshall and Alfred Foucher, The Monuments of Sāñchī, Calcutta: Manager of Publications/ Archaeological Survey of India, 1940; James Fergusson, Tree and Serpent Worship or Illustrations of Mythology and Art in India in the First and Fourth Centuries after Christ from the Sculptures of the Buddhist Topes at Sanchi and Amravati, London: Indian Office, 1873; Rajendralala Mitra, Bodh Gayā: The Great Buddhist Temple, the Hermitage of Śakyamuni, Calcutta: Bengal Secretariat Press, 1878.

（Miracle of śrāvastī），其次是天人、夜叉、纹饰和少量本生及世俗场景①。此外，笈多时期（4~6世纪）萨尔那特（Sārnāth）的造像，除了单体佛和菩萨像外，流行雕刻造像碑；后者题材既有"菩提像"和"鹿野苑初转法轮"，也有"三相图（降魔成道、初转法轮和游行说法）"、"四相图（树下诞生、降魔成道、初转法轮和涅槃入灭）"以及八相图和舍卫城神变等②。又，阿旃陀（Ajantā）第26窟右侧壁浮雕的降魔与涅槃（图1、2）③，场景较大，应完成于6世纪④，或可视为印度现存佛经"变相"的最早实例。

图1 阿旃陀第26窟右壁降魔浮雕与示意图

至于佛教壁画，阿旃陀及巴格（Bagh）石窟堪称印度中古绘画艺术之代表⑤。阿旃

① R. C. Sharma, *Buddhist Art*: *Mathurā School*, New Delhi: Wiley Eastern Ltd & New Age International, 1995; John H. Marshall, *The Buddhist Art of Gandhāra* (*The Story of the Early School*: *Its Birth*, *Growth and Decline*), London: Cambridge University Press, 1960; 李崇峰：《犍陀罗、秣菟罗与中土早期佛像》（Gandhāra, Mathurā and Buddha Images of Medieval China），《佛教考古：从印度到中国》，上海古籍出版社，2014年，第737~782页。

② U. R. Tiwari, *Sculptures of Mathura and Sarnath*, *A Comparative Study* (*Up to Gupta Period*), Delhi: Sundeep Prakashan, 1998; 李崇峰：《犍陀罗、秣菟罗与中土早期佛像》（Gandhāra, Mathurā and Buddha Images of Medieval China），《佛教考古：从印度到中国》，上海古籍出版社，2014年，第737~782页。

③ 浮雕示意图采自 James Fergusson and James Burgess, *The Cave Temples of India*, London: W. H. Allen & Co., 1880: pl. LI, L。

④ A. Ghose, ed., *Ajanta Murals*, New Delhi: Archaeological Survey of India, 1967: Plate L; 李崇峰：《阿旃陀石窟参观记》，《佛教考古：从印度到中国》，上海古籍出版社，2014年，第75~104页；李崇峰：《西印度塔庙窟的分期与年代》，《佛教考古：从印度到中国》，上海古籍出版社，2014年，第70~71页。

⑤ G. Yazdani et al., *Ajanta*: *The Colour & Monochrome Reproductions of the Ajanta Frescoes Based on Photography*, London: Oxford University Press, 1930–1955, 4 volumes; John H. Marshall et al., *The Bagh Caves in the Gwalior State*, London: Indian Society, 1927.

图 2　阿旃陀第 26 窟右壁涅槃浮雕与示意图

陀石窟，乃三位一体的综合艺术。鉴于其卓越的艺术形式，印度考古学家德什班德
（M. N. Deshpande）先生把这种凿岩为寺，融合建筑、雕刻、绘画为一体的视觉艺术形
式，称之为"Ajantaism（阿旃陀主义）"，它在佛教领域的不同区域呈现多种形式①。
遗憾的是，由于千百年来自然和人为的破坏，现存阿旃陀石窟的壁画仅第 1、2、16、
17 窟保存较好，题材内容主要为本生、譬喻和佛传中的单幅场景如降魔（图 3）②、初
转法轮、忉利天说法、舍卫城神变、佛与妻儿相会、难陀出家以及佛像、菩萨像、天
人、世俗场景和装饰纹样等，大多绘制于 5、6 世纪③。巴格石窟的壁画内容、题材及
绘制时间，与阿旃陀石窟基本相同④。至于斯里兰卡的狮子岩（Sigiriya）壁画，系 5
世纪时绘在高于地面 100 多米处的崖壁表面，残存画迹大多为天人（apsara）像及装饰

图 3　阿旃陀第 1 窟佛殿前室右壁降魔变壁画与示意图

①　M. N. Deshpande, "The（Ajanta）Caves: Their Historical Perspective", *Ajanta Murals*, ed. A. Ghosh, New Delhi:
　　Archaeological Survey of India, 1967: 14–21, esp. 17.
②　浮雕示意图采自 A. Ghose, ed. , *Ajanta Murals*, New Dellvi: Archaeological Survey of India, 1967: fig. 8。
③　李崇峰：《阿旃陀石窟参观记》，《佛教考古：从印度到中国》，上海古籍出版社，2014 年，第 70~71 页。
④　Anupa Pande, *The Buddhist Cave Paintings of Bagh*, New Delhi: Aryan Books International, 2002.

图案①；而远在阿富汗的巴米扬石窟，开窟造像活动之盛期当在公元 600 年前后，现存壁画除五幅涅槃图外，主要为佛、菩萨、千佛壁画，其次是天人、日神、月神、风神、战神、佛塔、高僧、供养人及装饰纹样等②。

综上所述，南亚及中亚地区的佛教雕塑和壁画题材，除了佛、菩萨等单体形象之外，流行本生、因缘和单幅场景佛传（包括诞生、成道、说法、神变和涅槃等），没有依据某一部佛经或几部佛经"合本"雕绘出一幅首尾完整、主次分明的巨幅经变遗迹。若然，阿旃陀第 26 窟的降魔成道与涅槃图和犍陀罗及萨尔纳特出土的帝释窟（图4）③及舍卫城神变（图5）④浮雕⑤或可视为雏形，不过从严格意义上讲它们应属于《佛本行经》变相的一部分。因此，中国北朝晚期以降流行的巨幅经变，如"西方净土

图 4 犍陀罗出土的帝释窟浮雕

变"，与印度、斯里兰卡、巴基斯坦和阿富汗的佛教艺术似乎没有直接关系，但潜在影响显而易见。汉译"变相"之梵文词，有 vikṛta 和 vipariṇata；前者意为变化、变形，汉译改变、颠倒、变相、形貌变坏等，后者意为变、变化，迻译变、变异、变相等⑥。两梵文词，似不具备我们所知晓的佛教艺术之"变相"含义。至于"经变"一词，应为

① Ananda W. P. Guruge et al., *The Cultural Triangle of Sri Lanka*, Paris: United Nations Educational, Scientific and Cultural Organization, and Colombo: Central Cultural Fund, Ministry of Cultural Affairs and Information, 1993: pp. 116 – 122.

② ［日］樋口隆康：《バーミヤーン：アフガニスタンにおける仏教石窟寺院の美術考古学的調査 1970 – 1978 年；京都大学中央アジア学術調査報告》，第 I 卷図版篇（壁画），第 II 卷図版篇（石窟構造），1983 年；第 III 卷本文篇，第 IV 卷英文/実測図篇，1984 年，（京都）同朋舎，1983 ~ 1984 年。Deborah Klimburg-Salter, *The Kingdom of Bāmiyān: Buddhist Art and Culture of the Hindu Kush*, Naples: Istituto Universitario Orientale/ Rome: Istituto Italiano per il Medio ed Estremo Oriente, 1989；李崇峰：《中印佛教石窟寺比较研究：以塔庙窟为中心》，北京大学出版社，2003 年，第 182 页，注释③。

③ 采自 *Gandhara-Das Buddhistische Erbe Pakistans: Legenden*, Klöster und Paradiese, kat. Nr. 177。

④ 图 5：1 采自 *Gandhara-Das Buddhistische Erbe Pakistans: Legenden*, Klöster und Paradiese, Kat. Nr. 204；图 5：2 采自 *Sculptures of Mathura and Samath*, A Comparative Study (Up to Gupta Period), pl. 77。

⑤ James Fergusson and James Burgess, *The Cave Temples of India*, London: W. H. Allen & Co., 1880: Plates L, LI; Alfred Foucher, *L'Art Gréco-Bouddhique du Gandhâra: étude sur les Origines de l'Influence Classique dans l'art Bouddhique de l'Inde et de L'Extréme-Orient*, 2 Bde, Tome I, 1905; Tome II, 1, 1918; Tome II, 2, 1922; Tome II, 3, 1951, Paris: E. Leroux/ Imprimerie Nationale, 1905 – 1951, Tome I: 492 – 497, 197, Figs. 246 – 247, 79; Tome II: 206, 534 – 537, 848; Harald Ingholt, *Gandhāran Art in Pakistan*; with 577 illustrations photographed by Islay Lyons and 77 pictures from other sources, introduction and descriptive catalogue by Harald Ingholt, New York: Pantheon Books, 1957: 87 – 92, 120 – 123, Figs. 128 – 135, 252 – 257; U. R. Tiwari, *Sculptures of Mathura and Sarnath*, A Comparative Study (Up to Gupta Period), Delhi: Sundeep Prakashan, 1998: pls. 77, 80.

⑥ ［日］荻原雲来：《漢訳対照梵和大辞典》，（东京）鈴木學術財団/講談社，1974 年，第 1201a、1225b 页。

汉地画家或文人所造；而经变画，堪称此土画家独创的佛教艺术形式。

1 　　　　　　　　　　　　　　　　　　　　2

图 5 　舍卫城神变浮雕
1. 犍陀罗出土的舍卫城神变浮雕　2. 萨尔纳特出土的舍卫城神变浮雕

二　早期遗迹与文献记载

　　中国石窟中现存最早的纪年佛经变相[①]，疑为邺城附近小南海中窟的"观无量寿佛经变"。中窟正壁坛上雕造一坐佛、二弟子及二菩萨立像，其中二弟子雕在正壁与两侧壁交接处，二菩萨像则位于东西两侧壁；东壁造像与正壁像衔接，为一立佛和一立菩萨，像间壁面镌刻持莲供养比丘，上方浮雕"弥勒为天众说法时"；西壁造像及像间题材与东壁相似，唯上方浮雕众多景物且镌刻"九品往生"、"上品往生"、"上品中生"、"上品下生"、"中品上生"、"中品中生中品下生"、"下品往生"、"八功德水"、"七宝□□□"、"五百宝□"等榜题，应是《观无量寿佛经》变相之雏形。据中窟外立面门道上方镌刻的《班经题记》，北齐天保元年（550 年），灵山寺僧方法师等"率诸邑人

[①] 　本文所论经变，除个别情况外，仅限于佛教石窟。中原北方及四川等地造像碑中雕刻的佛经变相，容另文探讨。

刊此岩窟，仿像真容。至六年（555 年）中，国师大德稠禅师重莹修成，相好斯备"①。

至于邺城地区滏山石窟（南响堂）第 1、2 窟前壁上部浮雕的"西方净土变"（图6），应为中土现存最早的大幅经变之一，镌刻于北齐天统（565～569 年）年间②。其中，第 2 窟前壁门道上方的西方变浮雕，20 世纪 20 年代被凿盗海外，现藏于美国华盛顿特区弗里尔艺术馆（Freer Gallery of Art and Arthur M. Sackler Gallery-Smithsonian, Washington D. C. ）③。浮雕中，阿弥陀佛位于画面中央，结跏趺坐，右手作说法印，大衣（复衣）"偏覆左肩"；佛两侧有菩萨数身，神态多样，前有观音、势至；佛前方及观音、势至之间雕出七宝池，池中设博山炉，左右表现各种形态的化生并伴有戏水者及水禽等；画面两端浮雕楼阁各一座，栏杆、望柱、阑额、斗拱、平座清晰可见，檐角系角铃，殿顶作汉殿式，有悬鱼、鸱尾；佛顶之上的宝盖极为华美，数层覆钵式帐盖交错相叠，顶置宝珠；宝盖以上的天际，刻画佛、菩萨、化生、飞天以及飘动的乐器。这幅西方变及第 1 窟的同名经变，疑据《无量寿经》（《阿弥陀经》）④ 和《观无量

---

① 《中国美术全集·雕塑编 13·巩县天龙山响堂山安阳石窟雕刻》，文物出版社，1989 年，图版 190～198；李裕群：《关于安阳小南海石窟的几个问题》，《燕京学报》新六期（1999 年），第 161～181 页。

② 南响堂石窟第 2 窟前庭后壁窟门两侧镌刻的《滏山石窟之碑》。

③ Langdon Warner, "The Freer Gift of Eastern Art to America", *Asia*, 23 (1923)：p. 591；Katherine R. Tsiang, *Echoes of the Past：The Buddhist Cave Temples of Xiangtangshan*, Chicago：Smart Museum of Art, University of Chicago/ Washington D. C. ：Arthur M. Sackler Gallery, 2011：pp. 214－215；华盛顿特区弗里尔艺术馆，亦译弗利尔美术馆或华府弗瑞尔艺术列馆。

④ 据僧祐《出三藏记集》卷二《新集撰出经律论录》，《无量寿经》前后凡有五译：《无量寿经》二卷，一名《无量清净平等觉经》，晋武帝（266～290 年）时竺法护译；《无量寿经》一卷，或云《阿弥陀经》，晋安帝（396～418 年）时鸠摩罗什译；《新无量寿经》二卷，宋永初二年（421 年）佛驮跋陀于道场寺出；《新无量寿经》二卷，永初二年释宝云于道场寺出，一录云：于六合山寺出；《无量寿经》一卷（阙），宋文帝（424～453 年）时天竺摩诃乘法师求那跋陀罗，以元嘉中及孝武时宣出诸经，沙门释宝云及弟子菩提法勇传译。另据同卷《新集条解异出经录》，"《无量寿经》：支谦出《阿弥陀经》二卷，竺法护出《无量寿》二卷或云《无量清净平等觉》，鸠摩罗什出《无量寿》一卷，释宝云出《新无量寿》二卷，求那跋陀罗出《无量寿》一卷；右一经五人异出"。"一卷《无量寿经》，鸠摩罗什、求那跋陀；右一经二人异出。"又，二卷本《无量寿经》，《出三藏记集》卷二《新集撰出经律论录》"支谦"条记：《阿弥陀经》二卷，"内题云《阿弥陁三耶三佛萨楼檀过度人道经》"。费长房《历代三宝记》卷五《译经·魏吴》所载与之相同，但记《阿弥陀经》"亦云《无量寿经》"。《历代三宝记》卷一三《大乘修多罗有译》记："《无量清净平等觉经》二卷，《阿弥陀经》二卷，《无量寿经》二卷，上三经同本，别译异名。"而一卷本《无量寿经》，《出三藏记集》卷二《新集撰出经律论录》作《无量寿经》，或云《阿弥陀经》；费长房《历代三纪记》卷八《译经·苻秦姚秦》"鸠摩罗什"条记载："《无量寿经》一卷，一名《阿弥陀经》，弘始四年二月八日（402 年 3 月 27 日）出，是第五译，与支谦、康僧铠、白延、法护等出两卷者本同，文广略小异，见《二秦录》。"因此，二卷本《无量寿经》或一卷本《无量寿经》，皆可称作《阿弥陀经》。吕澂先生认为：宝云译二卷本《新无量寿经》，"后误康僧铠译，勘同无量寿会［开］"，属于宝积部，鸠摩罗什出 卷本《无量寿经》，应称《阿弥陀经》，"弘始四年（402 年）出［房］"，属于华严部。据智昇《开元释教录》卷四《总括群经录》记载：鸠摩罗什出"《阿弥陀经》一卷，亦名《无量寿经》，弘始四年二月八日译，初出，与唐译《称赞净土经》等同本，见《二秦录》及《僧祐录》"。同书卷五记："《新无量寿经》二卷，永初二年于道场寺出，一录云：于六合山寺出，第九译，与《宝积·无量寿会》等同本，见《道慧》、《僧祐》等录。"考虑到经的内容，笔者同意吕澂先生的观点，把鸠摩罗什所出一卷本《无量寿经》称作《阿弥陀经》，宝云译二卷本《新无量寿经》简作《无量寿经》。参见僧祐：《出三藏记集》，中华书局，1995 年，第 29、33、43、50、51、54、56、60、69、81、534 页；《大正藏》第 49 卷，第 57b、78a、110c 页；《大正新脩大藏經勘同目錄》，《昭和法寶總目錄》第一卷，第 243a、245c 页；吕澂：《新编汉文大藏经目录》，齐鲁书社，1981 年，第 5、35 页；智昇：《开元释教录》，《大正藏》第 55 卷，第 512c、525b 页。

1

2

图 6　南响堂石窟西方净土变
1. 第 2 窟主室前壁浮雕　2. 第 1 窟主室前壁浮雕示意图（李崇峰绘制）

寿佛经》① 浮雕而成②。

　　据文献记载，"邺下擅名、遐迩驰誉"的高僧灵裕，曾为《无量寿经》做《纲目》

_____

① 畺良耶舍译：《观无量寿佛经》，《大正藏》第 12 卷，第 340c ~ 346b 页。
② ［日］中村兴二：《日本的净土变相与敦煌》，《中国石窟·敦煌莫高窟》三，文物出版社、（东京）平凡社，
　　1987 年，第 213 ~ 214 页。

一卷、《义疏》二卷，为《观无量寿佛经》做《疏》一卷①。这说明《无量寿经》与《观无量寿佛经》曾流行于邺下，故而邺城附近石窟中出现这种原始形式的"观无量寿佛经变"或合本雕刻"西方变"应在情理之中②。南响堂第1、2窟浮雕的"西方变"，画面构图富丽，刻工精致，表现出透视上的远近层次，具有很高的艺术水准，惟画幅尺度小于唐以后流行的经变壁画③，如敦煌莫高窟第220窟通壁绘制的巨幅"西方净土变"。

敦煌莫高窟，堪称中国佛教石窟寺发展史之缩影，保存了大量唐代经变壁画。据《敦煌石窟内容总录》统计，莫高窟现存唐五代经变及重要图像有：十轮经变、十一面观音、千手钵文殊变、千手眼观音变、水月观音、不空羂索观音变、文殊与普贤、天请问经变、观无量寿佛经变、观音经变、华严经变、如意轮观音变、报恩经变、报父母恩重经变、佛本行经变（佛传）、阿弥陀经变、劳度叉斗圣变、法华经变、金刚经变、金光明经变、弥勒经变、药师经变、思益梵天问经变、涅槃经变、密严经变、维摩诘经变、梵网经变、楞伽经变以及无具体名称的"净土变"等近三十种④。

此外，敦煌藏经洞还出土了许多刺孔粉本⑤、白画小样⑥及壁画榜题底稿，如"粉

① 《续高僧传·灵裕传》，《大正藏》第50卷，第495b～498a页；《大正新脩大藏經勘同目錄》，《昭和法寶總目錄》第一卷，第243b～244c页。

② 南响堂第1窟俗称华严洞，主室前壁上部浮雕的西方净土变（图6：2），应据华严部《无量寿经》（《阿弥陀经》）和《观无量寿佛经》合本创作，下部镌刻《华严经》卷五《四谛品》。这种布局，既说明壁面经营位置当时有统一安排，似乎也从另一方面证实了我们对南响堂第1、2窟前壁西方净土变浮雕所据原本的推测。参见［日］常盤大定、［日］關野貞：《支那佛教史蹟》第三集评解，（东京）佛教史蹟研究會，1927年，第113～114页；［日］水野清一、［日］長廣敏雄：《響堂山石窟：河北河南省境における北齊時代の石窟寺院》，（京都）東方文化學院京都研究所，1937年，第11～15页；颜娟英：《河北南响堂山石窟寺初探》，《考古与历史文化：庆祝高去寻先生八十大寿论文集》下，（台北）正中书局，1991年，第346～352页；李裕群：《北朝晚期石窟寺研究》，文物出版社，2003年，第220～229页。

③ 除小南海中窟镌刻的"观无量寿经变"和南响堂第1、2窟主室前壁浮雕的"西方净土变"之外，麦积山西魏时期开凿的第127窟，右壁龛上绘制与南响堂第1、2窟画幅相当的"西方净土变"，左壁龛上画"维摩诘经变"。这说明，中原北方地区至迟从北朝晚期开始流行刻画大幅场景的经变。麦积山石窟艺术研究所：《中国石窟·天水麦积山》，文物出版社、（东京）平凡社，1998年，图版160～161。

④ 敦煌研究院：《敦煌石窟内容总录》，文物出版社，1996年，第275～299页；王惠民：《敦煌经变画的研究成果与研究方法》，《敦煌学辑刊》2004年第2期，第71～76页；施萍婷：《敦煌经变画》，《敦煌研究》2011年第5期，第13页统计表。

⑤ 1992～1993年，美国胡素馨（Sarah E. Fraser）在巴黎、伦敦和圣彼得堡系统考察了敦煌藏经洞出土的一百多件所谓粉本，并把它们分作五类：1. 壁画的草稿，如 P. tib 1293 白描，是莫高窟第196窟西壁"降魔变（牢度叉斗圣变）"的草稿；而 Stein Painting 76 白描，应为莫高窟壁画"阿弥陀佛西方净土变里韦提希十六观"的草稿。2. 绢幡画的草稿，如 S. 9137 纸本观音菩萨像与 Stein Painting 14 绢本观音像，"是底稿和绘画关系的典型例子"。3. 在石窟藻井上做千佛像的"刺孔"，如 P. 4517（3）刺孔坐佛系绘制千佛壁画所用。4. 曼荼罗和画像手册，如 P. 4518（33）金刚界曼荼罗和 P. 4518（36）忿怒的明王像，乃密教图像敷色的底稿；P. 2012 曼荼罗的不同部位写有"地青"、"地五色"、"地黄"等标明颜色的字，用来敷色。5. 草稿，P. 2002 残佛经背面所画菩萨头像及半身像，应为随意所绘，"不是一件完整具体的绘画作品"。胡素馨：《敦煌的粉本和壁画之间的关系》，《唐研究》第三卷，北京大学出版社，1997年，第441页。

⑥ 欧阳琳：《敦煌白画》，《敦煌研究》2009年第4期，第33～37页。

本说法图"（刺孔与白画合成，伦敦不列颠博物馆藏 Stein Paining 72；Stein Paining 下文简作 S. P. ）、"白画十一面观音"（P. 3958）、"白画佛传"（P. 2869v）、"白画破魔变"（P. 4524）、"白画未生怨与十六观"（P. 2671v）、"白画弥勒经变"（S. 0259v）、"白画维摩诘经变"和"观无量寿佛经变"（S. P. 76）、"白画金光明最胜王经变"（S. P. 83、P. 3998）、"白画牢度叉斗圣变"（P. tib 1293、P. 4524）等样稿，还有"佛教史迹及瑞像榜题"（S. 2113va、S. 5659、P. 3033v）、"观无量寿佛经变榜题"（P. 3304v、P. 3352、S. 2544b、陶 13/国图 B. D. 09092）、"华严经变榜题"（S. 2113vd）、"药师经变榜题"（P. 3304va、S. 2544）、"弥勒经变榜题"（P. 4966）、"牢度叉斗圣变榜题"（S. 4257v、P. 3304v）、"贤愚经变榜题"（洪 62/北图 8670、S. 192）、"千手千眼观音经变榜题"（P. 3352）、"天请问经变榜题"（P. 3352、S. 1397、余 79v/北图 5408）、"思益梵天问经变榜题"（余 79v/北图 5408）、"梵网经变榜题"（余 79v/北图 5408）底稿和"莫高窟第 97 窟壁画榜题"（S. 1589va）等①。

这些刺孔粉本、白画小样及壁画榜题底稿，有些可能是当时固定的粉本或画范，有些可能是名手、画工当时创作壁画的小样或墨书榜子之底稿。如 S. P. 83 和 P. 3998 "金光明最胜王经变"白画，与敦煌莫高窟中唐第 154 窟主室南壁和东壁的"金光明最胜王经变"壁画相似②；S. 0259V "弥勒下生经变"白画，可能是莫高窟晚唐第 196 窟主室北壁"弥勒下生经变"壁画的小样③；S. P. 76 "维摩诘经变"白画，疑为莫高窟曹氏归义军时期所建第 98 窟东壁"维摩诘经变"的壁画小样，并可能影响了这一时期所有新修洞窟"维摩诘经变"壁画的绘制④；S. P. 76 "观无量寿佛经变"白画，可能是宋初曹元忠建造第 55 窟"观无量寿佛经变"中堂两侧屏对"未生怨"与"十六观"壁画的小样⑤；至于陶 13/国图 B. D. 09092 写本⑥，乃"无量寿佛观相"、"十六观"及"未生怨"榜题，既可能是莫高窟第 55 窟"观无量寿佛经变"壁画榜题之底稿，也用

①　敦煌研究院：《敦煌遗书总目索引新编》，中华书局，2000 年，第 313、307、258、314、249、8、308、64、176、265、49、130、64、276、278、77、330、355、6、42、412、49 页；苏远鸣著、耿昇译：《敦煌写本中的壁画题识集》、《敦煌写本中的某些壁画题识》，《法国敦煌学精萃》，甘肃人民出版社，2011 年，第 614～639、661～668 页；沙武田：《S. P. 83、P. 3998〈金光明最胜王经变稿〉初探》，《敦煌研究》1998 年第 4 期，第 19～27 页；沙武田：《S. 0259V〈弥勒下生经变稿〉探》，《敦煌研究》1999 年第 2 期，第 25～30 页；沙武田：《S. P. 76〈维摩诘经变稿〉试析》，《敦煌研究》2000 年第 4 期，第 10～19 页；沙武田：《S. P. 76〈观无量寿经变稿〉析》，《敦煌研究》2001 年第 2 期，第 14～22 页；王惠民：《国图 B. D. 09092 观经变榜题底稿校考》，《敦煌研究》2009 年第 5 期，第 1～7 页；王惠民：《敦煌经变画的研究成果与研究方法》，《敦煌学辑刊》2004 年第 2 期，第 70 页。

②　沙武田：《S. P. 83、P. 3998〈金光明最胜王经变稿〉初探》，《敦煌研究》1998 年第 4 期，第 19～27 页。

③　沙武田：《S. 0259V〈弥勒下生经变稿〉探》，《敦煌研究》1999 年第 2 期，第 25～30 页。

④　沙武田：《S. P. 76〈维摩诘经变稿〉试析》，《敦煌研究》2001 年第 2 期，第 10～19 页。

⑤　沙武田：《S. P. 76〈观无量寿经变稿〉析》，《敦煌研究》2001 年第 2 期，第 14～22 页。

⑥　这件写本后来刊布时编为二个号，B. D. 09092.1 称"观无量寿佛经十六观"，B. D. 09092.2 作"无量寿佛观相"。中国国家图书馆：《中国国家图书馆藏敦煌遗书》⑤，江苏古籍出版社，1999 年，第 331 页。

在了第76窟"十六观"等壁画榜子的书写[1]；北图余79V，即5408背面为"思益梵天问经变"、"天请问经变"和"梵网经变"之榜题底稿[2]，疑墨书莫高窟第454窟主室三铺同名经变榜子所用[3]。不过，这批刺孔粉本、白画小样或榜题底稿多为晚唐以后遗物。胡素馨推定上述粉本的制作时间，大部分是公元890~960年，即曹家的画行变成了画院时期[4]。

俄藏Дх02881和Дх02882敦煌写本，学界称作《开元廿九年授戒牒》，记载唐开元二十九年二月九日（741年3月1日），西京长安大安国寺"传菩萨戒和尚沙门释道建"到沙州授戒，并为敦煌县大云寺僧伽"讲《御注金刚经》、《法华》、《梵网经》"。授戒牒上还墨印佛像三尊，皆系同版印制。印佛肉髻较高，面相长圆，白毫、双眼、鼻嘴、双耳皆清晰可见；结跏趺坐，左手横置腹前，右手施无畏印，大衣似"偏覆左肩"，后有圆形头光和身光。印佛刻工颇佳，为唐代典型坐佛样式[5]。作为睿宗本宅所捐之寺，大安国寺是唐西京的重要佛寺之一，寺内壁画多为吴道玄、杨庭光和尉迟乙僧所绘，武宗废佛前它一直受到皇家的供养。据研究，大安国寺高僧道建到敦煌授戒并宣讲佛经，既"给敦煌的民众灌输了最新的精神营养"，也"不能不说是带有某种政治宣传的意思"，"此举为长安佛教与敦煌佛教之间搭建起一座桥梁，通过两地的联系，长安新的佛典、画样、艺文等都传入敦煌，给敦煌佛教文化增添了光彩"[6]。

又，罗福苌《沙州文录补》所收《沙州乞求遗失经本牒》记载："沙州先得帝王恩赐藏经（教），即今遗失旧本，无可寻觅，欠数却于上都乞求者：《法集经》一部六卷，有，或八卷，无……上件所欠经律论本，盖为边方邑众，佛法难闻，而又遗失于教言，何以得安于人物，切望中国檀越慈济天（乞）心，使中外之藏（教）俱全遣来，今之凡夫转读，便是受佛付属，传授教敕，得法久住世间矣。"[7] 由于敦煌位于西陲，"边方邑众，佛法难闻"，故遗失旧本"欠数却于上都乞求"，"使中外之藏教俱全遣来"。

---

① 王惠民：《国图B.D.09092观经变榜题底稿校考》，《敦煌研究》2009年第5期，第1~7页。

② 敦煌研究院：《敦煌遗书总目索引新编》，中华书局，2000年，第412页。

③ 王惠民：《〈思益经〉及其在敦煌的流传》，《敦煌研究》1997年第1期，第33~41页。

④ 胡素馨：《敦煌的粉本和壁画之间的关系》，《唐研究》第三卷，北京大学出版社，1997年，第437页。

⑤ 俄罗斯科学院东方研究所圣彼得堡分所等：《俄罗斯科学院东方研究所圣彼得堡分所藏敦煌文献》（简作《俄藏敦煌文献》）⑩，上海古籍出版社、俄罗斯科学出版社东方文学部，1998年，第109~110页。

⑥ 荣新江：《盛唐长安与敦煌——从俄藏〈开元二十九年（741年）授戒牒〉谈起》，《浙江大学学报》（人文社会科学版），第37卷（2007年）第3期，第21、24页。

⑦ 罗福苌：《沙州文录补》叶二十二，甲子（1924年）仲冬上虞罗氏编印（包括蒋斧辑《沙州文录》、罗福苌《沙州文录补》及《附录》凡三种，共一册）。罗福苌所录这件写本，应为《斯坦因劫经录》S.2140。黄永武：《敦煌宝藏》第16册，（台北）新文丰出版公司，1981年，第458页。又，S.2140与S.3607、S.4640、P.3851、P.4607、Дх1376/1707、Дх1438/1655、Дх2170/2939等，疑为同一件事的不同文书抄本。参见：商务印书馆：《敦煌遗书总目索引》，商务印书馆，1962年，第152、182、205、296、304页；［俄］孟列夫（Л.Н.缅希科夫）主编，袁席箴、陈华平译：《俄藏敦煌汉文写卷叙录》，上海古籍出版社，1999年，上册，第668、685页；下册，第512页。

　　既然唐长安城皇家大寺高僧能来敦煌授戒并宣讲佛法，敦煌地面寺院所用经本需
"于上都乞求"，那么莫高窟用于绘制壁画的粉本亦当乞援两京。换言之，敦煌莫高窟
唐代经变画的粉本、样稿或画范，应主要来自当时两京地区的地面寺院①。

　　唐代长安和洛阳的地面寺院早已湮灭，但唐韦述撰《两京新记》②、段成式《酉阳
杂俎续集》、张彦远《历代名画记》和朱景玄《唐朝名画录》等记载了不少两京寺院
当时的情况。现依张彦远《历代名画记》③ 卷三《记两京外州寺观画壁》次第，对唐
西京长安和东都洛阳地面寺院的壁画经变与重要图像及其创作者简要摘录如下：

　　　　西京荐福寺：西廊菩提院，吴画"维摩诘本行变"。
　　　　慈恩寺：塔内面东西间尹琳画，西面菩萨骑狮子，东面骑象。塔下南门，尉
　　　迟④画。西壁"千钵文殊"，尉迟画……（塔北）殿内，杨庭光画"经变"……塔
　　　之东南中门外偏，张孝师画"地狱变"。
　　　　光宅寺：东菩萨院内北壁东西偏，尉迟画"降魔"等变。殿内吴生、杨廷光
　　　画。又，尹琳画"西方变"。
　　　　资圣寺：大三门东南壁，姚景仙画"经变"。寺西门直西院外神及院内"经

---

①　段文杰认为："唐代建国后，僧侣、商贾和使者的往还更加频繁，中原寺院的壁画样稿不断传到敦煌。藏经洞
　　（第17窟）曾出大批经变画的粉本，如弥勒下生经变、劳度叉斗圣变等，虽然逸笔草草，但人物形状和故事
　　梗概都已毕具，画工即以此作为创作的依据或参考。"段文杰：《唐代前期的莫高窟艺术》，《敦煌石窟艺术论
　　集》，甘肃人民出版社，1988年，第185页，其文原载《中国石窟·敦煌莫高窟》三，文物出版社、（东京）
　　平凡社，1987年。
②　《两京新记》乃唐玄宗时史官韦述所撰，是记述唐代长安和洛阳的最早著作，包括两京总说、宫城、禁苑、皇
　　城、外郭城及各坊情况。原书五卷，宋以后中土全佚。日本金泽文库旧藏镰仓初期旧抄卷子本第三残卷，系
　　江户时代林述斋刻入所辑《佚存丛书》，现藏东京前田育德会尊经阁文库。1934年，该残卷由尊经阁文库影印
　　行世，现称尊经阁卷子本《两京新记》卷三残卷。日本学者妹尾达彦推断："韦述《两京新记》，完稿于开元
　　十年（722年）。"［日］妹尾达彦：《韦述的〈两京新记〉与8世纪前叶的长安》，《唐研究》第九卷，北京大
　　学出版社，2003年，第9~52页。又，妹尾达彦上文表1 "《两京新记》卷三残卷与《长安志》有布局规划的
　　建筑物一览"，列入了长安城各坊重要的宅院及佛寺道观情况，可参看。
③　据宿师季庚先生研究，宋理宗（1224~1264年）时临安书棚雕印的张彦远《历代名画记》，大概早已不存，
　　但有两个抄本分藏于北京图书馆和日本九州大学图书馆。明万历初，王世贞于郧阳分刻《王氏书苑》和《王
　　氏画苑》，两丛书至少收书十八种，其中后者收入了张彦远《历代名画记》。"经对照，此郧阳刊《画苑》中
　　的《历代名画记》，与北图藏盛（宣怀）氏旧藏明抄本相同，更可以直接证明复刻自陈道人本，复刻的时间应
　　在万历二年或三年（1574~1575年）……离开郧阳后，《书苑》、《画苑》书版遗失，故郧阳刻本传世相对较
　　少。北大图书馆有一部。万历十八年（1590年）王世贞到南京做官，在南京金陵家塾淮南书院又重刻了《王
　　氏书苑》和《王氏画苑》……后者流行较广，北大图书馆也有藏本。后者重刻粗糙，错误较多，远不如直接
　　出自宋本的郧阳刻本。"宿白：《张彦远和〈历代名画记〉》，文物出版社，2008年，第16~17页。目前学界
　　所选《王氏画苑》本《历代名画记》，似都为明代万历庚寅金陵"王氏淮南书院重刻"本。本文征引《历代
　　名画记》，皆采自北京大学图书馆藏明万历初年郧阳原刻《王氏画苑》本，因为它是《历代名画记》现存的最
　　早刻本。不过，毕斐认为此本乃明"嘉靖本"。参见毕斐：《〈历代名画记〉版本源流考》，《〈历代名画记〉论
　　稿》，中国美术学院出版社，2008年，第119~137页。
④　明王世贞万历初年郧阳原刻《王氏画苑》本《历代名画记》卷三记载："奉恩寺中三门外西院北，尉迟画本国
　　王及诸亲族；次塔下小画，亦尉迟画。此寺本是乙僧宅。"据此，文中"尉迟"应为尉迟乙僧。

变"，杨廷光画。

宝刹寺：西廊，陈静眼画"地狱变"。

兴唐寺：（净土）院内次北廊向东塔院内西壁，吴画"金刚变"，工人成色，损。次南廊，吴画"金刚经变"及郗后等，并自题。小殿内，吴画神、菩萨、帝释。西壁"西方变"，亦吴画。东南角，吴弟子李生画"金光明经变"。

菩提寺：（佛殿）东壁，董谔画"本行经变"。

净域寺：三阶院东壁，张孝师画"地狱变"，杜怀亮书牓子。

景公寺：中门之东，吴画"地狱"并题。

安国寺：（大佛）殿内"维摩变"，吴画。东北"涅槃变"，杨廷光画。西壁"西方变"，吴画，工人成色，损。

云花寺：小佛殿，有赵武端画"净土变"。

千福寺：东塔院［额高力士书］，"涅槃鬼神"［杨惠之书①］……"弥勒下生变"［韩干正画，细小稠闹］。

化度寺：杨廷光、杨仙乔画"本行经变"，卢稜伽画"地狱变"。

懿德寺：三门下两壁神，中三门东西"华严变"，并妙。二门西廊，陈静眼山水。

净法寺：殿后，张孝师画"地狱变"。

褒义寺：佛殿西壁"涅槃变"，卢稜迦画，自题。

东都福先寺：三阶院，吴画"地狱变"，有病龙最妙。

天宫寺：三门，吴画"除灾患变"。

敬爱寺：大殿内东西面壁画［刘行臣描］，维摩诘、卢舍那［并刘行臣描，赵龛成。自余并圣历已后，刘茂德、皇甫节共成］，"法华太子变"［刘茂德成，即行臣子］；西壁"西方佛会"［赵武端描］、"十六观"②及"阎罗王变"［刘阿祖描］。西禅院北壁"华严变"［张法受描］，北壁门西一间"佛会"及山水［何长寿描］、人物等［张法受描，赵龛成］；东西两壁"西方"、"弥勒变"并禅院门外道西"行道僧"［并神龙后王韶应描，董忠成］，禅院内西廊壁画［开元十年吴道子描］，"日藏"、"月藏经变"及"报业差别变"［吴道子描，翟琰成；"罪福报应"是杂手成，所以色损也］。东禅院殿内"十轮变"［武静藏描］，东壁"西方变"［苏思忠描，陈庆子成］……其"日藏"、"月藏经变"有病龙，又妙于福先寺者。殿内"则天真"，山亭院"十轮经变"、"华严经"，并武静藏画。

大云寺：门东两壁鬼神，佛殿上菩萨六躯、"净土经"，阁上婆叟仙，并尉迟画。黄犬及鹰最妙。

---

① 明万历庚寅金陵"王氏淮南书院重刻"《王氏画苑》本《历代名画记》卷三叶四十二作"画"。
② 西壁所画"西方佛会、十六观"，应是《观无量寿佛经》之变相。

　　昭成寺：香炉两头"净土变"、"药师变"，程逊画。

　　圣慈寺：西北禅院，程逊画"本行经变"；"维摩诘"并诸功德，杨廷光画。[①]

　　段成式《酉阳杂俎续集》[②] 卷五与卷六之《寺塔记》，略早于张彦远《历代名画记》卷三《记两京外州寺观画壁》。段成式关于长安寺院之记载，较张彦远细致而具体。据段氏自叙："武宗癸亥三年（843 年）夏，予与张君希复善继、同官秘书郑君符梦复连职仙署。会暇日，游大兴善寺。因问《两京新记》及《游目记》，多所遗略，乃约一旬，寻两街寺。以街东兴善为首，二记所不具，则别录之。游及慈恩，初知官将并寺，僧众草草，乃泛问一二上人及记塔下画迹，游于此遂绝。后三年，予职于京洛及刺安成，至大中七年（853 年）归京。在外六甲子，所留书籍，揥坏居半，于故简中睹与二亡友游寺，沥血泪交，当时造适乐事，邈不可追。复方刊整，才足续穿蠹，然十亡五六矣。次成两卷，传诸释子。"[③] 尽管该书佚失过半，在寺院数量上远不及张彦远所记；但由于体裁不同，段书所记多有不见张书者。兹补录如下：

　　常乐坊赵景公寺：吴道玄白画"地狱变"，笔力劲怒，变状阴怪，睹之不觉毛戴，吴画中得意处。三阶院西廊下，范长寿画"西方变及十六对事"，宝池尤妙绝，谛视之，觉水入浮壁。

　　道政坊宝应寺：有韩幹画"下生帧"，弥勒衣紫袈裟，右边仰面菩萨及二狮子，犹入神。

　　安邑坊玄法寺：东廊南观音院卢奢那堂内槽北面，壁画"维摩变"。

　　平康坊菩提寺：食堂前东壁上，吴道玄画"智度论色偈变"；偈是吴自题，笔迹道劲，如磔鬼神毛发。次堵画礼骨仙人，天衣飞扬，满壁风动。佛殿内槽后壁

① 明王世贞万历初年郧阳原刻《王氏画苑》本《历代名画记》，卷三，叶七至十八。参见张彦远撰、俞剑华注释：《历代名画记》，上海人民美术出版社，1964 年，第 60～74 页。
② 段成式撰《酉阳杂俎》，分为前集二十卷、续集十卷。南宋嘉定七祀甲戌（1214 年），永康周登刊行《酉阳杂俎》二十卷（前集）；嘉定癸未（1223 年），武阳邓复"以家藏续集十卷，并前集之序界之，遂为全书"。常熟赵琦美，明万历"戊子（1588 年），偶一摊见《杂俎续集》十卷，宛然具存，乃以铢金易归，奋然思校"。赵琦美经过近二十年的校雠和补续，《酉阳杂俎》于万历丁未（1607 年）后付梓，通称"脉望馆本"。杨守敬《日本访书志》云："此书之前集，根原于宋刻本。而续集则邓氏所藏，亦宋本也，唯赵氏有所缀辑耳。"赵琦美校雠、缀辑，似偏重《酉阳杂俎前集》。明崇祯年间（1628～1644 年），常熟毛晋校刊《酉阳杂俎》。其中《续集》之镌工，告竣于癸酉嘉平月（1633 年 12 月 31 日～1634 年 1 月 28 日）。据毛晋《酉阳杂俎续集》跋："《酉阳杂俎前集》，余既已梓之矣，兹续集也……《寺塔记》载长安两街梵刹，征释门事甚委，更著壁障绘画，而不及土木之宏丽。盖以文皇帝扫靖一处烟尘，便建一伽蓝为功德，其荤毂之下，已有燕许诸公立金石而表彰之，柯古不作赘疣也。若与杨衒之对案，西京、东都，各自生面。"因此，毛晋校刊《酉阳杂俎续集》，即《津逮秘书》本，虽晚于赵琦美"偶一摊见《杂俎续集》十卷"，但关注《酉阳杂俎续集》中的《寺塔记》。故本文征引《寺塔记》，皆采自北京大学图书馆藏毛晋刊刻《津逮秘书》本《酉阳杂俎续集》。
③ 明毛晋《津逮秘书》本《酉阳杂俎续集》卷五《寺塔记》上。参见段成式撰、方南生点校：《酉阳杂俎》续集卷五《寺塔记》上，中华书局，1981 年，第 245 页。

面，吴道玄画"消灾经"事，树石古岭……佛殿内槽东壁"维摩变"，舍利弗角而转睐。元和末，俗讲僧文溆装之，笔迹尽矣。

光宅坊光宅寺：（普贤）堂中尉迟画，颇有奇处。四壁画像及脱皮白骨，匠意极崄。又变形三魔女，身若出壁。

崇仁坊资圣寺：净土院门外，相传吴生一夕秉烛醉画，就中戟手，视之恶骇。院门里卢楞伽画，卢常学吴势，吴亦授以手诀……药上菩萨顶，菝葵尤佳。①

慈恩寺：上人时常执炉循诸屋壁，有"变相"处，辄献虔祝，年无虚月。②

朱景玄《唐朝名画录》③，原名《画录》，亦作《唐画断》，以画家评传为主。郭若虚《图画见闻志》把它列在张彦远《历代名画记》之前，所记唐初到中唐一百二十五位画家的事迹既可以补充张书，同时也记录了不少唐代两京的寺观画壁④。现摘录不见于《历代名画记》和《酉阳杂俎续集》者如下：

吴道玄：凡画人物、佛像、神鬼、禽兽、山水、台殿、草木，皆冠绝于世，国朝第一。张怀瓘尝谓道子乃张僧繇之后，斯言当矣。又，按《两京耆旧传》云："寺观之中，图画墙壁凡三百余间。变相人物，奇踪异状，无有同者。上都唐兴寺御注金刚经院，妙迹为多，兼自题经文。慈恩寺塔前文殊、普贤，西面庑下降魔、盘龙等壁，及景公寺地狱壁、帝释、梵王、龙神，永寿寺中三门两神，及诸道观、寺院，不可胜纪，皆妙绝一时"……又尝闻景云寺老僧传云："吴生画此寺地狱变相，时京都屠沽渔罟之辈，见之而惧罪改业者，往往有之，率皆修善。"所画并为后代之人规式也。

周昉：今上都有画"水月观自在菩萨"。时人又云：大云佛寺殿前行道僧，广福寺佛殿前面两神，皆殊绝当代……其画佛像、真仙、人物、士女，皆神品也。

尉迟乙僧：今慈恩寺塔前功德，又凹凸花面中间"千手眼大悲"，精妙之状，不可名焉。又，光泽寺七宝台后面画"降魔像"，千怪万状，实奇踪也。凡画功德、人物、花鸟，皆是外国之物像，非中华之威仪。

韩干：宝应寺三门神、西院北方天王、佛殿前面菩萨及"净土壁"，资圣寺北

① 据段成式所记本寺诸画连句中"苍苍鬼怪层壁宽，睹之忽忽毛发寒"，笔者疑吴道玄在资圣寺所绘壁画中含有地狱变。又，作为药师佛八大菩萨之一，资圣寺绘制的"药上菩萨"说明该寺或有"药师经变"画壁。

② 明毛晋《津逮秘书》本《酉阳杂俎续集》卷五《寺塔记》。参见段成式撰、方南生点校：《酉阳杂俎》续集卷五、六《寺塔记》，中华书局，1981年，第248~263页。

③ 《唐朝名画录》记"最早见收于《王氏画苑》，不知是否据宋本复刊，四库所收是'浙江范懋柱家天一阁藏本'，天一阁多嘉靖抄、刻本，如出自嘉靖本，当然比王氏书要早"。宿白：《张彦远和〈历代名画记〉》，文物出版社，2008年，第37页。鉴于北京大学图书馆藏明王世贞万历初年郧阳原刻本《王氏画苑》仅存张彦远《历代名画记》、谢赫《古画品录》、李嗣真《续画品录》、彦悰《后画录》、姚最《续画品》、裴孝源《贞观公私画史》、沈存中《图画歌》、荆浩《笔法记》（一名《画山水录》）和王维《山水论》等九种凡二册，本文征引《唐朝名画录》皆据北京大学图书馆藏明万历庚寅金陵"王氏淮南书院重刻"《王氏画苑》本。

④ 宿白：《张彦远和〈历代名画记〉》，文物出版社，2008年，第37页。

门"二十四圣"，皆奇踪也。画高僧、鞍马、菩萨、鬼神等，并传于世。

薛稷：曾旅游新安郡，遇李白，因相留，请书永安寺额兼画"西方佛一壁"，笔力潇洒，风姿逸秀，曹、张之匹也。二迹之妙，李翰林题赞见在。又，蜀郡亦有鹤并佛像、菩萨、青牛等传于世，并居神品。

范长寿：善画风俗、田家、景候、人物之状，人间多有，今屏风是其制也。凡画山水、树石、牛马、畜产，屈曲远近，放牧闲野，皆得其妙，各尽其微，张僧繇之次也。

杨庭光：画道像、真仙与庖丁，开元中与吴道子齐名。又，画佛像，其笔力不减于吴生也。

张孝师：画亦多变，态不失常途。惟"鬼神地狱"，尤为最妙，并可称妙品。

卢稜迦：善画佛，于庄严寺与吴生对画，神本别出体，至今人所传道。

黄谔：画马独善于时，今菩提寺佛殿中有画，自后难继其踪。[1]

陈净眼：画山水，功德皆奇。[2]

据张彦远记载，"会昌五年，武宗毁天下寺塔，两京各留三、两所，故名画在寺壁者，唯存一二"[3]。因此，《历代名画记》、《酉阳杂俎续集》和《唐朝名画录》关于两京佛寺"画壁"的记载是不完善的。不过，上述两京二十五座佛寺中保存了"千钵文殊"、"千手眼大悲"、"（大方等）日藏（经变）"、"（大方等大集）月藏经变"、"水月观自在菩萨"、"文殊普贤"、"本行经变"/"本行经"、"卢舍那"/"卢奢那"、"西方变"/"西方佛一壁"/"佛会"（西方净土？）、"西方佛会十六观"/"西方变及十六对事"（观无量寿佛经变）、"华严变"/"华严经"、"地狱"/"地狱变"/"地狱壁"/"地狱变相"/"鬼神地狱"、"阎罗王变"、"（地藏）十轮（经）变"、"（佛为首伽长者说）业报差别（经）变"/"罪福报应"、"净土经"/"净土变"/"净土壁"/"净土经变"、"降魔"/"降魔像"、"法华太子变"、"金刚变"/"金刚经变"、"金光明经变"、"弥勒下生变"/"下生帧"、"弥勒变"、"药师变"、"除灾患变"/"消灾经"、"涅槃变"/"涅槃鬼神"、"维摩诘本行变"/"维摩变"/"维摩诘"、"智度论色偈变"以及不具详细题名的"变相"或"经变"与重要图像至少二十八种，且多见于敦煌莫高窟。其中，"净土经"、"净土变"、"净土壁"或"净土经变"，涵盖范围广泛，通常既包括西方净土变（阿弥陀经变、无量寿经变或观无量寿佛经变），也

---

① 据明王世贞万历初年郢阳原刻《王氏画苑》本《历代名画记》卷三，董谔曾在菩提寺佛殿东壁画"本行经变"，故此"黄谔"疑为"董谔"之误。

② 明万历庚寅金陵"王氏淮南书院重刻"《王氏画苑》卷之六《唐朝名画录》，叶一至十七；朱景玄：《唐朝名画录》，《景印文渊阁四库全书》第812册，（台北）商务印书馆，2008年。

③ 据明王世贞万历初年郢阳原刻《王氏画苑》本《历代名画记》卷三，叶十八。参见张彦远撰、俞剑华注释：《历代名画记》，上海人民美术出版社，1964年，第74页。

含弥勒经变及东方药师经变乃至卢舍那净土变和灵山净土变等①。不过，据前引《历代名画记》卷三所载东都敬爱寺西禅院"东西两壁'西方（变）'、'弥勒变'"和昭成寺"香炉两头'净土变'、'药师变'"，则张彦远所记"净土变"或净土经变疑为西方净土变②。此外，张彦远所记何长寿画"佛会"及朱景玄所载韩幹绘"净土壁"，似应属于同类。又，"经变"或"变相"涵盖范围更大，这里不宜做进一步推想。在上述两京地面寺院保存的经变中，数量最多的是西方变、地狱变、维摩变，其次是本行经变、涅槃变、华严经变、观无量寿佛经变（西方佛会十六观/西方变及十六对事）、弥勒变、药师变、降魔变以及无具体名称的经变或变相。遗憾的是，这些鸿篇巨制早已不复存在了。

至于上述经变或重要图像的创作者，依据明王世贞万历初年郧阳原刻《王氏画苑》本《历代名画记》卷一、卷九至卷一○《叙历代能画人名》次第，有张孝师、范长寿、何长寿、尉迟乙僧、王韶应、赵武端、吴道玄、翟琰、李生、杨惠之、杨庭（廷）光、卢稜（楞）伽、姚景仙、武静藏、董谔、陈静眼、杨仙桥（乔）、薛稷、刘行臣、尹琳、程逊、韩幹、周昉以及不见于《叙历代能画人名》的刘茂德、赵龛、皇甫节、刘阿祖、张法受、董忠、苏思忠、陈庆子等三十一位唐代画家。按照朱景玄《唐朝名画录》神、妙、能、逸四品划分，上述两京地面寺院壁画的创作者，吴道玄为神品上，周昉神品中，尉迟乙僧神品下，韩幹神品下，薛稷神品下；范长寿为妙品中，杨庭光妙品下，张孝师妙品下，卢稜迦妙品下；尹琳为能品中，董谔能品下，陈静眼能品下。其余"名手画工"，不见于《唐朝名画录》。其中，创作变相或经变最多者为吴道玄，其次是尉迟乙僧、杨庭光、韩幹、张孝师、卢稜迦、武静藏和程逊。

三 两京画塑与外州经变

中国现存的大型佛经"变相"或巨幅"经变"，以敦煌石窟保存数量最多，内容最为丰富，时间延续也最长。其次，在河南、四川、重庆和新疆等地石窟中也有少量的浮雕或壁画经变。本文借用张彦远《历代名画记》卷三《记两京外州寺观画壁》之理念，现从五个方面试述唐代石窟中的壁画经变和浮雕变相及其与两京同类画塑之关系。

（一）从题材布局考虑：敦煌莫高窟唐贞观十六年（642年）营建第220窟，主室

---

① 汤用彤先生认为："我国净土之教，大别有二。一弥勒净土，二阿弥陀净土。"汤用彤：《汉魏两晋南北朝佛教史》，商务印书馆，1938年，第798～811页。

② 依据伯希和（Paul Pelliot）1908年调查敦煌莫高窟时所抄牓题，第144窟主室北壁绘"东方药师净土变"，南壁画"西方净土变"（"观无量寿佛经变"中的西方佛会），表明二者绘制及书牓子时也是明确区分的。参见 Mission Paul Pelliot：Documents Conservés au Musée Guimet Ⅺ，*Grottes de Touen-Houang Carnet de Notes de Paul Pelliot：Inscriptions et Peintures Murales*，Ⅰ：Grottes 1 A 30，Paris：Collège de France，Instituts d'Asie，Centre de Recherche sur l'Asie Centrale et la Haute Asie，1981：8/ 93（Carnet B－3），12/ 95（Carnet B－5）。

图 7　莫高窟第 148 窟南壁东侧
文殊菩萨、北壁东侧普贤菩萨

西壁龛外两侧题材对称布置，南侧画骑象普贤菩萨，北侧绘骑狮文殊菩萨①。此外，莫高窟初唐开凿的第 331、340、342 窟以及第 202（初唐建，中唐画）、180（盛唐）、121（盛唐建，五代画）等窟正壁龛外两侧的壁画题材布局亦相同②。又，莫高窟盛唐末期大历十一年（776 年）建造的第 148 窟，主室南北两侧壁亦对称布置文殊和普贤，即南壁东侧绘骑狮文殊，北壁东侧画骑象普贤（图 7）③。这种对称绘画的骑狮文殊和骑象普贤，见于长安晋昌坊大慈恩寺。据前引《历代名画记》，"慈恩寺塔内面东西间尹琳画，西面菩萨骑狮子（文殊），东面骑象（普贤）"。作为唐代能品画家，"尹麻（琳）善佛事、神鬼寺壁，高宗（649～684 年）时得名，笔迹快利。今京师慈恩寺塔下南面师利、普贤，极妙"④。又，"文殊与普贤"，可能是这一时期流行的壁画题材。据朱景玄《唐朝名画录》征引《两京耆旧传》，"（吴道玄画）慈恩寺塔前'文殊、普贤'……妙绝一时"。敦煌莫高窟这种对称布置的文殊普贤，大约与长安画艺之杰或尹琳及吴道玄等的新创意有关⑤。

莫高窟第 138 和 196 窟主室北壁绘"华严经变"和"弥勒经变"、南壁画"阿弥陀经变"，第 98、108 和 146 窟主室北壁绘"华严经变"、南壁画"弥勒经变"和"阿弥陀经变"⑥。这种"华严经变"与"阿弥陀经变（西方变）"⑦ 和"弥勒经变"图绘于

---

① 敦煌研究院：《敦煌石窟内容总录》，文物出版社，1996 年，第 87 页。

② 敦煌研究院：《敦煌石窟内容总录》，文物出版社，1996 年，第 135、139～140、80、71、46 页。

③ 敦煌文物研究所：《中国石窟·敦煌莫高窟》四，文物出版社、（东京）平凡社，1987 年，图版 34、35。

④ 明王世贞万历初年郧阳原刻《王氏画苑》本《历代名画记》卷九，叶十。

⑤ 宿白：《张彦远和〈历代名画记〉》，文物出版社，2008 年，第 69 页。

⑥ 敦煌研究院：《敦煌石窟内容总录》，文物出版社，1996 年，第 53、77、38、41、57 页。

⑦ 《历代名画记》、《西阳杂俎续集》和《唐朝名画录》中没有"阿弥陀经变"一词，联系到下文李白所撰《金银泥画西方净土变相赞并序》和白居易《画西方帧记》，疑唐代通称这种经变为"西方变"或"西方净土变相"。据《敦煌石窟内容总录》，咸通六年（865 年）前后完工的莫高窟第 156 窟，主室南壁画"思益梵天经变"、"阿弥陀经变"、"金刚经变"及"张议潮统军出行图"。1908 年伯希和调查此窟时，在"阿弥陀经变"墨书牓子内发现清晰的"西方净土变"自题。这表明："阿弥陀经变"，在敦煌至迟从晚唐起已明确称作"西方净土变"。参见宿白：《〈莫高窟记〉跋》，《中国石窟寺研究》，文物出版社，1996 年，第 205 页；敦煌研究院：《敦煌石窟内容总录》，文物出版社，1996 年，第 61 页；Mission Paul Pelliot：Documents Conservés au Musée Guimet Ⅺ, *Grottes de Touen-Houang Carnet de Notes de Paul Pelliot*：*Inscriptions et Peintures Murales*, Ⅰ：Grottes 1 A 30, Paris：Collège de France, Instituts d'Asie, Centre de Recherche sur l'Asie Centrale et la Haute Asie, 1981：61/126（Carnet B–36）。

一窟者，与张彦远所记东都大敬爱寺西禅院北壁绘"华严变"、东西两侧壁画"西方（净土变）"和"弥勒变"颇为相似。至于大敬爱寺"西方变"与"弥勒变"对称布局，则见于莫高窟初唐第 71、78、329、331、341 窟、盛唐第 123、445 窟、中唐第 359、361、369 窟和晚唐第 138、196 窟的北、南两侧壁[①]。

张彦远记载西京兴唐寺净土院内次北廊向东塔院内西壁吴画"金刚变"，次南廊吴画"金刚经变"，西壁吴画"西方变"；东南角吴弟子李生画"金光明经变"。吴道玄师徒把"金刚经变"、"西方变"和"金光明经变"等经营一处的做法，在敦煌莫高窟中亦可见到。莫高窟第 85 窟主室南壁绘"金刚经变"和"阿弥陀经变"，东壁门上及门南画"金光明经变"；第 138 窟主室南壁绘"金刚经变"和"阿弥陀经变"，北壁画"金光明经变"；第 156 窟主室南壁绘"金刚经变"和"阿弥陀经变"，东壁门南画"金光明经变"[②]。这种壁画布局，与长安兴唐寺的壁画经营或有某种联系，尽管莫高窟现存遗迹较晚。

又，莫高窟第 44 窟（盛唐）西壁画"涅槃变"、北壁绘"西方变"[③]，这种布置也见于前引《历代名画记》卷二记载的安国寺。

此外，黄休复《益州名画录》[④] 记载，"妙格中品"画家左全："宝历年（825～827年）中，声驰阙下。于大圣慈寺中殿画'维摩变相'、'师子国王'、'菩萨变相'；三学院门上'三乘渐次修行变相'、'降魔变相'；文殊阁东畔'水月观音'、'千手眼大悲变相'；极乐院门两'金刚'，西廊下'金刚经验'及'金光明经变相'；前寺南廊下'行道二十八祖'，北廊下'行道罗汉'六十余躯；多宝塔下仿长安景公寺吴道玄'地狱变相'。"[⑤] 左全在成都大圣慈寺西廊下画"金刚经验（变）"及"金光明经变相"，多宝塔下仿长安景公寺吴道玄"地狱变相"，说明益州大圣慈寺的壁画题材与"粉本"俱来自长安。

这些遗迹说明：唐代敦煌石窟及益州地面佛寺的壁画题材与布局，与唐两京地区佛寺壁画的题材布局及粉本应有某种直接关系。段文杰进一步推断："敦煌的经变画，几乎完全按长安寺院经变布局绘制在洞窟里。"[⑥]

（二）从"合本"创作推究："西方变"、"西方净土变"或"西方净土变相"，亦称"阿弥陀经变"[⑦]，也有学者认为还应包括"无量寿经变"和"观无量寿佛经变"，系敦煌乃至其他地区现存唐代各种经变中数量最多、流传最广的一种。据《酉阳杂俎

① 敦煌研究院：《敦煌石窟内容总录》，文物出版社，1996 年，第 30、32、135、140、47、184、146～147、150、53、77 页。
② 敦煌研究院：《敦煌石窟内容总录》，文物出版社，1996 年，第 34、53、61～62 页。
③ 敦煌研究院：《敦煌石窟内容总录》，文物出版社，1996 年，第 21 页。
④ 《益州名画录》现存的最早刻本也是《王氏画苑》本。鉴于北京大学图书馆藏明王世贞万历初年郧阳原刻本《王氏画苑》未收入黄休复书，本文征引《益州名画录》皆据明万历庚寅金陵"王氏淮南书院重刻"《王氏画苑》本。参见明代钟人杰辑刊《唐宋丛书》本《益州名画录》。
⑤ 明万历庚寅金陵"王氏淮南书院重刻"《王氏画苑》卷之九《益州名画录》，叶八。
⑥ 段文杰：《敦煌壁画概述》，《敦煌石窟艺术论集》，甘肃人民出版社，1988 年，第 53 页。
⑦ ［日］松本荣一：《燉煌畫の研究：圖像篇》，（東京）東方文化學院東京研究所，1937 年，第 1～4、36～44 页。

续集》卷五和《历代名画记》卷三，长安赵景公寺"三阶院西廊下范长寿画'西方变及十六对事'"，洛阳敬爱寺大殿西壁有"西方佛会十六观"。故而，典型的"观无量寿佛经变"，即"西方变及十六对事"或"西方佛会十六观"，不宜笼统称作"西方净土变"，因为段成式和张彦远明记载它是由"西方变"或"西方佛会"与"十六对事"或"十六观"两部分合璧而成。又，据《敦煌石窟内容总录》：莫高窟第 144 窟"南壁西起画'法华经变'一铺，下屏风一扇画'安乐行品'；'观无量寿经变'一铺，下屏风三扇，二扇'未生怨'，一扇'十六观'；'金刚经变'一铺，下屏风二扇画《金刚经》诸品"①。依伯希和 1908 年调查时所抄牓题，第 144 窟南壁"观无量寿经变"一铺自题"西方净土变"②。这表明：晚唐以降，文献和壁画实物，皆把"西方变"或"西方净土变"与"未生怨"和"十六观"区分经营。

"西方变"主要以鸠摩罗什译本《阿弥陀经》为依据③，着重变现阿弥陀佛净土功德庄严而劝念佛往生：西方过十万亿佛土，有世界名曰极乐。其土有佛，号阿弥陀，今现在说法。其国众生无有众苦，但受诸乐，故名极乐。极乐国土有七宝池，八功德水充满其中；池底纯以金沙布地，四边阶道，金、银、琉璃、玻璃合成。上有楼阁，亦以金、银、琉璃、玻璃、砗磲、赤珠、码碯而严饰之。池中莲花，大如车轮，微妙香洁。彼佛国土，常作天乐，黄金为地，昼夜六时天雨曼陀罗华。彼国常有种种奇妙杂色之鸟——白鹄、孔雀、鹦鹉、舍利、迦陵频伽、共命之鸟，皆是阿弥陀佛欲令法音宣流变化所作④。

据研究，唐武德年间（618～626 年）敦煌绘制的"西方变"（阿弥陀经变），构图简单，仅比一般说法图增加了宝池和乐舞⑤。贞观十六年（642 年）完成的莫高窟第 220 窟，南壁通壁绘制巨幅"西方变"（图 8）。这幅西方变，过去一般认为依据《阿弥陀经》绘制⑥，是莫高窟现存经变中规模最大、保存最好的一堵。画面中部系全画主

---

① 敦煌研究院：《敦煌石窟内容总录》，文物出版社，1996 年，第 55 页。

② Mission Paul Pelliot：Documents Conservés au Musée Guimet XI，*Grottes de Touen-Houang Carnet de Notes de Paul Pelliot：Inscriptions et Peintures Murales*，I：Grottes 1 A 30，Paris：Collège de France，Instituts d'Asie，Centre de Recherche sur l'Asie Centrale et la Haute Asie，1981：12，95（Carnet B - 5）．

③ ［日］松本榮一：《燉煌畫の研究：圖像篇》，（東京）東方文化學院東京研究所，1937 年，第 36 - 39 页；施萍婷：《新定〈阿弥陀经变〉》，《敦煌研究》2007 年第 4 期，第 29～33 页。

④ 鸠摩罗什译：《阿弥陀经》，《大正藏》第 12 卷，第 346b～348b 页。

⑤ 段文杰：《唐代前期的莫高窟艺术》，《敦煌石窟艺术论集》，甘肃人民出版社，1988 年，第 176 页。

⑥ 敦煌文物研究所：《中国石窟·敦煌莫高窟》三，文物出版社、（东京）平凡社，1987 年，图版 24，第 224 页图版说明 24；段文杰：《唐代前期的莫高窟艺术》，《敦煌石窟艺术论集》，甘肃人民出版社，1988 年，第 176 页。不过，施萍婷认为：莫高窟第 220 窟南壁绘制的经变，主要依《佛说无量寿经》绘制；但七宝池前的乐舞及孔雀等，则据《佛说阿弥陀三耶三佛萨楼佛檀过度人道经》和《佛说无量清净平等觉经》画出。施萍婷：《关于敦煌壁画中的无量寿经变》，《敦煌研究》2007 年第 2 期，第 1～5 页；施萍婷：《敦煌经变画》，《敦煌研究》2011 年第 5 期，第 6～9 页。八木春生最近指出：莫高窟"第 220 窟南壁所绘西方净土变相图并非忠实地反映一部经典的内容，而是将《阿弥陀经》、《无量寿经》、《观无量寿佛经》的内容组合起来，同时并不一定与它们完全一致。"［日］八木春生著、李梅译：《敦煌莫高窟第 220 窟南壁西方净土变相图》，《敦煌研究》2012 年第 5 期，第 12 页。

体，阿弥陀佛坐在七宝池八功德水中莲台上，周围簇拥众多菩萨。八功德水中莲花盛开，化生童子自莲中出。七宝池前有奇妙杂色之鸟及平台雕栏，东西两侧楼阁对峙。前景中间一对舞伎起舞，伴奏乐队分置两厢。上部宝幢凌云，飞天翱翔，彩云漂游天际。其中，画面描绘的汉式楼阁建筑、七宝池中的化生童子、前景中央的舞伎及两侧的乐队，在《阿弥陀经》中并未具体描述乃至无任何记载；而有些画面细节，反见于《无量寿经》和《观无量寿佛经》。因此，莫高窟第 220 窟南壁经变所据佛典，疑把鸠摩罗什译《阿弥陀经》、宝云出《无量寿经》① 和畺良耶舍译本《观无量寿佛经》② "三部合异"，"以三为一"③ 合本绘制。在创作中，画家名手按照艺术规律可能融入了自己对经本的理解和供养者的具体愿望及条件。敦煌莫高窟的这种构图，与洛阳龙门石窟（图 9）④ 和四川石窟⑤中"西方净土变"的经营颇为相似，疑源自同一粉本或画范。

图 8　莫高窟第 220 窟南壁西方净土变

① 《大正藏》第 12 卷，第 265c ～ 279a 页；吕澂：《新编汉文大藏经目录》，齐鲁书社，1981 年，第 5 页。日本学者辛嶋静志从佛典语言学角度推测《大正藏》中的《无量寿经》为佛陀跋陀罗和宝云译本。参见 Seishi Karashima, "On Amitābha, Amitāyu（s）, Sukhāvatī and the Amitābhavyūha", *Bulletin of the Asia Institute*: *Evo ṣu yadi*, *Essays in Honor of Richard Salomon's 65th Birthday*, ed. Carol Altman Bromberg, Timothy J. Lenz, Jason Neelis, New Series/ Volume 23（2009）: 121 – 130, esp. 125 – 126。
② 《大正藏》第 12 卷，第 340c ～ 346b 页。
③ "三部合异"这一术语出自竺昙无兰。竺昙无兰：《大比丘二百六十戒三部合异序》，《出三藏记集》，中华书局，1995 年，第 415 页。
④ 龙门石窟东山万佛沟北崖，保存一幅较完好的"西方净土变"浮雕。龙门文物保管所：《中国石窟·龙门石窟》二，文物出版社、（东京）平凡社，1992 年，图版 250 ～ 252。
⑤ 四川丹棱郑山第 62 窟、邛崃石笋山第 4、6 窟，保存有较完整的"西方净土变"浮雕，雕刻皆精致，画面构图也与敦煌莫高窟同类经变相似。《中国石窟雕塑全集·第 8 卷·四川、重庆》，重庆出版社，2000 年，图版 172、176 ～ 178。

图 9　龙门万佛沟北崖西方净土变龛及局部

　　唐李白《金银泥画西方净土变相赞并序》，记载了冯翊郡秦夫人奉为亡夫湖州刺史韦公①所建之"金银泥画西方净土变相"：

　　　　（秦夫人）重修于景福②，誓舍珍物，构求名工，图金创端，绘银设像。八法功德，波动青莲之池；七宝香花，光映黄金之地。清风所拂，如生五音，百千妙乐，咸疑动作。若已发愿未及发愿，若已当生未及当生，精念七日，必生其国，功德阔极，酌而难名。赞曰：向西日没处，遥瞻大悲颜；目净四海水，身光紫金山；勤念必往生，是故称极乐；珠网珍宝树，天花散香阁；图画了在眼，愿托彼道场；以此功德海，冥佑为舟梁；八十一劫罪，如风扫轻霜；庶观无量寿，长愿玉毫光。③

　　李白（701～762 年）所撰序赞的文字和内容，多承袭或采自《阿弥陀经》、《无量寿经》及《观无量寿佛经》④。因此，"金银泥画西方净土变相"，似合本塑绘而成。

　　白居易开成五年三月十五日（840 年 4 月 20 日）撰写的《画西方帧记》，既阐释了信奉阿弥陀佛极乐世界之缘由，又详细记述了他所供养的"西方变"：

　　　　我本师释迦如来说言：从是西方，过十万亿佛土，有世界号极乐，以无八苦、四恶道故也；其国号净土，以无三毒、五浊业故也；其佛号阿弥陀，以寿无量、

①　此"韦公"，疑为韦景先，天宝十二载（753 年）任湖州刺史。岑仲勉：《元和姓纂四校记》，景印二版，（台北）"中央研究院"历史语言研究所，1991 年，第 145～146 页；郁贤皓：《唐刺史考》（四），江苏古籍出版社，1987 年，第 1705 页。
②　此"景福"，疑为东都洛阳观德坊之景福寺。据缪荃孙编《藕香零拾》所收《河南志》卷一记载："景福寺，本唐千金公主宅。垂拱中，自教业坊徙景福尼寺于此，会昌中废。"缪荃孙：《藕香零拾》，影印本，中华书局，1999 年，第 190 页。
③　李白：《李太白文集》卷二八，叶三至四，影印宋蜀刻本，上海古籍出版社，1994 年，第 639～641 页。
④　《大正藏》第 12 卷，第 346b～348b、265c～279a、340c～346b 页。

愿无量、功德相好光明无量故也。谛观此娑婆世界，微尘众生，无贤愚，无贵贱，无幼艾。有起心归佛者，举手合掌，必先向西方；怖厄苦恼者，开口发声，必先念阿弥陀佛。又，范金合土，刻石织文，乃至印水聚沙童子戏者，莫不率以阿弥陀佛为上首，不知其然而然，由是而观，是彼如来有大誓愿于此众生，众生有大因缘于彼国土明矣。不然者，东、南、北方、过去、见在、未来佛多矣。何独如是哉！何独如是哉！唐中大夫、太子少傅、上柱国、冯翊县开国侯、赐紫金鱼袋白居易，当衰暮之岁，中风痹之疾，乃舍俸钱三万，命工人杜宗敬按《阿弥陀》、《无量寿》二经，画'西方世界'一部，高九尺，广丈有三尺。弥陀尊佛坐中央，观音、势至二大士侍左右，天人瞻仰，眷属围绕，楼台妓乐，水树花鸟，七宝严饰，五彩彰施，烂烂煌煌，功德成就。①

白居易开篇"我本师释迦如来说言从是西方过十万亿佛土有世界号极乐"之句，系抄自鸠摩罗什译本《阿弥陀经》，即"从是西方过十万亿佛土有世界名曰极乐"②；而"弥陀尊佛坐中央观音势至二大士侍左右"之句，疑征引畺良耶舍出《观无量寿佛经》，即"无量寿佛住立空中观世音大势至是二大士侍立左右"③，尽管观世音和大势至之名号可能源自宝云译《无量寿经》④。整个"西方帧"，是白居易"命工人杜宗敬按《阿弥陀》、《无量寿》二经"绘制，这是迄今所知文献中合"二经画西方世界一部"，即合本创作"西方变"的明确记录。白居易"栖心释梵"⑤，历官多地，身经七朝，因此他命画工绘制的"西方帧"，也许代表了当时乃至此前两京绘制或雕塑"西方变"之典型样式。

据前引《历代名画记》、《酉阳杂俎续集》和《唐朝名画录》，神品画家吴道玄、尉迟乙僧、韩幹和薛稷、能品画家尹琳以及何长寿、王韶应、赵武端、苏思忠等皆在两京画过"西方净土变"⑥。其中，吴道玄曾在长安兴唐寺和安国寺至少两次绘制"西方变"。吴道玄"凡画人物、佛像、神鬼、禽兽、山水、台殿、草木，皆冠绝于世，国朝第一……所画并为后代之人规式也"。前引《益州名画录》记载左全于大圣慈寺"多宝塔下仿长安景公寺吴道玄'地狱变相'"，竹虔"闻成都创起大圣慈寺欲将吴道

---

① 白居易：《白氏文集》第十帙，卷七一，叶七四至七五，影印南宋绍兴刻本（影印本作《白氏长庆集》），文学古籍刊行社，1955 年，第 1766~1768 页。

② 《大正藏》第 12 卷，第 346c 页。

③ 《大正藏》第 12 卷，第 342c 页。

④ 宝云译《无量寿经》卷下记载："佛告阿难：'彼国菩萨皆当究竟一生补处……有二菩萨最尊第一，威神光明普照三千大千世界。'阿难白佛：'彼二菩萨其号云何？'佛言：'一名观世音，二名大势至。此二菩萨于是国土修菩萨行，命终转化生彼佛国。'"《大正藏》第 12 卷，第 273b 页。

⑤ 《旧唐书》卷一六六《白居易传》，中华书局，1975 年，第 4356 页。

⑥ 在上述文献中，"西方净土变"有不同名称，如"西方变"、"西方"、"西方佛会"、"佛会"、"西方佛一壁"、"净土变"、"净土经"、"净土壁"等。

玄'地狱变相'于寺画焉"①，由此可见吴道玄影响之一斑。此外，尉迟乙僧"凡画功德、人物、花鸟，皆是外国之物像，非中华之威仪"。韩幹所绘天王、菩萨及净土壁和二十四圣，"皆奇踪也"。薛稷曾画"'西方佛一壁'，笔力潇洒，风姿逸秀，曹、张之匹也"。因此，唐两京地区的"西方变"，是以画圣吴道玄为代表的画艺之杰，在主动或被动地了解《阿弥陀经》、《无量寿经》乃至《观无量寿佛经》内容的基础上，受汉译佛典传统"合本"方式之影响，依据当时长安城和洛阳城地面佛寺的佛殿像设、两京宫殿的建筑样式以及宫廷中的乐舞场景，融入供养人或画家名手之理念并遵循艺术规律创作而成。吴道玄等人创作的"西方变"堪称典范，"所画并为后代之人规式"，应直接或间接地影响了敦煌、四川等地佛寺中同类经变的绘制。

（三）从"经营位置"想见：盛唐以后，"观无量寿佛经变"②在敦煌流行。莫高窟现存的"观无量寿佛经变"，据统计至少有八十四铺③，似主要依据畺良耶舍译本《观无量寿佛经》④绘制，表现观想阿弥陀佛极乐世界、依照正庄严修行往生法门⑤。莫高窟的"观无量寿佛经变"最早出现在初唐第431窟，该窟南壁下部绘"九品往生"，西壁下部绘"十六观"，北壁下部绘"未生怨"⑥；在经营位置上，还没有形成完整统一的结构。盛唐时，莫高窟的"观无量寿佛经变"开始定型，基本形成三个固定部分：中堂（中间）绘"西方佛会"，屏对（堂屏，即中堂两侧对联形式的条屏）分画"未生怨"与"十六观"⑦。其中，第172窟北壁的巨幅"观无量寿佛经变"（图10）⑧，中堂表现"西方佛会"：后部沿中轴顺置三座大殿，东西两侧各置配殿、楼阁和廊庑，全部建筑架立在水面之上。阿弥陀佛及诸菩萨于殿前大平台上端坐，小平台上可见舞伎、乐队、仙鹤以及菩萨等，平台之间及平台与殿堂之间连接小桥和斜道⑨。"楼阁中有无量诸天，作天伎乐；有乐器悬处虚空，如天宝幢不鼓自鸣。"⑩台下七宝池

① 明万历庚寅金陵"王氏淮南书院重刻"《王氏画苑》卷之九《益州名画录》，叶二十六。

② "观无量寿佛经变"之名，不见于《酉阳杂俎续集》和《历代名画记》。范长寿在长安赵景公寺三阶院西廊下，画"西方变及十六对事"；洛阳敬爱寺大殿西壁"西方佛会"与"十六观"，乃赵武端和刘阿祖分别描绘；前述莫高窟第144窟南壁"观无量寿经变"的核心部分，即西方佛会，自题"西方净土变"。

③ 孙修身：《敦煌石窟中的观无量寿佛经变相》，《敦煌研究文集：敦煌石窟经变篇》，甘肃民族出版社，2000年，第263～292页；敦煌研究院：《敦煌石窟内容总录》，文物出版社，1996年，第283～284页。

④ 据智昇撰《开元释教录》卷五《总括群经录》："《观无量寿佛经》一卷，亦云：《无量寿观经》，初出，见道慧《宋齐录》及《高僧传》。"沙门畺良耶舍，"以元嘉元年甲子（424年）远冒沙河，萃于建业。文帝义隆深加叹异，勅止钟山道林精舍。沙门宝志崇其禅法，沙门僧含请译《观无量寿》及《药王药上观》，含即笔受"。《大正藏》第55卷，第524a页。

⑤ 畺良耶舍译：《观无量寿佛经》，《大正藏》第12卷，第340c～346b页。

⑥ 敦煌研究院：《敦煌石窟内容总录》，文物出版社，1996年，第177页。

⑦ ［日］松本荣一：《燉煌畫の研究：圖像篇》，（东京）東方文化學院東京研究所，1937年，第5～35、45～59页；段文杰：《唐代前期的莫高窟艺术》，《敦煌石窟艺术论集》，甘肃人民出版社，1988年，第176页。

⑧ 图片采自敦煌文物研究所：《中国石窟·敦煌莫高窟》四，文物出版社、（东京）平凡社，1987年，图版10。

⑨ 萧默：《敦煌建筑研究》，文物出版社，1989年，第81～92页。

⑩ 畺良耶舍译：《观无量寿佛经》，《大正藏》第12卷，第342c页。

中，有金莲花和化生童子等。右侧条屏自下而上绘出"未生怨"；左侧条屏从上到下画出"十六观"①，其中下数第三牓子墨书"第十一观佛身丈八观"②。实际上，"观无量寿佛经变"的中心，即中堂"西方佛会"或"西方变"在《观无量寿佛经》中没有详细记述，现存画面内容应是昔日名家高手按照一卷本《阿弥陀经》或二卷本《无量寿经》补入的，抑或主要依傍传统"西方净土变"绘制，包括舞乐和"阿弥陀佛欲令法音宣流变化所作"的种种奇妙杂色之鸟。因此，我们推测"观无量寿佛经变"也是把《阿弥陀经》或《无量寿经》和《观无量寿佛经》"合本"，在屪入相关理念或内容③的基础上创作而成④。

图 10 莫高窟第 172 窟北壁观无量寿佛经变

---

① 莫高窟第 172 窟北壁左侧条屏十六观中的宝瓶观，不见于《观无量寿佛经》，合本所致?
② 敦煌文物研究所：《中国石窟·敦煌莫高窟》四，文物出版社、（东京）平凡社，1987 年，图版 9、11。
③ 沙武田认为英藏 S. P. 76《观无量寿经变》画稿，"基本上是按照善导《观无量寿佛经疏》并综合《照明菩萨经》绘制的"。王惠民以国图 B. D. 09092 写本为例，认为：该"观无量寿佛经变"牓题底稿中的"十六观"部分，更改了《观无量寿佛经》原文字词，减少了原经内容，屪入了非原经文句；"未生怨"部分，则杂糅了《观无量寿经疏》及伪经《照明菩萨经》等内容。沙武田：《S. P. 76〈观无量寿经变稿〉析》，《敦煌研究》2001 年第 2 期，第 17 页；王惠民：《国图 B. D. 09092 观经变榜题底稿校考》，《敦煌研究》2009 年第 5 期，第 2 ~ 3 页。
④ 除《西方净土变》和《观无量寿佛经变》外，这一时期绘制的其他经变也应合本画出。武周圣历元年（698 年）《李君莫高窟佛龛碑》，原立于莫高窟第 332 窟前庭南侧，是修建莫高窟第 332 窟的功德记。该窟主室正壁（西壁）彩塑涅槃巨像，南壁绘制长卷式涅槃经变。据研究，该经变"是古代画工糅合后秦佛陀耶舍与竺佛念译《长阿含经》卷四《游行经》、萧齐昙景译《摩诃摩耶经》、北凉昙无谶译四十卷本《大般涅槃经》以及初唐若那跋陀罗译《大般涅槃经后分》而创作的"。贺世哲：《敦煌莫高窟的涅槃经变》，《敦煌研究》1986 年第 1 期，第 4 页。

莫高窟出现的这种新型构图的"观无量寿佛经变"，同样见于四川和重庆的石窟之中，只是后者以浮雕替代了壁画。据研究，"晚唐至五代，此一题材在资中、安岳、大足、浦江等地曾多次雕出，与敦煌同类题材在构图布局上多有相似之处"①。如四川夹江千佛崖第 115 号，龛内正壁雕造西方佛会，左右龛柱内侧镌刻十六观②。重庆大足北山佛湾第 245 号（图 11），龛内上半部正壁及左右侧壁雕"西方净土"，龛内中下部刻"九品往生"，龛底部及两侧龛柱表面分格镌"未生怨"与"十六观"③。

图 11　大足北山佛湾第 245 号观无量寿佛经变浮雕

此外，远在新疆的龟兹石窟，如库木吐喇第 16 窟主室南壁残存的"观无量寿佛经变"（图 12）④，也采纳了相同的"经营位置"。"其中堂部分，在天空中有各种乐器悬浮，不鼓而自鸣。在水榭楼台中还绘有各种菩萨像、歌舞伎乐和飞天等。其东侧立轴条幅，画面被盗割多处，残迹中有汉式宫廷建筑和着汉装的人物，残存壁画情节虽不连贯，但仍可辨识其内容为未生怨，表现的是阿阇王心生恶念，幽禁其父频婆娑罗王的故事。西侧立轴条幅中，画面多已不清。该处所画应为十六观……经变画，从题材内容到构图形式，完全是汉风，应出自汉族画工之手。"⑤

因此，敦煌、川渝和新疆地区石窟中绘画或浮雕的"观无量寿佛经变"，其粉本应大体同源，我们推测它出自唐代两京⑥。

① 丁明夷：《四川石窟概论》，《宿白先生八秩华诞纪念文集》，文物出版社，2002 年，第 469 页。
② 《中国石窟雕塑全集·第 8 卷·四川、重庆》，重庆出版社，2000 年，图版 184。
③ 郭相颖：《大足石刻雕塑全集·北山石窟卷》，重庆出版社，1999 年，图版 21～27。
④ 新疆维吾尔自治区文物管理委员会等：《中国石窟·库木吐喇石窟》，（东京）平凡社，文物出版社，1992 年，图版 44、45。
⑤ 马世长：《库木吐喇的汉风洞窟》，《中国佛教石窟考古文集》，（新竹）觉风佛教艺术文化基金会，2001 年，第 132～133 页；[日] 松本荣一：《燉煌畫の研究：圖像篇》，（东京）東方文化學院東京研究所，1937 年，第 39～44 页。
⑥ 萧默认为：敦煌经变画中的佛寺，尤其大寺在"壁画中的表现，应主要以两京和内地富庶繁华地区的佛寺为蓝本"。"敦煌地处边鄙，画家不可能经常看到大寺院的气象，壁画中佛寺的宏大规模适足以证明壁画底本实来自中原两京。两京绘画，既能传至敦煌，更西还要到达新疆，又能东渡扶桑。此又可进而知大唐文化势力之雄厚。"萧默：《敦煌建筑研究》，文物出版社，1989 年，第 84、91 页。

1   2

图 12 库木吐喇第 16 窟主室南壁观无量寿佛经变
1. 西方净土 2. 未生怨

据前引《历代名画记》卷三，东都敬爱寺大殿西壁有"西方佛会、十六观"。其中，"西方佛会"系"下品"画家赵武端所画；赵氏"国初（唐初）擅名"[1]，曾在西京云花寺画"净土变"。又，前引《酉阳杂俎续集·寺塔记》记载常乐坊赵景公寺"三阶院西廊下，范长寿画'西方变及十六对事'，宝池尤妙绝，谛视之，觉水入浮壁"。作为唐代"妙品"画家，朱景玄记述范长寿"善画风俗、田家、景候、人物之状，人间多有，今屏风是其制也。凡画山水、树石、牛马、畜产，屈曲远近，放牧闲野，皆得其妙，各尽其微，张僧繇之次也"。因此，开元、天宝以降中土各地流行的新样"观无量寿佛经变"，尤其"西方变及十六对事"之经营，疑与他们有关[2]。

（四）从佛衣披覆窥测：佛像所着三衣，梵语作 traya-cīvara 或 tri-cīvara，包括大衣（saṃghāṭī 僧伽胝，即复衣）、上衣（uttarāsaṅga 郁多罗僧，即上着衣）和下衣（antarvāsaka 安多会，即内衣）[3]，应是佛像粉本或画范构成的重要因素。据义净记载，佛教"三衣皆名支伐罗（cīvara），北方诸国多名法衣为袈裟，乃是赤色之义，非律文典语"[4]。汉译《四分律》卷四〇《衣揵度》曰："过去诸如来无所着，佛弟子着如是

---

① 明王世贞万历初年郧阳原刻《王氏画苑》本《历代名画记》卷九，叶六。

② 如前所述，敦煌初唐第431窟南壁画"九品往生"，西壁画"十六观"，北壁画"未生怨"，整体合成一铺首尾完整的"观无量寿佛经变"。其中，"九品往生"画在九扇屏风之上，一品一扇，敦煌壁画中的所谓屏风画以此为早。范长寿既画"西方变及十六对事"，又创"屏风"之制，敦煌的这种构图是否与之有某种关联？

③ 关于中国唐代石窟造像中的佛衣。参见李崇峰：《龙门石窟唐代窟龛分期试论》，《佛教考古：从印度到中国》，上海古籍出版社，2014年，第451~454页；［日］荻原雲来：《漢訳対照梵和大辞典》，（东京）铃木学術財団/講談社，1974年，第553b、555b、1386a、244b、74b页。又，巴利语三衣作 ti-cīvara，包括 diguṇā saṅghāṭi（大衣、复衣）、ekacciya uttarāsaṅga（上衣、单上衣）和 ekacciya antaravāsaka（下衣、单下衣）；T. W. Rhys Davids and William Stede, *Pali-English Dictionary*, London：Pali Text Society, 1925：301a。

④ 义净撰、王邦维校注：《南海寄归内法传》，中华书局，1995年，第75~76页。

衣如我今日；未来世诸如来无所着，佛弟子着如是衣如我今日。"① 因此，佛衣（suga-ta-cīvara）②与僧服相同。故《佛本行集经》卷五六《难陀出家因缘品》，有"（难陀）所作袈裟，与佛衣服等无有异"之语③。

敦煌初唐和盛唐洞窟中绘制的大幅经变壁画，中央主尊佛衣"以衣右角宽搭左肩，垂之背后，勿安肘上"④，即佛典中的"偏袒右肩（ekāṃsam uttarāsaṅgaṃ kṛtvā）"⑤；有的仅在右肩"设以衣遮"。如莫高窟第 220 窟南壁西方净土变（图 13）⑥、第 329 窟南壁西方净土变和北壁弥勒经变、第 321 窟南壁法华经变、第 217 窟南壁法华经变和北壁观无量寿佛经变（图 14）⑦、第 45 窟北壁观无量寿佛经变、第 445 窟南壁西

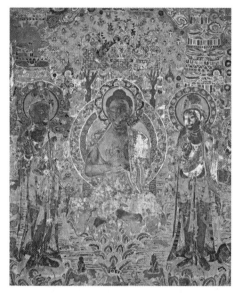

图 13　莫高窟第 220 窟
南壁西方净土变部分

图 14　莫高窟第 217 窟北
壁观无量寿佛经变部分

① 《大正藏》第 22 卷，第 855b 页。
② 汉语"佛衣"一词，似乎没有专门的梵文对应词。这里所选，系从梵文术语"sugata-cīvara-pramāṇa（佛衣量）"和"sugata-cīvara-gata（衣过佛衣量、无量数作袈裟）"析出。[日] 获原雲来：《漢訳対照梵和大辞典》，（东京）鈴木學術財団/講談社，1974 年，第 864b、1476a 页。
③ 《大正藏》第 3 卷，第 912b 页。
④ 义净撰、王邦维校注：《南海寄归内法传》，中华书局，1995 年，第 98 页。
⑤ 法服作袒右式或佛典中的"偏袒右肩"，除上引梵文词外，尚有 ekāṃsenacīvarāṇi prāvṛtya（偏袒右肩），ekāṃśam uttarāsaṅgaṃ kṛtvā（偏袒一肩/偏袒右肩）等。参见 [日] 获原雲来：《漢訳対照梵和大辞典》，（东京）鈴木學術財団/講談社，1974 年，第 296a、476a 页。"偏袒右肩"之制，在现存汉译《弥沙塞部和醯五分律》、《摩诃僧祇律》、《四分律》、《十诵律》、《根本说一切有部毗奈耶》、《根本说一切有部毗奈耶药事》、《根本说一切有部毗奈耶破僧事》、《根本说一切有部毗奈耶杂事》、《善见律毗婆沙》和道宣《四分律删繁补阙行事钞》等皆有详略不同的记载。参见《大正藏》第 22 卷，第 14b、228c、816a 页；第 23 卷，第 3a、801b 页；第 24 卷，第 3c、138a、261a、675b 页；第 40 卷，第 23b 页。
⑥ 采自敦煌文物研究所：《中国石窟·敦煌莫高窟》三，文物出版社、（东京）平凡社，1987 年，图版 26。
⑦ 采自敦煌文物研究所：《中国石窟·敦煌莫高窟》三，文物出版社、（东京）平凡社，1987 年，图版 104。

方净土变和北壁弥勒下生经变、第 320 窟北壁观无量寿佛经变、第 172 窟北壁观无量寿佛经变、第 148 窟东壁北侧药师经变和南侧观无量寿佛经变中的主尊佛像，包括阿弥陀、弥勒、释迦、无量寿和药师等，都"偏袒右肩"①。这种佛衣样式，与隋末唐初莫高窟绘制的简单说法图中佛衣的披覆方式多有不同。偏袒右肩，略作偏袒，即披着法服时袒露右肩，覆盖左肩，原为天竺表示尊敬之礼法，中土称作"立敬之极"。敦煌莫高窟初唐和盛唐时期经变画中流行的这种"偏袒右肩"之佛衣，在东都洛阳龙门石窟中多有发现②。这种现象，既和当时中土高僧接踵远赴西域求法、向往天竺正统佛教的历史背景有关，也与唐初高僧期望整饬戒律、矫治时弊、力挽颓风之意愿相符③。

中唐以后，敦煌石窟经变画中佛衣的缠缚形式又发生了变化，除了"偏袒右肩"（图15）④ 之外，旧式佛像粉本又重新大量使用，即佛像上衣覆搭双肩，大衣（复衣）右角宽搭左肩，垂之背后，左侧边缘自颈外垂下，右侧边缘自右胁下绕出覆腹后衣尾上搭左臂或左肩，整体作"偏覆左肩（ekāṃsāny uttarāsaṅgāni kṛtvā 或 ekāṃsacīvaraṃ prāvṛtya）"⑤，有的尚于右肩处略遮上衣。如莫高窟第 112 窟南壁观无量寿佛经变及金刚经变和北壁报恩经变及药师经变、第 154 窟南壁金光明经变（图16）⑥、第 231 窟北壁弥勒经变、第 237 和 360 窟北壁药师经变、第 85 窟南壁报恩经变和北壁药师经变及思益梵天问经变、第 12 窟南壁观无量寿佛经变和北壁药师经变、第 138 窟东壁北侧报恩经变中的主尊佛像，即无量寿、释迦、药师、弥勒等佛衣都作这种披覆⑦。这种"着衣法式"，即上衣遮搭双肩、大衣（复衣）"偏覆左肩"，疑源自北齐大统法上的僧服改革，应是天竺正统"袒右式"法服与北魏"汉式裘袈"融合之结果，堪称"袒右式"法服的中国化。

实际上，高僧法上力推中国化了的"袒右式"法服，有悖于天竺传统的佛教律仪，抑或北齐僧服改制时的权宜之计⑧，因为北魏孝文帝推行的"汉式裘袈"不但风行于北魏版图之内，而且直迄北齐仍获得僧俗的喜爱，故导致了大统法上的改革。据《续高僧

① 敦煌文物研究所：《中国石窟·敦煌莫高窟》三，文物出版社、（东京）平凡社，1987 年，图版 24、26、44、45、53、100、103、104、136、171、175；敦煌文物研究所：《中国石窟·敦煌莫高窟》四，文物出版社、（东京）平凡社，1987 年，图版 4、10、36、39。

② 李崇峰：《龙门石窟唐代窟龛分期试论》，《佛教考古：从印度到中国》，上海古籍出版社，2014 年，第 505、511 页。

③ 王邦维：《义净和〈大唐西域求法高僧传〉》，《大唐西域求法高僧传》，中华书局，1988 年，第 2～3 页。唐初道世在编纂《法苑珠林》时写道："今诸沙门但出一肩，仍有衫袄，非袒露法。"义净撰《南海寄归内法传》时，列举了若干"披着不称律仪"的"法服"。这说明唐前期两京地区的高僧已经关注了"非法衣服"。详见下文。

④ 采自敦煌文物研究所：《中国石窟·敦煌莫高窟》四，文物出版社、（东京）平凡社，1987 年，图版 74。

⑤ 汉译"偏覆左肩"一词，似仅见于三藏法师玄奘译《大般若波罗蜜多经》、《大宝积经》和《瑜伽师地论》以及唐天竺三藏达摩流支译《佛说宝雨经》。参见《大正藏》第 7 卷，第 961c～963b 页；第 11 卷，第 271a 页；第 30 卷，第 448c 页；第 16 卷，第 259a 页。

⑥ 采自敦煌文物研究所：《中国石窟·敦煌莫高窟》四，文物出版社、（东京）平凡社，1987 年，图版 94。

⑦ 敦煌文物研究所：《中国石窟·敦煌莫高窟》四，文物出版社、（东京）平凡社，1987 年，图版 53、55、58、59、94、100、105、123、147、150、152、158、159、192。

⑧ 李聿骐：《北朝石窟中弟子像法服初探》，硕士学位论文，打印本，北京服装学院，2013 年，第 41～43 页。

图 15　莫高窟第 158 窟东
壁南侧天请问经变部分

图 16　莫高窟第 154 窟
南壁金光明经变部分

传》卷八《法上传》："自（法）上未任已前，仪服通混，一知纲统，制样别行，使夫道俗两异，上有功焉。"① 新式法服"制样别行"后，邺城地区鼓山石窟（北响堂石窟）和滏山石窟（南响堂石窟）中的佛衣与弟子法服率先采纳了这种新样②。宿白先生认为：此次高齐佛像的新趋势，即一反北魏孝文帝以来褒衣博带之服饰，接受多种形式之薄衣叠褶的印度服制，"大约不是简单的前此出现的薄衣形象的恢复，而与 6 世纪天竺佛像一再直接东传，高齐重视中亚诸胡伎艺和天竺僧众以及高齐对北魏汉化的某种抵制等似皆有关联"③。因此，北齐这次僧服改革，乃北齐王朝汉化、鲜卑化和西胡化交互碰撞之结果④，并影响到了隋唐时期僧众法服的披覆方式。如龙门石窟唐高宗和武则天时期开凿的窟龛，佛及弟子也多着这种"偏覆左肩"之大衣⑤。

据道世撰《法苑珠林》卷二〇《致敬篇·仪式部》："偏袒者，依律云：偏露右肩，或偏露一肩，或偏露一膊。所言袒者，谓肉袒也。示从依学，有执作之务。俗中

① 《大正藏》第 50 卷，第 485c 页。
② 李聿骐：《北朝石窟中弟子像法服初探》，硕士学位论文，打印本，北京服装学院，2013 年，第 23～33 页。
③ 宿白：《青州龙兴寺窖藏所出佛像的几个问题——青州城与龙兴寺之三》，《文物》1999 年第 10 期（44～59 页），第 54、47 页。
④ 李崇峰：《犍陀罗、秣菟罗与中土早期佛像》（Gandhāra, Mathurā and Buddha Images of Medieval China），《佛教考古：从印度到中国》，上海古籍出版社，2014 年，第 754～757、779～782 页。
⑤ 李崇峰：《龙门石窟唐代窟龛分期试论》，《佛教考古：从印度到中国》，上海古籍出版社，2014 年，第 496、505 页。

袖狭右袂，便稳于事是也。今诸沙门但出一肩，仍有衫袄，非祖露法。如《大庄严论》云：'沙门释子者，肩黑是也。'外道通黑，沙门露右，故有不同。律中但有三衣通肩被服。如见长老，乃偏袒之。设以衣遮，名为偏袒。一何可笑也！故知肉袒肩露，乃是立敬之极。然行事之时，量前为袒。如在佛前，及至师僧忏悔礼拜，并须依前右袒为恭。若至寺外街衢路行，则须以衣覆肩，不得露肉。西国湿热，共行不怪。此处寒地，人多讥笑。故《五分律》云：'虽是我语，于余方不清净者，不行无过也。'"① 换言之，唐代沙门衫袄内裹、大衣"偏覆左肩"，不是天竺正统的"祖露法"。当时远赴印度求法、亲眼看见当地僧众法衣披覆方式的义净，详细胪列了中土僧众所穿着的各种"非法衣服"。据《南海寄归内法传》卷二《衣食所需》："且如神州祇支偏袒覆膊，方裙、禅袴、袍襦，咸乖本制，何但同袖及以连脊。至于披着不称律仪，服用并皆得罪。颇有著至西方，人皆共笑，怀惭内耻，裂充杂用。此即皆是非法衣服也。"② 故而，北齐推行的"偏覆左肩"之大衣，堪称佛教服制上的中印合璧，即天竺传统的"衣片式"法服与中土缀袖缝袂之衣袍相融合，既考虑到了天竺正统法服（kāṣāya-vastra）③ 的披覆方式，也适应中土僧俗的审美标准、文化传统及自然环境④。这亦反映出，中土佛教中新旧两股势力自身之博弈及其与世俗传统文化之矛盾当时颇难协和。

　　我们认为：中原北方石窟造像中的佛衣，乃至于中土大多数雕塑和绘画中表现的佛教三衣，应为当时艺术家或工匠"对世俗僧人所着袈裟的摹写，它在某种程度上反映出彼时世俗社会中僧人所著袈裟的一些情况"⑤。敦煌莫高窟唐代经变中所表现的佛衣披覆的两种主要方式，第一种，即天竺式"偏袒右肩"，主要创作于各种佛国世界之中，或许少受尘世诸多束缚所致；第二种，即中国化了的"偏覆左肩"，疑主要源自当时地面佛寺，尤其是两京地区大寺包括石窟寺像设中的主尊。尽管如此，这两种佛衣披覆方式，并行不悖，相得益彰⑥；它们既见于唐代两京高僧的相关文字记录，也在东

① 道世撰，周叔迦、苏晋仁校注：《法苑珠林》，中华书局，2003 年，第 654 ~ 655 页。

② 义净撰、王邦维校注：《南海寄归内法传》，中华书局，1995 年，第 90 页。

③ ［日］荻原雲来：《漢訳対照梵和大辞典》，（东京）鈴木学術財団/講談社，1974 年，第 347a 页。

④ 在梵文中，似乎没有袂、袖及衣领等专用词，因为天竺传统上采纳 acchinna-daśaka（衣裳不割截）之制。这或许从另一角度透视出天竺和中土服制上的差异，因此道世才特别强调中土"俗中袖狭右袂"。［日］荻原雲来：《漢訳対照梵和大辞典》，（东京）鈴木学術財団/講談社，1974 年，第 15b 页。

⑤ 马世长：《汉式佛像袈裟琐议：汉式佛教图像札记之一》，《艺术史研究》第 7 辑，中山大学出版社，2005 年，第 250 页。

⑥ 值得注意的是，这一时期的世俗服装也呈现出两种主要类型。据孙机研究，"隋唐时代南北一统，而服装却分成两类：一类继承了北魏改革后的汉式服装，包括式样已与汉代有些区别的冠冕衣裳等，用作冕服、朝服等礼服和较朝服简化的公服。另一类则继承了北齐、北周改革后的圆领缺骻袍和幞头，用作平日的常服。这样，我国的服制就从汉魏时之单一系统，变成隋唐时之包括两个来源的复合系统；从单轨制变成双轨制。但这两套服制并行不悖，互有补充，仍组合成一个浑然的整体。这是南北朝时期民族大融合的产物"。孙机：《南北朝时期我国服制的变化》，《中国古舆服论丛》增订本，文物出版社，2001 年，第 202 ~ 203 页。

都龙门石窟中发现了大量图像资料，应该受到了两京地区佛像粉本的影响①。

（五）从"都城模式"观察："神品"画家周昉，"妙创水月之体"②。朱景玄记载："今上都有画'水月观自在菩萨'……其画佛像、真仙、人物、士女，皆神品也。"由于周昉独创的这一主题及其美妙的图像极富艺术性与宗教性，于是在佛教雕刻和绘画中迅速流行，后遍及两京和各州地面佛寺及石窟寺③。

《历代名画记》记载长安千福寺东塔院"涅槃鬼神，杨惠之画"。宿师季庚先生认为：敦煌莫高窟第"148窟是涅槃窟，后壁前建涅槃台，上塑涅槃像和举哀的信徒，这是莫高窟的一组新题材（前此涅槃像即圣历元年，亦即698年，332窟，该窟形象极简单），而《名画记》记与吴道子同时的杨惠之正在长安千福寺东塔院塑造'涅槃鬼神'。涅槃是佛涅槃形象，鬼神则是指举哀的各种相貌的信徒，因此148窟的涅槃群像（涅槃像与举哀的信徒）也可能与杨惠之的粉本有关。这个推测如有可能，说它是值得注意的一件大事，也许不算过分"④。

"金刚经变"，是莫高窟中、晚唐流行的一种佛经变相，现存至少十八铺⑤，表现佛在舍卫国祇树给孤独园（祇洹寺）与长老须菩提的问答，经变中的说法会场及其背景山水应是画家想象中的祇洹寺（图17）⑥。据研究，"敦煌虽处大漠戈壁，但中晚唐时期的金刚经变背景多取材于中原或江南景色"⑦。《历代名画记》卷三记载西京兴唐寺净土院内次北廊向东塔院内西壁，吴画"金刚变"；次南廊，吴画"金刚经变"。朱景玄《唐朝名画录》征引《两京耆旧传》云："上都唐兴寺（兴唐寺）御注金刚经院，（吴道玄）妙迹为多，兼自题经文。"又，张彦远记载吴道玄"因写蜀道山水，始创山水之体，自为一家"⑧。敦煌莫高窟偏重山水的"金刚经变"，是否也与吴道玄所创"金刚经变"有关呢？

另外，敦煌莫高窟第55窟主室东壁绘"密严经变"，北壁画"佛顶尊胜陀罗尼经变"；第85窟主室南壁绘"报恩经变"，北壁画"思益梵天问经变"和"密严经变"；第98窟主室南壁绘"弥勒经变"和"法华经变"，北壁画"药师经变"和"思益梵天

---

① 李崇峰：《龙门石窟唐代窟龛分期试论》，《佛教考古：从印度到中国》，上海古籍出版社，2014年，第457~458、496、505、511页。

② 明王世贞万历初年郧阳原刻《王氏画苑》本《历代名画记》卷一〇，叶六。

③ ［日］松本荣一：《燉煌畫の研究：圖像篇》，（东京）東方文化學院東京研究所，1937年，第344~354页；史岩：《杭州南山区雕刻史迹初步调查》，《文物参考资料》，1956年1期（9~21页），第14页；李崇峰：《陕西周至大秦寺塔记》，《佛教考古：从印度到中国》，上海古籍出版社，2014年，第610~622页。

④ 宿白：《张彦远和〈历代名画记〉》，文物出版社，2008年，第69~71页。

⑤ 敦煌研究院：《敦煌石窟内容总录》，文物出版社，1996年，第290页。

⑥ 采自敦煌文物研究所：《中国石窟·敦煌莫高窟》四，文物出版社、（东京）平凡社，1987年，图版55。

⑦ 贺世哲：《敦煌壁画中的金刚经变研究》，《敦煌研究》2006年第6期（35~42页）；2007年第4期（16~28页），第20页。

⑧ 明王世贞万历初年郧阳原刻《王氏画苑》本《历代名画记》卷九，叶七。

图 17　莫高窟第 112 窟南壁金刚经变

问经变";第 100 窟主室南壁绘"弥勒经变"和"报恩经变",北壁画"天请问经变"和"思益梵天问经变";第 144 窟主室南壁绘"观无量寿经变",北壁画"药师经变";第 146 窟主室北壁绘"思益梵天问经变"和"天请问经变",第 156 窟主室南壁画"阿弥陀经变"①。这些经变壁画皆书牓子,且有些题牓内容颇详。1908 年,伯希和调查敦煌莫高窟时,详细记录了这些经变牓题内容,所存两本原始笔记(Carnet A 和 Carnet B)为我们提供了大量珍贵资料。据伯希和记录,上述洞窟中经变之题牓次第为:"大乘密严经变"和"佛顶尊胜光□□经变"(第 55 窟),"报恩经变"、"思益梵天所问经"和"大乘密严经"(第 85 窟),"弥勒经变"、"妙法莲华经"、"东方十二上愿药师琉璃经变"和"思益梵天经"(第 98 窟),"佛说弥勒下生经"、"报恩经变相"、"天请问经变"和"思益□天经变"(第 100 窟),"西方净土变"和"东方药师净土变"(第 144 窟),"思益梵天经变"和"天请问经变"(第 146 窟)以及"西方净土变"(第

①　敦煌研究院:《敦煌石窟内容总录》,文物出版社,1996 年,第 25、34、38、39、55、57、61 页。

156 窟）等①。这些牓题虽为当今所称各种"经变"之依据，但壁画"书牓子"或"自题"之传统应传自东方。据前引《历代名画记》、《酉阳杂俎续集》和《唐朝名画录》，西京净域寺"三阶院东壁张孝师画'地狱变'，杜怀亮书牓子"；景公寺"中门之东，吴画'地狱'并题"；褒义寺"佛殿西壁'涅槃变'，卢稜迦画，自题"；平康坊菩提寺"食堂前东壁上，吴道玄画'智度论色偈变'，偈是吴自题"；"上都唐兴寺（兴唐寺）御注金刚经院，妙迹为多，兼自题经文"。

综上所述，敦煌石窟唐代画塑变相或经变之题材布局、经营位置、样稿或"粉本，多是直接或间接出自两京"②。至于其他地区唐代地面佛寺和石窟寺中的浮雕变相或壁画经变③，在李唐大一统的政治与文化背景之下，受当时都城佛教艺术典型样式之影

---

① Mission Paul Pelliot：Documents conservés au Musée Guimet/ Documents Archéologiques XI, *Grottes de Touen-Houang Carnet de Notes de Paul Pelliot*：Inscriptions et Peintures Murales, Avant-propos de Nicole Vandier-Nicolas, Notes préliminaires de Monique Maillard, Paris：Collège de France, Instituts d'Asie, Centre de Recherche sur l'Asie Centrale et la Haute Asie, Ⅰ：Grottes 1 A 30, 1981；Ⅱ：Grottes 31 A 72, 1983；Ⅲ：Grottes 73 A 111a, 1983；Ⅳ：Grottes 112a A 120n, 1984；Ⅴ：Grottes 120n A 146, 1986. Tome Ⅳ：23/ 85（Carnet B - 98）；Tome Ⅲ：32/ 82（Carnet B - 67），13/ 77 - 78（Carnet B - 61 - 62）；Tome Ⅱ：37/ 56（Carnet A - 34）；Tome Ⅰ：12/ 95（Carnet B - 5），8/ 93（Carnet B - 3），17/ 98（Carnet B - 8），21/ 101（Carnet B - 11），61/ 126（Carnet B - 36）。张大千 20 世纪 40 年代在敦煌考察和临摹壁画时，曾对莫高窟各窟的形制、尺寸、塑绘以及"发愿文"和"题牓"内容做过系统记录，1943 年 2 月完成初稿《敦煌石室记》，后于 1985 年正式出版，名作《张大千先生遗著莫高窟记》。张大千根据"题牓"内容，系统胪列了莫高窟各窟的画记或经变。参见台北故宫博物院编辑委员会：《张大千遗著莫高窟记》，（台北）台北故宫博物院，1985 年，第 172、131、89、74、16、23、605 页。

② 宿白：《张彦远和〈历代名画记〉》，文物出版社，2008 年，第 63 页。又，宿白师季庚先生在《中国石窟寺研究》前言中写道："（敦煌）那里保存的古代遗迹，特别是辉煌的艺术巨制，主要应转手自当时东方的某些政治、经济、文化中心。事过境迁，曾是东方政治、经济、文化中心的古代遗迹早已湮灭或大部无存，而当时或接近当时较完整的临摹副本尚在人间，此敦煌遗迹之所以至为重要。"宿白：《中国石窟寺研究》，文物出版社，1996 年，第 15 页。

③ 新疆库木吐拉石窟中，现存不少"汉风"洞窟。其中，第 14 窟左右侧壁绘"本行经变"，第 16 窟北壁绘"药师经变"且以汉文墨书牓子，第 16 窟南壁绘"观无量寿佛经变"且有牓题。马世长认为：库木吐喇石窟"经变画的构图形式与中原汉族地区的同类经变画如出一辙，是典型的汉式。经变画中的人物形象、建筑、装饰等，与中原地区流行的同类壁画也几乎完全一致。加之这些经变画中多标有汉文榜题，一望便知，是出于汉族画工的手法。可以说库木吐喇石窟中的大幅经变画，是中原地区经变画的原样移植"。马世长：《库木吐喇的汉风洞窟》，《中国佛教石窟考古文集》，（新竹）觉风佛教艺术文化基金会，2001 年，第 145 页。又，李畋《益州名画录序》："益都多名画，富似他郡，谓唐二帝播越及诸侯作镇之秋，是时画艺之杰者，游从而来。故其标格楷模，无处不有。"现摘录明万历庚寅金陵"王氏淮南书院重刻"《王氏画苑》卷之九《益州名画录》相关记载，《益州名画录》卷上（叶十二）："妙格中品"画家赵德玄，"蜀因二帝驻跸，昭宗迁幸，自京入蜀者将到图书、名画，散落人间，固亦多矣。杜天师在蜀集道经三千卷，儒书八千卷。德玄将到梁、隋及唐百本画，或自模揭，或是粉本，或是墨迹，无非秘府散逸者，本相传在蜀，信后学之幸也"。卷中（叶二十六）："能格上品"画家吕嶢，"自京随僖宗皇帝车驾至蜀……今大圣慈寺华严阁上'天王部属诸神'及'王波利真'，并嶢之笔，见存。竹虔者，雍京人也，攻画人物、佛像，闻成都创起大圣慈寺，欲将吴道玄'地狱变相'于寺画焉。广明年（880～881 年）随驾至蜀，左全已在多宝塔下画竟，遂与华严阁下后壁西畔画'丈六天花瑞像'一堵"。卷下（叶三十三、三十七）："能格中品"画家滕昌佑，"随僖宗入蜀，以文学从事"。"能格下品"画家张询，"中和年（881～885 年）随驾到蜀，与昭觉寺休梦长老故交，遂依托焉"。通过上述记载，可以看出四川地区的佛教艺术，与西京长安佛教文化艺术之关系极为密切。

响，其题材、布局、经营、粉本、样稿或画范也应源自长安或洛阳，即画史所记"天下共推"①。

2014 年 11 月 20 日于京北回龙观

---

① 明王世贞万历初年郧阳原刻《王氏画苑》本《历代名画记》卷三，叶十六。

凤翔唐墓出土大随求陀罗尼经咒的
图像初步研究

——兼论凤翔墓地人殉现象

郭晓涛（中国社会科学院考古研究所）

20 世纪 80 年代，在陕西省凤翔县城南郊，考古工作者发现了大量的唐代墓葬[1]。21 世纪初，《陕西凤翔隋唐墓》考古发掘报告出版，报告对这一批唐代墓葬在这一地区的分布及性质特征做了系统的梳理，为研究这一区域唐代墓葬及社会提供了翔实的考古学材料[2]。

其中，凤翔南郊唐墓 M17 中出土了一份绢质经咒，笔者曾经将原本残碎的经咒加以缀合，重新誊写了经咒中的经文，同时进行了一些初步的研究。研究认为，此经咒中的经文主体应该是盛行于唐代的《佛说随求得大自在陀罗尼神咒经》；而在此经咒中最内侧，靠近中心图像部分还包含另一部分经文，可能是与《佛说救护身命经》有关（图1）[3]。

在后期的缀合和研究过程中，笔者发现凤翔经咒的总体构图是按照曼荼罗的布局构成的，同时在经咒的中心以及周边，手绘有一些精美的图像（图2）[4]；由于图像研究在陀罗尼经咒研究领域历来是非常重视的内容，因此，对经咒文字以外图像的研究，也应成为研究凤翔出土的《佛说随求得大自在陀罗尼神咒经》的重点之一。

根据报告公布的图像材料，经咒中心图案的保存状况不佳，图像部分已然缺失，正是由于图像残损过甚，以往研究者故未涉及此经咒的图像研究。本文试图就经咒的图像问题作一简单的分析。不揣浅陋，成一孔之见，意在抛砖引玉；行文颠顶，或有烦冗拖沓、挂一漏万之处，尚祈诸路方家不吝指正。

[1] 尚志儒、赵丛苍：《陕西凤翔县城南郊唐墓群发掘简报》，《考古与文物》1989 年第 5 期，第 48 ~ 70 页。
[2] 陕西省考古研究院等：《陕西凤翔隋唐墓——1983 ~ 1990 年田野考古发掘报告》，文物出版社，2008 年。
[3] 郭晓涛：《凤翔唐墓出土陀罗尼经咒研究》，《考古》2015 年第 1 期，第 103 ~ 113 页。
[4] 图 2 为郭晓涛据《陕西凤翔隋唐墓——1983 ~ 1990 年田野考古发掘报告》图一六四、彩版一〇绘制。

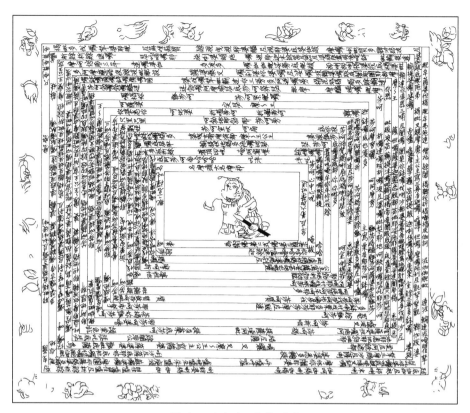

图 1　凤翔经咒誊写本

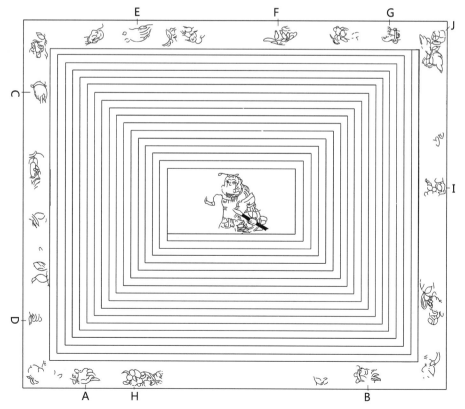

图 2　凤翔经咒曼荼罗构图及图像摹本（郭晓涛绘）

一

经咒的图像由两部分构成：中心图像和周边图像。但是，发掘报告对经咒图像的描述过于简单："中心画一披甲戴胄执剑的罗汉，经咒之外四周画有佛手印和荷花相见的纹饰"。事实上，通过仔细观察，这一中心图像以及周边图案的很多细节被报告编写者忽略未述。此外需要注意的是，经咒的总体构图属于曼荼罗的表现形式。由于大随求陀罗尼经咒中的图像涉及佛教密教中的曼荼罗仪轨的传播问题，因此，笔者认为有必要对经咒中牵涉到的所有图像进行重新分析，以下分别对中心图像和周边图案，以及经咒的整体构图予以叙述。

（一）中心图像

凤翔经咒的中心图像是一个身着甲胄的类似天王俑武士形象，报告中认为是罗汉，该形象和罗汉相去甚远。武士头上戴有帽盔，顶部缺损，似虎头冠，额头上端两侧微微翘起似虎耳；面部左右两侧下盖住鬓角以及双耳，似风帽状；脖颈处有交叉的围巾状物；脑后形似兽皮披于肩部；身着明光铠，可见左侧的圆护；肩部披膊凸出，肘弯处束袖有多处衣褶；左手执一长柄状武器；图像右侧身体残损过甚，右手情况不明；由于图像下端残损，无法直接判断是坐姿或是立姿，但考虑到残存下端到经咒文字之间的剩余空间，推测只适合坐姿像（图3）。

凤翔经咒中心图像的特征大致可以归纳以下两点：第一，头部戴有类似虎头的冠帽，虎皮状装饰长至肩部；其二，身上着明光铠甲胄，并且手执长柄状武器，应该与中原地区唐墓中习见的天王俑形似。由于中心图像牵涉的内容较多，此处暂从略，拟在下一章节专题论述。

（二）周边图像

经咒周边图像保存情况欠佳，即便是保存下来的图像，也是支离破碎较为散乱；同时，发掘报告中对经咒的错误缀合也影响对经咒周边图像整体的认识。

参考报告中的经咒摹本以及图版，在互相比较的基础上，笔者对摹本中的一些原属于经咒碎片边缘的临摹墨线予以清除，这样可以使图像显得更清楚一些。但是，保存情况并不乐观的经咒上，个别图像残缺过甚而无从辨认。本文仅对那些可以辨认的图像分别编号并加以叙述，编号以及在经咒中对应的位置见图2。

1. 佛教手印图案

凤翔经咒周边图案中，可以观察到的手印图案有7种。以下按照图中编号分别予以介绍。

图3　凤翔经咒中心图像（郭晓涛绘）

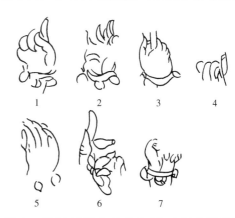

图4　凤翔经咒中的手印图（郭晓涛绘）

手印A：右手手心向外，食指伸出，其余四指握起，其中拇指压食指内侧。腕部戴有系珠子或铃铛的手镯（图4：1）。

手印B：右手手心向外，手掌张开，大体可以辨别出五指微微张开，腕部戴有系珠子或铃铛的手镯（图4：2）。

手印C：右手手背外露，手中握有以长柄状物。腕部也带有手镯（图4：3）。

手印D：仅见食指、中指、无名指蜷起，拇指、小指竖起，手掌以下残缺（图4：4）。

手印E：左手手背外露，手指微微内扣，拇指部分缺失。腕部戴有手镯（图4：5）。

手印F：左手食指、中指伸直，无名指微微上翘，拇指部分缺失（图4：6）。

手印G：从手掌掌丘纹路判断，应为左手；手指情况不明，仅见手掌和手腕部分，手心外露，腕部有手镯，从线条的表现方式来看，推测手镯上系的应该是铃铛（图4：7）。

手印，又称为印契，是佛教在修法时双手和手指形成的各种姿势。佛、菩萨的手印象征特殊的愿力和因缘。在密教中，手印象征释迦牟尼在曼荼罗海会诸尊时，表示其内证的三昧境界，持明密教的大量经咒中都有手印的运用。

就目前凤翔经咒中的手印观之，其有两个特点值得注意：首先，经咒中的所有手印均为单手；其次，所有手印腕部均戴手镯，且式样几近相同。

以往出土的大多数陀罗尼经咒中都存在有手印的绘画，但是手印以双手合掌印以及拳印为主，当然，其中单手印契也有发现；西安西郊出土的天宝年间的汉文经咒就出现有单手手印的情况①。至于手印腕部戴手镯的情况，这在许多题材中也有发现。由斯坦因从敦煌藏经洞盗掠去的，现藏大英博物馆里的一幅唐代巨型刺绣画《释迦牟尼灵鹫山说法图》中，胁侍菩萨腕部的手镯就与凤翔经咒中手印的手镯非常相似（图5）。

① 陕西历史博物馆：《寻觅散落的瑰宝——陕西历史博物馆征集文物精粹》，三秦出版社，2001年，第131页。

图 5　释迦牟尼灵鹫山说法图及手镯细部

在凤翔经咒中，目前发现残存的手印有 7 种；根据经咒的保存情况推断，经咒原来绘有的手印应该不止 7 种。由于凤翔经咒手印图案保存不佳，对手印的细部情况缺乏认识，因此，本文描述的 7 种手印具体代表密教中的何种手印，在认识上存在着一定的难度；笔者拟在此提出，希望学界诸贤有以教之。

唐代密教经典中，对于手印与陀罗尼经咒之间的对应关系多有记载；西安西郊出土的天宝年间的汉文经咒，其经咒构图为圆形，中心一周绘有手印，共 7 个，个别手印也有重复；马世长参考了《大随求即得大陀罗尼明王忏悔法》以及《宗睿僧正于唐国师所口受》中分别记载的 8 种陀罗尼与手印的对应关系，结合《佛说随求得大自在陀罗尼神咒经》中 8 种陀罗尼的名称：大随求根本咒、一切佛心咒、一切佛心印咒、灌顶咒、灌顶印咒、结界咒、佛心咒、心中心咒；他倾向性地认为天宝年间大随求陀罗尼经咒中绘制的手印应该有 8 种；并且，手印应该与陀罗尼经咒中的 8 段咒一一对应[①]。此外，1975 年西安西郊冶金机械厂出土的经咒，中心图像左侧有经咒题名：《佛说随求即得大自在陀罗尼神咒经》，此经咒的四周印有双手手印，每边各有手印 12 种；但其四隅的手印表现为分开的单手，因此四隅手印应单独视之，每边最中央的手印四

---

① 马世长:《大随求陀罗尼曼荼罗图像的初步考察》,《唐研究》第十卷, 2004 年, 第 527~581 页。

边一致，也就是说，该经咒每边也是 8 种手印①。

　　凤翔经咒目前发现的手印为 7 种。结合其他经咒的手印情况，本文认为，手印数量的多寡仅仅是经咒研究的一个方面；另一方面，手印象征内涵的探寻应该是我们研究密教曼荼罗仪轨的重要方向。而此次凤翔经咒手印的辨明，将会给这方面的研究积累丰富的实证资料。

　　2. 花卉纹图案

　　在手印的周边，相间绘有一些花卉纹图案，这些花卉纹图案保存得非常差，但仔细辨认，应该与唐代习见的牡丹、莲花等花卉纹相近；目前，能够辨认出来的花卉纹图案仅有 2 处。以下依据图 2 中编号分别叙述。

　　花卉纹 H：位于手印 A 的右侧。图像为一簇复杂的花卉，仅有左侧的一朵团花可清楚辨认，其右侧的图像模糊不清无从辨析。左侧团花中心花蕊以外有五瓣肥硕的花瓣，下有长叶装饰（图 6：1）。

　　花卉纹 I：部分残缺。中心圆形花蕊，周边部分可见六瓣肥硕的花瓣（图 6：2）。

　　这种花卉纹在唐代较为常见，花蕊圆形，花瓣肥硕，五、六瓣皆有，下有长叶衬托。这种花卉纹在敦煌壁画中被大量使用；同时，法门寺地宫出土的汉白玉北方人毗沙门天王、东方持国天王的战裙和长靴上的花卉纹也比较相近；此外，唐代很多墓志四周的纹饰中常常出现与之相近的花卉纹，由于此类材料较多，恕不在此一一列举。以上的部分材料对比说明这种纹饰在唐代被大量使用在佛教仪轨和其他丧葬习俗之中。此处应用于陀罗尼经咒的绘画中，亦在情理之中。

　　3. 四隅的图像

　　经咒的四隅图像，以左上隅（图案编号 J）保存较好（见图 2），其他都无从辨识。从现有图像来看，描摹的线条较为凌乱；左上隅的图像下方有一些无法辨认的线条，可能干扰了对图像性质的判断；此外，左上隅的图像应该是以经咒对角线为中心轴分布的。笔者对左上隅的图像重新分解后进行了描摹，然后扭转 45 度放置（图 7）；通过与其他经咒四隅的图案进行对比，发现凤翔经咒左上隅的图像，极有可能类似于西安三桥唐代墓葬中出土的"成都浣花溪报恩寺"梵文陀罗尼经咒四隅的带背光的佛像（图 8）②；经咒四隅图像以经咒对角线为轴对称设置的实例较多，如四川成都"龙池坊"梵本大随求陀罗尼经咒③、西安西郊沣滈路出土的"焦铁头"写本经咒④。可惜的是，凤翔经咒这部分的图像线条太过散乱，只能从外形判断，二者之间有一定的相似度。

① 保全：《世界最早的印刷品》，《中国考古学研究论集——纪念夏鼐先生考古五十周年》，三秦出版社，1987 年，第 404 ~ 410 页。

② 陕西历史博物馆：《寻觅散落的瑰宝——陕西历史博物馆征集文物精粹》，三秦出版社，2001 年，第 130 页。

③ 冯汉骥：《记唐印本陀罗尼经咒的发现》，《文物参考资料》1957 年第 5 期，第 48 ~ 54 页。

④ 李域铮、关双喜：《西安西郊出土唐代手写经咒绢画》，《文物》1984 年第 7 期，第 50 ~ 52 页。

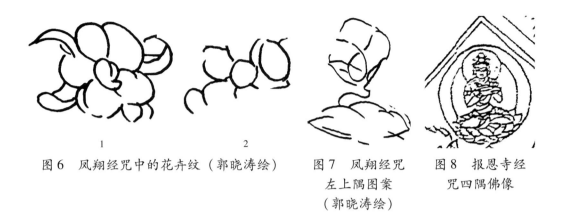

图6　凤翔经咒中的花卉纹（郭晓涛绘）　图7　凤翔经咒　图8　报恩寺经
　　　　　　　　　　　　　　　　　　　　　左上隅图案　　咒四隅佛像
　　　　　　　　　　　　　　　　　　　　（郭晓涛绘）

另外，还有一些残损的图像，从其形状看，推测是莲花座；宝思惟翻译的《佛说随求得大自在陀罗尼神咒经》载："佛告大梵：先当结坛……四面周匝作莲花须。又作一大开敷莲花，其茎尽悬缯帛。又作一八叶莲花……"由此可知，大随求陀罗尼法结坛时，大量使用莲花之类图案。经咒周边这些可能是莲花座的图案应该与此仪轨相关。只可惜的这些图案保存不佳，均系断笔残线，无从窥其全豹，故不做深入讨论。

（三）经咒和图像组合的曼荼罗构图

围绕中心图像，汉译真言从经咒的最外侧右上方起竖向书写，由外向内，环绕中心图像顺时针转读，呈长方形逐渐内收，每边有经咒17列（图2）；文字的外侧，即经咒的周边，配绘有手印等图案。这应该就是密教中所言的曼荼罗图像。这种构图方式，在以往出土的陀罗尼经咒中较为多见，只不过，在细节方面都有一些小的差异。1974年，西安西郊柴油机械厂唐墓中出土的梵文陀罗尼经的总体构图就是以曼荼罗形式布坛设置的[①]。潘吉星先生曾经对此做过细致的研究，梵文经咒围绕中心图像（咒心）环读，排列成文字方阵；潘先生绘制的经咒的示意图表示了经咒的构图方式以及文字排列方向，对于理解大随求陀罗尼经的整体构图有着重要的启示（图9）[②]。

与柴油机械厂出土的梵文陀罗尼经咒的曼荼罗

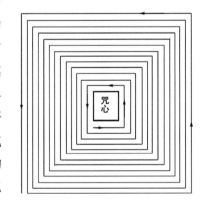

图9　大随求陀罗尼经
咒曼荼罗形式示意图

[①] 李域铮、关双喜：《西安西郊出土唐代手写经咒绢画》，《文物》1984年第7期，第50～52页。
[②] 潘吉星：《1974年西安发现的唐初梵文陀罗尼经印本研究》，《广东印刷》2000年第6期，第56～58页。

形式差异在于：凤翔经咒的汉译经文是从外向内顺时针旋转排列，一直到经咒的咒心位置；而柴油机械厂的梵文经咒系从咒心开始，逆时针旋转排列，一直到经咒的边缘。

曼荼罗是梵文 Mandala 的音译，汉文佛经中，最早把 Mandala 意译为坛，至东晋时期，方出现音译的曼荼罗、曼拏罗、曼陀罗等。曼荼罗的渊源可以追溯到佛教早期，大概在3世纪曼荼罗被作为密教陀罗尼法的辅助法门被频繁使用，迫至6世纪，曼荼罗法成为密宗修行的集大成者，将陀罗尼和真言，印契法、结界法、观想法、画像法等法门统统摄入其门下，之后的各类密宗修行都离不开曼荼罗的表现形式。

空海曾经阐述了密教中使用曼荼罗图像传布真言的原因：

> 法本无言，非言不显。真如绝色，待色乃悟。虽迷月指，提撕无极。不贵惊目之奇观，诚乃镇国利人之宝也。加以密藏深玄，翰墨难载，更假图画开示不悟。种种威仪种种印契，出自大悲一睹成佛，经疏密略载之图像，密藏之要实系乎兹，传法受法弃此而谁乎？[①]

凤翔经咒的整体构图就是将密藏深玄的陀罗尼真言与这"种种威仪种种印契"组合在一起的。唐代高僧惠果曾经有言："真言秘藏经疏隐密，不假图画不能相传。"如此意味着，只有通过曼荼罗图画，才能更有效地传持和领悟持明密教的奥秘[②]。马世长曾经对唐宋时期大随求陀罗尼经咒中曼荼罗构图的特征进行过详细的总结[③]。唐代中期，大随求陀罗尼经作为密教的真言已经在中原地区广泛流播。这应该与开元三大士将密教传入中土有直接的关系。而当年善无畏弘扬的胎藏界曼荼罗、金刚智的金刚甲曼荼罗都是唐代密宗的精髓所在。凤翔经咒中的曼荼罗构图应该就是在这样的信仰流行大势之下的产物。

二

目前，在所有已知的大随求陀罗尼经咒的写绘本中，对图像的研究已经日臻完善；马世长曾经对出现在大随求陀罗尼经咒中的图像做过细致的研究，他认为目前考古发掘出土或者是传世的陀罗尼经咒中的中心图像有佛、菩萨、天王、金刚力士、护法等图形和形象。而就本文讨论的凤翔经咒的中心图像而言，头戴形似虎头冠、身披甲胄、手执武器的军官形象，尚属首次。因此，本文拟对这一中心图像的性质做简要的探讨。

---

①　[日]空海：《御请来目录》卷一，《大正新修大藏经》第55卷，(东京)大正一切经刊行会，1924～1934年，第1064页。

②　黄阳兴：《略论唐宋时代的"随求"信仰(上)》，(高雄)《普门学报》第34期，2006年7月。

③　马世长：《大随求陀罗尼曼荼罗图像的初步考察》，《唐研究》第十卷，北京大学出版社，2004年，第527～581页。

(一) 虎头冠形象

在上一章节已经叙述了凤翔经咒中心图像能够辨别的特征，大体可以总结为，头戴似虎头冠、身着明光铠甲胄、手执长柄状器物。其总体特征系以披甲执锐的武士形象，或有唐朝军官有联系；但考虑到武士头戴虎头冠的特征，笔者初步认为这应该与佛尊眷属——天龙八部护法神相关；本章节着重讨论凤翔经咒中心图像中武士头戴虎头冠这一特征。

就凤翔经咒中心武士的表现形式来看，可以发现这一头戴虎头冠的形象在以下几点上与同类题材比较契合。第一，虎头冠的绘画线条有皮质材料柔软的感觉，额部翘起的部分形似虎耳；第二，颈部前段有交叉围巾的构图，形似其他同类材料中交叉的虎爪；第三，衣着明光铠甲，与唐墓中出土的三彩虎头冠天王俑的衣着如出一辙。尽管凤翔经咒目前所公布的材料线图不甚清晰，但基本确认中心图像应该是头戴虎头冠的天王武士。

对头戴虎头冠的武士形象的研究，以往学者多有涉及；邢义田先生将唐代墓葬中此类形象，与希腊、罗马神话中的宇宙之子、大力神赫拉克利斯联系起来，还梳理出来一整套此形象逐步东传的路线图；他认为虎（狮）头冠的形象从希腊世界出发，随亚历山大东征以及罗马帝国的扩张，到达了中亚和北印度地区，由希腊神话的大力神形象变身为和佛教息息相关的佛主释迦牟尼的护法金刚神；此后，随佛教东传进入中土并广为传播，虽然在传播过程中，经历了数次变容，但头顶狮虎头冠或兽皮的基本特征仍然保留[①]。其中，此类形象在佛教文化中被大量的运用，这和北印度地区佛教的影响不无关联。而本文所研究的陀罗尼经咒正是北印度地区佛教密宗的重要遗物之一。

有研究表明，至迟约略在北朝晚期，头戴虎（狮）皮冠的天王形象就已经出现在西北区域。大约开凿于北朝晚期的新疆克孜尔石窟175窟，其主龛外的右侧天王未穿甲胄，右手持金刚杵，头带虎头帽，虎爪系于天王的颈下。被认为是我国最早一组天龙八部形象的雕塑，出现在天水麦积山石窟北周时期的4号崖窟中，其中第3身天王头带虎头冠，肩着披膊，左手持剑，右手作法印。由此基本可以认为，出现在佛教场合中，头戴虎头帽的形象应该和天龙八部等护法神相关。敦煌壁画中，此类虎头冠或是披虎皮的神将形象就更多了，敦煌唐前期的320窟南壁说法图、321窟南壁十轮经变中的天龙八部中可见；中唐以后更加多见，大量出现在各种题材的经变、说法图中。

瓜州榆林窟第25窟弥勒经变中的弥勒初会图，画面的主体是弥勒三会。初会居中，成为画面的中心，未来佛弥勒置身于碧绿掩映的龙华树下，身后山石嶙峋，上方

---

① 邢义田：《赫拉克利斯（Heracles）在东方——其形象在古代中亚、印度与中国造型艺术中的流播与变形》，《画为心声：画像石、画像砖与壁画》，中华书局，2011年，第458~513页。

宝盖装饰华丽，法华林菩萨和大妙相菩萨左右胁侍，诸听法圣众、天龙八部围绕。画面右下角绘有护法的天龙八部神，其中右下角有一个头戴白色虎头帽的护法神形象，两只虎爪在胸前交叉打结，这些特征在凤翔经咒中都能找到相似点（图10）[①]。需要注意的是，因为这一形象出现在佛教特定场景、特定题材的弥勒经变图中，以往学者基本已经确定这一形象为天龙八部护法神的属性。从这个意义上讲，与之相近的凤翔经咒中心图像，其意义也应当相去不远。

　　而在榆林窟五代时期33窟西壁的佛说法图中，基本明确了这一形象的性质。佛说法图中心主尊佛的两侧遍布各种形象的眷属，其中各有一身虎头冠护法神，均手弹琵琶，其中南侧的一身有榜题，题为"南无乾闼波"。天龙八部包括一天众、二龙众、三夜叉、四乾达婆、五阿修罗、六迦楼罗、七紧那罗、八摩睺罗伽。其中乾达婆应是榜题中的"南无乾闼波"。虽然，此则材料出于唐以后的五代，但考虑到图像的系统流播，可以推定，在唐代中后期，虎头冠形象应该代表佛教中天龙八部其中的护法神之一。

　　这种虎头冠的形象穿过西北，进入中原腹地以后，逐渐向世俗文化中渗透和扩散。在唐代墓葬中发现有大量此类形象，开始发生了些许的变容。唐代墓葬中类似的例子有许多。唐节愍太子墓中出土的A型武士俑，头戴虎头冠，帽顶做成虎头状[②]，唐太宗昭陵陪葬墓尉迟敬德墓内出土了初唐时期虎头冠武士彩绘俑（图11：1）[③]；在西安东郊洪庆乡发掘的唐代韦仁约和其妻王氏合葬墓中的三彩武士俑，头戴虎头战盔，身穿长袍甲衣，肩着虎头吞袖，腰系双战带，内着长袍，脚蹬高靴。是虎头冠形象在唐代墓葬中的精品（图11：2）[④]。

图10　榆林窟25窟北壁弥勒
经变图中虎头冠形象

1　　　　　　2

图11　唐墓出土戴虎头冠武士俑
1. 尉迟敬德墓出土　2. 西安东郊洪庆乡唐墓出土

①　敦煌研究院：《中国石窟·安西榆林窟》，文物出版社、（东京）平凡社，1997年，彩色图版26。
②　陕西省考古研究所等：《唐节愍太子墓发掘报告》，科学出版社，2004年，第82页图五六。
③　昭陵文物管理所：《唐尉迟敬德墓发掘简报》，《文物》1978年第5期，第20~25页。
④　陕西历史博物馆：《三秦瑰宝——陕西新发现文物精华》，陕西人民出版社，2001年，第88页。

以上数例是在关中腹地——京师长安周边发现的虎头冠的天王俑，从其整体造型和衣着上，已经全面中土化了。这些天王俑几乎无一例外是身着铠甲、战袍的战士（武士）形象，显示了从护法神到威武将军形象的一个过渡；如此则完成了佛教题材向保家卫国等世俗题材的转变①。在镇墓的天王俑中出现了虎头冠的形象，这应该是唐代的丧葬习俗中借用了佛教护法神的概念，将其移植到中国本土文化中。但是正如邢义田先生表达的一样，原本的含义已经渐次消隐，而佛教护法的意蕴还在东亚大陆随之流播。并在这一过程中开始出现了新的含义。

这就提醒我们需要考虑，佛教护法神是如何过渡到中原地区威武将军形象的，其间是什么因素使二者衔接起来的？戴虎头冠、披甲执锐的武士形象出现在凤翔大随求陀罗尼经咒的中心图像中，是否有其具体的深意，这些都还有继续探讨的空间。

（二）从虎头冠到毗沙门

凤翔经咒中心图像的虎头冠形象应该与佛教中佛教护法神天龙八部有关，其形象融入了中土的天王俑的因素后，形成了一定的变容。在目前已发现的大随求陀罗尼经咒的中心图像里面，此类形象尚系首次发现。

作为佛教护法神天龙八部之一，安西榆林窟33窟五代时期佛说法图，对此种形象有比较明确的榜题："南无乾闼波"，即天龙八部第四乾闼婆。而这一形象作为释迦牟尼佛周边护法神，与其他护法部众形象集体出现在诸多石窟壁画中，还经常与北方毗沙门天王等形象一起出现，显示着二者之间有着一定的关联度。

安西榆林窟25窟，在其东壁的北侧有一天王形象，头戴华冠，身着七宝庄严甲衣；右手托塔，左手竖执三叉戟；足下踩两小鬼；右侧有墨书榜题"毗沙门天王"；在其左侧，有一头戴白色虎头帽的侍从，上身赤裸，戴有项圈、臂钏及手镯等饰物，左手持一发光的宝珠，右手持一布袋，布袋内装有一猫鼬（图12）②。有研究认为侍者应该与俱毗罗或者库藏神的形象有关，并且认为，持有佛塔的毗沙门天与持有猫鼬的毗沙门天均可看作是毗沙门天图像变容过程的不同时期的代表③。密教艺术中，毗沙门天、俱毗罗、库藏神之间的表现形式经常借用，由此，是否可以说明这种戴虎头帽的形象在一定时期是可以代表毗沙门天王的。

其实，这种以虎头冠为代表的库藏神和毗沙门天同时出现的事例比较多见。法国吉美博物馆藏的伯希和敦煌遗画《释迦牟尼与毗沙门等护法像》中毗沙门天王左侧身

---

① 关于唐代以前佛教护法神（天王）与唐墓中镇墓的天王俑形象之间的关系，李淞先生认为："二者各有传统且含义不同，但在北魏至隋代逐渐靠拢，相互影响，呈现一种互动的关系。"李淞：《略论中国早期天王图像及其西方来源》，《长安艺术与宗教文明》，中华书局，2002年，第105~141页。

② 敦煌研究院：《中国石窟·安西榆林窟》，文物出版社、（东京）平凡社，1997年，彩色图版26及说明。

③ ［日］大羽惠美：《关于榆林窟第15窟所绘天王像》，中日佛教文化艺术国际学术研讨会论文，2011年。

后即站立有一头戴虎头帽、上身赤裸的库藏神形象（图13）；大英博物馆现藏斯坦因敦煌千佛洞遗画，五代时期后晋开运四年归义军节度使曹元忠雕印《大圣毗沙门天王》中，主尊毗沙门右侧侍从头戴虎皮帽，身披虎皮，左手捻一颗宝珠，右手执猫鼬，无疑是库藏神，其已经属于毗沙门形象中一个重要的组成部分了（图14）。应该说，在特定的场合，虎头冠、猫鼬、宝珠等要素可以象征毗沙门天王组合形象的出现。

再来看15窟前室北壁的壁画，壁画中一铺三身像；作为主尊形象的毗沙门天王左手中，执着原本在25窟里属于侍从手中的猫鼬，猫鼬的位置在这里发生了变化；而其左侧站立一个着虎头帽的侍从，整张虎皮披于身后，虎尾垂于其后，赤裸上身，下身着一犊鼻裤；右手持一有火焰的摩尼宝珠，左手上则提一红色布袋（图15）[1]。沙武田先生根据敦煌藏经洞纸本画P.4518中的题记将戴虎皮的形象，厘定为吐蕃密宗中的"库藏神"。他还认为，在吐蕃密教当中，吐蕃本土的北方毗沙门天王和戴虎头冠的库藏神其实是一回事，相互之间有着相同的功能，图像共用[2]。是否可以这样理解，头戴虎皮帽的库藏神可以被用来指代北方毗沙门天王。

中国古代艺术之间的交流，大量出现了艺术要素之间的互相移植的现象。往往使用部分图像要素，就可以指代其整体含义；然后将部分要素移植另外图像之上，形成新旧要素的合体，产生了新的艺术形式。以榆林窟的壁画为例，开始作为护法神的乾达婆的虎头冠，被移植到吐蕃密教中的库藏神，而库藏神向毗沙门天的转化又借助了猫鼬等图像元素。

回到对凤翔经咒中心图像的理解上来，中心图像的虎头冠应该原系象征佛教护法神，而将虎头冠形象与北方毗沙门天王联系在一起的，应该有吐蕃时期库藏神的因素；这些混合因素到了中原腹地，又渗入了中原腹地本已流行天王俑的因素。从艺术选择和要素移植层面观之，虎头冠形象至少在敦煌吐蕃时期，与毗沙门天王的象征意义等同。不排除这种观念在此前就有所流播。

以上初步分析了凤翔唐墓出土的大随求陀罗尼经咒中涉及的所有图像，中心图像应该是一尊头戴虎头冠、身着明光铠甲衣的毗沙门天王形象，这种毗沙门天王形象可能经历了从佛教天龙八部护法神到吐蕃密宗库藏神，再到凤翔经咒所呈现图样的变容。经咒周边现存有7个佛教手印、花卉等图案，还包括一些可能与莲花座有关的图像。这些图像和经咒文字被设计成密宗流行的曼荼罗表现形式，这种表现形式是大随求陀罗尼经咒以及其他密宗得以弘扬流布的重要媒介。

---

[1] 敦煌研究院：《中国石窟·安西榆林窟》，文物出版社、（东京）平凡社，1997年。

[2] 沙武田：《文化认同与艺术选择——以榆林窟第15、25窟为例看吐蕃密教艺术进入敦煌石窟的尝试》，《首届大兴善寺与唐密文化国际学术研讨会论文集》第三编《密意流韵——唐代密宗的文化与艺术》，陕西师范大学出版总社有限公司，2012年，第194~208页。

图12 榆林窟25窟毗沙门天王照片及摹本

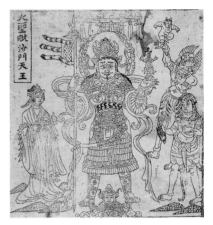

图14 斯坦因遗画曹元忠雕印
《大圣毗沙门天王》

图13 伯希和敦煌遗画
《释迦牟尼与毗沙门等护法像》

图15 榆林窟第15窟前室库藏神

三

确定了中心图像应该是变容以后的毗沙门天王形象之后，我们需要解释这种因素出现在经咒中的合理性。在分析之前，我们需要回顾一下，凤翔地域社会在中晚唐时期的时代背景以及此墓地形成的历史原因。

安史之乱以后，唐王朝之西北大部沦入吐蕃版图，"（吐蕃）尽取河西、陇右之地。凤翔之西，邠州之北，尽蕃戎之境"①。唐廷为了争取与吐蕃对抗战中的优势，以朔方军为基础，分别设立了泾原、凤翔、邠宁、灵盐、鄜坊、夏绥六镇，会同振武、天德军二镇，完成以京西北藩镇八镇为屏障的军事布防。凤翔镇号称"国之西门"，地处抗蕃一线；中唐以后，凤翔又是唐朝重要的陪都之一。自德宗开始，凤翔镇一度全部归入中央直接统领的神策军②。由此可以知晓，凤翔在整个西北藩镇中的领袖地位，同时，凤翔作为拱卫京师的最后一道防线，直接面对西北各个部族的冲击，战争的残酷不言自明。

在凤翔地区，已经发掘的隋唐墓葬共有 364 座，其中 53 座墓葬中都有人殉现象；而在发掘的 53 座有人殉的墓葬中，发现殉葬个体数量多达 148 具，最多的单个墓葬内最多人殉数量为 13 具；本文所讨论的凤翔经咒所在的墓葬 M17 内就发现有 2 具殉人的尸骸。从出土现象观察，大多数殉人在殉葬前就被砍去头颅或被肢解，或直接活埋殉葬。黄展岳先生认为，中唐时期藩镇割据，战乱不息。凤翔一带是唐代藩镇官兵与回纥、吐蕃、突厥等部族征战的前沿，墓坑中发现的被杀殉的人牲，应与这种历史背景有关。

这批墓葬中，有 18 个墓主是身着铠甲埋葬的，表明墓主极有可能是阵亡的唐军军官，因而，墓中殉人很有可能是敌对部族的俘虏。黄先生认为这是由民族冲突而引发的杀殉祭奠行为③。

依据以上种种现象的分析，可以认为凤翔南郊墓地应该是战争时期唐军的公共墓地。考虑到墓地内大量随葬品均为中土唐墓习见，笔者认为墓葬主人应该是唐军一方，而用来殉葬的人群来源则极可能是与唐军对峙的部族。

理解了凤翔墓地形成的时代背景，就更容易理解凤翔经咒中心图像存在于此的合理性。毗沙门天信仰源自西域于阗等地，有唐一代，于中土盛极一时，其护国佑军的战神信仰备受推崇。《宋高僧传》卷一《唐京兆大兴善寺不空传》的一条文献可以作为此信仰的有力注脚：

---

① 《旧唐书》卷一九六上，中华书局，1975 年，第 5326 页。
② 王凤翔：《唐代西北藩镇与地域社会》，《唐都学刊》第 26 卷第 5 期（2010 年 9 月），第 29～31 页。
③ 黄展岳：《古代人牲人殉通论》，文物出版社，2004 年，第 250 页。

天宝中，西蕃、大石、康三国率兵围西凉府，诏空入，帝御于道场，空秉香炉，诵《仁王密语》二七遍，帝见神兵可五百员在于殿庭，惊问空。空曰："毗沙门天王子领兵救安西，请急设食发遣。"四月二十日果奏云："二十一日城东北三十许里，云雾间见神兵长伟，鼓角宣鸣，山地崩震，蕃部惊溃，彼营垒中有鼠金色，咋弓弩弦皆断，城北门楼有光明天王怒视，蕃帅大奔。"帝览奏谢空，因敕诸道城楼置天王像，此其始也。

文献充分说明了毗沙门天信仰在中土唐廷的理念中，是被作为战神崇拜的。随着密宗的弘扬，大量与毗沙门天信仰有关的密宗真言开始出现在中原腹地。唐代高僧不空翻译了《北方毗沙门天王随军护法真言》、《北方毗沙门天王随军护法仪轨》；而后又出现了一些伪经《毗沙门天王仪轨》、《北方毗沙门天王》。这些真言大量被用于护军，国家并且规定了这一信仰的文本以及仪轨，证明了毗沙门天信仰在唐室军队中的普及。

唐代不空译《北方毗沙门天王随军护法真言》中载："于白毡上画一毗沙门神，七宝庄严衣甲。左手持戟槊，右手托腰上，其神脚下作二夜叉鬼……"这一文献中记载的毗沙门天形象与凤翔经咒中极为相似，凤翔经咒的毗沙门天王身着的就是明光铠的庄严衣甲，其左手横持的长柄形武器应该与文献中提到的戟槊有关。

国家图书馆藏的《敦煌写经》千字文编号"鳞58本"中有《佛说随求得大自在陀罗尼神咒经》汉译经文，经中有这样的记载：

复次大梵波罗奈城有王名曰梵施。时邻国王有大威力。起四种兵来罚梵施。时四种兵入至波罗奈城。其王梵施既知是已。敕城内人汝等勿怖。我有神咒名随求即得陀罗尼。此咒神力能摧他敌及四种兵。其时梵施澡浴清净着新净衣。书写此咒持在身上。即往入阵王独共战。四兵降伏来归梵施。大梵当知此神咒有大威力。如来印可常应忆念。当知此咒于佛灭后利益众生。

很显然，大随求陀罗尼经咒也具有"神力能摧他敌及四种兵"，可使"四兵降伏来归"；此处之所以使用这一经咒，恐怕也是祈愿该神格功能能够彰显，以佑护写经人、供养人乃至墓主人的平安。

由此可知，凤翔经咒中既有大随求陀罗尼经咒神力的庇佑，又有作为唐军战神信仰的毗沙门天的护持，二者所担负的功能在凤翔经咒中形成一种合力，共同保佑在战争中生存的唐室子民。

四

凤翔南郊墓地的人殉现象曾经引起考古学界极大的关注。充满血腥气息的杀戮场面，揭露出唐朝在凤翔地区人群之间鲜明的冲突关系。唐室军队究竟和哪些人群或是部族之间爆发了残酷的战争？始终是围绕凤翔墓地的一个未解之谜。为此，笔者曾经在凤翔唐墓中寻找任何与之有关的东西，试图沿着这些蛛丝马迹发现一些线索，对凤翔南郊 M17 出土经咒的研究就是基于这样的初衷。

韩康信、张君对凤翔墓地人骨的鉴定以及相关的研究，似乎可以为我们的探寻给出一点点提示。研究认为凤翔唐墓的大人种未出亚洲蒙古人种的范畴，但是在部分主要特征的测量上，凤翔唐墓的人种特征，明显和东蒙古人种与南蒙古人种靠近。依据以上对人种的分析，笔者推测凤翔墓地的人群可能分别来自两个互相冲突的部族，一方应该是靠近东蒙古人种的唐军，而另一方的来源可能靠近南蒙古人种[1]。可惜的是，人骨鉴定过程中，由于鉴定数量偏少；加之也没有详细叙述墓主人与人殉的人骨差异，造成无法区分墓主人和殉人之间的族群差异；也就是无法确定与唐军对抗的一方族群的来源。

如果以笔者的推测成立，那么与唐军对抗的人群来源极有可能是靠近南蒙古人种的一支；考虑到唐代中期以后西北边境与唐军作战的最大势力应该是来自吐蕃的军队，凤翔唐墓中所出现的人殉极有可能来自吐蕃或与之相近的部族。当然，以上笔者的推论是否可以成立，还有待于进一步的资料积累和深入研究；此处的提出只是寻求一种合理解释的可能。

---

① 韩康信、张君：《陕西凤翔南郊唐代墓葬人骨的鉴定与研究》，《陕西凤翔隋唐墓——1983～1990 年田野考古发掘报告》，文物出版社，2008 年，第 314～329 页。

"初晓日出"：唐代山水画的焦点记忆

——韩休墓出土山水壁画与日本传世琵琶山水画互证

葛承雍（北京师范大学历史系）

2014 年对于研究中国山水画的学者来说，是一个惊喜之年。陕西长安考古发掘出土的唐韩休墓壁画轰动学界，为此陕西考古研究院于 10 月专门召开了学术研讨会[1]，诸位专家各叙高见，考古学家用历史眼光审视壁画中的艺术，美术史家用文物眼光观察壁画中的世界，其中出土的方障、折屏等数幅壁画带来的收获无疑是巨大的。

笔者曾以韩休墓中乐舞图为中心论述过唐代家乐中的胡人[2]，为此这次专程到西安市长安区大兆镇进入唐韩休、夫人柳氏合葬墓中做了实地考察。一入墓室，映入眼帘的是正对着墓室门口正面的方幅山水画障，给人身临其境的愉悦，散发出强烈的生命气息。当你站在这幅山水壁画前时，就像室内正对着堂屋大门遮蔽的朱框方屏画障。既像触手可及但又触不可及的山水新天地，又唤起人们寄托"山水之乐"浮华表象之下的灵魂，壁画上虚构的山水图宛若告诫我们虚构与真实之间的差距，表现出墓主人生前厅堂内的布置爱好。

韩休墓壁画山水图创作于开元天宝时期，这是西安地区唐代壁画墓中独立山水画的首次发现，但实际上盛唐时期山水画非常流行，已经超出皇家贵族墓中作为陪衬的山石树木图。例如陕西富平朱家道村唐墓折扇屏风山水壁画[3]，六屏中有五屏描绘的是突兀峻险的高峭峰峦，山石轮廓起伏峻拔，川水穿流而过，山顶飘逸的云气与深邃的沟壑使得近景、远景画面层叠而上。特别是时间早于唐墓壁画的发现的河南唐恭陵哀皇后墓（676 年），出土有绘满山水图的彩绘陶罐，高山流水、树木花草、云雾烟霞均栩栩如生[4]。近年发掘的长安庞留村武惠妃墓也有折扇屏风山水壁画[5]等。这说明无论

① 《"唐韩休墓出土壁画学术研讨会"纪要》，《考古与文物》2014 年第 6 期，第 107～117 页。
② 葛承雍：《壁画塑俑共现的唐代家乐中胡人》，《美术研究》2014 年第 1 期，第 107～117 页。
③ 井增利、王小蒙：《富平县新发现的唐墓壁画》，《考古与文物》1997 年第 4 期，第 8～11 页。
④ 《偃师南缑氏镇唐恭陵哀皇后墓出土彩绘陶"山尊"》，《唐代洛阳》，文心出版社，2015 年，第 34 页。
⑤ 屈利军：《从古代屏风看唐代壁画中的山水》，《文博》2011 年第 3 期，第 55～62 页。

是壁画还是器物都以山水为独立题材，为我们研究盛唐时期山水画成熟水平开阔了眼界，也为对比唐代中国与日本奈良时代山水画提供了实物证据。

一　日本传世琵琶山水画"日出"景色

日本正仓院是奈良、平安时代（645～897 年）的皇家宝库，藏有许多来自中国的国家珍宝，由《国家珍宝帐》上的记载"大唐勤政楼前观乐图屏风"和圣武天皇唐墨上刻的"开元四年"纪年可见一斑。南仓藏枫苏芳染螺钿槽四弦琵琶，长 97、直径 40.5 厘米①。这是隋唐时期从中国传入日本有代表的弦乐器，最引人注目的是琵琶捍拔腹板上的山水画，画面上部为山岳相连、飞鸟成行的山水风景，下部是被称为"骑象游乐图"的四人奏乐在白象背上（图 1）。

图 1　正仓院藏琵琶捍拔山水图及其线描

从目前所见的已知唐代山水画中，我始终认为这是最值得称道的一幅，因为它使用了聚焦的透视技法，远方地平线上一抹透亮的阳光四射，高大巍峨的山峰映衬出雄浑壮观的天空。这幅琵琶上的山水画运用了透视画法，艺术家的视野从地平线伸出去，最中间的阳光是画面中最理想的位置，也是画面的焦点（图 2），可证当时画家的创作有了透视观

图 2　正仓院藏琵琶捍拔山水图局部

念。尤其是，不管是日出朝阳升高还是日暮黄昏余晖，都是瞬息万变的景色，画家敢于抓住这个瞬间来描绘，可见太阳在他心中印象非同一般，刻骨铭心。

---

① ［日］正仓院事务所：《正仓院の宝物》（宫内厅藏版），乐器，（东京）朝日新闻社，昭和四十年（1965 年），图版 5。

图 3　正仓院藏琵琶背面画面

整个画面物象和谐，色彩明丽，构图工整，在远处高山斜坡的地平线上正好可以取景观看，与敦煌唐代悬崖峭壁画法一样，并有花树陪衬，还有湖泊和野鸭子迎着旭日东升的阳光飞去，给略显静谧的画面增添了些许动感。看着盘旋展翅、排成行距的飞鸟，观者的耳边似乎都能听到叽叽喳喳的鸣叫声，视觉画面巧妙地转换为了听觉，让人不自觉地沉浸在画中，带来的美感久久萦绕。

琵琶背面黑漆画，以红色为背景，在湖水面上一只老鹰正冲向正在飞起的水鸭子（图3），从远处地平线上露出的岩石与眼前的山水相互协调，岩石和树木的画法很有技巧并已经成熟，证明唐代画家在微型画板上已有了巨大的成就。

有日本学者认为可能是夕阳落山的景象[1]，我认为若是落日晚霞野鸭子水鸟不会向着太阳飞去，而应是寻找栖霞归处。从太阳光芒万丈来看，也应是朝霞而不是晚霞，"碧荷生幽泉，朝日艳且鲜"；"翠影红霞映朝日，鸟飞不到吴天长"[2]；整个景色呈现出多层解读的可能，不仅与李白强烈憧憬"白日"诗意相符合，也与王维辋川诗意中旭日画法非常相符。

琵琶山水画的画面下方在地上站着一头白象正停在旅途中，一个鼓手手击腰鼓，一个舞蹈者扬袖而舞，二个年轻男孩与女孩，一吹筚篥一吹横笛，齐聚在白象背上的毯子上（图4）。有人认为这是一支中亚乐队正在转身休息，也有人认为这是胡人乐队鸣鼓起舞，欢呼雀跃。"纯为西域式的风尚"[3]。

---

① ［日］正仓院事务所：《正仓院の宝物》（宫内厅藏版），图录解说，（东京）朝日新闻社，昭和四十年（1965年），第20页。

② 王琦注：《李太白全集》卷二《古风五十九首》其二十六，卷一四《庐山遥祭卢侍御虚舟》，中华书局，1977年，第123、第678页。

③ 傅芸子：《正仓院考古记》，上海书画出版社，2014年，第106页。

图 4　正仓院藏琵琶山水图局部及其线描

正仓院琵琶山水画明显有着"西域样式"，隐含着西域历史的线索、文化多元的面貌，《乐府杂录》俳优条记载："安国乐即有单龟头鼓及筝，蛇皮琵琶，盖以蛇皮为槽，厚一寸余，鳞甲具焉，亦以楸木为面，其捍拨以象牙为之，画其国王骑象，极精妙也。"[①] 因而有人将琵琶山水画称为《骑象游乐图》或《胡王骑象鼓乐图》，也有人称之为《安国国王骑象图》。其实，正仓院内藏品有许多具有西域胡风作品，螺钿紫檀五弦琵琶面板上骑在骆驼背上的胡人，手执乐器边走边弹[②]。琵琶山水画是否吸收了西域绘画的特点还有待进一步考证，但是我们不难看出西域样式的影响。

日本吸收唐代绘画是多方面的，山水画应该是其突出的特点之一，正仓院还有一把紫檀木画槽琵琶捍拨，上为远景云间三山式层叠图，中为大树荫下群人奏乐饮食图，近景为骑马追虎狩猎图（图5）。按照中国山水画所谓经典的"高远、深远、平远"三类致远法，这也是典型的唐代山水画，整个画面平畴广野，阔朗取景，远处天际线下山脉层叠，远山与白云相间，依山势而下的巨峰高耸，当千仞之势；青绿树丛敷彩点染，体百里之迥。至于画面下部分则是明显的唐式异域范本，"狩猎与野宴"无疑是吸

① 段安节：《乐府杂录》，中华书局，2012 年，第 129 页。该书点校此段似有误，暂且存疑。
② 韩昇：《正仓院》，上海人民出版社，2007 年，第 62 页，螺钿紫檀五弦琵琶捍拨。

纳了西域样式后的风格转变①。

正仓院南仓收藏的"山水八卦背八角镜"（图 6），镜背后局部刻画的山水图，亦是将远景、近景一同向中景聚拢，以山水为主体，人物为点景，流云飘逸，飞雁成行，取得了"咫尺千里"的辽远效果，方寸间山石叠水，既强调近物，更烘托远势②。

　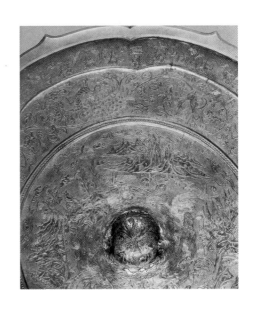

图 5　正仓院藏紫檀木画槽琵琶捍拨及其线描　　图 6　正仓院南仓山水八卦八角镜局部
（上为远景云间图、中为树下奏乐饮食图、
近景为骑马追虎狩猎图）

从正仓院 8~9 世纪这些绘制的物品来看，当时唐代山水画已经形成了独特的审美观，画家们善用以小观大的视觉角度，观赏层峦叠嶂远近起伏③，虽然唐代卷轴山水画难见真迹，但是日本保留的这些国宝为我们提供了有力的证据。

二　韩休墓出土山水画"日出"主题

韩休墓山水图壁画因为属于模仿室内厅堂布置的朱框方屏画障，构图单一，画面

---

① ［日］正仓院事务所：《正仓院の宝物》（宫内厅藏版），增补改订《正仓院の宝物·北仓》，（东京）朝日新闻社，1987 年。

② 傅芸子：《正仓院考古记》，上海书画出版社，2014 年，第 125 页。

③ Michael Sullivan, *Chinese Landscape Painting*, Volume Ⅱ, The Sui and Tang Dynasties, University of California Press, Berkeley, Los Angeles, London, 1980；《中国山水风景画·隋唐卷》，第 127~129 页，日本奈良正仓院藏琵琶板面绘画。

局促，绘画水平稍显粗率，无法超越皇亲贵戚墓葬中的壁画格局，更不能与器物上精细描绘的山水画相比。但是画家勾画行笔流畅，用纯熟的绘画技巧准确地表现出层层山石水流、树木竹林和圆台草亭，与盛唐以后流行的"山水障"相仿①。

特别是画家有意以太阳作为画面最中间的视点（图7），让山川大地洒满了阳光，太阳是在晨曦中初升的，阳光的充盈与游动，使得睡在被衾里的墓主人要在长梦中醒来，窄仄的墓室也豁然开朗了，人与环境同时在阳光下扩张了。与日本正仓院琵琶山水画相比，我认为还是自古以来逐日神话下的浪漫奇想，太阳有比喻时光流逝飞快的意义②。

图 7　韩休墓壁画山水图

墓主人生前可能对自然美一往情深，有着无尽眷恋，宰相家中或许喜爱摆放山水画障。画工迅疾完成丧葬写貌任务，所以画面只用浓淡的墨色线条勾勒和淡黄色涂抹，

---

① 《历代名画记》卷一〇记载唐代画家张璪"尤工树石山水，自撰绘境一篇"，他曾在长安平原里（平安里）"画八幅山水障"；当时长安"又有士人家有张松石障"，人民美术出版社，第198页，1963年。唐代朱景玄《唐朝名画录》称之为"图障"。《册府元龟》卷一四《帝王部·都邑二》也记载唐敬宗宝历元年用铜镜和黄金银薄"充修清思院新殿及阳德殿图障"。故笔者认为应该用"山水图障"或"松石画障"称之。至于"画障"、"图障"与"天竺遗法""西域样式"以及西方"硬框式"画作流传关系，笔者将另行讨论。
② 郑岩教授认为韩休墓山水画是"落日返照整个山谷"景色，感谢他将即将发表的大作《唐韩休墓壁画山水图刍议》赐给笔者学习。

图8　正仓院中仓麻布山水图之一

图9　正仓院中仓麻布山水图之二

任凭旁观者想象，似朝霞披满山水之间，可闻花香，可闻草香；又似晚霞尽撒山坡涧下，夕阳下可观可赏朴拙山石。整幅山水画画面构图饱满，但满而不臃，繁中有简，张弛有度，十分洗练，简约疏阔中美感油然而生。

韩休墓山水壁画中央有两座人工亭子。亭子建在山间水边多为赏景休闲之用，借亭子歌咏风雅是隋唐常见的题材。在中国传统山水画中，亭子几乎必为描绘之点缀，它已经不是单纯的建筑小景，更带有伤感惜别的相送意义，"十里一亭、摆酒送客"蕴含着独特的文人风格。

值得思考的是，墓葬里山水画究竟是终南山写生还是主人家实景园林画？我认为不是写实性很强的庄园，即使有两个草亭遥相呼应，但无人物出现，这与日本正仓院中仓收藏的麻布山水画中有人物活动大相径庭（图8、9），韩休墓山水画更注重的是在远景太阳光芒照射下，一林一溪，一峦一坞，以山石巨峰仰视其高，而不是庄园亲近自然的那种灵秀意境。画家视觉脱离了岩石的生硬与直白，也脱离了那种粗糙的拼凑感，看似横七竖八的勾线，实际骨线很少，但是每一笔都没有虚设，特别是圆波辅线与方折笔触相互关联，在脉络相通中形成水流、山石、树木等自然景色。

或许中国文人寄情山林，追求当下的精神快乐，平时官场的痛苦化作山林游赏的疏解。韩休生前"性方直""有词学"①，不务趋炎附势，或许幽美宁静的山水画田园诗意，使墓主人忘却复杂的现实，进入一片与世无争的心灵家园。

张彦远《历代名画记》记载了唐代众多"山水之变"的绘画，或怪石崩滩，或水不容泛，中唐著名山水画家张璪弟子刘商赋诗说"苔石苍苍临涧水，谷风袅袅动松枝"②，这是当时画风的主题。朱玄景《唐代名画记》说韦偃"善画山水、竹树、人物等"，"山以墨干，水以手擦，曲尽其妙，宛然如真"③。记载朱审山水"壁障"，"其峻极之状，重深之妙，潭色若澄，石文似裂，岳耸笔下，云起峰端，咫尺之地，溪谷幽邃"④。这些记载说明当时画家既有晕染涂抹，也有山石皴法。

唐代山水画，多突出轮廓线的表示，这是继承了早期山水绘画质朴的特点。从敦煌壁画盛唐 320 窟北壁观经变之日想观、172 窟北壁无量寿经变之日想观、217 窟北壁东侧日想观以及 103 窟南壁西侧法华经变之山水局部中，都可看出 7～8 世纪唐代"山水之变"的发展样式，醒目的太阳与突出的山崖以及远山、云霞组合，从遥远天际的瀑布流水到凹凸叠石悬崖，皆用重墨粗笔勾画出刚健的轮廓线，这种技法和样式在盛唐极为普遍，所以日本学者秋山光和认为它同正仓院琵琶山水画样式有着直接关系⑤。前面提及的陕西富平朱家道村献陵陪葬墓山水壁画屏风⑥，也是珍贵的 8 世纪水墨山水画遗存，浓墨粗笔勾勒山形轮廓，也多刻画层叠的尖笋形山峰，并随山峰做纵向皴染。大英博物馆藏斯坦因 8～9 世纪《佛传图》、8 世纪初期节愍太子墓壁画中山石图等，都具有相同的轮廓和绘画方式。10 世纪五代王处直墓东壁壁画的山水图⑦、唐玄宗李隆基泰陵石雕鸵鸟脚下的山岩，也是尖笋状山峰形态，浮雕山峰内侧有明显线条处理，突出山峰质感及凹凸。1995 年发掘的山西万荣唐薛儆墓北壁壁画中山石，绘画于开元九年（721 年），有墨笔皴扫出的山岩⑧。可见这种皴法 8 世纪初已经流行于民间画工群体。如果我们总结以上画法，可以审视到唐代山水壁画的几个绘画特点：

一是用行笔快速的线条构成尖笋状山峰或突兀山体，表示巨峰山体质感，以区别于远景。二是山体上不见苔点，缺少山峰的生气，中唐以后点苔才逐渐成为山水画必要手段。三是用直率粗放线条画出粗粝坚硬的岩石（懿德太子墓中山石都是表现坚硬质地，地表少土）。四是树干生于岩石之上，拳曲扭转，根部外露，细藤绕树。五是茅

① 《旧唐书》卷九八《韩休传》，中华书局，1975 年，第 3078 页。
② 张彦远：《历代名画记》卷一〇，"刘商"，人民美术出版社，1963 年，第 200 页。
③ 朱景玄：《唐代名画记》，四川美术出版社，1985 年，第 17 页。
④ 朱景玄：《唐代名画记》，四川美术出版社，1985 年，第 16 页。
⑤ ［日］秋山光和：《唐代敦煌壁画中的山水表现》，《中国石窟·敦煌莫高窟》五，文物出版社、（东京）平凡社，1987 年，第 202～203 页。
⑥ 井增利、王小蒙：《富平县新发现的唐墓壁画》，《考古与文物》1997 年第 4 期，第 8～11 页。
⑦ 河北省文物研究所：《五代王处直墓》，文物出版社，1998 年，彩版十四。
⑧ 山西省考古研究所：《唐代薛儆墓发掘报告》，科学出版社，2000 年，图版九，墓室壁画。

草亭两两相望，衬托山水背景。

实际上，唐代出现的皴法属于线皴，是一种行笔快速的线条构成，但它不是信手涂抹，而是长线条的扫除山岩体面，正如晚唐荆浩诗中形容的"恣意纵横扫，峰峦次第成"。王处直墓北壁山水画，就是平远构图，用扫出的线条描画山岩，稍加晕染，降低了山石的坚硬度。日本 9 世纪平安前期《法华经》中插图（日本滋贺延历寺藏），以一种金色扫染山体，可看做是中唐以前流传到日本的一种画法。民间画工群体透露出山水绘画的一些信息，也就是在盛唐时出现的皴法，以线条的笔触，处理近景地方的山体质感，区别于远景，有意表现古拙凹凸质感。

三　"日出"焦点透视法的比较与互证

山水画在唐代独立成科，山势并不以高大巍峨、山川连绵取胜，而是以奇峭起伏、丹崖绝涧构图，以富有诗意的平山淡水表达文人的审美情趣，开一派之先河。从绘画艺术精神来看，无疑受到老庄寄情山水的影响，也受到佛家禅宗"物我两忘"意象渗透。由此，山水画在画面空间上有了极大的自由，画家可以随意控制视点的位置，既可远观山峰层峦，又可近看一室小景，因而后人在西方"焦点透视"理论基础上又提出了中国的"散点透视"。实际上，中国山水画观察的不是视点的"眼"，而是寄托个人情志的"心"，抒发情感是中国传统山水画的观看方式。

我们从早期山水画的印象来看：作为最早的卷轴山水画，隋朝初年的展子虔《游春图》具有典型意义。展子虔采用了与西方绘画不同的透视方法，画面采取鸟瞰式的构图，山岗层层叠叠，河面开阔，近景、中景、远景结合巧妙，以水相连接，获得"咫尺千里"的效果。整个画面没有明确的视点和视平线存在，但所绘山水、植物、游人的远近虚实都合乎情理，近大远小，比例恰当，在透视上已经有了后期山水画的基本雏形。南朝姚最《续画品·补录画家》中评论萧贲画团扇"上为山川，咫尺之内，而瞻万里之遥；方寸之中，乃辨千寻之峻"。说明南北朝时山水画家已经使用散点透视系统表现千里江山[①]。

但是，出土的韩休墓山水图壁画使得我们对中国山水画有了新的认识，与同时代山水画相比：

1. 日本正仓院琵琶山水画和韩休墓出土山水壁画，最重要的共同点都是以"日出"为固定静止的焦点，使人们如同身处世外，从鸟瞰角度观照万物，靠太阳的牵引，朝露浸润大地，山川获取了拔节向上之力，整幅画面都凝聚在最上方的太阳之下，又

---

① Michael Sullivan, *The Birth of Landscape Painting in China*, Volume Ⅱ: *The Sui and Tang Dynasties*, University of California Press, Berkeley and Los Angeles, 1962.

仰观俯察天地，延宕在山水的时空深处。

2. 韩休墓山水画与日本正仓院琵琶山水画都运用层层叠叠的山峰沟壑错落画面，表达高山峻岭的深邃和空间的广阔，山峦盘旋升腾的立体感使得山间空白处飘逸着云气，从近到远衬托出群山之上的太阳，太阳的精确位置就是聚焦点，升高后不仅辐射山山水水，而且太阳周围的云彩增加了画面的灵动感。

3. 两幅画都显示了阳光下的温暖，仿佛给了人峰回路转、起死回生的期盼与信念，虽然韩休墓山水画过于世俗，缺乏超越艺术的悠远感，缺少意蕴深邃的精构，但为了时光的流转和灵魂的再生，都与实景集聚呼应，呈现了天地万物的宇宙无限感。

4. 韩休墓山水壁画的简单与正仓院山水画的繁复，构成显著的简繁对比。正仓院山水画苍浑滋润，从笔线勾勒到分离点染，均用浓密的墨色表现丰富的层次，有着精雕细刻的用意。韩休墓山水画具有文人画的意趣，但是画面中没有人物出现，而正仓院山水画的人物则具有西域胡人的特征。

5. 韩休墓山水画色彩单一，画匠似有时间紧迫、匆匆赶工的倾向，应是在不长时间内完成的创作。正仓院山水画色彩艳丽，人物描绘精妙入微，非同一般工匠之作，至少是皇家工坊内的高手画师所作。

至于在山石构造、墨线勾勒、淡彩渲染等方面的比较，还可细细探讨。过去人们爱用移动观点观赏层峦叠嶂，描绘中国自然山水之境，可是韩休墓山水壁画以太阳"日出"固定、静止地反映对象，这种聚拢审美的独创反映出中国山水画多元的空间观念。

综合上述比较，已不难看出唐代山水画题材的成熟与完备。张祜《题王右丞山水障二首》中说"精华在笔端，咫尺匠心难；日月中堂见，江湖满座看"[1]，已经描绘出"日月"在山水画中的中心位置。而盛唐时代大诗人李白、杜甫等均采用题画诗方式，描写了盛唐时期山水画的视觉效果。例如《李太白全集》中有8首题画诗，七绝《巫山枕障》、古诗《观元丹丘坐巫山屏风》、《当涂赵炎少府粉图山水歌》等7首都是咏山水，其中"名工绎思挥彩笔，驱山走海置眼前"与"御帆不动亦不旋，飘如随风落天边"成为绘画裁剪取舍和布局造境的经典名句[2]。杜甫《奉先刘少府新画山水障歌》中咏道"画师亦无数，好手不可遇"；《戏题王宰画山水图歌》中说"十日画一水，五日画一石。能事不受相促迫，王宰始肯留真迹"；"尤工远势古莫比，咫尺应须论万里"；都是赞赏当时画家构思布局山水画创作的佳句[3]。这些咏画、记事、鉴赏、雅集等题画诗，使绘画造型艺术与诗歌语言艺术结合，达到了更上层楼的意境。

① 张祜：《题王右丞山水障二首》，《全唐诗》卷五一〇，中华书局，1960年，第5803页。
② 《唐五代画论》中未收集李白这几首题画诗，确属不该遗漏。见何志明、潘运告：《唐五代画论》，湖南美术出版社，1997年。
③ 李栖：《两宋题画诗论》，（台北）学生书局，1994年，第28～34页有详细分析。

中国古代山水画不同于西方古典风景画，西方古典绘画注重结构、比例与透视，强调真实地再现自然，而东方艺术在绘画筋骨之上是精神气的理解。中国山水图式虽然也写实自然，但更多的属于"以形媚道"精神情感的传达，一度主要通过情景交融构成意境去传达山川秀美，甚至轻视逼真的物象描绘。唐代王维《山水论》曰："凡画山水，意在笔先。丈山尺树，寸马分人。远人无目，远树无枝。远山无石，隐隐如眉。远水无波，高与云齐。"① 但仅有意境并不足以概括山水画的本质，从韩休墓山水壁画构图空间来看，其核心目的在于传达主家生前堂庑之下的环境布局、喜好心绪与精神情感。

韩休墓山水画为研究中国山水画的变化发展，提供了重要实物史料。墓室中的"山水画障"犹如窗景梦境：进入墓中空间后，似乎进入韩休家庭院落，有胡汉奏乐舞蹈图，有文人高士图，并通过山水画障远眺自然，画面柔和温润的淡黄色彩，仿佛用一种特殊的神秘香料细抹在山水之间，使他们免于流逝与腐朽。山水壁画如幻如梦，传递着深不可测的辽远感，超越了普通官僚的生活场景，营造出难以名状的山水梦境，将黯淡无光的墓室装饰得美轮美奂，超越了文字与声音，最为直接地传递出世间的追求。

总之，唐朝开创的这种"日出"焦点山水画题材，作为特定观念对以后影响长远，周小陆先生曾提及傅抱石与关山月合作创作的人民大会堂名画《江山如此多娇》，与韩休墓山水壁画何其相似，因为采用了"致远法"的画法，视角由平、仰转为俯视②。其实，笔者认为更应是"日出"样式这种焦点透视法传到了后代的结果。墓葬壁画是死者灵魂的审视，也是有着艺术底色的历史画卷。我们分析山水壁画不能只是注意山石花木等细枝末节，而应从整体把握，让人读出新意，绘画技巧也必须适合于艺术理念。

对一幅画的解读，只有参照另外的某件同类画作，观察两者的特点和比较两者的异同，才能更好更深刻地理解其最有价值之处。因此，用日本正仓院琵琶山水画的一种异域眼光考察，或许能为解读韩休墓山水画提供另一种新的视角，避免用历史思维优先已知的定式坐标，去简单地裁量一幅具有时代意义的作品。

2015 年 7 月 20 日于北京南郊京兆学堂定稿

① 传唐人王维的《山水论》究竟是假托王维作品还是五代荆浩作品，一直未定，但是其为精到的画诀，仍不失为我们研究中国传统山水画的观察点。见俞剑华编：《中国画论类编》第五编"山水（上）"，人民美术出版社，1986 年，第 596 页山水论。
② 《"唐韩休墓出土壁画学术研讨会"纪要》，《考古与文物》2014 年第 6 期，第 113 页。

《金盆鹁鸽图》与唐代园林盆池景观

刘　婕（北京联合大学应用文理学院）

　　唐代是花鸟画发展的一个关键时期。考古发现说明，此时的花卉图像已经从人物画的背景中分离出来，开始和禽鸟一起在画面中担任主角，有的画面也直接以花卉作为主体。这一变化对于花鸟画独立成为一个画种起到了至为重要的作用①。在此基础上形成的唐代花鸟画多是在画面中轴线处绘制大株花卉，花卉下方或两侧站立禽鸟，有时也在画面两侧以对称形式配置小株花草（图1、2）②。唐代花鸟画在形式上的影响直抵五代宋辽，甚至清代花鸟画中亦有余绪③，构图方式基本不变。但是，在公元8～9世纪的墓室壁画中出现了一种新的花鸟画形式：画面中心以一个装饰华丽的水盆为主体，周围以基本对称的形式分布花卉、禽鸟、小草等。这种以水盆为中心的花鸟画既不见于此前也不见于以后的墓葬中。它属于何种主题，这一主题因何出现，如何发展，又为何消失，其中体现了怎样的文化背景，皆是值得探讨的问题。

图1　新疆阿斯塔那唐墓花鸟壁画

---

① 刘婕：《唐代花鸟画研究》，文化艺术出版社，2013年，第201～203页。
② 图1采自罗世平、廖旸：《古代壁画墓》，文物出版社，2005年，第132页，图30；图2采自北京海淀文物管理所：《北京市海淀区八里庄唐墓》，《文物》1995年第11期，彩色插页贰。
③ 刘婕：《唐代花鸟画研究》，文化艺术出版社，2013年，第203、260页。

图 2　北京海淀八里庄唐代王公淑墓（838 年）北壁花鸟壁画

　　本文拟从两个方面对此展开讨论。第一部分从绘画史问题入手，如 8 世纪晚期出现的这种以水盆为中心的花鸟画表现的是什么、在画史和其他文献中可以找到哪些记载、有哪些传世作品，以及这一题材的兴衰过程等。第二部分从物质文化史的层面出发，讨论这一新的绘画题材指向的园林景观、这种景观在唐代文献中的记载情况、这种景观从出现到流行的原因等。同时，试图由此观察唐宋之间文化史的变迁。

一　唐代墓室花鸟壁画与金盆鹁鸽图

　　我们首先来看一下这两幅独特的唐代墓室壁画。

　　陕西西安出土的唐代兴元元年（784 年）唐安公主墓中，墓室西壁绘有一幅通屏式花鸟画。画面中心绘一个黑地带白色团花的大盆①，盆中有水，盆沿立四只鸟，姿态各不相同，能分辨出的有斑鸠和黄莺。盆的两侧各有两只鸽子和两只雉鸡飞起。画面两侧各有一株花树，带有花朵的枝条相交于画面顶部，亦即水盆的上方。画面右上角有一只蝴蝶和一只飞翔的野鸭，左上角残缺。主要物象周围的空间中则以小花小草点缀（图 3、4）②。

---

① 原报告中的描述是："一圆盆，置于一黑色镂孔座上。"与赵逸公墓花鸟画中的盆相参证，这实际上应是一黑地带团花的大盆。见陈安利、马咏钟：《西安王家坟唐代唐安公主墓》，《文物》1991 年第 9 期，第 20 页。

② 陈安利、马咏钟：《西安王家坟唐代唐安公主墓》，《文物》1991 年第 9 期，第 16～27 页，图 3 采自第 19 页图 12。

图 3　陕西西安唐代唐安公主墓（784 年）西壁花鸟壁画

图 4　陕西西安唐代唐安公主墓（784 年）西壁花鸟壁画示意图（刘婕绘）

　　河南安阳出土的太和三年（829 年）赵逸公夫妻合葬墓中，墓室后壁绘着三扇花鸟屏风。中间的屏风较大，画面中心绘一大盆，盆体黑色，盆沿饰小团花，外壁饰白色大团花。盆中有水，水中飘浮着花朵。水盆的前方有三只大雁，水盆后为一丛绿色芭蕉。左右两幅屏风较小，各以一块太湖石为中心，石前为喜鹊和鹦鹉，石后为茂密的花草，与中间的屏风合成一幅画面。画面中还有燕子、黄鹂、蝴蝶、蜜蜂、蚱蜢等，围绕在水盆四周（图 5）①。

①　张道森、吴伟强：《安阳唐代墓室壁画初探》，《美术研究》2001 年第 2 期，第 26～28 页；张道森、吴伟强：
　　《安阳出土唐墓壁画花鸟部分的艺术价值》，《安阳师范学院学报》2001 年第 6 期，第 42～44 页。

图 5　河南安阳唐代赵逸公墓（829 年）西壁花鸟壁画局部示意图（刘婕绘）

　　上述两幅画面都绘于棺床紧靠的墙壁上，从位置和形式上看应是代表坐榻后面的屏风。两幅画面都具有唐代花鸟画的典型特征，例如：花卉、禽鸟、小草和湖石等基本呈中轴对称分布，植物的叶片与花朵也在主茎两侧对称分布。这种沿中轴分布的构图与对称式的造型方式早在 7 世纪就已出现，两幅画中的动植物形象也可以在更早的图像和实物材料如壁画、金银器、织物上找到①。然而，画面中心的水盆却是一个新出现的组成元素，围绕水盆分布花与鸟的构图更是新的创造。

　　作为画面的中心，两幅画中的水盆无疑值得特别关注。两个水盆的盆体都是黑色，盆壁装饰团花，下有圈足，赵逸公墓中所绘水盆更可见联珠纹及多曲的盆沿。这种装饰风格与唐代流行的外来金银器一致，尤其与萨珊、粟特风格的银质金花盆肖似（图6）②。实际上，这种被称为"金花银器"③ 的器物如果长时间放在室外，银质氧化后就会变成黑色，金质团花的亮度则保持不变，从而使整个盆体呈现图中所画的黑底白花面貌④。故而，有学者指出，这种以水盆为中心的画面即是画史中记载的"金盆鹁鸽"题材⑤。

①　刘婕：《唐代花鸟画研究》，文化艺术出版社，2013 年。

②　齐东方：《唐代金银器研究》，中国社会科学出版社，1999 年，第 298～315 页。

③　"金花银器"多见于唐代文献，例：《旧唐书》卷一七，中华书局，第 528 页；刘禹锡：《刘宾客文集》卷一二，《景印文渊阁四库全书》第 1077 册，（台北）商务印书馆，2008 年，第 402 页。这种器物的流行情况见齐东方：《唐代金银器研究》，中国社会科学出版社，1999 年，第 171～177、298～315 页。

④　关于银底金花盆氧化后的面貌即是黑底白花这一观点，来自陕西省文物局徐涛的提示，特此感谢。

⑤　李星明：《唐代墓室壁画研究》，陕西人民美术出版社，2005 年，第 384～385 页。

在画史中不乏对"金盆鹁鸽"类绘画的记载。例如北宋的《图画见闻志》（成书于 11 世纪后半叶）论及"黄徐体异"时说黄筌（约 901 ~ 965 年）"领事为宫赞，居案复以待诏录之，皆给事禁中。多写禁籞所有珍禽瑞鸟、奇花怪石。今传世桃花鹰鹘、纯白雉兔、金盆鹁鸽、孔雀龟鹤之类是也"①。《宣和画谱》、《珊瑚网》等画史文献中更记有多幅以金盆与鸽子命名的绘画，如《金盆鹁鸽图》、《金盆浴鸽图》、《金盆戏鸽图》等。明代的董其昌（1555 ~ 1636 年）还曾在沈周（1420 ~ 1509 年）的《写生册》上作跋："写生与山水，不能兼长，唯黄叔要能之。余所藏《勘书图》学李升，《金盘鹁鸽》学周昉，皆有夺蓝之手。我朝则沈

图 6　唐代 8 世纪以前主要金银器器形及纹饰示意图

启南一人而已。"② 这里的"金盘"属于比较常见的画史文献传抄错误，"盘"原应为"盆"，《金盘鹁鸽》实际上仍是《金盆鹁鸽》③。以上作品皆属同一题材，即以金盆与鸽子为主体的绘画。

　　同时，从画史中的记载还可以看出，金盆与鸽子并非固定不变的组合，而只是一种相对常见的搭配，除了"金盆鹁鸽"还可以见到"金盆孔雀"、"金盆鸂鶒"等。例如，《宣和画谱》（1119 ~ 1125 年）就记有边鸾（活动于 8 世纪末 9 世纪初）《金盆孔雀图》一幅，黄筌《玛瑙盆鹁鸽图》一幅、《竹石金盆鹁鸽图》三幅，黄居宝（生卒年不详）《竹石金盆戏鸽图》三幅，以及黄居寀（活动于 933 ~ 993 年）《湖石金盆鹁鸽图》一幅、《牡丹金盆鸂鶒图》两幅④。它们的共同点是：都以水盆和禽鸟为画面主

---

① 郭若虚：《图画见闻志》卷一，收入《画史丛书》（一），上海美术出版社，1982 年，第 12 ~ 13 页。

② 董其昌：《画禅室随笔》卷二，广智书局，1920 年以前印制，第 30 页。

③ 史籍传抄中将"金盆"误抄为"金盘"者十分多见。如前述《图画见闻志》中论黄徐体异时提及的"金盆鹁鸽"在《蜀中广记》中便误抄为"金盘鹁鸽"；再如《宣和画谱》、《画史》所记的金盆禽鸟题材绘画，在《佩文斋书画谱》等书中多处将"盆"错抄为"盘"，此不一一举例。

④ 《宣和画谱》卷一五，第 166 页；卷一六，第 179、184、186 页；卷一七，第 202 页，《画史丛书》（二），上海美术出版社，1982 年。

要内容；水盆的材质都较为贵重；禽鸟则为鸽子、孔雀、鹧鸪等观赏性鸟类，而不包括凶猛的鹰隼等。

按照《宣和画谱》的记载和董其昌的跋语，至迟在 8 世纪已有两位著名画家表现过这类"水盆禽鸟"题材，即边鸾与周昉。他们活动于 8 世纪下半叶到 9 世纪初，恰与唐安公主墓壁画的绘制年代相当，故而这一题材在 8 世纪中叶应已成型。

画史之外，亦有文人谈及这一绘画题材。例如，宋代的陈郁（1184～1275 年）在《藏一话腴》中说："昔鲁共王余画先贤于屋壁以自警，凡视听言动目击道存毋敢一毫妄想。知此意则知金盆浴鸽孔雀牡丹张陈满室者胸中尘不可万斛量也。"[①] 由此可知，此时贵重的水盆与观赏类禽鸟已经成了室内相当常见的装饰题材，以至有些文人颇觉其艳俗。

从画史评价来看，这个题材画得最好的画家首推五代黄筌。董其昌称其"有夺蓝之手"，意指其水平高过前人。而彭大翼（1552～1643 年）在《山堂肆考》中说："黄筌尝画金盆鸂鶒，世称绝笔。"[②] 则又认为后世画家也没有人胜过黄筌。黄筌画的"金盆鸂鶒"在收藏史中享有很高的地位。如，南宋《宋中兴馆阁储藏图画记》记录，宫廷藏品中有一幅黄筌《牡丹金盘鸂鶒》[③]；南宋《挥麈录》引《李和文遗事》说，李和文"其家书画最富"，证据之一即是拥有"黄筌金盆鸂鶒"[④]；明代的《天水冰山录》记载，从严嵩（1480～1567 年）家曾经抄没黄筌《金盆浴鸽图》二轴[⑤]，是其贪贿的重要证据。这些记载皆从侧面说明黄筌画的"金盆鸂鶒"属于品位极高的名家名作，十分珍贵。

不过，到了清代，这一题材似乎已经不再流行。在姚际恒（1647～1715 年）的《好古堂家藏书画记》中有这样的记载："黄筌金盆浴鸽图，大幅着色，牡丹下金盆，群鸽相浴。有浴者，有不浴者。有将浴者，有浴罢者。有自上飞下者。共十一鸽。各各生动，极体物之妙，真神品也。案杨廷秀《挥麈录》载《李和文遗事》，其家有黄筌金盆鸂鶒图，疑即此也。"[⑥] 姚际恒似乎并不知道"金盆浴鸽"与"金盆鸂鶒"实为同一题材，同时还将《挥麈录》中的"鸂鶒"误记成了"鸂鶒"，种种迹象皆显示出这位清代藏家对这个题材较为陌生。收藏家尚且如此，可见此时"金盆鸂鶒"乃至"水盆禽鸟"题材已不再为人们所熟知。

---

① 陈郁：《藏一话腴》卷一，第 16 页，《景印文渊阁四库全书》第 865 册，（台北）商务印书馆，2008 年，第 547 页。

② 彭大翼：《山堂肆考》卷一六六，第 45 页，《景印文渊阁四库全书》第 977 册，（台北）商务印书馆，2008 年，第 380 页。

③ 杨王休：《宋中兴馆阁储藏图画记》卷三，《美术丛书》四集第五辑，神州国光社，1928～1936 年，第 243 页。

④ 王明清：《挥麈录》卷一，第 10 页，《景印文渊阁四库全书》第 1038 册，（台北）商务印书馆，2008 年，第 369 页。

⑤ 吴允嘉：《天水冰山录》卷三，《丛书集成初编》第 1504 册，商务印书馆，1937 年，第 225 页。

⑥ 《好古堂家藏书画记》中提到的杨廷秀所作之《挥麈录》实为王明清所作《挥麈录》，王国维早已辨析清楚，见王国维：《庚辛之间读书记》，"诚斋挥麈录"条，《王国维遗书》卷五，上海古籍出版社，1983 年，第 123 页。

从画史记载和存世诗作等文献还可以发现，"水盆禽鸟"题材绘画中除了作为主体的贵重水盆与观赏性禽鸟外，往往还搭配有花卉、蜂蝶、竹木、湖石等园林中常见景致。例如，上述姚际恒所见黄筌的《金盆浴鸽图》（亦即《金盆鹁鸽图》）就画有牡丹。

已知"水盆禽鸟"画中唯有牡丹是明确在录的花卉，或许因为这一题材产生于钟爱牡丹的唐代①。有些《金盆鹁鸽图》也被人们称为《牡丹鹁鸽图》，可见牡丹在画中也占有重要地位。例如元代两首咏《牡丹鹁鸽图》的诗作，都提到图中有鸽子在金盆中洗澡或嬉戏②，显然都属"金盆鹁鸽图"。诗中提及的两幅画中有一幅是宋代画家赵昌所画，另一幅则未提及作者。《牡丹鹁鸽图》在画史中多有记载，仅在《宣和画谱》中就记有黄筌《牡丹鹁鸽图》七幅、黄居寀《牡丹鹁鸽图》八幅、徐熙《牡丹鹁鸽图》两幅、徐崇嗣《牡丹鹁鸽图》一幅、赵昌《牡丹鹁鸽图》两幅、易元吉《牡丹鹁鸽图》一幅、乐士宣《牡丹鹁鸽图》两幅。这些《牡丹鹁鸽图》中，应有相当一部分实为《金盆鹁鸽图》。

另如北宋苏籀（约1091～1164年）的诗《黄筌画金盆鸽孟蜀屏风者也一首》③，其中有"融怡宿粉晕娇红，一片辞枝三月暮"和"跖石窥盆刷羽仪"等诗句，明确写出黄筌的"金盆鸽屏风"上除金盆与鸽外还画了大片艳红花卉，并有石块或湖石，但画中花卉是牡丹还是其他种类则不得而知。北宋米芾（1051～1107年）则在《画史》中说："薛绍彭道祖有花下一金盆，盆旁鹁鸠，谓之金盆鹁鸠，岂是名画？可笑。"④ 米芾认为画家技术水平不足，其画不配归入"水盆禽鸟"这种经典题材，但也从一个侧面道出这类绘画的主要内容就是花卉、金盆与禽鸟，而且构图方式是金盆在花下，正与清代姚际恒所见《金盆浴鸽图》一致。元代胡祗遹（1227～1295年）所见《秋香晚蝶图》实际上也是《金盆鹁鸽图》，他在诗中提及，画中有着"翠鸟"、"金盆"及多种花卉，还有蝴蝶翩飞于花前⑤。明代刘翔（1426～1490年）的《画鸽》诗中则提到一幅鸽子在金盆中洗澡、盆边有太湖石和翠竹的绘画⑥，应与前述《宣和画谱》所载《湖石金盆鹁鸽图》、《竹石金盆鹁鸽图》、《竹石金盆戏鸽图》等作品相类。

---

① 李肇：《国史补》卷中，第18页，"京城贵游尚牡丹三十余年矣，每春暮车马若狂，以不耽玩为耻。执金吾铺官围外寺观种以求利，一本有直数万者"，《景印文渊阁四库全书》第1035册，（台北）商务印书馆，2008年，第437～438页。

② 朱德润：《牡丹鹁鸽图》，《元诗选》初集卷四六，第34页，《景印文渊阁四库全书》第1469册，（台北）商务印书馆，2008年，第234页；柯九思：《题赵昌画牡丹鹁鸽》，《元诗选》三集卷五，第28页，《景印文渊阁四库全书》第1471册，（台北）商务印书馆，2008年，第345页。

③ 苏籀：《双溪集》卷一，第6～7页，《景印文渊阁四库全书》第1136册，（台北）商务印书馆，2008年，第125页。

④ 米芾：《画史》，《画品丛书》，上海人民美术出版社，1982年，第211页。

⑤ 胡祗遹：《紫山大全集》卷七，第45页，《景印文渊阁四库全书》第1196册，（台北）商务印书馆，2008年，第129页。

⑥ 曹学佺：《石仓历代诗选》卷四四三，第4页，《景印文渊阁四库全书》第1392册，（台北）商务印书馆，2008年，第850页。

将以上文献提供的信息与两幅唐代墓室壁画中花卉、蜂蝶、湖石与水盆禽鸟相伴出现的情况相联系，似可认为，"水盆禽鸟"题材是一种画有园林景致的全景式绘画。

图 7　传五代黄筌《金盆鹁鸽图》

时至今日，这一题材的传世作品十分稀少，这可能与它的装饰性特点及画作的珍贵有关。唐宋时期，这类装饰性题材常常被画在墙壁和屏风上①，随着建筑物的毁坏，壁画就会荡然无存，而屏风显然也不便于携带和保存。画史记载，黄筌父子的画主要即是"图帐屏壁"，而落于收藏家之手的多是屏风和画障。并且，其中最精美的艺术品往往会在收藏家死后被随葬于地下②。

流传至今的"水盆禽鸟"题材卷轴画共有三件，画中禽鸟都以鸽子为主。其中以王世杰所藏现存台北故宫博物院的传为黄筌所画《金盆鹁鸽图》时代最早。画中以牡丹、湖石、花树、金盆、鸽子为主要内容，这些组成要素与唐墓壁画中的"金盆鹁鸽"图基本相同，构图也尚有唐代遗风，画上方以瘦金体书"黄筌"二字。但画中的具体笔法与形象描绘却指向宋代之后，或为明代临仿前人之作（图 7）③。实际上，宋代

① 在唐代，绘画的主要载体是墙壁和屏风。出售绘画时的计量词即是"屏"。到了唐代后期，画障开始流行，其形式与立轴画十分相似，或许即是其原型。见宿白：《张彦远和〈历代名画记〉》，文物出版社，2008 年，第 24 页；扬之水：《行障与挂轴》，《终朝采蓝——古名物寻微》，生活·读书·新知三联书店，2008 年，第 28 ~ 42 页；张彦远：《历代名画记》卷二，《画史丛书》（一），上海人民美术出版社，1982 年，第 26 页。
② 刘道醇：《圣朝名画评》卷一、三，《画品丛书》，上海人民美术出版社，1982 年，第 121 ~ 122、141 ~ 142 页；郭若虚：《图画见闻志》卷六，"张氏图画"条，《画史丛书》（一），上海人民美术出版社，1982 年，第 86 页。
③ 王世杰：《艺珍堂书画》，（东京）二玄社，1979 年，第 34 页。

以后的画家有否创作"水盆禽鸟"题材未见文献记载,元、明诗中所记可能都为古画而非当时画家的创作。虽然明、清两代各有一件此题材卷轴画作品传世,但皆与其早期面貌相差较多,相似度远不若王世杰的藏品。其一是明代宣德皇帝(1398~1435 年)所绘《金盆鹁鸽图》,现藏台北故宫博物院。画面中只画了金盆与鸽子,而非黄筌、赵昌等所画的全景式构图(图8)。另一件是清代画家傅中正(生卒年不详)的《陶盆玉鸽图》,画中虽有花卉和地面的简单描绘,但水盆却为放置在架子上的陶盆,而非早期画中放置于地面的贵重材质水盆(图9)①。后世记载中创作情况的稀缺、晚期作品构图的简化与图中水盆材质和位置的变化等皆反映出"水盆禽鸟"题材在宋代以后的衰落。

图 8　明代宣德皇帝朱瞻基《金盆鹁鸽图》

图 9　清代傅中正《陶盆玉鸽图》

---

① 《中国古代书画图目》第 8 册,文物出版社,1990 年,津 1 – 28。

综上所述，发端于唐，兴盛于五代及宋，并以黄筌为代表画家的"水盆禽鸟"题材应是一种全景式的绘画，画面中主要物象为园林中的观赏性动植物以及贵重材料所制的水盆，并衬有湖石、蜂蝶等园林常见景致。宋代以后，这一题材由盛及衰。而到了清代，更非寻常可见的题材。明清虽有画者创作出了类似名称的作品，画面内容却相去甚远，可能只是出于对古代著名题材的追慕，而不是真正的传承。只有王世杰所藏的托名古人之作面貌相似，或许有时代较早的祖本可仿。

二　唐代的盆池景观及其思想渊源

根据古人事死如生的观念，我们有理由认为唐安公主墓壁画（784 年）中所画的水盆禽鸟场景属于墓主人生前所处的皇室贵族园林。公元 829 年的赵逸公墓壁画则说明，这一场景可能也已在私人园林中出现。实际上，从文献记载来看，这种以水盆为中心的小景进入私人园林的时间还要更早。至迟在 9 世纪初，唐代文人就已对这种园林小景十分钟爱，并称之为"盆池"。

"盆池"一词最早见诸文字是在韩愈（768～824 年）作于元和五年（810 年）的《盆池五首》[①] 诗中。

> 老翁真个似童儿，汲水埋盆作小池。一夜青蛙鸣到晓，恰如方口钓鱼时。
> 莫道盆池作不成，藕稍初种已齐生。从今有雨君须记，来听萧萧打叶声。
> 瓦沼晨朝水自清，小虫无数不知名。忽然分散无踪影，唯有鱼儿作队行。
> 泥盆浅小讵成池，夜半青蛙圣得知。一听暗来将伴侣，不烦鸣唤斗雄雌。
> 池光天影共青青，拍岸才添水数瓶。且待夜深明月去，试看涵泳几多星。

诗中描述了韩愈亲自挖土，将陶盆埋入地面做成小池，并在池中灌注清水的劳动。他还在盆池中养了小鱼，种了莲藕。池水引来了青蛙夜夜鸣叫，水中生长出了不知名的小虫，水边则种着竹子。这几乎是一个微型的生态系统（ecosystem）。诗人在盆池提供的小小天光水色边流连忘返，同时憧憬着将来在盆池边倾听雨声的美好体验。从"莫道盆池作不成"一语可以看出，盆池在 9 世纪初的私人园林中已经不是新鲜事物，韩愈也不是第一个亲自动手建设盆池的文人。元和八年至九年（810～811 年）之间，钱徽（755～829 年）、韩愈和王建（约 767～831 年以后）还曾就盆池这一主题互相唱和，钱徽的《小庭水植率尔成诗》、韩愈的《奉和钱七兄曹长盆池所植》与王建的

---

① 董诰：《全唐诗》卷三四三，中华书局，1960 年，第 3847 页。

《和钱舍人水植诗》皆流传于世①。

其后，姚合（约779～855年）、杜牧（803～852年）、皮日休（834至902年以后）、秦韬玉（约882年前后）、唐彦谦（？～893年）、张蠙（约901年前后）、翁承赞（859～932年）、齐己（约863～937年）、王贞白（约875～958年）、和凝（898～955年）等都有吟咏盆池之诗。吟咏的对象包括皇家园林中的盆池②、私家园林中的盆池③和寺院中的盆池④等，可以看出盆池在9世纪及其后的普及程度。

通过这些诗作，可以知道盆池并不仅如字面上那样，是一个以水盆做成的小小池塘。盆池的选址并非随意，而是要尽量设置在一个有树木、花卉、竹石等围绕的环境中。盆池内还要种植一些水生植物，如莲、蘋、菖蒲、茨菰等，并放入小鱼。同时这一泓小池还会引来青蛙、蜻蜓、禽鸟等栖息嬉戏，自成一片完满融洽、生机勃勃的小天地。

张蠙的《盆池》诗中描写了文人园林中盆池小景的营造过程，可视为对盆池选址、建设及意境的总述⑤：

> 圆内陶化功，外绝众流通。选处离松影，穿时减药丛。别疑天在地，长对月当空。每使登门客，烟波入梦中。

第一句中的"陶化"一词有着双关的含义，既有"陶冶"、"化育"之意，也说明所用的盆是陶盆，与为皇家服务的画家边鸾、黄筌等所画"金盆"在材质上有较大区别。张蠙所用的陶盆为清代《陶盆玉鸽图》中出现的陶盆提供了一个可能的原型，不过，唐代的陶盆多数是置于地面而非架上。之所以要用盆作为池的基础，就是因为其有一定的隔水作用，可以避免池水渗入地下导致干涸，也就是"外绝众流通"。诗的第二句则说明这个盆池是以活水为水源的，这应该是为了使盆池更好地融入周边的生态系统。诗中写道，引来的水源穿过花丛，注入了与园中松树有一定距离而采光良好的盆池中。诗的后两句则描述了"别疑天在地"和"每使登门客，烟波入梦中"的景象，以"小中见大"的修辞方式对这泓极小的池水作了相当宏大的描述。

实际上，关于盆池的诗作中经常伴随着"小中见大"式的感悟。例如，韩愈从盆

---

① 学界原认为这些唱和诗作于元和十一年，即816年。但根据对诗中人物官称的考证，其创作时间应为元和八年（810年）至元和九年（811年）之间，见迟乃鹏：《韩愈〈奉和钱七兄曹长盆池所植〉诗的系年》，《成都师专学报》1986年第1期，第57～58页。
② 董诰：《全唐诗》卷七三五，中华书局，1960年，第8396页。
③ 董诰：《全唐诗》卷六一四，中华书局，1960年，第7087页。
④ 董诰：《全唐诗》卷三〇〇，中华书局，1960年，第3405页。
⑤ 董诰：《全唐诗》卷七〇二，中华书局，1960年，第8069页。

池中"试看涵泳几多星";杜牧说"凿破苍苔地,偷他一片天。白云生镜里,明月落阶前"[1];皮日休从盆池联想到"江汉欲归应未得,夜来频梦赤城霞"[2];齐己则说盆池"涵虚心不浅,待月底长圆。平稳承天泽,依微泛曙烟"[3],诸如此类,不一一列举。但这些诗句皆是从盆池这样的微观小景引发了对于大江大水、明月长空乃至整个天地的宏观联想以及感悟。或许因为,以活水为源的盆池是一个自成生态系统的小天地,其意象接近一个微型的宇宙,所以才会引发诗人们这样的联想。

微型宇宙的概念早在汉代就已经萌芽,如《后汉书》中提到的"壶中天地"[4]、魏晋时出现的"桃花源"[5]、佛教带来的"须弥藏芥子"[6] 等概念,都是指一个相对完满的微缩版的小世界。但这种构建于园林中的小天地,作为实物,在唐代才开始出现,并且表现为以水盆为中心的小景,却是值得玩味的现象。

唐代文人对盆池的喜爱,以及韩愈等人在自家园林中建设盆池的举动,与中国文人对水的钟爱有密切关系。

首先,中国文人对水有着深厚的思想渊源,唐代文人于水边吟咏的诗作也占极大数量。其次,在唐代园林的迅速发展中,水在园林中的比重有着增加的趋势[7]。在文献中,"池馆"甚至成为园林的代名词之一,例如诗人宋之问的庄园就被杜甫(712～770年)称为"池馆"[8]。大量文献与考古证据显示,王维(? ～761年)的辋川别业[9]、白居易(772～846年)的庐山草堂和履道里园林[10]、柳宗元(773～819年)的愚溪[11],

---

① 董诰:《全唐诗》卷五二三,中华书局,1960年,第5988～5989页。

② 董诰:《全唐诗》卷六一四,中华书局,1960年,第7087页。

③ 董诰:《全唐诗》卷八三九,中华书局,1960年,第9472页。

④ 《后汉书》卷八二《方术列传》,中华书局,1965年,第2743页。

⑤ 陶渊明:《桃花源记》,《陶渊明集》卷五,第1～3页,《景印文渊阁四库全书》第1063册,(台北)商务印书馆,2008年,第512～513页。

⑥ 鸠摩罗什译:《维摩诘所说经》,《大正新修大藏经》第14卷,(东京)大正一切经刊行会,1924～1934年(下简称《大正藏》),第546页。

⑦ 徐维波、韦峰:《唐代私家园林环境模式变迁研究》,《建筑师》2009年第4期,第77～84页;徐维波:《唐代私家园林环境模式变迁研究》,郑州大学硕士学位论文,2003年。

⑧ 杜甫:《过宋元外之问旧庄》,《全唐诗》卷二二四,中华书局,1960年,第2394～2395页。在《全唐诗》中,题名或内容涉及"池馆"的诗达到60首以上。

⑨ 《旧唐书》卷一九○下《王维传》,中华书局,1975年,第5052页;王维:《辋川集序》、《辋川集》,《全唐诗》卷一二八,中华书局,1960年,第1299－1302页;张兰、包志毅:《山水画与中国古典园林——以王维山水画及其辋川别业为例》,《华中建筑》第23卷(2005年第7期),第111～113页。

⑩ 白居易:《草堂记》,《全唐文》卷六七六,中华书局,1983年,第6900～6901页;白居易:《池上篇并序》,《全唐诗》卷四六一,中华书局,1960年,第5249～5250页;中国社会科学院考古研究所洛阳唐城队:《洛阳唐东都履道坊白居易故居发掘简报》,《考古》1994年第8期,第692～701页;徐维波、韦峰:《从〈池上篇〉与〈庐山草堂记〉看白居易的造园思想》,《南方建筑》2003年第2期,第82～84页;慕鹏、马依莎等:《唐东都白居易宅园遗址及造园特征研究》,《黄河科技大学学报》第14卷第4期(2012年7月),第31～33页。

⑪ 柳宗元:《愚溪诗序》,《全唐文》卷五七八,中华书局,1983年,第5846页。

以及见于诗文中的韦曲庄①和邺公园池②等园林，都以大片水面作为中心景观。以白居易的履道里园林为例，园林中以水为中心，水中种着紫菱白莲，设有小桥小船，而其他景物如千竿翠竹、灵鹊怪石、厅堂亭榭等皆绕水分布。这几乎是一幅放大了的盆池小景，或者说，盆池小景就是微缩版的园林。以此观之，盆池在唐代的出现既是偶然，也是必然。

园林本就是大自然的缩影，是人力建造的"第二自然"。它和盆池虽然大小相差悬殊，却都可以视为微缩的自然，都属于"壶中天地"式的微型宇宙，从魏晋南北朝到唐朝的诗人们也常常把园林比作"壶中天地"。与盆池的诞生相距不远，更小的"微型宇宙"——盆景也开始出现，虽然在唐代未能达到成熟，但园林—盆池—盆景的演化却显示出人们将天地乃至宇宙进一步微缩的愿望（图10）③。

图 10　陕西西安中堡村唐墓出土盆景

园林和盆池都是唐代文人乐于亲自动手设计和建设的景观。文人参与园林设计乃至亲自动手在园林内进行建设的现象在盛唐以后相当普遍。杜甫、白居易、王维、柳宗元、韩愈等唐代文人都留下了许多关于设计园林、自种植物、营建假山、改造水池以及亲手挖土建设盆池的诗作。从园林史的角度讲，这些活动标志着文人园林的发端，其将在宋代迎来更大的发展。而从思想史的角度来看，这些行为更隐含着文人们按照自己的理想和信念构建世界秩序的愿望。

南朝的宗炳写的《画山水叙》中，第一句即提出："圣人含道映物，贤者澄怀昧象。"④后半句可以用来形容审美活动，前半句则可以用来解释创造活动。所谓"道"，可以是天地万物的规律，也可以是在理解领会规律的基础上形成的自己的主观境界。

① 宋之问：《春游宴兵部韦员外韦曲庄序》，《全唐文》卷二四一，中华书局，1983 年，第 2437 页。
② 张说：《邺公园池饯韦侍郎神都留守序》，《全唐文》卷二二五，中华书局，1983 年，第 2273～2274 页。
③ 图 10 采自《文物》1961 年第 3 期，封面。
④ 宗炳：《画山水序》，《画论丛刊》，人民美术出版社，1989 年，第 1 页。

将"道"投映于"物",便创造出了符合天地秩序与万事万物规律的理想事物,这是自然的缩影,绘画如是,造园如是,盆池之营建亦如是。基于一脉相承的思想,继宗炳提出山水画的"卧游"目的之后,唐代诗人白居易形容自己的履道里园林有"林泉之致",而宋代郭熙的山水画创作经验名篇即命名为《林泉高致》。

虽然与"水"有关的意象在中国文化传统中由来已久,我们仍需注意,墓室壁画中的金盆呈现出典型的伊朗地区金银器的风格,如盆沿的小团花纹、盆壁的团花图案、盆底的圈足等①。虽说这样大的金盆有一定重量,从伊朗地区远道而来可能有运输上的困难,它们至少也应是唐代本土制造的仿伊朗风格器物,如法门寺出土的金花银盆一般(图11)②。

图 11　陕西扶风唐代法门寺遗址出土金花银盆

图 12　陕西扶风唐代法门寺遗址出土鎏金银棱平脱雀鸟团花纹秘色瓷碗

还应该注意到,唐代文人的诗句中显示,一些私人园林中的"盆池"是以陶盆做成。这些陶盆的风格我们虽不得而知,却在法门寺出土的秘色瓷碗、瓷盘中发现了大量仿金银器的器形与装饰图案,甚至有些瓷器仿的是底色氧化变黑之后的"金花银器"(图12)③。如果私人园林中的陶质"盆池"也是这种风格,那么赵逸公墓中的"金盆"也有可能是这类仿金花银器的陶盆。

无论如何,唐墓"水盆禽鸟"图中的水盆,呈现出的是外来"金花银器"的外观。而且,这种带有明显外来风格的盛水器物恰好位于盆池小景的中心位置,也即"金盆鹁鸽图"的中心位置。

在唐安公主墓壁画出现的784年,伊朗地区最大的萨珊帝国早已在651年被信奉伊斯兰教的阿拉伯

① 齐东方:《唐代金银器研究》,中国社会科学出版社,1999年,第298~315页。
② 陕西省考古研究所等编:《法门寺考古发掘报告》,文物出版社,2007年,第138页,图74,彩版八七。
③ 陕西省考古研究所等编:《法门寺考古发掘报告》,文物出版社,2007年,彩版一九七:2。

帝国征服①，与之关系密切的粟特也已经伊斯兰化了②。但在园林方面，伊斯兰的园林却吸收甚至继承了伊朗地区波斯园林的特征，形成了"波斯—伊斯兰"园林体系，其基本面貌表现为以水池为中心的庭园③。

　　水池成为庭园的中心，与波斯、阿拉伯等地区长年炎热干旱的气候有关。在伊斯兰教的经典中，水被认为有着赋予生命、维持生命和净化生命的功能④。阿拉伯文化吸收了波斯的造园理念，并结合对伊斯兰教天堂的想象形成了这一园林体系。园林内花木扶疏，但都以水池为中心延伸出十字形的道路和沟渠，整体布局严格对称。沿着院墙则种植高大的植物形成绿荫，以确保园林的私密性。后世的一些地毯和波斯细密画上表现的场景据说即是按照古波斯地毯对当时园林样貌的复原⑤。另外，在一件7世纪的萨珊银盘上，人物皆围绕着一泓池水饮酒作乐，边界处则有一株高大植物延伸到池水上方⑥。以水池为中心、以高大树木为边界，以及对称的布局等要素都可在唐安公主墓壁画中找到。而在多件6世纪的釉陶壶上，舞蹈场景被带叶的联珠纹图案围绕，中央的舞者表演的正是来自伊朗地区的胡旋舞或胡腾舞⑦。这种带叶边框的形式十分肖似唐安公主墓壁画中位于画面两侧而枝干相交于顶部的两株花树，但其年代更早。联系到画面中心处水盆的古伊朗特征，我们推测唐代的盆池小景最初可能吸收了来自伊朗地区的一些园林理念，这种以水为中心的园林与"天堂"的联系则推动了有关图像在墓葬中的出现。而且，唐墓中的这两幅壁画出现的位置十分特殊，乃是棺床背靠之处，与棺床形成坐榻与背屏的组合，象征着墓主在地下居所里面的"座"。当墓主的魂灵安居于此，其背后的屏风恰好提供了一个带有异域色彩的天堂。

①　Hourani, *A History of the Arab Peoples*, New York：Warner Books, 1991, p. 87；Nissen, J. Hans, Peter Heine, *From Mesopotamia to Iraq：A Concise History*, Chicago：University of Chicago Press, 2009, p. 133；Michael Kort, *Central Asian Republics*, New York：Infobase Publishing, 2004, p. 23.

②　Litvinsky, *History of Civilizations of Central Asia* 3, Delhi：Motilal Banarsidass, 1999, p. 199；姜伯勤：《敦煌与吐鲁番文书与丝绸之路》，文物出版社，1994年，第263页。

③　A. J. Arberry, *The Legacy of Persia*, chapter 10 "Persian Gardens"（by Vita Sackville-West）, Oxford：Oxford University Press, 1953, pp. 259 - 291；［日］针之谷钟吉著、邹洪灿译：《西方造园变迁史——从伊甸园到天然公园》，中国建筑工业出版社，1991年，第64~68页；郦芷若、周建宁：《西方园林》，河南科学技术出版社，2001年，第40~44页；陈志华：《外国造园艺术》，河南科学技术出版社，2001年，第231~237页。

④　"我用水创造一切生物。"见马坚译，《古兰经》第二十一章，中国社会科学出版社，1996年，第241页。

⑤　［日］针之谷钟吉著、邹洪灿译：《西方造园变迁史——从伊甸园到天然公园》，中国建筑工业出版社，1991年，第67页图1，为表现园林平面图的波斯地毯；Mehdi Khansari, M. Reza Moghtader, Minouch Yavari, *The Persian Garden：Echoes of Paradise*, Washington D. C.：Mage Publishers, 1998, back cover。

⑥　藏于大英博物馆，Zereshk摄影。

⑦　Suzanne G. Valenstain曾经讨论过这类釉陶壶中体现的外来因素，并举证了大都会博物馆的一件藏品，见Suzanne G. Valenstain, "Western Influences on Some 6th-Century Northern Chinese Ceramics", *Oriental Art*, vol. 49, No. 3（2003 - 2004）, pp. 2 ~ 11, Fig. 17。这样的釉陶壶还曾在北齐范粹墓（575年）出土过4件，见河南省博物馆：《河南安阳北齐范粹墓发掘简报》，《文物》1972年第1期，第47~57页。

同时，这两幅墓葬壁画中也可能糅合了其他外来文化中与水相关的吉祥寓意。例如有学者注意到唐安公主墓"水盆禽鸟"壁画中，从两旁延伸到画面正上方的树木形象可能体现了某种外来影响，并举出类似的佛教绘画进行比较①。尽管这种树木形象的来源可能更早，这仍然是一个具有启发性的方向。"水池"在佛教文化中也有着重要意义。在唐代，庭园中的小水池或水盆中往往都要种植一些植物，且以莲花为首选。在这个净土宗兴盛的时代，种有莲花的小水池与西方极乐净土中的莲池往往有某种想象中的联系②。尤其是佛教文献在描述净土往生景象时经常提到"金莲花"与"七宝池"，这无疑都指向极其贵重的材质，从而为"水盆禽鸟"绘画中的"水盆"都是"金盆"和"玛瑙盆"等贵重之物提供了一个可能的解释。

而对于绘画来说，水盆的贵重材质又为整个景观提供了更多观赏性，在绘画中尤其能呈现出华美精致的视觉效果，使其成为一个十分适合进入画面的题材。这更与唐代贵族和西蜀皇室对富丽奢华的喜爱相契合，从而特别适合于黄筌等擅长"画当时宫苑亭台花木、皇妃帝后富贵之事"的画家③。可以说，这种题材对于"黄家富贵"画风的确立也起到了一定作用。

然而，随着唐代以后对外来风格金银器的兴趣消退，伊朗风格的金花银盆渐渐退出了人们的视线。使用金银器作为园林中的摆设这样奢侈的行为，或许曾在西蜀王宫流行一时，以后便不再常见，仿金银器形制的陶瓷制品也随之衰落。没有了中心的华丽金盆，"水盆禽鸟"小景在园林中的观赏性和进入绘画时的视觉效果都大为减色，最初可能附着的与"天堂"有关的象征寓意更是早已消退。所以，明代宣德皇帝画"金盆鸒鸽"题材时，只画了鸽子与本土风格的金盆，并且不觉得有必要画出背景植物、花卉等。到了清代，水盆更变成了不起眼的陶盆。最后，如清代的《陶盆玉鸽图》所绘，普通形制的陶水盆在私人园林中得到延用，成了常见景物。

还应看到的是，8~9世纪花鸟画的发展中，主动取舍、剪裁画面的"折枝花"式画法正在孕育形成，到了北宋则完全发展成熟④。从某种角度讲，"折枝花"也可视为一种按照画家心中的规律与秩序（或即"道"）主观剪裁画面的创造性实践。在同样的"含道映物"的实践精神指引下，文人开始自造园林、自建盆池，但这种理念其后

① 陈韵如：《八至十一世纪的花鸟画之变》，《艺术史中的汉晋与唐宋之变》，（香港）石头出版股份有限公司，2014年，第343~384页，图13。
② 《佛说观无量寿佛经》："彼行者命欲终时。阿弥陀佛及观世音并大势至。与诸眷属持金莲华。化作五百化佛来迎此人。五百化佛一时授手。赞言。法子。汝今清净发无上道心。我来迎汝。见此事时。即自见身坐金莲花。坐已华合。随世尊后即得往生七宝池中。一日一夜莲花乃开。七日之中乃得见佛。"《大正藏》第365卷，第345页。
③ 《益州名画录》卷中，"阮惟德"条，《画史丛书》（四），上海美术出版社，1982年，第29页。
④ 刘婕：《唐代花鸟画研究》，文化艺术出版社，2013年，第245~263页；刘婕：《从"装堂花"到"折枝花"——晚唐到宋代花鸟画的转折》，《考古与艺术史的交汇》，中国美术学院出版社，2009年，第382~402页。

也为新的绘画风尚提供了理论支持，从而对"金盆鹁鸽"类绘画的全景式画法提出了挑战，进一步促成了"水盆禽鸟"题材的衰落。

三　结　语

综上所述，通过考察唐墓壁画中的两幅"水盆禽鸟图"及有关文献记载，可以确定其属于"金盆鹁鸽"一类的绘画题材。在此基础上，本文通过考古与文献证据推论这一绘画题材的原型是唐代园林中的盆池景观，即以水盆做成的小水池。

盆池小景至迟在 9 世纪初进入私家园林，并受到唐代文人的广泛喜爱，他们甚至亲自动手营建盆池。在唐代诗文中可以看到许多吟咏盆池的诗文，其中充满了"小中见大"式的思考和感悟。这方小池与其周边的树木山石、花鸟虫蛙相配合，可以视为唐代园林的缩影，也是唐代最小单位的"微型天地"①，从一个侧面反映了文人们按照自己的理想和信念构建世界秩序的愿望。

这种景观最早出现在皇室的花园中，并以伊朗风格的金盆为中心，其产生可能受到来自波斯—伊斯兰园林的以水池为中心的造园理念影响。同时，由于波斯—伊斯兰园林体系中包含着与天堂有关的理念，以水池为中心的画面于 8 世纪晚期被表现在墓葬中时，可能有着为墓主祈福的吉祥含义。进而，由于外来样式的金盆带来的华丽视觉效果，这一景观被广泛表现在绘画中，形成了"金盆鹁鸽"这一带有"富贵吉祥"寓意的装饰性绘画题材。最后，随着对外来金银器的审美风尚渐息，加之"折枝花"式画法对全景式绘画的冲击，"金盆鹁鸽"乃至其他"水盆禽鸟"题材在宋代渐渐淡出了人们的视野。这一题材的兴衰过程中，蕴含着社会文化的变迁以及东西文化交融的丰富信息，耐人寻味。

---

① 之所以说唐代最小单位的"微型天地"是盆池而不是盆景，原因是唐代的盆景还很不成熟，往往只能从外形上体现部分的自然，不成其为整个天地的缩影。它们常常以山为主体，没有水或只能盛入少量的水。至于微型的植物就更难以寻觅，盆景中多数只能插一些人工制作的植物模型或不置入植物。所以，这时的盆景中还无法建立起一个"活"的生态环境。而盆池与其周边生态环境相辅相生，具有自成体系的完整性。可以说，在唐代，盆池小景就是最小的自然缩影、最小的微型宇宙。

阁楼式塔与密檐式塔起源补证

杭　侃（北京大学中国考古学研究中心）

初识杨泓先生的时候我还在河南省古代建筑研究所工作，转眼已经将近三十年，二十多年来杨先生给予我很多指导和关照。今逢先生八十华诞，谨以此文为先生祝寿。

一　前　言

杨先生的高足郑岩在《塔与城》一文的"余论"里写道：

> 杨泓师在一篇重要的文章中，全面总结了汉唐之间中国城市布局的总体变化，指出"随着佛教的日益兴盛，都城中开始出现了宗教寺庙……居民宗教生活日趋繁荣，呈现出汉代都城没有的新景象"。本文的讨论，可以看作对于这种"新景象"一个具体的描述。我们看到，佛塔的出现，使得城市的高度显著增加，整个城市更呈现为一种立体化的形象。这一转变不仅是一种技术史，同时也是一种艺术表现的历史，更为重要的是，这个过程处处与政治势力、宗教观念、文化融合和冲突等诸多方面联系在一起。城市的新形象在这种种关系的平衡和作用下形成，也在这些关系的冲突中遭受破坏。
>
> 应当补充的是，这种"新景象"的出现，是与杨师所说的另一些变化相互关联的，如都城内宫殿面积所占比例的减小、都城平面日益规整、人口的增加、里坊制的形成，以及商业区的重要性日益凸显等等。这是本文所未能深入涉及的方面。杨师从都城布局进而论及建筑、室内设置和社会生活习俗，提出了一种极富启发性的思路。在这一基础上展开探索，就有可能使得物质文化的研究与人的活动有机地联系起来，使得历史学、考古学、艺术史等不同领域的研究理念得以整合。

在《塔与城》这篇文章中，郑岩就塔与中国中古都城的立体形象之间的关系展开了细致的讨论。他认为祠堂画像与随葬明器中的汉代楼阁，不能被直接用于真实建筑技术和墓主生前财产的讨论，因为它着重于艺术表现，以营造一种过度铺张的视觉效果，"这种视觉语言泛滥的前提是，墓葬中以低廉的材料制作出的图像，可以在不同程度上摆脱死者生前造房建屋时资金、技术和制度等方面的局限"。在论述密檐式塔的出现的时候，郑岩说：

> 一方面是资金、材料、技术等物质条件的局限，一方面是人们对于高度无限的追求。在实际的建筑中，人们不得不面对这个矛盾。如果物质条件无法满足人们的欲望，艺术就有了用武之地。佛塔的发展历史再次验证了这个规律，一个很好的例子就是密檐式塔。

所谓"密檐式塔"，是指在台基上建较高的塔身，其上建丛密的出檐多层，至顶安置较小塔刹的一类佛塔。与楼阁式塔不同的是，密檐式塔除塔身下部第一层特别高大外，以上各层之间的距离很短，塔檐紧密相接，好似重檐楼阁的重檐仍在、但却没有楼层了，密檐式塔也正因此得名。郑岩认为密檐式塔的"塔檐虽然密集，但在每层塔檐之间都有一段极短的塔身。在这段高度有限的塔身上，常常制作出门窗。因此，虽然密檐式塔有可能在外轮廓上吸收了外来的因素，然其实质性的组件与楼阁式塔并没有根本的差别，或者可以看作是一种'压缩'式的楼阁式塔"。

之所以要做这样的压缩，郑岩认为这主要是为了克服木结构楼阁式塔在高度上的局限："砖塔将每一层塔身压缩，利用檐子将有限的高度做了分割，凭借着这种分割和压缩，获得了'层'数的增加，由视觉而引发联想，从而获得概念上的'高度'。在这里，层层相叠的檐子不能被看作附加在实体外部的'装饰'，而是一种具有意义的形象。一方面是物质层面的压缩，一方面是观念层面的扩展。我们在这里再次看到了艺术的能量。"[①]

概言之，密檐式塔的出现是一种中国化的产物，其原因是为了取得观念上的高度而对楼阁式塔采取的一种艺术上的处理。笔者赞同郑岩的基本观点，本文顺着郑岩的思路，对阁楼式塔和密檐式塔的起源补充一些材料和看法。

二　楼阁式塔的起源

既然密檐式塔的发生是源于对楼阁式塔采取的艺术处理，那么，我们先考察一下楼阁式塔的基本情况。

战国秦汉时期，楼阁与帝王、神仙有密切的联系，非凡夫俗子所能企及。汉代有"仙人好楼居"的说法，《史记·封禅书》记公孙卿对汉武帝说："仙人可见，而上往常遽，以故不见。今陛下可为观，如缑城，置脯枣，神人宜可致也。且仙人好楼居。"

---

① 郑岩：《塔与城》，《从考古学到美术史——郑岩自选集》，上海人民出版社，2012年，第155～175页。

于是汉武帝令长安作蜚廉桂观，甘泉作益延寿观，使人持节设具而招仙人之属。

这件事情发生在元封二年（前109年）。公孙卿是齐地的方士，在此之前，已有不少"海上燕齐怪迂之方士"进入宫廷，《史记·秦始皇本纪》载秦始皇东巡至于琅琊，后遣齐人"入海求仙人"。汉武帝时著名的方士栾大、公孙卿都是齐人，公孙卿的老师申公也是齐人。《史记·孝武本纪》记"海上燕齐之间，莫不扼腕而自言有禁方，能神仙"。《汉书·郊祀志》称"齐人之上疏言神怪奇方者以万数"，可见，秦至西汉的修仙之说盛行于燕齐一带。

《史记·封禅书》称"海上燕齐之方士"擅长方术，"自齐威、宣之时，邹子之徒论著终始五德之运，及秦帝而齐人奏之，故始皇采用之。而宋毋忌、正伯侨、充尚、羡门子高皆燕人，为方迁道，形解销化，依于鬼神之事。邹衍以阴阳主运显于诸侯，而燕齐海上之方士传其术不能通，然则怪迂谀苟合之徒自此兴，不可胜数也"，说明燕齐神仙观念起源于战国时的齐，属于阴阳家的学说，而后才传入燕国，成为燕齐间的一个文化特色。

这里需要进一步阐明为什么齐地会产生"仙人好楼居"的说法？笔者以为这和海市蜃楼的现象有关。海市蜃楼，是一种因光的折射和全反射而形成的虚像，而《史记·天官书》认为："海旁蜄（蜃）气象楼台；广野气成宫阙然。云气各象其山川人民所聚积。"我国古代则把蜃景看成是仙境，秦始皇、汉武帝曾率人前往蓬莱寻访仙境，还多次派人去蓬莱寻求灵丹妙药。至于为什么叫蜃楼，明朝陆容《菽园杂记》说"蜃气楼台之说，出《天官书》，其来远矣。或以蜃为大蛤，月令所谓雉入大海为蜃是也。或以为蛇所化。海中此物固多有之。然海滨之地，未尝见有楼台之状。惟登州海市，世传道之，疑以为蜃气所致。"这虽然属于迷信，但却是古人的坚信。黄海、渤海交会处的长岛群岛位于山东半岛与辽东半岛之间，是中国海市蜃楼出现最频繁的地域，长岛正处于齐地。这样，"仙人好楼居"的说法来自于齐地的方士，并在秦汉时期有广泛影响的脉络便清晰了。

汉武帝对高楼情有独钟。《史记·封禅书》记汉武帝封泰山："初，天子封泰山。泰山东北址古时有明堂处，处险不敞。上欲治明堂奉高旁，未晓其制度。济南人公玉带上黄帝时明堂图。明堂图中有一殿，四面无壁，以茅盖，通水，圜宫垣为复道，上有楼，从西南入，命曰昆仑，天子从之入，以拜祠上帝焉。"

《史记·孝武本纪》还记载了一座形制特别的高楼"井干楼"：

> 十一月乙酉，柏梁灾。十二月甲午朔，上亲禅高里，祠后土。临渤海，将以望祠蓬莱之属，冀至殊庭焉。
>
> 上还，以柏梁灾故，朝受计甘泉。公孙卿曰："黄帝就青灵台，十二日烧，黄帝乃治明庭。明庭，甘泉也。"方士多言古帝王有都甘泉者。其后天子又朝诸侯甘泉，甘泉作诸侯邸。勇之乃曰："越俗有火灾，复起屋必以大，用胜服之。"于是

作建章宫，度为千门万户。前殿度高未央。其东则凤阙，高二十余丈。其西则唐中，数十里虎圈。其北治大池，渐台高二十余丈，名曰泰液池，中有蓬莱、方丈、瀛洲、壶梁，象海中神山龟鱼之属。其南有玉堂、璧门、大鸟之属。乃立神明台、井干楼，度五十丈，辇道相属焉。

《索隐》："《关中记》：'宫北有井干台，高五十丈，积木为楼。'言筑累万木，转相交架，如井干。"大约西汉前期，大体量、高大的建筑仍主要通过采用高台建筑的形式来完成，由于中国古代木结构建筑技术的发展尚不完全成熟，要想营造高大的楼阁，则需要在结构形式上采用井干结构，恰如该楼的名称一样。难以想象井干楼需要耗费多少木材，是否真的达到了五十丈，但是，高楼所蕴含的神秘和权力意味激发了人们的追求，把汉代图像和实物模型中多见的楼阁看作是这种风尚的反映是没有问题的。

佛教传入中国初期，人们将它与中土流行的道家思想、神仙方术混同，被视为神仙道术之一种的佛教自然也与楼阁产生了联系，表现在实物上，魏晋时期佛像时常出现在魂瓶等明器楼阁之上，而一些楼阁形象也安置了鲜明的佛教因素——塔刹。

现在多数学者认为楼阁式塔是楼阁上增加了塔刹而形成的。早期明确的图像如 2008 年湖北襄樊樊城菜越一座墓葬出土的佛塔模型，这座模型两层，通高 104 厘米，屋顶有七层相轮，塔刹顶端有仰月（图 1）①。发掘者认为这座墓葬属于三国时期②，何志国认为"将该墓年代定为东汉中晚期较为妥当"③。

图 1　襄樊樊城菜越出土的佛塔模型

① 图片采自《文物》2010 年第 9 期，第 8 页。
② 襄樊文物考古研究所：《湖北襄樊樊城菜越三国墓发掘简报》，《文物》2010 年第 9 期，第 4~20 页，图 1 采自第 8 页。
③ 何志国：《从襄樊出土东汉佛塔模型谈中国楼阁式佛塔起源》，《民族艺术》2012 年第 2 期，第 102~107、120 页。

1986 年 6 月，四川省博物馆的工作人员在什邡采集到的一块汉代画像砖上，也有清晰的楼阁式塔的形象（图 2）[1]。

图 2 四川什邡东汉画像砖中的佛塔形象

塔刹，源于印度覆钵式塔顶所置平头和相轮。《翻译名义集·寺塔坛幢》云："佛造迦叶佛塔，上施盘盖，长表轮相，经中多云相轮，以人仰望而瞻相也。"也就是说，宝塔是"大聚相"，相轮则是"大聚相"上的一个标志物[2]。在印度，塔刹是窣堵波区别于其他坟丘的标志，在中国，塔刹也成为楼阁式塔区别于一般楼阁的标志。

"塔"这个词最早见于东晋葛洪的《字苑》。如最早提到中国建造佛塔的文献是陈寿的《三国志·吴书·刘繇传》：

> 笮融者，丹阳人……乃大起浮图祠，以铜为人，黄金涂身，衣以锦采。垂铜盘九重，下为重楼阁道，可容三千余人，悉课读佛经，令界内及旁郡人有好佛者听受道，复其他役以招致之，由此远近前后至者五千余人户。每浴佛，多设酒饭，布席于路，经数十里，民人来观及就食且万人，费以巨亿计。

这里的"垂铜盘九重"是吸收了西方式样的塔刹，"重楼"未言明层数，将"重楼阁道"整体称为"浮屠祠"，可容纳三千人之多，形式当近似于甘肃雷台汉墓所揭示的楼阁廊院形象。

汉至西晋，在人们对仙佛的混淆认识下，早期佛教的建筑群是作为中土常见的祠的一种加以看待的。根据来华僧侣所携带的窣堵波模型或粉本，在院内楼阁顶立刹，使之区别于其他祠，成为"浮屠祠"，因此这个建筑群包括其中佛塔主体还是中国式的。

从文献和实物图像看，西晋以前，佛塔基本不超过三层，东晋十六国随着佛教兴

---

① 谢志成：《四川汉代画像砖上的佛塔图像》，《四川文物》1987 年第 4 期，第 62 ~ 64 页；图片采自傅熹年：《中国古代建筑史》第二卷（第二版），中国建筑工业出版社，2009 年，第 201 页。

② 徐时仪校注：《一切经音义三种校本合刊》，上海古籍出版社，2008 年，第 7 页。

盛，佛塔作为重要的佛教建筑被不断强调，摆脱并区别于一般楼阁，增高至五层、七层、九层，才真正迎来了楼阁式塔的大发展时期。

三　密檐式塔起源补证

至于密檐式塔的来源，孙机认为是来自于印度，他在《在关于中国早期高层佛塔造型的渊源问题》中认为，木塔顶部再装一个巨大的金属塔刹，容易引起雷击。《洛阳伽蓝记》中所记"殚土木之功，穷造型之巧"的永宁寺塔，在建造了十八年之后，在永熙三年（534年）遭到雷击，起火焚毁。文献中，晋太康六年（285年）已出现太康寺的三层砖塔。此后，砖塔增多，"北魏正光四年（523年）所建河南登封嵩岳寺塔是中国现存最早的砖塔。在这座塔第一次看到以逐层缩短而内收的叠涩密形檐成的缓和的弧线，这使它的外轮廓略成炮弹形。应当指出的是，在中国传统的梁柱式土木结构的建筑物上是难以出现这种效果的，所以，它不大可能在中国自身的建筑意匠中产生。结合上文对中国塔与希诃罗式建筑的关系的分析，可以认为，这种轮廓线当来自印度"[1]。

孙机先生还提到，唐高宗时期玄奘所建慈恩寺塔不是楼阁式或密檐式，而是一次向窣堵波靠拢的努力。玄奘在永徽三年（652年）建议修造高度为三百尺的慈恩寺石塔，后来在高宗的劝阻之下，玄奘法师主持在该寺西院建造了一百八十尺高"仿西域制度，不循此旧式"的砖塔[2]。

笔者赞同郑岩的观点，即密檐式塔从根本上来说还是来自中国的观念。当人离开一定的距离看楼阁式塔的时候，看到的是以层层叠起的楼阁，但是，如果站到塔下一定的距离向上仰望，则可以看到屋檐重重相连的景象，这样的景象在汉画像石里已经有所表现。如果在表现塔的时候，就会出现密檐的效果。这虽然是一种推测，但在文物中有迹可寻，这里举数例加以说明：

河南郑州荥阳魏河村有一件汉代七层陶楼，这件陶楼1953年出土，1978年被文物部门征集，总高0.72、底部宽0.5、进深0.18米。陶楼分上下两段制作，下段两层，上段五层。第一层坐于基座上，正立面三根方柱，柱头置两重横木，两山面各挑出两个栱头，栱头上也承托两层横木，正面和山面的横木上共同承托第二层楼体。第二层正面四根立柱，柱与墙体之间设廊，墙体之上开有五个方孔。左侧山面开窗，右侧山面设楼梯，第一、第二层共享一个后墙体，不分层。第三层即第二段的最下一层，正面开三个门，中间的门比两边门略高，"墙体上部镂菱形孔，菱形孔间及四周用绳子

---

① 孙机：《中国早期高层佛塔造型之渊源》，《中国圣火——中国古文物与东西文化交流中的若干问题》，辽宁教育出版社，1996年，第293页。
② 慧立、彦悰：《大慈恩寺三藏法师传》，中华书局，1983年，第160页。

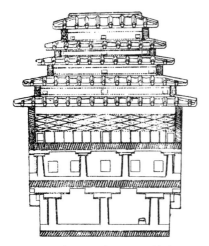

图 3　河南郑州荥阳魏河村出土陶楼

置、瓦垅和屋脊形状都较接近，反之与河王汉墓出土的东汉陶楼相差甚远，所以，我们推断魏河陶楼与南关 159 号汉墓及乾元街空心画像砖汉墓出土的陶庄院年代相近，甚至更早，是西汉中晚期的遗物"。根据文章的描述，这座陶楼的外观实际上是下部三层楼阁式，上部四层密檐式相结合的形制②。

河南省巩义市巩县石窟第五窟窟外西壁上有一座北朝时期的摩崖塔，塔高九层，下面三层为楼阁式，上面六层为密檐式。塔下有仰莲，下面三层楼阁每一层均凿一尖拱形龛，龛内雕以结跏趺坐的佛像。这座摩崖塔表明，在当时的人看来，上面的密檐就是楼阁式的简化（图 4）。

这种下为楼阁式上为密檐式的高层建筑的构筑方式，至少在宋代还有

再捺印成菱形格子，以表示窗棂"，"第四层至第七层间较低，三层上至七层上，均设庇檐，正面和背面墙上各开三个方门，每层山墙中下部亦各设一个方门。从第三层上部庇檐起，墙体和庇檐逐层收缩尺寸，因之每层庇檐瓦垅数目亦不相同，瓦垅前段均设瓦当，至最上层成为四阿顶"（图 3）①。

至于陶楼的年代，报道者将其与郑州南关 159 号汉墓和乾元街空心画像砖汉墓出土陶楼相比较后认为，"无论从造型、楼梯设

图 4　巩县石窟第五窟外西壁上摩崖塔

①　图片采自《中原文物》1987 年第 4 期，第 46 页。

②　张松林：《荥阳魏河村汉代七层陶楼的发现和研究》，《中原文物》1987 年第 4 期，第 45～47 页。

遗留。四川邛崃市高何镇的"释迦如来真身宝塔"有碑记："宋之乾道四年戊子（1168
年），有僧安静，方游而来，驻锡于山，起见群凤四起，赫然有光……喟然叹曰：'此
乃无佛圣所居，故妖氛得以作祟耳。'因舒慧眼，独踞胜地……会众而言曰：'此处可
建宝塔，赞扬圣教，修明佛法，以镇压此境。'……圣批：'朕闻佛塔佛教助国化乡，
准奏。'九月初一，本回到县敕赐化土僧安静用工兴修宝塔十三层，正佛殿大悲尊
相……"塔高 17.8 米，塔基 5.5 米见方，用红砂石雕砌而成，十三级密檐式，塔身修
筑在高约两层须弥座上，第一层由十二根檐柱支撑起副阶回廊。每层塔身刻拱形佛龛，
龛内刻高浮雕坐佛一尊。塔身上刻着《大悲咒》、《观音经》、《地藏本愿经》①。这座塔
的第一层有仿木构的副阶回廊，上面的十二层密檐相连，但是，在建塔人的观念中，
塔是十三层合为一体的，共同构成了同一座塔（图5）②。

图 5　四川邛崃石塔寺宋塔

　　与邛崃高何镇"释迦如来真身宝塔"可以相互参照的，有位于安徽黄山市歙县城
西练江南岸西于山的长庆寺塔，此塔建于北宋重和二年（1119 年），为楼阁式砖塔，
高 23.1 米，方形实心，底层平面每边 5.28 米。底层有木质回廊。北京西郊明代的慈寿
寺塔为密檐式塔，不过明人认为其形象仿天宁寺塔，都是十三层。慈寿寺"万历丙子，
慈圣皇太后为穆考荐冥祉，神宗祈胤嗣，卜地阜成门外八里，建寺焉。寺成，赐名慈

① 陈振声：《四川邛崃石塔寺宋塔》，《文物》，1982 年第 3 期，第 42～44 页；《邛崃石塔寺探访：三石相连打不
　　开，石塔舍利成悬念》，《华西都市报》2015 年 4 月 1 日。
② 图片采自《文物》1982 年第 3 期，第 42 页。

寿，敕大学士张居正撰碑。时瑞莲产于慈宁新宫，命阁臣申时行、许国、王锡爵赋之，碑勒寺左。寺坏朽丹漆，与梵色界诸天，与龙鬼神诸部，争幻丽，特许中外臣庶，畏爱仰瞻。有永安寿塔，塔十三级，崔巍云中"①。励宗万《京城古迹考》记述慈寿寺"寺在阜成门外八里庄，明万历丙子，为慈圣皇太后建，赐名慈圣。敕大学士张居正撰碑。有塔十三级，又有宁安阁，阁榜慈圣手书"。这些实例都说明密檐式塔与楼阁式塔虽然在造型上有很大的差异，但是，在古人的心目中密檐式塔的密檐同样代表了相应级数的塔身，只是楼阁的简化表现而已。

① 刘侗、于奕正：《帝京景物略》卷五，北京古籍出版社，1983年，第216页。

从南汉康陵"陵台"看佛教影响下的 10 世纪墓葬

李清泉（广州美术学院）

佛教传入中国之后对中国的墓葬究竟发生过何种作用，一直是学术界密切关注的一个问题。为了寻求解答，许多学者曾针对东汉以来墓葬艺术中出现的佛教图像元素展开了不同层面的分析与讨论①。从中可见佛教生死观向中国丧葬观念与习俗的逐步渗透，只是这些零星的渗透，还不曾造成墓葬艺术传统的明显转变。然而，唐代以后，情况开始发生了变化。特别是在 10 世纪的五代十国时期，墓葬中的佛教元素开始日益显著，其中的两个重要迹象是：一，受僧人塔葬习俗的影响，世俗墓葬建筑开始逐步出现坟塔化的倾向；二，受制作高僧灰身偶像风气或习俗的影响，世俗人墓葬中也开始出现表现死者生前容仪的"真容"。而且，两种迹象当中蕴含着佛教丧葬观念的深度浸染。本文首先试以南汉康陵地宫上方的塔基状封土为切入点，揭示由 10 世纪开始的世俗墓葬的佛教化和坟塔化趋势，以备了解中古以来墓葬艺术及生死观念的转折与变动。

一 奇怪的"陵台"

2003 年 6 月至 2004 年 10 月间，广州市文物考古研究所会同番禺区文管办，在广

---

① 目前，在一些东汉墓葬中，也已经发现有刻绘或陈放佛像的例子。如：四川乐山麻濠崖墓，墓中出现了浮雕的结跏坐佛；四川彭山崖墓中出土一饰有一佛二菩萨小像的摇钱树座；内蒙古和林格尔壁画墓前室南壁绘有"仙人骑白象"图，北壁绘一装有佛舍利的盘子，旁有榜题"猞猁"二字，东西两壁还分别绘东王公和西王母等传统神像；在山东沂南画像石墓内的一根八角形擎天石柱上，还刻有与东王公、西王母并列的两尊带有圆形头光的正面立像；此外，长江中下流域出土的佛像魂瓶，以及吉林集安高句丽壁画墓中大量出现的莲花、飞天乃至佛像壁画，显然也与佛教有关。相关研究见俞伟超：《东汉佛教图像考》，《文物》1980 年第 5 期，第 68～77 页；曾昭燏等：《沂南古画像石墓发掘报告》，文化部文物管理局，1956 年，第 26、27 页，图 65～68；Wu Hung, "Buddhist Elements in Early Chinese Art（2ⁿᵈ and 3ʳᵈ Centuries A. D.）", *Artibus Asiae*, vol. XLVII, 3/4,（1978）263～352, pp. 267–268；[日] 山田明尔：《印度早期的佛教与丧葬》，《东南文化》1992 年第 3～4 期（合刊），第 64 页；[日] 入泽崇：《神仙佛陀》，《东南文化》1992 年第 3～4 期（合刊），第 65 页；[日] 上原和：《高句丽绘画的日本へ及ぼした影响——莲花文表现から见た古代中·朝·日关系》，《佛教艺术》，1994（7），pp. 75–103；李清泉：《墓葬中的佛像——长川 1 号壁画墓释读》，《汉唐之间的视觉文化与物质文化》，文物出版社，2003 年，第 471～505 页。

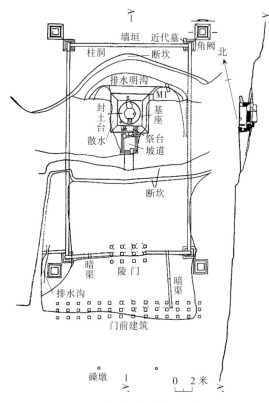

图1 南汉康陵陵园遗迹平、剖面图

州大学城建设范围内，进行了一次抢救性发掘，其最为重要的收获是清理发掘了南汉时期的两座帝陵——德陵和康陵①。其中，位于北亭村的康陵，是南汉高祖刘䶮的陵墓。该陵墓依大香山南坡而建，坐北朝南，其周围有群山环抱，陵墓前方不远处就是当时的珠江河道，视线开阔，景色宜人。陵由地下玄宫和地表陵园建筑组成。陵园范围南北长约160米，东西宽约80米，面积达12800平方米。陵园四周围以夯土墙垣，墙垣四隅筑有角阙，南墙中间辟门，门前有廊式建筑（图1）。引人注目的是，该陵园中央偏北位置，即整个陵园的核心部位——地宫的上方，是一个圜丘形建筑遗存，被称作"陵台"（图2）。

这座"陵台"，系平地起筑，由建于地宫上面的砖砌圜壁封土丘、方形基座、散水，以及基座南面的神龛、祭台和台阶坡道组成（图3）。据发掘报告称，封土台系于方座之上以砖包土成圜丘状，"形如塔基"，圜丘的中间以红黄土夯筑成圆形台，而垒砌于周围的包砖，则逐渐内收。包砖部分的底部外径为10.2米；夯土部分的内径为5.9米，现存高度为2.2米。此外，包砖外壁的表面，还抹有2~5厘米厚的白灰。

图2 康陵陵台俯视图

图3 康陵陵台南侧

① 广州市文物考古研究所：《广州南汉德陵、康陵发掘简报》，《文物》2006年第7期，第4~25页。

南汉康陵发掘报告公布时，发掘者在小结文字中写道："作为五代十国的帝陵之一，康陵……砖壁圆形封土丘形制独特，改变了汉唐封土以方为贵的传统，具有承前启后的意义，为研究我国古代陵寝制度提供了重要实物资料。"①

针对康陵的这个所谓"陵台"建筑，中山大学考古学教授刘文锁先生进一步地分析道："康陵的陵园形制中，墓室上方建造有一种特殊形制的陵台，与传统陵墓墓上建制中的封堆似是而非。它下部是一层方形的台基，上面是一座圆柱形、向顶部渐趋收缩的建筑，夯土芯，外层包砌以砖，可能是覆钵状的圆顶，类似传统'窣堵婆'（stūpa）的塔身的形制。这座塔形建筑的南壁上，建造出一个龛状的结构，被盗洞和晚期灰坑破坏，宽 118、进深 119、残高 16.5 厘米，东侧还残留一块黑色门砧石，虽然结构已不完整，可以推测是建造在塔状封堆上的门。陵台前方位置接一座长方形的台基建筑，发掘报告称之'祭台'。在五代墓葬中，类似形制的墓上建制见于成都前蜀王建墓（永陵），但不包砖。这种陵墓形制，与唐代陵墓的两种形制——以山为陵和覆斗形（金字塔形）陵台皆不同。"②

的确，在汉唐时期陵寝建筑的传统当中，我们很难找到这种于地宫上方作"形如塔基状"的砖壁圆形封土丘的例子③。所以，在陵墓发掘之前，有关专家曾误以为这一砖壁圆形封土丘是南汉时期的一个宗教性建筑——"祭坛"。据发掘报告称，陵园的原地貌是废弃后的果园梯田，南北大致呈三级台地，陵台处在二级台地上，当地村民曾经在此取砖作为他用④。由此可见，康陵上方的这个砖砌圜壁土丘，应该还远不止现有的高度。这一点，的确令人不由得联想到僧人的坟塔，以及位于中国西北银川附近的西夏王陵的塔式建筑⑤。

康陵上方的这个砖砌圜壁土丘究竟会不会也是模仿了佛塔的造型呢？虽说墓葬本身所能提供的证据还明显不足以解决这样一个具体的疑问，可是这一问题本身，却足以引起我们对中国墓葬文化在进入 10 世纪之后究竟呈现出何种走势的兴趣和思考。而且，南汉康陵地宫上方的这个"形如塔基状"的封土台，似乎刚好可以成为我们思考上述问题的一个重要接点。

如前所述，尽管康陵本身的材料并不足以证明这个陵台原本为塔，但我们不妨借助南汉皇室与佛教寺院的一段关系，首先来认识和思考其中的可能性。

---

① 广州市文物考古研究所：《广州南汉德陵、康陵发掘简报》，《文物》2006 年第 7 期，第 4 ~ 25 页。
② 刘文锁：《南汉〈高祖天皇大帝哀册文〉考释——兼说刘氏先祖血统问题》，《汉学研究》第二十六卷第二期（2008 年 6 月），第 305 页。
③ 杨宽：《中国古代陵寝制度史研究》，上海人民出版社，2003 年，关于坟丘（封堆）的论述，可参见 9 ~ 15、72 ~ 78 页等。
④ 广州市文物考古研究所：《广州南汉德陵、康陵发掘简报》，《文物》2006 年第 7 期，第 9 页。
⑤ 宁夏回族自治区博物馆：《西夏八号陵发掘简报》，《文物》1978 年第 8 期，第 60 ~ 70 页。

二 南汉皇室与两位高僧的佛教葬礼

显然，考虑南汉康陵封土有无可能为塔的问题，不可能回避刘氏的民族与宗教信仰。南汉刘氏并非汉族血统，这一点学术界早有定论，日本学者藤田丰八（1869～1929 年）即曾考其为由海道进入泉州和广州的阿拉伯或波斯人后裔①。最近，刘文锁根据新出材料，考订刘氏既非阿拉伯裔，也不是由海道入居泉州和广州，而应该是唐末随迁徙潮流南下的华化贾胡，即中亚安氏"九姓胡"的后裔。所以说，刘龑康陵上的这个塔形建筑虽与穆斯林陵墓"拱北"（qubut）的基本形制也有相似之处，但应该可以排除为"拱北"的可能②。

关于刘龑的信仰倾向问题，南汉康陵发掘清理时，发现前室靠近甬道处立有哀册文石碑一通，首题"高祖天皇大帝哀册文"。文中概述了南汉高祖刘龑一生的形迹，其中涉及刘龑的性情与修养时说：

（刘龑）天纵聪明，凝情释老，悉籛渊（渊）微，咸臻壸奥。谭玄则变化在手，演释乃水月浮天。神游阆苑，智洞竺乾。若乃阴阳推步，星辰历数，仰观俯察，罔失常矩。③

可见传说中的这位残忍成癖的南汉君主，既钟情于佛道两教，又迷恋于卜筮星占。

详察有关史料，刘龑生前确曾与宗教人士有比较密切的接触，但这些宗教人士主要的不是道士，而是当时的两名著名禅僧，一位是以其神异而闻名的韶州灵树僧如敏，另一位则是云门宗开派大师释文偃。

据《十国春秋·僧如敏传》："僧如敏，福州人，住韶州灵树山，烈宗（刘龑之兄）、高祖累加钦重，署为知圣大师……居岭表四十余年，颇有异迹。"④ 僧如敏的神异能力，显然格外吸引刘氏兄弟，所以才对他"累加钦重"、封号"知圣大师"。可是，

① ［日］藤田丰八著、何健民译：《南汉刘氏祖先考》，《中国南海古代交通丛考》，商务印书馆，1936 年，第 137～150 页。
② 刘文锁：《南汉〈高祖康陵天皇大帝哀册文〉考释》，《汉学研究》第二十六卷第二期（2008 年 6 月），第 285～316 页。
③ 广州市文物考古研究所：《广州南汉德陵、康陵发掘简报》，《文物》2006 年第 7 期，第 23 页；广州市文物考古研究所：《铢积寸累——广州考古十年出土文物选粹》，文物出版社，2005 年，第 212～213 页；由于《发掘简报》的录文有不少错误，这里的录文，参考了吕蒙：《南汉〈康陵地宫哀册文碑〉释文校正》，《宜宾学院学报》2007 年第 8 期，第 90～92 页；刘文锁：《南汉〈高祖康陵天皇大帝哀册文〉考释》，《汉学研究》第二十六卷第二期（2008 年 6 月），第 285～316 页。
④ 吴任臣：《十国春秋》卷六六《南汉九》，中华书局，1983 年，第 927 页。

南汉乾亨二年（918 年）的一天，正当高祖刘龑再次来到灵树山探访知圣大师时，知圣大师却刚好在刘龑到达之前坐化圆寂，而且圆寂的前后，再次向刘龑显示了他的神异。收录于《南汉金石志》的大宝元年（958 年）《匡真大师塔铭》（御书院给事郎雷岳撰）[1] 这样说道：

> 岁在丁丑（917 年），知圣大师一日召师（指文偃）及学徒，曰："吾若灭后，必遇无上人为吾茶毗。"至戊寅（918 年），高祖天皇大帝巡狩韶石，幸于灵树，知圣迁化，果契前约。敕为燄之，获舍利，塑形于方丈。于时诏师入见，特恩赐紫。[2]

虽说以今天的眼光来看这段记载带有相当程度的传奇色彩，但我们至少可以相信这样一个基本事实，那就是：这位神僧迁化之时，刚好是高祖皇帝刘龑为其主持火化的。具体说，刘龑不仅为其主持了火葬，而且还亲眼看见了火化之后"获舍利"乃至"塑形于方丈"——即以其骨灰舍利制作灰身塑像的全部仪式过程。这里的所谓"塑形于方丈"，按释文偃去世后"塔于当山方丈内"[3] 或"塔全身于方丈"的说法[4]，应该也是指在方丈之内或方丈附近建塔保存的意思。也就是说，刘龑所目睹的这个重要的宗教葬礼，最终应该也是以"塔葬"的形式而结束的。河南登封法王寺佛塔地宫中一尊僧人塑像，即是这种性质的（图 4）。

图 4　登封法王寺二号塔地宫中的高僧泥塑影真

甚至我们可以进而推想，这个葬礼对于文本中提到的三个人物——将要迁化的知圣大师、主持葬礼的刘龑、其后继承法嗣的释文偃，似乎都是意味深

① 吴兰修：《南汉金石志》卷一，《石刻史料新编》第三辑（四），（台北）新文丰出版公司，1986 年，第 388、389 页。

② 吴兰修：《南汉金石志》卷一，《石刻史料新编》第三辑（四），（台北）新文丰出版公司，1986 年，第 388、389 页。

③ 此据《匡真大师塔铭》，《南汉金石志》卷一，《石刻史料新编》第三辑（四），（台北）新文丰出版公司，1986 年，第 388、389 页。

④ 此据《佛祖历代通载》卷一七，《大正新修大藏经》第 49 卷，（东京）大正一切经刊行会，1924～1934 年（下简称《大正藏》），第 654 页。

长的①。对于知圣大师来说，他可以通过临终前的最后一次神算，戏剧化地将自己身后之事、包括他所选定的法嗣托付给刘䶮，以期得到皇室对寺院的继续支持；对于文偃来说，由一国之主亲自为其师主持的这个隆重葬礼仪式，以及仪式过程中对他的诏见，本身也意味着他在南汉佛教寺院中合法地位的确立；至于刘䶮，大师临终前的预见、火化后如佛入涅槃一般"获舍利"之神迹以及整个仪式过程，无疑会留给他一次难忘的亲身经历。

《塔铭》还交代，知圣大师迁化之后，僧文偃即在刘䶮的支持下继承了灵树知圣大师的法席，之后又移庵云门山，从而开创了禅宗五支之一的云门宗②。大有十一年（938 年），刘䶮曾诏释文偃入宫，向其问禅，并试图授以荣禄，文偃不受，遂加封"匡真大师"之号。而且直到大有十五年（942 年）崩驾为止，刘䶮每年都频繁向文偃颁宣供奉，表达礼敬③。在知圣大师灭度之后，刘䶮对云门宗创始人释文偃的扶持和礼遇，进一步反映出他生前对佛教的尊奉和宠信。

刘䶮崩后，他的第三子刘玢（殇帝）继位，遂改大有十五年为光天元年，并于当年九月葬高祖刘䶮于康陵④。因殇帝刘玢荒淫无度，次年三月，其弟刘晟弒兄自立。殇帝刘玢在位仅一年时间，其对佛教的态度，史料不载。但高祖刘䶮之后，中宗刘晟及后主刘鋹（刘晟之子）皆佞佛，且亦与云门宗大师释文偃之间有过一段颇不寻常的经历。据大宝七年（964 年）《大汉韶州云门山大觉禅寺大慈云匡圣弘明大师碑铭并序》

① 对于这件事，《十国春秋》亦有记载，说："高祖初立，有事于师旅，将诣院决臧否，如敏已先知，恬然坐逝。及高祖至，惊问何时得疾，对曰：师无疾，适授一缄，令呈大王。开函得一帖子，云：人天眼目堂中上座。高祖悟其意，遂寝兵，乃召第一座登堂说法，即云门文偃也……"见吴任臣：《十国春秋》卷六六《南汉九·僧如敏传》，中华书局，1983 年，第 927 页；这种说法，应大体本自南汉集贤殿雷岳的《云门匡真禅师广录》卷三的一段记述："洎知圣将示灭，欲师踵其席，乃潜书秘函中，谓门弟子曰：'吾灭后，上或幸此，请以遗。'上果会驾幸山。知圣预测上至，乃升堂加趺而终，及帝至已灭矣。帝询师遗示，门人出函奉之，上启函得书，云：'人天眼目堂中上座。'帝乃勑剌史何希范，具礼命师，以袭法会。上于是钦美之，累召至阙，每所顾问，酬答响应，帝愈揖服，遂赐紫袍师名。后徙居云门山。"见《大正藏》第 47 卷，第 575~576 页。
② 《塔铭》曰："次敕师于本州庭（厅？）开堂。师于是踞知圣筵，说雪峰法，实为禅河泅涌，佛日辉华，道俗数千，问答应响……尔后，大师心唯恬默，奏乞移庵，奉敕俞允，癸未（923 年）领学志开云门山。"见《南汉金石志》卷一，《石刻史料新编》第三辑（四），（台北）新文丰出版公司，1986 年，第 388、389 页。
③ 《塔铭》曰："至戊戌岁（大有十一年），高祖天皇大帝诏师入阙，帝问：如何是禅？师云：圣人有问，臣僧有对。帝曰：作么生对？师云：请陛下鉴臣前语。帝悦云：知师孤戒，朕早钦敬。宣下授师左右街僧录（按：即掌管佛教事务的最高官职）。师默而不对。复宣下，左右街：此师已知蹊径，应不乐荣禄。乃诏曰：放师归山可乎？师欣然，山呼万岁。翌日，赐内帑香药，施利盐货等回山，并加号曰匡真。厥后每年频降颁宣，繁不尽记。"见《南汉金石志》卷一，《石刻史料新编》第三辑（四），（台北）新文丰出版公司，1986 年，第 388、389 页。
④ 关于刘䶮下葬康陵的时间，《南汉金石志》作"光天元年（942 年）五月癸未朔十四日丙申"，见《石刻史料新编》第三辑（四），（台北）新文丰出版公司，1986 年，第 381 页；《十国春秋》作"八月"，见《十国春秋》卷五九《殇帝本纪》，中华书局，1983 年，第 852 页；原碑文（哀册）作"光天元年九月壬午朔二十一日壬寅"，见广州市文物考古研究所：《铢积寸累——广州考古十年出土文物选粹》，文物出版社，2005 年，第 212、213 页。

（陈守中奉敕撰）①：

> 寻遇中宗文武光圣明孝皇帝，缵承鸿业，广布皇风，廓静九围，常敬三宝。复降诏旨，命师入于内殿，供养月余，仍赐六铢衣、钱、绢、香药等，却旋武水，并预赐塔院额曰："瑞云之院，宝光之塔"……于屠维作噩之岁（南汉中宗乾和七年，即 949 年）四月十日（将要入灭时）……巫令修表告别君王。②

从中可知，文偃大师此次入宫接受皇室供奉时年事已高③，所以当他将要返回韶州云门山时，中宗刘晟不仅赐给他六铢衣、钱、香药等供养品，更值得注意的是，临别时刘晟还专门为文偃大师预备了一份十分特殊的厚礼——两块匾额——一块预备嵌在文偃圆寂之后的灵塔上，称作"宝光之塔"；另一块则预备挂在其塔院的门额上，称作"瑞云之院"④。

耐人寻味的是，当文偃感到要不久于人世时，也没有忘记赶紧修书与中宗告别。而且，与知圣大师火化后"获舍利"的神迹相类似，文偃大师圆寂时，"怡颜垒足而化"，身体"端然不坏"，而且下葬时由"诸山尊宿，四界道俗，送师入塔"，其后又有"诸国侯王、普天僧众，闻师圆寂，竞致斋羞"。这前后的葬仪活动，自然也免不了有南汉宫廷的参与。

如果说中宗刘晟与释文偃之间的往还关系一直持续到文偃圆寂；那么，后主刘鋹与文偃之间的一段因缘，则发生在文偃入灭之后。换句话说，刘鋹见证了文偃大师身后的神异奇迹。《碑铭》记载：大宝六年（963 年），圆寂长达 14 年之久的释文偃托梦请人上京奏闻朝廷，为他开塔。后主刘鋹敕命为其开塔，结果则是"法身如故"、"放神光于方丈"，"即道即俗，观者数千"。又速命将文偃大师的真身迎至大内：

> 翌日，左右两街，诸寺僧众，东西教坊，四部伶伦，迎引灵龛入于大内。锣

---

① 陈守中：《大汉韶州云门山大觉禅寺大慈云匡圣弘明大师碑铭并序》，《南汉金石志》卷一，《石刻史料新编》第三辑（四），（台北）新文丰出版公司，1986 年，第 399~400 页。
② 陈守中：《大汉韶州云门山大觉禅寺大慈云匡圣弘明大师碑铭并序》，《南汉金石志》卷一，《石刻史料新编》第三辑（四），（台北）新文丰出版公司，1986 年，第 399~400 页。另，前引《塔铭》作"并御制塔额，预赐为'宝光之塔'、'瑞云之院'。"
③ 按《塔铭》所记文偃圆寂时（949 年）"法龄七纪二"，即八十六岁的年纪推算，中宗即位时（943 年）文偃已有八十。
④ 文偃作为其寺院的开山祖师，理应拥有寺院中的第一座身塔，所谓"预赐塔院额"，就是给尚未起建的文偃的坟塔和塔院所题之额，而不是给早已存在的寺院和寺塔题额。我们从前引《塔铭》和《碑铭》资料中不难获知，文偃于云门山初建寺时，南汉高祖刘龑赐额"光泰禅院"，后曾改为"证真禅寺"。直到南汉大宝六年（963 年），刘鋹才敕升"证真禅寺"为"大觉禅寺"。故中宗时，寺院除了使用前两个名称之外，应不可能有其他名称。另，《碑铭》中说文偃"来若凤仪做僧中之异瑞，去同蝉蜕为天外之浮云"，这两句末尾的"瑞"、"云"二字，即是从"瑞云之院"取意的，可见当年中宗所题的"瑞云之院"，就是后来安置文偃身塔的塔院。

铍铿锵于玉阙，蟠花罗列于天衢，圣上别注敬诚，赐升秘殿，大陈供养，叠起斋
筵。排内帑之瓌珍，馔天厨之蕴藻，列砌之骊珠斛满，盈盘之虹玉花明，浮紫气
于皇城，炫灵光于清禁。圣上亲临宝辇，重换法衣，谓侍臣曰："朕闻金刚不坏之
身，此之谓也。"于是许群僚士庶、四海蕃商俱入内庭，各得瞻礼。瑶林畔千灯接
昼，宝山前百戏联霄，施利钱银，不可殚记……

当时的盛况，简直是倾国倾城。就这样，文偃的真身又在宫中前后整整被瞻礼供
养了一月。

此外，雷岳所撰《匡真大师塔铭》中还透露：当时文偃的在京弟子，仅报恩寺内
就有 70 余人，并且"皆出自宫闱①。可见南汉宫廷的佛教空气是何等之盛！

那么，基于南汉数主及其宫廷持续一贯的强烈佛教氛围，尤其是基于他们对佛教
高僧塔葬习俗的深度了解，高祖陵上的那个塔形封土，有无可能正是仿自佛塔的呢？
虽说上述有关两位高僧的葬礼以及南汉皇室的佛教信仰情况仍不足以作为证明康陵陵
台模仿佛塔的直接证据，可是目前确有许多迹象表明，唐宋时期，中国传统墓葬的建
筑形式在佛教丧葬习俗与生死观念影响下，一度出现了坟塔化的发展倾向。

三　坟塔形墓葬的前后历史背景

虽说现有考古发现中像南汉康陵这种封土呈佛塔塔基形状的墓葬例子极其罕见，
但据有关文献的记载，似乎早在东汉时期，中国丧葬建筑当中就已经出现了模仿佛塔
的迹象。据大约成书于三国两晋时期的《理惑论》：

明帝存时，预修造寿陵曰"显节"，亦于其上作佛图像。②

这里所谓的"佛图像"，指的即是塔③。

如果说汉明帝于显节陵上立塔之事还不过是一个太过渺远的传说，那么《洛阳伽

---

① 吴兰修：《南汉金石志》卷一，《石刻史料新编》第三辑（四），（台北）新文丰出版公司，1986 年，第 388、
　389 页。
② 传为东汉牟融的《理惑论》，见录于僧祐的《弘明集》卷一；此处引文据光绪纪元夏月湖北崇文书局雕本《理
　惑论》，《百子全书》卷一四，（台北）古今文化出版社，1969 年，第 8422 页。
③ 如何理解汉明帝显节陵上的所谓"佛图像"呢？北魏杨衒之《洛阳伽蓝记》卷四又有一则类似的记载："明帝
　崩，起祇洹于陵上，自此以后，百姓冢上，或作浮图焉。"这里的"祇洹"显然可与前引文中的"佛图像"对
　等互换。那么"祇洹"又是什么呢？杨勇《洛阳伽蓝记校笺》曰："……祇洹，精舍也。"杨衒之著、杨勇校
　笺：《洛阳伽蓝记校笺》，中华书局，2006 年，第 171 页；丁福保《佛学大辞典》"祇洹精舍"条亦曰："（堂
　塔）即祇园精舍"。实际上，根据《洛阳伽蓝记》中这段文字的上下文，即不难判定这里的所谓"祇洹"，与
　下文所言的"浮图"必为一事，指的就是佛塔。

蓝记》卷五所记于阗国"死者以火焚烧,收骨葬之,上起浮图"之丧葬习俗①,则是一个不争的事实。我们知道,早在公元 3 世纪中叶,即有中原高僧朱士行卒于于阗,并且采用了当地流行的佛教葬式,火化之后敛骨起塔的②。可见三国六朝之际,这种塔葬习俗已在中国西北边境一带蔓延着,只是在中国更为广大的中原汉族地区,除了少数佛教僧侣圆寂之后依佛法建塔埋葬以外,世俗中人绝少见有塔葬的例子。可是当历史进入到唐宋时期,情况便开始发生了变化,世俗中人以僧俗建坟塔安葬的现象,开始见于文献记载。

如:唐代肃宗朝宰臣杜鸿渐(708 ~ 769 年),由于笃信佛教,死前曾遗命其子:

依胡法塔葬,不为封树。③

又如:唐德宗第五子肃王李详:

建中三年(782 年)十月薨。时年四岁……上尤怜之,追念无已,不令起坟墓,诏如西域法议层砖造塔。④

德宗终生信佛,所以当他年幼的爱子不幸夭折时,他本能地选择了佛教的塔葬方式,只是此事遭到了礼仪使判官司门郎中李岩的反对⑤。以上是出自《旧唐书》的两段记载。

此外,《西阳杂俎·续集》卷七亦曾记述到:贩夫何轸的妻子刘氏,常持《金刚经》,太和四年(830 年)亡时,"轸以僧礼葬,塔在荆州北郭"⑥。至于相关的考古发现,则如位于蓝田辋川的唐朝大诗人王维母亲的墓葬,该墓墓上不见封土,原仅有一座高约 2 米的四门塔,却不幸于 20 世纪 70 年代初被人为毁坏⑦。

在北宋,真宗朝名相文正公王曾(978 ~ 1038 年),病重时曾召杨大年嘱以后事,要求"用茶〔荼〕毗火葬之法,藏骨先茔之侧,起一苫塔,用酬夙愿"⑧。

这类记载虽然不过是反映了一些个别现象,但是,这些个别现象,却共同昭示着唐代以后墓葬建筑的一个新的演变趋向。

---

① 杨衒之著、杨勇校笺:《洛阳伽蓝记校笺》,中华书局,2006 年,第 210 页。
② 即所谓"依西方法屠被之,薪尽火灭,尸犹能全……因敛骨起塔焉"。见慧皎:《高僧传》卷四《晋洛阳朱士行》,中华书局,1992 年,第 146 页。
③ 《旧唐书》卷一○八《列传第五十八·杜鸿渐》,中华书局,1975 年,第 328 页。
④ 《旧唐书》卷一五○,中华书局,1975 年,第 62 页。
⑤ 李岩上言道:"坟墓之义,经典有常,自古至今,无闻异制。层砖起塔,始于天竺,名曰浮图,行之中华,窃恐非礼。况肃王天属名位,尊崇丧葬之仪,存乎简册,举而不法,垂训者轻。伏请准令造坟,庶遵典礼。"面对这样的一番道理,德宗最后只好服从了。《旧唐书》卷一五○,中华书局,1975 年,第 62 页。
⑥ 段成式:《西阳杂俎续集》卷七《金刚经鸠异》,中华书局,1981 年,第 271 页。
⑦ 桑绍华、张蕴:《西安出土文安公主等墓志及郭彦塔铭》,《考古与文物》1988 年第 4 期,第 77 ~ 84 页。
⑧ 释文莹:《续湘山野录》,《湘山野录·续录·玉壶清话》,中华书局,1984 年,第 67 页。

特别是唐高宗之世（650～683年），由北印度罽宾僧人佛陀波利携来中国的《佛顶尊胜陀罗尼经》译出之后，在唐朝产生了很大影响，而且正是这部密教经典，随后成为推动世俗墓葬向佛教坟塔方向发展的一个最大动力。众所周知，该经的广泛流行，首先是因其具有兼济生灵与亡魂，尤其是具有破地狱的特殊功能。如该经卷一云：

> 佛告天帝：若人能书写此陀罗尼，安高幢上，或安高山或安楼上，乃至安置窣堵波中；天帝，若有苾刍苾刍尼优婆塞优婆夷族姓男族姓女，于幢等上或见或与相近，其影映身，或风吹陀罗尼，上幢等上尘落在身上；天帝，彼诸众生所有罪业，应堕恶道地狱畜生阎罗王界饿鬼界阿修罗身恶道之苦，皆悉不受，亦不为罪垢染污；天帝，此等众生，为一切诸佛之所授记，皆得不退转于阿耨多罗三藐三菩提。

> 佛言：若人先造一切极重恶业，遂即命终，乘斯恶业应堕地狱，或堕畜生阎罗王界，或堕饿鬼乃至堕大阿鼻地狱，或生水中，或生禽兽异类之身，取其亡者随身分骨，以土一把，诵此陀罗尼二十一遍，散亡者骨上，即得生天。[①]

唐大历十一年（776年），在几位密宗高僧的直接推动下，代宗颁布了"天下僧尼每日须诵尊胜陀罗尼咒二十一遍"诏令，大大加速了该经的广泛流布；而作为塔形建筑物的石经幢，更是成为传布此经的一种重要媒介[②]。以至成书于金、元时期的《大汉原陵秘葬经》，其中还有"凡下五品官至庶人，同于祖穴前安石幢"的有关规定[③]。

根据刘淑芬的统计分析，这种石经幢的形制以八角形棱柱体为最多（图5），另外也有少数为六面体或四面体。它们通常树立在寺院、通衢、墓旁或墓中、佛塔之内或佛塔之侧，在本质上是一种塔，一种法舍利塔[④]。

那么通常树立在寺院、通衢、墓旁或墓中等处的石经幢究竟怎样促成了墓葬的坟塔化趋势呢？刘淑芬指出："经幢流行以后，由于经幢的性质是塔，其上刻有佛经，所

---

① 《大正藏》第19卷，第352页。
② 刘淑芬《〈佛顶尊胜陀罗尼经〉与唐代尊胜经幢的建立——经幢研究之一》，《"中央研究院"历史语言研究所集刊》第六十七本第一分（1996年3月），第145～193页；又据《中国大百科全书》考古学卷，幢原系一种建之于佛前的伞状丝帛制品，顶装如意宝珠，下有长杆。初唐时开始以石刻形式模拟丝帛的幢，唐宋时期此风尤盛。这种石幢一般可分幢座、幢身、幢顶三个部分，幢座多为覆莲状，下设须弥座，幢身作柱状，多呈八面体，其上大都刻佛顶尊胜陀罗尼经，幢顶一般刻成仿木建筑的攒尖顶，顶端托宝珠。现存较早的纪年石幢，是陕西富平的唐永昌元年（689年）佛顶尊胜陀罗尼经幢。参见《中国大百科全书·考古学》，中国大百科全书出版社，1986年，第241页。
③ 见《永乐大典》卷之八千一百九十九，十九庚，《大汉原陵秘葬经》"碑碣墓仪法篇"；又见《藏外道书》第1册，巴蜀书社，1992年，第160页。关于该书的年代与作者问题，见徐苹芳：《唐宋墓葬中的"明器神煞"与"墓仪"制度——读〈大汉原陵秘葬经〉札记》，《考古》1963年第2期，第87～106页，收入徐苹芳：《中国历史考古学论丛》，（台北）允晨文化出版公司，1995年，第277～280页。
④ 刘淑芬：《经幢的形制、性质和来源——经幢研究之二》，《"中央研究院"历史语言研究所集刊》第六十八本第三分（1997年9月），第643～786页。

以是一种'法舍利',加上经幢上所刻《佛顶尊胜陀罗尼经》强调破地狱功能,因此有人开始在墓域建幢。至于僧人原有塔葬或建塔的习俗,随着在墓域建幢风气的流行,有的僧人即在坟旁或塔侧树立经幢;后来更将荼毗后的遗骨置于经幢之内,成为'舍利经幢',也就是把经幢当作墓塔使用。"① 又指出:"从 9 世纪中,就有僧人建立这种埋葬遗骨的经幢,但到 11 世纪才正式出现'舍利经幢'这个名词。由于舍利经幢的作用和性质已经和塔很接近了,后来更出现'塔幢'的名称,或者直称为'塔。"② 至于当时人为什么会做出这种幢、塔合一的选择,我们或许可以从辽咸雍八年(1072 年)涿州范阳乡贡进士段温恭所撰的《特建藏舍利幢记》中找到解释:"若起塔则止藏其舍利,功德唯一;建幢则兼铭其秘奥,利益颇多。况尘飏影覆恶脱福增,岂不为最胜者欤?"③

图 5　五台山佛光寺大殿前
唐大中十一年(857 年)幢

　　正如刘淑芬在部分经幢题记文字中注意到 11 世纪前后开始出现塔、幢合一的趋向那样④,有关考古发现进一步证实,当时世俗社会丧葬礼俗中广为流行的墓幢,确实有过从"坟前"、"墓侧"发展到墓上的倾向。如,河北井陉柿庄 2 号、3 号、9 号宋金墓、北孤台 4 号金墓,皆发现墓顶上方安有须弥座式建筑,应当正是经幢的底座(图 6 · 1、2)⑤。也就是说,由于受到佛教葬俗的影响,这些墓幢开始趋向与墓葬联为一体,成为一种墓塔化的丧葬建筑——所谓"瘗灵骨于其下,树密幢于其上"的"身塔"⑥。而

① 刘淑芬:《墓幢——经幢研究之三》,《"中央研究院"历史语言研究所集刊》第七十四本第四分(2003 年 12 月),第 676 页。
② 刘淑芬:《墓幢——经幢研究之三》,《"中央研究院"历史语言研究所集刊》第七十四本第四分(2003 年 12 月),第 687 页。
③ 陈述:《全辽文》卷八,中华书局,1982 年,第 201、202 页。
④ 刘淑芬:《墓幢——经幢研究之三》,《"中央研究院"历史语言研究所集刊》第七十四本第四分(2003 年 12 月),第 689~691 页。
⑤ 河北省文化局文物工作队:《河北井陉县柿庄宋墓发掘报告》,《考古学报》1962 年第 2 期,第 31~73 页。
⑥ 寿昌五年(1099 年)燕京大悯忠寺故慈智大德幢记曰:"门人仰师之德,感师之恩,瘗灵骨于其下,树密幢于其上。"(见陈述:《全辽文》,中华书局,1982 年,第 257、258 页);乾统八年(1108 年),燕京涿州固安县归仁乡人刘庆为其年仅十岁的儿子僧智广建"身塔"时,建的即是一座陀罗尼经幢,见陈述:《全辽文》,中华书局,1982 年,第 307 页。

且，许多迹象表明，宋辽金时期大量出现的八角形墓和六角形墓，正是受到了墓上八角形或六角形经幢的影响，是墓与塔进一步一体化的又一表征（图7）[①]。

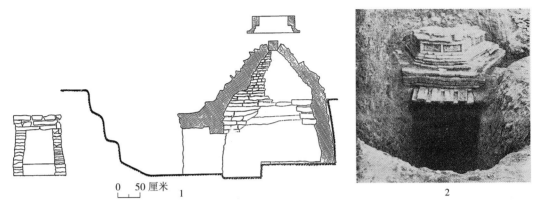

0 50 厘米

图6　河北井陉金墓

1. 河北井陉柿庄九号金墓墓室剖面及墓门正面图　2. 河北井陉北孤台四号金墓墓顶及须弥座式建筑

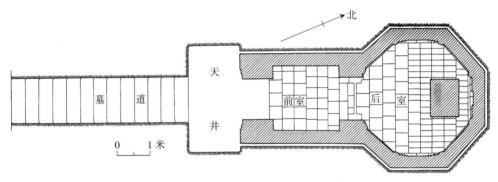

北

墓道　天井　前室　后室

0　1 米

图7　河北宣化6号辽墓平面图

　　根据对上面这段历史的回溯，我们可以切实地看到，唐宋时期中国传统墓葬的建筑形式一度在佛教丧葬习俗与生死观念影响下出现坟塔化的发展倾向，完全是信而有征的。如果我们从这样一种墓葬艺术的时代语境来观察和思考南汉康陵地宫上方的"塔基状"封土，以及10世纪墓葬艺术中的许多新元素，我们对这一时期墓葬艺术风气变动的基本趋势，就能有一个比较清晰的认识了。

四　10世纪墓葬艺术的新趋向

　　除了位于广州番禺的南汉德陵与康陵以外，目前已经过考古发掘的五代十国时期

① 相关研究参见李清泉：《真容偶像与多角形墓葬——从宣化辽墓看中古丧葬礼仪的一次转变》，《艺术史研究》第8辑，中山大学出版社，2006年，第433～482页。另见李清泉：《宣化辽墓：墓葬艺术与辽代社会》第五章第四节"多角形墓室与陀罗尼经幢"，文物出版社，2008年，第294～317页。

的重要墓葬,不仅有位于成都的前蜀王建墓（永陵）、位于南京的南唐二陵（璟陵、昇陵）、位于杭州的吴越钱元瓘墓①、位于福州的闽国王审知墓②等君王国主一级的陵墓,还有闽国第三主王延钧妻刘华（南汉刘隐之女）、吴越国钱元瓘次妃吴汉月等人的墓葬③,以及位及藩镇节度使一级的王处直墓、冯晖墓、李茂贞夫妇墓等。这些墓葬在墓室内部结构与布置方面,或多或少都有唐代陵墓制度的遗痕,可是从营造方式和规模来看,有的规模偏大,有的规模偏小;有的因山为陵,有的积土成冢;有的掘圹于地下,有的却建在地表上方（如王建墓）;几乎是各有不同的特色的。这种情况,一方面反映出传统陵墓制度在一个分裂时代的渐趋衰落与紊乱,另一方面似乎也在一定程度上显现了各地方割据政权于丧葬礼俗方面的某些革新企图。那么,与唐代墓葬传统相比,这些变化多样的五代十国墓葬究竟可有哪些相对一致的演化趋向呢?下面我们结合考古发现和文献记载来做几点综合考察。

1. 部分墓葬封土呈圆形

除了南汉康陵地宫上方的所谓"陵台"是以砖壁围成圆形封土丘的,1942 至 1943 年间发掘于成都的前蜀王建墓——永陵,其陵台也是用石条围成一个圆形,但是与一般陵墓不同的是,永陵是一座地上陵墓,发掘时陵园布局情况不详,目前地表部分仅见一高约 15 米,直径约 80 余米的圆形陵台。陵台周围界以九层石条,石条厚约 0.28、长约 1.2 米,起嵌时每层向内收缩约 10 厘米。由于该墓封土呈现为这样一个巨大的圆形,而且是十分规则的圆形,早在发掘之前,它一直被当地误认为是汉代司马相如的琴台（图 8）④。根据王玉冬先生最近的研究,这座建在地表的奇怪墓葬,在装饰设计上,主要借用了具有佛教"云身"寓意的十二尊半身抬棺武士像,来表达从军阀到道教皇帝的王建死后乘云车飞升的道教意象⑤。这一点,无疑也是王建墓圆形封土之外的又一特别之处。

无独有偶,十多年后,南京博物院在《南唐二陵》（李昇陵、李璟陵）的发掘报告中称:"自秦汉以来,皇帝陵墓上的封土,多作方形层台状,唐代和北宋还是如此。二陵虽然仿唐代制度,但封土成圆形。"⑥ 这样,在已经发掘的五

0　10 米

图 8　五代王建墓陵台侧视图

① 浙江省文物管理委员会:《杭州、临安五代墓中的天文图和秘色瓷》,《考古》1975 年第 3 期,第 186～194 页。
② 福建省博物馆等:《唐末五代闽王王审知夫妇墓清理简报》,《文物》1991 年第 5 期,第 1～10 页。
③ 浙江省文物管理委员会:《杭州、临安五代墓中的天文图和秘色瓷》,《考古》1975 年第 3 期,第 186～194 页。
④ 冯汉骥:《前蜀王建墓发掘报告》,文物出版社,2002 年,第 1～8 页。
⑤ 王玉冬:《走近永陵——前蜀王建墓设计方案与思想考论》,《艺术史研究》第 11 辑,中山大学出版社,2009 年,第 227～272 页。
⑥ 南京博物院:《南唐二陵》,文物出版社,1957 年,第 39、40 页。

代十国墓葬中，除了少数墓葬由于受到自然或人为破坏封土形状无以判辨以外，至少已有四座墓葬的封土部分确定为圆形的。这一点，无疑是相对于唐墓制度的一个新的变化。

刘文锁先生曾依据唐高宗故事"天皇大帝"配祀于南郊祭天之圜丘的说法，推测康陵的正方形基座上构造圆塔形陵台，很有可能是模仿祀天的"圜丘"。因为刘龑即有"天皇大帝"的独特谥号①。这一观点的确颇富启发意义。但是这一观点显然还很难用以解释与之多有相似之处的王建墓乃至南唐二陵的陵台封土问题。以笔者之见，五代十国时期墓上圆形封土形式的出现，似乎亦不能排除佛教的有关影响。

中国陵墓采取圆形封土堆的做法，似乎可以早到东汉。根据韩国河先生最近对洛阳东汉陵寝的有关调查与研究，东汉时期的陵寝制度较以前出现了重大变化，其中最为显著的特征即是陵墓封土由原来的覆斗形变成了圆形；而且，从光武帝的原陵、明帝的显节陵，到敬陵、慎陵、康陵、恭陵、宪陵、怀陵、静陵、宣陵和文陵，所有东汉帝陵的封土部分，一概呈圆形②。针对东汉陵墓形制的这一变化，韩国河先生推测可能是基于风水术中所推崇的"天圆地方"原则，是基于刘秀、刘庄对西汉传统"阳奉阴违"的政治意识确立的③。可是一个众所周知的事实是，东汉时期的第一座陵墓——光武帝的原陵，以及明帝自己的陵墓"显节"，都是由明帝刘庄主持修建的④。也就是说，圆形封土墓的传统当是成于明帝之手的。这样，我们就不能不合并考虑明帝为何要改变秦汉陵墓的"方上"传统，将显节陵封土做成圆丘形，并于墓上"作佛图像"的问题。那么这种圆丘形墓上树塔的做法，会不会曾经受到过西域佛教之窣堵波（stupa）——即古代印度所流行的那种覆钵式墓塔⑤的影响或启发呢？

我们知道，早在阿育王时代的后期，佛教已经遍及整个印度，且其影响西达地中海东部沿岸国家，北至克什米尔、白沙瓦，南到斯里兰卡，进而入境东南亚。其中，北传的路线，又以克什米尔、白沙瓦为中心，继续向大月氏、康居、大夏、安息和于阗、龟兹一带延伸。而且当时那场影响广泛的新佛教运动，正是以埋有佛陀遗骨的

---

① 刘文锁：《南汉〈高祖康陵天皇大帝哀册文〉考释》，《汉学研究》第二十六卷第二期（2008 年 6 月），第 285～316 页。

② 韩国河：《洛阳东汉陵寝制度概述及变制原因探析》，《中国史研究》第 52 辑（2008 年），第 87～98 页。

③ 韩国河文中还说：覆斗形封土与圆形封土分别代表对"事死如生"的不同层面的理解；前者"代表了象征明堂辟雍在宣政教化的目的"，后者"实际上是宫殿'堂'的建筑形式的具体模仿"。参见韩国河：《洛阳东汉陵寝制度概述及变制原因探析》，《中国史研究》第 52 辑（2008 年），第 94、95 页。

④ 按《后汉书》卷四二《光武十王列传·东平宪王苍》中的有关说法，明帝创这种陵墓的目的似乎只是为了崇尚简约，即所谓"裁令流水而已"，中华书局，1965 年，第 1437 页。

⑤ 玄奘《大唐西域记》卷一曰："窣堵波，所谓浮图也。又曰鍮婆，又曰塔婆，又曰私鍮簸，又曰藪斗波，皆讹也。"丁福保《佛学大辞典》曰：（窣堵波），"译曰大聚、方坟、圆冢、灵庙、高显处、功德聚等。"明顾起元《说略》卷十九亦言："窣堵波，方坟也，又圆冢，又高显也。梵名塔婆发，讹为浮图。浮图者，聚相也，支提可供养处也。"与丁福保的这段解释颇相吻合。另，《佛光大辞典》亦曰："窣都婆，梵语 stuˆpa 之音译……略称塔婆、兜婆、浮图、塔。在古代印度原为形如馒头之墓。释尊灭后，窣都婆不止为坟墓之意，已有纪念物之性质……"丁福保：《佛光大辞典》，上海书店出版社，1991 年，第 4716 页。

"窣堵波"式佛塔为中心发展起来的。我们还知道，目前学术界普遍认为：佛教入华的具体时间当不晚于东汉初年。在关于佛教传入中国的故事中，后汉明帝褒奖楚王刘英"尚浮屠之仁祠"（公元 65 年）[1] 以及明帝感梦求佛法（公元 67 年）的说法也最为著名。甚至于，据裴松之《三国志》所引《魏略》的记载，早在西汉哀帝元寿元年（前2 年），大月氏（居今新疆及其以西的巴基斯坦、阿富汗、乌兹别克斯坦等地）来华使者伊存曾向博士弟子秦景宪口授《浮屠经》[2]。大月氏原本居于敦煌、祁连山一带，公元前 2 世纪受匈奴驱使被迫西迁，随后征服了大夏，占领了阿姆河、锡尔河流域，约于公元 1 世纪建立贵霜王朝，并将疆域扩展到整个印度西北地区。这一地区早在公元前 3 世纪就已经信奉佛教，大月氏迁到原大夏的居住地之后，也很快在当地风俗的影响下信奉了佛教。从公元前后中国与印度、西域的交通情况看，《魏略》中的这一记载亦颇足取信。似乎还有必要举出的例证是，山东嘉祥武氏祠左石室画像（东汉晚期）中的一个图像，看上去似乎即是一个拜"塔"的场面；此外，如山东嘉祥宋山东汉祠堂的这幅"冢前祭拜"画像所显示，这里的"冢"，外形恰好也是一个形如馒头状的圆冢。这一点，巫鸿先生在有关论著中已经提及[3]。

　　当然，我们并不否认，由于时间邈远、证据虚弱，东汉陵墓封土形状的改变是否与当时入华的佛教有关这类问题，可能永远都只能是一个无望落实的推想。可是，出于对一种新的陵墓样式背后之传统的兴趣和关怀，反观、清理一下这些看似虚妄却又仿佛与圆形封土墓之创始有关的历史残片，也并不是完全没有意义的。而且，足以令我们感到好奇的是，建成于北魏太和八年（484 年）的大同方山永固陵（冯太后的墓葬），是目前所知唯一时代更早且外表保存相对完好的一座圆形封土墓。该墓基底亦为方形，封土堆现高22.87、南北长 117、东西宽 124 米（图 9）[4]。比永陵规模更大。值得注意的是，该陵陵园却设有一座佛寺，一座我们所知最早的陵上寺院——思远佛寺，而且佛寺的中央为一方形

图 9　大同方山北魏永固陵

大塔，塔的背后又有佛殿、僧房等，寺院基址上还伴有化生童子瓦当、菩萨、飞天等

①　《后汉书》卷四二《光武十王列传·楚王英》，中华书局，第 1428 页。
②　据《三国志》卷三〇《魏书·乌丸鲜卑东夷传》注引《魏略·西戎传》记载："昔汉哀帝元寿元年，博士弟子景庐受大月氏王使伊存口受《浮屠经》曰复立者其人（指沙律——引者）也。"中华书局，1959 年，第 859 页。
③　［美］巫鸿：《早期中国艺术中的佛教因素（2～3 世纪）》，《礼仪中的美术：巫鸿中国古代美术史文编》，生活·读书·新知三联书店，2005 年，第 301 页。
④　大同市博物馆等：《大同方山北魏永固陵》，《文物》1978 年第 7 期，第 29～35 页。

佛教造像残件出土①。这一标新立异的圆形封土墓，仿佛就预示了其与佛教的某种联系。而且更加发人深省的是，正像东汉陵墓的圆形封土传统在数百年后仍余绪有继一样，北魏永固陵于陵园当中修建佛寺的做法，也没有成为历史的绝响。

2. 陵墓上方设立佛寺

如前所述，目前所知最早的陵墓上方建有佛寺的墓葬，是北魏方山永固陵。但是这座陵墓的陵上寺院似乎并没有对后来的陵墓制度产生过多少直接的影响。如我们目前所了解的那样，北朝晚期以迄隋唐，于陵园内部设佛寺的现象还基本不见②。但是，当历史进入五代十国时期，情况开始发生了明显的变化。

946 年，后晋为契丹所灭，出帝石重贵被辽帝耶律德光废为负义侯，举家迁往黄龙府（今吉林省辽安县），不久又被迫迁居辽阳（今辽宁省辽阳市），一路颠沛流离，受尽屈辱。在奉命暂居建州（今辽宁省朝阳县西南）期间，太后李氏获疾而又不得医治，临终前（950 年）对石重贵留下了这样一番嘱咐："我死，焚其骨，送范阳佛寺，无使我为边地鬼也。"③ 后晋李太后不仅不愿成为虏地之鬼，而且期望将后身托之于佛寺。其实，唐代以降，尤其是 10 世纪前后，不独人死之后骨灰或遗体常寄存佛寺，许多帝王乃至贵族阶层的陵墓附近还出现了一种专门用于超度死者亡魂并且兼有守护陵墓之功能的寺院——坟寺。

在前蜀，王建墓（918 年）墓旁曾设有寺院。陆游曾亲眼看见过前蜀王建的永陵，并且记述道："后陵永庆院，在大西门外不及一里，盖王建墓也。有二石幢，犹当时物。又有太后墓，琢石为人马，甚伟。"还附诗曰："陵阙凄凉俯旧邦，恨流衮衮似江长；穿残已叹金凫尽，缺落空余石马双。攫饭饥乌占寺鼓，避人飞鼠上经幢；阿和乳臭崇韬耄，堪笑昏童束手降。"④ 显然，陆游所见永陵陵园的残败景象中，既有经幢，又有佛寺。这座佛寺或即所谓"永庆院"。

在吴越国，钱元瓘墓（942 年）也设有佛寺。据清人钱泳《履园丛话》卷一九"文穆王墓"："先文穆王墓在钱塘县龙山之原，今名玉皇山。后晋天福七年（942 年）二月十九日敕葬。旧时墓基，有三百余亩，前案登云山，外案浙江会稽诸山，历历可数。墓前二百步外有神道碑一座，龟趺螭首，地名头城门，盖当时尚有墓城也。宋熙

---

① 大同市博物馆：《大同北魏方山思远佛寺遗址发掘报告》，《文物》2007 年第 4 期，第 4～26 页。宿白在《盛乐、平城一带的拓跋鲜卑——北魏遗迹——鲜卑遗迹辑录之二》一文中亦曾说："陵园最南，有环绕回廊的塔院遗迹，回廊宽近十米。塔基方形，长 40、宽 30 米。塔院遗迹北约 200 米的高坡上，为一长方形建筑遗迹……此遗址北约 600 米，即高大的冯氏墓冢（永固陵）。"可见是将墓地和佛寺连接在一起的。宿白：《盛乐、平城一带的拓跋鲜卑——北魏遗迹》，《文物》1977 年第 11 期，第 38～46 页。

② 宋敏求：《长安志·长安志图·卷中》所绘的唐昭陵图、唐建陵图，陵园的外侧亦见有寺院，但是否属于与当时的陵园一起规划的"坟寺"，目前尚无法证明。宋敏求：《长安志》，三秦出版社，2013 年。

③ 欧阳修撰、徐无党注：《新五代史》卷一七《晋高祖皇后李氏传》，中华书局，1974 年，第 179 页。

④ 陆游著、钱仲联校注：《剑南诗稿校注》卷八，上海古籍出版社，1985 年，第 637 页。

宁十年（1077 年），郡守赵清献公抃以钱氏坟庙芜废，奏改废刹妙因院为表忠观，即在墓左，苏文忠公轼为作碑文，终宋之世，坟庙无恙。"① 文穆王钱元瓘陵侧原本的确设有一所称作"妙因院"的佛寺。北宋元祐六年（1091 年），时知杭州的苏轼即曾在《乞桩管钱氏地利房钱修表忠观及坟庙状》中说道："文穆王元瓘坟庙并忠献王仁佐坟，并在龙山界，其侧有香火，妙因院本钱氏建造。"②

在闽国，位于今福州城北莲花峰的闽国王族墓地，原本设有"莲花寺"和"永兴寺"两座寺院，并立八名僧人守冢③。

在南唐，昇陵和璟陵是否设佛寺目前尚不确知，但后主李煜为追荐烈祖而造钟清凉寺一事，却颇能令人想见坟寺的作用。据宋人曾慥《类说》卷十八："江南李氏时，有一民死而复苏，云至冥司，见先主役土木甚严。民大骇曰：'主何至此耶？'主曰：'吾为宋齐丘所误，杀和州降者千余人。汝归语嗣君，凡寺观鸣大钟，吾受苦则暂休。或为吾能造一钟，尤善。'后主造钟清凉寺，镌云：'追荐烈祖孝皇帝脱幽出厄。'"④

到了北宋时期，已经是所有皇帝的陵旁都建有寺院了⑤。而且，不仅皇陵设寺院，贵族墓地中设坟寺的现象也很普遍，以致坟寺成为当时佛寺的一种类型⑥。我们从保存在山西夏县水头镇司马光墓冢附近的"余庆禅院"，即是司马光家族墓地上的坟寺，从中大体可以推想五代十国时期陵上寺院的形式（图 10）⑦。

图 10   余庆禅院佛殿立面及横剖示意图

①　钱泳：《履园丛话》卷一九，中华书局，1979 年，第 512 页。

②　苏轼撰、孔凡礼点校：《苏轼文集》第三册，卷三二《奏议》，中华书局，1986 年，第 904 ~ 906 页。

③　郑杰：《访闽王墓记事》，《闽中录》卷三；转引自福建省博物馆：《五代闽国刘华墓发掘报告》，《文物》1975 年第 1 期，第 62 ~ 73、78 页。

④　曾慥编：《类说》卷一八，《景印文渊阁四库全书》，（台北）商务印书馆，2008 年。

⑤　据李攸《宋朝事实》卷一记载，北宋朝专为皇陵设置了四所皇家寺院："永安院、永昌陵、永熙陵，以上系永昌陵；永定陵系永定院；永昭陵、永厚陵，以上系昭孝禅院；永裕陵、永泰陵，以上系宁神禅院。"见《景印文渊阁四库全书》，（台北）商务印书馆，2008 年；另见杨宽：《中国古代陵寝制度史研究》附表七，上海人民出版社，2003 年，第 259 ~ 262 页。

⑥　此类寺院即为功德坟寺，是建造于贵族墓地范围内的私人寺院。参见［日］镰田茂雄著、郑彭年译：《简明中国佛教史》，上海译文出版社，1986 年，第 261 页。此处镰田茂雄引用了小川贯弌的研究，见［日］小川贯弌：《关于宋代的功德坟寺》，《龙谷史坛》第二十一号（1938 年 2 月）。

⑦　山西省夏县司马光墓文物管理所：《山西省夏县司马光墓余庆禅院的建筑》，《文物》2004 年第 6 期，第 47 ~ 64 页。

3. 埋在墓中或建在墓上的陀罗尼经幢

前文提到，唐代已经开始流行陀罗尼经幢，但是当时墓葬当中埋葬陀罗尼经幢的现象却极为罕见①。五代十国时期不仅开始在陵墓上方出现佛寺，而且不少墓葬于墓室当中或封土上方，出现了唐代墓葬当中较少发现的石经幢或陶经幢。如：前文提到，前蜀王建墓墓上有石经幢②；闽国第三主王延钧妻刘华墓（930 年）中出现石经幢③；后唐"秦王"李茂贞墓（924 年），于墓道中部和墓葬开口地面地层中，发现石经幢和许多陶质经幢残片，其中石经幢残高 170 厘米，其上刻有梵、汉两种文字的经咒④；位于李茂贞墓西侧的李茂贞妻刘氏之墓（943 年），于前后室之间的甬道后部发现陀罗尼经幢⑤。这种经幢幢身以八棱形的居多，亦有少量六棱形者，幢身通常刻有密教陀罗尼经咒。虽说南汉康陵似乎未曾见到经幢的遗存，但南汉时期也不乏这类实物的例子，如《南汉金石志》所记某某为"亡考陈十八郎敬赎造□□加□佛顶尊胜陀罗尼幢一座，追荐幽途"（945 年）等⑥；甚至于，南汉大宝五年（952 年），身为东面招讨使行内侍监上柱国邵廷琄，亦曾与诸寺院僧尼一起建造过一座《佛顶尊胜陀罗尼经幢》——即所谓的"镇象塔"，用以超度因踏毁庄稼而被杀戮的群象⑦。而且所幸这座经幢至今依然保存完好⑧。由此可见，五代十国时期，佛教陀罗尼信仰业已开始对丧葬习俗发生了深刻的影响。

前文提到，已有许多迹象表明宋辽金时期大量出现的八角形墓和六角形墓，正是受到了墓上八角形或六角形经幢的影响，是墓与塔进一步一体化的又一表征。而且，新的考古发现也进一步证实，出现塔、幢混同和八角形、六角形墓室这类历史现象的时间，应该可以进一步向前推到 10 世纪。如：2005 年暑期，笔者在洛阳关林博物馆亲眼看见过的一件八角形墓幢（编号：00 - 83），上有北宋开宝二年（969 年）造幢题记曰："特进检校太傅左领军卫上将军致仕周景，奉为亡过长男殿直守通，建立佛顶尊胜陀罗尼并大悲千手千眼陀罗尼真言灰骨幢子一座，伏愿亡灵超生净域。"这里已明确将经幢称作"灰骨幢子"，可见世俗丧葬仿照僧人埋葬骨灰之坟塔形式安置陀罗尼经幢的现象，早在 10 世纪中叶已经出现了。又如：我们在随葬八角形石经幢的五代李茂贞夫人墓（943 年）中发现，该墓后室已经开始以一个八角形的形式出现了，就像发现于河北正定的一座后晋天福年间八角形舍利寺塔基地宫（约 940 ~ 947 年）的形制一样

---

① 20 世纪 50 年代，陕西省内曾发现 142 件唐代陀罗尼经幢，但称得上是墓幢的，却只有出土于西安东郊高楼村高克从墓的一件。参见陕西省文管会：《陕西所见的唐代经幢》，《文物参考资料》1959 年第 8 期，第 29 ~ 30 页。

② 陆游著、钱仲联校注：《剑南诗稿校注》卷八，上海古籍出版社，1985 年，第 637 页。

③ 见福建省博物馆：《五代闽国刘华墓发掘报告》，《文物》1975 年第 1 期，第 62 ~ 73、78 页。

④ 宝鸡市考古研究所：《五代李茂贞夫妇墓》，科学出版社，2008 年，第 119、120 页。

⑤ 宝鸡市考古研究所：《五代李茂贞夫妇墓》，科学出版社，2008 年，第 95 ~ 110 页。

⑥ 吴兰修：《南汉金石志》卷一，《石刻史料新编》第三辑（四），（台北）新文丰出版公司，1986 年，第 385 页下。

⑦ 吴兰修：《南汉金石志》卷二，《石刻史料新编》第三辑（四），（台北）新文丰出版公司，1986 年，第 395 页上。

⑧ 杨豪：《东莞北宋"象塔"发掘记》，《文物》1982 年第 6 期，第 62 ~ 65 页。

（图 11）①。这也是目前所见受八角形经幢和佛塔影响的八角形墓葬的最早例证。总之，10 世纪墓葬建筑中出现的这些新的元素，表明世俗墓葬的一度佛教"坟塔"化潮流，也从这一时期肇始。

1　　　　　　　　　　　　　　　　　　2

图 11　河北正定舍利寺塔基地宫
1. 地宫形制　2. 石函位置

五　结　语

以上我们从南汉康陵的奇怪陵台开始，分别考察该陵台的形态、南汉皇室的信仰、墓葬坟塔化的历史背景以及 10 世纪墓葬艺术的新趋向等问题。透过上述这些考察，我们不独可以更加坚定对康陵陵台仿自佛塔的认识；更为重要的是，透过康陵的这个"塔基状"陵台，我们也可以更加形象地感知到出现于五代十国时期墓葬艺术中的若干新出因素究竟将后来的墓葬建筑艺术形式引向了何方，感知到导致这一显著变动的主要思想根源又是来自哪里。

如前所述，整个 10 世纪的墓葬，呈现出许多前代不见的新元素，充分展现出一个分裂时代的不同割据政权在丧葬礼俗及其视觉表现形式方面标新立异的各种情形。诚然，我们于其中不独看到的是佛教的影响，如前蜀王建墓，在其整体设计思路上就主要显现了道教的理念②。但是无论如何，这座墓葬在视觉装饰方面也借用了许多佛教的

① 樊瑞平、郭玲娣：《河北正定舍利寺塔基地宫清理简报》，《文物》1999 年第 4 期，第 38～43 页。
② 王玉冬：《走近永陵——前蜀王建墓设计方案与思想考论》，《艺术史研究》第 11 辑，中山大学出版社，2009年，第 227～272 页。

元素。固然目前尚没有资料证明南唐二陵曾有佛寺或经幢，但昇陵中室北壁门洞两侧
一对身穿铠甲、手拄长剑的浮雕"武士"形象，脚下皆踩有浮云，实际是模仿了佛教
艺术中的天王形象①，而且，我们从南唐"禁中广署僧尼精舍"、"国主与后顶僧伽帽、
衣袈裟诵佛经"等记载②，也不难想见南唐诸主的宗教信仰；固然闽国王审知墓既非圆
形或塔基状封土，也没有随葬陀罗尼经幢，但墓志中却交代他"集海内缁黄，启祇园
斋忏，佛庙遍廓，雁塔干霄，钟梵之音，远近相接，人天之果，修设无时"③。而且从
王审知夫妇的墓葬到"留心佛典"的王延钧妻刘华的墓葬，其平面形制一律被规划成
一口大钟的形状，令人回想起南唐后主造钟"追荐烈祖、孝皇帝脱幽出厄"的那种精
神诉求。所有这些现象，都更多地让我们感知到当时丧葬文化背后的一重佛教关联。

　　虽然说，上述所举那些具有佛教关联的墓葬元素或现象也并不能用"墓葬坟塔化"
趋向来简单加以概括，但是，坟塔化趋势毕竟是唐宋之交反映在墓葬建筑形态方面的
一条日渐显著的发展线索。正如大安五年（1089 年）辽代进士王鼎在《六聘山天开寺
忏悔上人坟塔记》中所说的那样："古之葬者弗封树……而后世朴散，转加乎文，遂有
贵贱丘圹高厚之制。及佛教来，又变其饰终归全之道，皆从火化，使中国送往，一类
烧羌。至收余烬为浮图，令人瞻仰，不复顾归土及泉之义，世以为然。"④

　　所以，设如南汉康陵陵台的塔形性质确定无误，这个陵台，就预示着在佛教生死
观念和丧葬习俗的长期浸染之下，一股反映在墓葬建筑形态上的坟塔化趋势，从 10 世
纪开始，正在进入中国古老而悠久的墓葬文化传统。

---

①　南京博物院：《南唐二陵》，文物出版社，1957 年，图版 27。
②　《马氏南唐书》卷五，《景印文渊阁四库全书》，（台北）商务印书馆，2008 年。
③　福建省博物馆等：《唐末五代闽王王审知夫妇墓清理简报》，《文物》1991 年第 5 期，第 1～10 页。
④　陈述：《全辽文》卷八，中华书局，1982 年，第 207 页。

宋辽交聘中的御容往来

张　鹏（中央美术学院）

宋辽时期外交活动频繁，文献记载内容丰富，但囿于图像资料的匮乏一直未能进入美术史研究的视野①。幸而近年相关考古文物发现提供了一定的参考，启发我们剖析这一外交事件的内在原因及艺术与政治的互动关系，探讨艺术为政治服务的同时在本体上的自主，以及由此总结出的理论如默写通神、目识心记、得心应手等如何进一步影响人物肖像艺术的发展。

一　宋辽御容往来史实与反响

1. 宋仁宗与辽兴宗和辽道宗间的御容互赠

庆历年间，宋辽两朝维持和平的状态，互通书画诗赋，共铸"两朝永通和好"的政治局面②。宋辽御容像的往来恰好发生在庆历增岁币后，史书记载，"庆历中，王君贶（王拱辰）使契丹，宴君贶于混融江，观钓鱼。临归，戎主（兴宗）置酒，谓之曰：南北修好岁久，恨不得亲见南朝皇帝兄（仁宗），托卿为传一杯酒到南朝。乃自起酌酒，容甚恭，亲授君贶举杯，又自鼓琵琶，上南朝皇帝千万岁寿"③。辽兴宗首先传达了欲见宋仁宗的愿望。

皇祐三年（1051 年）八月乙未，宋朝工部郎中知制诰史馆修撰兼侍讲王洙出任契丹生辰使，"……使至龄淀，契丹使刘六符来伴宴，且言耶律防善画，向持礼南朝，写圣容以归，欲持至馆中。王洙曰：此非瞻拜之地也。六符言恐未得其真，欲遣防再往传绘，洙力拒之"④。其中道出了耶律防曾持礼南朝潜写仁宗圣容的事情，估计发生在

①　蒋武雄：《宋辽外交互赠帝像始末》，《人文学报》第 11 期，（台北）空中大学人文学系，2012 年，第 129 页；李松：《由乘传写照到默写通神——从〈韩熙载夜宴图〉说到十世纪前后人物画发展的社会环境因素》，《千年遗珍国际学术研讨会论文集》，上海书画出版社，2006 年，第 223～240 页。
②　陆游：《老学庵笔记》卷七，中华书局，1979 年，第 92 页。
③　沈括：《梦溪笔谈》卷二五《杂志》，岳麓书社，2002 年，第 184 页。
④　李焘：《续资治通鉴长编》卷一七一"宋仁宗皇祐三年八月乙未"条，中华书局，1986 年，第 4106 页。

庆历七年（1047 年）十二月乙丑，当时耶律防由契丹帝遣派，以左千牛卫上将军身份与右谏议大夫知制诰韩迥担任贺正旦使①。

到皇祐五年（1053 年）十二月壬子，辽兴宗再诏人臣曰："朕与宋主约为兄弟，欢好岁久，欲见其绘像（仁宗），可谕来使。"② 转年至和元年（1054 年）九月乙亥，契丹遣忠正节度使同平章事萧德、翰林学士左谏议大夫知制诰史馆修撰吴湛，来告与夏国平："且言通好五十年，契丹主思南朝皇帝，无由一会见，尝遣耶律防来使，窃画帝容貌，曾未得其真，欲交驰画象，庶瞻觊以纾兄弟之情。"③ 这次或带来了契丹圣宗和兴宗的绘像。

自庆历中至至和元年的近十年之间，辽兴宗或亲谓宋使，或诏人臣使节转达，以求仁宗御容，其中还曾派耶律防数度窃写。辽帝称欲亲见宋帝御容的原因乃是宽慰兄弟之情，坚实兄弟之义，并使子孙得识圣人形表。

至和二年（1055 年）四月，契丹国主遣保安军节度使耶律防，殿中监王懿等来贺乾元节，"因以虏主绘像为献，且请御容，许之"④。这次朝见时，耶律防作为熟稔宋朝政治文化的老朋友，言及宋朝以富弼为相，"天子以公典枢密而用富公为相，将相皆得人矣"，因而得到仁宗之赏赐⑤。耶律防为求宋朝御容，以其主之命持"本国三世画像"来求御容⑥。这三世画像或为辽景宗、辽圣宗和辽兴宗像⑦。再求宋帝御容，并以本朝的二世或三世的画像作为交换，凸显了辽朝的充分的诚意与迫切的心态。

而这一次确实得到了宋朝的首肯⑧，是年八月辛丑，宋朝派出欧阳修假右谏议大夫充贺契丹国母生辰使⑨，可惜的是虽然将持送仁宗御容往，却遇到兴宗去世，于是改充贺登位国信使⑩。这一交换御容的活动也不得不暂时搁浅了⑪。但无论如何，至和二年辽朝以三世像先献宋，粉碎了各种争议与谎言，宋朝也下达了交换御容的谕令，距离成功仅差一步。

索求宋帝御容像的旧事重提是辽道宗继位后第三年，即清宁三年（嘉祐二年，

---

① 李焘：《续资治通鉴长编》卷一六一"宋仁宗庆历七年十二月乙丑"条，中华书局，1986 年，第 3893 页。

② 《辽史》卷二〇《兴宗三》，中华书局，1974 年，第 246 页。

③ 李焘：《续资治通鉴长编》卷一七七"宋仁宗至和元年九月乙亥"条，中华书局，1986 年，第 4281 页；叶隆礼：《契丹国志》卷八《兴宗纪》，中华书局，2014 年，第 94 页。

④ 徐松辑、郭声波点校：《宋会要辑稿·蕃夷道释》蕃夷二，四川大学出版社，2010 年，第 78 页；李焘：《续资治通鉴长编》卷一七九"宋仁宗至和二年四月乙亥"条，中华书局，1986 年，第 4329 页。

⑤ 《宋史》卷二七八《王超传附子德用传》，中华书局，1974 年，第 9469 页。

⑥ 《宋史》卷一二《仁宗四》，中华书局，1974 年，第 238 页。

⑦ 叶隆礼：《契丹国志》卷九，中华书局，2014 年，第 99 页。

⑧ 叶隆礼：《契丹国志》卷九，中华书局，2014 年，第 99 页。

⑨ 李焘：《续资治通鉴长编》卷一八〇"宋仁宗至和二年八月辛丑"条，中华书局，1986 年，第 4365 页。

⑩ 欧阳修：《欧阳文忠公文集一·卢棱欧阳文忠公年谱》，《四部丛刊集部》，上海涵芬楼景印元本，1919 年。

⑪ 王称：《东都事略》卷一二三，附录一，齐鲁社，2000 年，第 1074 页。

1057 年）三月乙未，契丹遣林牙左监门卫大将军耶律防、枢密直学士给事中陈顗再次来求圣容。而且陈顗唯恐传奏不尽悉，写札子咨问①。此后辽朝于三月、六月、九月先后遣使求宋帝像，而宋朝却未顺利答应，"乃遣权御史中丞张昇等行令谕以后持新虏主绘像来，即与之"②。在张昇等到辽朝后，"契丹果欲先得圣容，昇折之曰：昔文成弟也，弟先面见，于礼为顺。今南朝乃伯父，当先致恭"③。先后的诸多周折，令契丹恼羞成怒，"契丹不能对，以未如其请，夜载巨石塞驿门，众皆恐，永年掷去之。由是世传永年有神力"④。最后以契丹先致"新主画像来求御容，许之"⑤。此后还约定了画像需"置于篚中，令贺正使吴中复等交致之"⑥。宋帝御容交付辽朝的记载屡见于宋人笔记，辽朝通过不懈的努力终于达成如愿。

2. 两度御容互赠引发的不同反应

两度御容互赠的纠结，引发宋朝一片哗然，所谓"交驰画像，朝廷多有议论"⑦。宋朝反对提供御容的原因是"或者虑敌得御容，敢行咒诅"。也有臣僚认为："契丹方饥困，何能为？然《春秋》许与之义，不可以不谨。彼尝求驯象，可拒而不拒。尝求乐章，可与而不与，两失之矣。今横使之来，或谓其求圣像，圣像果可与哉？"⑧

而赞成的一方如孙抃认为："国家怀柔远方，所仗者信义而已。"⑨ 辽道宗执政后，翰林学士胡宿草国书奏曰："陛下先已许之，今文成即世而不与，则伤信。且以尊行求卑属，万一不听命，责先约，而遂与之，则愈屈矣。"⑩ 赵抃也上奏曰："昼省夕思大为不可。伏自南北和好仅五十年，然赐予万数固多而华夏礼法犹在，岂容渝勋信誓妄行干求。深惟庙堂自有谋算。如向时尝借乐谱，前日将进寿觞，陛下皆能照其谲诈沮彼狂率，今之所请益又可骇，况非国书语及只是黠使口陈，伏望陛下密令馆伴杨察以直词拒之，命中书密院以常礼遣去，庶几远人之议无轻中国之心，则圣神何忧臣子不辱，中外幸甚。"⑪ 而欧阳修在《论契丹求御容札子》中更提出了"失信伤义，始起衅隙"

① 李焘：《续资治通鉴长编》卷一八五"宋仁宗嘉祐二年三月乙未"条，中华书局，1986 年，第 4472 页。
② 李焘：《续资治通鉴长编》卷一八五"宋仁宗嘉祐二年三月戊戌"条，中华书局，1986 年，第 4473 页。
③ 李焘：《续资治通鉴长编》卷一八五"宋仁宗嘉祐二年三月戊戌"条，中华书局，1986 年，第 4473 页。
④ 李焘：《续资治通鉴长编》卷一八五"宋仁宗嘉祐二年三月戊戌"条，中华书局，1986 年，第 4473 页。
⑤ 李埴：《皇宋十朝纲要》卷六，《续修四库全书》，上海古籍出版社，1997 年，第 456 页。
⑥ 李焘：《续资治通鉴长编》卷一八六"宋仁宗嘉祐二年二月戊戌"条，中华书局，1986 年，第 4473 页；徐松辑、郭声波点校：《宋会要辑稿·蕃夷道释》蕃夷二，四川大学出版社，2010 年，第 80 页。
⑦ 李焘：《续资治通鉴长编》卷一七七"宋仕宗至和元年乙亥"条，中华书局，1986 年，第 4281 页。
⑧ 《宋史》卷三二九《王广渊传附弟临传》，中华书局，1974 年，第 10609 页。
⑨ 苏颂：《朝请大夫太子少傅致仕赠太子太保孙公行状》，《苏魏公文集》下卷第六十三，中华书局，1988 年，第 962 页。
⑩ 李焘：《续资治通鉴长编》卷一八五"宋仁宗嘉祐二年三月戊戌"条，中华书局，1986 年，第 4473 页。
⑪ 赵抃：《清献集》卷六《奏状乞不许北使传今上圣容》，《景印文渊阁四库全书》第 1094 册，（台北）商务印书馆，2008 年，第 829 页。

的后患①。"二年秋，北虏求仁皇帝御容，议者虑有厌胜之术。"②清宁三年十月宋遣使奉宋主像出发，据《辽史》载，到清宁四年（嘉祐三年，1058年）正月癸酉才到辽地③。好在宋仁宗宽厚明智，"吾待虏厚，必不然"，可谓一语定乾坤，于是派遣御史中丞张昇成行④。

与宋朝在朝的激辩不同，早在宋真宗驾崩时，辽圣宗就已下令在范阳悯忠寺内为真宗设灵御，建道场百日，并下令凡犯真宗讳者都要改换，并差遣殿前都点检崇义节度使耶律三隐、翰林学士工部侍郎知制诰马贻谋充任大行皇帝祭奠使到宋朝参加祭典活动⑤。

而辽道宗在获得宋仁宗御容后，"以御容于庆州崇奉，每夕，宫人理衣衾，朔日月半，上食，食气尽，登台而燎之，曰烧饭，惟祀天与祖宗则然。北狄自黄帝以来，为诸夏患，未有事中国之君如事天与祖宗者。书曰：至诚感神，矧兹有苗。其谓是矣"⑥。宋人笔记多有记载，因系道听途说，不免大同小异。如王偁记载"遣御史中丞张昇送之，洪基具仪服迎谒。及见御容，惊肃再拜。退而谓左右曰：中国之主，天日之表，神异如此，真圣人也。我若生在中国，不过与之执鞭捧盖，为一都虞侯而已。其畏服如此"⑦。又如邵博所记"虏主盛仪卫亲出迎，一见惊肃再拜，语其下曰：真圣主也。我若生中国，不过与之执鞭捧盖，为一都虞侯耳。其畏服如此"⑧。

直到宋哲宗元祐时期，辽朝仍侍奉宋御容如祖宗，"元祐中，北虏主谓本朝使人曰，寡人年少时，事大国之礼或未至，蒙仁宗加意优容，念无以为报，自仁宗升遐，本朝奉其御容如祖宗。已而泣。盖虏主为太子时，杂入国使人中，雄州密以闻。仁宗召入禁中，俾见皇后，待以厚礼。临归，抚之曰：吾与汝一家也，异日惟盟好是念，唯生灵是爱。故虏主感之。呜呼，帝上宾既久，都人与虏主追慕犹不忘，此前代所无也"⑨。

宋辽两朝的不同态度，也正体现了政治、思想与文化的交融与碰撞。

3. 宋徽宗与辽天祚帝的绘像事件

有关宋辽间御容像的事情至宣和初又有新的状况出现。有意思的是这次改由宋朝

① 欧阳修：《欧阳文忠公集》奏议卷一五《论契丹求御容札子》，《景印四部丛刊》初编，上海商务印书馆，1919年。
② 邵博：《邵氏闻见后录》卷一，中华书局，1997年，第4页。
③ 《辽史·道宗一》，中华书局，1974年，第256页。
④ 邵博：《邵氏闻见后录》卷一，中华书局，1997年，第4页。
⑤ 李焘：《续资治通鉴长编》卷九八"真宗乾兴元年六月乙巳"条，中华书局，1986年，第2282页；《宋史·凶礼三·外国丧礼及入吊仪》，中华书局，1974年，第2899页。
⑥ 叶隆礼：《契丹国志》卷九《道宗纪》，中华书局，2014年，第99页。
⑦ 王称：《东都事略》卷一二三，附录一，齐鲁书社，2000年，第7页。
⑧ 邵博：《邵氏闻见后录》卷一，中华书局，1997年，第4页。
⑨ 邵伯温：《邵氏闻见录》卷二，中华书局，1997年，第16页。

窃写辽帝御容。宋徽宗时有意征辽，加之童贯意图北方，赵良嗣献取燕之策。"有谍者云：天祚貌有亡国之相"，徽宗为证实并亲眼见之，委派登画学正陈尧臣假尚书出使。陈尧臣为"婺州人，善丹青，精人伦"，他带领两名画学生使辽"尽以道中所历形势向背，同绘天祚像以归。入对即云：虏主望之不似人君，臣谨写其容以进。若以相法言之，亡在旦夕。幸速进兵。兼弱攻昧，此其时也。并图其山川嶮易以上。上大开赴，即擢尧臣右司谏，赐予巨万。燕云之役遂决。时尧臣（1093～1155年）方三十三岁，（靖康元年，1126年）迁至侍御史"。然最终失利，"建炎中，监察御史李寀疏其为黼鹰犬，误国之罪，始诏除"①。

其实，说天祚帝有亡君之相的不止陈尧臣一人。早在哲宗元祐四年（1089年）苏辙权吏部尚书，出使契丹后撰《北使还论北边事札子五首》，其中《二论》言及天祚帝时说："惟其孙燕王骨气凡弱，瞻视不正，不逮其祖。虽心似向汉，未知得志之后，能弹压蕃汉，保其禄位否耳。"② 只是徽宗单纯依靠御容相术而定夺燕云十六州之谋，有失理智，直接导致了徽宗后期对辽军事的屡次惨败。对此荒谬之举，明代学者黄学海就曾痛惜感叹："徒知虏主之将亡国而不自鉴，何哉！"③

赵扑所奏称"坚求传写圣容归示本国"，有两个问题待解，即为何坚求？归示什么？而其中又涉及的美术史问题是：为何辽朝画家不得其真，是水平的问题吗？为何辽朝反复索要，到底希望看到什么？而背后的意图又是什么？

可见，上述宋辽之间的御容往来涉及：御容像、御容像画家、御容样式、窃写、相术等，这些也是在五代宋辽以来必须面对的美术史课题。而引起我们兴趣的是，为什么辽朝坚毅不拔地要求看到宋帝御容像？屡次窃写不得其真则反复要求、欲先得不成转而求其次、先期送来辽帝像再求宋帝像以阻断宋朝的拒绝借口、得到宋帝像后的祭祀膜拜，这些做法背后的动机和目的是什么？除了政治上的动因外，从美术史角度有何启发？提出了哪些问题？

二　宋辽时期御容像的绘制与收藏

1. 宋辽宫廷绘制御容像④

御容帝后像的创作因其置放位置、使用场合、配合仪式、实践活动和功能的

---

① 王明清：《挥麈录·后录》卷四，中华书局，1961年，第124页；黄以周等：《续资治通鉴长编拾补》卷三九"徽宗宣和元年"条，中华书局，2004年，第1229页。

② 苏辙：《栾城集》卷四二，上海古籍出版社，1987年，第937页。

③ 黄学海：《筼斋漫录》卷四，《续修四库全书》，上海古籍出版社，1997年，第1127～1152页。

④ 张鹏：《互动交流中的辽代皇室审美趣味与艺术成就》，《美术研究》2005年第2期，第45～50页；刘兴亮：《论宋代的御容及奉祀制度》，《历史教学》2012年第6期，第20～26页。

不同，因而涉及对帝后形象，如容貌姿态的样式、配合不同仪礼的冠服、器物配置等的多元求，其中既有政治表达的需要，也有艺术的审美表现。艺术创作在与政治的互动中，一方面因应政治的需要，一方面又能主动调整和转化，发挥自身的优势。

据《图画见闻志》等画史记载，北宋庆历元年（1041 年），宋仁宗诏令于崇政殿西阁四壁绘制《观文鉴右图》，图画前代帝王一百二十人之美恶之迹，以为兴废之诫。皇佑初，又命高克明等图绘《三朝训鉴图》，并传模镂版刊印，颁赐群臣及王公宗室。英宗治平年间，于三圣神御殿两廊写创业戡定之功及朝廷所行大礼等图。这些制作虽不称为御容像，但皆追循汉唐麒麟阁、凌烟阁图画旧制，惜画迹无存。宋英宗于治平元年（1064 年）下诏，于景灵宫建孝严殿奉安仁宗神御，鸠集画院画家"图画创业戡定之功及朝廷所行大礼，次画讲肄文武之事、游豫宴飨之仪，至是又兼画应仁宗朝辅臣吕文靖已下至节钺凡七十二人"[①]。同时，南唐时期许多重要作品在其亡国后没入北宋秘府，成为北宋御容绘制的重要参考[②]。

宋辽御容像主要指祭祀大典所用衮冕国服像和常服像，有卷轴、印本[③]、玉石、塑像等不同体裁，有半身像、全身像、大型像、小型像、侧坐像和正面像等不同形式。帝后像还包括行乐图和故实画，如辽太宗驰骑贯狐像、太祖收晋图、南征得胜图等[④]。另外宋代翰林画家还绘制了太宗乌巾插花像[⑤]、弄毬像[⑥]，以及寿星观所存真宗寿星装像[⑦]等。怀懿皇后的"紫沙幕装"就是极具魅力的创作[⑧]。而文献记载流落于民间的《慈氏菩萨像》，是由高文进创作的功德画，原为章圣御像和章宪明肃皇太后的真容作为宫中小佛堂内供养[⑨]。《景德四景》中的《契丹使朝聘图》，以帝相遮，不见宋帝形象，是特殊的表现，值得单独研究（图1）[⑩]。清代南薰殿收藏宋代帝后像至今保存在

① 郭若虚：《图画见闻志》卷二，凤凰出版传媒集团、江苏美术出版社，2007 年，第 231 页。

② 郑文宝：《江表志》卷中，《五代史书汇编》，杭州出版社，2004 年，第 5085 页；佚名：《江南余载》卷下，《五代史书汇编》，杭州出版社，2004 年，第 5115 页；吴任臣：《十国春秋》卷一六，中华书局，1983 年，第 211 页；郭若虚：《图画见闻志》卷四，凤凰出版传媒集团、江苏美术出版社，2007 年；史温：《钓矶立谈》，《五代史书汇编》，杭州出版社，2004 年，第 5019 页；陆游：《南唐书》卷三，《景印文渊阁四库全书》第 464 册，（台北）商务印书馆，2008 年，第 405 页；周在浚：《南唐书注》卷三，吴兴刘氏嘉业堂刊本，1915 年，第 390 页；《宣和画谱》卷七，凤凰出版传媒集团、江苏美术出版社，2007 年。

③ 陈骙：《南宋馆阁录》卷三，记载南宋高宗绍兴时期，"御容四百六十七轴"，《丛书集成续编》第 42 册，上海书店出版社，1994 年，第 537 页。

④ 刘曦林：《历史题材与历史经验》，《美术》2010 年第 2 期，第 96～102 页。

⑤ 刘道醇：《圣朝名画评》卷一，《画史丛书》，人民美术出版社，1982 年，第 127 页。

⑥ 周密：《志雅堂杂钞》卷下，僧元霭画太宗小本御容，《笔记小说大观》第 9 册，江苏广陵古籍刻印社 1983 年，第 235 页。

⑦ 李焘：《续资治通鉴长编》卷一九七"仁宗嘉祐七年月九月辛亥"条，中华书局，1986 年，第 4780 页。

⑧ 王恽：《玉堂嘉话》卷三，中华书局，2006 年，第 82 页。

⑨ 郭若虚：《图画见闻志》卷六，凤凰出版传媒集团、江苏美术出版社，2007 年，第 226 页。

⑩ 汪荃铎：《台北故宫博物院藏景德四图研究》，《兰台世界》2013 年第 31 期，第 62～63 页。

图1　台北故宫博物院藏北宋佚名"景德四图"
　　　之《契丹使朝聘图》局部

图2　台北故宫博物院藏
　　《宋真宗后像》

台北故宫博物院内（图2）①。

　　宋代御容制作机构主要是翰林图画院（神宗元丰后改称图画局）。图画院祗候或翰林待诏负责绘制御容，不仅仅奉安于皇宫大内与都城，比如仁宗天圣元年至嘉祐末年先后奉安太祖、太宗、真宗御容于南京、西京、东京、扬州、并州、滁州、澶州等地。

　　辽代御容像制作亦有相当的文化基础②，其实行的南北面官制中是否有类似翰林图画院这样的宫廷绘画机构尚不清楚，但绘制御容的艺术家应存在于宫廷机构之内，文献记载陈升和张文甫即为翰林画待诏，先后参与过皇家大型艺术工程。永兴宫使耶律裹履即因长于写真而获减刑。而辽初攻后晋时，取晋图书、礼器及百工送上京，长于写真的汉地画家王霭、焦著、王仁寿就曾为契丹所掠，在辽地供职写生。辽太祖以来御容像兴盛或与这些汉人画家有着直接的关系。

　　辽朝早有绘塑御容像的传统③，木叶山契丹始祖庙内"奇首可汗在南庙，可敦在北庙，绘塑二圣并八子神像"④，其后的太祖庙、太宗庙、景宗庙等均有供奉帝后像的御

①　《历代帝王半身像册》，《故宫书画录》，（台北）台北故宫博物院，1980年；《秘殿珠林　石渠宝笈三编·石渠宝笈九》，（台北）台北故宫博物院，1971年。

②　张鹏：《辽代皇家人物画研究》，《10—13世纪中国文化的碰撞与融合》，上海人民出版社，2006年，第462～478页。

③　张国庆：《契丹辽帝的造像与祭祖》，《黑龙江民族丛刊》1993年第10期，第85～89页。

④　《辽史》卷三七《地理志一》，中华书局，1974年，第445页。

容殿。清宁八年，辽朝在西京大同府的华严寺内"奉安诸帝石像、铜像"①。华严寺具有皇室祖庙性质，《金史》记载，金世宗于大定六年（1166年）五月巡幸西京（今大同）华严寺，"观故辽诸帝铜像，诏主僧谨视之"②。而且这批辽代帝像至元代尚存，"江南道观，偶藏宋主遗像，有僧素与道士交恶，发其事，将置之极刑，帝以问天麟，对曰：辽国主后铜像在西京者，今尚有之，未闻有禁令也。事遂寝"③。光绪年间《山西通志》记载华严寺"有南北阁、东西廊，北阁下铜、石像数尊，相传辽帝后像。凡石像五，男三女二，铜像六，男四女二。内一铜人，衮冕帝王之像，垂足而坐，余皆巾帻常服危坐"④。贾敬颜分析此像或为辽朝帝后像⑤。可见，辽朝御容像除绘制卷轴外，为适应四季捺钵的政治体制，便于长途跋涉，还创建了活动的宗庙，捺钵有与京城的宗庙建置相同的用于专门奉祀祖宗神主的神帐，在穹庐中设置小毡殿，内置帝后金像，以便随时致祭⑥。世宗天禄五年（951年）九月，在自将南伐途中，曾"祭让国皇帝于行宫"⑦。圣宗统和四年（986年）十一月，南伐北宋，曾"祭酒景宗御容"于军中行帐⑧。综上所述，辽代御容像分为画像和雕像，材质有金银铸像、白金铸像、铜像、石雕、木雕等多种⑨。

2. 宋辽民间收藏御容像

五代以来就有私人供养收藏先代皇帝御容的情况，他们收藏保存的目的，一般为祭祀、供奉使用，政府亦不加干涉，甚至还默认、鼓励这一做法⑩。北宋时，宗室、臣庶之家及寺庙多有供奉先代帝后御容，朝廷认为这一做法虽然其心可嘉，但帝后影像不适合存于臣民之家，后多迎奉入宫或为官护持⑪。辽代亦有相似的记载，保大三年辽代平城守将张毅于俗迎天祚帝以图恢复，"画天祚像，朝夕谒，事必告而后行，称辽官秩"⑫。可见，民间存在着绘制、供养和收藏先代皇帝御容像的情况。

---

① 《辽史》卷四一《地理志五》，中华书局，1974年，第516页。

② 《金史》卷六《世宗纪上》，中华书局，1975年，第137页。

③ 《元史》卷一五三《石天麟传》，中华书局，1976年，第3619页。

④ 李侃、胡谧：《成化山西通志十七卷》，《四库全书存目丛书·史部一七四》，齐鲁书社，1996年，史174～138。

⑤ 贾敬颜：《民族历史文化萃要》，吉林教育出版社，1990年，第126页。

⑥ 《辽史》卷四九《礼志》，中华书局，1974年，第838页。

⑦ 《辽史》卷五《世宗纪》，中华书局，1974年，第66页。

⑧ 《辽史》卷一一《圣宗纪二》，中华书局，1974年，第125页。

⑨ 朱子方：《辽朝契丹统治者的宗庙制度》，《中国民族史研究》（四），改革出版社，1992年，第57页。

⑩ 《旧五代史·寇彦卿传》、《旧五代史·阎晋卿传》，中华书局，1976年，第278、1421页。

⑪ 志磐：《佛祖统纪》卷四三，法运通塞志第十七之十宋（都汴京）太祖，《大正新修大藏经》第49卷，（东京）大正一切经刊行会，1924～1934年，第394页；王林：《燕翼诒谋录》卷二，中华书局，1981年，第20页。

⑫ 毕沅：《续资治通鉴》卷九五"徽宗宣和五年五月"条"仍称保大三年，画天祚像，朝夕谒事"，古籍出版社，1957年，第2466页。

3. 宋辽时期文献记载中的御容画家

逼肖其形是中国人物画家的基本功，"为人形，丑好老少，必得其真"①。肖像画是人物画家的必修与必备专长，故《宣和画谱》未将肖像画专设一门，而只笼统地称为道释人物画。两宋时期，随着绘画门类的专门化趋向，尤其是皇室的提倡与需求，肖像画领域出现了专职画家，逐渐形成专门的画科，肖像画从人物画中独立出来，人物画与写真分属不同的系统。南宋邓椿《画继》就把人物传写列为绘画独立之一科。元代王绎《写像秘诀》的出现，标志着这一画科基于实践理论的进一步成熟②。

自南北朝以来，画史记载大量能够默识心记的画家，如南北朝时期的谢赫，"写貌人物，不俟对看，所须一览便归操笔，点刷研精意在切似，目想毫发皆无遗失"③。元帝长子方则"随意点染，童儿皆识"④。而张僧繇"笔才一二，而像已应焉"，其成就的获得归于其"手不释笔，俾昼作夜"的勤奋精神，至顾恺之为裴楷画像，颊上添三毛，而神明殊胜。《唐朝名画录》记载，"天宝中，有杨庭光与之齐名，遂潜写吴生真于讲席众人之中，引吴生观之。一见便惊谓庭光曰：老夫衰丑，何用图之？因斯叹服"。更值得一提的是，唐代周昉为赵纵画像"兼得赵郎情性笑言之姿"的故事自唐代至明清画史屡有记载⑤。自五代西蜀南唐更有众多兼写御容的画家，如黄筌、黄居寀、常重胤、李文才、阮知晦、顾闳中、高太冲等人，其绘画实践与理论经验促进了北宋绘画的发展⑥。

宋朝长于御容的画家既有画院待诏，也有民间画家。如创作御容的王端、僧维真就是民间画师。《画继》谈及，画院选用人才"不专以笔法，往往以人物为先"。宋代画家元霭和僧维真因声名显赫，而为名公贵人所多方延请。欧阳黄则因善写贵人，"宗侯贵戚多所延请"⑦，而肖像创作更成为郝澄"赖以资给"的本事⑧。

宋代有画工特地在街坊设棚为来往行人"写真"，画工创作肖像画时，以框架绷绢素来描绘。清嘉庆《杭州府志》记载了南宋赵君寿在临安水埠边为人写像，"争求写真者，无日间断"。大量的民间需求也是支撑这一成就获得的基础。

据《续资治通鉴长编》记载，判鸿胪寺宋郊和资政殿学士晏殊都曾上书言及图画

① 葛洪：《西京杂记》，中华书局，1985 年，第 9 页。

② 徐湖平：《明清肖像画散论——兼论中国古代肖像画》，《明清肖像画》，天津人民美术出版社，2003 年。

③ 张彦远：《历代名画记》卷七，凤凰出版传媒集团、江苏美术出版社，2007 年，第 173 页。

④ 张彦远：《历代名画记》卷七，凤凰出版传媒集团、江苏美术出版社，2007 年，第 186 页。

⑤ 朱景玄：《唐朝名画录》，《画史丛书》，人民美术出版社，1982 年，第 76 页；郭若虚：《图画见闻志》卷五，凤凰出版传媒集团、江苏美术出版社，2007 年，第 205 页；苏轼：《苏轼文集》卷一二《传神记》，《中国古典文学基本丛书》，中华书局，2008 年，第 401 页；姜绍：《无声诗史·李麟》，《丛书集成续编》第 38 册，上海书店出版社，1994 年，第 520 页。

⑥ 陈葆真：《李后主和他的时代：南唐艺术与历史》，北京大学出版社，2009 年。

⑦ 郭若虚：《图画见闻志》卷三，凤凰出版传媒集团、江苏美术出版社，2007 年，第 149 页。

⑧ 刘道醇：《圣朝名画评》卷一，《画史丛书》，人民美术出版社，1982 年，第 129 页。

外夷朝贡人物形象，并存入大内府和史馆①。宋辽使节中有长于写真的画家，或将画家假官出使，以完成图写帝臣像的任务。还有一些长于写真的宋朝画家被掳掠于辽朝，带动了辽朝御容像的发展②。

在辽兴宗、道宗和宋仁宗间的交往中，最需要关注的一位人物就是耶律裹履，他数次出使宋朝，身兼数职，且是一位画家。正史所载有关他窃写宋帝御容的场景生动而令人赞叹，他能因御容像的成就而获赦免死罪，甚至可以升官问政，反映了耶律裹履的御容画水平之高，同时也说明辽朝对这类人才的需求，并且反映了辽朝"写圣宗真以献"这种奉献御容的渠道是畅通的。

4. 辽朝契丹屡求御容原因探析

自五代以来，契丹使者先后参与过南唐御容的相关活动③，以及宋朝的各类大型活动，包括祭祀大典，或许亲眼见过宋代御容绘像。宋仁宗皇祐三年八月，"乙未，翰林学士、刑部郎中、知制诰兼侍讲、史馆修撰曾公亮为契丹国母生辰使，西京左藏库使郭廷珍副之。工部郎中、知制诰、史馆修撰兼侍讲王洙为契丹生辰使，合门通事舍人李惟贤副之。户部判官、屯田郎中燕度为契丹国母正旦使，内殿崇班、合门祇候张克己副之。太常博士、直集贤院、同修起居注王珪为契丹正旦使，东头供奉官、合门祇候曹偓副之。使至龄淀，契丹使刘六符来伴宴，且言耶律防善画，向持礼南朝，写圣容以归，欲持至馆中，王洙曰：此非瞻拜之地也。六符言恐未得其真，欲遣防再往传绘，洙力拒之"④。可见，御容像的瞻拜是要遵照一定的规矩和制度。

随着辽代的政治制度逐渐汉化和规范化，圣宗时期开始绘近臣于御容殿，其中御容像的绘制、御容殿的设置及其祭拜礼仪等都需要进一步参考宋代的规制。所谓"观古图画，圣贤之君，皆有名臣在侧"，功臣像"鸳行序列"⑤ 的样式以及宋代功臣配享的制度，应该是辽朝契丹屡次求索宋帝御容原因之一。

第二，宋朝御容正面像的传闻或许也是辽朝契丹所期待的。御容正面像在宋真宗时代得到重视。画史记载宋太宗朝图画院祇候牟谷，字子冲，工相术，丹青中尤长传写。端拱年间诏随使往交趾国，密令遍写安南王黎桓及诸陪臣真像。因瘴海漂泊十余载始还京师。因太宗晏驾，闲居阊阖门外。后宋真宗幸建隆观，牟谷以所画太宗御容张于户外，真宗见之悚然，敕中使收赴行在，并诘问牟谷缘由。牟谷陈述原委，"所以追写者广陛下罔极之心"。当时《太宗御容》已令元霭写毕，但元霭仅能写侧面。牟谷

① 李焘：《续资治通鉴长编》卷一一〇"仁宗天圣九年正月"条、"仁宗景祐四年三月戊戌"条，中华书局，1986 年，第 2552、2825 页。
② 罗世平：《辽墓壁画试读》，《文物》1999 年第 1 期，第 76～85 页。
③ 陆游：《南唐书》卷一八，"今年正月，方至幽州，馆于愍忠寺，先迎御容入宫，言元欲识皇帝面，乃引见如旧仪"，《景印文渊阁四库全书》第 464 册，（台北）商务印书馆，2008 年，第 490 页。
④ 李焘：《续资治通鉴长编》卷一七一"皇祐三年八月乙未"条，中华书局，1986 年，第 4106 页。
⑤ 郭若虚：《图画见闻志》卷六，凤凰出版传媒集团、江苏美术出版社，2007 年，第 231 页。

称"臣窃以南向恭己圣人所以尊也。臣攻写正面者"，于是真宗下令由牟谷重绘正面御容，并擢升为翰林待诏①。正面像的技术处理方式对于一般画家来说有一定难度，相较八分像或半侧面像更难以掌握空间关系。而正面像却又是庙堂中用于瞻拜的最好形式，因此传说中的宋朝正面御容像或也成为礼仪规范过程中辽朝契丹所需要的。

第三，王霭所画太祖御容，"太祖御容潜龙日写，后改装中央服矣"②，不同服制的御容对于辽朝契丹也具有吸引力。

由此可见，宋辽御容往来的史实以及宋辽御容绘制、画家及交流，其中涉及美术史诸多问题。明代王绂《书画传习录》的一段感慨充分道出了御容像绘制的条件限制与水平把握的难度："写真固难，而写御容则尤难。何者？皇居壮丽，黻座尊严……又复凛天威于咫尺，不敢瞻视。稍纵而为之，上者斯时亦严乞正心，不假频笑，画者之已慑而气已索矣。求其形似已足幸免于戾，何暇更计及神似耶？"这是一位实践者的切身体会总结。宋辽外交中的御容窃写与作为庙堂陈列的御容像有太多的不同，如观察条件的限制和画像功能的殊异等等，因而对画家的创作表现能力、默识心记水平等有着更多、更深刻的要求，画家也就需要承担更重要的责任和压力。

三　宋辽御容往来中的窃写与相术③

自五代后晋即有"复有越千里之外，使画工潜写其形容列为屏障者焉"④。除了画家出使外国密写外国君臣肖像外，五代十国时期的间谍战，如"间其邻"战略导致契丹与后晋相攻的高霸事件⑤，离间了南唐与契丹外交的清风驿事件⑥，都是在政治外交中使用了窃写艺术手段作为政治斗争工具。窃画不仅存在于帝王之间，亦存在于君臣之间、臣僚之间。最著名的莫过于林仁肇事件和传为顾闳中的《韩熙载夜宴图》⑦。而密使江表、潜写宋齐丘、韩熙载、林仁肇肖像的就是画院祗侯王霭⑧。

周密《齐东野史》卷一〇有这样一段记载："吴庄简益以元舅之尊，德寿特亲爱

① 郭若虚：《图画见闻志》卷三，凤凰出版传媒集团、江苏美术出版社，2007年，第147页；刘道醇：《圣朝名画评》卷一，《画史丛书》，人民美术出版社，1982年，第126页。
② 郭若虚：《图画见闻志》卷三，凤凰出版传媒集团、江苏美术出版社，2007年，第122页。
③ 李淑卿：《默写在肖像画史的论述与创作》，《故宫学术季刊》第十九卷第三期，第29～58页。
④ 《旧五代史》卷九三《晋书一九》，中华书局，1976年，第1238页。
⑤ 陆游：《南唐书》卷一八，《景印文渊阁四库全书》第464册，（台北）商务印书馆，2008年，第490页。
⑥ 马令：《南唐书》卷三，《景印文渊阁四库全书》第464册，（台北）商务印书馆，2008年，第263页。
⑦ 陆游：《南唐书》卷一二、卷一四，《景印文渊阁四库全书》第464册，（台北）商务印书馆，2008年，第454、465页；周在浚：《南唐书注》卷一二，吴兴刘氏嘉业堂刊本，1915年，第461页；马令：《南唐书》卷一二，《景印文渊阁四库全书》第464册，（台北）商务印书馆，2008年，第307～308页，但未记画像一事。
⑧ 郭若虚：《图画见闻志》卷三，凤凰出版传媒集团、江苏美术出版社，2007年，第122页；陈葆真《李后主和他的时代：南唐艺术与历史》认为：南唐时韩熙载像已传入北宋阵营，今传顾闳中《韩熙载夜宴图》就算是宋人创作，但其中韩像应据南唐肖像创作。但余辉《画史解疑》认为是南宋作品。

之，入宫每用家人礼。宪圣常持盈满之戒，每告之曰：凡有宴召，非奉吾旨不可擅入。一日王竹冠练衣，芒鞵筇杖，纵行三竺、灵隐，濯足冷泉磐石之上，游人望之如仙，遂为逻者闻奏。次日德寿以小诗召之曰：趁此一轩风月好，桔香酒熟待君来。王遂亟往，光尧迎见笑曰：夜来冷泉之游乐乎？朕宫内亦有此景，卿欲见之否？盖叠石疏泉，像飞来香林之胜，架堂其间，曰冷泉。独揭一画，乃画庄简野服濯足其上，且御制一赞云：富贵不骄，戚畹称贤，埽除膏粱，放旷林泉，沧浪濯足，风度萧然，国之元舅，人中神仙。於于尽欢而罢，因以赐之。"可见，即使以家人礼相待，帝臣之间的关系仍不免有所忌惮，而经过特殊训练的画工则随时应召，遵照帝王意旨创作各类人物肖像及其活动情节，以服务于统治的需要。

无论是前述宋辽之间的凭借御容像观察面相以定乾坤，抑或是密写外国君臣像以因应外交策略，以及密察臣僚日常举动，都是将窃写作为辅助政治的重要手段。艺术与政治形成了一种互动的关系，政治上的需要成为艺术发展的一种内在压力与动力。当然这种水平的提高不是出于艺术目的，而是出于政治军事斗争的需要，但却在客观上促进了绘画水平的不断提高，同时也提供了更多的实战机会。

《益州名画录》记载唐僖宗时的随驾写貌待诏们"不体天颜"，而常重胤即可以做到"御容一写而成，内外官属，无不叹骇，谓为僧繇之后身矣"。而且凡随驾文武臣寮的绘像皆可以绘制创作，见于记载达百余人。由此可见，唐代就有随驾写貌待诏，有机会在日常近身观察，水平极高；二是不仅写御容，亦写随驾文武臣僚；三是经过长期的训练，对于不便熟视审观之人，只需一瞥，便可以做到"翌日想貌，姿容短长，无遗毫发"[1]。

获取政治目的的窃写与梁武帝对诸王的"乘传写照"和宋代景灵宫的"取影貌传写之"不同，窃画对画家的技艺有相当高的要求。窃画本身囿于条件的限制，即不能长时间的直面观察，也不能当场对临摹写，故要求画家具备速写、默写、写生等诸种能力集于一身，能够在最短时间内不动声色地暗中观察默识于心，或称目识心记，所谓"却有丹青士，灯前密细看"[2]，然后凭借记忆默写对象，并要传达其微妙复杂的神情气韵，否则就会"不得其真"。辽代画家耶律裒履善写圣宗御容，他在最后一次出使时虽瓶花遮面，仍能于返途边境上画出令宋臣惊骇其神妙的速写肖像，堪称具备速写和捕捉特点的高超能力[3]。《辽史》还载耶律题子所绘宋将因伤而仆的速写"咸嗟神妙"[4]。这些记载映出宋辽两朝有相当一部分画家受过严格训练，具备窃写的能力。

同时，人物肖像画的创作和交流在宋辽时期颇为盛行，具备广泛的发展空间。元

① 黄休复：《益州名画录》卷上，人民美术出版社，2005 年，第 18～21 页。
② 郑元祐：《侨吴集》补遗，题顾宏中画韩熙载夜宴图，元代珍本文集汇刊影印嘉庆钞本。
③ 《辽史》卷八六，中华书局，1974 年，第 1324 页。
④ 《辽史》卷八五，中华书局，1974 年，第 1315 页。

祐年间，宋相司马光为辽宋两朝所敬仰，辽使至宋必先问候，"及卒，京师之民皆罢市往吊，画其像，刻印鬻之，家置一本，饮食必祝焉，四方皆遣人求之京师，时画工有致富者"①。朱熹《书张氏所刻潜虚图后》甚至有金军见司马光像而失色的记载。

不得不提的是，宋朝流行的相术，对于肖像人物画的创作起到了重要的作用。从观察方法到表现方法无不受其影响。

中国肖像画家的作画程序首先是观察，以捕捉对象的神态与特点，在动态中把握删除了细枝末节的对象精神特征之所在。唐宋以来，画家对于观察方法，形成一套训练方法，包括目识心记、默写通神等，旨在捉摸到人物的"神经中枢"。目识心记最早出现在《宣和画谱》中"……乃命顾闳中夜至其第，窃窥之，目识心记，图绘以上之"（图3）②。后来苏轼强调了人物传神的观察方法，不能要求对象具衣冠坐，敛

图3　故宫博物院藏传五代顾闳中
《韩熙载夜宴图》局部

容自持，"欲得其人之天，法当于众中阴察之"。而以灯投影，就壁模像，可以忽略细微与局部，直接把握颧颊轮廓，则"余无不似者"③。元王绎更是提出"彼方叫啸谈话之间，本真性情发现，我则静而求之，默识于心，闭目如在目前，放笔如在笔底"④，这与相术的观察方法可谓异曲同工。

东汉王符《潜夫论·相列》和王充《论衡·骨相篇》均已总结出相人术的四大方法，相面、手足、行步、声响，"头面手足，身形骨节，皆欲相副称"，以比例均衡为上等命相。相术家根据眉耳额唇颏印堂山根，相形体声音颜色，判断富贵凶吉及第生死疾病夭折。发展到宋代，帝王重相术，擢用人才、任命大臣受相术及相士影响。《宋史》中就记载了和蒙的眸子眊眊然、赵昌言的鼻折山根、王安石的牛目虎视、卢臣忠的有膺无背、王延范的富贵之相。宋代田况《儒林公议》称"太祖天表神伟，紫口而丰颐，见者不敢正视"，李煜占据江南，有画家"写御容至伪国者，煜见之，日益忧惧，知真人之在御也"⑤。上行下效，看相成为宋代普遍的社会风气⑥。《月波洞中记》

---

① 李焘：《续资治通鉴长编》卷三八七"哲宗元祐元年九月丙辰朔"条，中华书局，1986年，第9415页。
② 《宣和画谱》卷七，凤凰出版传媒集团、江苏美术出版社，2007年，第168页。
③ 苏轼：《苏轼文集》卷一二《传神记》，《中国古典文学基本丛书》，中华书局，2008年，第401页。
④ 王绎：《写像秘诀》，《画论丛刊》，人民美术出版社，1962年，第852页。
⑤ 田况：《儒林公议》，《景印文渊阁四库全书》第1036册，（台北）商务印书馆，2008年，第276～277页。
⑥ 汝企和：《〈论衡·骨相篇〉与〈潜夫论·相列〉解析——兼论东汉相人术之特点》，《北京师范大学学报（社科版）》2008年第3期，第135～140页。

就提出"欲知其性行者，察之于眼，验之于口，则可见矣"①。由于相术根据人的形体特征和后天风度推演禀性命运，客观上起到了人物分类作用，这些分类依据本于人的生理功能和实际生活经验，迎合时人的品鉴人物的标准。这些不同的命相形态，也就成了艺术中人物形象塑造的基本依据。作为一种观察方法，相术又能从常态和规矩中抓特点，将人的形象归纳为程式和标准，以对应不同人群与人性，甚至因主观意象和意图而加强其中的特点，从而概括提炼出规律性，给予肖像画家具体的指导。宋代苏轼提出"传神与相一道"②，黄庭坚亦好相学③，元代许有壬更是提出了"盖相之与画，名虽异而理则一，得于相而不能画者有之矣，未有不得于相而能深于画者也，不得于相而画者，不过于肥红瘠黑庸史之笔尔"④。元代王绎在《写像秘诀》里所说明的"八格"应该是在此前基础上的理论总结。相学家所套用的十二宫、十三部本是用以测断人的命禄，为肖像画家所运用，则大大提高了观察能力，在观察描绘时做到胸中有数，自然传神。引用一段有关苏轼的记录，或许对于观察有着更为形象和深刻的认识。岳珂《桯史》载："元祐间，黄秦诸君子在馆，暇日观画，山谷出李龙眠所作《贤己图》，博弈摴蒲之俦咸列焉，博者六七人，方据一局投进，盆中五皆六，而一犹旋转不已，一人俯盆疾呼，旁观皆变色起立，纤浓态度，曲尽其妙，相与叹赏以为卓绝。适东坡从外来，睨之曰，李龙眠天下士，顾效闽人语耶？众贤怪请其故，东坡曰，四海语音六皆合口，惟闽音则张口，今盆中皆六，一犹未定，法当呼六，而疾呼者乃张口何也？龙眠闻之，亦笑而服。"⑤ 这样的观察方法本身可以令画家将精力集中于对象的意志、表情、性格的感受上，由此，再进行概括、提炼和剪裁。

宋辽御容的窃写是凭记忆之后的默写，而记忆默写的第一步是速写，这是锻炼对生活形象和事件进行概括扼要描绘的重要方法，从而遗貌取神，删拔大要⑥。但是这里面也存在着水平高低的问题。耶律裹履虽能完成令人惊骇的速写，但在依照小样完成正式御容时则两度"不得其真"，究其原因有观察时间和条件的限制，亦有记忆方法与能力的欠缺。默写仿佛书法的读帖和背临，它是一种内在视觉的积极状态，是一种更接近创作状态的训练方式⑦。因而宋代也由此更深入探讨如何通过写形、写神、写心来写人，做到"穷达夷险，洞见肺肝"⑧。无论顾恺之"颊上益三毛"，使裴楷"神明殊

① 《月波洞中记》，《景印文渊阁四库全书》第810册，（台北）商务印书馆，2008年，第697页。
② 苏轼：《苏轼文集》卷一二《传神记》，《中国古典文学基本丛书》，中华书局，2008年，第401页。
③ 张荣明：《方术与中国传统文化》，学林出版社，2000年，第98页。
④ 许有壬：《至正集》卷三一《赠写真陈芝田序》，《景印文渊阁四库全书》第1211册，（台北）商务印书馆，2008年，第222页。
⑤ 岳珂：《桯史》卷二，中华书局，1997年，第25页。
⑥ 陈兆复：《中国画研究修订本》，云南人民出版社，1980年。
⑦ 刘海青：《传统默写教学的价值》，《美术观察》2007年第4期，第108页。
⑧ 陈郁：《藏一话腴》外编卷下，《景印文渊阁四库全书》第865册，（台北）商务印书馆，2008年，第570页。

胜"①，还是僧惟真为曾鲁公画像"眉后加三纹"，令其"形象大似"②，正如苏轼《传神记》中指出"凡人意思各有所在，或在眉目，或在口鼻"，故"传神之难在目"，"其次在颧颊"③。此外，传神写照还总结出一套办法，比如"眉与鼻口，可以增减取似也"④，"人物鬼神生动之物，全在点睛，睛活则有生意。宣和画院工或以生漆点睛，然非要诀。要须先圈定目睛，填以藤黄，夹墨于藤黄中，以佳墨浓加一点作瞳子，须要参差不齐，方成瞳子，又不可块然。此妙法也"⑤。今天，我们在民间艺术如泥人张袖中捏像的传说中或可捕捉领会到这一传统之血脉传承⑥。

四　结　语

熙宁年间，宋辽文化互动频繁。临清市的王舍城佛刹内存"吴生画禅宗故事"，契丹使节从此路过，当地接使请其游观，"仍粉牓志使者姓名"。辽使邢希古与宋使聊及燕京画家常思言居幽朔之间不为利诱势动，可见辽使的儒者之风与文化的互动⑦。令人感慨的是，其实前述道宗要求宋主的绘像时，"大契丹"早已复号"大辽"，也许正是承认中华文化正统在宋的表现⑧。而辽道宗懿德皇后萧观音所作《君臣同志华夷同风应制》诗："虞廷开盛轨，王会合其琛。到处承天意，皆同捧日心。文章通蠡谷，声教薄鸡林。大寓看交泰，应知无古今。"⑨则进一步彰显了宋辽的文化互动。庆历年间的屡求御容，两朝皇帝交往日久，政治与艺术的密切关系由此可见一斑，同时也对今天的艺术发展有所启发。

---

① 刘义庆：《世说新语校笺·巧艺第二十一》，中华书局，1984 年，第 387 页。
② 苏轼：《苏轼文集》卷一二《传神记》，《中国古典文学基本丛书》，中华书局，2008 年，第 401 页。
③ 苏轼：《苏轼文集》卷一二《传神记》，《中国古典文学基本丛书》，中华书局，2008 年，第 401 页。
④ 苏轼：《苏轼文集》卷一二《传神记》，《中国古典文学基本丛书》，中华书局，2008 年，第 401 页。
⑤ 赵希鹄：《洞天清禄集·画家点睛》，《丛书集成新编》第 50 册，（台北）新文丰出版公司，1985 年，第 187 页。
⑥ 张铜：《"泥人张"彩塑的创意取向与审美品位》，《美术研究》1995 年第 3 期，第 55 ～ 57 页。
⑦ 郭若虚：《图画见闻志》卷六，凤凰出版传媒集团、江苏美术出版社，2007 年，第 233 页。
⑧ 胡小伟：《"天书降神"新议——北宋与契丹的文化竞争》，《西南民族学院学报（哲社版）》2003 年第 5 期，第 4 ～ 11 页。
⑨ 陈述：《全辽文》卷三，中华书局，1982 年，第 62 页。

马掌小考

田立坤（辽宁省文物保护中心）

马掌，即钉在马蹄下的铁质防护装具，所以也有人将其称作蹄铁。人类在长期役使马的过程中，不断摸索、总结经验，发明了既能够防滑，又可以减少马蹄磨损的马掌，从而使马在寒冷的地冻冰滑环境中，也能够很好地满足交通运输、军事征战的需求。关于马掌的发生时间、地区、功能等问题，因为历史文献中没有明确的记载，所以至今关注者寥寥。本文根据我国考古发现的马掌资料，结合有关文献，对上述问题试做初步讨论，权为引玉之砖。

一　马掌研究回顾

1959 年出版的我国著名畜牧学家谢成侠编著的《中国养马史》[①]，最早关注到马掌问题。现摘录《中国养马史》第一章第五节"四、马具与蹄铁"如下：

> 关于蹄铁的发明，世界上至今尚缺乏足够的资料来论证。我国历史文献也缺少关于蹄铁的记载，因为"蹄铁"这个名词在我国仅始于本世纪之初，随同西洋兽医科学的传入才有所闻，而民间则很久以来传统的称它为"马掌"。照西方就蹄铁的起源而论，据说是公元以后始由赛尔丁人从东方传去的，但最初还只是用革制的马鞋，这种马鞋也就是蹄铁的前身。随着中古时代骑术在欧洲大陆发展，到第九世纪蹄铁才遍见于欧洲各国。其实，如上述《盐铁论》所指的"革鞜"，就是革制的马鞋，很显然那是指二千多年前的情况。《盐铁论》是公元前 81 年（汉昭帝始元六年）朝廷召集当时民间知识分子议论国事的会议记录，它反映平民的马匹只能用革鞜，那么当时的统治阶级可能已不是用革鞜了；虽然他们并没有指出用铁去制马鞋。照推论，铁在汉代虽已广为利用于生产，但究竟还是相当贵重的，把它用来装蹄的可能性就很小。到目前为止，我国考古学界还没有发现一千多年前的蹄铁，因此这

[①] 谢成侠：《中国养马史》，科学出版社，1959 年，第 46 页。

里姑且认为蹄铁的应用恐怕是唐以后的事，但这也不能说是晚了。

遗憾的是，由于钉马掌这门职业和技术是古代中外所鄙视的，因此历史上虽有这事实的存在，仍不能记录在笔下。但中兽医的一些古典著作中，已指出了护蹄和削蹄，而削蹄却是蹄铁技术上的必要操作。又如在唐诗中已隐约的表示马有蹄铁，例如曹唐诗病马五首，有"四蹄不凿金砧裂"之句，杜甫诗高都护骢马行中有这两句："跋促蹄高如踏铁，交河几蹴层冰裂。"

还有张仲葛在《中国古代畜牧兽医方面的成就》① 一文中也关注到马掌，他认为：

> 蹄铁是马匹管理上不可缺少的东西，由"无铁即无蹄，无蹄即无马"这句谚语，就足以说明蹄铁的重要。制造蹄铁和装蹄、削蹄是一门专门技术，它可以提高马匹的效能。蹄铁在我国至少已有两千多年的历史。那时候在欧洲还只知道用革制简单的蹄鞋。自从我国古代人民发明了蹄铁术之后，各地竞相模仿。今日欧洲的蹄铁术，是受到我国蹄铁术的影响加以改良而成的。

我国考古界最先关注马掌的是孙机先生，他不认同上述两种观点，在《唐代的马具与马饰》② 一文中指出：

> 有些著作认为我国唐或唐以前已有蹄铁，但并无确证。按公元前 1 世纪时蹄铁的应用在罗马已较普遍，然而唐代马具中还没发现此物，有人举杜甫《高都护骢马行》"跋促蹄高如踏铁"之句，来推测唐马已有蹄铁，则属误解；因为这不过是诗歌中所用的比喻。我国古代兽医著作中，常强调马匹的护蹄，而不曾言及钉蹄铁。汉·王褒《僮约》："调治马驴，兼落三重。"宋·章樵在《古文苑》中为此文作注解说："落当作烙，谓烧铁烙蹄，令坚而耐踏。"是说烙蹄。徐悱《白马》："研蹄饰镂鞍，飞鞚渡河干。"是说研蹄。杜甫《送长孙九侍御赴武威判官》："骢马新凿蹄，银鞍被来好。"是说凿蹄。至南宋时，陆游《老学庵笔记》卷一说："使虏，旧唯使、副得乘车，三节人皆骑马。马恶则蹄啮不可羁，钝则不能行，良以为苦。"反映出的也是不钉蹄铁的情况。又赵汝适《诸蕃志》卷上记大食国的马，当提到"其马高七尺，用铁为鞋"时，似仍颇觉新奇，反映出这时我国对装蹄铁的作法还比较生疏。我国普遍采用此物的时间，大约不早于元代。

据目前所见，我国研究者讨论过马掌问题的仅有以上三家，在马掌的发生时间、

---

① 张仲葛：《中国古代畜牧兽医方面的成就》，《中国古代科技成就》，中国青年出版社，1978 年，第 411 ~ 425 页。
② 孙机：《唐代的马具与马饰》，《文物》1981 年第 10 期，第 82 ~ 88 页。修改后收入《中国古舆服论丛》，文物出版社，1993 年，第 83 ~ 104 页。此引文采自后者。

地区等主要问题上还没有明确、一致的认识。如仅就我国而言，可谓唐代说、汉代（两千多年前）说、元代说，三种观点截然不同。因为缺乏明确的文献记载和考古实证，各家的结论都是基于推测得出的，所以意见完全相左也就不足为奇了。

另外，《盐铁论·散不足二十九》中有"今富者连车列骑，骖貳辎軿。中者微舆短毂，繁髦掌蹄"之说，有的译者将"掌蹄"译为"给马蹄钉掌"[1]；《汉语大字典》掌蹄条亦如是释为"给马蹄钉掌"，支持前面提到的张仲葛"汉代说"。《古之大事——中国古代战车战马》一书亦提到马掌（蹄铁），但是没有论述，完全采纳了孙机的"不早于元代"说[2]。

可见马掌虽小，甚至可以说微不足道，但是其发生的时间、地点两个基本问题，却还是一个悬而未决的世界性课题。

二 马掌出土实例

近年在我国东北吉林、辽宁两省的高句丽考古遗存和吉林的渤海末期至金代早期遗存中有发现马掌的报道，除此之外，在朝鲜玉桃里桐隅洞 M9、M10 两座墓中也有马掌发现。

吉林省的高句丽马掌都发现在集安市。今集安市区的西部为高句丽的第二座都城——国内城所在地。西汉平帝元始三年（公元 3 年），高句丽将都城从纥升骨城（今辽宁省桓仁五女山城）迁到国内城，北魏始光四年（427 年）再迁都平壤（今朝鲜民主主义人民共和国平壤市），425 年间国内城一直为高句丽王朝的政治、经济和文化中心[3]。今集安市区周边保留了大量高句丽时期的遗迹、遗物，如丸都山城和著名的好太王碑，以及数以万计的大大小小的墓葬，并伴有大量的各类遗物出土。其中丸都山城宫殿址（图 1：1～4）[4]、太王陵（图 1：5～13）[5]、临江墓（图 1：14）[6]、将军墓（图 1：15～17）[7]、03JSZM145（图 1：18）[8]、03JYM0540 号墓（图 1：19）[9] 都出有马掌或马掌钉（表 1）。

---

① 王贞珉注译、王利器审订：《盐铁论译注》，吉林文史出版社，1996 年，第 265 页。
② 郭物：《古之大事——中国古代战车战马》，四川人民出版社，2004 年。
③ 吉林省文物考古研究所等：《国内城》，文物出版社，2004 年。
④ 吉林省文物考古研究所等：《丸都山城》，文物出版社，2004 年，第 93 页，图五〇：5～8。
⑤ 吉林省文物考古研究所等：《高句丽王陵》，文物出版社，2004 年，第 275 页，图二一〇：1～9。
⑥ 吉林省文物考古研究所等：《高句丽王陵》，文物出版社，2004 年，第 60 页，图四一：5。
⑦ 吉林省文物考古研究所等：《高句丽王陵》，文物出版社，2004 年，第 361 页，图二七〇：12～14。
⑧ 吉林省文物考古研究所等：《集安 JSZM145 号墓调查报告》，《吉林集安高句丽墓葬报告集》，科学出版社，2009 年，第 289 页，图三：7。
⑨ 吉林省文物考古研究所：《集安禹山 540 号墓清理简报》，《北方文物》2009 年第 1 期。后收入《吉林集安高句丽墓葬报告集》，科学出版社，2009 年，第 319 页，图六：1。

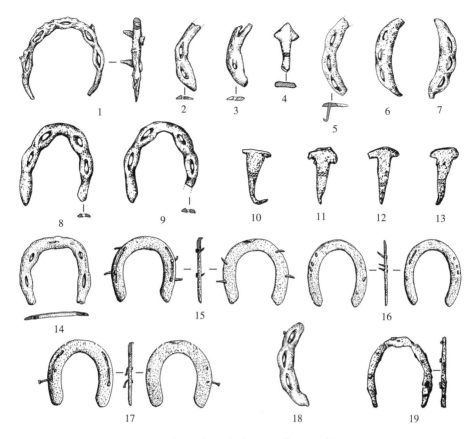

图1　集安出土高句丽马掌、马掌钉

1～4. 丸都山城出土马掌、马掌钉　5～13. 太王陵出土马掌、马掌钉　14. 临江墓出土马掌
15～17. 将军墓出土马掌、马掌钉　18、19. 集安高句丽墓出土马掌、马掌钉

表1　出土马掌、马掌钉统计表

序号	出土单位	资料出处
1	2001JWGT702③：27	《丸都山城》，第93页，图五〇：5
2	2001JWGT503③：38	《丸都山城》，第93页，图五〇：6
3	2001JWGT806③：80	《丸都山城》，第93页，图五〇：7
4	2001JWGT404③：9	《丸都山城》，第93页，图五〇：8（马掌钉）
5	03JYM541：144－3	《集安高句丽王陵·太王陵》，第274页，图二一〇：1
6	03JYM541：144－2	《集安高句丽王陵·太王陵》，第274页，图二一〇：2
7	03JYM541：144－1	《集安高句丽王陵·太王陵》，第274页，图二一〇：3
8	03JYM541：98－2	《集安高句丽王陵·太王陵》，第274页，图二一〇：4
9	03JYM541：98－1	《集安高句丽王陵·太王陵》，第274页，图二一〇：5
10	03JYM541：211－8	《集安高句丽王陵·太王陵》，第274页，图二一〇：6（马掌钉）

序号	出土单位	资料出处
11	03JYM541：211 – 1	《集安高句丽王陵·太王陵》，第 274 页，图二一〇：7（马掌钉）
12	03JYM541：211 – 2	《集安高句丽王陵·太王陵》，第 274 页，图二一〇：8（马掌钉）
13	03JYM541：211 – 4	《集安高句丽王陵·太王陵》，第 274 页，图二一〇：9（马掌钉）
14	03JYM43J：5	《集安高句丽王陵·临江墓》，第 60 页，图四一：5
15	97JYM0002：31	《集安高句丽王陵·将军墓》，第 360 页，图二七〇：12
16	97JYM0002A：3	《集安高句丽王陵·将军墓》，第 360 页，图二七〇：13
17	97JYM0002：26	《集安高句丽王陵·将军墓》，第 360 页，图二七〇：14
18	03JSZM145：26	《吉林集安高句丽墓葬报告集》，第 289 页，图三：7
19	03JYMO540：63	《吉林集安高句丽墓葬报告集》，第 319 页，图六：1
20	SⅡ01TG1 表土层	《石台子山城》（上），第 299 页，图三二一：9；（下）彩版一七一：10
21	吉林抚松新安遗址 T0202①b：2	《吉林抚松新安遗址发掘报告》，《考古学报》2013 年第 3 期，第 385 页，图五八：16

丸都山城宫殿址的第 3 层出土遗物中有马掌 3 件和马掌钉 1 根。宫殿址堆积分为 6 层，"第 3 层、第 4 层堆积代表了宫殿址的两次废弃过程。从层中出土的包含物分析，丸都山城宫殿址毁于大火。第 4 层堆积是宫殿址建筑未全面塌落前火焚形成的堆积，堆积较薄，且含大量红烧土。第 3 层堆积是宫殿址内建筑大面积塌落形成的第二次废弃堆积，灰烬层厚，遗物丰富"。关于第 3 层的年代，发掘报告认为："发掘资料显示，宫殿的建筑及城内其他建筑大致兴建于同一时期，废弃年代也基本相同，均应毁于公元 342 年慕容皝攻陷丸都山城的战火。"[①] 如此第 3 层的年代当与 342 年的战火同时或略晚，此层中出土的马掌均为使用过的旧物，因此其年代不会晚于 342 年的战火，这是目前确知有明确出土单位，并根据文献、地层关系可以推知其绝对年代下限的唯一的马掌和马掌钉。

因集安高句丽积石墓都隆起于地表之上，特征明显，故均被多次盗掘，随葬之物劫余幸存者散落乱石之中，无法知其原位，甚至是否为墓中遗物都不能确认。据说，此前在王陵区就曾多有马掌发现，因皆系时下流行之形制，或被视为新物。今有山城宫殿址第 3 层所出马掌为证，可知高句丽时期确已有马掌，墓葬中有马掌随葬也就在情理之中了。

辽宁丹东的高句丽时期凤凰山山城 3 号门址和 4 号门址都出有马掌[②]。

---

① 吉林省文物考古研究所等：《丸都山城》，文物出版社，2004 年，第 69、172 页。
② 此信息承蒙发掘者李龙彬提供，资料待刊。

　　沈阳的石台子山城，是高句丽中晚期的一座重要山城，在城址内也采集到马掌（图2）①。根据吉林集安的发现判断，该马掌也应属高句丽遗物。

图2　石台子山城
出土马掌

　　目前发现马掌的高句丽墓葬、城址以吉林集安的临江墓时代最早。"临江墓是一座大型阶坛圹室积石墓"，系"高句丽早期王陵，年代最晚不能超过3世纪末"②。由此看来，在高句丽地区，不晚于公元3世纪末就已经开始使用马掌了。

　　朝鲜玉桃里桐隅洞 M9 出土马掌 22 件，M10 出土马掌 2 件（图3）③。M9、M10 都是半地下墓室的封土石室墓，年代在6、7世纪④。玉桃里的马掌时代晚于集安地区的马掌。

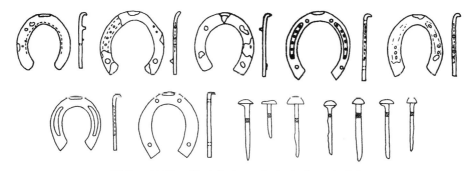

图3　朝鲜玉桃里桐隅洞出土马掌、马掌钉

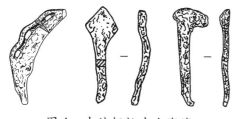

图4　吉林抚松出土渤海
时期马掌、马掌钉

　　渤海末期至金代早期遗存中仅见吉林抚松新安遗址第三期有1件残马掌和2枚马掌钉（图4），形制与高句丽的马掌无别⑤。

三　马掌功能讨论

　　早在商周时期，我国中原地区的车马具

①　辽宁省文物考古研究所等：《石台子山城》，文物出版社，2012年，第299页，图三一一：9；彩版壹柒壹：100。
②　吉林省文物考古研究所等：《高句丽王陵》，文物出版社，2004年，第53、68页。
③　朴灿奎、郑京日：《玉桃里——朝鲜南浦市龙岗郡玉桃里一带历史遗迹》，（香港）亚洲出版社，2011年，第28、31页。
④　王策：《朝鲜玉桃里高句丽墓葬研究》，吉林大学硕士学位论文，2013年。论文将玉桃里高句丽墓葬分为三期，桐隅洞 M9、M10 属于第三期，年代约为公元6世纪中叶至高句丽灭亡前后。桐隅洞 M9、M10 均为 C 型单室墓，在桐隅洞墓区是高级别墓葬，这种单室墓也是玉桃里高句丽墓葬的主流形制，但是级别低于同在玉桃里的壁画墓区的壁画墓。
⑤　吉林省文物考古研究所：《吉林抚松新安遗址发掘报告》，《考古学报》2013年第3期，第385页，图五八：16。

就已经十分发达了。魏晋十六国时期，在辽西地区，不仅骑乘用马具已经鞍、勒、镫俱全，功能齐备，而且还有铁质具装，即专用于保护战马的马铠。高句丽马具即是直接接受辽西三燕文化马具的影响发展起来的。如今我国考古发现最早的马掌不是出于上述马具比较发达的中原和辽西地区，以及北方草原，而是出于辽东之东马具并不发达、更不是较早驯化马的高句丽地区，难免让人感到意外，甚至难以置信。

其实这是我们不了解马掌的功能所造成的一个误会。

马掌具有哪些功能？可能我们首先想到的是保护马蹄，防止磨损。诚然，这是马掌的一个重要功能。但是，马蹄不是非要挂掌不可，所以，马掌才是人类驯化马之后所发明的各类马具和马的防护装具家族中出现最晚的一员。因此我们认为，高句丽发明马掌的直接目的是为了防滑，使马能够适应当地漫长冬季的冰雪路面，加挂马掌之后保护了马蹄，是衍生的成果。这一认识可从以下两方面来证明。首先，马蹄有一层很厚的坚韧角质外壳，这种角质外壳不仅耐磨，而且磨损之后会自然生长，可以起到自身保护作用。因此正常情况下马不仅是可以不挂掌，而且还需要烙蹄、凿蹄、削蹄，即对马蹄进行修理，去除老化的角质。据了解，至今草原上的马群还都不挂掌。其次，高句丽所处地区"多大山深谷"①，加之冬季长而寒冷多雪，地冻冰滑，不论人畜，行走极为不便。在冰雪路面上，人还可以借助两臂、双手来维持身体的平衡，滑倒也能够爬起；而马在冰雪路面上则无法维持自身的平衡，滑倒就很难爬起，更谈不上发挥驮载、快捷作用了。但是，挂了马掌之后，马蹄与冰雪路面直接接触的是铁质的马掌，相对于马蹄自然角质所产生的滑动摩擦力要大得多，而且钉马掌的钉子帽都呈三角尖状，能切入路面，更增强了这种摩擦力，有助于维持马的身体平衡，不至于滑倒。目前农村还都是入冬时必须更换马掌，显然是为了适应冬天的冰雪环境。

马掌的功能首先是防滑，还有两个积极的旁证。一是高句丽地区发现的多例人用钉履（表2）。高句丽的钉履有两种，一种是铜鎏金的，呈鞋底状，一面附着多枚小铜钉（图5）②；另一种大多为前圆后方形铁环，上面有若干小铁钉（图6：1～4）③。这种钉履在辽西北票喇嘛洞三燕文化墓地也有发现（图6：5）④。集安通沟第十二号高句

---

① 《后汉书》卷八五《东夷·高句丽》，中华书局，1965年，第2813页。

② 吉林省文物考古研究所等：《集安洞沟古墓群禹山墓区集锡公路墓葬发掘》，《高句丽研究文集》，延边大学出版社，1993年。收入《吉林集安高句丽墓葬报告集》，科学出版社，2009年，第225页，图二六：17（JYM3109：1 钉鞋底），图版二〇：1。

③ 吉林省文物考古研究所等：《丸都山城》，文物出版社，2004年，第93页，图五〇：1～4。

④ 辽宁省文物考古研究所等：《辽宁北票喇嘛洞墓地1998年发掘报告》，《考古学报》2004年第2期，第226页，图一八：8。

丽壁画墓的北室左壁战斗图（图7∶1）①、集安洞沟三室墓第二室西壁的铠甲武士图（图7∶2）②，两位武士都是脚蹬钉履，据此可知这种钉履是捆绑在人的鞋底下使用的。人脚上都要穿鞋，不需要捆绑钉履来保护脚，所以，如果不是为了防滑，脚下捆绑这种钉履不仅无其他用途，反而还会增加很多的不便。因此我们认为，脚下捆绑的这种钉履是起防滑作用的。马蹄挂掌与人脚捆绑防滑钉履异曲同工，可相互印证。另一是据《增补文献备考》称：“古者马无铁，每冬月冰溶，则以葛编蹄云云。世传尹弼商征建州时，地冻冰滑，马不得着足，弼商以意荆造用铁片，圆如马蹄，下开二股，着蹄下，又以子铁如莲子状，高凸尖底，每蹄贴着八个，虽行冰上，着冰不滑，行师奏捷而逐。自是以后，有马者取以为制，勿论冬夏，以铁着蹄，虽涉远道，马不伤足，人皆便之，名由之曰代葛。”③ 从这条史料可知，马蹄防滑措施早已有之，而且形式多样。尹弼商（1427～1504年）征建州女真在明宣宗成化十五年（1479年）十月④，地点即今桓仁一带。

表2　出土钉履统计表

序号	出土单位	资料出处
1	禹山墓区 JYM3109∶1	《吉林集安高句丽墓葬报告集》，第225页，图二六∶17
2	禹山墓区征集，	《集安出土高句丽文物集粹》，第109页
3	麻线墓区征集	《集安出土高句丽文物集粹》，第110页
4	麻线墓区征集	《集安出土高句丽文物集粹》，第111页
5	辽宁省博物馆收藏	《辽河文明展文物集粹》，第111页
6	2001JWGT903③∶19	《丸都山城》93页图五〇∶1
7	2001JWGT903③∶21	《丸都山城》93页图五〇∶2
8	2001JWGT905④∶5	《丸都山城》93页图五〇∶3
9	2001JWGT410③∶1	《丸都山城》93页图五〇∶4
10	北票喇嘛洞 M196∶37	《辽宁北票喇嘛洞墓地1998年发掘报告》，《考古学报》2004年第2期，第227页，图一八∶8

---

① 王承礼、韩淑华.《吉林集安通沟第十二号高句丽壁画墓》，《考古》1964年第2期，第67～72页。收入《吉林集安高句丽墓葬报告集》，科学出版社，2009年，第23页，图三∶2，图版五∶1。

② 李殿福：《集安洞沟三室墓壁画著录补正》，《考古与文物》1981年第3期，第123～126页。收入《吉林集安高句丽墓葬报告集》，科学出版社，2009年，第62页；徐光冀主编：《中国出土壁画全集·8·辽宁·吉林·黑龙江》，科学出版社，2012年，第149页。

③ ［朝鲜］朴齐纯：《增补文献备考》，隆熙二年（清光绪三十四年，1908年）。转引自谢成侠：《中国养马史》，科学出版社，1959年，第47～48页。

④ 《明史》卷三二〇《朝鲜传》：成化十五年十月，命娄出兵夹击建州女直。娄遂遣右赞成鱼有沼率兵至满浦江，以水洋后期。复遣左议政尹弼商、节度使金峤等渡江进剿。《明史》，中华书局，1974年，第8288页。

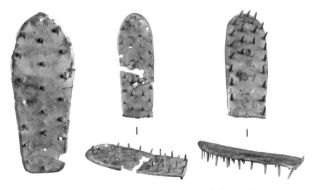

图 5　集安出土高句丽铜鎏金钉履

综上所述，我们认为，发明马掌的本意是为了防滑当无疑问。正是马在高句丽社会发展中的作用越来越大和当地地理环境的双重需求刺激下，才促使能够起到防滑作用的马掌在"多大山深谷"、冬季寒冷多冰雪的高句丽地区得以发生，也就可以理解了。

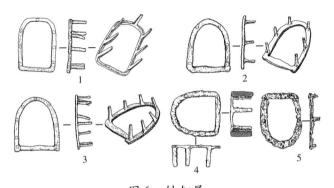

图 6　铁钉履
1~4. 丸都山城出土铁钉履　5. 辽宁北票喇嘛洞墓地出土铁钉履

图 7　高句丽壁画墓
武士脚下的钉履

四　结　语

　　我国考古至今还没有发现汉代马掌的报道。将《盐铁论》中的"掌蹄"译为"给马蹄钉掌"，可能是望文生义。如译"掌蹄"为"给马蹄钉掌"，"掌"字为名词活用为动词，显然不如把"掌"作为动词，"掌蹄"为动宾结构，译为"掌管（养护）马蹄"，更为贴切，与前面并列的"繁髦"在词性结构上也协调一致。人类驯化马之后，同时也积累了很多保护马蹄的经验，如前面孙机先生所引的古代"烙蹄"、"研蹄"、"凿蹄"等等，均是养护马蹄角质外壳，防止随意长大，以至开裂，以及清除蹄心杂物的措施。因此，如果说"蹄铁在我国至少已有两千多年的历史"，还需要有考古发现来证明。

　　目前我国见诸报道的马掌实物多出土于东北吉林、辽宁两省的高句丽考古遗存中，年代最早的不晚于公元 3 世纪末。其他涉及马掌的资料还有三例，一是在敦煌莫高窟隋代所绘 302 窟《福田经变》壁画中，有一组行进在路上的商队，路边树丛中隐约可见站立一马，一后腿向后抬起近平，被后面一人伸手抓住①，有研究者认为是在给马钉蹄掌②。另一是 1989 年北京安辛庄辽墓出土一批铁器，其中有一件削铲，"筒形裤，内存朽木。裤下横接削铲，形状扁宽，弧形铲背，直刃"。发掘者认为"此器为修马掌的工具"③。因为都没有实物可资比对，且有推测成分，所以其与东北吉林、辽宁两省高句丽遗存中的马掌之间是什么关系，一时还难以说清楚。关于马掌的形制演变、传播路径等，因资料有限，也还无从谈起。

关于我国普遍采用马掌的时间，孙机认为"大约不早于元代"，因各地自然地理条件不同，可能也不尽然。根据前面所引朴齐纯纂修的《增补文献备考》可知，辽东地区明初还在用葛编马蹄防滑，成化年间尹弼商始采用铁马掌。清代东北南部地区给马蹄加铁，即挂马掌已经普及，在朝鲜使臣的日记中多次提到，而且也给驴挂掌，更有"缚牛施蹄钉如马"者④。其他地区情况如何则不得而知。

最后谈一下马掌的命名问题。马掌是专指钉在马蹄下形同马蹄的铁质装具，所以也有人将其称为"马蹄铁"。给马蹄卜钉铁，增加马蹄与地面之间的滑动摩擦力，达到防滑的目的，如同给马安装了手掌，名之为"马掌"十分形象贴切。因此，我们主张这种钉在马蹄下的铁质装具不宜名为"马蹄铁"，只有称为"马掌"，方可谓名副其实。

2013 年 4 月 14 日星期日初稿

2013 年 10 月 19 日星期六二稿

附记：本文曾提交 2013 年 10 月在西安召开的中国考古学会第十六届年会进行交流，今为庆祝杨泓先生八十华诞在此正式发表。

2014 年春，王飞峰来沈时，谈及他的新作《丸都山城宫殿址研究》（《考古》2014 年第 4 期），对丸都山城宫殿址的年代提出质疑，认为应该是好太王时期。后来又见到日本奈良文化财研究所谏早直人的《高句麗の蹄鉄—最古の蹄鉄むめぐる—試論》

---

① 敦煌文物研究院：《中国石窟·敦煌莫高窟》二，文物出版社、（东京）平凡社，1999 年，图版一〇。

② 张庆捷：《北朝入华外商及其贸易活动》，《4—6 世纪北中国与欧亚大陆》，科学出版社，2010 年。

③ 北京市文物研究所等：《北京顺义安辛庄辽墓发掘简报》，《文物》1992 年第 6 期，第 20 页图八：4。

④ 金昌业（1658～1721 年）《燕行日记》："驴，东八站及锦州卫最多，关内人皆于此处买去。驴役最苦，骑之外，驮柴驮水，转磨转磨，皆用驴，至或代牛而耕。"（第 295 页）"马蹄不加铁，驴或加铁。"（第 296 页）洪大容（1731～1783 年）《湛轩燕记》记乙酉年（乾隆三十年）十二月出使燕京："马之蹄钉，不知创自何方何时，已天下同然，其坚厚，倍东俗。"（第 482 页）"尝过宁远卫，见缚牛施蹄钉如马，创见不觉发笑也。"（第 482 页）以上见［韩］林基中：《燕行录全集》31 集、42 集，（首尔）韩国东国大学校出版部，2010 年。

（［日］高濱秀先生退職紀念論文集編集委員：《ユ－ラシアの考古学—高濱秀先生退職紀念論文集》，六一書房，2014 年，东京），将丸都山城宫殿址的年代推定在公元 6 世纪后半至 7 世纪。因本文讨论的主要是马掌的功能，丸都山城宫殿址的年代不影响对所出马掌功能的认定，所以关于集安丸都山城宫殿址出土马掌的年代，这里还是仍然按原稿采用《丸都山城》关于宫殿址年代的结论。

田立坤　2015 年元旦

扬州城遗址发现的水工设施

汪　勃（中国社会科学院考古研究所）

　　出于城市供排水系统和水利交通运输等的需要，古代城址的城墙多跨水而建，因此城墙上就必然出现水涵洞、水关以及供船舶行驶的水门。扬州城是因运河而生的城市，地处多雨的江淮之间，城内外水系纵横交错并沿用至今。从文献记载和发掘研究来看，扬州城城圈上的水工设施较多。考古发掘工作在城墙跨河道处发现的水涵洞、水窦、水门、水关等水工设施遗址，其时代从战国一直到明清，具有水陆城门并重的特色。

　　《嘉靖惟扬志》和清代的《江都县志》或《甘泉县志》等地方志书中，就宋至明清时期扬州城的形制布局和城门位置名称等有较为详细的记载，与城防水工设施相关的文字记载弥足珍贵，其中所附地图上，"宋大城图"（图1）和"宋三城图"（图2）上有南北向的主河道，"宋大城图"中南门、北门西侧河道过城墙处还各有一个"水门"；明"今扬州府城隍图"（图3）中"南门"、"北门"外侧均有"水关"文字；清"扬州府城池图"（图4）中挹江门西侧有"水关"，镇淮门西侧有"水关桥"，而与其北、南对称的拱辰门、安江门西侧河道过城墙处并未标明①。

①　与扬州相关的地方志主要有：朱怀干、盛仪：《嘉靖淮扬志》，见《四库全书存目丛书》史部一八四，齐鲁书社，1996年；杨洵、陆君弼《万历扬州府志》，见《北京图书馆古籍珍本丛刊25》，书目文献出版社，1998年；张宁、陆君弼：《万历江都县志》，见《四库全书存目丛书》史部二〇二，齐鲁书社，1996年；雷应元：《康熙扬州府志》，见《稀见中国地方志汇刊13》，中国书店，1992年；李苏：《康熙江都县志》，见《华东师范大学图书馆藏稀见方志丛刊》一〇～一一，北京图书馆出版社，2005年；崔华、张万寿：《康熙扬州府志》，见《四库全书存目丛书（史部二一四）》，齐鲁书社，1996年；尹会一、程梦星：《雍正扬州府志》，中国国家图书馆藏雍正十一年刻木；陆朝玑等：《雍正江都县志》，国家图书馆藏雍正七年刻本；阿克当阿等：《嘉庆重修扬州府志》，见《中国地方志集成》江苏府县志辑（41），江苏古籍出版社，1991年；五格、黄湘：《乾隆江都县志》，见《中国地方志集成》江苏府县志辑（66），江苏古籍出版社，1991年；吴鹗峙、厉鹗：《乾隆甘泉县志》，中国国家图书馆藏嘉庆十五年刻本；王逢源、李保泰：《嘉庆江都县续志》，见《中国地方志集成》江苏府县志辑（66），江苏古籍出版社，1991年；陈观国、李保泰：《嘉庆甘泉县续志》，中国国家图书馆馆藏刻本；谢延庚、刘寿曾：《光绪江都县志》，见《中国地方志集成》江苏府县志辑（67），江苏古籍出版社，1991年；徐成敟等：《光绪增修甘泉县志》，见《中国地方志集成》江苏府县志辑（43），江苏古籍出版社，1991年；顾祖禹：《读史方舆纪要》卷二三·南直五，"广陵城"条，国家图书馆藏清光绪年间抄本。

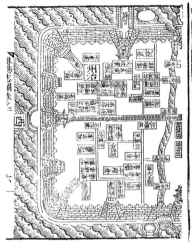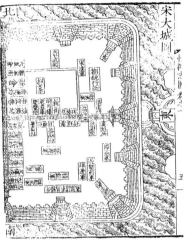

图 1 　《嘉靖惟扬志》"宋大城图"

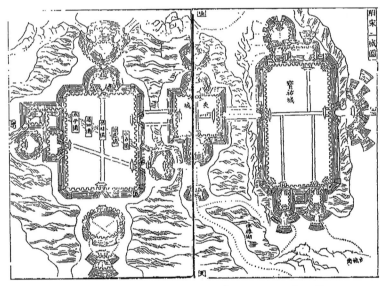

图 2 　《嘉庆重修扬州府志》"附宋三城图"

涉及宋代以前扬州城水工设施的相关文献，有沈括《梦溪笔谈》、范海印《诸山圣迹志》、圆仁《入唐求法巡礼行记》以及一些史籍、杂记等中的零星记载。

敦煌文书 S·529V《诸山圣迹志》是五代后梁到南唐时期敦煌僧人范海印和尚瞻礼各地佛寺和名山胜迹的记录[1]。其中记载扬州城"都城周围六十余里，四面十八门。南北一连，十字江水穿过。东西十桥，南北六桥"[2]。据此可知杨吴时期的扬州城可能

① 郑炳林、陈双印：《敦煌写本〈诸山圣迹志〉作者探微》，《敦煌研究》2005年第1期，第1~8页。
② 中国社会科学院历史研究所等：《英藏敦煌文献（汉文佛经以外部分）》第2卷，四川人民出版社，1990年。

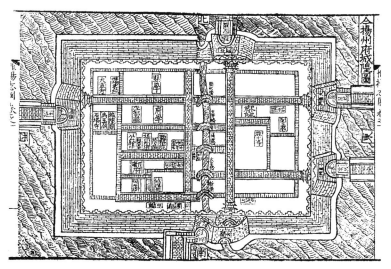

图3　《嘉靖惟扬志》"今扬州府城隍图"

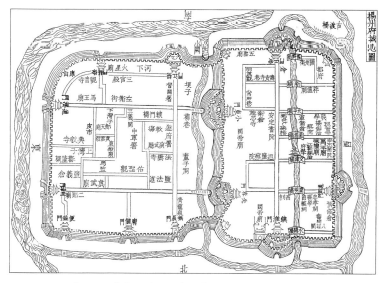

图4　《康熙扬州府志》"扬州府城池图"

有"十八门","十字江水穿过"城墙处当有水工设施。

　　沈括《梦溪笔谈·补笔谈》中有："扬州在唐时最为富盛。旧城南北十五里一百一十步,东西七里三十步,可纪者二十四桥。最西浊河茶园桥,次东大明桥(今大明寺前),入西水门有九曲桥(今建隆寺前),次东正当帅牙南门,有下马桥,又东作坊桥,桥东河转向南,有洗马桥,次南桥(见在今城北门外),又南阿师桥、周家桥(今此处为城北门)、小市桥(今存)、广济桥(今存)、新桥、开明桥(今存)、顾家桥、通泗桥(今存)、太平桥(今存)、利园桥,出南水门有万岁桥(今存)、青园桥,自驿桥北河流东出,有参佐桥(今开元寺前),次东水门(今有新桥非古迹也),东出有山光桥（见在今山光寺前）。又自衙门下马桥直南有北三桥、中三桥、南三桥，号'九桥'，不通船，不在二十四桥之数，皆在今州城西门之外。"① 这里提到的西水门、南水门、东水门，当分别位于扬州唐罗城墙上浊河过西城墙北端、官河过南城墙中部、邗沟过东城墙北部，东水门在《入唐求法巡礼行记》中亦有提及②，西水门在《旧唐书·杜亚传》和梁萧《扬州牧杜公亚通爱敬陂水门记》中有所记载③。

《诸山圣迹志》中所说的"南北一连，十字江水穿过"，与流经扬州城内的河道及流经的线路有关，也就与水门、水关及水涵洞等过水类设施相关。"南北一连"当指曾南北纵贯扬州城的唐代官河（现在唐代官河的南段已成汶河路，中段为玉带河，北段较为复杂但北端当与参佐门之西、唐子城东南角外之间的水门相连）；"十字江水"即说明流经城内的河道交叉成"十"字形状，又说明均源自"江水"。唐代官河构成"十"字的一纵，那么构成"十"字一横的当是后来的漕河（现在西段为瘦西湖内东西向水道，中段为宋夹城南城濠，东段为漕河）。流经沈括所说的"北水门"的河道（浊河），原当为唐子城的南城濠，或从唐子城东南角北折，即使与唐罗城北墙外的城濠构成"一横"，也未"穿过"城内，故推测当与"十字"无关。江水"穿过"城墙之处，即"十字"过墙处应有4座水工设施。

"嘉靖十八年（1539年）巡盐御使吴悌、知府刘宗仁疏通修筑水门。"明朝中期，因海防松弛，倭寇屡犯扬州，知府吴桂芳于嘉靖三十四年（1555年）依旧城东墙接筑新城，并分别在旧城东墙与新城南、北墙连接处东侧修建有水门。明新城城门的位置，或当如清代诸朝《扬州府志》中"扬州府城池图"所示，但其名称应有所不同。《嘉靖淮扬志》中的"今扬州府城隍"上，在南门门洞上分别书有"南门"、"水关"，文献记载中则将陆门和水门、水关合称"安江门"。可见"水门"、"水关"称呼因时代而变化，由此或可

---

① 沈括：《梦溪笔谈·补笔谈》卷三《杂志》，辽宁教育出版社，1997年，第185~186页。
② ［日］圆仁：《入唐求法巡礼记》卷一，上海古籍出版社，1986年。
③ ［日］安藤更生：《唐宋时期扬州城之研究》（《鉴真大和上传之研究》中有关扬州城遗址部分），汪勃、刘妍译：《扬州唐城考古与研究资料选编》，扬州唐城遗址文物保管所、扬州唐城遗址博物馆，2009年，第152~211页。贞元四年（788年）节度使杜亚因扬州运河填淤不通舟楫，而从勾城湖和爱敬陂引水到蜀冈之麓，截城隅所作之新水门，以城内漕河之水益之。《旧唐书》杜亚传云："扬州官河填淤，漕挽堙塞，又侨寄衣冠及工商等多侵衢造宅，行旅拥弊，亚乃开拓疏启，公私悦赖。"梁肃《扬州牧杜公亚通爱敬陂水门记》云："岁在戊辰（贞元四年，788年）扬州牧杜公命新作西门，所以通水庸致人利也，冬十有二月土木之工告毕……当开元以前，京江岸于扬子，海潮内于邗沟过茱萸湾，北至邵伯堰，汤汤涣涣，无溢滞之患，其后江派南徙，波不及远，河流浸恶，日淤月填……贞元初，公由秋官之贰，出镇兹土，既下车，乃验图考地，谋新革故，相川源度水势，自江都而西循蜀冈之右，得其浸曰句城塘，又得其浸曰爱敬陂，方圆百里，支辅四集，盈而不流，决而可注，图以上闻，帝用嘉允，乃召工徒，修利旧防，节以斗门，酾为长源，直截城隅，以灌河渠，水无羡溢……"爱敬陂、勾城塘均在西方仪征市界，从那引水的水门当然在城之西壁，截城隅，符合沈括所说之西水门。现在，有从仪征市界向东北流来的水路，钻过念四桥下在平山堂南方与保障河合流，这或即是源自昔日爱敬陂的水路遗迹。该水路即使在国民政府参谋本部发行的五万分之一的地图上也没有找到。大概该水路从蜀冈之下的西水门进入，用于辅佐城内漕运。

认为宋代才将水门和陆门分开。清代"扬州府内外二城，皆因宋大城改筑"，康熙、雍正、乾隆等朝的《扬州府志》中有"扬州府城池图"，旧城、新城之水陆城门的位置如同明城。

根据文献记载、考古勘探以及现存水系和城圈的关系来看，杨庄西门和德豪西门之北、化工技校东门之北或许各有 1 个水工设施。杨庄西门北侧钻探推测有水门，与之对应的化工技校东城墙北侧的水门或即文献中所记的东郭水门①。化工技校东门北侧的水门，可能位于门址之北 63 米，邗沟河迹尚在，河水出城部位有一座砖桥。杨庄西门以北的西水门位于观音山以南约 100 米，现已无存，仅勘探出河道淤土带宽约 10 米，该位置顺冈蜀冈南缘向东仍为河床。另外，根据勘探结果，推测唐子城东墙南部的豁口或与早期城址的水门相关。

扬州城遗址考古工作中发掘出了较多的水工设施，主要有蜀岗古代城址北城墙西段东部发掘出的战国至南宋时期的水涵洞、水窦和水关遗址，南宋宝祐城西城门外的挡水坝、东城门外的壕桥，蜀岗下唐罗城最西南门西侧的水涵洞（唐）、宋大城北水门、明清城龙首关等，局部发掘出的有扬州城南门遗址西侧的唐宋时期的水门或水关东侧包砖墙（图5）。另外，参佐门西侧城墙上豁口

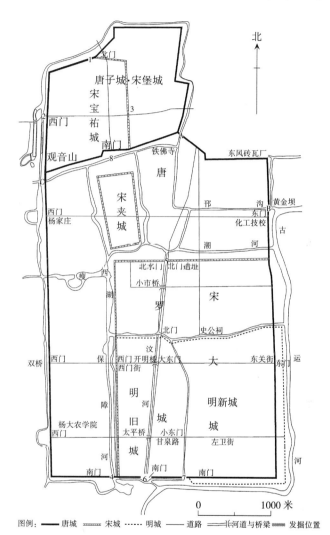

图5　扬州城遗址发掘出的水工设施所在位置图

1. 扬州蜀岗古代城址北城墙西段东部水工设施遗址　2. 南宋宝祐城西城门外挡水坝遗迹　3. 南宋宝祐城东城门外的壕桥基址　4. 唐罗城最西南门西侧的水涵洞遗迹　5. 宋大城的北水门遗址　6. 扬州城南水门遗址　7. 明清城龙首关遗迹　8. 宋夹城北门外木桩遗址　A. 唐罗城北水门　B. 唐罗城东水门　C. 唐罗城西水门

---

① 李裕群认为是流经北侧西门水门的河道亦为古邗沟（山阳渎），古邗沟及西侧南北向河道唐末以后即废。李裕群：《隋唐时代的扬州城》，《考古》2003 年第 9 期，第 69～76 页。

或与水工设施有关，或即唐罗城之北水门①。以下，分为水涵洞和水窦、水门或水关、挡水坝、过城壕设施等分别介绍。

一　水涵洞和水窦

1. 扬州蜀岗古代城址北城墙西段东部的木构水涵洞和水窦②

扬州蜀岗古代城址北城墙西段东部豁口内，清理出了不晚于汉代的木构水涵洞、不晚于晚唐杨吴时期的水窦。由于此处水窦的性质或与水涵洞近似，故在此一并介绍。

木构水涵洞的平面形状呈南北向，口部或有可开闭的木构设施（图6）。营造顺序是先挖出基槽，然后在基槽内用榫卯结构的枋木和木板构架出梯形的涵洞，再在木构涵洞和基槽之间的空隙内填土或夯筑。底部枋木存留较多，顶部枋木仅发现一根，枋木两侧有斜立柱，枋木与两侧斜立柱构成的涵洞。枋木上的榫眼多为半榫眼，有长方形、圆形。北口底部枋木上面两侧各有对称的方孔2个、圆孔1个；中部残存"凹"形立柱，孔内插有销子。顶部枋木上亦有榫眼，其上并未发现同期夯土，故而其上是否还有其他设施已无法解明。结合已有发掘研究资料③，判断其始建年代或在战国时期，使用下限当在西汉初期。木构水涵洞遗存的结构极为考究，保存较为完好，是首次发现的战国楚广陵城相关遗址。

图6　扬州蜀岗古代城址北城墙西段东部的木构水涵洞北口（西—东）

① 扬州唐城考古队：《扬州唐城考古新收获》，《中国文物报》2007年3月21日第一版。
② 汪勃等：《扬州蜀岗古城址的木构及其他遗存的发掘》，《中国文物报》2015年1月27日第一版。
③ 中国社会科学院考古研究所等：《扬州城——1987～1998年考古发掘报告》，文物出版社，2010年。YZG1～YZG7在该书中的页码分别为：YZG1（第23～27页）、YZG2（第21～23页）、YZG3和YZG5（第18～21页）、YZG4（第15～16页）、YZG6（第27～28页）、YZG7（第28～32页）。

图7　扬州蜀岗古代
城址北城墙西段东部
水窦（南部为水关，
东北—西南）

　　发掘出的水窦仅残存北口，南部被南宋时期修建的水关打破（图7）。水窦南北
向，土木结构，直接开挖在生土面之上，表现为两侧有柱洞的一个八字形水口。水口
处的东西向柱洞或与水窦水口内侧的栅栏有关。从底层叠压关系以及水窦北口填土中
出土晚唐杨吴时期大砖来看，水窦的使用下限当不晚于晚唐杨吴时期。《隋书》和《北
史》、《资治通鉴》中记载宇文化及兵变弑炀帝事时提及芳林门①，从其文脉来看，隋
江都宫城正北门玄武门附近有"芳林门"，芳林门侧有水窦。从该水窦与其东侧陆城门
的位置关系来看，该隋唐时期的水陆城门或与文献记载中的隋江都宫城北门"芳林门"
相关②。

　　2. 砖木结构水涵洞③

　　1994年4月发掘的券顶隧道式砖木结构水涵洞，位于唐代罗城西侧南门以东30米
处的城墙基础下，呈正南北方向。水涵洞的券顶与今地面持平，发现时券顶部砖和涵洞

①　《隋书》和《北史》中有："宇文化及弑逆之际，（燕王杨）倓觉变，欲入奏，恐露其事，因与梁公萧巨、千
　　牛宇文晶等穿芳林门侧水窦而入。至玄武门，诡奏曰：'臣卒中恶，命县俄顷，请得面辞，死无所恨。'冀以
　　见帝，为司宫者所遏，竟不得闻。俄而难作，为贼所害，时年十六。"（《隋书》卷五九《炀帝三男元德太子昭
　　子燕王倓列传》，中华书局，1973年，第1438页，《北史》卷七一《隋宗室诸王炀帝三子元德太子昭子倓列
　　传》，中华书局，1983年，第2475页）《资治通鉴》卷一八五《唐纪一》中有："燕王倓觉有变，夜，穿芳林
　　门侧水窦而入，至玄武门，诡奏曰：'臣猝中风，命意俄顷，请得面辞。'裴虔通等不以闻，执囚之。"
②　顾风：《隋江都罗城规模的蠡测》，《东南文化》1988年第6期，第112页，认为芳林门为宫城东门；王冰《扬
　　州古城变迁简史》（《扬州博物馆建馆五十周年纪念文集（1951~2001年）》，《东南文化》2001年增刊1第
　　85、92~93页注释［8］），认为芳林门为外城北门；汪勃：《汉代有无华林园及天泉池考——史籍中所见芳
　　（华）林园及天渊（泉）池》，《汉代西域考古与汉文化》，科学出版社，2014年，第234~246页。
③　扬州唐城考古队：《扬州发现唐城最大地下排水设施》，《中国文物报》1994年9月11日第一版；中国社会科
　　学院考古研究所等：《扬州城——1987~1998年考古发掘报告》，文物出版社，2010年，第84~90页。

图 8　扬州唐罗城南墙
西段券顶隧道式砖木
结构水涵洞（北—南）

南端已被破坏，但从唐代南门的路土距今地面 1 米深推测，水涵洞的券顶应暴露在唐代地面上（图 8）。

水涵洞仅残存基础部分，现代基建坑的北壁上可见其横切断面，大体可看出砖砌涵洞壁、残存的券顶和中间隔板。水涵洞呈长条隧道形，正南北方向，建在夯土城墙基下，推测其券顶应暴露在唐代地面之上。从涵洞与城墙的关系看，二者同时规划，涵洞基础下填有较厚的砖瓦砾与塘泥的混杂土，较软处有地钉，洞壁下铺垫有厚木板，在此基础上建筑水涵洞。

涵洞壁用条砖垒砌，南边木栅栏东西洞壁下平铺木板，木板压在木栅栏的地栿上。洞壁中腰处平铺一层木板，木板架在两侧洞壁上，木板之间有空隙。涵洞内有二层木栅栏，木栅栏下有木地栿。地栿压在洞壁下，地栿上面均凿有菱形方卯眼。每个卯眼内插装有木栏杆，木栏杆已朽毁，从痕迹看木栏杆应为方形条木，向上穿过中腰隔板，尖状顶端与券顶平齐；涵洞顶用砖券砌，为一券一袱，里券用砖直立砌，外券用砖横立砌；围绕涵洞墙壁外，填放有许多大石块和炉渣块，用以加固墙体；水涵洞建成后，其上用土夯筑城墙；水涵洞向北与城内一条南北向的排水沟连接，水沟向南通过水涵洞与城外护城河交汇。

唐代的水涵洞除了可用于排水外，还具有较强的防御功能，特别是扬州罗城西侧南门以东水涵洞之内除了设置有 2 排密集的栅栏之外，还在洞壁中腰设置了一层隔板以缩短涵洞内的空间，强化了防御功能。从含光门西侧水涵洞、定鼎门西侧水涵洞、扬州唐罗城西侧南门以东水涵洞等实例来看，唐代城市城垣下水涵洞的顶部可能略高出当时的城内外地面。

二 水门和水关

水门是指设置在城垣上的、即可以用于城市给排水系统，又可以供舟船行驶，并且具有防御功能的门道设施。水门的内涵及其与陆门的关系，水门与水关、水涵洞等概念的内涵，或因时代不同而有所不同。隋唐及其以前，水门和水关主要用于城市给排水系统及漕运等，或许尚无明确的区分；宋元时期，水门和水关除了上述用途之外，还成为城市防御体系中极为重要的一个组成部分，加之建筑技术的进步，水门、水关的概念或许产生过分化；明清时期，由于火器的使用增多，随着战争方式的变化城防设施也发生了变化，水关和水门的概念或许又再次混同了。水门和水关、水涵洞在建筑技术上有相通之处，但水门的门道顶部相对要高出水关和水涵洞的顶部，水关和水涵洞的顶部位于城墙基础上下甚或不可目见①。

1. 扬州城南水门和水关②

2007 年，在发掘扬州城南门遗址时，发现扬州城南门遗址曾是一个水陆交通枢纽，包含了唐、北宋、南宋、明、清等多个时期修筑或修缮的陆门和水门、水关的遗存，遗址西部为横跨汶河之上的水门和水关遗址（图 9）。南门水门位于陆门的西侧，但因唐和北宋时期瓮城外地面都低于现地面 2 米有余，南宋时期瓮城外地面亦低于现地面

图 9 扬州城南门遗址
（西北隅为水门相关遗
迹，北—南）

---

① 关于水工设施的相关概念定名、内涵的界定等，参见汪勃：《汉唐城址的水门和水关概述》，《汉代城市和聚落考古与汉文化》，科学出版社，2012 年，第 155～175 页；汪勃：《中国古代城跡の水門と「水関」について》，《胜部明生先生喜寿记念论文集》，（奈良）明新社，2011 年，第 437～461 页。
② 中国社会科学院考古研究所等：《扬州城南门遗址发掘报告》，《考古学集刊》第 19 集，科学出版社，2013 年，第 369～419 页。

1.5 米左右，即位于瓮城西侧的水门、水关遗址的底部会更深，而水门遗址横跨汶河之上，南边又紧邻原护城河，东南不远即为古运河，故水门和水关遗址仅发掘了汶河东岸以东的部分包砖墙体。汶河东岸的驳岸，因 2007 年市政在汶河入响水河处清淤时曾局部显现，但亦未能进行全面清理。

与唐代水门相关的遗存有水门东侧的夯土和包砖墙，包砖墙呈"⌐"形，向西超出了发掘区，推测当与汶河东岸驳岸相连。汶河清淤工程中所发现的汶河东驳岸，仅显露出了局部，且主要是属于宋～明代的遗存，所以唐代水门的具体形制不甚明了。唐代南门水门东侧设施规模略小于北宋水门东侧设施，但两者在形制上是很接近的。

北宋时期水门东侧的包砖墙和夯土位于唐代水门包砖墙、夯土以南，亦呈"⌐"形状，包砖墙北端接在唐代包砖墙的南端，即北宋水门东侧设施只是规模上稍大于唐代水门东侧设施，向西亦超出了发掘区。两宋时期主城墙上当有水门，在北宋水门以南是否还有跨在汶河之上的水关设施尚不清楚。

唐宋时期南门的陆门和水门是两个即相联系又相对独立的门，而明清时期的南门则集陆门和水门为一体。《嘉靖惟扬志》"宋大城图"中，分别书有"南门"、"水门"，而在同书"今扬州府城隍图"中，则在门洞上分别书有"南门"、"水关"，相应的文字记载中则将陆门和水门、水关合称"安江门"。

明清时期的南门，先后有镇淮门、安江门等名。《扬州画舫录》卷六云："镇淮门在旧城正北，本为南门，嘉靖间曰'拱宸'，今曰'镇淮'。"[1] 同书卷七道："安江门在旧城正南，即南门，《嘉靖惟扬志》谓之'镇淮'。"[2] 可见明代的镇淮门是指南门，到清代才将南门称为"安江门"，而以北门为"镇淮门"，明清时期的南水关至今仍可见其石拱（图 10）。

2. 宋大城北水门

南宋时期，扬州城作为与金、元兵火交接地带，战争异常频繁，曾多次修造城池。宋大城修建于北周显德五年（958 年），增修于南宋建炎三年（1129 年），后在南宋宝祐二年（1254 年）重修并于宝祐三年（1255 年）完成[3]。宋大城为规整的长方形，官河贯穿城中南北，故而在南门和北门的西侧修有水门。南水门的位置即上述扬州城南门陆城门西侧的水门，北水门位于扬州城区漕河路和凤凰桥街的交汇处。

---

① 李斗：《扬州画舫录》，中华书局，1960 年，第 139 页。

② 李斗：《扬州画舫录》，中华书局，1960 年，第 163 页。

③ 宋大城的沿革在康熙十四年（1675 年）金镇主修的《扬州府志》卷一和雍正十一年（1733 年）重修的《扬州府志》卷五中记载较为详细："周显德六年（959 年）韩令坤始别筑新城，旧志所谓小城者也。宋初李重进毁之，复茸旧南半为城。南渡时诏吕颐浩缮修，乾道二年（1166 年）又修，旧称宋大城……元至正十七年（1357 年）明人取扬州，令金院张德林改宋大城筑西南隅守之……门五，东曰宁海（今曰大东，又曰先春），西曰通泗，南曰安江，北曰镇淮，东南曰小东，各有瓮城楼橹，敌台雉堞，南北水门二，引市河通于濠。"

图 10 扬州城明清时期
的南水关（南—北）

宋大城北水门亦由陆城门和水城门两部分组成，北门始建于五代，北宋时期修筑有瓮城，南宋扩建并加固了瓮城、重修了水门，一直沿用到元末①，北门水门遗址还出土了南宋嘉定六年（1213 年）重新修造水门完工后的石碑。北门水门遗址主要由东西两石壁和东壁滑槽、门道北段、南北两端东西各两摆手、护岸木桩、地钉和木板等遗迹组成（图 11）。

图 11 扬州宋大城北
水门遗址（北—南）

---

① 中国社会科学院考古研究所等：《江苏扬州宋大城北门水门遗址发掘简报》，《考古》2005 年第 12 期，第 24 ~ 40 页；中国社会科学院考古研究所等：《江苏扬州宋大城北门遗址的发掘》，《考古》2012 年第 10 期，第 25 ~ 51 页。

　　东西两石壁与主城墙垂直相接，南北两端与摆手联结，两壁内边之间即为水门的门洞。底层石条之下铺敷有夹杂大量碎瓦砾的青灰色衬底。东侧石壁打破了五代夯土，说明水门的始建年代不早于五代。东侧石壁靠近最高处，有一条竖向的滑槽。滑槽用"L"形或"Ⅱ"形的两类石条拼合而成，底部开口于底层石条之上。门道方向角与石壁相同，与主城墙垂直。门道内即水门中间河床之上的堆积，主要是元、明时代的堆积。水门券顶范围不清楚，目前残存的可能是门洞券顶倒塌砖的堆积。北部东西两侧的摆手形制相同，做法与门道石壁相同，均由石条垒砌而成，石条间用白灰膏黏合。摆手折角处石条为一层拼合成折角、一层专门加工而成的整块石料交砌而成，与滑槽的做法近似。东侧石壁之下可见基础木桩，顶部平整，大致在同一水平面上。木桩之上铺敷有一层夹杂有大量碎瓦砾的青灰色填垫层，与东侧石壁西侧河道内的衬底层近似。东西石壁之间有南北向成列整齐的木桩，两侧木桩之间的河道中心部没有木桩。从木桩的分布和外形特征来看，这些木桩大致可以分为护岸木桩、"地钉"和为防止船只进出水门之际碰撞石壁而设置的高木桩等类型。

　　局部木桩之间有立于河道淤泥中的木板，向下打破了填垫层。这些木板应该也是为了固定地钉、加强基础的设施。在上述木桩之间嵌有若干的石板和横木，石板可能即是《营造法式》中所记载的"擗石"，横木的作用或与擗石相同。

　　北门水门遗址出土的石碑，详细记述了南宋时期重修北门水门的经过、规模、用料、用工及修造管理等。从碑文得知水门的修建是"自嘉定六年（1213 年）五月初六日兴工至当年八月十九日毕工"，重修的原因是"旧城北水门缘筑造年深，椿木朽烂，损动砖石，以致圈口绽裂。蒙本州申朝廷，行下淮东安抚司、转运司、镇江都统司，均认措置物料、钱、米修整"。重新修造的水门是"用石版垒正面两壁膊岸，各长四丈一尺，入深六尺，高一丈二尺。上用城砖接高三尺。及用糯米煎粥调灰，新砖作五圈，五线圈砌水门。其里外四绰手鹰翅其长一十七丈六尺，入深四尺，下用椿木。石版上用城砖砌，通高一丈五尺。内八丈八尺，下用石版砌高一丈，上用城砖接高五尺。（外）八丈八尺，下用石版砌高六尺，上用城砖砌高九尺。圈门两壁城身及正面门额逐一筑打，用砖包砌。并重行铺砌地面、荷叶沟、护崚墙，重卓立起，盖楼橹二十二间"。

　　发掘出来的水门的两壁均用石料构成，上面砌有城砖，基础和砖石之间的黏合剂均"用糯米煎粥调灰"，残存两壁的长度和厚度与碑文中的"长"和"入深"、摆手石墙的厚度与碑文中的"鹰翅"的"入深"基本相同，就是碑文中的"椿木"应该就是地钉。可以认为，揭露出来的宋大城北门水门基本符合碑文中的记载。

　　3. 南宋宝祐城北水关①

　　扬州蜀岗古代城址北城墙西段东部的南宋时期水关遗迹（图 12）呈南北向，平面

---

① 汪勃等：《扬州蜀岗古城址的木构及其他遗存的发掘》，《中国文物报》2015 年 1 月 27 日第一版。

图 12　扬州南宋宝祐
城北水关（北部为水
窦，南—北）

形状呈 "〕〔" 形，北口外侧海拔高于水关内的过水面底部。残存砖石的边壁、摆手痕迹，过水面残存护岸木桩、地钉、底部铺衬等。残存局部底层砌砖为南宋砖、黏合剂用石灰等，说明该水关为南宋时期修建。水关位于水窦北口以南，水关底部海拔已低于水窦的底部，故完全破坏了水窦南部。从地层打破关系来看，水关在明代也已被破坏殆尽。

宋代扬州城是在唐代子城和罗城的基础上修建而成的，两宋时期的扬州城逐渐发展成为一个由大城、夹城和宝祐城构成的军事重镇。夹城始建于绍兴年间（1131～1161 年），在宝祐年间（1253～1258 年）改为砖城。宝祐城因始建于南宋宝祐年间而得名，起先称为堡砦城，亦称宝城或堡城。南宋时期，扬州城作为与金、元兵火交接地带，战争异常频繁，曾多次修造城池。宋大城为规整的长方形，官河贯穿城中南北，故而在南门和北门的西侧修有水门。

南宋夯土墙体叠压南宋柱坑的迹象，说明南宋时期至少有两次修缮。《嘉靖惟扬志》"宋三城图"中宋宝祐城仅有一座北门，若该图确与贾似道筑宝祐城所上之图相关[①]，则第七期遗存当为南宋时期的修筑，而第八期遗存很可能就是贾似道时期所为。

4. 明清扬州城龙首关

扬州明新城的修建，与防御倭寇的侵扰有关。小秦淮河和城壕联结处的水关，应为扬州明清时期的水关。水口形制不明，石砌两壁，滑槽为石条拼接而成，木质闸门[②]

---

① 王小迎、汪勃：《浅谈扬州宋代平山堂城与堡城的连结》，《江淮文化论丛》第二辑，文物出版社，2013 年 6 月，第 37～42 页。

② 扬州龙首关明代水关相关资料尚未发表。

图 13　扬州明清城龙首关的关口（上南）

（图 13）。龙首关水关石壁的内侧有木桩数排，应该就是从内侧加固石壁的"擗石椿"。

三　挡水坝①

2013 年，在宋宝祐城西城门外（西）侧经过城壕处的现代道路处清理出了宋元时期的挡水坝遗迹（图 14），发掘表明，扬州蜀岗古代城址的西城壕在正对西城门处向东收窄，南宋晚期在宝祐城西城门外的城壕中修建了挡水坝，并在元明时期修缮。

挡水坝遗迹由挡水墙、边壁及其摆手构成。从挡水墙以南边壁的砌砖状况、边壁西侧的发掘结果来看，边壁可以分为早晚两期。早期修砌规整，黏合剂为白石灰膏，其用砖规格、修砌方法与南宋时期扬州城的相同，而砖上铭文内容有属南宋晚期者；边壁晚期的修补不甚规整，黏合剂多为黄沙，推测其为元明时期的修缮部分。

挡水墙位于挡水坝中部，砖石结构，东西向。横架在东西两边壁之间，自下而上由基础部分（地钉、衬底石条或砌砖）、南北两侧砖砌的挡水坡面、顶部石条等构

图 14　扬州蜀岗古代城址西城门外挡水坝遗迹（东北—西南）

---

① 中国社会科学院考古研究所等：《江苏扬州市宋宝祐城西城门外挡水坝遗迹的发掘》，《考古》2014 年第 10 期，第 43 ~ 60 页。

成。挡水墙顶部中央东西向铺设石条，侧立砌成一线；石条上部棱角较锋利，石条下有平铺砖，南北两侧为挡水坡面。北侧挡水坡面底部基础为平铺三层砖，用白石灰膏作黏合剂，基础铺砖下的东部有东西向的地钉，坡面上错缝平铺两层丁砖。南侧挡水坡面底部铺设有衬底石条，黏合较多白石灰膏，石条规格不明。南坡面西半部保存较好，亦平铺两层砖，铺设方法与北坡面相同。挡水墙两边壁及摆手平面似"〕〔"形，边壁及其摆手的起基北高南低，两边壁又以挡水墙为界分为南北两个相连的部分。

挡水坝正对西城门，位处交通要道。其南部地势较低，其下并无涵洞之类的通水设施，又隔断了主城壕，其上或有吊桥或拖板桥等设施。挡水坝顶部尖锐的石条、陡坡的挡水墙或可在撤除掉过桥设施之后阻止通行。推测该遗迹既为挡水坝，又与宋宝祐城西城门外通过主城壕的设施有关，兼具挡水和城防功能。

四　过城壕设施

迄今为止，在宋宝祐城的南、西、东三面城门外的城壕上、宋大城东门外瓮城和其东侧台地之间发现有相关的过城壕设施。

宋夹城北门外有木桩遗迹（图 15），木桩分布范围南北 47、东西 7 米，向北正对宝祐城南门[①]。这些木桩当为平桥之下的木桩基础，其所处地点与沈括所记唐代下马桥位置相近。

南宋宝祐城西城门外挡水坝西边壁南摆手以西、西边壁北摆手外护岸木桩北侧、西边壁底部地钉西侧，各有柱洞若干（图 16）。西边壁西南的柱洞大小不同、间距不等、排列不

图 15　扬州宋夹城北门外木桩遗迹（南—北）

甚整齐的两排柱洞，其连线略呈东北—西南方向，与西边壁南摆手方向不甚一致；西边壁北摆手西侧砖砌驳岸外侧柱洞的连线为东南—西北走向；西边壁西侧底部柱洞为南北向排列。虽然并未发现可用于推定这些柱洞所属时代的证据，但从上述柱洞的延长线组成的平面形状、西边壁底下的柱洞被较早的水沟打破等现象来看，这些柱洞当与早于南

---

① 中国社会科学院考古研究所等：《扬州城——1987～1998 年考古发掘报告》，文物出版社，2010 年，第 51 页。

宋晚期挡水坝的过城壕设施相关，其废弃时间要早于挡水坝的始建时间①。

　　宝祐城东门外城壕内发现有过城壕设施相关的木桩和桩洞（图17），其形制与扬州宋宝祐城挡水坝边壁、宋大城东门外过城壕设施近似，平面呈"〕〔"形，规格尺寸接近②。

　　唐宋城东门南宋过城壕设施（图18）位于瓮城东侧和其东台地之间，清理了靠近瓮城中轴线的部分。城壕清理出来的部分平面亚腰形，与主城门东西大致对应处的城壕最窄③。

　　上述4处与扬州宋城相关的过城壕设施遗迹，尚难以判定其是吊桥、抽板桥还是平桥，暂时因其均为跨城壕处的过壕设施而称之为壕桥。

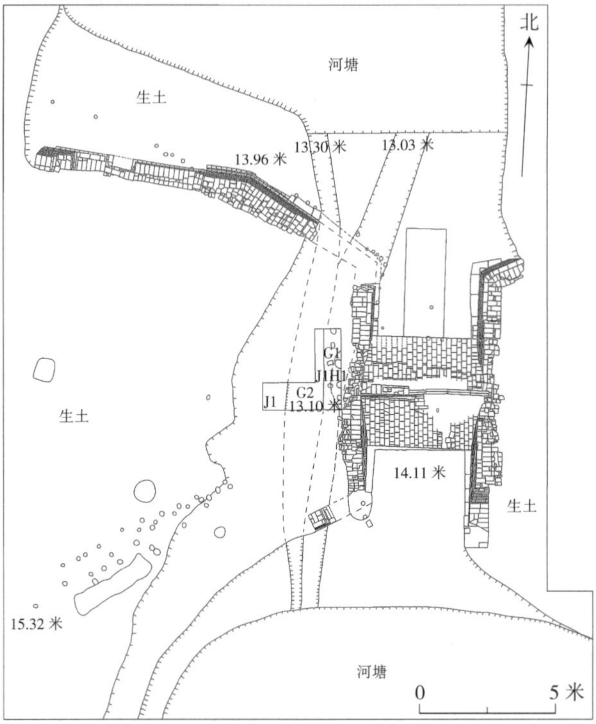

图16　扬州蜀岗古代城址西城门外
早于南宋挡水坝的柱洞分布图

图17　扬州宋宝祐城东门壕桥（上北）

图18　扬州唐宋城东门南宋
过城壕设施（上西）

① 中国社会科学院考古研究所等：《江苏扬州市宋宝祐城西城门外挡水坝遗迹的发掘》，《考古》2014年第10期，第43~60页。
② 扬州唐城考古工作队2014年发掘资料，因尚未发表，故不详述。
③ 中国社会科学院考古研究所等：《扬州唐宋城东门遗址发掘简报》，《考古学集刊》第19集，科学出版社，2013年，第316~368页。

五　城门处的排水设施

迄今发掘的扬州城的城门遗址中，除了地面上的排水沟之外，泄水孔、泄水槽、"虹面"露道等排水设施较有特色。

在扬州城南门遗址的唐代中期、晚期的城墙上，均有泄水孔。中唐时期的瓮城西墙上的泄水孔只发现1个（图19），晚唐时期的瓮城东墙中部墙体上有排成一排的3个（图20）。泄水孔正视略近矩形，内小外大，呈喇叭形状，这种结构即可防止泥沙堵塞，又便于排水。

图19　扬州城南门遗址中唐时期瓮城　　　　图20　扬州城南门遗址晚唐时期瓮城
西墙上的泄水孔（西南—东北）　　　　东墙上的泄水孔（东北—西南）

扬州城南门遗址中宋代出主城门露道保存较好，南宋时期的路面是由用线道隔开的5幅路面组成，路面中心拱起形成"虹面"以利散水。路心为一纵排对齐横铺的立砖，路心两侧为对称的立砖错缝横铺路面，再外侧是和路心做法相同的两幅路面，挡边砖外侧为排水明沟。线道多用一道侧铺砖连成一线，最外侧则多用2~3条侧铺砖错缝构成挡边，挡边外侧为排水明沟。这种横截面呈"虹面"的砖铺露道，在扬州唐宋城东门（图21）、宋大城西门和北门等城门遗址的宋代遗迹中均可见到。《营造法式》卷第十五砖作制度露道载："砌露道之制，长广量地取宜，两边各侧砌双线道，其内平铺砌或侧砖虹面垒砌，两边各侧砌四砖为线。"

唐宋城东门遗址的南宋时期瓮城内，在瓮城东墙内侧还有近似于雨漏的泄水槽（图22），并且同期的瓮城内地面大致呈东北高、西南低的倾斜状，瓮城内东北角与排水沟底部高差达0.4米，利用地势高差让雨水自然导入排水沟内，然后排出城外。

扬州城遗址城墙及相关设施上的水工设施，是由于江淮之间多水、河道纵横等气候、地理特征而伴随着城市的建设而出现的。扬州城无山而缺乏石料，加之蜀岗下为

图 21　扬州唐宋城东门遗址中的　　　　图 22　扬州唐宋城东门遗址南宋
　　　北宋时期露道（南—北）　　　　　　瓮城东墙内侧泄水槽（西—东）

长江冲积形成的沙土层，故而发现的水工设施多用木材加固或做基础，如处理地基所用木板和地钉、栅栏木枋且栅条亦为木质等。此外，从汉代开始直至明清，包含水工设施在内的城门边壁、城墙、水井等建筑基址有较多使用包砖的现象。古代城市建设中水工设施极为重要，水工设施的演变与古代堪舆思想的发展相关，扬州城遗址所见水工设施依从自然、合理巧用，反映出古代先民在城市规划建设上因地制宜、科学建城的水平和成就。

北京龙泉务窑及辽代其他瓷窑的
发掘与初步研究

王 睿（中国社会科学院考古研究所）

一 北京龙泉务窑的发掘与研究

（一）发现与发掘

龙泉务窑址位于今北京城西门头沟区龙泉镇西北5公里左右的龙泉务村北，俗称"窑火筒"。其东南距北京西直门内23.4公里，距金代金中都城址西北角22.3公里（图1）。窑址三面环山，永定河由北而南自遗址东侧蜿蜒流过。村西南曹家地、村东北军庄乡盛产煤炭，村北灰峪、村西南对子槐山产坩子土。

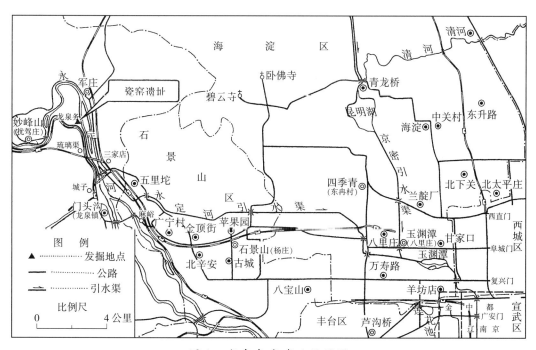

图1 龙泉务窑遗址位置图

龙泉务窑址发现于 1958 年，1975 年复查确认，窑址面积 27600 平方米，1991 ~ 1994 年北京市文物研究所、中国文物研究所、门头沟区文物保管所等单位组成考古队对其进行正式考古发掘，共发现窑炉 13 座、作坊 2 处，出土窑具及各类可复原器物 8000 余件。2002 年《北京龙泉务窑发掘报告》出版[①]。

（二）遗迹

1. 窑炉遗迹

龙泉务窑址三次发掘共发现 13 座窑炉，其中 Y2、Y8、Y9、Y10、Y13 保存较好。

（1）一期窑炉 2 座（Y14、Y2），保存较差；二期窑炉 3 座（Y13、Y10、Y11），选介 Y13。

Y13　坐东朝西，方向 275°。平面为马蹄形，由火膛、窑床、排烟孔、烟囱、护窑基等结构构成（图 2）。全长 5.44、通宽 5.8 米。窑门无存。火膛壁经过两次修复改造。原火膛呈半月形，东西宽 1.03、南北长 3.2、深 0.84 米，用耐火砖平铺错缝垒砌。第一次修改的火膛近似梯形，即在原火膛内南北两侧分别砌八字形隔墙，同时将原窑床面向西移 0.24 米，火膛圈顶亦随之向西移 0.2 米，坐于原火膛墙外侧，而在火膛内侧形成一个二层台，致使原火膛缩小为近似梯形的小火膛，前长 1.7、后长 1.3、宽 0.88、深 0.095 米。两侧空隙处用残匣钵片竖立砌三层，然后填渣土取平。在此后又经过一次小的修改，即在北墙向北又移一砖之宽，用黏土和残砖垒砌，此时火膛南北为 1.6 ~ 1.95 米。火膛内壁窑汗十分坚硬，并保存厚 0.95 米的灰烬。可分四层，第一层厚 0.2 米，灰黄色，较松软。出土有残敞口碗、刻莲瓣纹小罐残片。第二层厚 0.5 米，青灰色，夹杂着碎石块。第三层厚 0.15 米，黄褐色灰土，出土四件柱形支烧具。第四层为黄白色草木灰，厚 0.1 米，内夹杂着少量的黑灰。火膛底部为纯净的红褐色烧土，极坚硬。

火膛外圈墙南北两侧的护窑基石之间，为保持窑温用坩子土填实。窑室平面呈横长方形，东西长 3.12、南北宽 3.44 米，面积 10 余平方米。窑壁用长 0.32、宽 0.1、厚 0.06 米的长方形残耐火砖平铺错缝垒砌，残高 0.12 ~ 0.18 米，窑尾部分残缺，仅保留一砖。窑床上铺一层耐火砂，东高西低呈缓坡状，最厚处为 0.18 米，表面呈灰褐色，底部耐火砖纯净洁白。窑床的北壁中部以下 0.3 米处，揭露出一段长 1.26、厚 0.07 米的淡黄色窑渣层，疑又一层窑床面（未揭露）。

排烟孔已残，从残迹分析，南北两侧应各有两个排烟孔，每个排烟孔宽 0.2 米。砌法如下：先用残耐火砖在窑尾端平铺错缝砌两层基砖，基砖正中砌砖，两侧各留出宽 0.2 米的空隙为排烟孔。北侧排烟孔仅残留一块基砖。烟囱 2 个，略呈方形，北侧烟

① 北京市文物研究所：《北京龙泉务窑发掘报告》，文物出版社，2002 年。本文多数资料来源于此书。

囱东西长 1.15、南北宽 1.25、残高 0.16 米，系残匣钵片垒砌。南侧烟囱与北侧烟囱形制相同。长 1.07、宽 1.2、残高 0.15 米。护窑基石沿火膛南北两侧及窑床两侧，用青石及匣钵混用垒砌弧形护窑基。烧窑时为保持窑内温度，在护窑基以内培土至窑室顶部。北侧护窑基全长 6.9、宽 0.32、残高 0.17 米，前半部用大小不等的石块垒砌，后半部用较完整的匣钵倒扣或匣钵片立砌。南侧护窑基全长 5.1、宽 0.19、残高 0.13 米，均为大小不等的青石块垒砌。

（2）三期窑炉 5 座（Y2、Y3、Y4、Y5、Y9），选介 Y9。

Y9　平面呈马蹄形，坐西朝东，方向 278°。全长 6.4、宽 3.3 米。其北侧打破 Y10、Y11。结构由火膛、窑室、窑床、烟囱、护窑基等部分组成（图3）。除窑壁外，其余大多保留。火膛向东，经三次修改利用，最后形成梯形，前宽 0.96、后宽 1.2、进深 1.1、高 0.5 米。火膛用半头耐火砖平铺错缝垒砌，前脸微弧，正中有通风孔，高 14、宽 25 厘米，通风孔上覆盖残匣钵片。火膛南北两壁较薄，厚 16 厘米，为单砖顺砌；西壁为单砖横砌，略厚，为 25 厘米。火膛内残留的木炭已板结，较硬。Y9 最早的火膛是半圆形，南北长 4、东西宽 1.2 米，平地挖筑，地基内填坩子土，其上用残长 18、宽 17、厚 6 厘米的耐火砖平铺错缝垒砌，砖与砖之间用坩子土黏合，火膛内遗存厚 4 厘米渣土及草木灰。第二次修缮的火膛略向西移 0.2 米，亦是半圆形，南北长 3.2、东西宽 0.9 米。第三次修缮火膛时将其改造为梯形，因此连续打破两个半圆形火膛。

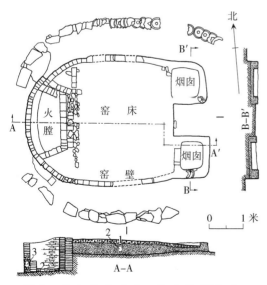

图 2　龙泉务窑遗址二期文化 Y13 平、剖面图

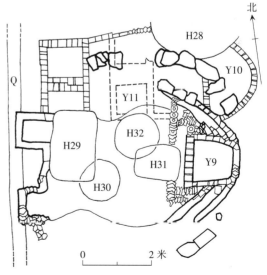

图 3　龙泉务窑遗址三期文化 Y9、Y10 及 Y11 三窑叠压关系图

窑室平面为长方形，长 3.7、宽 3.3 米，南北两侧窑壁破坏无存。与火膛交接处用

残匣钵立砌，保存两层，深 0.4 米。下层匣钵半圆心向南，上层匣钵半圆心向北，使
匣钵相互吻合而坚固。窑床呈缓坡状，由东而西渐高，略有倾斜。烟囱 2 个。北侧保
存略好，东西长 0.8、南北宽 0.6、残高 0.3 米。用坩子土及残砖垒砌，壁厚 0.2 米。
南侧烟囱形制与北侧相同，间隔 1.1 米。烟囱内遗存厚 0.3 米的青灰色渣土，底部呈褐
色，略坚。两个烟囱的排烟孔全部毁坏。护窑基石顺火膛南北两端及窑床两侧，用长
0.5～0.8、宽 0.3～0.4、厚 0.2～0.3 米不等的大石块夹杂着匣钵垒砌护基，北护窑基
全长 5.25、宽 0.4、残高 0.35 米；南护窑基全长 5、宽 0.3、残高 0.2 米，窑室与护窑
基之间相距 0.3～0.6 米，内填坩子土或杂土，待烧窑时可堆积至窑室顶部。另外在烟
囱后边有一道横贯南北的黄土墙，与 Y10 烟囱后边的黄土墙连为一体。此墙亦起护窑
作用，同时可能是东、西两侧的隔断墙。

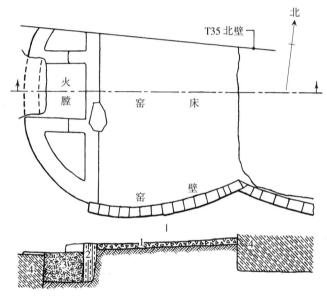

图 4　龙泉务窑遗址四期文化 Y6 平、剖面图

（3）四期窑炉 3 座（Y6、Y7、Y8），选介 Y6。

Y6 平面呈葫芦形，坐东朝西，方向 255°。残长 5、残宽 2.2 米。火膛、窑室、窑床、窑壁等遗迹均有残存（图 4）。窑室分为前室及后室两个部分，后室遗迹大部分被破坏。

火膛　平面呈圆形，前段被扰坑打破。南北残长 2.5、宽 1.05 米。火膛底低于窑床面 0.6 米，内填满草木灰。底部火膛壁为坩子土堆砌而成，经火烧结，呈红褐色，火膛内有两段东西向隔墙，相距 0.84、残高约 0.2 米，皆耐火砖砌成。前窑室在火膛后面，底面即窑床，铺有厚约 0.1 米的耐火砂。窑床面东高西低，略有倾斜。沿窑床面南侧砌有壁砖，壁厚 0.17、残高 0.2、长 2.2 米，呈弧形，向外凸出。窑室那侧留有窑壁残基一段，残长 1.4 米，亦呈向外凸起状，并与前室南壁互相衔接。衔接处形似葫芦腰，说明该窑原来是葫芦窑。

龙泉务窑址发现的 13 座窑炉中除 Y12 为土窑外，其他均为半倒焰窑，分别为长方形、马蹄形、葫芦形等①。结构上，主要由火膛、窑床、烟道、护窑墙等部分组成。这

---

① 北京市文物研究所：《北京龙泉务窑发掘报告》，文物出版社，2002 年，第 405～406、419 页。按，从报告第 53 页图版六之 1、2，结合报告文字描述来看，6 号窑的形制是否呈葫芦形，尚难确定。

些结构与大部分北方窑炉既相似又有所区别。

2. 作坊、炕、灶、灰坑遗迹

发现作坊 9 座，炕 9 座，灶 14 座，灰坑 33 个。火炕分睡人和烘坯炕两种，大部分在作坊内发现。灶发现 14 座，5 座发现于作坊内，余为单独发现。

（1）二期（辽代中期）作坊

F2、F3、F4 同属二期文化。平面呈长方形，坐西朝东，方向89°。F4、F2 共用一道后檐墙，与F3 有叠压关系，F4、F2 略早，F3 是借助 F2 的南山墙搭建的（图5）。F2、F4 出土大量三叉形支烧具及素方碟模具等，故这两间房子应当是制作窑具或捏模压坯的作坊。

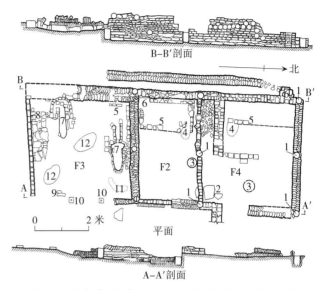

图 5　龙泉务窑遗址二期文化 T43F4、F2、F3
作坊平、剖面图

F2 位于 F4 南侧，面阔 2.5、进深 4 米，四壁系残砖及匣钵片混砌。其中西壁保存较好，长 2.5、宽 0.4、残高 0.6 米，墙体为砖石结构。地基部分采用长 0.6、宽 0.4、厚 0.18 米的两层长条石平铺错缝砌筑，基石上用残砖平铺八层，用泥黏合，砖与砖之间夹杂有薄石片、石块等碎料。墙两端留有角柱，柱洞直径 0.22、深 0.3 米。

南墙不甚规矩，略向北偏。长 4.3、宽 0.32、残高 0.55 米。地基立砌三层匣钵片，高 0.2 米，其上用匣钵片、石块等混合垒砌。墙正中部位留有分心柱洞，直径 0.2、深 0.3 米。北墙与南墙结构基本相同，长 4、宽 0.2、残高 0.4 米，墙体正中留分心柱，遗有柱洞直径 0.25、深 0.2 米，东端亦有柱洞直径 0.2、深 0.25 米。

东墙即前檐墙，长 1.1、宽 0.16、残高 0.4 米。地基部分铺两层长条石，其上用残砖及匣钵片人字形垒砌，门设在北侧，门宽 0.9 米，门道底下用匣钵片人字形斜立砌两层与地基平。

室内西壁卜砖砌火炕，南北向长 2、宽 1.1、高 0.3 米，炕面砖及炕道均破坏无存，仅留炕沿残砖。火炕前遗有圆形红烧土硬面，应是灶的位置。西南隅遗有烟囱遗迹。北壁正中部，于地下埋陶制管状筒，无底，上粗下细，口径 0.4、深 0.4 米，清理时筒内出土青灰色坩子土，应是储存陶泥的储泥筒。

清理 F2、F4 两间房屋时，出土大量的三叉形支烧具及素方碟模具等。因此这两间房子应当是制作窑具或捏模压坯的作坊。

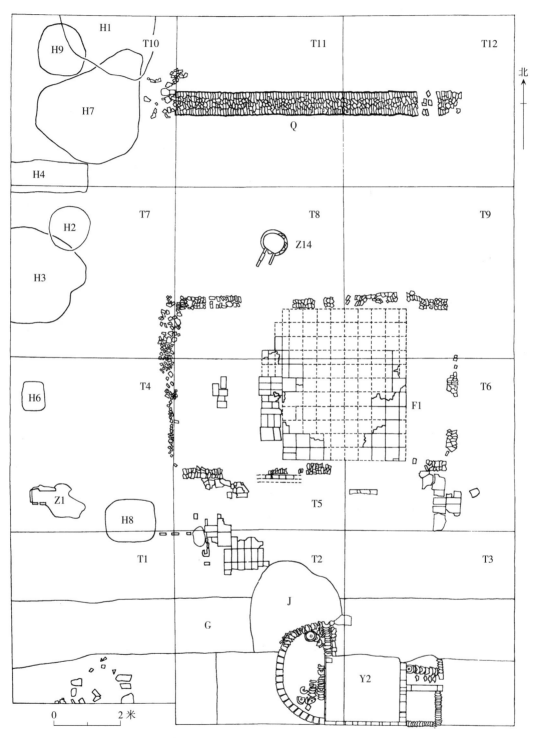

图6　龙泉务窑遗址三期文化 T1~T12 遗迹分布图

（2）三期（辽代晚期）作坊

F1 及其周围是一处方砖铺墁的晾坯场（图6）。F1 平面呈长方形，东西长 8.6、南北宽 5.4 米。四壁为匣钵残片垒砌的坎墙，残高 0.08～0.3 米。四角未见柱础和柱洞。匣钵墙垒砌前先挖宽 0.3～0.4 米的基槽，填碎匣片略夯实，然后再斜立砌人字形匣钵片。以北壁保较好，残长 8.4、残高 0.3 米。东、南两壁各保存两段，宽 0.3 米，墙体拐角处均遭破坏。南、北两壁各设有门道，北壁门道在西北角，宽 1.5 米，门道外为平地，无任何设施；南壁门道辟在西南角，宽 1.2 米，门道外平铺数块青石板及长条石。

场房内无隔墙，中间部位大面积铺墁方砖及长方砖，平面为凸字形。除东北角和西侧用长 28、宽 18、厚 5 厘米的粗沟纹长条砖铺墁，其余均用长、宽各 40、厚 6 厘米的粗沟纹方砖铺墁。墁砖前先将地面抄平夯实，然后再砖的四周抹白灰浆，厚约 0.5～1 厘米。发掘时大部分铺地砖破坏无存。复原知，南北一行铺大方砖 11 块，东西一行铺 8 块，西侧地面砖铺三排长条砖。该晾坯场规模较大，且使用时间长，全部铺地砖皆磨损较甚。

F1 西南侧另一处建筑遗迹发掘时在牙砖内堆积大量经淘洗过的坩子土，且距此不足 2 米的东南隅有一座窑炉，所以估计这里是一处制坯作坊。F1 北 5.4 米处，建有一道东西向隔墙，东西残长 9.6、宽 0.7、高 0.15 米。此墙可能是南北相隔的院墙。

F6 平面呈长方形，仅保留东侧墙基，部分北墙垣及室内火炕（图 7）。东墙全部用匣钵片垒砌，残长 3.4、宽 0.4、残高 0.1 米。北墙用匣钵片和砖混合

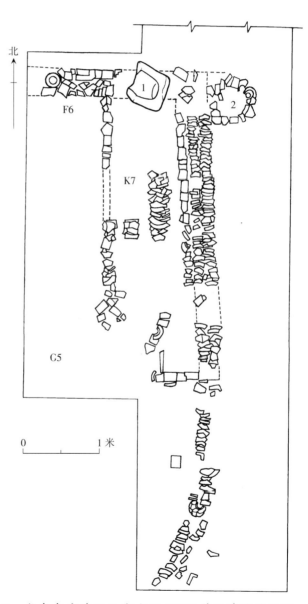

图 7　龙泉务窑遗址三期文化 G5F6 作坊遗迹平面图

垒砌，残长 1、宽 0.38、残高 0.1 米。室内东北角残存火炕一座（K7），炕前小灶破坏无存。坑长 1.8、宽 1.1、残高 0.1 米。炕沿及内侧炕边均用残砖垒砌，中间残留三条烟道系用匣钵片相隔，每条烟道宽 0.1～0.18 米，其东北角残留烟囱亦为匣钵片垒砌，直径 0.6 米。此为烘坯火炕。该作坊东北角出土一件长、宽各 0.5、深 0.38 米的大石臼。据此判断可能是一处粉碎原料的作坊。

（3）四期（金代）作坊、火炕及灶

F7 位于 T5 的中部偏西，建在第三层，属于第四期文化。该处遗迹保存极差，仅遗存两处东西向的匣钵墙，烘坯炕、灶等遗迹。

北墙残长 1.6、宽 0.4、残高 0.1 米，用大、小不等匣钵片人字形垒砌。南墙残长 1.5、宽 0.25、残高 0.3 米，垒砌方法与北墙相同。两墙相距 4 米，由于破坏较甚至，看不出房屋拐角和柱洞。根据两墙间隔的距离推测，可能是该房屋的面阔。两墙之间中部发现一段南北向的匣钵墙，残长 1.1、宽 0.44、残高 0.1 米，该墙西侧发现一座烘坯火炕，同属四期文化。

烘坯炕（T5K2）平面呈长方形，东西向，由火膛、火道等结构构成。炕面及烟道破坏无存。火膛位于东侧，火膛口长 0.18 米、宽 0.14 米、深 0.46 米，底部略大，直径 0.3 米，炉口外用匣钵片围砌平台，四周遗有红烧土痕迹。火膛系掏挖而成，内壁经烧结十分坚硬，呈淡红色。火道在火膛西侧，平面呈八字形，向上为缓坡状，火道两边用单砖立砌，中间立砌双砖，将火膛分为两段，均长 0.5 米、深 0.17 米。火道两端立砌三块东西向长方砖以挡火。发掘时只保留北侧和中间的挡火砖，南侧挡火砖仅残留半块。火炕位于火道西侧，残长 1.2、残宽 0.8 米，炕面砖及烟道均遭破坏，仅北侧出火口存一块立砖，应是火炕北部边缘，南侧出火口立砖无存。根据此炕形制判断，该炕应是烘坯炕。在该炕南侧发现两个相连的小灶，分别编为 T5Z8、T5Z9。

T5Z8 破坏较甚，仅保留火膛部分。平面呈椭圆形，南北长 0.25 米、东西宽 0.2 米。火膛呈袋状，口小底大，火膛口用三块砖围砌，直径 0.22、深 0.4 米，四壁烧结略硬，呈淡红色。清理时遗存有未烧透的煤渣。

T5Z9 位于 Z8 南侧 0.2 米，平面呈马蹄形，方向 18°。砖石结构，火膛口三面围砌砖块及石板，长 0.15、宽 0.1 米。火膛向下深 0.42 米，略呈袋状，四壁红烧土烧结坚硬。由于长期使用，火膛口外凸起红烧土，高约 0.1 米，与火膛口形成一个马蹄形凹槽。

室内在位于南侧匣钵墙稍北的地方于地面放置 2 件陶釜，直径 38、残高 10 厘米，泥质灰陶，破坏较甚。两件陶釜内均装黄色硬土块，疑是釉料。

（4）灰坑

有的灰坑发现瓷器较为丰富。如二期 T37H33 椭圆形，长 3.11、宽 1.5、深 0.7 米，出土大量碗、盘等生活用品。三期 T19H21，平面呈不规则圆形，最长 5、宽 4.5、深 0.9～1.3 米，土质为灰色渣土，较疏散。出土大量的白瓷盘、碗、炉、罐、壶等不同类型器物 500 余件，是该窑址出土最集中精致的器物群。

（三）遗物

龙泉务窑瓷器未见契丹风格，以中原风格为主。造型以碗、盘、瓶、罐、碟为主，钵、枕、炉、盒、执壶、盂等有相当比重，围棋子、象棋子、砚、玩具、埙、铃等也较为常见。碗、盘的数量最大，造型变化也最为丰富。花口器物为仿金银器造型，花口下部做出仿捶揲的凸棱效果，是龙泉务瓷器中生产数量最多、最具特色的器物。

白釉瓷最多，烧造时间长、产品数量大、造型丰富，并分为精粗两类。粗白瓷，胎体厚重，呈灰白色，外部施釉不到底，底心支钉痕迹明显，素面为主，碗、盘、钵最常见。细白瓷胎体薄，呈白色，釉面光泽多数较洁白，器外满釉，造型丰富，多刻有精美花纹，以连瓣纹最具代表性。另外有黑釉、酱釉、茶叶末、三彩、白釉点黑彩、褐彩产品。三彩，为中、晚期出现的新品种，色彩以绿、黄为主，其黄色中泛赭红色，具有明显的地区特征。制品主要有佛像、器物和建筑构件。

（四）制瓷工艺

1. 原料制备

从发掘出土的沤泥区、釉料区、储泥筒、成堆的坩子土等迹象观察，龙泉务窑工匠把瓷土矿（煤坩石）采回后，首先在大石臼中粉碎，然后将粉碎的瓷土矿放在淘洗池内注入水，由于瓷土矿杂质较多，比重大，自然沉于池底。龙泉务窑虽未见淘洗池，但步骤上应是经过淘洗然后进入沉淀池。龙泉务窑沉淀池用匣钵片及砖垒砌，池底铺砌鹅卵石。储泥筒无底，有的在作坊内用陶水管制作（T43F2）埋在地下，有的在院内用砖垒砌（T7、T10）。经过再蒸发渗漏，水分减少，储泥筒内的泥浆就成为胎泥。使用时在作坊内的石板上锤炼摔坯，即可用于成型。

2. 器物成型

以轮制、模制、捏塑为主，同时辅以粘接工艺。早期器物胎壁厚而粗糙，晚期器物胎壁较薄，表明利坯工具在不断改进，技术在逐步提高。从龙泉务窑 2 号（T43F2）作坊、4 号（T43F4）作坊内出土的放碟模具和大量三角形支钉观察，此处应是以制作三彩放碟为主的作坊，表明其有在制坯、器物成型阶段有较为明确的分工。晾坯是成型后的主要工序。在龙泉务窑即有室外棚架晾坯，也有室内火炕烘坯。一号作坊的大面积铺地砖所在处应是室外棚架式晾坯场。T43K9、T22K4、T8K1 等应属于室内烘坯火炕遗迹，此类火炕与宁夏灵武窑西夏时作坊内的烘坯炕和陕西耀州窑宋代作坊的烘坯炕异曲同工，说明北方乃至西北与南方诸窑在晾坯工序上有明显的不同。

圆器轮制，如盘、碗、钵、盆等器形上均有轮制痕迹。罐、执壶等的流、耳、把手等尚需另作附件，待烧干后用泥浆粘接于器上，然后利坯（修坯）成型。大多数盘、碗底足均为平底，个别小碗、小盘底足中心部形成凸尖（刀具靠足边部分下刀深，靠近中心部分刀浅）。

模制包括人物、动物雕塑品及印花围棋子、象棋子、佛像座、枕帮、三彩方盘等。坯模瓷泥制成。制法两种，一种为单模制，即在瓷模坯上雕刻花纹，然后入窑烧成，如放盘、枕帮及简单的印花围棋子、象棋子、花饰、瓦当，贴花饰件的模子。另一种为复合模，即先塑原形，再用瓷泥翻成模坯烧成，如瓷塑人物、狮子、瓷枕等。瓷枕一类器物除直接在模具上挤压，还需要粘接成型。龙泉务窑发掘中出土了一些模子。

捏塑手法多用于动物玩具类和器物嘴、把手、系等附件。

3. 装饰技法

装饰技法有刻、印、点三种，刻花最为流行，印花次之，点彩有一定的应用，彩绘少见。装饰题材以植物花卉纹为主，人物、动物、几何纹图案较少。早期器胎壁厚且粗糙，晚期器物胎壁较薄。圆器轮制，人物、动物雕塑品及印花围棋子、象棋子、佛像座、枕帮、三彩方盘等均为模制，动物玩具及器物附件为手制。

早期品种简单，中期以后品种渐多，产品质量有很大提高。一期多素面，二期开始出现黑釉、茶叶末釉、三彩器，装饰技法的压印、剔刻、模印等出现，三期又出现了点彩、贴塑等。四期制作工艺一脉相承，一期产品粗糙。二至四期装饰手段在继承中有所创新。三、四期细白瓷占主导地位，且釉色、胎质都有所提高。

花卉纹常见于罐、枕等器物。一期以素面为主，仅见莲瓣纹。二、三期以后渐有蕉叶纹、树叶纹、荷叶纹、蔓草纹、牡丹纹、野芍药、宝相花、三角形草叶纹等。莲瓣纹和花叶纹是龙泉务窑最为流行的装饰题材，在窑址出土物中占有绝对优势。莲瓣纹有菱形和三角形两种，在辽代早期地层已有发现。中期以后出现并延续到辽代晚期的花叶纹，纹饰由叶片和花瓣纹组合而成，并以中间部位的叶纹为主。

几何装饰纹有方格纹、圆点纹、串纹、水波纹、羽毛纹、海水宝珠纹、串珠开光纹等，亦出现在二、三期以后。人物题材除立俑、瓷佛，多见于枕侧边装饰，如婴戏图。动物装饰题材有蜂纹、碟纹、鱼纹、鹭鸶、龙纹、狮头纹等；一般见于枕、注壶、三彩盘等器物上。雕塑品中常见有马、牛、羊、猪、狗、猴、熊、骆驼等。

在龙泉务窑发现遗物中一些工具，比如铁制的镢头、凿、锥、铲等，可能用于上述装饰工艺。

（五）烧造工艺

1. 窑炉与烧成工艺

龙泉务窑址共发现辽、金时期窑炉13座，除Y12为土窑外，其他均为半倒焰窑，分别为长方形、马蹄形、葫芦形等。与宁夏灵武窑、陕西耀州窑、陕西旬邑安仁窑、山东淄博坡地窑、河北磁县观台窑等窑炉既相似又有区别。首先，龙泉务窑火膛前不设出灰道，火膛一般低于窑床0.9～1.4米，平面呈半圆形或梯形，中间不置炉栅。底部用匣钵或柱形窑具支撑木柴，以达到通风的目的。其次，为了保持窑温，在窑室周围用匣钵或青条石垒砌护窑基，然后在窑基范围内培土至窑顶。这是北方瓷窑少见的形式。

由于龙泉务窑炉的火膛低于窑床，而且没有炉栅及通风口，因此通风出灰的条件很差，火焰控制亦较困难，全凭经验，用"试火棒"试查火度进行控制。此法仅见于龙泉务窑及陕西耀州窑使用①。

2. 窑具与装烧工艺

龙泉务窑大多采用匣钵叠烧，金代初年出现极少的涩圈支垫烧法。早期在匣钵内装烧5～7件。匣钵与匣钵之间用泥条密封，最上层匣钵用圆形匣钵该封盖。中、晚期器皿胎壁较薄，装烧工艺随之改进。每件匣钵最多可装盘、碗7～9件。为充分利用空间、提高产量，在大罐内或钵的底部又放小器皿，或在碗、钵的空当处放小型玩具搭烧。三彩器多采用二次烧成，先素烧成坯，再施黄、绿、赭等色釉低温烧成②。

龙泉务窑除少量产品用支柱裸烧外，大量使用筒形匣钵、漏斗形匣钵及少量的平底匣钵和钵形匣钵。筒形匣钵最大高20～22、口径30～34厘米，最小的高17、口径20厘米。漏斗形匣钵最大的高34、口径30厘米。一般高20～25、口径18～26厘米之间。平底匣钵高9、口径25～32厘米。钵式匣钵随器物大小而定，也有根据特定器物专门制作的匣钵。

匣钵胎料均为耐火土、黏土夹砂轮制而成，大多粗糙坚硬，胎壁厚约1.5～2.5厘米之间，呈土黄色或铁灰色。个别的匣钵还施有很薄的"护胎釉"，表面光滑细腻。较大的匣钵在腹壁下开3～4个透气孔。龙泉务窑的装烧方式，归纳起来有如下几种。

（1）裸烧法

其一，大型支柱裸烧法。

龙泉务窑辽早期普遍使用。大型支柱高约50、直径14～16厘米。使用时首先在窑床上立起大形支柱，底部埋于耐火渣土内。然后向上叠放碗、盘等同类同大小的器物，器间垫支钉间隔。此法成品率较低（图8：1）。

其二，垫托裸烧法。

将束腰形托座或盘式托座放置在窑床上，然后叠放器物。在高大器物的肩部用工字形支具支撑以防倒塌。此法是支柱裸烧的延续（图8：2）。

（2）单件匣钵装烧

一器一匣钵，如罐、注壶等琢器多用此法。有的器物高出匣钵，其上盖一浅腹匣钵（图9：2）。

（3）套烧法

---

① 陕西省考古研究所铜川工作站：《耀州窑作坊和窑炉遗址发掘简报》，《考古与文物》1987年第1期，第15～25页。

② 北京市文物研究所：《北京龙泉务窑发掘报告》，文物出版社，2002年，第406～409页。

大件器物内套小件器物。分仰烧套烧和覆烧套烧（图8：3~5）。

（4）对口烧

同形器物，相扣且内套一件小罐或碗。此法，外边的器物实际上起到了匣钵的作用，因此烧成后釉色灰黄无光泽。也见两件匣钵口对口相扣的烧法（图9：1）。

（5）摞烧

其一，对口成组摞烧。

即两件器物口对口摞叠，另两件器物亦口对口，如此多组器物底与底叠摞在一起烧成。烧制盆、洗等，胎体多较厚重，口沿处不施釉并垫有支钉，一般裸烧。这种方法在龙泉务窑址辽代中期以后常见（图8：6）。

其二，匣钵摞烧。

此方法在龙泉务窑最普遍，是把碗、盘、碟等制品叠摞在匣钵内，每件器物之间用支钉或三叉形支具相隔。一般一个匣钵内装7~10件左右。入窑时，筒状匣钵的第一层用窑床上的耐火渣掩埋稳固；漏斗状匣钵则在第一层匣钵下用残匣钵片及瓷泥平稳后掩埋耐火渣（图9：3），然后向上叠摞匣钵，上层匣钵底为下层匣钵的盖，依次向上，最后顶端匣钵口

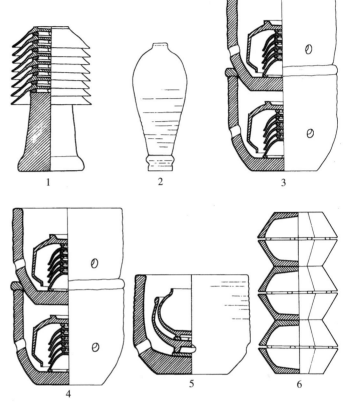

图8　龙泉务窑遗址四期文化装烧工艺（一）

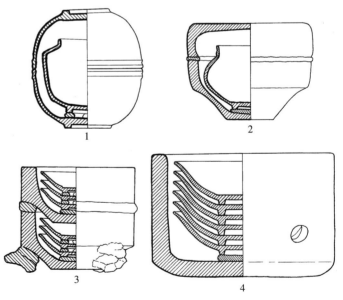

图9　龙泉务窑遗址四期文化装烧工艺（二）

匣钵盖。匣钵间垫泥条封闭防止漏气，为了避免倾倒或倾斜，在每摞匣钵之间用工字形支具支垫或塞垫瓷泥。此法使器物受火均匀，釉色洁白光润，从而提高成品率。

其三，涩圈叠烧。

第四期金代典型烧造方法。碗与碗之间叠摞时不用支钉，而是在碗内底刮去一圈釉，使底足与碗内底接触时不粘边（图9：4）。

（6）搭烧

为充分利用匣钵内空间创造的搭烧法。如在匣钵内叠烧的碗下面空间放一小玩具等。此法是辽代中、晚期工艺进步的标志。

（六）龙泉务窑瓷器科技考古研究

1. 白瓷①

经过科技测试，可知龙泉务窑白瓷胎组成与北方名窑白瓷有明显差别，应为当地原料制造，其烧成温度在1240~1270℃。从外观看辽代早期白瓷釉白中泛黄（氧化焰烧成），辽代中期釉色开始出现洁白釉（还原焰烧成），辽末和金代沽白产品有增加。龙泉务窑白瓷可分为细瓷和粗瓷。

（1）胎

与北方名窑定窑、邢窑、巩县窑细白瓷相比较，龙泉务窑细白瓷胎有较大差异。龙泉务窑历代细白瓷的氧化铝（37.4%~39%）、氧化钠（2.7%~4.3%）和氧化钛（1.2%~1.7%）含量高于定窑、邢窑和巩县窑，特别是氧化钠的含量如此高，是北方古代白瓷中尚未见过的。龙泉务窑细白瓷胎中氧化硅含量（52.4%~54.9%）一般要低于北方名窑白瓷，因此龙泉务窑辽、金代细白瓷组成中含高铝、钠、钛和低硅成为区别于其他北方窑口的重要特征。

另外龙泉务窑细瓷胎中的氧化铁含量（0.2%~0.3%）一般比定窑（0.59%~2.58%）、邢窑（0.61%~2.59%）和巩县窑（0.5%~1.3%）低，因此龙泉务窑细瓷胎较白。

从显微结构分析，可知细白瓷胎中原料是用颗粒较细、含铁量较低的高质量铝黏土加少量长石配制。从显微镜观察龙泉务窑细白瓷胎中石英颗粒少而细（约25μm），有莫来石晶体。胎中的气孔率很低（0.08%~0.79%），其中气孔率低于0.5%的样品占细白瓷样品总数的76.5%，这说明大多数细白瓷样品已达到现代瓷标准（气孔率<0.5%），其瓷胎的烧成质量很高。

粗白瓷所用为原料含铝量变化较大、颗粒较粗的可塑性黏土加少量的长石配制。粗白瓷大多数气孔率较高（6.2%~20.3%），属正烧外，大多数胎气孔率较高（6.1%~20.3%），属生烧。烧成质量比细瓷样品差。

---

① 陈尧成：《北京龙泉务窑辽金白瓷研究》，《北京龙泉务窑发掘报告》附录1，文物出版社，2002年，第444~450页。原载于《陶瓷学报》1997年第1期，第46~51页。

表 1　龙泉务窑瓷釉的化学组成表

编号	氧化物含量（%）											分子数（RO + R₂O = 1）				
	SiO_2	Al_2O_3	CaO	MgO	K_2O	Na_2O	Fe_2O_3	TiO_2	MnO	P_2O_5	总量	RO	R_2O	Al_2O_3	SiO_2	R_xO_y①
LB8	60	13.9	14.6	5.3	2.4	1.2	1.2	0.3	0.13	0.5	99.53	0.9	0.1	0.31	2.3	0.04
LB11	67.7	14.2	7.8	4	1.3	3.1	0.8	0.1	0.12	0.3	99.42	0.79	0.21	0.46	3.73	0.03
LB14	70.1	15.2	4.6	3.4	3.1	1.8	0.9	0.2	0.1	0.2	99.6	0.73	0.27	0.65	5.12	0.05
LB19	72.6	16.9	0.8	0.5	3.1	4.8	0.3	0.3	0.3	0.05	99.38	0.19	0.81	1.22	8.88	0.04
LB1	73.1	14.2	1	2.7	2.6	4.8	0.8	0.1	0.03	0.2	99.53	0.45	0.55	0.73	6.41	0.04
LB2	69.6	13.3	7	3.1	1.2	3.8	1	0.1	0.09	0.4	99.59	0.73	0.27	0.47	4.2	0.04
LJB2	72.3	17.4	1.5	1.2	1.7	4.3	0.4	0.4	0.04	0.3	99.54	0.4	0.6	1.19	8.35	0.08
LJB4	72.7	17.7	1.1	1.5	1.5	4.1	0.4	0.4	0.04	0.08	99.52	0.41	0.59	1.25	8.71	0.07
YN6	71	16.9	2.7	0.7	6.4	1.4	0.4	0.2	0.04	0.3	100.04	0.42	0.58	1.06	7.5	0.06

（表格采自：《北京龙泉务窑发掘报告》，文物出版社，2002 年 11 月，第 446 页表 2 前八行）

① R_xO_y 表示 Fe_2O_3、TiO_2、MnO 和 P_2O_5 等氧化物分子数的总和。

（2）釉

从上表可知，龙泉务窑辽代早期白瓷釉（LB8、LB11）为钙质釉（RO：0.79～0.9），辽中期（LB14）为钙碱釉（RO：0.73），辽末金初（LB1、LJB2、LJB4）为碱钙釉（RO：0.4～0.45）。在已分析过的大量北方古代白瓷釉 RO 分子数低于 0.5 的碱钙釉只有一例，即隋代邢窑细白釉瓷（YN6：RO 为 0.42）。在科技测试中标本 LB19 的氧化钙和氧化镁含量很低，RO 只有 0.19，R_2O 达 0.81，具有碱质釉特征，在我国南北方古瓷釉中还没有出现过，是我国古陶瓷工艺发展史上的一项发明。釉中钙镁含量的高低由白云石的加入量决定，而钠钾含量由长石的加入量决定，因此可以认为辽代早期龙泉务窑白瓷釉料中白云石加入量较多，而长石量较少；而辽中期至金代，瓷釉配方有了很大的进步，其长石加入量增加，白云石量减少。

将龙泉务白瓷胎的 SiO_2/Al_2O_3 与釉的 SiO_2/Al_2O_3 比较，发现釉的硅、铝比高出 2～3 倍，说明釉料不是用胎泥配制。釉组成中 MnO 和 P_2O_5 含量都比较低，可知釉料可能不加草木灰。

2. 黑瓷[①]

黑瓷烧成温度 1200～1300℃。也分细瓷和粗瓷两类。

（1）胎

细瓷胎的化学组成是高铝（38.2%～39.1%）、钠（3.1%～4.9%）、钛（1.2%～1.5%）和低硅（52%～54.4%）、低氧化铁（0.2%～0.3%），胎中的石英颗粒很细（10～50μm），有莫来石晶体和长石残骸，胎的气孔率很低（0.14%～0.47%），其烧成质量很高。龙泉务窑粗黑瓷胎的颗粒胶粗，其化学组成氧化铝含量高低变化大（24.1%～34.8%），胎中气孔率较高（3.92%～23.44%），其烧成质量比细瓷差。龙泉务窑黑瓷粗、细胎用原料分别与白瓷粗、细胎相同，当时在制作瓷坯时是不分黑瓷白瓷的，只是涂釉不同。

（2）釉

龙泉务窑黑釉外观包括油滴黑釉、茶叶末釉、酱色釉和普通黑色釉，它们釉的含铁量在 3.3%～7.8%。油滴黑釉组成特征是高硅（74.1%）、低铝（12.1%）和低铁（3.3%），其釉属钙碱釉（RO：0.57），釉较厚，釉表面有磁铁矿微晶，使外观呈银色小油滴。茶叶末釉大多数施加在粗瓷上，属钙质釉（RO：0.76～0.8），釉中生长较多的钙长石和普通辉石晶体，还有残留石英和磁铁矿结晶，所以形成茶叶末釉的外观。黑釉属钙质釉（RO：0.81）或钙碱釉（RO：0.56），氧化铁含量为 4.8%～7%。

酱色釉（RO：0.48～0.54），属于碱钙釉和钙碱釉之间，氧化铁含量较高（6.6%～7.8%），其釉面生成一层赤铁矿晶体，其烧成温度较高（约1300℃），这说明酱色釉

---

① 陈尧成等：《北京龙泉务窑辽金代黑瓷的制作工艺和显微结构研究》，《北京龙泉务窑发掘报告》附录2，文物出版社，2002年，第452～458页。原载于《中国陶瓷》1999年第6期，第39～42页。

是由部分含铁量较高、碱土金属氧化物（RO）含量较低的黑釉，在较高的烧成温度和较强的氧化气氛下烧成，从而使釉面铁离子进一步氧化生成赤铁矿晶体层，故外观表面呈酱红色，面下仍为黑色。

3. 三彩器与建筑琉璃

（1）日用三彩

龙泉务窑三彩陶的胎吸水率高达 16% ~ 20%，唐三彩在 12% 左右；龙泉务窑三彩陶的胎很白，不必施加化妆土，唐三彩需要施加化妆土；龙泉务窑的三彩有绿、黄、白三种色调，其中白彩较少见，实际是无色透明釉，由于白胎的衬托而显示白色。与唐三彩比较，龙泉务窑没有蓝彩，而唐三彩在少数器物上存在蓝彩。辽三彩的釉，在化学组成上属于典型的 $PbO - SiO_2 - Al_2O_3$ 系统，和唐三彩十分接近。

同时，龙泉务窑出土三彩近年来发现一种硼釉[①]，地层学断代表明，是辽末金初时期的产品。其氧化硼占 10% ~ 12%，钾钠氧化物含量为 8% ~ 12%，钙的含量在 4% ~ 6% 左右，而氧化铝的含量极少（0.4% ~ 1.36%），说明其是碱钙的硼酸盐釉。中国古代低温釉多含铅，但铅毒人体吸入后难排出。为了取代铅，又能使釉在低温下烧成，一般会在釉料中加入对人体无害的硼和钾、钠等强溶剂氧化物。而龙泉务窑在一千年前就开始利用硼元素，是非常了不起的发明。龙泉务窑三彩含硼酸盐釉的琉璃釉的发现，证明我国是最早发明 $SiO_2 - B_2O_3 - R_2O$（RO）系低温釉的国家。查证现有资料，比国外出现硅酸盐珐琅釉至少早 500 年。

（2）建筑琉璃

建筑琉璃胎和三彩日用陶器相比，存在很大差别。主要表现在胎体厚重，器形很大，吸水率在 3% ~ 10% 之间，比三彩日用器的吸水率（16% ~ 20%）要低得多，致密度、硬度和强度也都明显比三彩陶高，适合于用作建筑构件。胎含铁量较高，一般呈浅土黄色。有的胎色较深的琉璃制品，胎面上还施有化妆土。建筑琉璃的釉有黄、绿两种，以绿色为常见，其化学组成也属于 $PbO - SiO_2 - Al_2O_3$ 系统，与日用三彩陶器使用同一种釉。

（七）分期与年代

1. 辽至金代地层叠压关系与时代

地层叠压关系与时代清楚。据龙泉务窑遗址探方地层一览表[②]，可知各单位地层时代对应关系大部分为一期文化、二期文化、三期文化、四期文化，即辽早、辽中、辽末金初、金代四个阶段。

---

① 北京市文物研究所：《北京龙泉务窑发掘报告》，文物出版社，2002 年，第 420 页，第 459 ~ 461 页附录 3《龙泉务窑辽金三彩器和建筑琉璃的研究》。

② 北京市文物研究所：《北京龙泉务窑发掘报告》，文物出版社，2002 年，第 431 页附表 2《龙泉务窑遗址探方地层一览表》。

以 T4 北壁为例。

第 4 层为金代层。出土瓷片器类有白瓷盘、碗、钵、盒、瓶及少量的黑釉、酱釉瓷片等。该层出土大量的宋代铜钱及 1 枚金代背文"申"字的"大定通宝"。T19 的相同地层中亦出土 1 枚金代"大定通宝"。故本层为金代层。

第 5 层辽末金初层。出土遗物大都为白瓷盘、碗、壶、盒、碟等残片及瓷塑玩具，并发现辽三彩瓷片、瓦当、吻兽残片等。该层出土宋代铜钱有"熙宁重宝"、"元丰通宝"、"宣和通宝"。

第 6 层辽中期。出土遗物以白釉瓷片为主，还有极少量的黑釉、酱釉、茶叶末釉等瓷片。

第 7 层辽早期。出土瓷片与第 5 层明显不同，胎体厚重粗糙，外施半釉，不涂抹化妆土，釉白而闪黄、泛青者居多，洁白釉极少。

由此确定，第 7 层是一期文化，第 6 层是二期文化，第 5 层是三期文化，第 4 层是四期文化。

2. 辽至金代地层所出瓷器组合比较

（1）四个阶段所出瓷器有共同的基本组合：碗、盘、碟、缸、钵、器盖、炉、盆、盒、瓶。

（2）除金代之外三个阶段地层所出瓷器组合同中有异：

A. 辽中期新出现的器形：洗、炉、杯、盏托、灯、扑满、托盘、壶、臼，托盘仅见于辽代中期。

B. 辽末金初新出现的器形：水盂、渣斗、釜、缸、器座、唾盂、研磨器。唾壶、渣斗、釜、缸、器座为辽末金初独有。灯、盏托为辽代中期、辽末金初共有。

C. 金代瓷器除基本组合外，未单独出现新器形。水盂、研磨器同出土于辽末金初。扑满同出于辽中期。杯同出于辽代中期、辽末金初。

D. 辽早仅鸡腿瓶独有。香插见于辽早期、辽末金初。枕、杯见于辽早期、辽中期和辽末金初。佛像饰物时代为辽末金初。

（3）其他

水盂见于辽中、辽末金初、金代。瓷砚见于辽中期，金代。镇纸见于辽末金初。

上述情况表明：上述四个地层代表四个发展阶段，四个阶段有共同的基本组合，说明其是一个完整体系中的四个发展阶段。四个阶段基本组合之外不同器形差异体现了时代的差异，四个阶段基本组合及其他器形的共存关系，表明四个阶段有内在关联，四个阶段中以辽末金初器形组合最全，新出现器形最多，是其繁荣期。金代基本组合外其他器形主要同于辽末金初，说明二者内在关联最密切。

3. 瓷器型式与地层对应关系

以下选择四个阶段的基本组合，以四个阶段皆有者为例进行综合分析。

（1）斜壁碗

斜壁碗一期数量较少，仅一型一式。二期至四期数量增加，形式富于变化。二期文化Ⅱ型斜壁碗比Ⅰ型斜壁碗腹部加深。三期文化Ⅲ、Ⅳ型均为大圈足，挖足过肩，Ⅳ型直壁折腹，有蕉叶及仰莲纹。四期文化Ⅲ2式变为斜曲腹。

（2）曲腹碗

曲腹碗各期类型比较相近。一期型式众多，主要特征为敞口，曲腹或弧腹或垂腹，多为圈足。二期增加了Ⅲ4式，为敞口，深弧腹，挖足过肩。三期比前两期增加了Ⅳ4、Ⅴ1、Ⅵ1、Ⅵ2，出现平底类型。四期没有新型式出现。各期均有满釉和半截釉产品。

（3）荷叶口碗

一期和三期类型较多，三期在继承一二期器物风格的基础上出现了一些新的型式。一期荷叶口碗为荷叶口，斜壁或深弧腹或浅弧腹，圈足。一期多为半截釉，满釉极少。二期新出现Ⅰ4式，为深腹下垂，坦底，圈足。三期有坦底圈足和平底圈足，胎较细，多为满釉。四期新出现了挖足过肩类型。

（4）撇沿碗

一期、三期类型较多。一期为敞口，撇沿，弧腹，圈足。多施半釉，有素烧器物。二期新增Ⅲ1，侈口，撇沿，圆唇，斜腹，平底，浅圈足。三期新增Ⅰ5、Ⅲ2～Ⅲ4、Ⅳ1、Ⅳ2、Ⅴ，敞口，撇沿，深弧腹或浅弧腹或弧腹下收，圈足。四期新增Ⅵ1，侈口，撇沿，深弧腹，素烧，外壁划刻缠枝牡丹纹。

（5）折腹盘

种类较少，其中三期、四期种类相对增多。多施满釉，有素烧器。一期为敞口，折腹，坦底或凹底，圈足。二期仅有一期的一种器形。三期增加Ⅱ1～Ⅱ5、Ⅲ1，除了敞口、撇沿、斜壁、折腹、平凹底、大圈足类型外出现挖足过肩。四期新增Ⅲ2、Ⅲ3，沿部饰五个Ｖ形缺口，折腹，坦底，圈足，有的挖足过肩。

（6）曲腹盘

各期类型都较多。一期敞口，斜腹或曲腹，圆唇，坦底，圈足。有的施釉不到底。二期文化新增Ⅰ2、Ⅰ3、Ⅳ1、Ⅳ2，敞口，方唇，曲腹，圈足，坦底或平底或凹底，出现挖足过肩。三期新增Ⅰ4、Ⅴ1、Ⅴ2、Ⅵ1～Ⅵ4，多为敞口、圆唇或圆唇、曲腹或弧腹、坦底或平底或凹底、圈足，出现侈口、圆唇、曲腹、圈足类型。四期新增Ⅴ3、Ⅶ，敞口，曲腹，平底或坦底，圈足。

（7）曲腹碟

在四期文化中连续性比较强，变化不大，均为敞口，有矮圈足、小圈足和平底等。

（8）折肩罐

折肩罐四期文化有一定的连续性，新器类和同一器类不同形式都出现于第三期，这与第三期属于龙泉务窑繁荣期有关。大体特征为直口、短颈、折肩、圈足。三期出现圆唇。四期出现挖足过肩。

（9）唇口钵

三期出现大量新器形，四期出现的新形式也比较多。一期为敞口，二期以后出现直口和较小的形式。一期为方唇，二期出现宽唇，三期形式复杂多样，有卷唇、宽唇、窄唇、尖唇、圆唇、唇沿等，四期除有宽唇、唇沿、卷沿外还出现大宽唇。一期为宽圈足，二期有浅圈足、圈足、高圈足、深圈足，有的挖足过肩，还有平底的。四期有圈足、小圈足、高圈足，也有挖足过肩的现象存在。一期胎质粗糙，二期以后胎质多细密坚硬。白釉泛灰、泛黄，二期以后多为满釉，釉面光泽度提高。

（10）盒

四期文化中都有Ⅰ1式，大量新器类和同一器类不同形式大量出现于第三期，这与第三期属于龙泉务窑繁荣期有关。第三期文化中Ⅰ型器物变化主要体现在腹部的转折、弧度等，变化不太明显；Ⅲ型出现圈足，Ⅴ型腹部出现凸棱。

（11）盆

各期变化都很多，其中第二期最为明显，与第三期属于龙泉务窑繁荣期有关。龙泉务窑盆类均为敞口，一、二期为折沿，一期虽敞口但口微敛。三期出现了宽平沿、外卷沿、唇沿。一期为高圈足，二期为大圈足和矮圈足，三期出现了挖足过肩等情况，还出现卧足和平底。第四期，风格上继承二、三期。器型为二期的延续，挖足过肩则与三期器物类似。

综合上述器形变化，一、二期较为接近，三期变化较大，四期与一、二、三期器物有较大继承关系，但总体类型减少，偶见新器类。

综合上述分析可知四个阶段各以不同器形型式为主，充分体现了时代差异。同时，四个阶段器物型式中，相邻两个阶段或不同阶段中有相同的型式又反映了其内在的关联。上述情况与前述不同地层所出瓷器组合的同异，是基本一致的。

4. 分期与年代

辽早期、辽中期、辽末金初、金四个地层叠压关系清楚，时代明确。四个阶段地层所出瓷器组合各异，根据型式与地层对应关系，以上四个地层、遗物组合、型式可分为四期。

（1）各期特点

第一期，出土遗物以白瓷为主，黑釉及褐釉极少。白瓷胎粗糙，内含杂质较多，白胎中微带黑色斑点，或呈灰白色、深灰色。釉色灰白泛青，也有象牙白及白中闪黄的产品。器表多施半截釉，器形以大盘、大碗为主。装烧为支柱裸烧和匣钵叠烧。有漏斗形和大平底盆状匣钵两种。

第二期，出土遗物仍以白瓷为主，有少量茶叶末釉和黑釉产品。白瓷胎较第一期

考古、艺术与历史

细密，呈白色、灰白色。釉色白中泛灰，温润光亮，有部分牙白釉。装烧为匣钵叠烧，除前期两种匣钵外，又出现了钵式匣钵。三彩器在本期出现，烧造方法为先素烧坯胎，然后施釉用三角形支钉垫烧。

第三期，白瓷胎白质细，釉色牙白和洁白占绝大多数，温润光泽。装烧方法仍然是匣钵叠烧，部分匣钵为对置，器物也有对口烧，三彩器仍为三角形支钉垫烧。

第四期，制作明显精巧、规整，大型器物较前几期明显减少。胎质细密洁白，釉色光亮细润。装烧方法仍然是匣钵叠烧。

以上四期瓷器分期表参见《北京龙泉务窑发掘报告》之图二十五、图二十六、图二十七。

（2）年代

北京龙泉务窑遗迹和遗物可分为四期。

第一期为辽代早期，时间大约在辽太宗耶律德光会同元年（938年）至辽圣宗耶律隆绪太平十一年（1031年）。此时为龙泉务窑的创烧时期，器物胎质、釉色明显粗糙，胎体厚重，内含杂质较多。胎体多不施化妆土，釉色白中泛青灰者多。器物以大盘、大碗为主，小型器物较少。虽然一期未发现纪年器物，也未发现年号铜钱，但从出土遗物上可以看出其五代定窑遗风。一期地层较厚，多处为匣钵堆积层，其上限可能早到会同年间或稍晚。

第二期为辽代中期，时间大约为辽兴宗耶律宗真重熙元年（1032年）至辽道宗耶律洪基清宁二年（1056年）。辽中期以后是龙泉务窑发展时期，此时器物较第一期器物制作精细，产品种类增加，纹饰及装饰手法繁缛。胎土淘练较细，除个别器物，大多数器物外壁仍不施化妆土。釉色呈白色、牙白色或牙黄色，白中泛青者明显减少。本期出土时代最晚的年号钱为"嘉祐通宝"（1056年），其下限最晚至辽道宗耶律洪基清宁九年（1063年）前后。

第三期为辽代晚期，时间大约从辽道宗耶律洪基咸雍元年（1065年）至金代初期太宗完颜晟天会五年（1125年）。此期产品制作较早期更为精致小巧，胎质洁白坚硬，瓷化程度较高，釉白腻莹润，玻璃感较强。器物种类多、花纹繁缛是此时期的特点。本期地层中普遍出土宋代铜钱，最晚的铜钱为"宣和重宝"（1125年）。本期采集品中发现有辽"寿昌五年"（1099年）三彩琉璃器座及彩绘佛、三彩琉璃菩萨等。

第四期为金代，时间从金初太宗完颜晟天会年间（1123～1135年）至13世纪前半叶，此期产品仍以盘、碗居多，但莲瓣口、荷花口盘、碟已经不多见。本期地层中出土最晚的铜钱为两枚"大定通宝"，其中一枚背文带"申"字。应为金大定二十八年（1188年）所铸。

总之，龙泉务窑各期器物形制及特点，由辽至金发展脉络清晰，除一期器物胎、釉较粗糙，其他各期差别不甚明显，相互之间延续较长，且有继承关系。

二　其他辽代窑址的发掘与研究

除了北京龙泉务窑以外，辽代瓷窑址还有内蒙古赤峰缸瓦窑，内蒙古巴林左旗辽上京窑、巴林左旗林东南山窑、巴林左旗林东白音戈勒窑，阿鲁科尔沁旗东沙布尔乡诸窑[①]，辽宁辽阳江官屯窑、抚顺大官屯窑[②]，北京密云小水峪窑、房山磁家务窑[③]，浑源介庄窑[④]等。以下择要略述。

缸瓦窑[⑤]位于今内蒙古自治区赤峰市西南 50 多公里处。时代为辽金元时期。窑址面积 2 平方公里。1964 年、1975 年、1977 年、1978 年调查[⑥]。其中 1975 年调查采集到一件"官"字款匣钵，1977 年、1978 年调查采集标本中有一件"新官"款残窑具。据此，调查者结合辽代墓葬、遗址出土"官"字款瓷器器形多不见于中原窑场，辽代遗址中发现有"官"字款白瓷碗已严重变形，历史文献记载，缸瓦窑地理位置及窑场规模和所发现的产品精粗有别等情况，推测缸瓦窑是辽代官窑[⑦]。缸瓦窑以生产白瓷为主，发现少量的黑釉精品，辽代生产单色釉及三彩陶器，茶绿釉鸡腿瓶用专窑烧造，门外肩上每刻划有"孙"、"徐"等汉字。白瓷明显受到定窑技术的影响，同时又有自身特色。

1944 年发掘[⑧]，揭露两处馒头窑、一处龙窑，在第二处窑址发现了用煤痕迹。1994 年发掘[⑨]，面积为 180 平方米，清理窑炉 5 座、作坊遗址 1 处、灰坑 20 座，出土瓷器和窑具标本数百件。根据文化层叠压关系和器物组合情况，以及出土的金"泰和拾年"

① 彭善国：《辽代陶瓷的考古学研究》，吉林大学出版社，2003 年，第 47 页。

② 李文信：《关于抚顺大官屯古窑址的资料》，《李文信考古文集》（增订本），辽宁人民出版社，2009 年，第 653～659 页。

③ 赵光林：《近年北京地区的几处古代瓷窑址》，《中国古代窑址调查发掘报告集》，文物出版社，1984 年，第 408～415 页。包括密云小水峪窑、房山磁家务窑等窑资料。

④ 冯先铭：《山西浑源古窑址调查》，《中国古代窑址调查发掘报告集》，文物出版社，1984 年，第 416～421 页；李知宴：《山西浑源界庄窑》，《考古》1985 年第 10 期，第 930～939 页；任志录、孟耀虎：《浑源古瓷窑有重要发现》，《中国文物报》1998 年 2 月 25 日第 1 版；任志录：《山西浑源窑的考古成就》，《文物世界》2000 年第 4 期，第 42～44 页。

⑤ 洲杰：《赤峰缸瓦窑村辽代瓷窑调查记》，《考古》1973 年第 4 期，第 241～243 页；王大方、郭治中：《赤峰松山区缸瓦窑遗址发掘获重大新成果》，《中国文物报》1996 年 4 月 28 日。

⑥ 洲杰：《赤峰缸瓦窑村辽代瓷窑调查记》，《考古》1973 年第 4 期，第 241～243 页；冯永谦：《赤峰缸瓦窑村辽代瓷窑址的考古新发现》，《中国古代窑址调查发掘报告集》，文物出版社，1984 年，第 393～407 页。另李文信在《辽瓷简述》（《文物参考资料》1958 年第 2 期，第 10～22 页）中提到赤峰缸瓦窑处有梵文经幢。辽式宽边兽面纹瓦当及砖瓦，辽代鸡冠壶残器发现，故可确定古窑的时代为辽代。

⑦ 冯永谦：《赤峰缸瓦窑村辽代瓷窑址的考古新发现》，《中国古代窑址调查发掘报告集》，文物出版社，1984 年，第 393～407 页。

⑧ 佟柱臣：《赤峰缸瓦窑发掘纪要》，《中国辽瓷研究》，社会科学文献出版社，2010 年，附录三。

⑨ 王大方、郭治中：《赤峰松山区缸瓦窑遗址发掘获重大新成果》，《中国文物报》1996 年 4 月 28 日。

墨书题记和金"大定通宝"铜钱分析，以金代文物层堆积最厚，出土文物也最丰富。金代窑炉规模较大，窑室长5～6米，宽近4米，现存残高1.2米。发掘出土金代瓷器种类繁多，有白釉、黑釉、茶绿釉和白釉黑花，器形有瓮、罐、瓶、钵、盘、碟、盏、器盖、玩具等。白釉黑花图案以花草纹为主，画面疏朗，技法纯熟，颇具代表性。黑釉工艺水平在传世的金代产品中罕见。白釉钵造型雄深庄重，非一般民用器可比。发掘中还发现了辽代瓷器，有盘、碟、碗、水盂、鸡冠壶、印模等，以白釉为主，另有少量的黄釉、绿釉和三彩。纹饰以印花为主，也有少量的"胡人驯狮"半浮雕。发掘还清理了一座元代残窑，元代遗存分布于遗址外围，在地表调查中，还发现了元代大型龙窑一座，所处器物与金代有密切承袭关系。装烧工艺上发现了涩圈（金代）叠烧和沙粒支钉支烧法（辽代）①。

辽阳江官屯窑②位于今辽宁省辽阳市东三十公里太子河南岸的江官屯。辽代晚期始烧，盛于金代。以裸烧粗白釉器为主，白釉黑花和黑釉瓷器较少，也烧少量的三彩器。产品均施化妆土。白釉产品主要有杯、碗、盘、碟、瓶、罐等。黑釉多粗糙大器。玩具类黑白釉均有。在窑场中曾出土过北宋铜钱和带有"石城县"刻款的金代陶砚。此遗址2013年发掘③，共发掘瓷窑址10座、灰坑6个、房址残迹1座，出土大量窑具、日常生活用具、生产工具、玩具、建筑构件等遗物，不仅丰富了辽金陶瓷史的文化内涵，也填补了中国陶瓷史关于江官屯窑记载的空白。

辽上京窑④位于今内蒙古自治区巴林左旗林东镇辽上京故城的皇城内。1943年调查、试掘，1944年发掘⑤。窑场的规模很小，面积约4000平方米。产品质量很好，在技术上受定窑影响。以烧制白釉和黑釉瓷器为主，兼烧绿釉陶器。白瓷产品，多杯、碗、盘、碟、瓶、罐、盂、壶、盒等，黑瓷仅瓶、罐、壶、盂、瓦等。绿釉陶有瓶、罐等。同时出土两片黑釉瓦，与祖州辽太祖祭殿上的瓦胎、釉相似。发掘三条探沟，虽未见明显的窑迹，但出土为数颇多的窑具和瓷片。探沟甲的东端发现一枚"元丰通宝"（1078～1085年），说明窑址年代不会早于此时。由于上京窑所处的地理位置在辽上京皇城内非常重要，有学者认为窑场时代或是辽上京城废弃后的金代⑥。

———————————

① 王大方、郭治中：《赤峰松山区缸瓦窑遗址发掘获重大新成果》，《中国文物报》1996年4月28日。
② 中国硅酸盐学会：《中国陶瓷史》，文物出版社，1982年，第316页；彭善国：《辽代陶瓷的考古学研究》，吉林大学出版社，2003年，第47页；李文信：《辽瓷简述》，《文物参考资料》1958年第2期，第18页。
③ 熊增珑：《东北三省2013年度考古业务汇报会在沈阳举行》，《中国文物报》2014年1月15日第二版。
④ 中国硅酸盐学会：《中国陶瓷史》，文物出版社，1982年，第314页；彭善国：《辽代陶瓷的考古学研究》，吉林大学出版社，2003年，第57～62页；李文信：《辽瓷简述》，《文物参考资料》1958年第2期，第10～22页；李文信：《林东辽上京临潢府故城内瓷窑址》，《考古学报》1958年第2期，第97～107页。
⑤ 李文信：《林东辽上京临潢府故城内瓷窑址》，《考古学报》1958年第2期，第97～107页。
⑥ 彭善国：《辽代陶瓷的考古学研究》，吉林大学出版社，2003年，第61～62页。

　　林东南山窑①位于今内蒙古自治区巴林左旗林东镇南约 8 公里处,据辽上京遗址西南仅 1 公里,东南不远有当地称作南塔的砖塔。始烧年代为辽代晚期辽道宗大康年间或其前后。窑场规模不大,以烧三彩釉陶器为主,质量较差。所烧三彩、单色和低温白釉陶器,胎质细软,均淡红色。胎上皆施化妆土后再施黄、绿、白三色釉或单色釉,化妆土及外釉仅至口沿处,釉层易脱落。多小器的盘、碟等。

　　林东白音戈勒窑②位于今内蒙古自治区巴林左旗林东镇约 2.5 公里的白音戈勒村。始烧于辽代中期,景宗至圣宗年间。窑场规模很大,专烧茶叶末绿釉和黑釉大型粗瓷器。茶叶末绿釉,釉色灰绿而闪黄,釉层厚而光泽较差。黑釉釉色纯黑而欠光润,以鸡腿瓶为最多。黑釉器则多瓮、罐,其中以双耳小罐为最多。装烧方法简单,为裸露叠烧。

　　在近 30 年墓葬和窑址资料积累的基础上,辽瓷研究渐趋深入。对辽代制瓷工艺、装饰技法、器型分期等方面有了一些深入细致的研究,同时在对辽代官窑问题有所涉及,对具体一个墓和一个地区出土的瓷器有一些个案研究③。此外,还对辽境内输入的其他窑口的陶瓷器进行了初步的研究。随着考古工作的进一步推进,辽瓷综合研究势在必行。

三　结　语

　　1. 辽代陶瓷技术是在唐、五代、北宋时期陶瓷技术高度发展的格局下形成的,其

① 中国硅酸盐学会:《中国陶瓷史》,文物出版社,1982 年,第 315 页;李文信:《辽瓷简述》,《文物参考资料》1958 年第 2 期,第 10 ~ 22 页;李文信:《林东辽上京临潢府故城内瓷窑址》之附录,《考古学报》1958 年第 2 期,第 106 ~ 107 页。

② 中国硅酸盐学会:《中国陶瓷史》,文物出版社,1982 年,第 316 页;李文信:《辽瓷简述》,《文物参考资料》1958 年第 2 期,第 10 ~ 22 页;李文信:《林东辽上京临潢府故城内瓷窑址》之附录,《考古学报》1958 年第 2 期,第 106 ~ 107 页。

③ 中国硅酸盐学会:《中国陶瓷史》,文物出版社,1982 年,第 312 ~ 323 页;冯先铭:《中国陶瓷》,上海古籍出版社,1995 年,第 359 ~ 374 页;冯永谦:《辽代陶瓷的成就与特点》,《辽海文物学刊》1999 年第 2 期,第 107 ~ 123 页;《中国大百科全书》考古学卷,辽代官窑条,中国大百科全书出版社,1985 年;《中国大百科全书》文物博物馆卷,辽金瓷器条,中国大百科全书出版社,1993 年;冯永谦:《法库叶茂台辽墓出土的陶瓷器》,《文物》1975 年第 12 期,第 40 ~ 48 页;彭善国:《谈耶律羽之墓出土的几件瓷器》,《文物春秋》1998 年第 1 期,第 75 ~ 76 页;刘兰华:《龙泉务窑址的窑具及其装烧工艺》,《文物天地》1995 年第 6 期,第 17 ~ 19 页;黄秀纯:《龙泉务窑窑具及装烧工艺》,《文物春秋》1997 年增刊,第 154 ~ 159 页;彭善国、郭治中:《赤峰缸瓦窑的制瓷工具、窑具及相关问题》,《北方文物》2000 年第 4 期,第 41 ~ 45 页;李红军:《辽瓷的造型、装饰艺术及其美学特征》,《辽海文物学刊》1995 年第 1 期,第 111 ~ 118 页;孙机:《摩羯灯——兼谈与其相关的问题》,《文物》1986 年第 12 期,第 74 ~ 78 页;莫家良:《辽代陶瓷中龙鱼形水注》,《辽海文物学刊》1987 年第 2 期,第 149 页;中国社会科学院考古研究所:《新中国的考古发现与研究》,宋辽金元部分(徐苹芳撰),文物出版社,1984 年;李宇峰:《辽代鸡冠壶初步研究》,《辽海文物学刊》1989 年第 1 期,第 57 ~ 62 页;梁淑琴:《辽瓷的类型与分期》,《北方文物》1994 年第 3 期,第 30 ~ 41 页;杨晶:《略论鸡冠壶》,《考古》1995 年第 7 期,第 632 ~ 639 页;俞永炳:《宋辽金纪年墓葬和塔基出土的瓷器》,《考古》1994 年第 1 期,第 74 ~ 93 页,等等。

特别受到唐三彩釉、邢窑和定窑白瓷系统、磁州窑白釉绘花技法的深刻影响，这些充分表现在辽境内发现的绝大多数窑场的遗存上。比如龙泉务窑的仿定特色，缸瓦窑的仿定、仿磁州窑特色等等。

辽代瓷窑遗址大多从辽代中期开始生产，而这些瓷窑经过辽代晚期，多在到金代出现制瓷高峰，比如龙泉务窑、缸瓦窑、江官屯窑等等。可见辽金时期的瓷窑生产并未受到政权更替的影响，制瓷业前后关系十分密切。很多瓷窑在辽代前期积累的基础上，后期金代达到了制瓷业的鼎盛时期。

2. 龙泉务窑地处辽代南京附近，所烧造瓷器具有明显的汉文化风格。辽南京是燕云十六州的故地，汉文化发达。从地理位置上看，是辽与宋政治、经济及文化交流的中心，也是辽与周围地区往来的集散地，又是辽、宋使节往来南北的必经之地。当时，辽南京人文荟萃、经济雄厚（辽南京是五京中最富庶之地）、各种技艺先进。长期以来汉文化的历史积淀和风土人情，对龙泉务窑瓷器的制作风格产生了至关重要的影响。

契丹入主中原后，实行了"以国治契丹，以汉制待汉人"的南北两院制度，使得龙泉务窑所处的南京一带长期以来形成的高度发达的汉文化及汉人的传统习俗受到尊重，得以延续和发展，进而使得龙泉务窑瓷器得以保持汉文化风格。契丹入主中原的过程中，曾俘获大批俘虏，其中部分为有陶瓷生产专长的工匠。北京龙泉务窑很可能就是辽代为所掠河北曲阳县龙泉镇[①]的人口而置。所以，龙泉务窑出土大量具有定窑风格的瓷器。

3. 从内蒙古赤峰缸瓦窑，内蒙古巴林左旗辽上京窑、巴林左旗林东南山窑、巴林左旗林东白音戈勒窑，辽宁辽阳江官屯窑所处的地理位置、产品特征分析，它们的制瓷更具有地方色彩和民族风格。这些瓷窑生产的鸡冠壶、凤首瓶、盘口穿带瓶、长颈瓶等器物与契丹民族生活习俗和审美文化紧密相关，几乎不见于中原窑场有生产，也不见于辽境内的龙泉务窑。在大多数辽代窑场中发现了匣钵，个别窑场发现了三角支钉等窑具，有的窑场仅见支托、支垫，暗示各地主要制作的辽瓷精粗不同[②]。

4. 辽代制瓷技法在中原制瓷传统的影响，逐渐形成自身特色，丰富的陶瓷产品一方面体现了辽瓷的工艺水平和烧成技术，另一方面也充分反映了契丹族人民的创造力、想象力和艺术表现力。辽瓷同整个中国陶瓷一样是实用性与艺术性完美结合的产物。

辽瓷注重形体美的同时，追求辽瓷的装饰美。把自己生活空间中的花草、虫鱼、蜂蝶、犬马、池塘、流云等自然景物顺手拈来，根据自己的理解和认识进行艺术加工，利用印、刻、划、剔、锥刺、塑贴等多种胎、釉装饰技法，装饰器物，抒发情怀，美

---

① 定州所辖的今河北曲阳涧磁村为著名的定窑产地，村东 1 公里处为北镇，北镇与其南 1 公里的南镇古城龙泉镇。清光绪《曲阳县志》（光绪三十年版，第 12 页）卷六载："龙泉镇唐宋以来旧有瓷器，五代后周瓷务税吏，宋时有瓷器商人，今废。"

② 佟柱臣：《中国辽瓷研究》，社会科学文献出版社，2010 年，第 125 页。

化生活。具体来说，或用烘托法突出主题纹饰，或用大面积留白使画面疏密有致，或用不同色彩的变化和反差，获得奇特的艺术效果。此外还有纹饰与造型重叠、模糊构图、打破时空界限、纹饰图案化等手法①。

5. 辽代有无官窑是辽代陶瓷研究中的一个重要问题。多数学者认为辽代确有官窑，其地点则可能是内蒙古赤峰缸瓦窑、内蒙古巴林左旗辽上京窑、北京龙泉务窑等窑场中的一处或几处。龙泉务窑被认为是官窑，原因有二，第一，龙泉务窑曾设有瓷窑官。第二，龙泉务窑曾为官府烧造过瓷器。内蒙古赤峰缸瓦窑被认为是官窑，则有诸如窑址采集到一件"官"字款匣钵、一件"新官"款残窑具、历史文献记载、缸瓦窑地理位置及窑场规模和所发现的产品精粗有别等依据。内蒙古巴林左旗辽上京窑则是以所处地点的重要和发现瓷器的精良为由。

6. 中华人民共和国成立以来，在黑龙江、吉林、河北、山西、辽宁和内蒙古地区都发现了大量辽代墓葬和遗址，在大量出土的遗物中，有一大部分是陶瓷器。对于这些陶瓷器多有简报发表，同时有一些学者进行了初步研究。但除了北京龙泉务窑、内蒙古赤峰缸瓦窑曾进行过发掘，辽阳江官屯窑正在进行发掘外，其他窑址仅有调查资料，使得大量出土的陶瓷器窑口判定出现困难，需要考古发掘提供证据。此外，关于辽境内制瓷受定窑、磁州窑影响方面的比较研究，宋辽制瓷业的交流，宋金制瓷业的承袭，官窑问题等也将随着发掘工作的进一步展开而得到新的解释。

---

① 李红军：《辽瓷的造型、装饰艺术及其美学特征》，《辽海文物学刊》1995 年第 1 期，第 111～118 页。

可汗祠遗存的调查与建造时间

张庆捷（山西省考古研究所）

可汗祠，顾名思义，供奉对象不是汉族人，而是一位古代北方游牧民族的可汗。山西自古为民族融合的重要地区，留存可汗祠是自然正常的事情。众所周知，可汗称号最早流行于魏晋南北朝。这些可汗祠的建立时间、分布范围等，引起笔者的注意，开始了对山西可汗祠的调查研究。

山西有多座可汗祠遗址，都与北方游牧民族有关。张壁古堡可汗祠前廊东侧明代《重修可汗祠碑记》，明确写道："可罕（汗），夷狄之君长也，生为夷狄君，殁为夷狄神。"表明可汗祠的供奉对象，当是一位来自"夷狄"、受人敬重的游牧民族首领。古代有多少可汗祠？现在不得而知。古代鲜卑、柔然、突厥诸民族究竟有过多少可汗？由于在位时间和数量多寡、民族国别等因素很复杂，考证清楚难度很大。特别是，许多可汗根本不见于史册。即使那些名留史籍的可汗，真正被人建庙供奉的，也是寥寥无几，屈指可数。

山西现存六座可汗祠或可汗祠遗址，第一座在晋中的介休市张壁古堡，两座在比邻的灵石县内，第四座在吕梁市中阳县上顶山，第五座在中阳县金锣镇殿则村东，第六座在汾阳市三泉镇巩村。这几处可汗祠，目前分属晋中市和吕梁市，然相距都不算远，大约百里上下。《读史方舆纪要》卷四一《山西三》："灵石县，州北百里。东至沁州沁源县百九十里，北至汾州府介休县六十里，西北至汾州府孝义县五十里。汉太原郡介休县地。隋开皇十年，分置灵石县，属介州，以傍汾水开道得瑞石而名也。"这段文字清楚指出灵石与介休、孝义（今中阳县上顶山古代属于孝义市）的距离，无意中划出一个地域界线，由于可汗祠分布于该地域，所以此地域也大致反映出可汗祠的影响范围。

我们于2011~2015年数次实地考察，发现前述可汗祠建筑都不是最初建筑，可汗祠幸存碑文明确记载，每座可汗祠都经过多次重修或重建。遗憾的是，殿内最初塑像早已坍毁，现在殿内或者没有塑像，或者是现代塑像，从塑像身上难以找到最初的任何线索。可喜的是，几座可汗祠都附属有修寺或补建碑刻。仔细阅读遗碑，字里行间的蛛丝马迹，隐约透露，可汗祠初建时间比较遥远，需要我们寻踪索迹，排查钩稽，做一番穿越历史的探索。

张壁古堡可汗祠是我们的第一个调查对象。张壁可汗祠至今仍称可汗祠，位于张壁古堡内，坐北朝南，规模不大却很整齐（图1），正殿内新塑一将军神像，紫面金身，红色披风。殿外廊前有两块碑，其中明代天启年《可罕庙重修记》（图2）记载：

图1　介休张壁可汗祠正殿

图2　明天启可罕庙重修碑

邑之东南张壁村，绵山环亘焉。古地肥润，人居稠密，诚南乡之巨擘也。兼且五日一雨，十日一风，旱魃不为灾，蝗虫不入境。适其地，见其嘉禾遍野，问其人，咸颂年岁丰登，原阙所繇，非神之呵护默佑不至。此村唯有可罕庙，创自何代殊不可考，而中梁书"延祐元年重建"云。第年深日久，墙垣不无倾圮，彩色不无剥落。睹故宫而泣下者有之，于是僧人宽节慨于衷，约于村之善士天祯、大权等曰："可罕祠，一方之保障也，庙宇如是，于心安乎？"祯等皆勃然曰："师之所言，实众人之素志也。"即书名捐资，鸠众兴工，修坠举废，革故鼎新。以基址则壮固也，以彩色则璀璨也，飞漆流丹，夺人心目，视昔之倾圮剥落大不侔矣。则岁时祭享，何至遗人以风木之悲哉？余尝瞻礼其地，众谒余为记。余（以）为，可罕，夷狄之君长也，生为夷狄君，殁为夷狄神，夷狄之人宜岁时荐俎焉。以我中国人祀之，礼出不经。然有其举之莫敢废也。况神之福庇一方，护佑众生，其精英至今在，其德泽至今存，则补葺安可废，而祀典又安可缺耶？且傍有子孙圣母祠，复同时振饰，则启我后嗣，保我婴赤者，其慈乌可禅述乎？而答报之贶□亦乌可少哉。是役也，起于万历四十七年之秋七月，告竣于今年之冬十月，何□□□速哉？缘人之趋事者亟耳。故一时与事之人咸得备勒于石，以为不朽云。是为记。

　　大明天启六年七月吉旦府痒廪生
　　宋可大沐手拜撰
　　本村张宝林沐手拜书
　　贾天祯、张全、贾相
　　起意：本村香老
　　张大权、贾节、张义
　　主持僧人宽贤

　　碑文叙述修庙缘由和经过，有两段话值得注意，一是"邑之东南张壁村，绵山环亘焉。古地肥润，人居稠密，诚南乡之巨擘也。兼且五日一雨，十日一风，旱魃不为灾，蝗虫不入境。适其地，见其嘉禾遍野；问其人，咸颂年岁丰登，原阙所繇，非神之呵护默佑不至"。此句指出修庙缘由，时人认为，张壁一带之所以能风调雨顺，年岁丰登，是因为有神佑护，"非神之呵护默佑不至"。这是什么神？如此默佑张壁，造福一方？碑文紧接着说道"此村唯有可罕庙，创自何代殊不可考，而中梁书'延祐元年重建'云"。言外之意就是，村里最早的庙只有延祐元年重建的可汗祠，佑护张壁的神自然就是可汗祠里的可汗神。可汗神是什么神？与张壁有何关系？碑文作者继续写道："……余（以）为，可罕，夷狄之君长也，生为夷狄君，殁为夷狄神，夷狄之人宜岁时荐俎焉。以我中国人祀之，礼出不经。然有其举之莫敢废也。况神之福庇一方，护佑众生，其精英至今在，其德泽至今存，则补葺安可废，而祀典又安可缺耶？"这段话，圆满地解答了以上疑问，既点明可汗为游牧民族，也指明他一直佑护地方："况神之福庇一方，护佑众生，其精英至今在，其德泽至今存，则补葺安可废，而祀典又安可缺耶？"没有理由不继续补修可汗祠，让他继续佑护众生。

　　我们透过碑文提供时间线索注意到，此庙曾于"延祐元年"重建，延祐是元朝元仁宗年号，即1314～1320年。既是重建，一定远远晚于初建或创建，说明该庙创建时间远在元代之前。早在什么时候，碑记不详。

灵石县南关镇乔家山村旧址也有一座可汗祠，这里距张壁的直线距离仅有数十公里。近年村庄搬迁新址，旧址仅留数人居住。可汗祠位于旧村高地一个四合院内（图3），坐北朝南，既无香火，也无塑像。

图3　灵石县南关镇乔家山村可汗祠庙

殿内遗存古碑三块，一块金元碑（图4、5），正面乃金代刻辞，背面为元代刻辞；一块清碑、一块民国碑，内容皆与集资重修可汗祠有关。其中金碑高125、宽56、厚16厘米，青石质。碑文为楷书，共11行，满行43字。额"泰和年重建，供奉对象：乔和、乔信"。碑文载：

　　白处村立石都维那：乔智，男乔良，孙乔兴。乔恭，妻宋氏，男乔从政、妻郝氏，孙乔诚。乔和甫，男乔贤，次男乔圣。乔清甫，妻马氏，男乔思敬，孙乔实。
　　妆銮功德主：西村社长杨国宝，男提领杨温甫，孙男杨洛川抄一十二定。
　　妆銮功德：卫清，男卫斌、卫恭、卫敬，抄五定。仁义镇霍仁卿抄十定。
　　妆銮功德：杨民，男杨安、杨敏、杨太，同功德杨和，男杨温、杨泉，抄五定。

图 4　金代泰和年重建碑　　　　图 5　元代"可汗商山"碑

　　立石功德主：桃钮村温元帅后裔温智，男温道，侄温聚，抄五定。

　　都维纳：牛洛，男牛津，抄两定。仁义站提领霍达抄两定。医药提领曲买村宋思义，男继先，次继祖，抄一定。乡老师德，次男师信抄半定。王英抄半定。杨显，男杨珍、杨宝，抄十定。西村郝仲良抄半定。临泉村韩朝明抄半定。杨琏抄半定。灵石县在市王选抄半定。

　　赵珍次男赵文三十两，成子周二十两，介休宋壁村王通二十两，杨琪二十两，马锦二十两，郝信二十两，师俊二十两，习村燕巳二十两，郝家庄张仁十五两，李安十五两，待诏郝用十五两，赵简男赵忠十五两，张国让十五两，张资十五两，张文十五两，王璘十五两，任美十五两，宋成十五两，范荣十五两，张玉十五两，续恩十五两，田美十五两，师恭十两，李子让十两，卫选十两，李谱男李庆十两，王整十两，逍遥村赵敬祥十两。

　　助工人：乔资、乔聚、乔全。

　　阴阳人：李罡。

　　细观碑文，内容简单，刻载重建时妆銮功德主、立石功德主以及捐献者的姓名。泰和是金朝皇帝金章宗完颜璟的年号，即 1201～1208 年。碑文明载金泰和年间重建，说明该庙创建时间当在金代之前。然而该碑不见有关可汗的只言片语，也没记载重修寺庙名称，似乎不易推定是重修可汗祠。幸好该碑背面是一篇元代碑文，乃元至正六年（1346 年）立石，碑文弥补金刻之缺，补载了可汗内容。该碑碑文为楷书，共 18 行，满行 32 字。额为篆书"可汗商山"。

其碑文云：

重修可汗庙碑记

河东贡士乔思庸撰，授大医院剖灵石县教谕张彬篆，敕授晋宁路绛州阴阳教授乔镇书。

河东要于西北霍之属邑。越灵石东直有径名千里，而乔山直其冲，有庙曰可汗，不详何时建。里人乔恭诣予言："庙宇自金泰和元已成，迨大德地道失宁，栋宇瓦砾殆不能基，后虽粗完，民情未惬。岁时，相帅恳祷，神既下惠，礼不可旷，今欲鼎新神屋，以妥其灵，功之所施亦欲炳于后人也。"既来征辞，予询其故，但曰可汗而不能言其始末，虽恭之远祖落成，高曾和、信重建，而亦不名其所以始建之由，则今日之辞恐未可笔也。及请不已，且欲表今日之功，以见其家世之克媚神意也。且言民有忤北方之事者则必震怒，怒之所形则不福其人，若然则信有之乎果。然则庙之一再新矣，而不以一言垂记于后者，岂当时执笔者果无其人欤？抑一时林野之士，重于古质而不能修其礼意欤不然，凡有神于人血食，于后而起人之敬者，岂独无其端哉。其详既不可知，而有不能意料者重为之叹惜也。传不云乎：信以传信，疑以传疑，奈之何耶，以其要于西北，则其神于此者又必有由矣。恭备廪糗、鸠木石，新神宇二间，命工壁粉而丹青其上。于是，门垣重固，庙貌显严，坐列有次而绘祀有度矣。

时大元至正柔兆岁在阉茂月当黄钟即工，至大吕甲戌朔十有一日告成。予既访图记未得，且聆请者之语以纪今日之绩焉。

霍州在城石匠马义、男马谅刊。

元代碑文非常重要，弥补了金代碑文记载之阙，丰富了金碑内容，证明金碑所叙是可汗祠重建情况，金代碑文全称应该是"泰和年重建可汗庙碑"。另外，由此碑观之，此庙创建与乔家渊源很深，至少乔恭远祖参与其事，后来在高祖乔和与曾祖乔信时都修过，但是"曰可汗而不能言其始末，虽恭之远祖落成，高曾和、信重建，而亦不名其所以始建之由，则今日之辞恐未可笔也"。就是说，元代时，已经说不清建庙缘由和供奉对象是谁。但是通过碑文，我们至少了解到，该庙由来已久，即使在金泰和，只是经乔和、乔信重建一次而已，该庙的始建年代，当在金代之前。

此庙还有一块清碑，清嘉庆十二年立，内容是集资重建。还有一块是民国六年"重修碑记"，内容也是集资修庙，都属功德碑。该庙这几块碑反映了每次大修的时间，金代泰和、元代至正、清代嘉庆、民国，重修时间或短或长，四个朝代加起来至今约

800年左右，几乎不到200年就要重修一次。当然这可能是偶然情况或一个地点的情况，每次修建究竟间隔多长时间，并不仅仅是时间决定的，还受制于环境变化、天灾人祸诸方面因素。

灵石县英武乡平泉村，也有一座龙天可汗祠，坐北朝南，近年得到修缮（图6）。院内留存两块清碑，一块是乾隆十年（1745年）碑。碑高130、宽56、厚20厘米，青石质。碑文为楷书，共13行，满行42字。碑文首行是"重修龙天可汗庙碑记"，内文也是叙述修庙缘由以及资金来源情况，没叙及可汗庙创立时间等。碑文记载：

图6 英武乡平泉村
龙天可汗祠

重修龙天可汗庙碑记

此庙增修于康熙五十年间，至今已有成规，其神像虽不赫赫在上也，然庙貌虽具，而两旁仍多陈也；乐台固有，而东西尚少山门。即住持心切，仍未有所造焉，乡人固筹之久矣。尝闻努力，独苦于力薄而寡助。讵意时有信士房如参者，忽起愿心，直然欲修廊房，以成功课，第后以遘疾不瘳，终致有志而未逮。继有男监生耀章者，始成乃父之志，独捐银五十两，自募化银贰拾余两，于是即欲造两下廊房矣。而乡人则曰："事犹有未备，为两傍固可观，而两旁之出入不可无门也，斯庙总云完，而斯庙之住持不可无地也。况狭者弗扩大，而其狭者仍隘也；旧者弗演浴，而其旧者弗新也，又岂可以妥神灵而美神居乎？"故又赖有候选县丞房龙章者，先概然捐资，极力倡率。于乾隆八年七月十五日会茶公议，合村施银贰百余两，且合村前后共捐银叁佰余两，一概开列于碑后。而因兴土木之功，为营造之事，后卷砖窑三空，前后廊房之间更卷山门两间，上复建钟鼓乐楼，又且院宇重砌，圣像金妆，而殿堂门芜是已黝垩丹漆。是举也，洵盛事也。盖莫为之前，虽美弗彰；莫为之后，虽盛弗传，今后此之举均有心继前此之美也，将神灵于是乎妥，而神居于是奠矣。不诚卓卓可记载，故乡人求余为文，余即因其事为之志云。

邑庠生任兆麟撰文。

太学生房龄旺书。

乾隆十年五月初之日立。

任兆麟施银五钱。

木匠王建兴施银五钱。

土工温伟、王奋秀施银五钱。

纠首：王晋臣、田兆伯、王文章、房龙章、王栋才、景清、王士府、善友赵锦茂。

两头门缺角丁文章情愿舍地两丈。

庙内还有一块道光年碑。内容基本相同。实地调查，该庙现存四个碑座，据老乡说，原先还有一些碑刻，逐渐遗失或被挪作他用。

吕梁中阳县上顶山也有一座尅罕（可汗）龙王庙（图7），距县城约50里，经实地调查，庙已残破，坐西向东，背靠唐代《元和郡县图志》内记载的"可汗堆"。庙位于可汗堆东，距离约17米。"堆"是一个高耸的圆丘，直径约25、高约5米，下为巨

图 7　中阳县上顶山尅罕（可汗）龙王庙

型自然岩石，上堆许多明清碎砖，呈馒头形，推测原来用途为祭祀或墓丘。据说下有一洞，深不可测，洞口填满碎砖，不能下去。在堆丘旁边，现立一根太阳能火情观察仪和几块太阳能发电板。

庙有院子，现存三间坐西向东的砖石窑洞，两侧还有南北两道石墙，院内东西约28、南北约 30 米。窑洞下为岩块，上为砖圈，南北宽 14、深 6、墙厚约 1 米，单间内宽不足 3 米。在荒草丛生的院内，留存着四块清碑和一块民国碑，其中最早的是两块康熙碑，一块是康熙甲子年立，即康熙二十四年（1685 年），一块是康熙庚寅年立，即康熙四十年（1701 年），碑中都记载该庙名称为"尅罕（可汗）龙王庙"（图 8）。康熙甲子碑碑额竖刻"孝义县"三字，碑身下半部残缺，现存碑文是：

图 8　中阳县上顶山尅罕（可汗）龙王庙康熙甲子碑

重修上殿龙王庙碑记

夫尝考《礼》云：有能为民捍大患御大灾者则祀之，能兴云致雨……①

者莫不振举，而崇祀之曰："纪功，宗于功作元祀"，正此意也。矧……

龙王职司风雨，造福蒸黎，功垂社稷者乎，以为捍大患则能捍……

祀，不可胜纪，此因孝义县西乡刘王里八甲开府等村有古……

丁未重修，数十年风雨浸淫，庙貌额败，而□胜像为之蒙……

圣拔一毛而利天下，普济霄露，万民均沾。七月内送□圣归山……

□-644565554□四积钱粮开光公议，劝万代流传，我……

尅罕龙王播手云复手雨，赫赫愚灵，其（岂）不是万世之德矣？众民……

四方赶积相助焉，理告成之后，勒石名功，永垂不朽，诸后云……

太原府宁武关人游遇、孝义县上殿山经理主持比丘普观、徒通宝自撰碑文、乔则村祖（立）……

开府村总都纠首陈应祥、督工纠首陈喜、陈应春、陈应金

……（以下为赞助者，人名很多，省略不记）

大清康熙甲子岁次□月上旬动土乙丑季月末旬丁完勤……

该碑下半部残，从碑长宽比例看，似乎缺失三分之一左右。碑文提到，在丁未年（康熙六年），也曾对该庙做过维修，但是修什么没有记载，甚为可惜。唯一可贵的是，该碑已经提到尅罕龙王庙，并且称为尅罕龙王。

此庙的康熙庚寅碑完整，但字稍小，笔画纤细，不易卒读。该碑宽86、高192、厚23厘米（图9）。碑文是：

重修上殿山龙王庙碑记

大庙以安神，神以佑民。上殿山者，诸山之首也。其山荒烟□断云祥□□日花开放满山存山□境者，曰山势险峻巍巍哉。尅罕龙王翻手云覆手雨，赫赫愚灵，其不是万载之德矣。众民之□□其不扬矣。能兴云致雨者则祀之，其德泽及民，佩服思报也。延及于今，春祈秋报之祀典诸民，有功德于民者莫不振举而崇祀之，曰："纪功，宗于功作元祀"，正此意也。矧龙王职司风雨，造福蒸黎，功垂社稷者，以为捍大患则能捍□□，以为捍大灾则能御矣，以为兴云则为兴矣，以为致雨则能致矣，人心蒸动，钦崇奉祀，不可胜纪，此因孝邑县西乡刘王里八甲开府等村有古籍四界相连。上殿山尅罕龙王神庙，相传至宋朝，有敕封为伏煞侯之典，又越数百余年至今，屡岁庙貌额败补修，今于庚寅年神感五社众姓，汇集公议，总都维那陈应祥经理补修金妆，缺乏僧房，公议捐□一楹，约费百金，四集钱粮，

---

① 有省略号者，为碑下部残缺之处。

图 9　中阳县上顶山赸罕（可汗）龙王庙康熙庚寅碑

开光勒石，万代流传，名功不朽，诸后云尔，众等纠首，花名开列：

　　开府村总都维那纠首陈应祥妻张氏男陈守峰……

　　峕太原府宁武关人游遇僧人比丘普观撰文，书碑人：陈玘

　　……（以下为赞助者，人名很多，省略不记）

　　大清康熙岁次庚寅年菊月贰拾捌日立

　　此碑是一通公益活动纪念碑，许多字句照搬甲子碑文，内容也是围绕修建。其中"尅罕龙王神庙相传至宋朝，有敕封为伏（煞）侯之典，又越数百年传至今"等关于可汗祠演变的记载最为重要，与灵石县南关镇乔家山村可汗祠金代《泰和年重建碑》一样，传递出一个明显信息，即可汗祠初建于宋金之前。按照先建后修的规律，只有建造于宋代之前，方可"相传至宋朝"。两碑互证，给出可靠的初建时段，既初建于宋金之前。当然，这并非准确的创建年代，如要寻找准确的创建年代，则证据不足，尚需发现新材料补证。

　　上顶山古称远望山、可汗堆、上殿山，唐代已有记载。唐宋时期，远望山属于隰州温泉县，《元和郡县图志》卷一二《隰州·温泉县》记："远望山，一名可汗堆，在县西七十里。高五里，周回七十五里。"[①] 本书只记载可汗堆，没记可汗祠。宋代乐史撰《太平寰宇记》，依然记下可汗堆，其书卷四八《河东道九·隰州·温泉县》下记载："远望山，一名可汗堆，在县西七十里，高五里，周回七十五里。"[②] 两书记载一字不差，也没记载可汗祠，表明《太平寰宇记》全段搬自《元和郡县图志》。值得注意的是，此山唐代以可汗命名，显然和纪念某个可汗有一定联系。尽管书中未提可汗祠，但由乾隆版《汾州府志》卷三《山川》记载："又南枝麓岐分而西者，曰可汗堆，即远望山也，俗呼上殿山，高十里许。东北距县治百六十里。……峰峦劲拔，山有可汗祠。"[③] 推测，可知此山有可汗祠，至晚建于清代之前。再据上顶山康熙碑中记载的"尅罕龙王神庙相传至宋朝"之语，可证远在宋代前的唐代，山上已有可汗祠。《元和郡县图志》写于唐宪宗元和年间（806～820 年），其书记载该山名又称可汗堆，当与山上的可汗祠有关。

　　幸运的是，2014 年，中阳县又发现一处可汗祠遗址。接到该县文物局局长乔正安电话后，笔者赶到县里，了解到是该县冯智平调查族谱时发现。该祠位于中阳县城西北的金锣镇殿则村，距县城 35 里，庙于文单拆毁，仅留卜数通修庙功德碑，有明代碑和清代碑，竖立在一块小高地两侧。据遗址观察，这里原有三开间一座庙，坐北朝南，

---

① 李吉甫：《元和郡县图志》卷一二《隰州·温泉县》，中华书局，2005 年，第 347 页。

② 乐史：《太平寰宇记》卷四八《河东道九·隰州·温泉县》，《景印文渊阁四库全书》第 469 册，（台北）商务印书馆，2008 年，第 410 页。

③ 乾隆版《汾州府志》卷三《山川》，第 19 页。

两侧有偏房，房前有碑。可汗祠一事记载于明代崇祯碑上。该碑名《重修应雨龙王庙记》，其碑云："考之祀典曰：'山林川谷能出云为风雨者皆为神，诸侯在其地则祭之。'况夫应雨龙王，职司禾稼，专攻雨泽，御灾捍患有益于民生者伟矣。而非有祠宇以栖之，频繁以荐之，何以妥神居而昭美报也。州治西南十五里许名四塔村者，旧有可汗神庙，相传胡元之陋也。世届初，地震塌毁。或者天厌腥膻而灭此湮祠乎？然其地非神不栖也，至嘉靖四十二年，里人冯伯顺起意改建应雨龙王神庙，乃谋及同社，众人咸曰快哉。"另在该遗址一块仅存 35 字的明代残碑上，也有"可旱"二字，碑上"可旱"应即可汗。另外在该遗址，还发现一块残碑上记载"靖初年，地震庙塌，基址虽显，木植无存……"（图 10）按此碑文，首句当为"嘉靖初年"。与该遗址第一块碑对照，可以互相参证。查阅资料，元末至明嘉靖年，山西没有发生过七级以上强烈地震，明代嘉靖初年的这次地震有几级，不得而知。但是由此次地震导致可汗庙"世届初，地震塌毁"，可知当在 6 级左右。

图 10　中阳县金锣镇殿则村明代嘉靖碑

数周后，乔局长再次给笔者打电话，说该遗址出土一个六棱形醮炉，正面刻有铭文，我们赶到现场，做了拓片（图 11），细读铭文曰：

设坛祷圣，必全诚敬之。风建（庙）……
亦事神之末，敬也。兹者王□……
人等，托发虔诚。谨为此设（于）……
可旱大王庙前竖立醮炉一座，巍□……
嘉醮炉，迺关慨，然众而叹曰：为山九……

图 11　中阳县金锣镇殿则村元代醮炉铭文

竖立庙庭，□成祭祀之仪，岂非细故，（报）……

僭立醮炉一座。时大元壬辰岁辛亥月己未日。

其他几面是当地功德主、都维那、副维那与出资人姓名。该铭文中，"可旱"即可汗，可与前面述及明代残碑上的"可旱"互证；"焦炉"即醮炉，元代醮炉各地都有，数量可观；壬辰岁元代有两个，一个是元世祖忽必烈至元二十九（1292 年），另一个是元惠宗至正十二年（1352 年），根据后面辛亥月，只能是至正十二年，该年十二月正是辛亥月，己未日为十二月二十日。

这段铭文很重要，一是说明元代壬辰年（1352 年），可旱（汗）庙依旧存在，当地人曾集资制作一个醮炉，以便人们观瞻，可证当时该庙香火较盛。二是到了明代嘉靖年间，人们已经不知该庙起源，误以为是元人修建，故说"相传胡元之陋也"。二是透露出，该可汗庙在至正年间香火旺盛，但以后迅速衰落，明代已无人参拜，乃至塌毁后无人重修可汗庙。因此到明嘉靖四十二年（1563 年），乡人又在可汗庙遗址上新建了应雨龙王庙。

今中阳县明清属永宁州，清光绪县志没有记载该庙。从庙中明代《重修应雨龙王庙记》可知，此庙原是可汗祠，也被称为"可汗大王庙"，元代已经存在。结合上顶山可汗祠宋代已有的历史，可以推断，这一带的可汗祠供奉的应该是同一个人，祠庙都是建于宋金之前。

山西汾阳三泉镇巩村也发现可汗庙遗址，该祠民国时有塑像，"文革"前庙还存在。汾阳民国县长王堉昌考察巩村"可汗之庙"与其神像后记载："庙神似为贺虏将军，而匾书可汗未解。"[①] 清楚说明当时有庙有像，祠庙为可汗庙，但是供奉的神是谁，

---

① 王堉昌：《汾阳县金石类别》，山西古籍出版社，2000 年，第 394 页。

王县长也不明。"文革"以后，庙被破坏，好在遗址尚存，房倒屋塌，满地瓦砾。碑文也没有，但访问当地老者，仍记得"文革"前旧景。

截至目前，山西发现六座可汗祠或可汗祠遗址。

灵石、中阳几座可汗龙王庙的碑刻尽管反映出可汗祠的初建和历代修补情况，除中阳金锣镇殿则村明代碑刻外，却没有记载从何时起，可汗祠演变为可罕龙王庙，需要做些大略分析。据前引诸地可汗祠碑文分析，宋金元时期可汗祠性质没发生改变，灵石乔家山元至正六年《重修可汗祠碑记》内，只提及可汗祠，不见龙王庙只言片语，说明祠庙性质和名称都没有改变。由此说明，可汗祠名称改为可罕龙王庙，是明清两代之事。再进一步分析，中阳上顶山龙王庙康熙碑和灵石英武龙天可汗祠乾隆十年碑都记载，清初寺庙名称已是尉罕龙王庙或龙天可汗祠，说明寺庙名称的改变当在这之前。具体地说，发生变化的时段在清之前与元之后，按照这种排除法，改变名称之事只能是明代了。此外，中阳金锣镇殿则村明代嘉靖四十二年在可汗神庙基础上新建应雨龙王庙之碑文，也是这种推断的证据。探求演变原因，一是近千年过去，周围民众只知有古庙，已不知创建何时？供奉对象为何人？所以介休张壁可汗祠明代碑云"创自何代殊不可考"。乔家山元代碑文也说"但曰可汗而不能言其始末"。中阳金锣镇殿则村明代碑刻记载是"相传胡元之陋也"。始末说不清楚，尊奉之心自然淡化；同时，山西地处黄土高原，雨水较缺，生活中离不开水，渴盼龙王多降雨水，对龙王的需求有增无减。在这两个因素的变化下，可汗祠在明代就变化为可汗龙王庙或者龙天可汗祠。奇怪的是，唯独张壁可汗祠没有受到影响，依然将原名传承下来。如追溯缘由，大概与张壁独特的"五日一雨，十日一风，旱魃不为灾，蝗虫不入境"小气候有关。

山西的第七座可汗祠在孝义市，雍正版《孝义县志》卷之七《祠祀》载："可汗龙王庙，县西南邑马村。"[①] 据了解，邑马是古村名，应该是今天的"驿马"，驿马现在是乡政府所在地。遗憾的是，根据最新的第三次文物普查结果，此地没发现寺庙遗址，估计早被后建的民居代替。但在明清时期，这里确实存在过一座可汗龙王庙。

关于可汗祠院内的布局，可从现存可汗祠或可罕龙王庙考察。现存最完整的是介休张壁可汗祠，是一个大四合院，北边是三间正殿，南面是戏台，院内东西有厢房，靠南有东西钟鼓楼。灵石英武乡平泉村可汗祠原为两进院，南面是山门兼戏台，中间大殿，后面还有小院厢房。灵石乔家山可汗龙王庙和中阳上顶山尉罕龙王庙布局比较简单，面积较小，前者不见钟鼓楼，却有山门，东西厢房。后者只有正殿，山门，背靠一个可汗堆。这些布局，有的碑文中也有涉及，此不赘述。殿内布局，仅有张壁可汗祠比较完整，三开间殿内，只塑一像。据灵石乔家山龙天可汗祠元代《重修可汗祠

---

① 雍正版《孝义县志》卷之七《祠祀》，第73页；白清才：《山西寺庙大全》第三卷《道教篇·孝义市》，山西财经出版社，1995年，第1231页

碑记》碑文记载："恭备廪糇、鸠木石，新神宇二间，命工壁粉而丹青其上。于是，门垣重固，庙貌显严，坐列有次而飨祀有度矣。"殿内尚有壁画，塑像也不限于一座，"坐列有次而飨祀有度"，神像分主次，祭祀有制度。有的碑文仅载"圣像金妆"，没载圣像数量，据庙宇规模大小不等看，估计有的庙内塑像较多，有的较少。

翻检史书，正史中有关可汗祠的记载很少，唯独《辽史》记载有可汗庙，《辽史》卷一二《圣宗三》："丁卯，吐浑还金、回鹘安进、吐蕃独朵等自宋来归，皆赐衣带。皇太后谒奇首可汗庙。"《辽史》卷三七《地理志》（一）"上京道永州"条也载："有木叶山，上建契丹始祖庙，奇首可汗在南庙，可敦在北庙，绘塑二圣并八子神像。"

有学者考证，木叶山位于今内蒙古自治区通辽市开鲁县老哈河与西拉木伦河汇合处[①]。需要说明，奇首可汗庙和晋中一带的可汗祠没有关系，因为那时，辽的势力和版图没有到达晋中，山西几座可汗祠建于宋金之前，时代也不符合。

综合山西诸地可汗祠碑记，可以推知，这些可汗祠创建于宋金之前，宋金之前朝代很多，逆推排列，至少有唐五代和北朝，联系到《元和郡县图志》记载上顶山唐代可汗遗迹和地方志记载的可汗祠，查寻供奉对象和建庙时间，应该在宋金之前的唐代。至于供奉何人？非三言两语能说清，尚需另文考证。

---

①　张国庆：《辽代契丹人祭木叶山考探》，《辽宁大学学报》，1992 年第 2 期，第 3～7 页。

元代卵白釉瓷器的分类

尚　刚（清华大学美术学院）

元代的景德镇窑瓷器品种甚多，而当年声誉最高的是卵白釉瓷，产量最大的还是卵白釉瓷，起码在湖田窑址所见如此①。

不过，卵白釉瓷器却精粗有别，优劣判然。瓷器是为人烧造的，它们的精粗优劣一定体现着所有者的种种差异，所有者等级的高下、财富的多寡、审美的取向等等都会决定产品的面貌。这是中国古代造作的通则，1998 年，作者曾据以分类讨论过元代的卵白釉瓷。二十多年来，考古发现不断、时贤成果迭出，旧说自有补充修订的必要，以下，再重作缕述。

一　供奉瓷

它们应是浮梁磁局的产品。以从八或正九的品秩推测，磁局规模已然不大，并且，以那时的生产条件，供奉瓷器的烧造只宜在秋季，因此，这类器物当年就为数不多，留传今日的必定更少。目前仅"太禧"盘一种能够指实。

"太禧"盘已知有四面留存至今，北京的颐和园、北京的故宫博物院、北京大学的赛格勒博物馆（图 1）、伦敦的维多利亚和阿尔伯特博物馆各有其一。蒙古人崇敬祖宗，对先帝、先后，要在其专有的藏传佛教寺院里设神御殿（影堂），供奉御容，祭祀不断。"太禧"盘就是神御殿里的祭器。"太禧"则是掌管先帝、先后祭祀的太禧院、太禧宗禋院的简称。这个官署初设于文宗天历元年（1328 年），时名太禧院，次年，更名太禧宗禋院②，后至元六年（1340 年），被与文宗有杀父之仇的顺帝裁罢③，故

---

① 刘新园、白焜：《景德镇湖田窑考察纪要》，《文物》1980 年第 11 期，第 44～45 页。
② "太禧宗禋院，秩从一品。掌神御殿朔望岁时讳忌日辰禋享礼典。天历元年，罢会福、殊祥二院，改置太禧院以总制之……二年，改太禧宗禋院……"《元史》卷八七《百官志三》，中华书局，1976 年，第 2207 页。
③ "（至元六年十二月）戊子，罢天历以后增设太禧宗禋等院及奎章阁。"《元史》卷四〇《顺帝纪三》，中华书局，1976 年，第 859 页。

"太禧"盘的烧造也必在此 12 年中。这样,"太禧"盘烧造于 1328 年以后的通行说法固然不错,但只提上限,毕竟显得笼统。

皇家祭器选用白瓷,显然出于蒙古族尚白的习俗,而"太禧"盘上的纹样(图 2)也都有意蕴。请以北京故宫藏品为例[①],外壁刻出"变形莲瓣纹"18 只,联系着蒙古族对九与其倍数的偏爱[②];内壁印花的八吉祥出自蒙古族崇信的藏传佛教;盘心的双角五爪龙是帝王的象征,最晚在大德元年(1297 年),它的尊贵地位已经明确[③]。应当一说的是,"太禧"盘上的八吉祥分别为长、螺、轮、盖、花、珠、鱼、伞,即有珠而无罐。不过,在更早的北京铁可墓(1313 年)出土的铜镜上,却已饰有后世习见的轮、螺、伞、盖、花、罐、鱼、长的八吉祥了[④],看来,八吉祥的定型不是在短时间内完成的,在"太禧"盘的时代尚未定型。

图 1　太禧盘

图 2　太禧盘线描示意图

浮梁磁局烧造的卵白釉瓷器显然不止皇家祭器一种,应当还有宫廷日用瓷。1972年,在元大都的宫廷遗址内,发现过 64 片卵白釉瓷器的残片,分别属于圈足碗、折腰碗、高足碗、长颈瓶、圈足杯、盘、罐、炉等。研究者说,它们"从质量上看都很优良,胎质洁白致密,烧成情况最好,厚薄依造型要求,均匀安排,釉质莹润,确实代表了元代瓷器工艺的水平"[⑤]。这些残片或许就是宫廷日用瓷的孑遗。

---

① 孙瀛洲:《元卵白釉印花云龙八宝盘》,《文物》1963 年第 1 期,第 25~26 页。
② 尚刚:《苍狼白鹿元青花》,《古物新知》,生活·读书·新知三联书店,2012 年,第 233~234 页。
③ "大德元年三月十二日,中书省奏:'街市卖的段子,似上位穿的御用大龙,则少壹个爪儿,肆个爪儿的织着卖有。'奏呵,暗都剌右丞、道兴尚书两个钦奉圣旨:'胸背龙儿的段子织呵,不碍事,教织者。似咱每穿的段子织缠身大龙的,完泽根底说了,随处遍行文书禁约,休教织者。'"方龄贵校注:《通制条格校注》卷九《衣服·服色》,中华书局,2001 年,第 357 页。
④ 北京市文物研究所:《元铁可父子和张弘纲墓·铁可父子墓·二》,《考古学报》1986 年第 1 期,第 101~102 页。
⑤ 李知宴:《故宫元代皇宫地下出土陶瓷资料初探·二、五》,《中国历史博物馆刊》1986 年第 8 期,第 75~76、78 页。

蒙古帝王慷慨豪放，时时对亲贵勋臣大行赏赐，这招致了巨大的财政负担，《元史·食货志》为《岁赐》专设一卷，就是在反映滥赏的史实。这样，若干重要墓葬、窖藏里的精美白瓷或许也是浮梁磁局的产品，是专为赏赐烧造的。疑似的器物也可略举数例。

如北京耶律铸夫妇墓里的高足杯（图3），此杯体轻釉润，内壁模印荷塘三游鱼图案①。图案中对称印出的"白"、"王"两字引人关注，或将它们组合成"皇"字②，或把"白王"与佛教相联，并将其产地指为景德镇老城区的戴家弄窑③。又如保定永华路窖藏中的盘（图4）和杯（图5）④，它们的制作极其考究，皆做八瓣莲花形，造型灵秀，胎质细白，釉质莹润。盘心印出浅浮雕式的二龙戏珠纹，龙纹四爪，印纹清晰准确，工艺水平极高。杯则体形小巧，娇柔清丽。把它们判断为赏赐品不仅因为其精细考究，还因为其主人的地位。

图3　耶律铸墓高足杯

图4　保定盘

耶律铸乃蒙元名臣耶律楚材之子，生前曾为中书左丞相，晚年遭罢免，至元二十二年（1285年）卒。至顺元年（1330年），赠懿宁王、谥文忠⑤。这类生前显达、身后荣光的人物自然经常得到赏赐，高足杯应该就得自君王赏赉。

保定窖藏的主人目前虽难认定，但还可以推测。保定除本路总管府、万户府之外，还有管领保定等路阿哈探马儿诸色人匠总管府，它掌管"太祖大斡耳朵一切事物"，秩从三品。随路诸色民匠打捕鹰房都总管府或许也设在这里，它总领太祖四大"斡耳朵

① 北京文物考古研究所：《耶律铸夫妇合葬墓出土珍贵文物》，《中国文物报》1999年1月31日。
② 张柏：《中国出土瓷器全集·北京卷》，科学出版社，2008年，图130。
③ 余金保、崔鹏：《耶律铸夫妇合葬墓出土枢府瓷刍议》，《北方文物》2012年第2期，第34～36页。
④ 河北省博物馆：《保定市发现一批元代瓷器》，《文物》1965年第2期，第18页。
⑤ 《元史》卷一四六《耶律铸传》，中华书局，1976年，第3465页。

位下户计民匠造作之事"，秩正三品①。斡耳朵是突厥－蒙古语宫帐的音译，蒙元时代，帝后亡故，宫帐不废，由其宗族世代继承，管理财富，统领人口。以其等级、以其职掌，这两个总管府与其长官极有可能受赐供奉瓷。而保定窖藏中的青花等瓷器也精美异常，这无疑增加了这个判断的合理性。

此外，在上海青浦的任明墓（1351 年）、江西上饶的窖藏和北京顺义的北石槽村，都出土过印花的五爪龙纹高足杯（图 6），上饶高足杯还带"玉"字铭②。在湖田的刘家坞窑址，带"玉"字铭的五爪龙纹高足杯也出土过③。考虑到所饰的尊贵纹样，它们应当也是浮梁磁局产品。尊贵的器物之所以能流散宫外，应该与元代局院的管理乱象有关。当年，总有官员逼迫匠户为其私造产品，这就是元人说的"官人"常常"带造生活"④，或者"影占着"匠户，为其造作"梯己的勾当"⑤。风气如此，浮梁磁局自难例外。这类产品还往往使用局院中的材料，迫使政府一再下令局院严格管制。在《元典章》、《通制条格》里，类似法令被大量收录，反映了这种乱象的普遍与持久。材料既然相同、设计也可沿用，这令"官人"私造的产品难免与局院的常规产品面貌相同。

图 5　保定杯

图 6　任明墓高足杯

① 《元史》，中华书局，1976 年，卷八九《百官志五》第 2267 页、卷九五《食货志三·岁赐·后妃公主》第 2422 页。

② 沈令昕、许勇翔：《上海市青浦县元代任氏墓葬记述·二》，《文物》1982 年第 7 期，第 54 页；张柏：《中国出土瓷器全集》，科学出版社，2008 年，《江西卷》图 118、《北京卷》图 131。

③ 肖发标等：《湖田刘家坞"枢府窑"清理报告》，《南方文物》2001 年第 2 期，第 6～12 页。

④ 陈高华等点校：《元典章》卷五八《工部·造作一·杂造·带造生活》，天津古籍出版社，2011 年，第 1972 页；方龄贵校注：《通制条格校注》卷三〇《营缮·私下带造》，中华书局，2001 年，第 743 页。

⑤ 方龄贵校注：《通制条格校注》卷二《户令·骚扰工匠》，中华书局，2001 年，第 104～105 页。

　　元末明初，浮梁磁局的白釉瓷器备受称赞，已有学者指出，它们常被称为"御土窑"①。孔克齐《至正直记》卷二《饶州御土》称：

　　　　饶州御土，其色白如粉垩，每岁差官监造器皿以贡，谓之御土窑。烧罢即封土，不敢私也。或有贡余土，造盘、盂、碗、碟、壶、注、杯、盏之类，白而莹，色可爱，底色未着油药处，犹如白粉。甚雅薄，难爱护，世亦难得佳者。今货者，皆别土也，虽白而垩等耳。②

曹昭《格古要论》卷下《古窑器论·古饶器》（文渊阁四库丛书本）说：

　　　　御土窑者，体薄而润，最好。有素折腰样毛口者，体虽厚，色白且润，尤佳，其价低于定。元朝烧小足印花者，内有"枢"、"府"字者高。新烧者，足大素者，欠润。有青花及五色花者，且俗甚矣。③

　　孔克齐已经明白表达了对卵白釉瓷的赞美，曹昭的议论更应留意：元代瓷器中，今人对青花评价最高，但当年，至少在文人心目里，卵白釉瓷却令青花难望项背。

二　官府公用瓷

　　它们是枢密院等政府机构在浮梁州订烧的器物，著名的"枢府"款瓷器是其代表。"枢府"相信是枢密院的简称。这样的器物今存甚多，不仅传世品大量见于公私收藏，出土物也屡屡见诸报道，发现在许多墓葬、窖藏，甚至内河的沉船④。在安徽歙县医药公司基建工地的窖藏里，竟一次出土了109件，包含着折腰碗（图7）31只，盘78面⑤。

　　出土地点性质不一，还分散各地，显然是在提示它们常常被据为己有。蒙元时代，衙署物品的管理混乱非常，化公为私往往有之。如御用酒便常常被"横索"，这种情况不仅载入正史⑥，还被高丽的汉语教科书描述。《朴通事》鲜活生动地再现了元代社会的种种场景，其开篇就描述了成功讨要光禄寺和内府20瓶美酒的过程。"内府"款梅瓶、"枢府"款瓷器的屡屡发现就是化公为私的反复证明。

---

① 李民举：《浮梁磁局与御土窑》，《南方文物》1994年第3期，第47～50页。
② 孔克齐：《至正直记》卷二《饶州御土》，上海古籍出版社，1987年，第70页。
③ 曹昭：《格古要论》卷下《古窑器论·古饶器》，《景印文渊阁四库全书》第871册，（台北）商务印书馆，2008年，第107～108页。
④ 磁县文化馆：《河北磁县南开河村元代木船发掘简报·三》，《考古》1978年第6期，第395～396页。
⑤ 叶涵鋆：《歙县出土两批窖藏元瓷珍品·一》，《文物》1988年第5期，第85～86页。
⑥ "宣徽所造酒，横索者众，岁费陶瓶甚多。别儿怯不花奏制银瓶以贮，而索者遂止。"《元史》卷一四〇《别儿怯不花传》，中华书局，1976年，第3366页。

当年烧造官府公用瓷的不仅浮梁一地，还有烧造青瓷的龙泉。在韩国新安海底的沉船中，已有底刻"使司帅府公用"铭的龙泉青瓷盘。冯先铭先生指出，这个"使司帅府"应是浙东道宣慰司都元帅府①。

"枢府"款瓷器的出土遍布各地，由此判断，使用它们的官署应该又包括了枢密院的下属机构，但是，有的机构还会专门定制，如广东省博物馆所藏印有"东"、"卫"二字的盘，有学者指出，"东卫"当与东宫的侍卫军有关②。倘若枢密院及其下属机构能够定制，那么，其他官署应当也可以，在江苏扬州和安徽宣城的发现就

图 7　歙县折腰碗

是明证。两地都发现过一种印花的卵白釉碗，其外壁以钴料书写楷体的"宪台公用"。报道者已经者指出，"宪台"当指御史台③，不过，另有专家相信，应指代地方的路府级以上的官署④。从元代的情形考察，当以前说为是。

带"枢府"铭的器物多为小型的盘、碗等，折腰碗是有代表性的器形。器内都有印花的图案，缠枝的莲花、菊花是最常见的装饰题材。这类器物虽在后代声名很大，但与供奉瓷相比，已经逊色，胎、釉均欠精细，这已被前揭曹昭的议论指出。它们的胎体还常常颇厚重，印纹也往往不及供奉瓷清晰。

三　商品瓷

卵白釉瓷里，浮梁民间烧造的商品瓷数量最多，它们不仅风行域内，还畅销海外。盘、折腰碗和高足杯是常见的器形，这显然是在模仿"枢府"铭的器物，此外，还有一些大小不等的瓶、壶、罐等。这类器物大多比较粗糙，往往素面无纹，曹昭评价的"欠润"大约就是针对它们。孔克齐描述的"今货者，皆别土也，虽白而亚等耳"，则指出了胎料的差距。

商品瓷的精粗通常联系着购买者的财力。由于富室大户的存在，商品瓷中，也有些颇精美。如新疆霍城阿力麻里遗址窖藏出土的"福禄"铭盘，报道者认为，其器形

①　冯先铭：《南朝鲜新安沉船几瓷器问题探讨·一》，《故宫博物院院刊》1985 年第 3 期，第 112 页。
②　施静菲：《蒙元宫廷中使用瓷器初探》，《美术史研究集刊》第 15 辑（2003 年），第 17 页。
③　王晓莲：《元枢府瓷"宪台公用"青花铭碗》，《收藏家》2000 年第 3 期，第 27～29 页。
④　李广宁：《新发现的古代瓷器铭文款识考辨》，《东南文化》1999 年第 1 期，第 90～91 页。

图 8　高安福真盘

图 9　高安玉壶春

图 10　扬州镂雕杯

和质地都与"太禧"盘接近①。类似的器物还得自江西高安和乐安的窖藏等，在"福禄"之外，铭记还有"福寿"、"福真"（图 8）②。卵白釉瓷还有戗金的，这样的玉壶春瓶在江西高安的窖藏已经出土（图9）。又有些器物颇精巧，如江苏扬州古城遗址出土的高足杯（图 10），杯身双层，外层镂雕四季花卉③。

　　一些精美的商品瓷同浮梁磁局的匠户有关，是在应役之暇匠户们用贡余的"御土"烧造的，前揭《至正直记》对它们描述甚详。这样的器物应当沿用了供奉瓷的款式，面貌同入贡者很相似。

① 新疆博物馆：《新疆伊犁地区霍城县出土的元青花瓷等文物·二》，《文物》1979 年第 8 期，第 27 页。
② 张柏：《中国出土瓷器全集·江西卷》，科学出版社，2008 年，图 111 ～ 113。
③ 张柏：《中国出土瓷器全集·江苏卷》，科学出版社，2008 年，图 169。

另有些较精美的卵白釉商品瓷在努力仿"枢府"铭的器物，它们在海内外都发现了不少，数量远远多于仅用少量"贡余土"烧造的精美器物。几乎在各个方面，它们都同官府公用的器物一致，差异恐怕只在没有印出"枢"、"府"等字样。其实，历代民间产品模仿官府的情况都很普遍，这反映的是统治阶级文化对全社会的深刻影响。

元代陶瓷的仿古风气很盛，浮梁磁局的匠户还制作模仿宋代定窑的大盘，并且，仿得逼似原形，关于它们，孔克齐也记录过。《至正直记》卷四《窑器不足珍》：

> 在家时，表兄沈子成自余干州（今江西余干县）归，携至旧御土窑器径尺肉碟二个，云是三十年前所造者，其质与色，绝类定器之中等者，博古者往往不能辨……记此为后人玩物之戒。至正癸卯（二十三年，1363 年）冬记。[①]

刘新园先生依据孔克齐"在家"的年代，认为这对大盘烧造在至治二年（1322 年）以前[②]，但又有专家则从纪事的"至正癸卯"年上推 30 年，认为它们的相对制作年代为至顺年间（1330～1333 年)[③]，当以前一种说法为妥。定窑式样的器物不仅行销国内，在海外也有市场，这样的大盘在韩国新安海底的沉船中获得了两只[④]。虽然 2012 年，它们被重新鉴定为金代的定窑产品[⑤]，但从前揭孔克齐的描述看，元代的浮梁州也肯定烧造仿定的瓷器。

孔克齐身为圣裔，其表兄应该也是位士大夫，他喜爱酷似定器的产品，体现了士大夫对前代典范的思恋。当年，这种情感还很流行，仅以陶瓷为例，北有霍窑仿定[⑥]、南有哥窑仿官[⑦]。理应关注的是，其楷模的时代都在前朝，就是由汉族统治的赵宋。在种族制度严酷的蒙古时代，这自有深意存焉。

---

① 孔克齐：《至正直记》卷四《窑器不足珍》，上海古籍出版社，1987 年，第 156 页。
② 刘新园、白焜：《高岭土史考》第五章第二节，《中国陶瓷》1982 年第 7 期（增刊，古陶瓷研究专辑），第 154 页。
③ 冯先铭：《南朝鲜新安沉船及瓷器问题探讨·三》，《故宫博物院院刊》1985 年第 3 期，第 113　114 页。
④ 冯先铭：《南朝鲜新安沉船及瓷器问题探讨·三》，《故宫博物院院刊》1985 年第 3 期，第 113～114 页。
⑤ 沈琼华：《大元帆影——韩国新安沉船出水文物精华》，文物出版社，2012 年，第 170 页。
⑥ 曹昭：《格古要论》卷下《古窑器论·霍器》："出霍州。元朝戗金匠彭君宝效古定制折腰样者，甚整齐，故曰彭窑。土脉细白，与定相似，皆滑口，欠滋润，极脆，不甚值钱。卖古董者称为新定，好事者以重价收之，尤为可笑。"《景印文渊阁四库全书》第 871 册，（台北）商务印书馆，2008 年，第 108 页。
⑦ 孔克齐：《至正直记》卷四《窑器不足珍》："乙未（至正十五年，1355 年）冬，在杭州时，市哥哥洞窑者一香鼎，质细，虽新，其色莹润如旧造者，识者犹疑之。会荆溪王德翁亦云：'近日哥窑，绝类古官窑，不可不细辨也。'"上海古籍出版社，1987 年，第 156 页。

"南海模式"与南海考古综述

姜　波（国家文物局水下文化遗产保护中心）

一　概　论

　　南海是古代中国通往南洋、西洋、东洋的必经之地，南海海底沉睡着数量惊人的古代沉船，而环绕南海周边的漫长海岸线上，也矗立着一座座洗尽铅华的海港遗址，这些沉船和海港为我们研究海上丝绸之路提供了弥足珍贵的实物资料。20 世纪 80 年代以来，许多外国机构在南海及周边海域开展打捞探险活动，获得了大量沉船文物，而以中国古代文物为大宗，引起国际学术界的广泛关注。这些让人耳目一新的考古材料，可以与国际学术界有关东南亚的宗教、语言和人类学方面的研究成果相互佐证，共同解读以南海为中心的古代文明。

　　法国年鉴学派代表人物布罗代尔在其名著《菲利普二世时期的地中海与地中海世界》中提出了"地中海模式"的学术概念：把地中海看成是一个内湖，而环地中海是一个贸易、文化交流互动的网络，不同种族、语言和宗教的人群，通过海洋贸易与航行，形成一个整体的体系，即学术界所称的"地中海世界"。从目前我们掌握的考古、文献和语言学资料来看，环南海也形成了一个整体的网络世界，儒教、印度教、佛教、伊斯兰教以及后来的基督教，都曾在这一区域此消彼长、相互交融；古代中国人、马来人、印度人、波斯人以及后来的西方殖民者，曾在这里扬帆济海、梯航万国；甚而至于，在码头上，在船舱内，人们能够听到嘈杂声中的汉语、波斯语、马来语、僧伽罗语……

　　法国学者 G. 赛代斯在其名著《印度支那和印度尼西亚的印度化国家》（又译作《东南亚的印度化国家》）中，从印度文化的角度，审视东南亚的文明特质，探究印度教或佛教影响下的东南亚社会文化与宗教特点，对印度文化在东南亚地区的传承作了精彩的研究[①]。在我们看来，实际上东南亚地区在不同的历史时期先后经历了印度化、

[①]　[法] G. 赛代斯著，蔡华、杨保筠译：《东南亚的印度化国家》"结论"部分，商务印书馆，2008 年。

儒家化、伊斯兰化的历史进程（西方殖民者到来以后，基督教文化因素开始弥漫东南亚地区，而以菲律宾为最盛）。以考古学的视野来审视，环南海的海港城址和南海海底的沉船遗址，可以看作是印度文化、儒家文化、伊斯兰文化和基督教文化因素的积淀。以泉州为例，印度教的"番佛寺"、伊斯兰教的清净寺、基督教系统的景教石刻以及佛教的开元寺等并立于古刺桐城内外，形成了非常罕见的宗教文化景观。

　　"海岛东南亚"学者的代表人物安东尼·瑞德在其名作《东南亚的贸易时代》承袭布罗代尔的学术思想，把东南亚看成一个整体，称东南亚是"一个水路交通联接在一起的海上地区"[①]。我们认为，所谓的东南亚文化实际上是在与儒家文化、印度文化、伊斯兰文化的互动中形成的，其政治结构、语言文字、宗教信仰乃至货币体制，都是在外部文化的强烈刺激与输送下形成的，而海洋贸易则是幕后最主要的推手。要之，我们必须从海洋贸易的角度来审视东南亚文明，由此可以看到多种文明因素层层叠加的"文化层现象"：最底层是东南亚土著文化，其上是印度教文化与佛教文化，再上是汉人儒教文化、伊斯兰文化、基督教文化。以印度教为例，印度尼西亚婆多浮屠遗址、越南美山遗址和泉州印度教"番佛寺"，为我们勾勒出环南海的印度教文化圈；福建长乐显应宫、马来西亚吉隆坡郑和庙、印度尼西亚三宝垄则让我们看到了以郑和遗迹为代表的汉文化圈；作为伊斯兰国家的印度尼西亚、马来西亚与南海东侧的菲律宾，这可以看作是环南海伊斯兰文化圈……

　　即使用同一处遗址或沉船来分析，我们也可以剖析出"文化层"现象。如广东阳江、昆山海域发现的"南海一号"，船上发现了数量惊人的中国瓷器，但也有伊斯兰风格的"军持"（净水器）、波斯—阿拉伯风格的金器，以及眼镜蛇骨头（应该与印度人习俗有关）。可见，一条沉船，也可看成是多种文化因素的载体。

　　综上所述，我们以为，把环南海看成一个地理单元与文化整体，用海洋贸易的视野来观察这一地域的物质文化遗存，用"文化层"的概念来剖析环南海的文化社会结构，将会使我们更加贴切地了解到这一地区的文化历程，我们不妨把这种研究范式暂且称之为"南海模式"。

二　南海考古学术简史

　　南海作为古代沟通东西的海上通道和重要的渔场，我国先民在此留下了丰富的古代文化遗产。此类文化遗产主要包括三种遗存：一是岛上生活、居住遗址（包括水井）；二是祭祀遗存，包括土地庙、兄弟庙（孤魂庙）、娘娘庙等；三是碑刻。在南海

---

① ［澳］安东尼·瑞德著、吴小安等译：《东南亚的贸易时代：1450—1680 年》第一卷第一章，商务印书馆，2010 年。

诸岛海域，还有不少水下沉船遗骸，出水文物包括沉船与船货（瓷器、钱币、矿料、石雕等）。南海考古方式包括岛上遗迹的考古调查与发掘（如金银岛遗址的发掘、东沙遗址的发掘等）和水下沉船考古（如"南海一号"、"南澳一号"、"华光礁一号"、"北礁一号"发掘项目）。

中国学者有关南海考古的历史，最早可追溯到20世纪20~30年代。二战结束以后，国民政府在对南海诸岛进行接收时期，也开展了南海诸岛文物遗迹的调查和收集工作。1974~1975年，国内机构首次对西沙群岛岛上遗迹进行考古发掘工作，1992~1996年，王恒杰教授先后三次对西沙、南沙进行考古调查，在南海考古史上写下了浓墨重彩的一笔。20世纪90年代中期以来，以中国历史博物馆（后改中国国家博物馆）水下考古中心牵头的西沙水下考古队，在西沙群岛开始系统的水下考古工作，并发掘"华光礁一号"沉船，为南海考古开启了新的篇章。

以下是南海考古的简明年表：

1920年，日本渔民在西沙群岛发现五铢钱、永乐通宝等古代中国钱币。

1935年，东沙群岛气象台台长方均在东沙群岛马蹄礁提取汉代至明清时期铜钱89枚。

1945~1946年，国民政府在接受西沙群岛后，在岛上采集文物1300余件，其中包括中山大学的王光玮教授在西沙石岛的珊瑚礁岩下采集到的唐代"开元通宝"、明代"洪武通宝"、"永乐通宝"等古钱。

1956年，牧野撰《西沙风光》，提及岛上"兄弟庙"。

1957年，贾化民游览西沙，提及岛上的"孤魂庙"、"黄沙市（寺）"。

1957年，张振国撰《南沙行》，提及岛上的小庙与碑刻。

1960年，君奋撰《西沙群岛见闻》，提及晋卿岛等岛上的小庙。

1974年3~5月，广东省博物馆和海南行政区文化局对西沙群岛进行第一次考古调查，并在甘泉岛和金银岛上进行考古试掘。

1975年3~4月，广东省博物馆和海南行政区文化局对西沙群岛进行第二次考古调查，并对甘泉岛唐宋遗址再次发掘；在十余座岛礁采集瓷器标本数千件。

1989年11月，中日联合南海沉船水下考古队对广东阳江"南海一号"沉船进行水下考古调查。

1990年9月，中国历史博物馆对海南岛文昌县龙楼乡宝陵港沉船进行水下考古调查。

1991年5~6月，中央民族大学王恒杰教授赴西沙群岛作考古调查。

1992年5~6月，中央民族大学王恒杰教授赴南沙群岛作第一次考古调查。

1995年3月，台北"中央研究院"历史语言研究所陈仲玉研究员在南沙群岛的东沙岛上进行考古调查与试掘，确认"东沙遗址"。

1996 年 5 月，中央民族大学王恒杰教授赴南沙群岛作第二次考古调查。

1996 年 4、5 月，中国历史博物馆等对西沙群岛进行陆上和水下考古工作，尤其是在北礁附近采集到较多沉船遗物。

1996 年 7 月，琼海市潭门港 00316 号渔船在西沙群岛北礁附近打捞出 5 万多枚钱币和 7 块铜锭，钱币以明代钱币居多。

1997 年，琼海市潭门港 0337 号渔船在西沙群岛北礁附近打捞出一批瓷器、钱币等沉船遗物。

1998 年 4~5 月，琼海市潭门镇边防派出所查缴一批在西沙群岛北礁海域非法打捞的文物 153 件，主要为宋元明时期的瓷器。

1998 年 8 月，琼海市潭门港渔船在西沙群岛北礁附近打捞出 1000 余件文物，以宋元明瓷器为大宗。

1998 年 12 月~1999 年 1 月，"西沙水下考古队"对西沙群岛水下文物开展考古调查与试掘，发现水下文物遗存 13 处，采集文物 1500 余件。其中尤以华光礁一号沉船的调查成果引人注目。

2001 年 8 月，海南省文物考古研究所在琼海市潭门港渔民手中征集到西沙群岛珊瑚岛出土的一批清代石雕。

2001~2007 年，有关方面对"南海一号"进行水下考古调查与发掘。

2007~2008 年，中国国家博物馆水下考古中心和海南省文物局组队对"华光礁一号"沉船再次进行发掘，确认沉船残骸，此为我国远海发现的第一艘古代沉船。

2010 年 4 月开始，有关方面对位于广东汕头南澳岛附近海域的明代沉船"南澳一号"进行水下考古发掘。

三　南海考古发现与研究综述

（一）历年来南海海域的文物出水情况与考古调查活动

南海海域是中国古代海船南下的必经航道，也是中国东南沿海渔民传统的捕鱼场所。中国古代先民在此留下了丰富的历史考古遗迹。早在 1920 年，渔民便在西沙珊瑚礁盘下发现了中国古代钱币，早者为新莽货币，晚者为"永乐通宝"。据说在此捕鱼采得铜钱的渔民，除了中国东南沿海广东、福建、海南岛的渔民以外，甚至还有来自日本、中国台湾等地的渔民[1]。

---

[1] 广东省西南沙群岛志编纂委员会：《西沙群岛主权问题之初步研究报告》，1947 年 3 月 15 日载《广东省西南沙群岛志编纂委员会资料》；马廷英：《建造珊瑚礁所需的时间》，《地质学会志》第十七卷第一期（1937 年）。

　　1935 年，时任国民政府海军部东沙气象台台长的方均，在东沙群岛马蹄礁上获取中国古代铜钱 89 枚，包括唐代的"开元通宝"，宋代的"景祐元宝"、"皇宋通宝"、"庆元通宝"、"嘉泰通宝"、"大宋元宝"、"绍定通宝"、"开庆通宝"、"咸淳元宝"等，元代的"至正通宝"，明代的"洪武通宝"、"永乐通宝"，清代的"雍正通宝"、"乾隆通宝"、"嘉庆通宝"、"光绪通宝"等①。

　　1945 ~ 1946 年，国民政府在接受西沙群岛后，在岛上采集文物 1300 余件，包括 1947 年国立中山大学的王光玮教授在西沙石岛的珊瑚礁岩下采集到的唐代"开元通宝"、明代"洪武通宝"、"永乐通宝"等古钱。这批文物后来曾在广东省文献馆举行了西沙群岛物产展览会上展出②。

　　1950 ~ 1960 年代，有不少学者（牧野、贾化民、君奋、张振国等）走访西沙、南沙诸岛，并撰写游记，屡屡提到南海诸岛上发现的我国先民所建立的土地庙、兄弟庙（孤魂庙）、娘娘庙、黄沙市（寺）、"石庙"等祭祀设施，以及民国三十五年所立的"南威岛"石碑等③。

　　1974 年和 1975 年，广东省博物馆和海南行政区文化局等机构在西沙群岛开展考古调查工作，调查的岛屿包括珊瑚岛、甘泉岛、金银岛、晋卿岛、琛航岛、广金岛、全富岛、永兴岛、赵述岛、北岛和五岛等，并首次在甘泉岛和金银岛作了考古发掘。④ 在甘泉岛西北端沙堤内侧深一丈处发现了唐、宋两代的居住遗址，出土了 50 多件日常生活用的陶瓷器，其中唐代遗存包括青釉四系罐、卷沿罐等，这里发现的四系罐与广东韶关张九龄墓出土的同类器相同⑤。这件清釉四系罐的发现，证明至迟在唐代我国居民即已在甘泉岛上生活、居住。甘泉岛宋代遗存包括宋代青白釉瓶、四系小罐、青釉碗、划花大碗、莲花纹大碗、凸唇碗、粉盒等瓷器皿，其质地、款式与花色和先前广州皇帝岗窑址、潮安笔架山窑址等广东沿海地区窑址出土同类器相仿。另外，在甘泉岛上还出土了铁刀、铁凿等生产工具，并收集到几件炊具铁锅残片、宋代泥质灰褐陶擂体残片和几枚宋、明代钱币等遗物。由此可见，早在唐宋时期，我国先民便已开始在西沙群岛生活、居住。

　　本次调查在永兴岛、金银岛和北岛等地获得清代康熙、雍正时期景德镇窑生产的

---

①　福建师大历史系、地理系、外语系、图书馆：《东西南沙群岛文献及重要资料选编》，转引自韩振华：《我国南海诸岛史料汇编》，东方出版社，1988 年。

②　余思宙：《南海群岛主权属于我国》，《中央日报》1947 年 2 月 25 日；邝海量：《领土主权的认识：西南沙物产会展览后归来作》，《越华报》1947 年 6 月 15 日。

③　牧野：《西沙风光》，《解放日报》1956 年 10 月 20 日；贾化民：《西沙群岛归来》，（香港）《大公报》1957 年 3 月 31 日；君奋：《西沙群岛见闻》，《今日新闻》1960 年 5 月 15 日第 6 版；张振国：《南沙行》，载（台北）《中国南海诸群岛文献汇编之八》，（台北）学生书局，1975 年。

④　广东省博物馆等：《广东省西沙群岛文物调查简报》，《文物》1974 年第 10 期，第 1 ~ 29 页；广东省博物馆等：《广东省西沙群岛第二次文物调查简报》，《文物》1976 年第 9 期，第 9 ~ 27 页。

⑤　广东省文管会等：《唐代张九龄墓发掘简报》，《文物》1961 年第 6 期，第 45 ~ 51 页。

青花五彩盘、青花龙纹盘等。在北礁礁盘上发现宋代青釉瓷罐和瓷洗；在金银岛礁盘上发现元代龙泉窑瓷盘和明代嘉靖时期的青花龙凤纹盘；在全富岛礁盘上发现清代嘉庆、道光年间的福建德化窑青花瓷碗、碟等。

本次调查还重点关注了西沙群岛上遗留的小庙建筑，共记录明代以来的小庙13座，包括砖砌和珊瑚石垒砌两种类型。其中琛航岛西北角小庙里供奉有一尊明代龙泉窑观音像；北岛小庙内有清代道光年间的德化窑青花瓷盘二只，庙旁及渔民草棚附近发现可以对合的残碑两块，系深灰色石刻成，碑身中部刻"视察纪年"，左侧刻"大清光绪二十八年"。

本次调查的成果还包括对海南琼海市潭门公社草塘大队渔民打捞的沉船资料。该沉船位于西沙群岛北礁东北角附近的礁盘上，经过1961、1971、1974年三次打捞，共获得历代铜钱500余公斤，并出水有铜锭、铜镜、铜剑、铅块等。出水铜钱可辨识的有：新莽钱币"大钱五十"，东汉钱币"五铢"，西魏钱币"五铢"，唐代钱币"开元通宝"、"乾元重宝"，南唐钱币"唐国通宝"，后周钱币"周元通宝"，北宋钱币"宋元通宝"、"太平通宝"、"咸平通宝"、"天圣通宝"、"治平元宝"、"西宁元宝"、"元祐通宝"、"圣宋元宝"，南宋钱币"建炎通宝"、"隆兴元宝"、"绍熙元宝"、"庆元通宝"、"大宋元宝"、"咸淳元宝"，辽代钱币"大安元宝"，金代钱币"正隆元宝"，元代钱币"至元通宝"、"龙凤通宝"、"天启通宝"、"大义通宝"，明代钱币"洪武通宝"、"永乐通宝"。

上述钱币中，以年代最晚、铸造新且未见流通使用痕迹的"永乐通宝"最为多见，有学者认为这就是郑和航海所使用的通货[1]。

1975年，广东省博物馆和海南行政区文化局在西沙群岛做了第二次调查发掘[2]。其中对甘泉岛唐宋遗址所做的第二次发掘，揭示了丰富的文化层堆积，出土青绿釉双耳罐、瓜棱壶、小口瓶、点彩瓶、粉盒、凸唇盏和碗、宽沿划纹碗、莲花纹碗、葩纹碗、莲瓣纹钵等，并发现铁刀、铁凿、铜饰件等。本次调查的另一收获是，在十余座岛礁上采集到各类瓷器标本数千件，如：北礁出土的南朝青釉六耳罐、青釉小杯（与广东韶关、英德出土品相同），元代景德镇窑青花小罐盖；全富岛出土的唐代至明代的青釉瓷器、青白釉瓷器、宋代划花大盘（与福建出土品相同）；北岛出土的明代"宣德年造"、"嘉靖年制"青花瓷；五岛出土的清代早期景德镇民窑烧制的青花加彩大罐、青花山水大瓶、青花罐盖；永兴岛出土的清代康熙年间景德镇民窑烧制的青花五彩瓷盘；珊瑚岛出土的清代青花瓷盘、碗，碗底有"祠堂瑞兴"、"祠堂德斋"文字（与福建厦门南普陀附近出土的"祠堂瑞珍"款瓷器类似）；南沙洲出土清代道光年间的仿

[1] 中国国家博物馆水下考古研究中心等：《西沙水下考古（1998~1999）》"结语"，科学出版社，2006年。
[2] 广东省博物馆等：《广东省西沙群岛第二次文物调查简报》，《文物》1976年第9期，第9~27页。

"成化年制"款青花碗，绘有临江楼阁、江上行船等图案，并题唐代王勃诗句"画栋朝飞南浦云，珠帘暮卷西山雨"（此类器曾在广东平远地区有发现），并发现清代嘉庆道光年间德化窑青花碗碟等；南岛出土的福建产宋代青釉划花碗、清代德化窑产青花云凤纹、云龙纹碗，晚清时期的题字青花碗等。

本次调查还在金银岛发现了清代庙宇建筑构件石雕，包括石狮、石柱、屋脊与飞檐构件，以及石供器座、石磨等。在北礁等地打捞了部分明代沉船遗物，主要为钱币，而以"永乐通宝"居多，发掘推测可能与郑和船队有关。

1992、1995 年，中央民族大学王恒杰教授曾先后两次到南海调查，取得重要考古资料①。王恒杰教授第一次赴西沙考古调查时间为 1991 年 5~6 月，对西沙群岛的永兴岛、石岛、中建岛、琛航岛、广金岛、金银岛、甘泉岛、珊瑚岛等岛上、海滩及礁盘进行了考古调查。本次调查的重要收获之一是在甘泉岛西北端发现了史前时期的瓮棺葬，又三件陶瓷套接而成，并出土一件褐色夹砂陶器和磨制有肩石器一件，并采集磨制梯形石斧一件、小石斧一件、泥质红陶网坠一件。此类瓮棺葬和出土遗物与海南岛陵水等地的新时期时代晚期遗存很接近。王恒杰教授在甘泉岛上采集的战国至汉代遗物也很重要，包括汉代陶瓷残片、印纹硬陶残片、汉代铁铲（残）等，此类器物均可在广东和海南岛找到相类似的遗存。此外，王恒杰教授还采集了不少魏晋至明清时期的陶瓷器标本。

1992 年 5、6 月和 1996 年 5 月，王恒杰教授两次赴南沙群岛做考古调查，最远抵达曾母暗沙，这是我国考古学界对南沙群岛最早也是最具规模的考古调查②。王恒杰教授对南沙群岛所做的考古调查主要收获为：

1. 郑和群礁

发现有秦汉六朝时期的米格纹灰陶片和五铢钱、唐代"开元通宝"钱、宋元时期福建民窑仿龙泉窑产品、明清时期广东民窑产品等，此外还发现清代船家留下的墓碑、神庙、水井等遗迹。

2. 道明礁

发现遗物中最早有六朝戳印纹陶片，瓷器以明代景德镇窑系青花瓷为大宗。包括"大明年造"、"成化年制"款青花碗等。

3. 永登暗沙

发现有唐代四系陶罐。

4. 福禄暗沙

发现有"元祐通宝"、"大德元宝"钱币，以及"永保长春"、"尚美"等款的清代

---

① 王恒杰：《西沙群岛考古调查》，《考古》1992 年第 9 期，第 769~777 页。
② 王恒杰：《南沙群岛考古调查》，《考古》1997 年第 9 期，第 769~777 页。

青花瓷器。

5. 大现暗沙

发现有宋元青瓷器和明清青花瓷。

6. 皇路礁

发现有"熙宁重宝"钱币和闽粤地区民窑青花瓷器。

7. 南通暗礁

发现有宋元青瓷和明清青花瓷。

1995 年，台北"中央研究院"历史语言研究所陈仲玉教授也曾开展一次南沙太平岛考古调查①。陈仲玉教授在东沙岛上共发现了 7 处陶瓷片遗留地点，并在第六处地点进行了考古发掘，遗址被命名为"东沙遗址"。东沙遗址获得的陶器有：钵形器、束口瓮、砂锅、带柄罐、小瓶盖等，瓷器有：青花小瓶、青花瓷碗、青花汤匙等。特别值得注意的是，青花小瓶上有"同仁堂"、"平安散"印文，应为北京同仁堂盛药用的小瓶。另外，此次发现还有铁钉、打火石、动物遗骸（鸟、龟、贝壳等），同时还发现了清代船家墓碑等遗迹。发掘者推测东沙遗址为明末至清中叶时期我国先民在岛上生活的遗迹。

1996 年 4～5 月，中国历史博物馆、海南省文管办、海南省文物考古研究所等机构组队对西沙群岛所属的 18 座岛屿、4 个沙洲和 4 个环礁进行了陆上和水下考古调查，共获得各类标本 1800 余件，尤其是对中岛、中沙洲和西沙洲等以往未进行考古工作过的岛洲进行了调查②。珊瑚岛的青白釉小瓶、南岛的刻画瓷盘、金银岛的青釉注壶，与广州西村窑所出品相同；北礁水下打捞的青釉双鱼洗、圈足大盘等为元代龙泉窑产品；南沙洲发现的清代青花瓷系广东地方窑、福建德化窑、江西景德镇窑的产品。

1996 年 7 月，海南岛琼海市潭门港 00316 号渔船在西沙群岛北礁作业时，打捞出 5 万多枚铜钱和 7 块铜锭。其中绝大多数为明代钱币，总计达 36000 余枚③。经辨认，出水铜钱包括：新莽钱币"大钱五十"，东汉钱币"五铢"，唐代钱币"开元通宝"，北宋钱币"太平通宝"，南宋钱币"建炎通宝"，金代钱币"正隆元宝"、"大定通宝"，元代钱币"至大通宝"、"至正通宝"，明代钱币"洪武通宝"、"永乐通宝"。

1997 年，琼海市潭门港 0337 号渔船在西沙群岛北礁附近打捞出一批瓷器、钱币等沉船遗物。瓷器有宋代青白瓷、元代青釉瓷和明清青花瓷；铜钱以明代洪武通宝、永乐通宝居多，另有唐、宋、元时期的钱币；以及龙纹盘、器座、锁、弓簧等铜器和陶

① 陈仲玉：《东沙岛与南沙太平岛的考古学初步调查》，《"中央研究院"历史语言研究所集刊》第 68 本第二分册（1997 年）。
② 郝思德、王大新：《96 西沙群岛文物普查》，《中国考古学年鉴（1997）》，文物出版社，1999 年；蒋迎春：《西沙群岛文物普查获丰硕成果》，《中国文物报》1996 年 7 月 14 日第 1 版。
③ 郝思德、王恩：《西沙群岛北礁古代钱币》，《中国考古学年鉴（1998）》，文物出版社，2000 年。

器、石器等①。

（二）西沙水下沉船考古

1997 年，中国历史博物馆组织西沙水下考古，获得了较为系统的西沙群岛海域的沉船资料，这些沉船大多分布在西沙群岛各岛礁的北侧和东西两侧的海域②。

1. 北礁

在礁盘东北面深约 3 米处发现了不同时代的沉船。以宋元和明清时期的遗存最为丰富，年代最早的瓷器有南朝广东窑产品，也有不少唐五代的瓷器。发现钱币近 2000 枚，除一枚为秦半两以外，都是唐宋元明四朝铜钱，此外，还发现有铜锭、锌锭、铜镜等。

2. 全富岛

在礁盘西北缘采集到 71 件唐至明朝瓷器，多为福建土龙泉窑和德化窑产品。

3. 珊瑚岛

发现清代沉船遗迹，瓷器有“寿”、“良德”、“祠堂瑞兴”等款识，也发现有镂空“寿”字的清代铜器器座。

4. 南沙洲

发现有福建德化窑、广东平远清代民窑的产品，此外还发现有明后期和清康熙年间景德镇民窑瓷器。

5. 南岛

在岛南端的沙滩上发现古代瓷器，主要为清代德化窑的青花瓷，少量为宋代福建土龙泉窑产品。

6. 北岛

沉船瓷器主要属于明代青花瓷器，包括“万历”、“宣德”、“嘉靖”款的青花瓷器三十多件，也有少量清代初年的瓷器。

7. 东岛

发现有清代早期江西景德镇民窑的青花瓷器。

8. 金银岛

在该岛西南礁盘上发现了大范围散布的清代石雕，多为建筑构件和生活用具，其风格属于闽南和粤东潮州地区的做法。

1998 年 4～5 月，琼海市潭门镇边防派出所查缴了一批在西沙北礁非法打捞的水下

---

① 郝思德：《西沙北礁古代文物》，《中国考古学年鉴（1998）》，文物出版社，2000 年。
② 吴春明：《环中国海沉船》，江西高校出版社，2003 年，第 25～27 页。

文物，共计 153 件。出水文物包括：宋代青白瓷、元代龙泉窑青瓷和明代青花瓷等[①]。同年 8 月，琼海市潭门镇渔民在北礁又打捞出 1000 余件文物，主要有宋元时期的壶、盘、洗、碗、碟、罐、盒、瓶等青瓷、白瓷和青白瓷；明清时期绘有人物故事、团龙、团凤、花鸟山石等纹样的青花瓷，以及带有题款的各地瓷器，窑口主要有广东、福建、浙江、江西等地[②]。此外，海南省文物考古研究所在西沙群岛考古调查中，还征得一批清代石雕，系潭门镇渔民在西沙群岛珊瑚礁礁盘上打捞所获，共有 10 尊人像，37 件石构建筑构件，可能是广东、福建等地先民运往海外修建寺庙所用建筑构件[③]。

2010 年 4 月，中国国家博物馆水下考古中心与海南省文物局等单位组成西沙群岛水下考古队，对西沙群岛海域永乐群岛诸岛礁进行水下文物普查，工作地点涉及华光礁、北礁、盘石屿、银屿、石屿、珊瑚岛等岛礁，同时还调查了宣德群岛的赵述岛、浪花礁，调查了 24 处水下文化遗存。重要的发现包括：北礁附近发现 27 处遗址点，新发现 19 处（3 处沉船、15 处遗址点）；出水大量宋元明清时期的瓷器，特别是石屿 2 号沉船遗址点发现了典型的元代青花瓷器。在多处清代晚期沉船遗址上，发现了大量石质建筑构件，有的柱头还有人物雕刻形象。此外，还发现了多处铜钱遗址点[④]。

2011 年 4 ~ 5 月，由中国国家博物馆水下考古研究中心、海南省文物局、海南省西南中沙群岛办事处组成工作队，对西沙群岛的永乐、宣德群岛海域的 48 处水下文化遗存进行巡查和考古调查工作，包括华光礁 6 处、盘石屿 4 处、玉琢礁 5 处、石屿 9 处、银屿 11 处、南沙洲 1 处、南岛 1 处、赵述岛 2 处、北礁 9 处。至此，经过 1996、1998 ~ 1999、2007、2008、2009、2010、2011 年先后七次较大规模的调查与发掘工作，在西沙群岛共计发现 90 处水下遗址。此次调查整理的瓷器标本，时代由五代至清代：五代有青釉、白釉，以碗、盘为主；宋代有青釉、白釉、青白釉、酱釉瓷器等，分别产自浙江龙泉窑、江西景德镇窑、福建德化窑、磁灶窑等；元代有青釉、白釉、青白釉、青花、酱釉瓷器等。明清时期则以龙泉窑青釉瓷器和景德镇民窑青花瓷器、附近地区青花、白釉瓷器等居多，多为日常生活用器，而尤以明代中期沉船装载的龙泉窑青釉、景德镇窑青花瓷器数量最多。这次调查结果显示，银屿 6 号沉船应为清代道光时期沉船、石屿 4 号和银屿 5 号沉船可能为五代时期沉船[⑤]。

---

① 郝思德：《西沙北礁水下文物》，《中国考古学年鉴（1999）》，文物出版社，2001 年。

② 张坤荣：《西沙群岛北礁明清时期文物》，《中国考古学年鉴（2000）》，文物出版社，2002 年。

③ 郝思德、王大新：《西沙群岛珊瑚岛清代石雕文物》，《中国考古学年鉴（2002）》，文物出版社，2003 年。

④ 孟原召、符洪洪：《2010 年西沙水下考古调查再获丰硕成果》，《中国文物报》2010 年 6 月 4 日。

⑤ 孟原召：《2011 年中国水下考古调查与新发现》，《第一届中韩水下考古学术研讨会论文集》，中国国家博物馆水下考古研究中心，2011 年。

四　南海及周边海域的沉船考古

（一）中国沿海发掘的古代沉船

1. 泉州宋代沉船①

1974 年，泉州湾后渚港海滩上发掘出一艘宋代远洋海船，在船舱中发现一批珍贵的历史文物（1982 年，在泉州湾内法石晋江之畔，又试掘到一艘宋代沉船）。这艘宋代海船自 1979 年以来一直陈列在位于开元寺内的"泉州湾古船陈列馆"。沉船残长24.2、残宽9.15 米。船声扁阔，底尖，船壳板用 2 至 3 重板叠合，有 13 个水密隔舱，主龙骨两端接合处均有"保寿孔"。复原长度为 34、宽 11、型深 4 米，载重量达到 200余吨。在船舱清理过程中，还发现了香料、药物、瓷器、皮革制品等涉及海洋贸易的诸多文物，共计 14 类 69 项。发掘者判断此船为一艘宋代海船，也是我国迄今为止发现的体量最大、年代最早的海船。

2. 福建连江定海"白礁一号"沉船遗址②

福建连江定海村东南海域的"白礁一号"沉船遗址前后经历了 1990 年、1995 年、1999、2000 年四次考古发掘。经过上述调查与发掘，从"白礁一号"沉船遗址出水了一批陶瓷器，大多数是黑釉盏。这批黑釉盏的形制相似，规格、尺寸相近，应是仿建窑兔毫盏的产品，出自福建地区的诸多窑址。发掘者初步推定"白礁一号"沉船的年代为南宋至元代，即公元 12 世纪后期至 13 世纪前期。

3. 福建平潭大练岛元代沉船遗址和"碗礁一号"沉船遗址③

大练岛沉船遗址位于平潭大练岛西南。中国国家博物馆水下考古研究中心、福建博物院文物考古研究所、福州市文物考古工作队于 2006～2007 年进行抢救性水下考古发掘。出水多为元代龙泉窑瓷器，发掘者推测为一艘运输龙泉窑

2005 年 7～10 月，在福建平潭海域发现"碗礁一号"沉船遗址并进行了抢救性水下考古发掘，出水瓷器约 1.7 万件，大多数是清代青花瓷。

4. 广东"南海一号"沉船遗址④

---

① 福建省泉州海交史博物馆：《泉州湾宋代海船发掘与研究》，海洋出版社，1987 年。

② 栗建安：《定海水下文物的发现及其相关问题》，《福建文博》1997 年第 2 期，第 67～69 页；吴春明：《福建连江定海沉船陶瓷的考察》，《福建文博》1996 年第 2 期，第 60 页。

③ 中国国家博物馆水下考古中心等：《发掘平潭大练岛元代沉船遗址》，科学出版社，2014 年；碗礁一号水下考古队：《东海平潭碗礁一号出水瓷器》，科学出版社，2006 年。

④ 广东省文物考古研究所：《2011 年南海一号的考古试掘》，科学出版社，2011 年；南海一号自 2014 年开始室内发掘，目前已完成第二次室内清理（发掘领队孙键、刘成基）。由于发掘报告尚未发表，暂不述及新的考古发掘资料。

1987 年在广东台山县川山群岛附近海域发现一艘古代沉船，命名为"南海一号"，当时打捞的一批文物中陶瓷器有两百余件，其中多数是青白瓷，还有青瓷以及少量绿釉器和酱釉器。1998～2004 年，中国国家博物馆水下考古研究中心组织专业人员对"南海一号"沉船进行水下考古调查，采集出水一批沉船文物，大部分仍是陶瓷器；其他遗物有铜钱、漆器、铜器、金器等。2007 年，"南海一号"整体打捞出水，并被移入广东阳江"广东海上丝绸之路博物馆"。2011 年，有关方面对南海一号进行了局部试掘。2014 年，国家文物局水下文化遗产保护中心、广东省文物考古研究所等开始对"南海一号"进行室内发掘。从已公布的资料来看，"南海一号"船体保存状况尚好，船载瓷器主要有景德镇窑、德化窑、闽清义窑、磁灶窑等窑口的瓷器，并发现了金链条、金戒指等。发掘者推测沉船年代应该在南宋。南海一号满载船货、保存尚好，其发掘成果将会成为研究宋元时期海上丝绸之路的最重要的水下考古成果之一，值得学术界的高度关注。

5. 广东"南澳一号"沉船

位于广东汕头南澳岛附近的三点金海域，系明代沉船，2007 年 5 月被发现，2007 年 6～7 月，广东省文物考古研究所对其进行了首次调查与小规模试掘。2010 年 4～7 月，中国文化遗产研究院、广东省文物考古研究所等单位对沉船进行了第一次大规模水下考古发掘，清理了暴风沉船船体，出水遗物 1 万余件，另有铜钱 15000 余枚。2011 年 4～7 月，又对遗址进行了第二阶段的发掘，清理了部分船舱遗迹，出水文物近万件①。

6. 西沙群岛"华光礁一号"沉船②

1998 年底至 1999 年初，中国国家博物馆水下考古研究中心与海南省文物保护管理办公室对"华光礁一号"沉船遗址进行了试掘。2007 年春，又对"华光礁一号"沉船遗址进行了抢救性水下考古发掘。目前华光礁一号沉船船体和出水文物保存在海南省博物馆，已出版《大海的方向：华光礁一号沉船考古展》。华光礁一号是中国水下考古学界首次打捞发掘的远海沉船。水下考古调查、试掘与发掘出水了一批陶瓷器和其他遗物（如锡器、铜镜、碇石等）。其中，"华光礁一号"沉船遗址的出水陶瓷器有福建南安罗东窑、松溪回场窑产品、晋江、磁灶窑的产品。德化窑以及江西景德镇窑的产品，其中一件福建闽清义窑瓷碗内壁一周釉面刻有楷书"壬午载潘三郎造"字样，此处"壬午年"推测可能为宋高宗绍兴三十二年（1162 年），或为宋宁宗嘉定十五年

---

① 广东省文物考古研究所：《南澳 I 号明代沉船 2007 年调查与试掘》，《文物》2011 年第 5 期，第 25～47 页；广东省文物考古研究所等：《广东汕头市"南澳 I 号"明代沉船》，《考古》2011 年第 7 期，第 39～46 页。

② 海南省博物馆：《大海的方向：华光礁一号沉船特展》，凤凰出版社，2011 年；羊泽林：《西沙群岛华光礁 I 号沉船遗址出水陶瓷器研究》，《第一届中韩水下考古学术研讨会论文集》，中国国家博物馆水下考古研究中心，2011 年。

（1222 年），前者可能性更大。

（二）越南发掘的古代沉船[①]

1. 建江号

1975 年发现，1991 年打捞发掘。位于越南建江省富国县安泰社海域，沉船地点为东经 104°02′00″，北纬 9°59′00″。沉船海域水深约 10 米。船体残骸长 30、宽 7 米，有分仓。船货主要为 15 世纪泰国宋加洛窑青瓷器。船主与航向尚待研究。

2. 占婆号

1997～2000 年打捞发掘，位于云南占婆岛附近海域，沉船地点为东经 108°27′00″，北纬 16°16′08″。沉船海域水深约 70 米。船体用柚木制造，残长 29.4、宽 7.2 米。船货主要为越南海阳窑（朱豆窑）产品，水手用具发现有中国、泰国产陶瓷器，"开元通宝"钱币和明洪武年钱币，以及铁锅、金属杯、石杵臼、镶红宝石的金戒指、铜磬等。据瓷器时代风格和碳十四年代测定，推测为 15 世纪晚期沉船。值得注意的是该船发现了船员遗骸，共计 11 个个体，其中一具推断为 20 岁左右的傣族女性。

3. 平顺号

2001～2002 年由越南国家博物馆等机构打捞。位于越南平顺省海域，沉船地点为东经 108°35′55″，北纬 10°33′30″。沉船海域水深 39～40 米。船长 23.4、宽 7.2 米。船货主要为广东汕头窑、福建漳州窑瓷器，为明末风格，故推测其年代为万历年间。水手用具有铜壶、盘、锁、针、铁锅等，发掘者推断船来自中国。

4. 头顿号

1990 至 1992 年发掘，位于越南头顿省槟榔附近海域，故又名"槟榔沉船"。沉船地点为东经 106°48′50″，北纬 8°38′15″。沉船海域水深约 40 米。由越南国家航海救护总局和 Sverker Hallstrom 公司发掘打捞。船体残骸长 32.71、宽 9 米，共计出土瓷器 6 万余件，主要为景德镇、汕头窑、漳州窑、德化窑产品，除传统器形外，也有带外国风格的外销瓷。还发现有铁锅、干柿子、干鱼等。厨仓中发现有铜盘、铜壶、铜镜、金称、印章、碗等，以及西班牙铸造的太阳钟、大炮等。发掘者推测此船从中国港口启航开往印度尼西亚巴达维亚港。船上出"庚午年"（康熙二十九年，1690 年）题记墨块，沉船年代当在 1690 年左右。

5. 金瓯号

1997～1998 年由越南国家博物馆、金瓯省博物馆、国家航海救护总局打捞发掘。位于越南金瓯省沿海海域，沉船地点为东经 105°29′18″，北纬 7°41′12″。船体用 Nageia Wallichiana Presl 木制造，船长 24、宽 8 米。船货主要为景德镇窑青花瓷，约计 5 万件，有的瓷器为西洋风格纹样，有的瓷器底部有"大清雍正"年款识。也有广东民窑瓷器。

---

① 广西壮族自治区博物馆：《海上丝绸之路遗珍：越南出水陶瓷》，科学出版社，2009 年。

水手用具有铜灯、盒子、箱子与锁、印章、石符、布料残片、康熙铜钱（背云南）等，沉船推测来自中国。

（三）马来西亚海域发掘的古船

地处黄金水道的马来亚海域，历来是古代沉船发现的重要地点，其中尤为引人瞩目的是瑞典人 Sten Sjostrand 自 20 世纪 90 年代以来所做的打捞与发掘活动，累计有 10 艘沉船，出土瓷器数十万件。据 Sten Sjostrand 的研究，越南海阳窑、泰国的 Sisatchana-lai 窑和 Sukhothai 窑在 14 世纪晚期到 16 世纪中期，对中国龙泉窑青瓷的在东南亚陶瓷市场的统治地位形成了挑战，但从 16 世纪晚期以后，中国青花瓷再度强势统治了东南亚地区的陶瓷市场，泰国、越南等地的窑瓷再度走向衰败。马来亚海域发现的古代中国和东南亚沉船包括："Turiang 沉船"（the Turiang shipwreck），约 1370 年；"南洋号沉船"（the Nanyang shipwreck），约 1380 年；"龙泉号沉船"（the Longquan shipwreck），约 1400 年；"皇家南洋号沉船"（the Royal Nanhai shipwreck），约 1460 年；"宣德号沉船遗址"（the Xuande site），约 1540 年；"兴泰号沉船"（the Singtai shipwreck），约 1550 年；"Desaru 号沉船"（the Desaru shipwreck），1845 年；"Diana 号沉船"（the Diana shipwreck），约 1817 年，等等。

此外，1984 年，马来西亚方面还在柔佛海域调查 1727 年沉没的荷兰东印度公司"Risdam 号沉船"，发现象牙、锡锭、苏木等文物。近年又在婆罗洲北部海域发现了"玉龙号沉船"（Jade Drgon）。

（四）印度尼西亚发掘的古代沉船

地处东西海上交通要道印度尼西亚是目前发掘沉船最多的海域之一，其中最为著名的沉船包括：印旦号沉船、井里汶沉船、勿里洞沉船（或称黑石号）、Geldermalsen 号沉船、泰兴号沉船等。

1. Bintan 岛中国沉船

1983～1985 年，英国探险队在印度尼西亚 Bintan 岛外约 12 海里发现一艘中国帆船，打捞瓷器 2.7 万件，瓷器中有两件"癸未春日写"款（癸未年即 1643 年）。

2. Geldermosen 号沉船

1984 年，英国探险队在印尼和马来亚海域发现 1752 年沉没的荷兰东印度公司 Geldermosen 号商船，档案记载该船装载中国瓷器 23.9 万余件，茶叶 68.7 万磅，金条 147 根，以及纺织品、漆器、苏木、沉香木等。

3. 泰兴号沉船

1999 年，英国探险队在印度尼西亚海域发现 1822 年从厦门出港的泰兴号沉船，出土 35 万件（片）青花瓷器。多为福建地区烧造的外销瓷器。

4. 勿里洞号沉船

2002 年，德国打捞公司在爪哇勿里洞岛附件海域打捞一艘中国唐代沉船——勿里洞号沉船（或称黑石号），发现文物 67000 余件，其中约 60000 件为唐代长沙窑瓷器[①]。该船的年代，按照出土长沙窑碗"宝历二年七月十六日"推断为 826 年前后，因为年代较早，是十分重要的中外交通史实物资料。

5. 井里汶沉船

2004 年 4 月 ~ 2005 年 10 月由印度尼西亚 PT. Paradigma Putra Sejahtera （简称 PT. PPS）公司打捞，共计出水完整器 155685 件，可修复器 76987 件，瓷片 262999 片（据称发掘结束后打捞公司曾将商业价值不大的瓷片 20 余万片倾倒回大海）。船体残长 31、宽 10 米，用苏门答腊和西加里曼丹的木材加工，是一艘东南亚地区的贸易船。据初步统计，船货多达 521 种，包括主要来自中国的越窑瓷器、青铜器、钱币（据称有"25 万件铜或铅铸造的中国带年款钱币"，其中南汉国铅钱约 7000 枚）[②] 等；来自马来亚的锡锭和锡制品；来自泰国的细陶军持；来自中亚（可能为阿富汗）的青金石料；可能来自印度或斯里兰卡的红宝石、蓝宝石、珊瑚珠、红石等；以及有关佛教、伊斯兰教的宗教遗物等。

6. 印旦沉船

1997 年德国 Seabed Explorations 公司和印尼 P. T. Sulung Segarajaya 公司合作打捞，因为沉船地点靠近印度尼西亚爪哇海的印旦油田，故称"印旦沉船"。船长约 30、宽 10 米，是一艘东南亚贸易船。学者多推测其为从中国广州港返回印尼詹卑港的航线上的沉船。出水的船货有：中国（定窑、越窑、繁昌窑）的瓷器；中国南汉国的银锭（97 锭，约 5000 两）和铅币（"乾亨重宝"145 枚）；马来亚的陶器和锡；爪哇的青铜器。发掘者和研究者多依据"乾亨重宝"推测其年代为 960 年前后[③]。

（五）泰国湾发现的古代沉船

自 1974 年以来，泰国湾海底考古累计发现水下遗址 25 处，其中确认属于 14 世纪至 19 世纪的沉船有 9 艘[④]。这些水下遗址与沉船的考古成果，结合《郑和航海图》、

① 谢明良：《记黑石号"Batu Hitam"沉船中的中国瓷器》，《美术史研究集刊》第十三期（2002 年）。

② ［印度尼西亚］Adi Agung Tirtamarta 撰，辛光灿译、袁健校：《井里汶海底十世纪沉船打捞纪实》，《故宫博物院院刊》2007 年第 6 期，第 151 ~ 154 页；李旻：《十世纪爪哇海上的世界舞台——对井里汶沉船上金属物资的观察》，《故宫博物院院刊》2007 年第 6 期，第 78 ~ 90 页。

③ Flecker Michael, *The Archaeological Excavation of the 10th Century Intan Shipwreck*, BAR International Series, 2002；［英］杜希德（Dennis Twitchett）、［英］思鉴（Janice Stargardt）：《沉船遗宝：十世纪沉船上的中国银锭》，《唐研究》第十卷，北京大学出版社，2004 年，第 383 ~ 432 页。

④ Sayan Prishanchit, "Current Movement of Underwater Archaeology in Thailand and its Application to the History of Maritime Trade during the 13th to 18th Century A. D. ", *The Silapakorn Journal*, Bangkok, vol. 35, No. 2, 1992.

《顺风相送》、《东西洋考》、《指南正法》、《海国闻见录》、《暹罗国路程集录》（越南宋福玩、杨文殊著）等航海文献，为泰国湾海域古代航线的研究提供了重要依据。泰国湾沉船遗址主要包括：

1. 格达岛 Ko Kradat 沉船

沉船位于水深 5~8 英尺的珊瑚礁上，船骸已经散乱，依稀可看出船的大致轮廓，船板用东南亚或非洲地区的热带林木制作。出水瓷器主要为泰国本地瓷器，亦见中国明代万历年间瓷器。推测沉船年代为 16 世纪。

2. 色桃邑沉船（又称搁坎沉船）

沉船地点为春武里府搁坎岛与色桃邑之间海域，深约 140 英尺，船长 32 米，沉船出水瓷器上千件，主要为泰国素可泰窑瓷、宋加洛窑瓷以及越南海阳窑瓷。另外发现有铅锭和生活用粗陶瓷。一般认为此船的年代为 15 世纪。

3. 郎坚岛沉船

沉船地点在搁坎水道，西距色桃邑 Bang Sare 湾约 10 公里，距郎坚岛约 800 米，水深约 80 英尺。沉船出水中国铜钱数千枚，用缯线穿成串。其中有开元通宝、圣宋通宝、大定通宝、大宋元宝、洪武通宝等。此外还发现了象牙、元代瓷器、宋加洛窑早期瓷器、镶宝石的金手镯等。此船的年代，据推断为 14 世纪末（明初）。

4. 帕提雅沉船

沉船地点在 Ko Lan 岛与帕提雅之间的海域，水深约 90 英尺，沉船出水有铅锭、铁片、泰国耐河窑瓷、塞察那莱窑瓷以及少量中国瓷器。沉船年代为 14 世纪末期。

5. 搁世浅一号沉船

沉船地点在搁世浅岛西约 3 公里，深度超过 100 英尺，出水有明万历年间生产的景德镇窑青花瓷，还发现大量的铅锭，沉船年代为 16 世纪。

6. 搁世浅二号沉船

沉船地点紧邻搁世浅一号，出水有中国瓷器、泰国本地窑瓷器、中国铜钱、铅锭、象牙等，此船材料尚未全面公布发表。

7. 搁世浅三号沉船

沉船地点在搁世浅岛西北约 7 公里处，水深约 80 英尺，沉船上发现的瓷器主要为泰国耐河窑瓷器，沉船年代为 17 世纪。

8. Klang Ao 沉船

沉船地点为东经 100 度 59 分，北纬 11 度 37 分，南距色桃邑之南的 Ko Chuang 岛约 55 海里，东距巴蜀府 70 海里。船长 40 米，水深 220 英尺。沉船出水文物 10760 件，绝大多数为泰国本地窑瓷器，另有 276 件越南瓷、4 件中国瓷。沉船年代为 14 世纪末。

9. 苏梅沉船

沉船地点在苏梅岛与 Ko Taen 岛之间的海域，水深约 60~65 英尺，出水瓷器包括中国古瓷和泰国本地窑口古瓷，沉船年代为 16 世纪后半叶。

此外，在菲律宾也发现不少古代沉船，是研究我国古代东洋贸易航线和西班牙大帆船贸易的重要考古材料，尤以"圣迭戈号"沉船最为著名，限于篇幅，这里暂不讨论。

五　小　结

港口与沉船考古材料为我们了解环南海古代文明世界的交流与互动。环南海周边的主要港口有中国的广州、泉州、漳州（月港）以及后来的澳门等；越南的河内、惠安、岘港等；马来半岛的马六甲；泰国的清迈；印度尼西亚的旧港（巨港）、巴达维亚；菲律宾的马尼拉等。这些港口之间的人员、商品往来，形成了南海贸易网络体系。南海海域发掘的古代沉船，往往位于上述港口之间的航线上，沉船所载货物，也往往与港口出土文物具有很大的关联性。从贸易的视野来看，环南海形成了矿产资源、工业产品、农产品等方面的贸易体系，瓷器、丝绸、茶叶、香料、白银乃至中国铜钱，成为流通在这个体系内的主要贸易品。而参与其中的商人，有汉人、印度人、波斯人、马来人以及后来的西方殖民者，等等。随着族群的流动，形成了呈现文化多样性的港口文化景观。这在广州、泉州、巨港、马尼拉等大型国际贸易港口展现得尤为明显。

从考古材料来看，至迟在汉代，广州、合浦、徐闻港已经与东南亚地区开始了的海上贸易往来。唐宋以来，南海海域已经成为东亚、东南亚连接印度洋的交通要道，其具体的航线，唐代贾耽《广州通海夷道》有清晰的描述：

> 广州东南海行二百里至屯门山，乃帆风西行二日至九州石，又南二日至象石（海南岛东南角）。又西南三日行至占不劳山（越南占婆岛），山在环王国（占城）东二百里海中。又南二日行至陵山，又一日行至门毒国，又一日行至古旦国，又半日行至奔陀浪州。又两日行到军突弄山（云南昆仑岛）。又五日行至海峡（马六甲），蕃人谓之质，南北百里，北岸则罗越国，南岸则佛逝国，佛逝国东水行四、五日至柯陵国（爪哇）。

从南海海域发现的古代沉船来看，许多沉船地点正好位于古代的西洋、南洋和东洋航路上。如"南澳一号"沉船附近的南澳岛、越南发现的"占婆号沉船"附近的占婆岛等等，都是古代航海文献中屡屡被提及的航海地标。事实上，环中国海的古代沉船地点，大多处于古代航道附近，比如著名的新安沉船的位置，也是在《海道舟舡路》和《宣和奉使高丽图经》针路上的群山岛（今韩国光州外海）一带。

从印旦沉船和井里汶沉船等沉船遗址的考古发现来看，在古代环南海周边区域的贸易圈中，参与贸易的商品有中国的陶瓷、丝绸、茶叶、铁器、铜器等，泰国越南马来亚的陶瓷器，东南亚地区的名贵木材，印尼与香料群岛（摩鹿加群岛）的香料，印度洋与地中海世界的宝石、玻璃等，爪哇的青铜器，以及与伊斯兰教、佛教、印度教有关的宗教物品等。很显然，环南海的周边地域已经形成了一个完整的贸易圈。

环南海贸易圈的货币交流是一个很值得关注的问题。古代东南亚地区没有铸行货币的传统，而唐宋以来的中国货币币制稳定，铸造精良，且便于携带，所以输入外来货币充当贸易交换的中介支付手段是一个不错的选择。早在汉代，五铢钱已经进入越南地区，这在越南北部墓葬考古材料上已经得到证实。唐宋以至明清，中国铜钱大量外流，这可以从井里汶沉船和韩国新安海底沉船出水中国钱币的情况得到反映：井里汶沉船初步统计出水"25 万件铜或铅铸造的中国带年款钱币"，其中南汉国铅钱约7000 枚；新安海底沉船出水铜钱更多，达到了惊人的八百万枚之多。中国铜钱的外流之严重，由此可见一斑。除此之外，象南汉国铸行的铅币，也进入了南海贸易圈，故印旦沉船和井里汶沉船上也都有发现。

除了从中国输入货币以外，东南亚地区也曾受印度笈多王朝贵金属货币传统的影响，爪哇中部的马打蓝国曾发行银币，三佛齐也曾发行金币。马打蓝和三佛齐的金银币曾在勿里洞沉船和印旦沉船上发现，也就是周去非《岭外代答》、赵汝适《诸蕃志》所提及的"阇婆金"一类的金银币。此外，马来亚可能还曾铸行"马来锡币"，以此充当货币。有人认为井里汶和印旦沉船上发现的独木舟形锡条，可能就是"马来锡币"[①]。

东南亚地区陶瓷业的发展与中国陶瓷技术的交流也是一个值得关注的问题。以前学术界在探讨泰国宋加洛窑的兴起时，常常引用《元史》所载暹国王敢木丁入朝从中国带回陶瓷工匠的事。从沉船考古材料来看，问题远比这要复杂。据瑞典人 Sten Sjos-trand 的研究，越南海阳窑、泰国的 Sisatchanalai 窑和 Sukhothai 窑在 14 世纪晚期到 16 世纪中期，对中国龙泉窑青瓷的在东南亚陶瓷市场的统治地位形成了挑战，但从 16 世纪晚期以后，中国青花瓷再度强势统治了东南亚地区的陶瓷市场，泰国、越南等地的窑瓷再度走向衰败。

环南海地区的锡矿贸易也颇值得关注。从中国云南经中南半岛到马来亚半岛，是世界著名的锡矿带，蕴含了世界锡矿总量的三分之二以上。自古以来，锡料成为东南亚地区的重要贸易商品。印旦沉船和井里汶沉船都发现了大量的锡锭，表明了作为青铜器铸造重要原料的锡料，在环南海海域贸易中的重要意义，这是今后学术界值得关注的领域。

---

① 李旻：《十世纪爪哇海上的世界舞台——对井里汶沉船上金属物资的观察》，《故宫博物院院刊》2007 年第 6 期，第 78～90 页。

明代丧葬礼俗初探

董新林（中国社会科学院考古研究所）

　　明朝结束蒙古族建立的元朝统治，重新恢复汉族主宰的帝国。为了维护其政权统治的长治久安，防御北方蒙古族的卷土重来，明初统治者在政治、经济、军事、法律等方面，都采取了一系列新的政策和措施，对巩固明朝统治起到重要作用。明初统治者为了加强封建君主专制统治，强化皇权，调整中央和地方官制，制定和颁布《大明律》等，建立皇权至上，等级森严的统治体系。在思想文化上，确立八股取士的科举制度，禁锢知识分子思想。在墓葬制度方面，明政府也制定了诸多制度和礼仪。

　　明代陵墓可以分为皇帝陵、藩王坟（诸藩王坟仅限于明朝分封的亲王、郡王和异姓王坟墓）和贵族平民墓（即皇帝陵和藩王坟以外的墓葬）三大类。本文所述论的丧葬礼俗，是指贵族平民墓而言。明代贵族平民墓葬资料较为丰富，所反映的丧葬礼俗内容也较多。本文只是选择部分考古发掘资料，结合相关历史文献，对明代丧葬礼俗的几个侧面略做探讨。抛砖引玉，希望引起更多学者对此问题的探究。

一

　　《明史》对"品官丧礼"[①] 记载较为详细："凡初终之礼，疾病，迁于正寝。属纩，俟绝气乃哭。立丧主、主妇，护丧以子孙贤能者。治棺讣告。设尸床、帷堂，掘坎。设沐具，沐者四人，六品以下三人，乃含。置虚座，结魂帛，立铭旌。丧之明日乃小敛，又明日大敛，盖棺，设灵床于柩东。又明日，五服之人各服其服，然后朝哭相吊。既成服，朝夕奠，百日而卒哭。乃择地，三月而葬。告后土，遂穿圹。刻志石，造明器，备大舆，作神主。既发引，至墓所，乃窆。施铭旌志石于圹内，掩圹复土，乃祠后土于墓。题主，奉安。升车，反哭。"

　　这段文字记述了品官下葬前和下葬时的丧礼。其中下葬后的墓圹和墓室，随葬志

---

① 《明史》卷六〇《志第三十六·礼十四》"品官丧礼"条，中华书局，1974 年，第 1490 ~ 1491 页。

石和明器等，是考古学研究的重要内容。

《明史·志第三十六·礼十四》"碑碣"条对墓碑规格、墓地大小和坟高，以及墓仪制度等，做出具体规定[①]。

明代统治者把墓碑形制作为体现墓主身份的重要标志。"明初，文武大臣薨逝，例请于上，命翰林官制文，立神道碑。惟太祖时中山王徐达、成祖时荣国公姚广孝及弘治中昌国公张峦治先茔，皆出御笔。其制，自洪武三年定。五品以上用碑，龟趺螭首。六品以下用碣，方趺圆首。五年复详定其制。功臣殁后封王，螭首高三尺二寸，碑身高九尺，广三尺六寸，龟趺高三尺八寸。一品螭首，二品麟凤盖，三品天禄辟邪盖，四品至七品方趺。首视功臣殁后封王者，递杀二寸，至一尺八寸止。碑身递杀五寸，至五尺五寸止。其广递杀二寸，至二尺二寸止。趺递杀二寸，至二尺四寸止。"[②]

"坟茔之制，亦洪武三年定。一品，茔地周围九十步，坟高一丈八尺。二品，八十步，高一丈四尺。三品，七十步，高一丈二尺。以上石兽各六。四品，四十步。七品以下二十步，高六尺。五年重定。功臣殁后封王，茔地周围一百步，坟高二丈，四围墙高一丈，石人四，文武各二，石虎、羊、马、石望柱各二。一品至六品茔地如旧制，七品加十步。一品坟高一丈八尺，二品至七品递杀二尺。一品坟墙高九尺，二品至四品递杀一尺，五品四尺。一品、二品石人二，文武各一，虎、羊、马、望柱各二。三品四品无石人，五品无石虎，六品以下无。"[③]

湖北钟祥嘉靖年间范氏一品夫人墓[④]位于三面环抱的山丘间，南面开阔。范氏夫人墓南向，目前有250米神道。自南至北，在神道两侧依次排列石狮、石羊、石骆驼、石马、武士等石象生。石象生向北约20米，有一字排开三幢石碑。中间一座石碑，螭首龟趺，碑身高2.4米。题为明嘉靖三十九年谕祭陆母范氏夫人碑。两侧仅存龟趺。石碑后10米有一口水塘。再北25米左右，有一对华表，东西相距10米。华表之后约5米，有一座牌楼，可能为庑殿顶。牌楼之后约60米是墓葬封土。封土残高2.4、周长192米。封土下有砖筑墓葬。在封土堆前原有范氏一品太夫人墓碑，高1.5米。此墓基本符合礼制规定，但也有特殊性。范氏一品夫人墓仪中比一般一品官吏石象生多出石狮和石骆驼各一对，这可能与母以子贵有关，因为她是嘉靖年间重臣陆炳之母，又曾为明世宗出生时的奶媪。石狮和骆驼通常是皇陵石象生。此处或许是皇帝恩典所致。

福建漳浦万历四十年（1612年）户工二部侍郎卢维桢墓[⑤]，位于犀丘山南坡，朝南向。地表以三合土封土起坟，坟前4米立墓碑，镌刻"明通议大夫户工二部侍郎赠

① 《明史》卷六〇《志第三十六·礼十四》"碑碣"条，中华书局，1974年，第1487~1488页。
② 《明史》卷六〇《志第三十六·礼十四》"碑碣"条，中华书局，1974年，第1487页。
③ 《明史》卷六〇《志第三十六·礼十四》"碑碣"条，中华书局，1974年，第1487页。
④ 江边：《明范氏一品夫人墓考析》，《江汉考古》1984年第2期，第39~43页。
⑤ 王文径：《明户、工部侍郎卢维桢墓》，《东南文化》1989年第3期，第215~222页。

户部尚书瑞峰卢先生暨诰封淑人肃惠赐祔葬张氏墓"，两边小字"万历四十年三月上瀚之吉奉旨敕造"。碑前有供桌。再前有慢道，长 50 米，两侧分列石马、石翁仲（文官）、石羊、石虎共四对 8 件。在坟丘和墓碑之间，埋有青石墓志一合。志盖镌刻"资政大夫户部尚书瑞峰卢老先生暨配封淑人肃惠张氏墓"。卢维桢墓碑和墓志上的文官散阶不一致。从石像生中有二石人的礼制看，他是按照正二品配置的墓仪。

四川剑阁万历十三年（1585 年）兵部尚书赵炳然夫妇墓[①]南向，没有发现石象生。原因不详。在距墓室南端 15 米处，立一幢石质墓碑，正面阴刻"诰赠太子少保兵部尚书赵恭襄共之墓"；左侧阴刻"诰封一品夫人王氏"，右侧阴刻"贡烈亚夫人杨氏"。墓前 2 米左右处有一合大理石墓志，方形墓志边长 0.65、厚 0.21 米，上有红砂石盖，用两匝铁条箍起。

《明史》在品官敛服、殓葬用具和随葬物品等方面也有明确规定[②]。"洪武五年定。凡袭衣，三品以上三，四品、五品二，六品以下一。饭含，五品以上饭稷含珠，九品以上饭粱含小珠。铭旌、绛帛，广一幅，四品以上长九尺，六品以上八尺，九品以上七尺。敛衣，品官朝服一袭，常服十袭，衾十番。"[③]"灵座设于柩前，作白绢结魂帛以依神。"[④]"棺椁，品官棺用油杉硃漆，椁用土杉。墙翣，公、侯六，三品以上四，五品以上二。明器，公、侯九十事，一品、二品八十事，三品、四品七十事，五品六十事，六品、七品三十事，八品、九品二十事。"[⑤]"……志石二片，品官皆用之。其一为盖，书某官之墓；其一为底，书姓名、乡里、三代、生年、卒葬月日及子孙、葬地。妇人则随夫与子孙封赠。二石相向，铁束埋墓中。祭物，四品以上羊豕，九品以上豕。"[⑥]《明会典》载："文武大臣，官为造墓者，夫故在先，并造妻圹；妻故在前，并造夫圹，后葬者止令所在官司起请夫匠开圹安葬。继室则附葬其旁，同一享堂，不许另造。"[⑦]

考古发现墓例大体符合明代礼俗规定。兵部尚书赵炳然墓为石筑类椁式墓，并列三椁室。椁室长 2.56、中间椁室宽 1.2、两侧椁室宽 1.16、高 1.2 米。石椁室内各有一木椁，椁内有木棺。石椁外四周均有浇灌糯米浆拌石灰，其上再填土。木棺和木椁之间浇灌松香；在中间赵炳然石椁室内，木椁底和四周都放松香，而两侧夫人椁室的木椁底放石灰。赵炳然的红漆木棺上施金粉彩绘。棺盖绘五圆图案，间以云彩，周边饰以"乾"卦纹带；两侧绘云鹤图；棺前档绘火焰球；后档绘灵牌，上有金粉题名。

① 四川省博物馆等：《明兵部尚书赵炳然夫妇合葬墓》，《文物》1982 年第 2 期，第 34～38 页。
② 《明史》卷六〇《志第三十六·礼十四》"丧葬之制"条，中华书局，1974 年，第 1485～1486 页。
③ 《明史》卷六〇《志第三十六·礼十四》"丧葬之制"条，中华书局，1974 年，第 1485 页。
④ 《明史》卷六〇《志第三十六·礼十四》"丧葬之制"条，中华书局，1974 年，第 1485 页。
⑤ 《明史》卷六〇《志第三十六·礼十四》"丧葬之制"条，中华书局，1974 年，第 1485 页。
⑥ 《明史》卷六〇《志第三十六·礼十四》"丧葬之制"条，中华书局，1974 年，第 1486 页。
⑦ 徐溥等撰、李东阳等重修：《明会典·丧礼·职官坟茔》，《续修四库全书》第 792 册，上海古籍出版社，1994～2002 年，第 426 页。

牌两侧绘龙。墓底为北斗七星。王氏夫人木棺后档灵牌两侧绘有凤。赵炳然尸骨保存完好,仰身直肢,身穿 9 层衣,上面和周围堆放 19 件衣服,脚端放鞋 3 双。赵炳然和王夫人棺底有水银。随葬品以金银器为主。

户工二部侍郎卢维桢墓是砖筑类椁式墓,并列二椁室,椁室长 2.6、宽 0.8、高 1 米。卢维桢椁内有红漆楠木棺,棺前挡金篆字写"福禄寿"三字。棺底铺石。仰身直肢尸骨身穿 9 层衣服,盖一丝织品。棺椁四周均有糯米浆三合土密封,再外用糯米浆三合土和碎瓷片封盖。男椁内出土遗物有时大彬紫砂壶 1、黑木算盘 1、银耳挖筒(内含银耳挖、牙托、须夹连在一锁形铜片上)1、银带板 20、连弧"昭明"铜镜 1、木盒内盛铜戥秤 1、黄杨木印章 2(其中一枚为"卢维桢印")、白玉印盒内盛朱砂印泥 1、翠玉笔架 1、砚台 1、漆木槌 1、角梳 2、铁剪刀 1、漆木奁 1、内盛谷物青花瓷瓶 1(椁室北端)等。女椁室随葬金银器、玉器等残存 68 件。此墓是南方明墓较为典型的葬制。

<h2 style="text-align:center">二</h2>

《明史》中对士庶人和品官的丧葬礼俗有明确区分。关于士庶人丧礼,《明史》云:"集礼及会典所载,大略仿品官制,稍有损益。洪武元年,御史高元侃言:'京师人民,循习旧俗。凡有丧葬,设宴,会亲友,作乐娱尸,竟无哀戚之情,甚非所以为治。乞禁止以厚风化。'乃令礼官定民丧服之制。""五年诏定:庶民袭衣一称,用深衣一、大带一、履一双,裙袴衫袜随所用。饭用梁,含钱三。铭旌用红绢五尺。敛随所有,衣衾及亲戚襚仪随所用。棺用坚木,油杉为上,柏次之,土杉松又次之。用黑漆、金漆,不得用硃红。明器一事。功布以白布三尺引柩。柳车以衾覆棺。志石二片,如官之仪。茔地围十八步。祭用豕,随家有无。"①

考古发表的明墓中,平民墓葬较少。江苏淮安弘治九年(1496 年)王镇夫妇墓②与文献记载的丧葬习俗大体吻合。此墓为木椁木棺墓。即在约 3.5 米见方的土坑内,先铺垫石灰糯米浆,其上并列放置二具木椁,椁内置木棺。棺椁间填油灰。木椁外再浇灌石灰糯米浆。其上放置两合石质墓志,每合外都有两道铁箍。再上为填土。木棺内放仰身直肢尸体。男左女右。椁室长 2.9、宽 1.34、高 0.98 米。男棺长 2.36、宽 0.9、高 0.78 米。女棺略小。其中王镇尸体和敛服保存完好,特别是在尸体左右腋下发现了 25 幅元、明时期的书画,皆卷在木画轴上。这些画有 22 幅有名款,主要是明代前期著名的画家的佳作。王镇墓志和盖均为正方形,边长 0.5、厚 0.04 米。夫人刘氏

① 《明史》卷六〇《志第三十六·礼十四》"士庶人丧礼"条,中华书局,1974 年,第 1491~1492 页。
② 江苏省淮安县博物馆:《淮安县明代王镇夫妇合葬墓清理简报》,《文物》1987 年第 3 期,第 1~15 页。

墓志和盖均为 0.5、厚 0.06 米。此外，在王镇木椁内还有内装纸灰的陶罐 1 和装粮食的篾篓 2，均置于木棺头端；在尸体头部左侧，有用白绫包扎的扣合二碗（绿釉刻花人物故事碗 1、绿釉莲瓣碗 1），碗旁有 1 双竹筷子；5 枚"千秋古老"金厌胜钱分别钉在棉被正中和四角。还有金耳挖和 2 件木念珠。刘氏椁内有 1 件陶罐置于木棺头端；还有银簪和 2 枚"太平大吉"金厌胜钱。根据墓志可知，王镇虽然不是官吏，但是"家资颇为足用……古今图画墨迹，最为心所钟爱，终日披览玩赏……尤善识其真伪，收藏之顷不计价值"。可见，王镇是位家境殷实的收藏家。卒于弘治八年七月，弘治九年正月葬于祖茔。

《明史》云："'古之丧礼，以哀戚为本，治丧之具，称家有无。近代以来，富者奢僭犯分，力不足者称贷财物，夸耀殡送，及有惑于风水，停柩经年，不行安葬。宜令中书省臣集议定制，颁行遵守，违者论罪。'又谕礼部曰：'古有掩骼埋胔之令，近世狃元俗，死者或以火焚，而投其骨于水。伤恩败俗，莫此为甚。其禁止之。若贫无地者，所在官司择宽闲地为义冢，俾之葬埋。或有宦游远方不能归葬者，官给力费以归之。'"①

考古目前公布的资料，平民墓葬多是尸骨一次葬，或许与官府禁止火葬有关。山西襄汾丁村 M2② 为长方形竖井式墓道洞室墓，朝南。墓道长 2.6、深 4.5 米，墓室为弧边长方形，南北长 3.7、宽 3.56、高 1.54 米。墓室北壁有上下二龛，方形下龛内放有方砖买地券，其上有一小圆龛；南壁门上方也有一圆形灯龛。墓室内有两具木棺。棺内置仰身直肢尸体，男东女西。头北脚南。头下枕有大木炭块，棺周围置有炭块。墓室内有朱绘符号的青瓦。还随葬泥俑、黑釉瓷器等。湖北宜城詹营村 M1③ 为土坑木棺墓，木棺长 2、宽 0.6 米，仰身直肢葬，头下置 6 块砖，无其他随葬品。

明朝礼俗规定庶人墓前不许立碑碣。但此项禁令并未严格遵行，所以一般人死后墓前也有立石碑的现象，只是体小制陋，无趺座而已。

三

明代墓葬都十分注重棺椁密封和防腐措施。因此很多尸体和大量的丝织品、书画等珍贵遗物得以保存下来。常用方法就是像王镇墓一样，用石灰糯米浆或三合土浇筑墓室和椁室，使棺椁内完全密封起来。在南方地区，这种做法有着历史渊源，唐代已

① 《明史》卷六〇《志第三十六·礼十四》"士庶人丧礼"条，中华书局，1974 年，第 1492 页。
② 马升、王万辉：《襄汾丁村明代墓葬发掘简报》，《文物季刊》1996 年第 1 期，第 65～69 页。
③ 武、襄、宜：《宜城詹营村明墓清理简报》，《江汉考古》1988 年第 1 期，第 32～35 页。

经有类似做法①，宋元时期更为普遍。到明代，这种墓葬做法已经遍布全国，尤其流行在长江中下游地区。明代王文禄在《葬度》一书中谈到其为父母建墓开圹时"掘土深三尺三寸……糯米粥调纯石灰筑底一尺厚四，围墙一尺二寸厚，中墙隔二椁亦一尺厚……糯米调纯石灰一横二纵层叠砌成墙，厚一尺"②。然后放棺和封盖，"先用干石灰铺圹底，后用二布悬棺而下……棺外四周空隙俱用糯粥调石灰轻轻实筑之"③，"盖石上筑纯灰一尺二寸又加三合土尺余，四围纯灰隔，外套下二尺余，又盖大黄石数十块，三合土挨之，碎黄石数十石覆砌之"④。文献记载与前述赵炳然墓、卢维桢墓和王镇墓等考古资料基本吻合。

一些明代贵族墓中，发现有随葬成套的仪仗俑。河北阜城吏部尚书廖纪墓⑤在分体并列合葬三椁室墓西南1.1米处，建造一个明器随葬坑，全长8.7米，坑内放置两组60余件仪仗侍从陶俑，以及厅堂、厨房等生活用具模型。四川铜梁张文锦夫妇合葬墓⑥是明代中晚期墓葬。张文锦墓中按六品官职随葬仪仗俑有1件四人肩舆俑、22件仪仗俑、马2匹、伞盖1、书桌1、交椅1；夫人沈氏墓中按四品官职随葬仪仗俑有1件八人肩舆俑、57件仪仗俑、马23匹、伞盖2、书桌1、交椅1。张文锦夫妇本人无官职，父以子贵，因为儿子的升迁而先后被诰赠不同官职进行安葬。这两套仪仗俑为研究明代品官的随葬制度提供了重要的实物资料。

在四川明墓多使用各种质料的俑随葬，但是平武王玺等墓不用俑而是在墓内雕凿大量浅浮雕石刻飞天、侍从、乐舞、文官、武士以及彩绘花卉等，较特殊。

目前发现一些明代贵族是以家族墓地形式来构建茔园的。如辽宁鞍山倪家台崔源家族墓地⑦、江苏无锡黄钺家族墓⑧、四川平武王玺家族墓等。这对进一步研究明代葬制和家族世系等有较为重要的价值。

明代墓葬形制南北方差别明显。在北方地区，类屋式墓占相当大的比例，从早到晚都有。中期以后，类椁式墓增多。而在南方地区主要流行类椁式墓，除藩王坟和个别显贵墓被建成类屋式墓外，很少见北方流行的类屋式墓形制。葬具形式多样，除了下层贫民有些没有葬具外，通常有石棺、木棺、瓮棺，棺外有椁。其中椁有木椁和石椁之分。

---

① 江西省博物馆：《江西南昌唐墓》，《考古》1977年第6期，第401~402页。

② 王文禄：《葬度·开圹第六》，景明刻本《百陵学山》六，1911~1949年，第3页。

③ 王文禄：《葬度·入椁第十二》，景明刻本《百陵学山》六，1911~1949年，第5页。

④ 王文禄：《葬度·石盖第十三》，景明刻本《百陵学山》六，1911~1949年，第5页。

⑤ 天津市文化局考古发掘队：《河北阜城明代廖纪墓清理简报》，《考古》1965年第2期，第73~79页。

⑥ 铜梁县文管所：《四川铜梁明张文锦夫妇合葬墓清理简报》，《文物》1986年第9期，第16~34页。

⑦ 辽宁省博物馆文物队等：《鞍山倪家台明崔源族墓地发掘》，《文物》1978年第11期，第11~34页。

⑧ 无锡市博物馆：《江苏无锡青山湾明黄钺家族墓》，《考古学集刊》第3集，中国社会科学出版社，1983年。

　　从考古发现看，明代墓葬基本都遵循政府规定的礼俗，但也有突破界限的情况。本文对明代丧葬礼俗的考古学研究仅仅是述论，还有待进一步做深入的探讨。目前明代墓葬发现的数量较多，蕴含了丰富的学术信息。明代墓葬由于距今时间较近，墓葬密封措施较好，被盗情况相对较弱，因此，明墓为我们提供了大量的珍贵遗存。这不仅补充史料的不足和校正历史的讹误，而且也为社会科学和自然科学研究提供了大量素材和第一手资料。

石湾公仔

——从文化遗产的角度出发

黄佩贤（香港城市大学中文及历史学系）

一 "石湾公仔"的出现与早期发展

广东省佛山市石湾镇盛产陶瓷，乃中国华南地区有名的陶都，其陶瓷出品俗称"石湾公仔"。"公仔"是广东粤语的说法，通常指小玩偶，但"石湾公仔"除人形陶瓷作品外，同时也包括各式动物、花卉树石、建筑楼阁、日常用具等多种内容。

石湾位于佛山市城区西南 6 公里处，沿石湾江（即东平河）东北岸，中华人民共和国成立以前属广东南海县辖地，20 世纪 50 年代初划归佛山市，现为佛山市辖县级区；其东、北、西面分布大大小小的岗丘百多座，大部分蕴藏丰富的岗沙、陶泥，为陶瓷业的发展提供自然条件与合适的原材料①。石湾陶塑的出现，最早可以追溯到在石湾河宕大队旧墟贝丘遗址中出土的大批新石器时代晚期迄西周时期的几何印纹陶片②。虽然石湾地区至今尚未发现隋代以前的古窑，但从大帽岗、小帽岗等地发现的唐宋窑址与陶制品看来，这地区最迟在唐宋时期已陆续出现人型窑场，制陶工艺日趋成熟③。这段时间包括石湾陶艺在内的中国陶瓷业的进展，跟唐代海上贸易的繁荣，以及宋代造船技术的提升与指南针的发明和运用也有密切关系。这些唐宋窑址中出土了匣钵、擂盆、垫环等的窑具，以及施青釉和酱黄釉的碗、碟、盆、坛等日用器。其中最值得

---

① 杨式挺：《谈谈佛山河宕遗址的重要发现》，《文物集刊》第 3 辑，文物出版社，1981 年，第 234~242 页。

② 属新石器时代晚期的陶片主要有夹砂陶和泥质陶两类，夹砂陶可再分为粗砂和细砂；器形方面有釜、罐、壶、盘、豆等 15 种；纹饰方面以印纹为主，其中又以大方格纹、曲折纹、梯格纹、条纹、绳纹、叶脉纹及编织纹最多。见杨式挺：《谈谈佛山河宕遗址的重要发现》，《文物集刊》第 3 辑，文物出版社，1981 年，第 235~236 页。

③ 从这些出土的唐宋窑场还可以看到石湾窑型从唐到宋的发展状况：唐朝时使用半倒焰式的"馒头窑"，而到了宋朝，斜坡式的"龙窑"代之而成起。"龙窑"与"馒头窑"比较，优势在于可大幅提高产量，而烧造品质也更稳定。见广东省文管会：《佛山专区的几处古窑址调查简报》，《文物》1959 年第 12 期，第 53~57 页；黄修林、张景辉：《谈石湾的陶瓷古窑》，《中国陶瓷》40 卷 5 期（2004 年 10 月），第 64~65、60 页。

注意的是一些附有贴塑的人物和动物装饰的器物，从造型和工艺技术上来看，都可视之为石湾公仔的雏形。自明代以来，石湾陶器以仿宋代各大名窑产品而著称，更因其特别善于仿制钧窑窑变釉而有"广钧"和"佛山钧"之名[1]。广州在鸦片战争后被列为对外通商口岸，带动了华南地区在工商业、建筑等多方面的发展。石湾瓦脊行业在清代中后期开始蓬勃发展。这一方面受惠于商品陶瓷贸易的发达与人们在建筑装饰方面有越来越高的要求，另一方面也因为石湾艺人的工艺技术越趋成熟、石湾窑的名气不断提升。再加上粤剧在广东地区广泛流行，以戏剧人物与故事为主题的"瓦脊公仔"或"石湾公仔"也应运而生，并且大受欢迎。瓦脊公仔自清代中叶以后畅销各地，不但流行于两广及江南，而且出口到香港、澳门以及东南亚各地如新加坡、越南、泰国、马来西亚等[2]。

二 物质与非物质文化遗产的实例

联合国教科文组织 2003 年在巴黎举行第 32 届会议，颁布《保护非物质文化遗产公约》，将非物质文化遗产表述为："被各群体、团体、有时为个人视为其文化遗产的各种实践、表演、表现形式、知识和技能及其有关的工具、实物、工艺品和文化场所。"[3] 其具体内容则包括：口头传说和表述（包含作为非物质文化遗产媒介的语言）；表演艺术；社会风俗、礼仪、节庆；有关自然界和宇宙的知识和实践；传统的手工艺技能共五个方面。中华人民共和国政府在 2004 年第十届全国人民代表大会常务委员会第十一次会议上，确认 2003 年联合国教科文组织颁布的《保护非物质文化遗产公约》，即正式承认非物质文化遗产在中国文化遗产中的合法地位，这对提高中国非物质文化遗产在国内的认受性，以及此后对它的相关保育工作有重要影响。

2006 年 5 月 20 日，国务院颁布《第一批国家级非物质文化遗产名录》，正式公布第一批共 518 项国家级非物质文化遗产，它们被划分为民间文学、民间音乐、民间舞蹈、传统戏剧、曲艺、杂技与竞技、民间美术、传统手工技艺、传统医药和民俗共十大类；其中，入选《第一批国家级非物质文化遗产名录》的传统手工技艺类共 89 项，包括以"石湾公仔"为代表的"石湾陶塑技艺"（编号 353），代表性传承人为刘泽棉。"传统手工技艺"，即历史上传承下来的手工业技术与工艺。它跟其他类别的非物质文

---

[1] 刘子芬：《竹园陶说·广窑条》："石湾陶器上釉者，明时曾出良工，仿制宋钧红、兰窑变各色，而以兰釉中映露紫彩者最为浓丽，粤人呼之翠毛兰，以其色甚似翠羽也；窑变及玫瑰紫色亦好，石榴红次之，今世上流传广窑之艳异者，即此类物也。"刘子芬：《竹园陶说》，出版者不详，1925 年，原书无页码。

[2] 《广东新语》："石湾多陶业，陶者亦必候其工而求，其尊奉之一如冶，故石湾之陶遍二广，旁及海外之国。谚曰：'石湾缸瓦，胜于天下。'"屈大均：《广东新语》卷一六，中华书局，1985 年，第 458 页。

[3] *Convention for the Safeguarding of the Intangible Cultural Heritage* 2003, UNESCO's Website, < http: //portal. unesco. org/en/ev. php-URL_ ID =17716&URL_ DO = DO_ TOPIC&URL_ SECTION = 201. html > 。网站同时提供中译本 < http: //unesdoc. unesco. org/images/0013/001325/132540c. pdf > ［检索日期：2014 年 3 月 20 日］。

化遗产一样，是依附于人及生活的文化形式，与社会生产活动及人们的衣食住行等日常生活有密切关系，其特点是艺术性、历史性、实用性与经济价值兼备。现存的传统手工技艺，很大部分同时是精美独特的民间美术创作，"石湾公仔"便是其中典型的例子。

作为一项民间美术与手工技艺，"石湾公仔"的非物质文化性质非常明显，但它除属于非物质文化遗产外，也是一项物质文化遗产。联合国教科文组织早在1972年巴黎举行第17届会议颁布的《保护世界文化和自然遗产公约》（简称《世界遗产公约》），就已经指出物质文化遗产包括历史文物、历史建筑和人类文化遗址，而文物则可解作从历史、艺术或科学角度看具有突出的普遍价值的建筑物、碑刻和雕塑、书籍、书法与绘画、具有考古性质成分或结构、铭文、洞窟以及联合体。据此，博物馆及私人收藏的早期"石湾公仔"属物质文化遗产；而华南地区的一些明清时期历史建筑物上的"瓦脊公仔"装饰更是物质文化遗产的佳例。除此以外，建于明武宗正德年间（1506～1521年）的石湾南风古灶同时是一项物质文化遗产（图1）。南风古灶的炉口向南，窑尾有古榕树，夏天可迎来凉风，所以得名"南风"。窑身长近38米，窑面有34行、每行5个火眼（图2），窑侧有4道门，用于产品出入（图3）。目前所见的烟窗是现代加建的。南风古灶五百年来仍然以其原始方式继续生产，至今窑火不绝，是中国乃至世界上年代最久远且保存最好的古代龙窑。南风古灶的妥善保存与持续运作，为开发以古灶为中心、以石湾陶艺的主题的文化旅游提供了一个契机，对石湾陶瓷工业的发展造成影响。这一点将于下面"从传统民间工艺美术发展到地区的经济命脉"一节详述。

图1　石湾南风古灶

图2　石湾南风古灶窑面火眼

图3　石湾南风古灶窑身侧门

三　"瓦脊公仔"与广东粤剧

石湾陶艺具有独特的艺术风格、地区性以及人文特征，题材内容方面可分为人物、动物、日用器、微型雕塑和"瓦脊公仔"五大类。制作技法方面，石湾陶与其他产区大致相同，大致分为原料加工、成形、装饰、上釉、烧成多个工序。其中烧成的火候没有定则，一切取决于技师的经验与心得。五大类别中，"瓦脊公仔"形式最为独特、地区色彩更明显，它结合人物、动物、花卉、日常用具及建筑去描述经典的场景和故事，是清代中至晚期华南地区寺庙、祠堂、书室、住宅等多种建筑物屋顶上常见的装饰。"瓦脊公仔"所表现的场景和故事，与2009年已被列为世界非物质文化遗产的广东粤剧的最流行剧目一致。根据作者考察所得资料可以证明，许多华南地区的传统庙宇与宗祠建筑的"瓦脊公仔"及其他戏剧图像装饰，正好就是这个地区最流行的粤剧剧码，例如：香港西环鲁班庙内一、二进间墙壁的左、右两组泥塑分别为《文王会姜尚》与《封神演义》的故事，而屋顶上"石湾均玉店造"的瓦脊陶饰中也有《薛仁贵征东》的场景（图4）[1]；广东佛山祖庙前殿东廊看脊中段饰《郭子仪祝寿》（图5）；广东德庆县悦城龙母庙大殿屋顶瓦脊陶饰取材自《封神榜》和水浒一百〇八将的故事；广州陈家祠主体建筑正门两边外墙上有《梁山聚义》等6幅大型砖雕，山墙上有砖雕《天姬送子》图、"文如璧"及"石湾宝玉荣造"的大型瓦脊陶饰的内容《加官晋爵》、《八仙贺寿》、《麒麟送子》等粤剧场面。因此，"瓦脊公仔"的使用可以说是将静态的建筑物瓦顶转化成一个活态的、另类的粤剧戏台。

图4　香港鲁班庙第二进石湾瓦饰中的　　图5　佛山祖庙看脊《郭子仪祝寿》故事
　　　　《薛仁贵征东》故事

　　华南地区流行以戏剧酬神，即所谓"神功戏"。"神功戏"是以戏剧表演方式进行的酬神或贺诞活动，在每年的特定日期（例如诞期），神祇（与陪同祂的信众）可以欣赏这台神功戏，娱神同时也娱人；而包括"瓦脊公仔"在内与粤剧有关的戏雕、戏

---

① 关于香港西环鲁班庙的建筑装饰，参考徐丽莎：《民间美趣——西环鲁班先师庙的建筑装饰》，《考察香港——文化历史个案研究》，（香港）生活·读书·新知三联书店，2005年，第59~93页。

画等庙宇装饰，则是信众用以酬神、为神祇造功德的一种图像形式的神功戏，可供神祇终年观赏，并没有具体日期或时间限制，因为这个"另类戏台"上演的神功戏永不落幕。类似的形态夸张的粤剧人物图像也见于华南地区其他类别的建筑，例如以民间建筑工艺与装饰著称的广州陈家祠，以及粤港现存的一些宗祠、府第、书室等。宗祠上的粤剧图像的功能与神功图像有点相似，只是歌颂或祭献的物件是家族祖先而非神祇。至于其他建筑上的粤剧图像，虽然没有为神祇或祖先造就功德的元素，但由于人物形象与故事情节多是民间喜闻乐见又具有警世性质的传统戏剧题材，因此也跟部分戏剧表演一样，既有可观性又具有社会教化的作用。

传统的石湾"瓦脊公仔"与粤剧关系密切，因而其面相具有较强的戏剧脸谱元素。除此以外，"瓦脊公仔"的服饰造型、姿态步伐等也倾向夸张表现，再加上背后精心制作的浮雕场景，具有极强烈的戏剧及舞台效果。关于瓦脊公仔的造型设计，其实在行业间有流传已久的口诀："文长武短，英雄无颈，美人无肩。英雄人物，国字口面，堂堂七尺，面皮宽厚，五官端正，轮廓分明。文人秀士，眉高额广，颧插天苍，天堂饱满。反面丑角，头尖额窄，卷毛勾鼻，唇薄面青，脑后见腮。"[1] "脸谱化"的面相使人物的身份与性格更为鲜明。以佛山祖庙庆真楼前院看脊上的一群《杨家将》公仔为例，众多的人物无论从面相、动态以至衣饰都有各自的特点：文武生造型的杨六郎、以武将及侠士形象出现的孟良与焦赞、饰大花脸面相的番将等。由此可见，石湾"瓦脊公仔"作为一项国家级的非物质遗产，它的价值并不止于其陶塑技艺，而还应该包括它对中国广东民间美术与民俗的展示与保存。

釉色方面，石湾瓦饰采用了相对沉稳的蓝、绿、褐黄为主色调（图6）。这样的釉色配搭，一方面明显是石湾瓦脊陶饰的典型色彩特征；而另一方面，由于瓦脊装饰以蓝天为背景，观众仰视瓦脊上连串的陶瓷公仔和故事场景时，在视觉上也较感舒适和谐。当观众仰观庙宇瓦脊上居高临下的陶塑公仔时，会感受到自己与它们有眼神接触，仿佛跟它们很自然地在相互对望。为了达到这个观赏效果，在制作这些公仔时，所有人物、动物、其后的亭台楼阁背景等都必刻意向前方倾斜。佛山博物馆展示的一截从屋脊拆下来的石湾公仔装饰（图7）可以清楚说明这个情况。这个特别处理手法，可以以使观众抬头仰望观赏时与陶塑公仔四目相视，既可以看得更清楚明晰，也能跟公仔作直接的感情交流。如此看来，虽然"另类戏台"上的戏画、戏雕与神功粤剧表演一样，原则上是为神祇制作及安排，原应以神为本；但从许多细节看来，除娱神以外，娱人的性质同样强烈。这正好反映包括"瓦脊公仔"在内的民间手工技艺与艺术的主要特征，就是跟"人"及其生活有着密切的关系。

---

① 庄稼：《石湾陶塑的传神特色》，《石湾陶展》，（香港）冯平山博物馆，1974年，第271～274页。

图 6　广州陈家祠正脊典型蓝、绿、　　　　图 7　佛山博物馆藏石湾瓦脊公仔
褐黄主色调石湾公仔

四　从传统民间工艺美术发展到地区的经济命脉

自明代天启年间（1621~1627 年）起，石湾陶器就按产品的种类或大小分成不同的行会，初期分为八行，至清末扩展至主要行业廿八行与附属行业十行，20 世纪 40 年代中日战争完结后，行业界限及行会组织已名存实亡；根据行会规定，各行技工只能制作本行的产品，不许越界①。"瓦脊行"（或称花盆行）是专门制造瓦脊的行会，而

图 8　广州陈家祠正脊"光绪辛卯"、
"文如璧造"瓦脊公仔

文如璧、均玉、宝玉、宝玉荣、吴奇玉等都是当时瓦脊行业内的名店（图 8）。石湾陶业的老商号大多为家族式经营，而家族传承是石湾陶艺最传统的传承方式，因此这些名店在"石湾公仔"的传承方面也担当重要角色。例如"石湾陶塑技艺"的代表性传承人刘泽棉②便出身于陶艺世家，为"刘胜记"的第四代传人，而他的四位子女都继承了父亲的衣钵，成为石湾陶艺师。

---

① 佛山市博物馆：《佛山市文物志》，广东科技出版社，1991 年，第 121 页。
② 根据中华人民共和国政府文化部发表的《第一批国家级非物质文化遗产名录》，编号为 353 的"石湾陶塑技艺"的代表性传承人为刘泽棉（中华人民共和国政府文化部——中国非物质文化遗产网，《第一批国家级非物质文化遗产名录》，<http://www.ihchina.cn/inc/guojiaminglu.jsp>［检索日期：2014 年 3 月 20 日]）。

中国民间工艺美术的制作者是百姓或民间工匠，其名字一般都没有被记载下来。"瓦脊公仔"的情况有些不同，从现存于佛山本地或外销至境外的"瓦脊公仔"看，它们多属清代，虽然没有记下个别工匠的名字，但大部分都清楚注明制作年份与制作商号的名称，例如，广东佛山祖庙于清光绪廿五年（1899 年）大修时增设六条瓦脊陶饰，分别由"文如璧"、"宝玉荣"、"均玉"、"宝玉"等制作；香港九龙城侯王庙建于清雍正八年（1730 年）前后，其屋顶正脊的陶塑公仔为"石湾均玉造"；香港筲箕湾天后庙初建于清同治壬申年（1872 年）、重建于甲戌年（1874 年），其正脊陶塑公仔为"石湾大桥头""文如璧店造"；澳门普济禅院（观音堂）大雄宝殿正脊饰为"吴奇玉"于清嘉庆丁丑年（1817 年）制作。这一方面有利于我们对传统"石湾公仔"的识别与保存，同时也提高它的研究与收藏价值。

关于新中国成立后石湾陶瓷业的发展状况，值得一提的有两个机构——佛山市新石湾美术陶瓷厂有限公司与南风古灶旅游发展有限公司。

佛山市新石湾美术陶瓷厂有限公司（简称"新美陶厂"）前身为成立于 1956 年的石湾美术陶瓷厂①。新美陶厂在现代"石湾公仔"的发展过程中的重要性有两点：（一）商业性和艺术性陶瓷双线发展；（二）首办正式的陶瓷学校以培训人才。传统的石湾陶艺与其他许多民间手工技艺与美术一样，对象是广大民众，特点是生活化、实用性主导，与贵族或士大夫阶层的传统艺术比较，相对而言，给人的印象是艺术性不那么强。新美陶厂是一间有 50 多年生产美术陶瓷经验的民营企业，旗下有六位国家级陶艺大师、十位省级陶艺大师、数十位工艺美术师和大批制陶工人的庞大制作团队，因而兼备制作商业性和艺术性陶瓷的能力。

非物质文化是以人为本的无形文化，保护非物质文化遗产的重点在于确保有合适及足够的承传人去将它代代相传。因此，"承传人"一直是非物质文化遗产保育的一个重点。新美陶厂在 20 世纪 50 年代开厂时首次开办美术陶瓷学校，目的就是培训陶瓷行业的专才。"石湾公仔"与许多优秀的民间手工技艺与美术一样，传统的传承方式是家族传承或师徒制，只有少量的入室学徒可以学习到所需的技能。再加上技艺一般通过口传身教的方式传承，没有文本留世，传承艺人的数量正日益减少，而随着时代变迁，更有逐渐没落甚或失传的危机。学校的形式大大增加学生人数，学生们可以同时跟随多个陶艺教师学习，兼收各家所长，开阔视野，一方面为石湾陶瓷业的各个岗位提供充足的劳动力，另一方面也可以借此发掘具有天分的陶艺师。举例来说，国家级陶艺大师黄松坚先生毕业于美陶厂开办的陶瓷学校，他在毕业后一直从事陶塑人物创作，致力研究传统石湾瓦脊公仔的贴塑技巧，并以兹用于摆设式陶塑人像的制作，同时发表多篇相关论文，是实践

---

① 新石湾美术陶瓷厂有限公司资料，详参其网页 < http://www.new-meitao.com/gb/about.asp > ［检索日期：2014 年 3 月 20 日］。

和理论兼备的石湾陶艺大师，对"石湾公仔"从传统走向现代的承传与发展有积极贡献①。

　　南风古灶旅游发展有限公司成立于 1999 年 8 月 19 日，主力打造一个包括南风古灶与佛山创意产业园两个景区的"1506 创意城"。经过超过十年的发展，"1506 创意城"迄今总面积已超过 40 万平方米，区内汇聚两条龙窑——南风古灶与已停产的高灶、内设国际艺术家村的明清古建筑群（图 9）、提供传统制陶示范表演的古寮场（图 10）②、古榕、古井、石湾陶瓷博物馆与当代陶瓷美术馆、会议展览中心、专门销售各种陶瓷艺术品的公仔街（图 11）、玩陶中心、生态公园等，成为华南地区最大规模的陶艺文化旅游点。南风古灶旅游发展有限公司在现代"石湾公仔"的发展过程中的重要性有两点：（一）利用具有五百年历史、窑火不断的南风古灶为卖点，发展文化旅游；（二）将石湾陶艺普及化，有利其保护与承传。文化旅游是最近几年才出现并流行的名词，泛指以赏览不同地方的历史遗迹、建筑、民族艺术和民俗、宗教等各方面传统人文资源，或参加当地举办的各类文化活动为主要内容的旅游，它的出现与游客需求的转变有密切相关。其中，值得一提的是迄今世界最大玩陶中心，其总面积达 3000 平方米，为，可以同时容纳 3000 人玩陶，内有驻场陶艺师指导制陶技巧，参加者的作品可选择由南风古灶烧制，对陶艺初学者极具吸引力。

图 9　"1506 创意城"　　　图 10　"1506 创意城"　　　图 11　"1506 创意城"
　内明清古建筑群　　　　　内提供制陶示范　　　　　内专售各类陶瓷制品的公仔街
　改造成的艺术家村　　　　表演的古寮场

---

① 黄松坚先生于 1940 年出生于广东省东莞县，19 岁加入石湾美术陶瓷厂工作，并进入石湾美术陶瓷学校学习，毕业后一直从事陶塑人物创作，先后晋升为高级工艺美术师、中国工艺美术大师、中国陶瓷艺术大师、广东省非物质文化遗产石湾陶塑技艺代表性传承人。1999 年度荣获国务院突出贡献表彰奖励证书，享受国务院颁发政府特殊津贴。他的《春夏秋冬》、《妈祖》、《雄风》、《持扇仕女》等多件作品屡获市、省和国家级以及海外的奖励，多项作品被国内外工艺美术馆和博物馆收藏及展览，亦曾在全国、亚洲各国、欧美及澳洲等地进行演讲交流，发表《发扬传统、刻意创新》、《意趣同彰》、《石湾瓦脊公仔的技艺特色及其发展》等论文，积极推广和弘扬石湾陶塑技艺。见王文章：《中国工艺美术大师全集·黄松坚卷》，四川美术出版社，2010 年，第 4～7、18～19、24、28 页。

② 石湾的传统制陶工场多为简陋棚式，称为"寮"。

新美陶厂与南风古灶旅游发展有限公司一样是政府支持的民营企业，难免优先考虑经济效益。新美陶厂的出品有原作、精品、商品三个档次，风格方面有写实的传统公仔、实用的家居陶艺、较抽象的现代陶艺创作等，覆盖各个阶层的需要，因此大师级的传统"石湾公仔"无惧曲高和寡，反而仍然有充足的生存空间。南风古灶旅游发展有限公司的"1506创意城"项目情况有别：创意城内的南风古灶是个卖点，它与石湾陶瓷博物馆、古法制陶技术示范表演等旨在介绍并强调石湾陶瓷的历史意义，整个项目的真正目的是以传统石湾陶瓷的优势发展创意产业与文化旅游，为石湾地区带来持续的发展。

五　结　语

石湾陶瓷自古就是民窑，从古至今都是面向市场，靠市场养活。"石湾公仔"一类的传统民间工艺美术及非物质文化遗产，强调的是以人为核心的、活态的技艺、经验、精神等，由于它与"人"息息相关，最有效的保护与发展方法，就是让它继续活跃于生活，活跃于市场。"1506创意城"是一个值得尝试的方案。它以推广传统"石湾陶塑技艺"为口号、以文化旅游为包装及经营方式，着力将石湾陶艺为地区带来的长期经济效益再进一步提高，因此运作时难免有商业化的倾向。虽然如此，这个项目将"石湾公仔"向社会大众推广，将传统石湾陶塑与现代群众的距离拉近，无疑为以"人"为本的石湾陶艺的保护及发展踏出重要的一步。

原文初次发表于《九州学林》总第35期（2015年5月）

韩国统一新罗佛造像和唐代画风

——以庆州甘山寺阿弥陀佛像和弥勒菩萨像为中心

苏铉淑（韩国圆光大学）

一 绪 言

公元719年，新罗六头品贵族金志诚为已故的父母建甘山寺，并制作了一尊阿弥陀佛立像和一尊弥勒菩萨立像（图1、2），以下简称为"甘山寺佛像和菩萨像"。这两尊像均为石像，其背面都刻有将近四百字的铭文，可知造像主、年代以及制作的信仰背景①。作为8世纪初的统一新罗佛造像，它们一直得到学界的重视，在较多论文中均有提及。由于两尊像具有与7世纪造像不同的新风格和形式，对两尊像的以往研究着重于新形式及新风格出现的时代背景及其来源，以及阿弥陀和弥勒一同制作的信仰背景等②。该菩萨像在宝冠上刻有化佛，一般认为宝冠上的化佛是观音菩萨像的图像特征。因此可以说该弥勒菩萨像较为独特，目前带有化佛的弥勒菩萨立像在7~8世纪东亚佛造像中仅此一尊，最近刚好有一篇论文探讨了此图像特征和金志诚个人信仰之间的关系③。

两尊甘山寺像均受到7~8世纪唐代佛造像的影响，整体上均有较为浓厚的印度与西域风格。但它们与同时期新罗和唐代的印度及西域风格造像仍有些差别，它们的这种形制特征突出于着衣方面。如阿弥陀佛像的"U"字形衣褶的形制较为独特而极为稠密，西域风格显著。这种形制在7~8世纪东亚佛像中不多见，因为大部分佛像的衣褶

---

① 弥勒菩萨像的铭文为22行、总381字（包括缺字），阿弥陀佛像铭文为21行、总389字。［韩］신소연、김영민：《RTI 촬영을 통한 감산사 미륵보살상과 아미타불상명문검토》，《美术资料》84（2013年），第77~78页。关于两尊像的记载还见于《三国遗事》，见［高丽］一然：《三国遗事》卷三《塔像第四》，"南月山"条。

② ［韩］文明大：《新罗法相宗（瑜伽宗）的成立问题和其美术（上、下）——以甘山寺弥勒菩萨像和阿弥陀佛像以及其铭文为中心》，《历史学报》62、63，1974年；［韩］金理那：《新罗甘山寺如来式佛像的衣文和日本佛像之关系》，《韩国古代佛教彫刻史研究》，（首尔）一潮阁，1989年，第206~238页；［韩］苏铉淑：《甘山寺弥勒菩萨立像研究——以着衣表现为中心》，《佛教美术史学》17（2014年），第43~70页。

③ ［韩］李柱亨：《미륵을 만나다:감산사 미륵보살상의 형식과 의미에 대한 해명》，《미술사와 시각문화》9（2010年）；Rhi Juhyung，"Seeing Maitreya：Aspiration and Vision in an Image from Early Eighth Century Silla"，*New Perspectives on Early Korean Art*：*From Silla to Koryo*，Korea Institute Harvard University，2013，pp. 73–122.

图 1　韩国首尔国立中央博物馆藏统一
新罗（719 年）甘山寺阿弥陀佛立像
（苏铉淑摄影）

图 2　韩国首尔国立中央博物馆藏统一
新罗（719 年）甘山寺弥勒菩萨立像
（苏铉淑摄影）

已简化汉化了；弥勒菩萨像的一些着衣形式也较为特殊（在本文第二部分另有叙述）。到目前为止，在东亚菩萨雕塑中兼具这些特征的，仅有甘山寺菩萨像。

如上所述，两尊甘山寺像均有浓厚的西域造像形式，无论在新罗，还是在唐代佛造像中具备这些西域特征的并不多见，以致两尊甘山寺像在东亚佛教雕塑史上占了较特殊的位置。而两尊甘山寺像的一些西域特征一时盛行随即中断没有承袭，也许与 7 世纪后期到 8 世纪初，在唐朝出现的美术史上的某种现象或潮流有关。

本文的目的就在于探讨上述的"美术史上的某种现象或潮流"。首先，要分析甘山寺佛、菩萨像之独特的形制特征。笔者认为，该特殊性的出现与功德主金志诚的行迹有关；705 年他以新罗使臣身份派遣到长安和洛阳等，尔后，带着新翻译佛经等唐朝文物回到新罗。那时，他很有可能还带回佛像和菩萨像的画本①。他为已故的父母制作造

---

① 在本文中的"画本"指的是绘画和雕刻的粉本，所谓画稿、素画、模拓、刺空、白描、白画、画样、起样等都属于这一范围。对此，可以参考沙武田：《敦煌画稿研究》，中央编译出版社，2007 年，第 1～6、14～26 页。

像时，也许以从唐带回的画稿为样本。因此在本文第三部分探讨两尊甘山寺像和画稿的关系。最后则对西域风格佛造像衰落的现象作分析，这种现象与吴道子的出现和以尉迟乙僧为代表的西域画派的衰落有关。通过这些分析，我们可以重新认识两尊甘山寺像在东亚佛教美术史上的重要意义。

二 甘山寺佛、菩萨像的形制特征

由于两尊甘山寺佛、菩萨像体现了7到8世纪新罗和唐朝的文化交流情况，且很成功地创造出新罗人自己的人物造型，一直被认为"两尊像显示从唐朝传来的新样式的新罗化过程"。但笔者认为，两尊像的特殊性是在于较为浓厚的外来风格。

图3　西安碑林博物馆藏西安南郊沙滹沱村出土唐代佛立像（苏铉淑摄影）

阿弥陀佛像的最显著的特点是大衣上的衣纹：该像穿印度式通肩大衣紧贴在颈部，并呈现出身体的轮廓；在大衣上将凸出的"U"字形稠密衣纹等距离地重叠；左侧大衣的下端形成锯齿纹，这些均为印度笈多时代秣菟罗雕塑的特点。可是衣褶的形式具有西域特征：即上半部"U"字形衣纹到腹部停止，而在两大腿上各有三、四条垂直衣纹，从膝盖处分别再出现"U"字形衣褶（图1）。

此衣褶形式渊源于西域，4～6世纪在西域很盛行，如和田（于阗）寺院遗址出土佛像和克孜尔石窟佛像均有这种衣褶。在中原地区，5世纪炳灵寺石窟雕塑上开始出现，到5世纪后期北魏佛像中也很盛行，随着佛像的汉化逐渐消失了。到7世纪中叶，在唐朝印度及西域风的热潮中再度出现，如龙门石窟宾阳南洞北壁龛中的佛立像[1]。该像西域风格很浓厚，除了衣褶之外，还出现在中亚地区和西域佛像中流行的肉髻下的一条结发带[2]。但是，在7～8世纪东亚佛造像中，通肩大衣上出现这种稠密的衣纹较为少见。反而，其衣褶简化只刻有几条衣纹（图3），或是大多佛像穿着袒露胸怀的双领下垂式大衣。这说明在唐朝西域风格很快地汉化，对此将在本文第三部分中探讨。

---

① 龙门文物保管所等：《中国石窟·龙门石窟》二，文物出版社、（东京）平凡社，1987年，图26。

② ［韩］金理那：《新罗甘山寺如来式佛像的衣文和日本佛像之关系》，《韩国古代佛教彫刻史研究》，（首尔）一潮阁，1989年，第215页。

　　弥勒菩萨像也穿贴身裙衣，呈现出印度及西域风格。在饰品中还出现印度式斜挂、腰带等①。却没有中国传统的装饰，如大佩、绶等。西域的影响更突出于着衣方面，如两侧肩膀上有一半的蝴蝶结很夸张，从其处长的带子垂到胳膊肘（图4），以下简称为"肩膀装饰和垂饰"。这是将条状的项链在颈背上系起后而形成的蝴蝶结和其带子②。在现实中，这种蝴蝶结和其带子垂在背后，不会在肩膀上出现。印度艺术风格很写实，该形式只出现于半侧面像的肩膀上，没有出现于正面像的两肩膀上。但是，在中亚和西域正面像中可以找到与甘山寺菩萨像类似的肩膀装饰和垂饰，如阿富汗巴米扬石窟、和田出土菩萨像壁画等③。夸张的蝴蝶结和其带子是波斯艺术的特点，因而，可以推定该形式是在波斯及粟特文化的影响下，在中亚地区初次出现而传到西域。在中国该形式最盛行处是敦煌莫高窟，而且，在韩半岛的南端新罗庆州地区也有出现。

　　总之，"肩膀装饰和垂饰"从中亚开始出现，经过西域和中国传到韩国，有漫长的途径。饶有兴趣的是，除了甘山寺弥勒菩萨像之外，该形式均出现于绘画作品中，目前雕塑中还没有发现过。

　　在中国，与甘山寺菩萨像的"肩膀装饰和垂饰"最类似的形态见于莫高窟第148窟壁画中。该窟东壁北边画有《药师经变相图》，图上多出现具有"肩膀装饰和垂饰"的菩萨、伎乐天以及舞乐天等（图5）④。其中一伎乐天的垂饰下端之描写与甘山寺菩萨像的垂饰完全一致。第148窟是吐蕃占领敦煌之前大历十一年（776年）由敦煌世族李大宾开凿的大型窟。作为敦煌世族他历任"郑王府咨议"，尔后回到敦煌开凿该窟⑤。一般以它为准将莫高窟分为前期和后期，该窟应有重大意义⑥。据《大唐陇西李府君修功德碑》的内容，第148窟从开凿时已有整体的设计计划。在莫高窟壁画中，《天请问经变相图》题材和大画面构图的《药师经变相图》初次出现于该窟⑦。一般认为此新题材和新形式来源于长安等中央地区。换句话说，敦煌的画工按照从外部引进来的新画稿描写这些题材和形式，或敦煌世族从长安等地将画师带回敦煌，使他们参与到壁画工程中来⑧。从李大宾的经历看，第148窟《药师经变相图》中的"肩膀装饰和垂饰"

① 对甘山寺弥勒菩萨像的装饰，可以参考［韩］苏铉淑：《甘山寺弥勒菩萨立像和阿弥陀佛立像研究》，韩国梨花女子大学大学院硕士论文，1999年，第4~8页。
② 好的例子见于莫高窟第156窟南壁《思益凡天问经变相图》中拿琵琶的伎乐天的背后上和敦煌藏经洞发现P.3050v白描菩萨像的背后上。敦煌文物研究所：《中国石窟·敦煌莫高窟》四，文物出版社、（东京）平凡社，1987年，图140；沙武田：《敦煌画稿研究》，中央编译出版社，2007年，第262页，图6.1.5。
③ ［韩］苏铉淑：《甘山寺弥勒菩萨立像研究——以着衣表现为中心》，《佛教美术史学》17（2014年），第43~70页。
④ 敦煌文物研究所：《中国石窟·敦煌莫高窟》四，文物出版社、（东京）平凡社，1987年，图38。
⑤ 公维章：《涅槃、净土的殿堂——敦煌莫高窟第148窟研究》，民族出版社，2004年，第218页。
⑥ 马德：《敦煌莫高窟史研究》，甘肃教育出版社，1996年，第88页。
⑦ 王惠民：《敦煌隋至唐前期药师图像考察》，《艺术史研究》第2辑，中山大学出版社，2000年，第322页。
⑧ 沙武田：《敦煌画稿研究》，中央编译出版社，2007年，第389~390页。

图 4　甘山寺弥勒菩萨立像局部（苏铉淑摄影）

图 5　敦煌莫高窟第 148 窟东壁唐代（776 年）《药师经变相图》局部

从西域传入到敦煌的可能性较少，应是从长安等中央地区传到敦煌。在敦煌该形式大约于 8 世纪中期开始出现，到吐蕃占领敦煌期间则更为盛行。

　　甘山寺菩萨像中还出现新形式。从左侧肩膀到右侧腹部斜穿条状络腋，络腋本身不是罕见的题材，在 7 世纪中叶以后的唐、新罗菩萨像中常见。一般斜横穿胸部后，将一边的尽头垂至胸部上。甘山寺菩萨像不同于此，它将络腋的一边在左侧肩膀上打蝴蝶结，给菩萨像以沉重感。现存的雕塑上难以发现如此夸张的络腋蝴蝶结，在壁画上也罕见，只能找到两例，如推定 8 世纪中叶开凿的莫高窟第 172 窟北壁《观无量寿经变相图》中的一菩萨像[1]和克孜尔石窟壁画残片上[2]。将条状的项链、腰带、天衣、宝冠等打大蝴蝶结的做法是源于波斯，传到中亚及西域地区，在巴米扬、克孜尔石窟壁画中极为盛行[3]。

　　甘山寺菩萨像的着衣法中还需关注的有，沿着身体两侧蛇行下垂的天衣，其末端的描写较为独特，宽大的天衣下端刻有平行"U"字形衣纹，这种做法一般以动感的形象来展现[4]。该着衣法在 8 世纪初长安雕刻中初次出现，但其数量不多，到中、晚唐莫高

---

① 敦煌文物研究所：《中国石窟·敦煌莫高窟》四，文物出版社、（东京）平凡社，1987 年，图 13。

② 克孜尔第三摩耶窟（中国编号为第 224 窟）左廊内北边出土《阿阇世王故事图》壁画残片，该壁画推定为 7 世纪前期制作，画中"行雨大臣"的络腋形态和在左侧肩膀上夸张的蝴蝶结最类似于甘山寺菩萨像。

③ 过去这种形式在西域南路很罕见，但最近出土的和田策勒县达玛沟托普鲁克墩一号寺院遗址壁画中画有腰带上的大蝴蝶结（中国社会科学院考古研究所新疆队：《新疆和田地区策勒县达玛沟佛寺遗址发掘报告》，《考古学报》2007 年第 4 期，第 498 页，图 14）。由此可知，这种形式在西域南路、北路均为流行。

④ ［日］井上正：《法华寺十一面观音立像和吴道玄样——檀像系彫刻的诸相4》，《学丛》9，（京都）京都国立博物馆，1987 年，第 33 页。

窟壁画中则很盛行。其实该着衣法早在6世纪中原地区就已出现，如推定为河南安阳出土的石棺床之天王像（现藏于美国弗利尔美术馆）、山西太原出土虞弘墓石刻等，均出现在与粟特人有关的器物上。而且在6~7世纪制作的波斯金属容器①、巴米扬石窟和克孜尔石窟壁画中也有出现。由此可以推定，该形式源于波斯，经过中亚和西域传到中国。

总之，两尊甘山寺佛、菩萨像的着衣法和衣纹形式具有浓厚的印度、中亚以及西域等外来艺术风格，而且它们在庆州出现的时间比敦煌早。但不能说它们就是从西域等地直接传到新罗庆州，而是经过了长安等唐朝中央地区而传过来的。

三 画本和雕塑的关系

如上述，两尊甘山寺像具有较为浓厚的印度、中亚及西域风格。对此，以往的研究表明"新罗工匠们将渡唐留学僧等回新罗时带来的唐朝新文物充实地再现"。相比7~8世纪新罗佛造像，甘山寺像有着更浓厚的外来风格，这很可能与造像主金志诚的遣唐使过往有关。

新罗圣德王四年（705年），新罗六头品贵族金志诚作为使臣派遣丁唐朝。在新罗历史上，遣唐使一般从王的亲近人士中被选，在强化王权的过程中起了较为重要的作用。除了在政治方面之外，他们在罗唐之间文化交流上也起着积极作用，一般会带回各种汉文礼书、文章、新的汉译佛经和佛造像等。如新罗使臣金思让在703年入唐，在次年将703年义净刚翻译出来的《金光明最胜王经》带回来。通过遣唐使的频繁往来，新罗很快地接受唐朝的新文化，金志诚的情况也类似。庆州皇福寺塔建于706年，塔内发现两尊佛像和舍利函等，其舍利函上刻有《无垢净光大陀罗尼经》。据《开元释教录》的记载，该佛经在长安四年（704年）由弥陀山翻译。704年在唐朝翻译的佛经被发现于706年五月建立的新罗塔内，这说明其间有人将这部经典从唐朝引进新罗。按理说，最适当的人物是那时派遣到唐朝的新罗使臣，即705年派遣到唐朝的金志诚②。除了佛经之外，他很可能还带回在唐朝流通的佛画和佛像等。所以当他为已故的父母制作两尊像时，脑子里想到的也许是自己从唐朝带来的新样式的佛教艺术品。

新佛教造像的传入与流通，一般由携带方便的小金铜像、泥佛或画本等来实现。因此，金志诚为已故的父母制作造像时给工匠提供的样本应是上述三种之一种。甘山寺佛、菩萨像刻有较多的衣纹，且描写得很细致。加之宝冠、璎珞、斜挂和腰带等装饰品描写得也极为精湛。小金铜像或泥佛等形体太小，不可能描写得如此精细。

两尊甘山寺像不是圆雕，而是浮雕，更接近于绘画，可以看到在唐代壁画或线刻

① 《世界美术大全集——东洋编 第16卷 西アジア》，（东京）小学馆，2000年，图289，第327页之图277。
② ［韩］权惠永：《古代韩中外交史——遣唐使研究》，（首尔）一潮阁，1997年，第283页。

画上常出现的表现技法。如弥勒菩萨像的头部省略了毛发的描写，只以几条平行横线
阴刻；肩膀上的垂发里也没有毛发，只描写了其轮廓而已（图 6），这种做法曾出现于
唐长安年间（701~704 年）重修的慈恩寺大雁塔东门门楣上的线刻菩萨像中。两尊甘
山寺像的两手掌纹刻出较为简单的十字形，这种技法罕见于雕塑上，相反在绘画、刺
绣以及线刻画上常见：如敦煌莫高窟雕塑像的大部分掌纹很写实，但壁画上的诸多佛、
菩萨像的掌纹却只画了十字形；日本劝修寺所藏推定为武则天时期制作的《绣佛图》
中的菩萨像也大部分绣有十字形掌纹；上述大雁塔四处门楣的线刻菩萨像和西安碑林
博物馆所藏《大智禅师碑》上的线刻菩萨像也有同样的掌纹（图 7）。

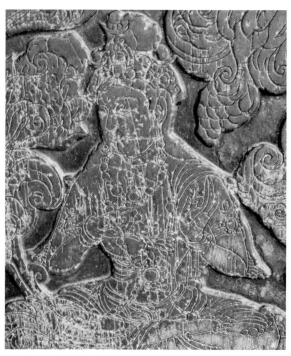

图 6　甘山寺弥勒菩萨立像局部　　　　　图 7　西安碑林博物馆藏唐代（736 年）
　　　（苏铉淑摄影）　　　　　　　　　　　《大智禅师碑》线刻菩萨像局部
　　　　　　　　　　　　　　　　　　　　　　　　　　（苏铉淑摄影）

　　如上述，弥勒菩萨像的着衣形式中最为突出的是"肩膀装饰和垂饰"以及络腋上
的蝴蝶状大结。目前留下的雕塑中并未见到这两种形式，可知在当时雕塑中不太流行。
反之，前者在敦煌莫高窟里极为流行，尤其在中、晚唐壁画中频繁出现。饶有兴趣的
是，与绘画不同，敦煌雕塑几乎见不到该形式，这很可能是因为，若将此形式表现在
三维的雕塑上，太突出于身体轮廓，易于破损。
　　总之，两尊甘山寺佛、菩萨像，按照画本而制作的可能性较大。
　　在佛造像的流通和传播时，最有用的手段是画本，所以很多印度佛像以画本的形
式传播到各地。如传称"释迦牟尼在世时制作的第一尊佛像"的优填王像，均以画本

的形式流布于印度内地和传入中国①。南朝的瑞像阿育王像也以画本的形式在民间大量流布②。唐代的情况也类似。虽然初唐时玄奘从印度带来了七尊小佛像，但此情况较为特殊，并不多见。文献记载中涉及画本的流通却较多：唐初王玄策担任印度使行，那时宋法智等工匠在印度摩诃菩提寺临摹金刚座像，回唐后"京都道俗竞摸"③。据《历代名画记》的记载，洛阳敬爱寺佛殿的树下弥勒菩萨塑像是"王玄策取到西域所图菩萨像为样"，洛阳广福寺木塔下的塑像都以金刚三藏所画的画本为样④。由此可知，当时画本极其盛行且影响力极大。除了文献记载之外，目前留下的画本也不少。如敦煌藏经洞发现了数量相当多的唐代绢画和画本。在日本可以看到唐代画本的传入和流通：奈良正仓院收藏唐代的白描画；书道博物馆所藏的《隋求陀罗尼神咒经》画本是 8 世纪初开元年间从唐朝传到日本；醍醐寺所藏的《求闻持法根本尊图》和五幅《仁王经五方诸尊图》是临摹 8 世纪和 9 世纪初从唐朝传来的画本的抄本⑤。7、8 世纪新罗和唐朝的交流极为频繁，可以推定唐朝的各种佛教画本传入新罗。

在古代中国，中央政府管理画本的制作和流通。张彦远在《历代名画记》卷二"论画体工用搨写"中写道：

> 好事家宜置宣纸百幅，用法蜡之，以备摹写（顾恺之有摹拓妙法）。古时好拓画十得七八，不失神采笔踪。亦有御府拓本谓之官拓。国朝内库翰林集贤秘阁拓写不辍。承平之时此道甚行，艰难之后斯事渐废。故有非常好本，拓得之者所宜宝之，既可希其真踪，又得留为证验。⑥

可知在初、盛唐时期御府藏了诸多的官搨画本。据《旧唐书》的记载，在弘文馆和集贤殿书院以及在东宫内设置的崇文馆里有专门的"搨书手"⑦。《历代名画记》卷九涉及元和年间（806～820 年）活动的画家李士昉"在翰林集贤"⑧。由此可知，"搨书手"所指的不只是临摹书法的人，还包括临摹画的工匠⑨。

① 玄奘、辩机：《大唐西域记》卷五，《大正新修大藏经》第 51 卷，（东京）大正一切经刊行会，1924～1934 年（下简称《大正藏》），第 898 页；道宣：《集神州三宝感通录》，《大正藏》第 52 卷，第 413 页上。
② 道宣：《集神州三宝感通录》，《大正藏》第 52 卷，第 414 页。
③ 道世：《法苑珠林》卷二九，《大正藏》第 53 卷，第 503 页上。
④ 张彦远撰、［日］谷口铁雄编：《校本历代名画记》，（东京）中央公论美术出版社，1981 年，第 54、114 页。
⑤ ［日］井卜正：《沃华寺十一面观音立像和吴道玄样——檀像系影刻的诸相4》，《学丛》9，（京都）京都国立博物馆，1987 年，第 26～33 页。
⑥ 张彦远撰、［日］谷口铁雄编：《校本历代名画记》，（东京）中央公论美术出版社，1981 年，第 31 页。
⑦ 《旧唐书》卷四三《职官志》，中华书局，1975 年，第 1848、1852、1908 页。
⑧ 张彦远撰、［日］谷口铁雄编：《校本历代名画记》，（东京）中央公论美术出版社，1981 年，第 115 页。
⑨ 张彦远及的弘文馆和集贤殿的设置在于玄宗开元年间，见［日］长广敏雄译注：《历代名画记》，（东京）平凡社，1995 年，第 130 页。但是，从唐贞观十年太宗做王羲之《兰亭书》搨本而赐给宗室及近臣的故事可知，已在初唐时期存在专门搨书手。关于此故事，参见刘餗：《隋唐嘉话·下》，《隋唐嘉话 朝野金载》，中华书局，1997 年，第 53～54 页。

在王玄策的例子中亦看到国家管理临摹工匠们。据孙修身的研究，王玄策作为唐太宗和高宗的使臣总共四次派遣到印度①，此时在中印度鹿野苑临摹了佛足石，而随行王玄策的"塑工"宋法智②也临摹了摩诃菩提寺之金刚座像。作为正使或副使的身份，王玄策临摹佛足石的可能性极少，应该是与他同行的工匠们来临摹。简言之，王玄策使行印度时一些画工或塑工随行他一同去印度③，而对使行过程中见到的各地的地理物产或神像等作临摹。

唐麟德三年（666 年）皇帝下令基于这些使行材料，编撰《西国志》六十卷和《图画》四十卷。诸多学士和画工们在"中台（尚书省）"进行了编撰工作④。对当时的情况，益州沙门慧昱的故事详细地作了描述：

> 唐麟德二年，简州金水县北三学山，旧属益州，寺僧慧昱，今权例得住益州郭下空慧寺。至麟德元年，从州故往荆州长沙寺瑞金铜像所。至诚发愿，意欲图写瑞像供养。访得巧匠张净眼，使洁净如法，已画得六躯，未有灵感。至第七躯即放五色神光，洞照内外，远近皆睹。经于七日，光渐隐灭。道俗惊喜，不可具述。慧昱将此像来入长安，未及庄饰，并欲画左右侍者菩萨圣僧供养具等。当时奉勅令京城巧匠至中台，使百官诸学士监看，令画西国志六十卷，图有四十卷。慧昱为外无好手，就中台凭匠范长寿装画。像在都堂，至六月七日夜至三更初，像放五色光明，彻照堂外。有守堂人出外起止，见堂上火出，谓内失火，惊走唱叫。堂内当直官十人并兵士三十余人，为天热并露身眠，光普照身，人人相见，身体赤露，惊起具服。唯有一官姓石，名怀藏，素无信心，但见外光，看身纯黑。光照彻旦方歇，其石怀藏发露自责，尽诚悔过，亦不见光，照身得明。及诸院官人兵士等闻唤见光，并来看之。闻见之者，并皆发心，尽形斋戒。诸官人等各画一本，至家供养（京城道俗共知，故不别引记也）。⑤

初唐画家范长寿是历任"司徒校尉"的官匠⑥，在编撰《西国志》时很可能以官

① 孙修身：《王玄策事迹钩沉》，新疆人民出版社，1998 年。

② "其日，又命塑工宋法智于嘉寿殿竖菩提像骨已，因从寺众及翻经大德并门徒等乞欢喜辞别。"慧立、彦悰：《大唐大慈恩寺三藏法师传》卷一〇，《大正藏》第 50 卷，第 277 页。

③ 王玄策印度使行有关的记载中提名的工匠只有宋法智一个人，但在《法苑珠林》卷二九写到"其匠宋法智等"，可以推定当时较多的工匠随行王玄策。道世：《法苑珠林》卷二九，《大正藏》第 53 卷，第 503 页。

④ "西国志六十卷，国家修撰。奉勅令诸学士画图，集在中台，复有四十卷。从麟德三年（666 年）起首，至乾封元年（666 年）夏末方讫。余见玄策，具述此事。"道世：《法苑珠林》卷五，《大正藏》第 53 卷，第 310 页。除此之外，有关的记载较多，如道世：《法苑珠林》卷二九，《大正藏》第 53 卷，第 496 页；道世：《法苑珠林》卷五，《大正藏》第 53 卷，第 703 页；道世：《法苑珠林》卷一〇〇，《大正藏》第 53 卷，第 1024 页；另如《历代名画记》卷三、《旧唐书·经籍志》、《新唐书》、《艺文志》等。

⑤ 道世：《法苑珠林》卷一四，周叔迦、苏晋仁校注：《法苑珠林校注》，中华书局，2003 年，第 488～489 页。

⑥ 张彦远撰、[日]谷口铁雄编：《校本历代名画记》，（东京）中央公论美术出版社，1981 年，第 106 页。

匠的身份参与。上述内容提示，除了像他一样的官匠以外，还有大量的民间工匠们参与该编撰工作。且从慧昱的故事可以推测临摹佛造像的民间流布过程。在668年道世撰写《法苑珠林》时，官撰的《西国志》已在民间广泛地流布①，《西国志》的流通也像慧昱的故事那样，工匠和官人等起了很大的作用。

初唐时期印度或西域风格很盛行，这应与王玄策的印度使行及玄奘的求法旅行等有关。加之，官方编撰的图像集和工匠们的临摹画稿也成为异国风格流行的另一原因。这些画本传到敦煌，还跨海传到新罗和日本等。

两尊甘山寺佛、菩萨像的衣褶、饰品等描写得很精细，如天衣末端的"U"字形衣纹、佛像的大衣和菩萨像的裙衣衣褶很稠密；腰带和冠饰的装饰也很写实。从此看来，两尊像制作时很可能以长安的名匠所做的较为精细的画本为样。

上述的宋法智本是"塑工"②，可在随行王玄策时临摹印度佛像。这表明古代中国雕塑和绘画的关系极为密切，雕塑都赋以色彩，故雕塑家首先要具备作画的基础。甚至兼任画家和雕塑家的工匠较多。如东晋戴逵是著名的雕塑家和画家；在玄宗时期活动的张爱儿"学吴画不成，便为捏塑"③；杨惠之初习绘画，但吴道子的名声极高，转向雕塑家而成名④；武则天时期的窦弘果、毛婆罗、孙仁贵以及德宗时期的金义忠等虽然均为雕塑家，但还另学画⑤。

北宋郭若虚在《图画见闻志》卷一上提到唐代佛画的两大风格，即吴体和曹体。还在小注里记有"雕塑铸像亦本曹吴"⑥，可知晚唐以前，中国雕塑绘画发展变化大体同步⑦。所以，为了解两尊甘山寺像的特点，首先要分析7世纪后期到8世纪早期的唐代佛画之动向。

四 甘山寺佛、菩萨像和7~8世纪唐代画风

两尊甘山寺佛、菩萨像刻有稠密而独特形式的衣褶。在7~8世纪东亚，具有这种衣纹的佛造像不多，大部分已汉化，具有简化的衣纹。而且弥勒菩萨像的一些着衣形

① "皇帝命朝散大夫卫尉寺丞上护军李义表副使前融州黄水县令王玄策等二十二人，使至西域，前后三度，更使余人，及古帝王前后使人，往来非一。皆亲见世尊说经时处伽蓝圣迹。及七佛已来所有征祥，灵感变应具存，西国志六十卷内，现传流行。"道世：《法苑珠林》卷五五，《大正藏》第53卷，第703页。
② 慧立、彦悰：《大唐大慈恩寺三藏法师传》卷一〇，《大正藏》第50卷，第277页。
③ 张彦远撰、[日]谷口铁雄编：《校本历代名画记》，（东京）中央公论美术出版社，1981年，第109页。
④ 龚明之撰：《中吴纪闻一》，引自[日]长广敏雄译注：《历代名画记》二，（东京）平凡社，1995年，第211页；刘道醇：《五代名画补遗》，引自宿白：《中国石窟寺研究》，文物出版社，1996年，第353页。
⑤ 张彦远撰、[日]谷口铁雄编：《校本历代名画记》，（东京）中央公论美术出版社，1981年，第109页。
⑥ 郭若虚：《图画见闻志》卷一，"论曹吴体法"，《景印文渊阁四库全书》第812册，（台北）商务印书馆，2008年（下简称《文渊阁四库全书》），第515页。
⑦ 宿白：《北朝造型艺术中人物形象的变化》，《中国石窟寺研究》，文物出版社，1996年，第353~354页。

式亦罕见于东亚菩萨雕塑中，相反在敦煌莫高窟壁画中常见。尤其，在受到盛唐中央风格的 8 世纪中叶壁画中开始出现，到了吐蕃占领的中、晚唐时期很盛行，这与于阗对敦煌的影响力增大有关。换句话说，佛、菩萨像的西域式着衣在 7 世纪后期到 8 世纪初出现于唐朝的中央地区艺术中，8 世纪以后很快地汉化而消失。这与 7 到 8 世纪唐代艺术潮流上的变化有关。

对唐代人物画的风格，五代和宋代的画史一般分为两个画风，即中国传统风格和外来风格。五代黄休复在《益州名画录》中写道："画佛像罗汉相，传曹样吴样二本。曹起曹弗兴，吴起吴暕，曹画衣纹稠叠，吴画衣纹简略。"① 与他不同，宋代郭若虚认为吴体和曹体的创始者分别是唐吴道子和北齐曹仲达，对他们的风格引《历代名画记》说："吴之笔，其势圆转，而衣服飘举。曹之笔，其体稠叠，而衣紧窄。"进而，将两种风格的特点以"吴带当风，曹衣出水"② 简单地加以概括。简言之，将衣服紧身而衣褶稠密的印度及西域风格认定为"曹体"；重视线条而具有律动感的中国传统风格认定为"吴体"。在唐朝，这些各异的画派并存而竞争。

吴道子从开元年间（713～741 年）开始在中央艺术界活动③。如果遵循郭若虚的说法，吴道子之前，初唐时期传统画风的具体情况不太清楚。但通过对《历代名画记》卷九的分析，可以了解到初唐的情况。据记载，除了西域出身的一群画家之外，大部分初唐画家学梁朝张僧繇。初唐的大画家阎立德和阎立本兄弟画了风格不同的作品，但裴孝源的《贞观公私画史》（成书于贞观十三年，即 639 年）写到"阎本师祖张（僧繇）公，可谓青出于蓝矣"④，可知他学张僧繇；参与《西国志》编撰的范长寿和"微劣于范（长寿）"的何长寿都"师于张僧繇"⑤；吴道子也"师于张僧繇"⑥。与吴道子同时期活动的张怀瓘在《画断》中还云："吴生（指吴道子）之画，下笔有神，是张僧繇后身也。"⑦ 从此可知，当时普遍认为吴道子的画风渊源于张僧繇。张彦远对张僧繇和吴道子作评价时云："书画用笔同矣。"进而对两人用笔的特点写到，"张、吴之妙，笔才一二，像已应焉"，应属于"疏体"⑧。他们均重视线条，与描写稠密衣褶

① 《文渊阁四库全书》第 812 册，第 492 页。这里的"吴暕"应是南朝刘宋时期"吴暕"的误记，他擅长于画罗汉像。
② 郭若虚：《图画见闻志》卷一，《文渊阁四库全书》第 812 卷，第 515 页。
③ 玄宗重用之前，吴道子主要在蜀和兖州一带活动。张彦远撰、［日］谷口铁雄编：《校本历代名画记》，（东京）中央公论美术出版社，1981 年，第 109 页。
④ 裴孝源：《贞观公私画史》，《文渊阁四库全书》第 812 册，第 29 页。
⑤ 张彦远撰、［日］谷口铁雄编：《校本历代名画记》，（东京）中央公论美术出版社，1981 年，第 106 页。
⑥ 张彦远撰、［日］谷口铁雄编：《校本历代名画记》，（东京）中央公论美术出版社，1981 年，第 26 页。
⑦ 张彦远撰、［日］谷口铁雄编：《校本历代名画记》，（东京）中央公论美术出版社，1981 年，第 109 页。《画断》已遗失。
⑧ 张彦远撰、［日］谷口铁雄编：《校本历代名画记》，（东京）中央公论美术出版社，1981 年，第 29 页。对张僧繇和吴道子的关系，参见［日］肥田路美：《初唐佛教美术史研究》第 3 部第 4 章《梁代画家张僧繇の评価からみた唐代佛教绘画の性格》，（东京）中央公论美术出版社，2011 年，第 453 页。

的印度及西域风格截然不同。

甘山寺佛像式的衣褶，从 8 世纪前期逐渐简化，这应受到以张僧繇和吴道子代表的疏体的影响。张僧繇画风流行的 7 世纪前中期和吴道子画风盛行的玄宗开元以后，衣褶稠密的佛造像罕见，这是反映当时画坛的情况。如上述，在唐代西域式稠密衣褶出现的是 7 世纪中叶，这与玄奘和王玄策引起的异国热潮有关，而且《西国志》和《中天竺国图》① 的编撰也推动了这种潮流。

此时，代表西域风格的画家是尉迟乙僧。他出身于阗②，以"凹凸画"有名，善于外国佛像及菩萨。他"用笔紧劲，如屈铁盘丝"③，善用鲜明的色彩，以晕染的技法描写人体的立体感，以无肥瘦的铁线描来描写人体的轮廓和稠密的衣褶，应属于以"密体"为主的曹衣出水风格④，与强调线条的传统画派迥然不同。

据《唐朝名画录》，尉迟乙僧在贞观初年进入长安宿卫，贞观九年（645 年）释彦宗所撰的《后画录》中也提到他的名字。他确实从 7 世纪前中期在长安等地活动。他在长安和洛阳的寺观中画了很多壁画，对他的画迹，《唐朝名画录》、《历代名画记》以及《酉阳杂俎——寺塔记》（成书于 853 年）均有记载。但三本书的内容有些不同：《唐朝名画录》和《酉阳杂俎 寺塔记》记录慈恩寺塔、光宅寺的七宝台和普贤堂有他的画迹⑤；除此之外，《历代名画记》还提到长安安国寺、兴唐寺、奉恩寺以及洛阳大云寺等处。

慈恩寺塔初建于玄奘回国后的永徽三年（652 年），到了长安年间（701～704 年）大规模地重修⑥。光宅寺在仪凤二年（677 年）由武则天建立⑦。由于境内舍利的发现，建七宝台安置该舍利，因此，可以推定七宝台的建筑年代也不远于仪凤二年⑧。光宅寺

---

① 在显庆三年（658 年），王玄策完成《中天竺国图》，该书由在印度使行纪录的基础上编撰的《行记》十卷和图三卷组成。张彦远撰、［日］谷口铁雄编：《校本历代名画记》，（东京）中央公论美术出版社，1981 年，第 61 页。

② 对他的出身，有两个不同的记载：《历代名画记》记有于阗；成书于 635 年的《后画录》和朱景玄《唐朝名画录》均记有吐火罗。吐火罗基本上属于和田文化圈，见［韩］权宁弼：《尉迟乙僧画法之根源和扩散》，《丝绸之路美术：从中亚到韩国》，（首尔）悦话堂，1997 年，第 53 页。且吐火罗人居住于阗东部一带。因此，他无论是于阗人，还是吐火罗人，无碍说明他的画风。关于他的国籍，参见任平山：《重提吐火罗——尉迟乙僧原籍考注》，《敦煌研究》2011 年第 3 期，第 83～91 页。

③ 张彦远撰、［日］谷口铁雄编：《校本历代名画记》，（东京）中央公论美术出版社，1981 年，第 107 页。

④ ［韩］权宁弼：《尉迟乙僧画法之根源和扩散》，《丝绸之路美术：从中亚到韩国》，（首尔）悦话堂，1997 年，第 52～64 页。

⑤ 朱景玄：《唐朝名画录》，《文渊阁四库全书》第 812 册，第 365 页；段成式撰、方南生点校：《酉阳杂俎》，中华书局，1981 年，第 262、257 页。

⑥ 宋敏求：《长安志二》卷八，中华书局，1991 年，第 105 页。

⑦ 宋敏求：《长安志二》卷八，中华书局，1991 年，第 95 页。

⑧ 根据刻有长安年间铭文的七宝台雕刻，诸多学者认为七宝台建于 8 世纪初。七宝台是为安置舍利而建立的塔。一般创建佛寺时，首先建立佛殿和塔。所以，七宝台是光宅寺的初创不久会完工（裴永珍：《对长安光宅寺七宝台的建立和佛像的研究》，韩国岭南大学大学院博士论文，2013 年）。那么，七宝台的尉迟乙僧壁画年代亦应在 7 世纪后期。

的普贤堂原是武则天的梳洗堂。按照两书记载的内容，尉迟乙僧的活动较集中于 7 世纪中后期。考虑他从贞观年间（627～649 年）在中国开始活动，两本书中提到的佛寺壁画应当是他亲自制作。

《历代名画记》还提到了另外四处，其中几所佛寺是武则天死后建造的。如安国寺是在景云元年（710 年）睿宗将自己的宅第立为佛寺；兴唐寺是在神龙元年（705 年）太平公主为自己的母亲武则天建立的罔极寺之后身，在开元二十六年改名兴唐寺①。按照《历代名画记》的记载，尉迟乙僧的活动时间延至 710 年。但是考虑人的寿命和活动的年龄，尉迟乙僧到 8 世纪初恐怕难以继续从事画业。因此，日本学者长广敏雄指出“记载中的 8 世纪初作品应不是尉迟乙僧亲自做的，而是尉迟乙僧画派制作的可能性较大”，进而对文献记载进行分析，梳理尉迟乙僧活动集中于武则天时期，大约结束于 710 年，而认定了此三十年是尉迟乙僧画派的兴盛期②。

对尉迟乙僧所画的题材和特点，《历代名画记》述其“外国鬼神，奇形异貌，中华罕继”③，还涉及尉迟乙僧的唯一的继承人“陈廷”④。“陈廷”推定为在《唐朝名画录》中的“陈庭”，却善于山水画⑤。这些说明尉迟乙僧死后，以他为中心的西域画风逐渐衰落。风格完全相反的吴道子的出现也许促使他们的没落。

吴道子的画风盛行之前，在唐朝外来风格和传统风格并存，它们之间竞争较为激烈。据巫鸿的研究，敦煌莫高窟第 172 窟内出现这种竞争现象。7 世纪后期到 8 世纪中叶，敦煌地区受到中央样式很强烈的影响，如 8 世纪中叶开凿的第 172 窟南北《观无量寿经变相图》壁画中分别反映中央的两种风格。南壁和北壁壁画的风格截然不同：南壁的佛像穿双领下垂式通肩大衣，露出胸部，较注重于有韵律感的线条（图 8）⑥；北壁佛像穿紧身的偏袒右肩大衣，呈现出有立体感的身体（图 9）⑦。北壁的协侍菩萨像不太重视线条，省略了轮廓线只用设色描写⑧。总之，南壁呈现出传统特点，北壁却有印度及西域风格。饶有兴趣的是，南壁菩萨像中没有出现上述的甘山寺菩萨像式肩膀装饰和垂饰。北壁的情况有些不同，两尊协侍菩萨像的两肩膀上突出这种装

① 宋敏求：《长安志二》卷八，中华书局，1991 年，第 107、105 页。长光敏雄推定，由于武则天驾崩于 705 年 11 月，太平公主很可能为自己的母亲建立罔极寺。[日] 长广敏雄：《西域画家なる尉迟乙僧》，《中国美术论集》，（东京）讲谈社，1985 年，第 322 页。
② [日] 长广敏雄：《西域画家なる尉迟乙僧》，（东京）讲谈社，1985 年，第 324 页。
③ 张彦远撰、[日] 谷口铁雄编：《校本历代名画记》，（东京）中央公论美术出版社，1981 年，第 106～107 页。
④ 张彦远撰、[日] 谷口铁雄编：《校本历代名画记》，（东京）中央公论美术出版社，1981 年，第 26 页。
⑤ 朱景玄：《唐朝名画录》，《文渊阁四库全书》第 812 册，第 372 页。
⑥ 敦煌文物研究所：《中国石窟·敦煌莫高窟》四，文物出版社、（东京）平凡社，1987 年，图 9。
⑦ 敦煌文物研究所：《中国石窟·敦煌莫高窟》四，文物出版社、（东京）平凡社，1987 年，图 10。
⑧ Wu Hung, "Reborn in Paradise: A Case Study of Dunhuang Sutra Painting and Its Religious, Ritual and Artistic Context", Orientations, May 1992, pp. 59–60.

饰（图10）①，而且在下段的一菩萨带有甘山寺菩萨像式络腋上的蝴蝶状大结。即在北壁壁画上出现甘山寺菩萨像着衣的诸特点。

图8　敦煌莫高窟第172窟南壁《观无量寿经变相图》局部（8世纪中叶）

图9　敦煌莫高窟第172窟北壁《观无量寿经变相图》局部（8世纪中叶）

---

① 敦煌文物研究所：《中国石窟·敦煌莫高窟》四，文物出版社、（东京）平凡社，1987年，图13。

　　甘山寺菩萨像式肩膀装饰和垂饰还见于第 320 窟中（图 11）[①]，该窟与第 172 窟同期开凿。带有这些装饰的菩萨像具有西域风格，用铁线描[②]，头发的描写呈现出"屈铁盘丝"，此是尉迟乙僧画派的一大特征。从此可以推定，甘山寺菩萨像式着衣形式和西域画风的关系极为密切，而且，它们不但渊源于西域，还是初唐尉迟派常用的题材之一。对尉迟画的题材，《唐朝名画录》叙述："凡画功德、人物、花鸟，皆是外国之物象，非中华之威仪。"[③] 除了画风之外，尉迟派在人物的风貌和服饰等方面也具有印度及西域特点。

图 10　敦煌莫高窟第 172 窟北壁
《观无量寿经变相图》局部（左胁侍
菩萨像和诸菩萨，8 世纪中叶）

图 11　敦煌莫高窟第 320 窟北壁
《观无量寿经变相图》局部
（大势至菩萨，8 世纪中叶）

　　甘山寺菩萨像不带大佩和绶等中国传统饰品，却佩有印度装饰斜挂和腰佩，还出现西域式着衣法，整体上带有印度及西域威仪。而且两像的功德主金志诚派遣到唐朝的时间正是尉迟画派盛行的 705 年。综合考虑这些，金志诚从唐朝带来的很可能是当时流行的尉迟画派画本。

　　从 8 世纪前期，在唐中央地区尉迟画派虽然衰落，却在敦煌中、晚唐壁画中保持命脉，即，甘山寺菩萨像式肩膀装饰和垂饰很盛行。对在敦煌盛唐样式的连续，很多

① ［日］小林格史、邓健吾：《敦煌の美术——莫高窟の壁画、塑像》，（东京）大日本绘画巧艺美术社，1979年，第 101 页。

② 东京都美术馆等：《"砂漠の美术馆——永远なる敦煌"展图录》，（东京）朝日新闻社，1996 年，第 85 页。

③ 朱景玄：《唐朝名画录》，《文渊阁四库全书》第 812 册，第 366 页。

学者认为"从781年吐蕃占领敦煌以后，唐中央的新样式没有传入，只沿袭过去的盛唐样式"。可是，对甘山寺菩萨像式肩膀装饰和垂饰的流行，笔者认为还要考虑另外的因素。

在中、晚唐时期的敦煌，从印度和于阗等地传入了新题材和新风格，如中唐初期开凿的第154窟出现于阗国的建国传说图像；中唐晚期开凿的第231窟和237窟里描写了与于阗国有关的"毗沙门天和舍利佛决海"场面[①]；在第231窟、237窟、236窟以及53窟等多出现印度及于阗的瑞像图[②]。

其中值得关注的是，印度及于阗的瑞像图。在第231窟和237窟龛顶上多出现这种瑞像图，其中一些菩萨瑞像带有甘山寺菩萨像式肩膀装饰和垂饰。尤其，第237窟的壁画带有较为浓厚的西域风格，用晕染法，而且该窟北壁《药师经变相图》和《天请问经变相图》中的大部分菩萨像具有甘山寺菩萨像式肩膀装饰和垂饰。该窟瑞像图西壁龛北边"天竺摩伽国救苦观世音菩萨"榜题的菩萨立像（图12）[③]、东边"摩竭国须弥座释迦并银菩萨瑞像"榜题的银菩萨坐像以及"虚空藏菩萨于西玉河萨迦耶仙寺住瑞像"榜题的菩萨坐像（图13）[④] 等三尊均有甘山寺菩萨像式肩膀装饰和垂饰。榜题中的"摩伽国"和"摩竭国"均指着中印度摩伽陀国，"西玉河"推定为于阗城西边的喀拉喀什河[⑤]。两尊印度瑞像肩膀上虽有甘山寺菩萨像式肩膀装饰和垂饰，可是在印度地区菩萨像中未曾出现此形式。因此，可以说此两尊菩萨瑞像不源于印度，应以西域画本为样。

印度造像的西域化倾向还出现于佛像方面。第237窟的"于阗海眼寺释伽圣容像"（图14），第231窟、236窟、237窟等的"于阗媲摩城中珃檀瑞像"（图15）[⑥] 以及第231、237窟的"微波施佛瑞像"均为装饰佛。却与长安和洛阳一带的装饰佛不同，带有从宝冠垂下的长冠带。这种冠带是于阗王族服饰的特点，还见于第98窟的于阗国王的服饰中[⑦]。据文献记载，媲摩城瑞像是印度优填王所做的释迦牟尼像，释迦牟尼涅槃

① 孙修身：《莫高窟的佛教史迹故事画》，《中国石窟·敦煌莫高窟》四，文物出版社、（东京）平凡社，1987年，第204~205页。
② 张小刚：《敦煌所见于阗牛头山胜迹及瑞像》，《敦煌研究》2008年第4期，第10页；孙修身：《敦煌佛教艺术和古代于阗》，《新疆社会科学》1986年第1期，第52~59页。
③ 敦煌文物研究所：《中国石窟·敦煌莫高窟》四，文物出版社、（东京）平凡社，1987年，图108；敦煌研究院：《敦煌莫高窟全集12——佛教东传故事画卷》，上海人民出版社，2000年，图91。
④ 敦煌文物研究所：《中国石窟·敦煌莫高窟》四，文物出版社、（东京）平凡社，1987年，图109；敦煌研究院：《敦煌莫高窟全集12——佛教东传故事画卷》，上海人民出版社，2000年，图99。
⑤ 孙修身：《莫高窟佛教史迹故事画介绍（二）》，《敦煌研究》1982年第1期，第100~101页。
⑥ 敦煌文物研究所：《中国石窟·敦煌莫高窟》四，文物出版社、（东京）平凡社，1987年，图104、106；敦煌研究院：《敦煌莫高窟全集12——佛教东传故事画卷》，上海人民出版社，2000年，图59；张小刚：《敦煌壁画中的于阗装饰佛瑞像及其相关问题》，《敦煌研究》2009年第2期，第8页。
⑦ 张小刚：《敦煌壁画中的于阗装饰佛瑞像及其相关问题》，《敦煌研究》2009年第2期，第14页。他还指出第236窟和237窟媲摩城瑞像的圆形甗帽，第231窟媲摩城瑞像的具有长尾的冠等均是于阗国或西域的服饰。

图 12　敦煌莫高窟第 237 窟西壁龛　　　　　图 13　敦煌莫高窟第 237 窟西壁龛

《天竺摩伽国救苦观世音菩萨》　　　　《虚空藏菩萨于西玉河萨迦耶仙寺住瑞像》

后从印度飞到于阗；"微波施佛瑞像"也是从印度舍卫城腾空而来到于阗①。简言之，两像均是印度的瑞像，但在莫高窟变成穿西域服饰的装饰佛。

　　总之，莫高窟壁画中的一些印度及于阗瑞像中，带有甘山寺菩萨像式肩膀装饰和垂饰的菩萨像是以于阗的画本为样本制作的②。一般瑞像图具有政治色彩。因此，在敦煌于阗瑞像图的出现显示两地区之间形成某种关系③，进而反映两地区之间的交流背景④。

---

① 张小刚：《敦煌壁画中的于阗装饰佛瑞像及其相关问题》，《敦煌研究》2009 年第 2 期，第 8 ~ 13 页。

② 荣新江和沙武田也有同样的观点。参见荣新江：《略谈于阗对敦煌石窟的贡献》，《2000 年敦煌国际学术讨论会论文集——历史文化卷》上，甘肃民族出版社，2003 年，第 71 页；沙武田：《敦煌画稿研究》，中央编译出版社，2007 年，第 390 ~ 391 页。

③ ［法］苏远鸣（Michel Soymié）：《敦煌石窟中的瑞像图》，《法国学者敦煌学论文选萃》，中华书局，1996 年，第 175 页。

④ 张小刚：《敦煌所见于阗牛头山胜迹及瑞像》，《敦煌研究》2009 年第 2 期，第 10 页。据现存文献记载和造像记，在敦煌于阗人的造窟和于阗工匠的活动较集中于 10 世纪（荣新江：《略谈于阗对敦煌石窟的贡献》，《2000 年敦煌国际学术讨论会论文集——历史文化卷》上，甘肃民族出版社，2003 年，第 72 ~ 81 页）。从瑞像图的流行可知，在 8 世纪后期于阗的图像和样式已传入敦煌。

图 14　敦煌莫高窟第 237 窟西壁龛　　　图 15　敦煌莫高窟第 231 窟西壁龛
《于阗海眼寺释迦圣容像》　　　　　　《于阗媲摩城中瑞檀瑞像》

这都说明西域对敦煌地区的影响力增大。所以在唐朝的中央地区，虽然尉迟画派衰落，但由于于阗的影响力增大，在吐蕃占领时期的敦煌继续流行甘山寺菩萨像式肩膀装饰和垂饰。

五　小结——甘山寺佛、菩萨像在东亚佛教雕塑史上的位置

统一新罗时期制作的甘山寺佛、菩萨像体现了从唐朝传入的印度及西域风格。两尊像具有较为浓厚的西域特征，如佛像大衣、菩萨像裙衣的衣褶很稠密而紧贴于身体，呈现出"曹衣出水"样式。而且，佛像大衣上的独特衣纹、菩萨像的肩膀装饰和垂饰、络腋的蝴蝶结以及天衣末端的平行"U"字形衣纹均源于西域。值得一提的是，无论在新罗，还是在唐，具有这些特点的雕塑很罕见。目前为止，东亚菩萨雕塑像中只有甘山寺像具有肩膀装饰和垂饰，但在敦煌中、晚唐时期壁画中常见。本文基于此，提出了两尊甘山寺像很可能是以西域风格的画本为样本制作而成的。另外，还从尉迟画派的兴衰的角度探究了 8 世纪初以后西域风格消失的现象。

两尊甘山寺佛、菩萨像，作为年代明确的新罗造像具有很重要的价值。加之，它们显示7世纪中叶到8世纪初在长安和洛阳等地流行的尉迟画派的面貌。过去对尉迟画派的研究一般着重于画风的探讨，不太关注他们常用的题材和表现形式等。文献记载涉及他们描写的"皆是外国之物象，非中华之威仪"，这说明他们所画的人物的外貌、服饰、饰品等应具有异国色彩。上述的甘山寺菩萨像的装饰和衣纹等就属于文献记载中的外国威仪。

值得一提的是，尉迟画派的上述题材和形式虽然大多来源于西域，但其特点大部分最终还是源自于波斯及中亚①。换句话说，尉迟画派的风格和形式的来源极为复杂。探求其根本的原因，我们应该重视651年波斯萨珊被灭后大量的波斯人流入于唐朝，他们引起了在唐波斯风格的兴盛。由此看来，对两尊甘山寺佛、菩萨像的研究和认识，我们可以了解在7世纪中叶到8世纪初唐朝的印度、西域、波斯美术的融合情况。

此文原以韩文发表于《美术史论坛》第38号（韩国美术研究所），2014上半年。

---

① 美国学者爱德华·谢弗（Edward Schafer）在《唐代的外来文明》一书中已指出尉迟乙僧画风源于波斯，但遗憾没有涉及具体的论据。[美] 爱德华·谢弗著、吴玉贵译：《唐代的外来文明》，陕西师范大学出版社，2005年，第61页。

关于东京艺大藏西汉金错铜管的观察与思考

郑　岩（中央美术学院）

　　论者多引鲁迅"深沉雄大"一语来概括汉代艺术的时代风格[1]，站在今人的审美习惯来说总体上并无不妥，但我们不能因此忽略汉代艺术亦有精致细密一格，1965年河北定县（今定州市）三盘山122号墓出土西汉武帝晚期金银错铜管即其典型的一例（图1、2）[2]。铜管高26.5、直径3.6厘米，中空，分为上下两段，以子母口套接，两段中间又各有一个凸起的轮节，将外壁分为四个区段，展开面积为299.7平方厘米（含轮节部分）。其上的图像以金银错技术完成，包括人物、鸟兽以及龙凤等共126个单体，并镶嵌80颗圆形和菱形的绿松石，空白处以黑漆填补，辉煌灿烂，精美异常。此物为连接车伞盖杠上部达常和下部桯的管箍，鉴于其定名尚有争议，本文暂简称之为"铜管"[3]。

　　1999年，河南永城黄土山2号墓出土两件金银错铜管[4]，外壁也饰有同样题材和风格的图像，未镶嵌绿松石和填漆，色彩较三盘山铜管更为明快。与永城铜管最为接近的

[1]　鲁迅1935年9月9日致李桦信中说："惟汉人石刻，气魄深沉雄大，唐人线画，流动如生，倘取入木刻，或可另辟一境界也。"张光福：《鲁迅美术论集》，云南人民出版社，1982年，第490、497页。鲁迅原文特指汉代石刻而言，今人引用时则往往不注意所讨论的对象，推而广之。

[2]　史树青：《我国古代的金错工艺》，《文物》1973年第6期，第70页，图版六；河北省博物馆等：《河北出土文物选集》，文物出版社，1980年，图242；文物编辑委员会：《文物考古工作三十年（1949～1979年）》，文物出版社，1979年，第46页。

[3]　孙机认为这种构件称作俾倪，或韓輗（孙机：《中国古代独辀马车的结构》，《文物》1985年第8期；后收入孙机：《中国古舆服论丛》增订本，文物出版社，2001年，第33～34页；又收入孙机：《汉代物质文化资料图说》，文物出版社，1991年，第107～108页），此说得到不少学者赞同。袁仲一对此有不同看法，他认为："关于韓輗是在轼中央的环形构件用以持盖杠的说法，比较合理。"袁仲一：《秦陵铜车马有关几个器名的考释》，《考古与文物》1997年第5期，第24～31页。汪少华进一步认为韓輗"是指处于被环持括约状态表现为略微曲斜的盖杠，因为也指称这种在车轼中央或车舆某处用以括约固定盖杠的环或环形构件"，而与这种铜管无涉。汪少华：《"韓輗"考——〈考工记〉名物考证之一》，《语言研究》2002年第4期，第68～63页。另有学者称此物为车铤，如郑溱明：《定州三盘山错金银铜车伞铤纹饰内容分析》，《文物春秋》2000年第3期，第43～48页；郑绍宗：《定县三盘山122号汉墓》，《河北考古重要发现1949～2009年》，科学出版社，2009年，第162～165页。

[4]　河南省文物考古研究所等：《永城黄土山与酂城汉墓》，大象出版社，2010年，第56～57页，彩版三三～三五。

图 1　河北定县
三盘山 122 号
西汉墓出土
金银错铜管

图 2　河北定县
三盘山 122 号
西汉墓出土
金银错铜管
展开图

是今藏日本滋贺县 Miho 博物馆的一件金银错铜管[①]。此外，学者们在讨论三盘山铜管时，还提及东京艺术大学美术馆收藏的一件金错铜管（图 3～5）[②]。2012 年 4 月 19 日，我利用到东京艺大演讲的机会，在松田诚一郎教授帮助下，仔细观察了这件著名的藏品。

　　上述 5 件铜管的形制、图像题材、风格、技术十分相近，可知这类作品的出现并非个别现象。本文试图在对东京艺大铜管观察的基础上，谈一点粗浅的认识。与图像学的研究倾向不同，我试图从作品的形式和视觉特征入手，探讨这一时期图像和观看的关系。除了图像本身，也注意技术、器形、材质等物质性元素，并尝试将这类微小的器物放置在宏大的历史坐标系中来理解，"管窥"当时中国美术史的转变以及与外部各种因素的关系。

① 《MIHO MUSEUM 南館図録》，1997 年，（京都）Miho 博物馆，第 212～213 页。
② 对于这件铜管较重要的著录有［日］下中弥三郎：《世界美术全集》第四卷，（东京）平凡社，1930 年，图版 3，图版解说与展开图见第 25～27 页；［日］东京艺术大学：《东京艺术大学藏品图录・工艺》，（东京）东京艺术大学，1978 年，第 7 号文物，图版解说见第 316 页；［日］曾布川宽、［日］谷丰信：《世界美术大全集》第二卷，（东京）小学馆，1998 年，第 171 页，图 102、103，图版解说见第 364 页。《世界美术大全集》第二卷对此物的定名为"金银象嵌筒形金具"，不确，铜管外壁实际上只错金而没有银。

 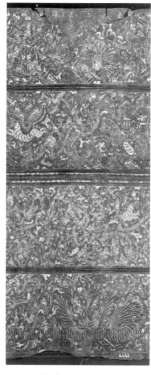 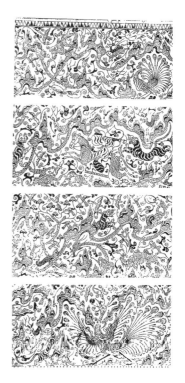

图 3　日本东京艺术大学美术馆 图 4　日本东京艺术大学美术馆 图 5　日本东京艺术大学美术馆
藏西汉金错铜管　　　　　　 藏西汉金错铜管展开照片　　　 藏西汉金错铜管展开图

一　风格与创作

已有多位学者从技术、图像等方面对定县三盘山铜管作过深入研究①。先师刘敦愿先生对于其图像的造型特征进行了详细分析，在此不再重复描述图像的种种细节。

永城黄土山 2 号墓出土的两件铜管形制相同，管内残留有木质。编号 M2∶559 的铜管出土于东车马室（图 6、7），高 25、直径 3.6 厘米，其下部近二分之一锈蚀严重。自上而下第一区段形体较大的动物是一大象，二人持策坐于象的头与背之上。此外还

① 史树青：《我国古代的金错工艺》，《文物》1973 年第 6 期，第 70 页。刘敦愿·《西汉动物画中的杰作——定县出土金错狩猎纹铜车饰画像》，《美术研究》1984 年第 2 期，第 74～79 页；后以《西汉动物画中的杰作——定县金错狩猎纹铜车饰画像分析》为题收入刘敦愿：《美术考古与古代文明》，（台北）允晨文化有限公司，1994 年，第 342～349 页；刘敦愿：《美术考古与古代文明》，人民美术出版社，2007 年，第 261～266 页；刘敦愿：《刘敦愿文集》，科学出版社，2012 年，第 244～349 页。Wu Hung, "A Sanpan Shan Chariot Ornament and the Xiangrui Design in Western Han Art", *Archives of Asian Art*, XXXVLL (1984), pp. 38－59, 中译本见［美］巫鸿：《三盘山出土车饰与西汉美术中的"祥瑞"图像》（张勃译），《礼仪中的美术——巫鸿中国古代美术史文编》，生活·读书·新知三联书店，2005 年，第 143～166 页。郑滦明：《定州三盘山错金银铜车伞铤纹饰内容分析》，《文物春秋》2000 年第 3 期，第 43～48 页。

图 6　河南永城黄土山 2 号西汉墓金银错铜管（M2：559）

图 7　河南永城黄土山 2 号西汉墓金银错铜管（M2：559）展开图

0　　　　　5 厘米

穿插野猪、天马、鹿、虎和各种鸟类。第二区段似以骑士射虎为核心，但骑士部分已残，另外还有龙、凤和其他鸟兽。第三区段有虎食野猪、豹和各种鸟类。第四区段已残。编号 M2：560 的一件出土于西车马室，高 25.9、直径 3.1 厘米，十分完整（图 8、9）。第一区段的偏上部有一大象，背上二象奴。第二区段的核心是一骑士射一怪兽，发掘报告称"猎手深目高鼻，发髻高耸，穿条纹上衣，像是西域或少数民族的人种"[1]。第三区段以一匹双峰驼为中心。第四区段的核心是一昂首的凤鸟。各区段又杂以各种鸟兽、山峦和云纹，异常华美。

　　Miho 博物馆的铜管曾刊于伦敦埃斯肯纳齐行（Eskenazi Ltd., London）展览图录（图 10、11）[2]，李学勤和艾兰（Sarah Allan）对此有较详细的介绍[3]。这件铜管高 26.5、直径 4 厘米，各区段画像中的主要形象与黄土山两件铜管相同，色彩也十分相近。此物与永城两器极有可能出自同一作坊，也有可能是同一区域出土的。

---

① 河南省文物考古研究所等：《永城黄土山与酂城汉墓》，大象出版社，2010 年，第 56 页。

② *Inlaid Bronze and Related Material from Pre-Tang China*, *Catalogue of Exhibition* 11 June – 5 July 1991, Eskenazi Ltd., London：1991，No. 16.

③ 李学勤、［美］艾兰：《欧洲所藏中国青铜器遗珠》，文物出版社，1995 年，彩色图版 17，图版 207：A ~ D。

图 8　河南永城黄土山 2 号西汉墓金银错铜管（M2：560）

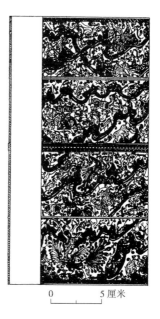

图 9　河南永城黄土山 2 号西汉墓金银错铜管（M2：560）展开图

图 10　日本 Miho 博物馆藏西汉金银错铜管

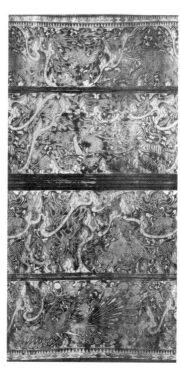

图 11　日本 Miho 博物馆藏西汉金银错铜管展开照片

东京艺大铜管上世纪初出土于朝鲜平安南道大同江古墓，为西汉乐浪郡的遗物，按照早年喜龙仁（Osvald Sirén）的说法，是一农民偶然所得[1]，其大小、形制和图像内容与

———————

[1]　Osvald Sirén, *A History of Early Chinese Art：The Han Period*, London：Ernest Benn, Limited, 1929–1930, p. 37, note 1.

三盘山铜管所见基本一致。其尺寸有多种报道，据松田教授和我的实测，高 25.4、直径 3.65 厘米，外壁展开面积为 291.3 平方厘米（含轮节部分），下部边缘部分略残。图像中的人物、动物计有骑士 1、马 1、虎 4、骆驼 1、熊 2、牛 1、野猪 1、鹿 15、猴 1、犬 5、兔 9、鸟 30、龙 1、凤（孔雀?）2、仙人 2，总数为 76。其间还穿插有变化万端的山形、云纹和神树。管内有木芯，经松田教授鉴定，是一种阔叶树[1]。在盛放此物的木函标签上，标注有"金错狩猎文铜管"的名称，分类号为"文化财十一"，并注明"昭和二年（1927 年）七月六日购入"，故知其出土当在 1927 年之前。此物在昭和十六年（1941 年）7 月 3 日被定为"重要文化财"。1978 年出版的《东京艺术大学藏品图录·工艺》将其年代误定为东汉，但对比三盘山和永城铜管来看，应同属西汉中期遗物。

这 5 件铜管上的图像总体上较为一致，每个区段形体较大的核心母题基本相同，一般第一区段为乘象，第二区段为射猎，第三区段为骆驼[2]，第四区段为凤鸟。个别有所例外，如东京艺大铜管第一区段为凤鸟而没有象。这些核心母题引人注目，有着决定性的优势。在此基础上，一些中、小型体量的动物和连绵不断的山峦、云纹则变动不居地穿插其间。另一方面，绝无任何两件铜管的图像在细节上完全相同。此前的研究者多认为这类铜管使用了相同的画稿，但仔细观察可以得知，这些铜管虽然可能出自共同的构思，反映了比较一致的主题和观念，但每一件均为单独设计。由于图像内容丰富，制作工艺也极为复杂，因此这种一致性和差异性的出现不可能是匠师率性而为，而是苦心经营的结果。这一方面说明作者试图通过特定的母题组合来表现共同的意义，另一方面又试图体现每一件作品独特的价值。

研究者认为三盘山和东京艺大铜管图像所表现的是西汉宫廷美术中普遍流行的祥瑞题材[3]。按照这种解读，包括龙、凤在内的动物属于祥禽瑞兽，云纹表现

---

[1] 河北满城西汉中山靖王刘胜墓出土的 5 件鎏金铜管和其妻窦绾墓出土的 2 件鎏金铜管内也大多有木芯。见中国社会科学院考古研究所等：《满城汉墓发掘报告》，文物出版社，1980 年，第 191～192、195、322～324 页。

[2] 黄土山 2 号墓、东京艺大、Miho 铜管的骆驼背部各刻画一猴，许全胜兄提示，这一细节反映了养猴避驼、马疫病的观念和习俗。邢义田曾讨论中国古代文献和艺术中所见养猴避马疫病的问题（邢义田：《画为心声——画像石、画像砖与壁画》，中华书局，2011 年，第 533～540 页），他的新著《立体的历史——从图像看古代中国与域外文化》（生活·读书·新知三联书店，2014 年，第 23～25 页）对此加以补充，增加了对于猴避骆驼疫病的论述。

[3] ［美］巫鸿：《三盘山出土车饰与西汉美术中的"祥瑞"图像》（张勃译），《礼仪中的美术——巫鸿中国古代美术史文编》，生活·读书·新知三联书店，2005 年，第 147～156 页；郑滦明：《定州三盘山错金银铜车伞铤纹饰内容分析》，《文物春秋》2000 年第 3 期，第 46 页。铜管与山东嘉祥东汉元嘉元年（151 年）武梁祠内顶上雕刻的祥瑞画像相比，后者画面分为若干方格，每格一图，并配以较详细的榜题，呈现为一种"图录式"（cataloguing style）的结构。这种画像源于汉代的"瑞图"，其历史可追溯到汉武帝时期（前 140～前 87 年）（见［美］巫鸿著，柳扬、岑河译：《武梁祠——中国古代画像艺术的思想性》，生活·读书·新知三联书店，2006 年，第 91～124 页），是对一种宗教理论和知识直接的图解，而铜管图像的风格生动，是一种更为自由的绘画，缺少后者所特有的来自于文本的规定性，而予人以审美的愉悦，故适用范围更为广泛。

了神异的"气"。其中人物、动物与云纹和山峦的风格，可以比较清晰地区分开来。前者较为写实，人物、动物的形体结构表现得十分准确；相比而言后者则更具有表现性，例如山峦并不是作为实体的块面来处理，而呈现为屈曲流动的轮廓线，这些线条之间彼此穿插，而不是按照前后关系叠置。如果说人物、动物表现一种视觉经验，那么后者则是更为观念性的内容。换言之，这些山峦、云纹（或者也包括东京艺大铜管第三区段的一棵神树），并不是风景画，而是宗教性题材[①]，虽然它们与人物、动物在意义上彼此关联，但却采取了截然不同的表现手法。

我们暂不讨论这种风格各自的渊源[②]，值得思考的是这一时期美术整体变化的大势。简单地说，西周青铜器流行的兽面纹、凤鸟纹，在东周时期蜕变为较为抽象的蟠螭纹、蟠虺纹，有些细小的纹样中有类似鸟类羽毛的结构，可能意在表现"气"等形而上的概念[③]。大约从东周中期开始，宴享、射猎、战争等题材开始流行于青铜器和漆器上，这些场景性、叙事性、图绘式的图像虽然只占很小的比例，但不能忽视的是，同一时期帛画上的人物形象也在"再现"的道路上达到了前所未有的水平，更不必说文献和考古材料还可以证明，这时期的建筑中也出现了壁画。对于这种历史性的转变，杨泓师有精深的讨论[④]。

---

① 在另外两件西汉铜管上可以看到人物、动物与山峦、云纹的其他组合方式，第一个例子是早年卢芹斋经手转卖（M. Rostovtzeff, *Inlaid Bronzes of the Han Dynasty in the Collection of C. T. Loo*, Paris and Brussels: G. Vanoest, Publisher for Librairie Nationale D'Art et D'Histoire, 1927, pl. Ⅱ），后为日本永青文库收藏的一件金银错铜管（Osvald Sirén, *A History of Early Chinese Art: The Han Period*, London: Ernest Benn, Limited, 1929 - 1930, pl. 47；［日］水野清一：《殷周青銅器と玉》，（东京）日本经济新闻社，1959 年，图版167）。其体量略小，外壁只分为上下两个区段，其主体的纹样是"U"形或倒"U"形的云气按二方连续的形式有规律地排布，细小的动物穿插其间。喜龙仁指出，从动物跳跃、追逐的姿态可以看出，凸起的云气表现的应是山峰（Osvald Sirén, *A History of Early Chinese Art: The Han Period*, London: Ernest Benn, Limited, 1929 - 1930, p. 37），而宗像清彦（Kiyohiko Munakata）注意到，许多云气的端部演化为鸟头或龙爪（Kiyohiko Munakata, *Sacred Mountains in Chinese Art*, Urbana and Chicago: University of Illinois Press, 1991, p. 21）。第二个例子是纽约蓝理捷公司（J. J. Lally & Co.）图录中公布的一件西汉银错铜管（*Arts of the Han Dynasty*, New York: J. J. Lally & Co., 1998, pl. 28），高40厘米，其外壁四个区段上的主体纹样是翻卷穿插的云纹，一些细小的鸟兽和至少两位仙人刻画在云气纹的曲线中。在这两个例子中，云气的形式更注重装饰性，呈现出一种秩序感和韵律感，而动物则一概保持着严谨的写实作风。永青文库铜管和蓝理捷公司铜管所见仙人、动物与山峦、云气的组合进一步证明二者属于两个不同的系统。

② 永城黄土山2号墓多件金银错铜车器也装饰同类的题材，由于器形多样，所呈现的图像也随之变化。一些比较细长的器物因为面积有限，仅仅装饰一些中小型的动物和云纹，而一件衡末轭首饰圆形的顶部则刻画了一只形体丰满的虎，两件柱状铜冒外壁分别描绘羽饰华美的凤鸟和腾跃的龙，两件轭端饰件的顶部面积较大，分别为一只虎和一只凤鸟所占据。这组器物显示出各种母题是可以灵活分解的，说明匠师们在设计铜管时，拥有某些较为固定的母题资源。

③ ［日］林巳奈夫：《中國古代の遺物に表はされた「氣」の圖像的表現》，《東方学報》第六十一册（1989年），第2～63页。

④ 杨泓：《战国绘画初探》，《文物》1989 年第10 期，第53～59 转36 页。

《韩非子·外储说左上》中的一段话在谈到再现性和观念性艺术的创作时，强调了视觉经验的重要性：

> 客有为齐王画者，齐王问曰："画孰最难者？"曰："犬马最难。""孰易者？"曰："鬼魅最易。"夫犬马，人所知也，旦暮罄于前，不可类之，故难。鬼魅无形者，不罄于前，故易之也。①

这段对话说明，至迟在战国时期，绘画中已有了比较明确的对于写实的追求。除了狗马等"人所知"的题材，"无形者"鬼魅也呈现于图像之中。值得注意的是，蟠螭纹、蟠虺纹等几何纹样与写实性图像在东周时期很少彼此杂合，而西汉铜管上的图像则显示了二者的交融。比较一下美国弗利尔美术馆（The Freer Gallery）藏春秋晚期至战国早期的车马狩猎纹铜鉴上的装饰图像（图 12、13）②，便可以清楚地看到时代的差异。

图 12　美国弗利尔美术馆藏东周铜鉴

---

① 王先慎撰、钟哲点校：《韩非子集解》，中华书局，2003 年，第 270 ~ 271 页。

② 容庚：《商周彝器通考》，上海人民出版社，2008 年，第 117、354 页，附图下八七五；John Alexander Pope, Rutherford John Gettens, James Cahill, Noel Barnard, *The Freer Chinese Bronzes*, vol. Ⅰ, Washington：Smithsonian Institution，1967，pp. 484 – 489。此外，陕西甘泉县博物馆 2001 年入藏两件形制和大小相同的金错铜管，外壁分为三个区段，装饰车马、武士、走兽和飞禽等，画像题材和风格与弗利尔美术馆藏车马狩猎纹铜鉴几乎完全相同（王勇刚、崔风光：《陕西甘泉县博物馆收藏的两件错金狩猎纹铜车饰》，《考古与文物》2009 年第 4 期，第 108 ~ 109 页）。笔者未目验这两件铜管，因为其图像与弗利尔铜鉴高度一致，或许应对于其真伪问题更为慎重。

图13　美国弗利尔美术馆藏东周铜鉴车马狩猎纹展开照片

《韩非子》所记客与齐王的对话为汉代人所熟知①，美术变化的大势也一直延续下来。这期间技法的"进步"显而易见，弗利尔铜鉴上的人物、车马和各种动物无背景，彼此缺少有机的关联，而西汉铜管图像中增加了山峦和云纹，各种元素彼此呼应，气势流畅。铜鉴上的人物、动物多为简单的剪影，工匠甚至无法恰当地处理车与马的关系，以至于四匹马背对背分列两侧。而铜管上的各种动物的造型相当圆熟，作为"无形者"的"气"呈现为云纹和山峦的形象，已不是原来的几何图案，绘画的特征更为清晰地展现出来，这时期的绘画如唐人所言，可以"穷天地之不至，显日月之不照"，"有象因之以立，无形因之以生"②。

二　尺度与观看的矛盾

艺术风格并非在真空中发展，从逻辑上讲，图像与观者有着直接的联系，如战国和西汉建筑中的壁画，就曾引起作为观者的屈原和金日磾等人各种反应③。但是，铜管却显现出这个问题更为复杂的一面。与大多数早期艺术品一样，铜管画像的制作并非出于纯粹的审美目的，其形态也不属于独立的"绘画"，而是器物的附属物。照片、线图以及越来越流行的数字复制品，导致我们在很大程度上忽略了器物的材质、尺度、技术等物质性元素，也忽略了对于图像与器物关系的关注。

实际上，这些铜管上的图像尺幅极小，一只鸟的长度大多不足1厘米。在观察东

①　《淮南子·氾论训》："今夫图工好画鬼魅，而憎图狗马者，何也？鬼魅不世出，而狗马可日见也。"刘文典撰，冯逸、乔华点校：《淮南鸿烈集解》，中华书局，1989年，第432页；《后汉书·张衡传》记张衡"譬犹画工，恶图犬马而好作鬼魅，诚以事实难形，而虚伪不穷也"，中华书局，1965年，第1912页。

②　朱景玄：《唐朝名画录·序》，《中国画学全书》第一册，上海书画出版社，1993年，第161页。

③　按照东汉王逸《天问章句序》的说法，《天问》是屈原遭放逐后，观"先王之庙及公卿祠堂"壁画，"因书其壁，何（呵）而问之，以泄愤懑，舒泻愁思"，洪兴祖撰、白化文等点校：《楚辞补注》，重印修订本，中华书局，1983年，第85～119页；汉武帝诏令图画金日磾母休屠王阏氏之像甘泉宫，"日磾每见画常拜，乡之涕泣，然后乃去"，《汉书·霍光金日磾传》，中华书局，1962年，第2960页。

京艺大铜管上的图像时，我们需要借助放大镜和聚光手电筒，方能见其细节，而电脑中可随意放大的照片比实物更为清晰（图14）。然而，一个简单的事实是，古人并没有这些设备，他们要看清楚画像的细节非常困难。匠师在有限的面积上利用复杂的技术和材料制作如此细小的画面，既显示出材料的珍贵，也挑战了技术的极限。这些形象虽然微小，却并非剪影，而是尽其可能以流畅的双钩线条精确地表现人物、动物的结构，以小块面、平行线、散点表现其衣纹、毛发等细节。这种缩微的手法背离人们的正常观看习惯，同时又在图像和观者之间建立起一种特殊的关系：一方面，图像诱导着观者的目光，培养出一种明察秋毫的观看方式；另一方面，这种特殊的目光反过来也期待着匠师的创造精益求精。《韩非子·外储说左上》记载的另一个故事，是这种关系的一个注脚：

图14　日本东京艺术大学美术馆藏西汉金错铜管图像细部
（松田诚一郎摄影）

　　燕王征巧术人。卫人请以棘刺之端为母猴。燕王说之，养之以五乘之奉。王曰："吾试观客为棘刺之母猴。"客曰："人主欲观之，必半岁不入宫，不饮酒食肉。雨霁日出，视之晏阴之间，而棘刺之母猴乃可见也。"燕王因养卫人，不能观其母猴。郑有台下之冶者，谓燕王曰："臣为削者也。诸微物必以削削之，而所削必大于削。今棘刺之端不容削锋，难以治棘刺之端。王试观客之削，能与不能可知也。"王曰："善。"谓卫人曰："客为棘削之？"曰："以削。"王曰："吾欲观见之。"客曰："臣请之舍取之。"因逃。①

　　巧术人的身份一半是艺术家，一半是术士。他声称其微雕作品不能用俗人的眼睛观察，而必须经过一系列类似宗教仪式的苦修，并借助特定的光线，才能养成一种与之匹配的具有特殊机能的目力。巧术人巧言令色，别有所图，但这类故事也说明，至迟从战国时期开始，上层社会中就风行这类奇技淫巧。符合道德标准的工匠是冶工，他们可以制作粗笨坚实的工具，却在艺术上毫无造诣。冶工所举的逻辑是生活常识，即刻刀尺码总是大于棘刺之端，他们识破了巧术人的伎俩，使得那只肉眼难以看到的猴子停留在了口头上。但是，艺术的逻辑总要突破生活常识，从这一点上说，棘刺之端的想象力是可贵的②。

　　《外储说左上》所记"客有为周君画荚者"的故事有着雷同的情节：

　　　　客有为周君画荚者，三年而成。君观之，与髹荚者同状。周君大怒。画荚者曰："筑十版之墙，凿八尺之牖，而以日始出时加之其上而观。"周君为之，望见其状，尽成龙蛇禽兽车马，万物之状备具。周君大悦。此荚之功非不微难也，然其用与素髹荚同。③

　　"荚"一作"策"，有注家释为驱马之具④。但由于旁证材料不足，此处的"画荚"到底是一件什么样的器物，已难知其详。当周君以寻常的眼光看去时，其"与髹荚者

①　王先慎撰、钟哲点校：《韩非子集解》，中华书局，2003 年，第 267～268 页。关于"母猴"的问题，许全胜教授提示我参考张永言《〈沐猴〉解》一文。文中指出，《韩非子》故事中的"母猴"与"沐猴"属同词异写，"沐"字是一个非汉语成分，是汉藏语系中 mjok（mjuk）/muk 一词的对音，而后者语义为"猿/猴"；就构词法而论，"母猴"、"沐猴"属于"同义连文"或"大名冠小名"。张永言：《语文学论集》，语文出版社，1992 年，第 212～219 页。

②　这种想象力总有付诸实践的一天，例如考古发现多组汉代金属细工制品也体现了同样的追求。江苏甘泉双山 2 号东汉墓出土一组金饰件，包括 3 件两面带有掐丝花瓣形图案的泡形饰、2 件镶嵌绿松石的亚形饰、2 件表面以小金珠粘连成三胜形的饰件、1 件"宜子"铭盾形饰、1 件挂锁形饰、1 件"王冠"形金圈、1 件空心金球、1 件龙形片饰和 1 件嵌水晶泡金圈等。这些金饰品大多长度不足 1 厘米，其中的龙形片饰原来可能附着在其他器物上，残长 4.6 厘米，重 2 克。在黄豆粒大小的龙头上用金丝、金珠焊缀出眼、鼻、牙齿、角、须，精美异常。南京博物院：《江苏邗江甘泉二号汉墓》，《文物》1981 年第 11 期，第 1～11 页，图版三。山东莒县双河村出土汉代"宜子孙"铭金灶、金蟾、金盾也十分精灵巧，其中金灶高 0.9、宽 0.9、通长 1.25 厘米，重 2.9 克，烟囱、锅、灶膛等一应俱全，灶面上一条鱼清晰可辨，锅中镶嵌金珠以示饭食；金蟾长 1.9、最宽处 2、厚 0.2 厘米，重 4.35 克；金盾高 2.8、最宽 1.5、厚 0.15 厘米，重 5.1 克。刘云涛、张开学：《莒县山上的汉代金器》，《东南文化》2000 年第 6 期，第 84～85 页。

③　王先慎撰、钟哲点校：《韩非子集解》，中华书局，2003 年，第 270 页。

④　山东滕州前掌大墓地出土数件西周早期青铜策，多呈长条形，有一定弧度，有库、穿、刺等，装饰兽面纹。中国社会科学院考古研究所：《滕州前掌大墓地》，文物出版社，2005 年，第 368～369 页。也有一件素面管状。秦始皇陵封土西侧出土的 2 号铜车也有策，铜质，竿形带节，前端有刺，饰云纹。秦俑考古队：《秦始皇陵二号铜车马清理简报》，《文物》1983 年第 7 期，第 14 页，图四二。有关论述见孙机：《始皇陵 2 号铜车对车制研究的新启示》，《文物》1983 年第 7 期，第 23～24 页；又见孙机：《中国古舆服论丛》增订本，文物出版社，2001 年，第 6～8 页。

同状"，然而借助于类似小孔成像的光学原理，在特定的光照条件下，却可以看到"龙蛇禽兽车马"等万物之状。这件作品与棘刺之端的猴子不同的是，它依然保留着一般"髹荚"的功能，但仍属无益之作。

"齐王"、"燕王"、"周君"并未道出其名；"客"、"巧术人"也来自异国，同书所载棘刺之端雕猴故事的另一个版本中，"卫人"变为"宋人"①。这说明种种艺术设计项目的甲方、乙方均属虚构，情节也被过分戏剧化，但是这些故事却折射出许多事实，其一，当时的上层社会普遍出现了对于无用、无益的工艺品痴迷的追求；其二，相关的技术正在获得突破性的发展；其三，匠师们可以享受"五乘之奉"，其社会地位远远超乎我们的想象。这几个方面对于艺术的发展至关重要，并一直延续到西汉宫廷中。那些善于机变又掌握特殊技能的匠师与作为巫师的方士在身份上有所交叉，后者甚至一度在政治上与儒生们分庭抗礼。如果将有着政治和财富野心的骗子排除掉，他们之中一些人在技术上的成功，说明当时已经出现了高等级的专业技术阶层。《周礼·冬官·考工记》对于车的制作有着较为详细的记述，在"轮人为盖"一节提到伞柄的制作②。虽然其文字并未确切言及铜管这一部件，但可以推知铜管也与盖斗柄的"达常"和"桯"一样，属于"轮人"所作。

上述对话的转述者负责对这些现象做出自己的道德评判，其标准显然是功利论③。儒家的经典对于巧工的态度与《韩非子》截然不同，如《考工记》云："知者创物，巧者述之，守之世，谓之工。百工之事，皆圣人之作也。"④但是，在这个问题上，儒家似乎是少数派。《老子》第四十五章云："大直若屈，大巧若拙，大辩若讷。"⑤《庄子·外篇·胠箧》："彼曾、史、杨、墨、师旷、工倕、离朱，皆外立其德而以爚乱天下者也，法之所无用也。"⑥《吕氏春秋·审应览·离谓》："周鼎著倕而龁其指，先王有以见大巧之不可为也。"⑦

在"墨子为木鸢"的故事中，"巧"与"拙"皆出自墨子一人，但二者却是对立的：

墨子为木鸢，三年而成，蜚一日而败。弟子曰："先生之巧，至能使木鸢飞。"

---

① 王先慎撰、钟哲点校：《韩非子集解》，中华书局，2003 年，第 267 页。
② 郑玄注、贾公彦疏、赵伯雄整理：《周礼注疏》，北京大学出版社，2000 年，第 1263～1264 页。
③ 李泽厚、刘纲纪：《中国美学史》，中国社会科学出版社，1984 年，第 387～392 页。
④ 郑玄注、贾公彦疏、赵伯雄整理：《周礼注疏》，北京大学出版社，2000 年，第 1241 页。
⑤ 朱谦之：《老子校释》，中华书局，1984 年，第 182～183 页；这段话在马王堆帛书甲本中保存完好，作"大直如诎，大巧如拙，大赢如炳（絀）"。高明：《帛书老子校注》，中华书局，1996 年，第 43 页。
⑥ 郭庆藩撰、王孝鱼点校：《庄子集释》，中华书局，1961 年，第 353 页。
⑦ 王利器：《吕氏春秋注疏》，巴蜀书社，2002 年，第 2194 页；关于倕的研究，见李松：《巧倕的命运》，《装饰》1993 年第 4 期，第 39～41 页；关于中国早期艺术中"巧"的文化意义的研究，见 Martin J. Powers, *Pattern and Person: Ornament, Society, and Self in Classical China*, Cambridge (Massachusetts) and London: Harvard University Asia Center Distributed by Harvard University, 2006, pp. 130–132。

墨子曰：“不如为车辖者巧也，用咫尺之木，不费一朝之事，而引三十石之任，致远力多，久于岁数。今我为鸢三年成，蜚一日而败。”惠子闻之曰：“墨子大巧，巧为辖，拙为鸢。”①

与辖一样，铜管也是一件实用的车器，属于墨子所说的“巧”作，而其上的人物、动物历历在目，与“画莢”上“龙蛇禽兽车马”同属一族，又属“木鸢”一类的“拙”术。铜管作者既是“巧”的冶工，也是“拙”的巧术人，实用功能与艺术价值在这件赏心悦目的作品中合为一体。但是，这并不意味着巧与拙的冲突已经消弭。

三　器形与观看的矛盾

以特殊的摄影技术或手工绘制的展开图使铜管外壁的画像一览无余，给研究者提供了便利，但同时展开图也将“实物”转化为一种非物质的“图像”，遮蔽了有形的器物。

装饰在器物上的图像与器物本身有着多种不同的结合方式。河南洛阳中州路战国车马坑出土的两组铜管（图15）②、秦始皇陵封土西侧出土的1号铜车伞杠中部的铜管以及同坑木车上的铜管（图16）③，外壁皆装饰银错或金银错的图案，无论是规矩的三角纹还是活泼的云纹，均以横向二方连续方式平列，环绕在器壁周围。这些纹样以一个单元连续重复排列，呈现出富有节奏的美感。观者从任何一个角度看到一两个纹样单元，就可以想象到其侧面和背面有着同样的纹样。这类纹样突显了与器形的和谐统一，是古代器物装饰的主流。

与洛阳中州路和秦始皇陵的例子不同，河南辉县固围村1号战国墓出土的两组铜管外壁以金银错手法横向刻画交叉的龙与凤（图17）④，从一个角度看去，仅能见其一鳞半爪，而无法得其全貌。几件西汉铜管上的装饰图像是绘画性的，是固围村铜管装饰方式的进一步发展。绘画是在二维平面上展开的图像，但铜管为圆柱体而非一块平板，如此一来，内容复杂的图像与器物的结构之间便产生了尖锐的矛盾。匠师的设计图必须绘制于平面载体（如织物或木板，这也意味着铜管的曲面被匠师硬性地展开），否则就无法通盘经营各种物象的位置。图样与器物合为一体后，由于直径有限，观者从单一的角度只能看到铜管上一小条狭长的画面，形体略大的人物和动物，如骑士、

① 王先慎撰、钟哲点校：《韩非子集解》，中华书局，2003年，第266～267页；这个故事又见《墨子·鲁问》，孙诒让撰、孙启治点校：《墨子间诂》，中华书局，2001年，第480～482页。
② 洛阳市博物馆：《洛阳中州路战国车马坑》，《考古》1974年第3期，第174页，图三之4，图版三之3。
③ 秦始皇帝陵博物院：《秦始皇帝陵出土一号青铜马车》，文物出版社，2012年，第189～190页。
④ 中国科学院考古研究所：《辉县发掘报告》，科学出版社，1956年，第79～80页。报告将此铜管称作軧，不确，孙机已予更正，见孙机：《中国古舆服论丛》增订本，文物出版社，2001年，第34～35页。

凤凰、骆驼等均无法完整地呈现其形体，画面的全貌则必须依赖于观者与器物相对的运动来展现。

图 15　河南洛阳中州路出土战国金错铜管

图 16　陕西临潼秦始皇陵封土铜车马坑出土木车铜管

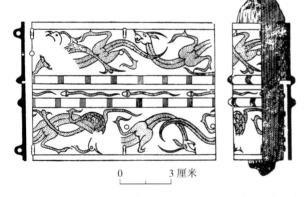

图 17　河南辉县固围村 1 号战国墓出土金银错铜管

当观者在一瞥间看到画面的局部时，好奇心会诱惑、引导着他们蔓引株连地寻找另一部分。匠师巧妙地隐藏起设计稿左右两端衔接的痕迹，使图像浑然一体。在人或器物转动中，观者看到的部分转换为他的记忆，继而淡忘，再观看，再记忆，再淡忘……知新与温故的欲望激发着旋转持续进行下去。这样，观者所见的图像便被转化为永无穷尽的图景，山峦、云气在运动中此起彼伏，变幻出奇妙的韵律，出没其间的人物、动物不可数计，加之缩微手法所营造的特殊观看方式，观者便会获得一种十分特别的心理感受，如同进入一个"小人国"（Lilliput），跟随骑士，在山峦间追逐着动物奔跑，

"始则终，终则始，若环之无端也"。

　　这是我在东京艺大美术馆库房持续以手转动铜管时获得的印象。但是，不久我便意识到，汉代人大多无法采用这样一种观看方式。一个简单的事实是，铜管以及整个伞杠是被固定在车厢之中的，因此，要完整地看到铜管外壁装饰的画面，必须依靠观者身体的运动。然而，车厢内的空间并不允许乘车者自由地围绕伞杠转动。在秦始皇陵 1 号铜车中，驭者立于车厢右侧，空虚的左侧位置尊贵，是为主人而设①，但因为车厢空间狭窄，复原时甚至将伞杠偏移到车厢左侧（图 18）。在如此狭窄的空间中，不管是主人还是御手，谁都无法自如地在车厢中绕行。

图 18　陕西临潼
秦始皇陵 1 号铜车

　　退一步说，即使车厢内空间优裕，主人也未必会像我们想象的那样去从容细致地观察铜管上的图像。《论语·乡党》记孔子登车之容，云："升车，必正立，执绥。车中不内顾，不疾言，不亲指。"② 所谓"内顾"，即回头后顾。西汉初年，主张"改正朔，易服色制度，定官名，兴礼乐"③ 的贾谊在《新书·容经》中言之更详：

①　《史记》卷七七《魏公子列传》："坐定，公子从车骑，虚左，自迎夷门侯生。"中华书局，1959 年，第 2378 页。

②　程树德撰，程俊英、蒋见元点校：《论语集释》，中华书局，1990 年，第 728～730 页。

③　《汉书》卷四八《贾谊传》，中华书局，1962 年，第 2222 页。

　　　　坐乘以经坐之容，手抚式，视五旅，欲无（"无"为衍字）顾，顾不过毂。
小礼动，中礼式，大礼下。坐车之容。
　　　　立乘以经立之容，右持绥而左臂诎，存剑之纬，欲顾，顾不过毂，小礼据，
中礼式，大礼下。立车之容。
　　　　礼，介者不拜，兵车不式，不顾，不言，反抑式以应武容也。兵车之容。
　　　　若夫立而技，坐而蹁，礼怠懈，志骄傲，逴视数顾，容色不比，动静不以度，
妄咳唾，疾言嗟，气不顺，皆禁也。①

　　这几段文字总结了关于乘车的各种礼仪规范，其中谈到坐车时要手扶车轼，双目
平视，即使顾盼，也不能超过车毂的界限，也就是说不能回首超过 90° 张望。在车中站
立时，还要右手挽上车之索，左手按剑，保持身体平正稳定。身着铠甲乘兵车时，则
要求更为严格，要不为式敬，以免损其威武之容；要反握车轼，不能回头，不能言语。
至于在车上仪态懈怠散漫，举手投足违规逾矩，妄言喧乱，都是"非礼"的行为。
　　如此来看，上文所述铜管转动后其画面所呈现的效果，实际上是一种理想化的图
景。但是，这种理想与其说是我们一厢情愿的想象，倒不如说是匠师的设计和期待。
观看方式的戏剧性，以及精妙的构图和造型、斑斓的色彩，完全超出了器物本身实用
的功能，冶工与巧术人只是在形式上合为一体，但内在的矛盾仍十分尖锐。在冶工一
端，要保证铜管有着坚实挺拔的形态，完成它在力学上的重任，而在巧术人的那一
端，艺术的追求不仅游离于功能之外，甚至包含着对于礼仪的背叛。

四　属性与功能

　　西汉铜管尺度、器形与图像创作、观看之间的矛盾难以解释，我在只此提出一些
尝试性的思路。
　　第一种思路涉及铜管图像的宗教属性。研究者将铜管上的装饰称作"祥瑞纹"，与之
相关的神仙之说在东周时期已在许多地区流行，《韩非子·外储说左上》与雕猴、画荚并
列的还有"郑人争年"等故事②。西汉武帝时期，燕齐方士游走于朝堂，巫鸿和郑滦明均
提醒我们注意，声称善于求仙的齐人少翁，在博得了武帝的信任后"作画云气车"③。
　　方士谈求仙之术，图像是最有力的工具。恰是在武帝时期，董仲舒综合阴阳家、

---

① 贾谊撰，阎振益、钟夏校注：《新书校注》，中华书局，2000 年，第 228 页。
② 王先慎撰、钟哲点校：《韩非子集解》，中华书局，2003 年，第 270 页。
③ 《史记》卷二八《封禅书》："齐人少翁以鬼神方见上。上有所幸王夫人，夫人卒，少翁以方盖夜致王夫人及灶鬼
　之貌云，天子自帷中望见焉。于是乃拜少翁为文成将军，赏赐甚多，以客礼之。文成言曰：'上即欲与神通，
　宫室被服非象神，神物不至。'乃作画云气车，及各以胜日驾车辟恶鬼。"中华书局，1959 年，第 1387～1388 页。

黄老和法家思想，发展出天人感应的理论，强调"灾异遣告"，到西汉末年，变成对于谶纬的迷信，使得儒学走向神秘化①。尽管董仲舒也反对方士迷信，但相信灾异为上天遣告者并非董氏一人，况且他的儒家思想已杂糅了黄老的学说，这样，依附于黄老的神仙学说，就与以天人感应理论为基础依据的符瑞结合在一起，儒家重视图像的教化功能的传统与神仙家的巧术便不再对立。

与先秦巧术人不同的是，汉代的方士出于功利性目的，对图像的功能提出了新的解释，按照少翁的说法，"宫室被服非像神，神物不至"。武帝曾用一张白鹿皮制造皮币，还制造了麟趾金，用以发祥瑞之应②。这些手法和观念或许意味着祥瑞图既可表现"天垂象，见吉凶"③，也还保留着巫术的力量，能够与"神物"、"天神"沟通。图像的巫术法力并不依赖人的眼睛发挥和运行，因此，车上的装饰是否可以被人们看到，就变得无关紧要了。

然而，单凭宗教的说辞还不足以解释图像与观者的脱节。神仙与图像的联系并不需要凭借肉眼的目光来建立，但方士们却首先要用图像征服皇帝们的凡胎肉眼。少翁即利用类似皮影戏的视觉幻象，赢得武帝的信任，这与棘刺之端雕猴那套把戏十分相似。这时期的祥瑞图像被普遍装饰在建筑、车马、服饰及其他器具上，除了武帝甘泉宫的建筑有较浓厚的宗教特征外，这些器具多属生活用品。因此，第二种思路应通向时人的现世欲望。

雕猴和画莢并没有任何道德与宗教的含义，可与青铜器中游离于礼法和功用之外的"弄器"视作同类④，而东周时期的"燕器"也与铜管的设计异曲同工⑤，如河北平

① 详细的讨论，见金春峰：《汉代思想史》（增补第三版），中国社会科学出版社，2006年，第121～146页。
② 有关"发瑞"的讨论，见［美］巫鸿：《三盘山出土车饰与西汉美术中的"祥瑞"图像》，《礼仪中的美术——巫鸿中国古代美术史文编》，生活·读书·新知三联书店，2005年，第151页。
③ 《说文》卷一："示天垂象，见吉凶，所以示人也。"许慎：《说文解字》（影印1873年陈昌智刻本），中华书局，1963年，第7页。又，《易·系辞上》："天垂象，见吉凶，圣人象之；河出《图》，洛出《书》，圣人则之。"王弼注，孔颖达疏，卢光明、李申整理：《周礼正义》，北京大学出版社，2000年，第341页。
④ 商周青铜器中有自铭带"弄"字者，近年来也有部分小型青铜器出土，属于"祀与戎"之外把玩的弄器。黄铭崇：《殷代与东周之"弄器"及其意义》，《古今论衡》第6期（2001年），第66～88页；李零：《说匦——中国早期妇女用品：首饰盒、化妆盒和香盒》，《故宫博物院院刊》2009年第3期，第69～86页。近年来考古出土的比较典型的弄器为陕西韩城梁带村芮国墓地26号春秋墓出土的6件小巧的青铜器，见陕西省考古研究所等：《陕西韩城梁带村遗址M26发掘简报》，《文物》2008年第1期，第4～21页。相关研究又见高西省、叶四虎：《论梁带村新发现春秋时期青铜鍑形器》，《中国历史文物》2010年第6期，第33～38页；Jessica Rawson，"Carnelian Beads，Animal Figures and Exotic Vessels：Traces of Contact Between the Chinese States and Inner Asia，ca. 1000 - 650 BC"，*Bridging Eurasia*，Verlag Philipp von Zabern·Mainz，2010，pp. 1 - 36；王洋：《梁带村芮桓公夫妇墓随葬青铜器的性别观察》，《考古与文物》2013年第2期，第69～77页。
⑤ 《礼记·王制》："大夫祭器不假，祭器未成，不造燕器。"郑玄注、孔颖达疏、龚抗云整理：《礼记正义》，北京大学出版社，2000年，第503页；《仪礼·既夕礼》："燕器、杖、笠、翣。"郑玄注："燕居安体之器也。"贾公彦疏："以杖者，所以扶身；笠者，所以御暑；翣者，所以招凉，而在燕居用之，故云燕居安体之器也。"郑玄注、贾公彦疏、彭林整理：《仪礼注疏》，北京大学出版社，2000年，第855页。

山三汲战国中山王墓出土青铜方案即是一个典型的例子（图19）①。这件通高仅有 36.2
厘米的方案，采用了青铜、金、银、漆木等多种材料，其底部为圆，案面为方，圆环
形底座中间原有漆木板面，已朽，下部以两牡两牝四只温顺的梅花鹿承托，圆底之上
以彼此穿插的四龙四凤聚合为的半球状，结构紧密，其上龙首向四角抬起，撑开一段
疏朗的空间，龙首之上再以小巧的斗栱完成 45°的调转，以达成与案面的衔接。圆与
方，藏与露，密与疏，收与放，穿插与转折，稳定与灵动，这些概念和而不同，容于
一器之中。其中鹿、龙、凤以雕塑的手法塑造，金、银、青铜的镶嵌组合构成丰富的
色彩，四角则取自建筑中的构件，如此一器，几乎调用了所有的造型语言。我们通常
看到的照片和测绘图，大多尽其所能充分展现底部复杂的结构，然而，所有这些构造
和设计，不过只是方案的基座部分，其实际的功能仅仅在于支撑案面而已，如果将已
朽的案面（或为漆木质）复原回去，凭案而坐，则一切光彩都将为案面所遮蔽，并不
在观者视野之中②。

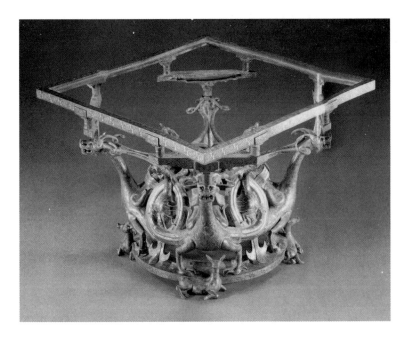

图 19　河北平山三汲
战国中山王墓出土金
银错青铜方案

　　与龙凤错金银方案共存的还有以金银错铜虎噬鹿、犀、牛为底座的两具屏风，一
对金银错铜双翼神兽，以及十五连盏灯等华美的器物。这些器物均出土于墓室东侧的
椁室（发掘报告称之为"东库"），同出的还有大量青铜器、铁器、漆木器、陶器、丝

---

① 河北省文物研究所：《𰯼墓——战国中山国国王之墓》，文物出版社，1996 年，第 137~141 页，彩版一四，图
版九一、九二。
② 关于这件方案更详细的分析，见莫阳：《战国中山王墓研究——一种艺术史的视角》之"引论"，中央美术学
院博士学位论文，2015 年。

织品和一具小帐。这些物品大多应属于燕器。在墓室内西侧的椁室（发掘报告称之为"西库"）内主要放置礼乐器、玉石器、铁器、漆木器和陶器，也有一对与东库相同的银错铜双翼神兽。值得注意的是，该室西北部和南部放置的 9 件铜升鼎，其中最大的一件有长篇铭文，表明是中山王罍所作。这组列鼎代表着墓主的身份和等级，但是九鼎形状不一，铸造时间有先后，显然是勉强拼凑为一套的。西库出土的一件方壶光素无纹，刻有长篇铭文，提到中山国的王系；而东库的两件方壶嵌红铜，镶绿松石，填蓝漆，构成一身令人眼化缭乱的外衣①。西库出土的大部分器物风格质朴，与东库器物的华美形成鲜明对比，如果说前者代表着传统，那么后者则是新的风尚。新风尚奢侈靡丽，耗费了昂贵的材料、大量的人工，也挥霍着图像本身。对于这些器物的主人而言，凝聚着工匠大量心血的家具，其意义主要不是体现于合体实用，而是被占有。它就在那里，却不一定被看见。

《晏子春秋·内篇谏下第二》："寸之管无当，天下不能足之以粟。今齐国丈夫耕，女子织，夜以接日，不足以奉上，而君侧皆雕文刻镂之观。此无当之管也，而君终不知。"② 与四龙四凤方案一样，西汉铜管雕文刻镂，也是消耗大量民力的"无当（底）之管"，也就是《盐铁论·散不足》所批评的"今庶人富者银黄华左搔，结绶韬杠。中者错镳涂采，珥靳飞軨"③。反观秦汉帝王所热衷的求仙，虽常常被放置在宗教史中理解，但实际上与商周时期作为"国之大事"的祭祀，以及后来佛教所宣称的普度众生迥然有别。求仙和长生不老是个人欲望，其首要目的是"一人得道"，而后才是"鸡犬升天"。因此，与神仙观念相关的艺术，就不可能保持道统的素朴，而是充斥着五彩斑斓的浮华。

五　技术、材质与制度

《考工记》云："故一器而工聚焉者，车为多。"④ 与纸帛上的绘画不同，铜管上的画像是借助于特殊的材料和技术完成的。铜器错金技术在文献中称作"金错"⑤，大约出现于春秋晚期⑥，至战国中晚期和西汉大盛。其基本方法是用金丝或金片镶嵌成华丽的纹饰或文字，再以"厝石"打磨光滑，通过不同材质呈色的差别构成图像⑦。铜管上

---

① 河北省文物研究所：《罍墓——战国中山国国王之墓》，文物出版社，1996 年，第 57～82、110～114、118～122、133～144、259～281 页。

② 吴则虞：《晏子春秋集释》，中华书局，1962 年，第 96～97 页。

③ 王利器校注：《盐铁论校注》，中华书局，1992 年，第 350 页。

④ 郑玄注、贾公彦疏、赵伯雄整理：《周礼注疏》，北京大学出版社，2000 年，第 1248 页。

⑤ 对于有关文献的汇集，见朱凤瀚：《古代中国青铜器》，南开大学出版社，1995 年，第 547 页。

⑥ 朱凤瀚：《中国青铜器综论》，上海古籍出版社，2009 年，第 787 页。

⑦ 史树青：《我国古代的金错工艺》，《文物》1973 年第 6 期，第 66～69 页。

细如毫发的凹线是以钢铁刻刀直接在器表錾刻的，即所谓刻镂、镂金，由于画面过小，很可能结合了鎏金的技术，而不是以金丝、金片嵌入①。

青铜器本身的美感既体现于器物的造型和纹样，也体现于材质本身。质地优良的青铜被誉称为"美金"②。所谓"美"，除了密度、硬度等物理学指标，也包括视觉的美感。金银错的盛行意味着青铜本身已无法满足人们的审美需求，上述平山三汲战国中山王墓金银错青铜器纷华靡丽，一改西周青铜器质朴、浑厚、凝重的传统。到西汉时期，金银错技术进一步发展，战国时期即已出现的鎏金铜器更为盛行，出现了诸如河北满城中山靖王刘胜墓长信宫灯、陕西兴平汉武帝茂陵 1 号无名冢 1 号陪葬坑博山炉等鎏金（铭文中称作"金涂"）作品③。刘胜墓四件铜壶的造型因袭传统、一成不变，但器表的变化却多姿多彩，其一（1：5014，图 20）通体鎏金银，装饰蟠龙纹；其二（1：5019，图 21）装饰横向和交叉的鎏金宽带，又镶嵌鎏银乳钉和绿色琉璃；其三（1：5015，图 22）、四（1：5018）周身以金银嵌错华丽的鸟篆文④，运用各种材料和手法装饰的图案和文字遮蔽了青铜原有的材质，金银被视为比青铜更加珍贵的金属。

从东周到西汉时期中国绘画艺术的发展也与整个社会结构、宗教的变化相关，值得注意的是祭祀偶像的出现。中原上古的祭祀以尸祭为核心，而画像盖为楚俗。随着楚文化影响的扩大，中原地区的家祭也部分采取偶像，汉代墓葬中出现的墓主像即与这种风气有关⑤。与这种变化相表里，社会的核心由宗族变为家庭。祖先的面孔遥不可及，

---

① 崔大庸不赞成史树青所说的錾刻"ㄥ"形凹槽再以金银丝片嵌入的说法，认为"类似的凹槽还应是先在范上预先刻好后，再铸器，然后嵌入金银丝、片"，提出有些双乳山车马器可能使用了"鎏金银"的方法。崔大庸：《试论长清双乳山济北王墓中出土的几件错金银车马器》，《刘敦愿先生纪念文集》，山东大学出版社，1998 年，第 422 ~ 430 页。如果是在范上预先制作线条，则必须是凸出的阳线，而不是阴线，然而，均匀的阳线极难完成。细审东京艺大铜管，其线条确有直接雕刻的痕迹，而不可能是在范上雕刻。何晏《景福殿赋》"丹绮离娄"注云：离娄，刻镂之貌。刘向《熏炉铭》曰：雕镂万兽，离娄相加。见萧统编、李善注：《文选》，上海古籍出版社，1986 年，第 528 页。刘向所言，应指类似山中靖王刘胜墓博山炉之类金银错铜熏炉，所谓"雕镂"、"离娄"，均指直接在器物上雕刻线条。崔大庸所说的鎏金银技术的运用，则是正确的。东京艺大铜管上有些十分细小，不成形状的细碎金点，应是鎏金的痕迹，这也证明《说文》"错，金涂也"的说法可能反映了汉代此类工艺的特征。梁书台结合修复平山三汲战国中山王墓四龙四凤案的经验，对此问题有详细的论证。梁书台：《"错金银"质疑》，《文物春秋》2000 年第 4 期，第 71 ~ 72 页。

② 《国语·齐语》记管仲言："美金以铸剑戟，试诸狗马；恶金以铸鉏、夷、斤、斸，试诸壤土。"徐元诰撰，王树民、沈长云点校：《国语集解》，中华书局，2002 年，第 231 页；郭沫若指出："所谓'美金'是指青铜。剑戟等上等兵器一直到秦代都是用青铜铸造的。所谓'恶金'便当是铁。铁，在未能锻炼成钢以前，不能作为上等兵器的原料使用。青铜贵美，在古代不用以铸耕具。"郭沫若：《奴隶制时代》，人民出版社，1973 年，第 33 页。白云翔则认为，"美金"和"恶金"都是指青铜，"美金"是优质青铜，"恶金"是劣质粗铜。白云翔：《"美金"与"恶金"的考古学阐释》，《文史哲》2004 年第 1 期，第 54 ~ 57 页。

③ 中国社会科学院考古研究所等：《满城汉墓发掘报告》，文物出版社，1980 年，下册，彩版 23；咸阳地区文管会等：《陕西茂陵一号无名冢一号从葬坑的发掘》，《文物》1982 年第 9 期，图版肆。

④ 中国社会科学院考古研究所等：《满城汉墓发掘报告》，文物出版社，1980 年，第 38 ~ 48 页。其中两件鸟篆文壶上的铭文分别有"盛兄盛味，于心佳都"及"口味，充闰血肤，延寿却病，万年有余"等吉语，可知与口腹之欲有关，而非礼器。

⑤ 郑岩：《墓主画像研究》，《逝者的面具——汉唐墓葬艺术研究》，北京大学出版社，2013 年，第 168 ~ 194 页。

图 20　河北满城西汉中山王刘胜墓出土蟠龙纹铜壶（1：5014）　　图 21　河北满城西汉中山王刘胜墓出土乳钉纹铜壶（1：5019）　　图 22　河北满城西汉中山王刘胜墓出土鸟篆文铜壶（1：5015）

故去的近亲音容宛在。此风一开，对于现实世界中犬马之类的描绘成为风气，人们的活动以具有叙事性的场景加以表现，鬼魅神灵也越来越多地诉诸图像，而不是停留在抽象无形的概念上。除此之外，来自游牧民族的影响也不可小觑，如铜管上所见骑士反身射虎的图式，有可能直接或间接地来自安息（Parthia，前 247～224 年）艺术①。在这种背景下，汉代出现的祥瑞理论除了通过"瑞图"来表达，更可以诉诸这类生动活泼的绘画。

　　西汉中期以后独尊儒术。在儒家眼中，图像与音乐一样，是仁德的外在形式，是礼教的重要组成部分。这时期重新建立的制度虽然也强调与周代礼乐的一贯性，但在形式上却有着重要的变化。如西汉中原地区墓葬的主流逐步转向横穴的崖墓和砖室墓，完全不同于周制的竖穴墓。两件西汉铜管也很可能也与新的等级制度有关。一些中型汉墓出土的铜管，往往朴素无纹②，金错技术的车马器大多出自高等级墓葬，可能代表着当时工艺和绘画较高的水平③。122 号墓是三盘山三座大型土圹竖穴式木椁墓中规模最大的一座。墓葬内出土 3 辆车、9 匹马。这件铜管属于 3 号车，这是一辆只驾一马的双辕轺车，车上的衡、轭、辕饰、盖柄、盖弓帽等其他部件以及各种马具均错金银花

---

① 罗丰：《胡汉之间——"丝绸之路"与西北历史考古》，文物出版社，2004 年，第 71～73 页。

② 例如西汉前期的广东广州 1174、1175、1177 号墓和西汉晚期的河南洛阳烧沟 61 号壁画墓出土的几件铜管即无纹饰。广州市文物管理委员会等：《广州汉墓》，文物出版社，1981 年，第 146～147 页；河南省文化局文物工作队：《洛阳西汉壁画墓发掘报告》，《考古学报》1964 年第 2 期，第 120 页，图九之 4。

③ 先师刘敦愿先生认为三盘山和东京艺大铜管"很可能是皇家手工业作坊的产品，因赏赐而在郡国地区发现，或是根据宫廷画家的粉本小样进行模仿创作的"。刘敦愿：《西汉动物画中的杰作——定县金错狩猎纹铜车饰画像分析》，《刘敦愿文集》，科学出版社，2012 年，第 349 页。

纹，朱漆黑格地與箱上贴金箔龙、鹤、朱雀等花纹，配以朱班轮，十分华美①。该墓出土的两件铜钟分别刻有文字"中山内府钟容十斗第廿五"和"中山内府钟容十斗第廿二"，可知是西汉中山国内府所藏重器。郑绍宗认为三座墓的年代晚于满城中山靖王刘胜墓，"在公元前104年前后，或可略晚些"。三墓中有的可能属于刘胜子哀王昌（死于前111年）或哀王子康王昆侈（死于前90年），后者可能性较大②。

除了永城黄土山2号墓，出土鎏金或金银错铜车器的西汉诸侯王墓还有满城陵山中山王刘胜墓及其妻窦绾墓③、河北定县八角廊中山怀王刘修墓④、山东临淄齐王墓⑤、山东曲阜九龙山鲁王和王后墓⑥、山东长清双乳山济北王刘宽墓⑦和山东济南洛庄济北王墓⑧等。其中长清双乳山墓1号车的金银错铜车器及马器，也发现了绘画性的动物、山峦和云纹，包括4件小环（图23）、2件马镳，其风格与两件铜管所见相似⑨。崔大庸提出了一个重要的看法：

图23　山东长清双乳
山西汉墓出土
金银错铜环

① 郑滦明：《西汉诸侯王墓所见的车马殉葬制度》，《考古》2002年第1期，第70页；郑绍宗：《定县三盘山122号汉墓》，《河北考古重要发现1949～2009年》，科学出版社，2009年，第162～165页。
② 郑绍宗：《定县三盘山122号汉墓》，《河北考古重要发现1949～2009年》，科学出版社，2009年，第165页。
③ 中国社会科学院考古研究所等：《满城汉墓发掘报告》，文物出版社，1980年，第179～206，第311～331页。
④ 河北省文物研究所：《河北定县40号汉墓发掘简报》，《文物》1981年第8期，第1～10页，图版壹～贰。
⑤ 山东省淄博市博物馆：《西汉齐王墓随葬器物坑》，《考古学报》1985年第4期，第223～266页，图版拾叁～贰拾。
⑥ 山东省博物馆：《曲阜九龙山汉墓发掘简报》，《文物》1972年第5期，第39～43转54页。
⑦ 山东大学考古系等：《山东长清双乳山一号汉墓发掘简报》，《考古》1997年第3期，第1～9转26页。
⑧ 济南市考古研究所等：《山东章丘洛庄汉墓陪葬坑的清理》，《考古》2004年第8期，第3～16页，图版壹～陆。
⑨ 崔大庸：《双乳山一号汉墓一号车马的复原与研究》，《考古》1997年第3期，第16～26页；崔大庸：《试论长清双乳山济北王墓中出土的几件错金银车马器》，《刘敦愿先生纪念文集》，山东大学出版社，1998年，第422～430页。

……从目前汉墓中出土的车马器来看，凡全部车马器为鎏金者，品位较高，如双乳山汉墓中的二号车；而穿插有错金银的车马器，其品位则较低一些，如双乳山一号车的车马器基本上为错金银，三号车的车马器大部分也是鎏金的，只有车軎上有错金银花纹。可见，文献中所记的王车"金涂五末"是可信的。这从一个方面反映了错金银器华美而不甚高贵的独特"身份"，尽管如此，错金银的器物仍比普遍青铜器的品位要高出不少。①

从这些考古发现来看，汉兴之初"自天子不能钧驷，而将相或乘牛车，齐民无盖藏"②的局面到西汉中期已有了彻底的改变，新的制度逐步建立起来③，曾经被认为奢靡而偏离传统礼法的奇巧之器很可能又成为新制度的组成部分。西汉的车制缺乏系统的文献记载，参考《后汉书·舆服志》（取自晋人司马彪《续汉书》）对于东汉车制的记述来看，材质、技术、尺度、装饰图像等都是制度不可或缺的元素。虽然制度不可能具体到每个细节，但却再次为图像的使用提供了合法性的依据。

六　结　语

大历史的河流是缓慢的，而艺术品作为个体则呈现出急剧变幻的斑斓色彩。由这几件铜管上的点点光影，可以得见战国秦汉这个大时代中国美术转变之一斑。然而，铜管不只是我们观察历史的通道，作为"作品"，其本身正是构成美术史研究对象的基本单位，因此，我们既要窥视远处的"豹"，又要细审手中的"管"。

本文提出问题的契机来源于对于实物的观察而非图片。在分析中，我使用了三组不同层次的概念，第一个层次是物质性的，包括尺度、器形、材质和技术；第二个层次是美术史研究的常规概念，包括图像的题材、风格、功能、意义；第三个层次是艺术作品外部的概念，包括礼制、宗教、道德、身份以及与这些概念相关各种话语。我尝试着结合时间的维度来思考上述各种概念之间的关系。我们可以初步看到，这些概念之间形成的种种因果关系并不是单线、单向、静态的，而是多维、动态、网络性的。目前所揭示的，只是这些关系的一小部分。

在这个重要的历史转变期，各种思想流派和利益集团对图像有着不同的态度和使用方式。在《韩非子》作者的眼中，巧术人、画荚者、为木鸢者的所言所为荒唐可笑，

① 崔大庸：《试论长清双乳山济北王墓中出土的几件错金银车马器》，《刘敦愿先生纪念文集》，山东大学出版社，1998年，第429~430页。
② 《史记》卷三〇《平准书》，中华书局，1959年，第1417页。
③ 从考古发现可以观察到，诸侯王以车马殉葬的制度也在武帝时期建立起来。高崇文：《西汉诸侯王车马殉葬制度探讨》，《文物》1992年第2期，第37~43页。

毫无价值。与之不同，孔子则以"文"与"质"的和谐为最高的美学准则："质胜文则野，文胜质则史。文质彬彬，然后君子。"[1] 他们之间的共同点在于都将图像看作道德与礼法的指标，而不是纯粹的艺术问题。重要的是，图像并不单纯从属于某一种排他性的理论，而是有其自身的生命。在礼法、制度、宗教、物欲等等因素背后，流光溢彩的金丝银线意味着那些没有留下姓名的工匠们对于图像的理解正在发生深刻的变化。《荀子·富国》："故为之雕琢、刻镂、黼黻文章，使足以辨贵贱而已，不求其观。"[2] 所谓"不求其观"可能只是一种遁辞，实际上，活泼的线条色彩是制度、道德所无法驾驭的。观，可以理解为"外观"、"美观"，也可解释为"观看"、"观望"。那些与立车之容、坐车之容等传统礼法合而为一的图像，具备宗教、身份的象征意义，又可满足人们物质的欲望，而它们自身的语言也在可见与不可见的矛盾之间不断地生长。

2015 年 5 月 29 日

　　　　附记：本文写作得到松田诚一郎、许全胜、贺西林等教授，以及学棣王磊、董睿、刘文炯、张翀的指教和帮助，特此鸣谢！

---

① 《论语·雍也》，见《论语集释》，中华书局，1990 年，第 400 页。
② 王先谦撰，沈啸寰、王星贤点校：《荀子集解》，中华书局，1988 年，第 180 页。

畏友易水

李　松（中国美术家协会）

易水、柳涵、谷闻都是杨泓的笔名，他是我的老朋友，一位畏友。

2013 年 7 月，中国美协表彰卓有成就的美术史论家，其中有杨泓。但是"美术史家"远不足以概括杨泓的学术成就，他更是一位考古学家，还是古代兵器史研究专家。20 世纪出版的《中国大百科全书》，杨泓是考古、美术、军事三卷的重要撰稿人。

杨泓早年最喜爱的是美术。1953 年，他报考过中央美术学院，面试时，考官问：

"是第一志愿吗？"答曰："是。"

"第二志愿是什么？"答曰："历史。"

"报了哪个学校？"答曰："北大。"

这一番问答，竟使得杨泓与中央美院失之交臂，只能以第二志愿就读于北京大学。

1958 年，杨泓以优异成绩毕业于北京大学历史系历史专业考古专门化，分配到中国社会科学院考古研究所，受到夏鼐先生器重。曾在文物考古界两个最重要的刊物《考古》、《文物》从事过编辑工作。如今是中国社科院研究生院教授、博士生导师。

杨泓与美术界情缘未了，几十年后，中央美术学院和中央工艺美术学院把杨泓请上讲坛，中央美院多次请他担任博士研究生论文答辩委员。

杨泓是满族人，家学渊源深厚，他的曾祖父杨儒曾任驻美公使和驻俄公使。李鸿章命他代表国家与外国签订丧权辱国条约，他突发急病死去。

杨泓的母亲是清末皇族内阁协理大臣那桐之女，姓叶赫那拉氏，与慈禧不是同支，辛亥革命后改姓张。

青年时代的杨泓家境不宽裕，"文革"期间曾为着给孩子治病，把心爱的图书都卖了。

20 世纪七八十年代，他住在中国美术馆的后院社科院的平房里，与考古学家仇士华、孔祥星为邻，三家共用一个水龙头，一间小厨房，和谐相处，从没闹过矛盾。

嫂夫人张玉华上班较远，每天回家晚，杨泓上班离得近，三分钟就走到了。每天饭菜都是杨泓做。

由于他们家就在美术馆后院，我去美术馆看展览，顺便就去找杨泓。那些年，我们来往最多。

　　他在文物考古界和美术界有很多好朋友，其中有黄苗子、王世襄、孙机、王露、许淏、上海连环画家王亦秋等人，有的画家在创作中遇到名物、服饰等方面的难题也向他请教。

　　杨泓为人方正，通晓地下星空，却不谙世间政治风云，赶上 1957 年的政治风暴，因对政治运动不积极，被共青团劝退。

　　杨泓在治学上最见性情，学术观点透明、鲜明，是非分明。我听到他最厉害的一句评论是："这是美术史吗！"后来，我在写文章或读书时，常会想起他那句话，惕然惊问："这是美术史吗！"

　　杨泓著作等身，其中一半是文物考古方面的著作，一半是美术史论著作。

　　我在编辑《美术》、《中国美术》两个刊物时，每次向他约稿，杨泓都有求必应，他善于以明白晓畅的文字把文物考古现象说得清楚、有趣，而且都配以质量很好的图片，有些是他手绘的。

　　在 20 世纪七八十年代，我和杨泓一同参加过《中国大百科全书》美术卷、王朝闻主编的十三卷本《中国美术史·夏商周卷》和《中国古代雕塑》几部大型图书的编写工作。特别是《中国古代雕塑》，是外文出版社与美国耶鲁大学出版社联合编辑出版的多卷本《中国文化与文明丛书》之一，每卷中方、美方学者四人合著完成。此书临近完稿之时，执笔上编"世俗雕塑"中《陵墓雕塑》一章的中方执笔者竟然不辞而别，音讯皆无。急迫关头，我向杨泓求助，他二话没说，慨然应允，放下手边的工作，准时交稿，两家出版社对杨泓执笔的部分都十分满意。

　　真个是及时雨！

　　杨泓也编写过一些美术图书，有的是在回归以前的香港出版的，后来他还和李力合编过一本大型图录《华夏之美——中国艺术图录》。但是，他在美术方面最重要的一本著作是《美术考古半世纪》，那是美术史论研究的一部很重要的参考书，今年已由人民美术出版社出版了增订本。

　　杨泓为《大百科全书·美术卷》撰写过"美术考古"条目。这本是学术界有争议的一个议题，故而在《大百科全书·考古卷》中未列条目，只在夏鼐、王仲殊二先生合写的总领条"考古学"中谈及"特殊考古学"时，有一段关于美术考古学的论述。后来，夏鼐也曾多次和杨泓谈论过有关的话题。

　　《美术考古半世纪》是在郭沫若转译德国学者米海里司的《美术考古一世纪》之后，论述中国 20 世纪美术考古成就的重要著作。

　　郭沫若 1946 年译《美术考古一世纪》之时，曾经感慨"中国的考古学发见，可惜现在还寂寥得很"，而一部世界完美的美术史甚至人类文化发展全史，若缺少了中国人的努力，就构不成一个整体，而嗣后的 20 世纪中后期，中国考古事业进入黄金时间，杨泓的《美术考古半世纪》一书以 1928 年中央研究院历史语言研究所考古组对殷墟正式开展科学田野考古为起点，到 20 世纪晚期的美术考古和研究成果，进行翔实系统的梳理和论述，填补了过去文献记载的缺失和误读，在研究方法论上也有借鉴价值，是美术史的一部信史和入门的重要参考书。

关于这一课题的最新学术成果是 2008 年，杨泓与郑岩合著的《中国美术考古学概论》，为中国社会科学院研究生重点教材。

这一切都要归功于杨泓在文物考古研究上的厚积薄发。

杨泓毕业后，1958 年开始在《文物参考资料》（即后来的《文物》月刊）发表长篇论文《高句丽壁画石墓》。之后几年中，他在《考古》、《考古学报》、《现代佛学》等刊物上相继发表有关古代墓室壁画、雕塑和古代军事装备、马具、甲胄、兵器，以及佛教艺术等方面的论著。

盛世修史。杨泓治学紧紧跟随着中国考古事业的发展步伐一步步走过来。

20 世纪七八十年代，考古学者集体撰写的《中国大百科全书·考古学卷》、《新中国考古发现和研究》、《考古精华——中国社会科学院考古研究所建所四十年纪念》等"都是系统总结建国以来考古研究成果的集成之作，集中体现了考古研究所的研究水平，在国内外学术界有着广泛的影响，已经或正在被海外出版机构翻译出版"①。杨泓在其中发挥了重要作用。

其中，1986 年出版的《中国大百科全书·考古学卷》，当时是由夏鼐先生亲自主持，逐条研究、定稿，其内容的丰富和治学的严谨在大百科各卷中起着示范作用。

杨泓为"三国两晋南北朝至明"分支学科编写组成员，他执笔撰写的条目近 20 条。

《新中国的考古发现和研究》为总结 1950～1980 年前后三十一年期间全国考古发现和研究成果的综合性著作，杨泓为编写组成员。他具体编写的有魏晋南北朝墓葬的发掘与高句丽和鲜卑族的考古新发现等部分。

由于杨泓那几年过分劳累，又是高度近视，右眼视网膜病变。在协和医院，眼科主任张承芬大夫为他成功地做了视网膜手术，那时的社会风气无须借助任何关系，别人还以为他走了什么后门。

1992 年，杨泓又遭遇人生一次大厄。有一天，他下班后快到家门口，过马路时，被当地新华书店储运部送货的汽车冲上来撞倒了，他后来说，自己像一个布袋般被甩在马路上，不知疼痛，只是浑身不能动弹。车子把他送到人民医院，查出一个肾撞碎了，有血尿，但幸好大血管没破裂。

交通队来了解情况，态度很不好，来人问他："那天下雪了没有？""雪是什么颜色的？""能分出斑马线吗？"此事拖延了一个星期没立案，想推脱责任。

---

① 中国社科院考古所科研处：《为中国考古学发展而奋斗的四十年》，《中国文物报》1990 年 7 月 26 日版。

文物出版社总编杨瑾得知情况，忍无可忍地从政协作为提案报到北京市，换了另一个交通队处理此事。一个月后，他又换了一家医院，手术之后，一个星期不想吃饭。

杨泓在医院的病床上，审校完了一套十卷本的大书《文物考古之美》。

病愈之后，杨泓依然笔耕不辍，时有宏著问世。

2000 年科学出版社出版的《汉唐美术考古和佛教艺术》一书，收入杨泓 1958 年至 1999 年撰写的汉唐考古与佛教美术的论文 37 篇，兼有考古学与美术史两方面的意义。其中最后一篇《90 年代中国美术考古收获》一文是对《美术考古半世纪》一书必不可少的补充。

杨泓对中国古代兵器、骑具等的研究可称独步。他作为《中国军事百科全书》古代兵器学科主编，撰写了《中国古代兵器》（合著）和刀、矛、戈、钺、甲胄等多个条目。他所写的有关古代兵器的论著结集为《中国古兵器论丛》一书，1986 年在文物出版社出版增订本，其中收入了在日本学界的讲稿。不久，日本关西大学考古学研究室将其译为日文，在日出版。后来台北市明文书局将未增订的原书翻印出版，但不曾征求作者意见，杨泓说："考虑到该书的出版能够起到促进海峡两岸的学术交流作用，也算是有益于祖国统一的事。"他也就默许了。

到 2007 年，杨泓又增补、出版了《中国古兵与美术考古论集》，把古兵器研究与美术研究之间的关系拉得更密切了。

《中国古兵器论丛》和他早先写的《地下星空》，2007 年出版的《逝去的风韵——杨泓谈文物》等书对画家创作古代历史、战争题材的作品都是非常有用的书。

杨泓也关心民俗题材，人民日报海外版的许涿每年编一本生肖题材年历，很受欢迎，每年都请杨泓写一篇洋洋洒洒的序文。

杨泓先生访谈录

杨泓，1935 年生于北京，北京大学历史系考古专门化毕业。1958 年至今在中国社会科学院考古研究所工作，任研究员，并任中国社会科学院研究生院考古系教授、博士生导师。现为《考古学报》和《考古》月刊编辑委员会顾问，《中国文化遗产》顾问委员会委员，1998 年开始担任《文物》月刊编辑委员会委员。并被聘为国家文物鉴定委员会委员和全国古籍整理出版规划领导小组成员。兼任中央美术学院人文学院特聘教授。主要研究中国汉唐考古学、中国美术考古、中国古代兵器考古。从 1958 年起在《考古学报》、《考古》、《文物》等刊物发表学术论文逾 300 篇。主要学术专著有《中国古兵器论丛》、《美术考古半世纪——中国美术考古发现史》、《汉唐美术考古和佛教艺术》、《古代兵器通论》、《中国古兵与美术考古论集》等。曾被聘为《中国军事百科全书》第一版的《古代兵器》学科主编。

采访人（以下简称"采"）：郑岩、刘婕

采：杨先生您好，能有机会对您进行这样一次访谈，我们感到十分高兴和荣幸。您是一位治学经历十分丰富的学者，在古代兵器考古、汉唐考古、美术考古以及古代家具等领域都有深入的研究。像您这样的一位学者，在走上学术道路的过程中肯定有自己独特的经历。我们首先想知道的是，您是怎么开始对历史产生兴趣的，考大学时又为什么会在诸多专业中选择了考古。

答：我出生于北京市。在北京遭日本人占领期间上了小学，抗战胜利时读初中，从小学到中学都是在北京私立育英中学就读。那是一所教会学校，在中华人民共和国成立后才改为公立，20 世纪 50 年代被拆成了二十五中、六十五中和灯市口中学三个学校。后来灯市口中学不存在了，现在一般都认为育英是二十五中的前身。我是 1953 年从二十五中毕业的。我上学的时候，二十五中学老师的水平是相当高的，就连漆侠先生也在我们中学教过历史。他那个时候在北大读研究生，同时到中学做代课教师。我们高中一年级的历史课就是他讲授的。当时他讲课不是按课本讲，而是按范文澜先生的《中国通史简编》的体系那样讲，所以学生们都很爱听。同时我们班的班主任，是后来研究女真史、蒙古史的专家金启孮先生，不过他那时不教历史而是教语文。后来任北京师范学院院长的齐世荣先生，当时也是二十五中的历史教员。所以我在读中学时，文史方面受到老师的影响是很强的。1953年那个时候，中学还没有被人为机械地分成文科、理科，我们考大学时不分文理，理工文史医任学生自愿填报，而且是考前填报。但我大概是我们班唯一的一个没报理工，只报了文科的学生。这应该是和当年中学文史老师的影响有关。不过，在中学的考试成绩中，我的数理化分数还是高于文史的分数。在报大学志愿的时候，因为读中学时业余喜欢美术，所以报名时是把学美术置于首位，将中央美术学院填报为考大学的第一志愿，将历史和中文填为第二志愿和第三志愿。结果没有考上第一志愿的中央美院。由于第二志愿填写的是历史系，填报的学校有北京大学和北师大，竟然北大把我录取了，于是就有幸跨进北京大学的校门。上学以后分专业时才选择了考古。所以我开始进入考古专业的时候其实有一些偶然的因素在里面。

采：当时北京大学的考古专业不是在报考时决定的吗？

答：入学是历史系，读到大学二年级时才分专业。我们分专业时，第一步是让学生先选择历史专业还是考古专业。填志愿时每人须填第一和第二两个志愿，如果你一定要学考古就填两个考古，要学历史就填两个历史，当然也可以第一志愿填考古、第二志愿填历史，或第一志愿填历史、第二志愿填考古。填两个历史的人当然是最多的。第二步是分到历史专业的同学再分成中国史、世界史和近代史。当时同学们之中我是填了两个考古的。

采：看来您还是早就对考古有所了解并且发生了兴趣的。

答：在高中时我曾经读过一本讲史前洞穴绘画的书，就是诸如法国、西班牙的洞穴，书名和作者现在已经不记得了，但是当时感到很有意思。此外，我还读过一本日本人写的关于史前考古学的书。这两本书都是在中学图书馆担任学生管理员时，无意中发现的，但阅读时很感兴趣，或许对日后我填报考古专业有一定的影响。不过我当时要学考古，却让北大的老师们有一点为难。因为那个时候人家说干考古要身体好，他们觉得我的身体可能不太好。我在日本人占领北京的时候得过一次肺结核。日占的时候医院里没有任何专治肺结核的药，只能开一些钙片和鱼肝油，而且贵得不得了。除此之外就是让我躺在床上不让动，整整躺了一年，最后我很幸运，不知道怎么竟然就好起来了。再去进行肺部透视，病灶已钙化，获准可以继续上学。病好之后我到学校去，学校就让我继续跟着原来的班级上课，虽然休学一年，也没让我留级。课程是怎么跟上的，我现在也记不清了。反正从此以后学校的体育课我都不用上了。再后来在北大就上"医疗体育"，就是打打拳、做做操之类的。因为这个缘故，所以系里特地安排当时的教研室主任苏秉琦先生和我谈了一次话。当时我很紧张，但他很和善，具体谈的什么，我没有什么印象了，总之谈完之后，他就允许我学考古了。

采：您上学的时候，北京大学考古专业的学习和今天应该还是有些不同吧？

答：我们上课的时候考古学的课程是这样讲的：考古学概论由夏鼐先生负责；旧石器考古是裴文中先生和贾兰坡先生讲的；新石器考古是安志敏先生讲的；商周考古

是郭宝钧先生讲的；秦汉考古是苏秉琦先生讲的——现在的年轻人可能会以为教新石器的必然是苏秉琦，其实不是；魏晋以后到隋唐是宿白先生讲的；石窟寺是阎文儒先生讲的；古代建筑仍由宿白先生讲；人类学和民族志是林耀华先生讲的。考古技术方面全由考古所的先生教，测量是徐智铭，照相是赵铨，绘图是郭义孚，修整是钟少林。考古绘图后来在60年代才转由已经过世的刘慧达先生来教。另外还有些专题的课，教我们古代绘画是徐邦达先生，教古文字学的是唐兰先生，博物馆学是傅振伦先生，等等。其他如中国史、世界史、亚洲史及中国近代史都是和当时其他学历史的人一样学的。那时的考古专业不是像后来一样单独开课，而是在历史系里面和所有学历史的学生一起上的。历史方面的课程学的都一样，再加上专业的课。这和后来的都不一样，所以我们那个时候史学的基础可能要好一点。当时教中国史的是张政烺先生，还有邓广铭先生、汪篯先生，可能许大龄是当时最年轻的先生。世界史是齐思和、杨人楩、张芝联、胡钟达等先生，亚洲史是周一良先生，上的专题课有翦伯赞先生的秦汉史专题等，所以当时在课程中接触了很多著名的历史学者。

采：这些都是顶级的专家。

答：当时北大考古教研室自己的教员还不是很多，只有宿白先生和阎文儒先生，还有管资料室的孙贯文和荣媛两位，以及照相室的赵思训。此外有几位年轻的助教，有吕遵锷和李仰松，到我们快毕业时又由兰州大学调回来一个原来的研究生邹衡，他们三位年青教员还没有给学生讲课的资格。多数时候都是由考古所、古脊椎所、故宫和其他学校的先生们来讲课。这样有一个好处，就是你可以接触很多北大以外的先生。虽然他们讲的课和后来那些专门备课、只讲某一个方面的先生们讲的不太一样，但是应该说在北大念书的这一段，我们这班学生的学术视野还是很开阔的。另外学校也鼓励我们不断地与考古界的先生接触，1956年那个时候开"全国考古工作会议"也允许学生去旁听。而且在毕业以前我们还参与了编写中国考古学课程的讲义，当时是"大跃进"时期，学生和老师一起参加了编写讲义的工作，指定我写的部分是魏晋南北朝考古，虽然只是把上宿先生课时所做笔记照抄一遍，但还是又很好地巩固了学习成果。

采：这真是一个让人羡慕的学习过程。据我们所知，在50年代到60年代您写的一系列关于魏晋南北朝的文章中，最早的是学生时写的那篇讲高句丽壁画墓的文章，后来到考古所又写了关于邓县画像砖墓的年代问题等文章和一些书评，魏晋南北朝似乎是您的一个贯彻始终的研究主题。您对魏晋南北朝的研究兴趣是从那个时候开始的吗？

答：我写高句丽壁画墓这个题目应该是从大学三年级在宿白先生的指导下开始的。我们到了大学三年级要写学年论文，学考古的十五个同学被分成五个小组，分别按旧石器、新石器、商周、秦汉和魏晋南北朝以后来选题，最后的一组有三个人，有刘勋、孙国璋和我，指导这一组的是宿白先生。当时宿先生给我们三个分别指定了学年论文的题目，指定刘勋做宋代墓葬的题目，让我写高句丽壁画墓，让孙国璋自己选一个，后来她选择研究唐俑。那年学年论文完成的情况，其他各组的同学们怎么样我已经不记得了，反正我们这组里面我是按规矩写完了。1957年我们在外面实习，回来后宿先生让我把这篇文章送到《文物参考资料》编辑部，后来在1958年第4期发表了。我生平写的第一篇文章就是这篇大三的学年论文。这篇论文完全是在宿先生严格指导下写成的，从如何选题，如何找材料、列表格、分析、配图……到怎么写成文章、文章要如何写，都是宿先生仔细讲解后，我老老实实地照着做的。通过完成这篇论文，宿白先生教会了我写文章，现在过了五十多年了，我还是按照宿先生当年教的那样写文章。

采：看来您开始做研究的过程中受到宿白先生的影响特别大，可以说是受益终生的。

答：是的，我曾经在一篇文章里回忆了很多。宿先生那一次指导我写论文，对我来说是受用了一辈子。宿先生教我怎么选题目时说（是向刘勋、孙国璋我们三个人说）：学生选题目时不能选特别难的，别人做不了的你一个学生是做不了的；也不能选特别容易的，这样你将来就没有发展前途了。而且你选的题目将来应该是还能扩展的，不能写完这篇文章就结束了，因为你以后还要继续研究。所以宿先生当时让我选了高句丽墓这个题目，写成那篇文章，是我后来又能写其他关于墓室壁画的文章的基础。另外我在组织和绘制那篇文章里用的图时，还受到当时在考古专业负责绘图的刘慧达先生不少帮助。所以高句丽壁画墓这篇论文，实际上是我在学校的时候由老师手把手教会的，也是老师让我送到《文物参考资料》杂志发表的。发表的时候恰好是我从北大毕业的前夕。我们1953年入学后正好赶上北大考古专业从四年制改成五年制，就晚了一年毕业。1956年毕业的黄景略、张忠培等是我们的上一届。1957年北大考古专业没有毕业生，接着的就是我们这一届，在1958年才毕业。

采：看来您对魏晋南北朝的研究与您在北大考古专业的学习有密切关系。我们知道您到考古所工作之后又开始了中国古代兵器的研究，这项研究又是怎么开始的呢？

答：对魏晋南北朝考古的研究与在北大学习有密切关系。但是到中国科学院考古研究所工作以后，确定我的主要研究方向是三国两晋南北朝考古，则开始于参加《新中国的考古收获》的编写工作。此后在编写《新中国的考古发现和研究》和《中国大百科全书·考古学卷》时都是分工由我负责这一历史时期的考古学。直到今天主编《中国考古学·三国两晋南北朝卷》还是由我负责。至于谈起对中国古代兵器的研究，这个最早也是从宿白先生讲课的内容里面学到的，后来我到考古所工作，偶然和夏鼐先生谈起我看到的一些和马具、马镫有关系的材料，并因此写了一些小文章。文章发表后武伯纶先生送来一篇文章，发表在《考古》月刊，说我讨论马镫的那篇文章有错误，认为霍去病墓的石牛上刻着类似的镫，所以那才是马镫发明的时间。武先生是前辈，我本来不敢作答。但是夏先生告诉我那处牛镫是伪刻的，即便牛身上真刻有镫，那也只能算是牛镫而不是马镫，让我再写一篇回答武先生。于是我又写了铁甲马镫的那篇文章（1959 年），这样我就涉足了一点有关兵器的研究，这是最早的情况。再后来"文化大革命"中我们去了"五七干校"，大约 1972 年从干校回来。回来之后，还是"文化大革命"末期，那时候还在搞批判，发现那些我原来感兴趣的题目多数都不能写了，才想到整理和撰写关于中国古代甲胄这个题目。

采：这个题目您是一边工作一边完成的吗？

答：那个时候"文化大革命"还没结束，对我们还在审查，所以我们从干校回到了考古所都没有事可干，但也没有人管，就是上班来下班走。有些女同志本来是研究石器时代很有成绩的，这时候坐在那儿绣起枕头花了。闲得无事可干，就想自己找个题目写点什么。在"文化大革命"前，最早我写过高句丽壁画墓的文章，到考古研究所工作以后，本来还想能继续将对高句丽墓的研究扩展到积石墓等方面，但是发现行不通了。因为那时候研究高句丽的必须是党员才行。60 年代初有个中朝考古队，在考古所和地方上参加那个队的必须是党员，我没有那个政治条件，所以从那时起就再也不能写高句丽墓了，倒不是我没有兴趣写。何况后来中国和朝鲜又不大愉快，这个题目就更加不能写。直到写《新中国的考古发现和研究》时，夏先生让我加上有关高句丽墓的一段，我这才又写了一点。总之，1973 年时，原来写过的高句丽墓早就不可能再写了。在 60 年代我还曾涉猎了一点佛教美术，但在"文化大革命"中研究宗教美术不合时宜，那时候自然也不敢再写了。后来我发现在考古材料里面古代兵器没有人写，尤其铠甲更没有人写。关于铠甲的文献资料也比较少，考古发现当时也比较少，比较容易全面掌握。所以我那时就把时间用在写古代甲胄这些东西上。当时夏先生也没什么事，虽然他当时已经跟着周恩来接见外宾，但他也还没有被"解放"，因此也比较有空闲，所以他就把我的文章拿过去看，并且提了很仔细的意见。他告诉我写文章不能把什么材料都写进去，比如写《资治通鉴》，不能只写成"资治通鉴长编"就算完成了，至少中国人写文章不是这么写的，日本的学者倒有点类似这样。我就按他的意见认认真真去修改，改完后并没想到还能够有机会发表。后来到了 1976 年，《考古学报》缺稿子，夏鼐先生告诉安志敏先生说我有一篇稿子可以用，安先生就把这篇文章要去看了看，看完之后让我按当时的政治需要改一改，总得要突出是用马列主义指导进行研究的。于是我就按照要求去找些"语录"加在文章里。因为在《毛泽东选集》里面只有《矛盾论》讲到古代战争用矛和盾，没有其他关于古代兵器的论述可以引用，似乎记得过去阅读恩格斯《反杜林论》中有过可引用的内容，就去图书室书库中查阅《马恩全集》。后来又从第十四卷里找到恩格斯给《美国新百全书》写的条目，其中包括"军队"、"骑兵"、"步兵"等条目，大量讲述了古代军队、古代骑兵和有关兵器装备、军阵战法等内容。我便将这一卷借回去认真研读，把我文中结论要说的话，都从恩格斯的文章里面查找出来，然后把那些结论都改成引用恩格斯的"语录"，改后再交安先生并往上送审。按当时规定文章里引用马恩列斯毛语录的字号要排成黑体，所以文章的结语部分会出现许多黑体字，这样一来那篇文章算是符合政治的要求了，于是就在 1976 年的《考古学报》开始连载。后来《中国的古代甲胄》这篇文章一出，人家都认为我真会研究古代兵器了。

采：实际上您还被聘为《中国军事百科全书》的《古代兵器》学科主编。

答：那其实是他们看了我的文章之后找我去参加会议的。先是《中国大百科全书》要编《军事卷》，古代兵器的条目当时是国防科工委的百科编审室负责，不知他们怎么会找我去参加研讨会，是考古所领导同意我去参加的。本来我在所里工作也很紧张，考古所领导交代我不能太多陷入他们的工作中去。可是去了之后他们却一定要把很多工作推给我做，我只能用业余时间帮他们。《中国大百科全书·军事卷》编完后，又开始编《中国军事百科全书》，古代兵器分支学科改归国防科工委编审室，这回他们把我弄成了主编，这样一来弄得仿佛我是专门研究古代兵器的。其实我只是能做点兵器考古，把考古学发现的材料和中国古代历史联系在一起。我并没有做兵器史的研究，因为兵器史是要和战争史联系在一起的，以我的精力没有可能在完成考古学的工作任务后还能去深入研究兵器史。无论在国内还是国外，真正的战争史是要和军队、编制、装备等联系在一起的，兵器史又和战争史联系在一起。因此钻研战争史和军事理论，是研究兵器史的基础。但是我却缺乏这样的研究基础，因为我只懂一点考古学。但是国内至今没看到真有人能那样去认真做，而我也只能做到现在这样了。这方面的研究还应该由年轻人继续做下去。

采：您的治学经历中让我们觉得很有意思的一个地方是：您既从事着对一种最冷酷的事物的研究，即古代兵器的研究，也从事着对一种最浪漫的事物的研究，即对古代美术品、艺术品的研究，也就是美术考古的研究。《中国大百科全书·美术》卷的"美术考古"词条就是由您编写的。您能否谈谈"美术考古"这个提法是什么时候开始出现的？这个概念在中国又是怎么渐渐开始使用的呢？

答：在我印象里面，我上学的时候就有"美术考古"这个词，但对于这个词的内容大概每个人都有不同的看法。我最先看到美术考古这个名称，是读了郭沫若翻译的米海里司的书《美术考古一世纪》。读的时候我还在上高中，就是光复以后快要解放的时候，大概是 1948 年。书的内容讲的是一个世纪里面的关于欧洲古典艺术的发现，着重讲的是建筑和雕塑，和现在我们说的美术考古是不一样的。后来我写的《美术考古半世纪》的书名其实也不是对应它的书名，而是对应那本书里郭沫若先生的序，我在书里使用的"美术考古"是按照夏鼐先生和王仲殊先生写的大百科全书考古学词条中的定义。至于这个概念的使用，在 20 世纪 50 年代《考古》连载当年的考古学文献目录时就已经设有美术考古这一类，其后考古学文献目录结集出版时也有这么一类。那个时候主持做考古学文献目录的是考古所的资料室，资料室的主任是王世民，而实际上做这些工作的是徐苹芳和陈公柔。他们的这个分类应该是夏鼐先生同意的，因为那时编辑室的事经常要让夏鼐先生作决定。但是最明确地说它是考古学分支学科的是在《中国大百科全书·考古学》卷的"考古学"这个词条中，那应该是这个概念的第一次正式使用。《中国大百科全书·考古学》卷的工作我也参加了，当时也问过夏鼐先生，他认为当时单独写成一个词条，还并不成熟，所以这个词条最终没有在考古学卷中出现。后来过了两三年，李松涛（李松）参与主持编写《中国大百科全书·美术》卷的时候，他找我写"美术考古"词条，我就斗胆写了。那时写这个概念是按照考古学的分支学科来写的，严格来讲是要处理考古工作中发现的美术品。

采：现在回过头来看夏先生他们对美术考古的定义，您认为提出它的意义在哪里？怎么理解它的定位？

答：这和原来建立考古学的框架体系的考虑有关。中国学术界强调考古学是历史学的一部分，所以在分等级的时候历史学就是一级学科，考古学是二级学科，是历史学的分支学科，在考古学里面又分出了很多分支学科——这些都是中国考古学独有的现象，和外国的情况很不一样。中国的考古学在一开始设定的时候就分成了两条线索。一条线索是按时代分的，分成史前考古学、历史考古学等等不同时期的考古学，《中国大百科全书·考古学》卷的处理也是这样。另一条线索是考古学的分支学科中，跟其他学科交叉的学科，或者说是必须使用自然科学或技术史方面的知识来谈考古学的学科。美术考古就属于这样的一个学科，在大百科全书的词条里实际是叫作"特殊考古学"，属于第二条线索。我个人的体会是，美术考古就是考古学的一部分，是用考古学的方法、为着考古学的目的，来研究田野考古中用考古学方法发现的和美术（艺术）有关的科学标本。对它的研究和对生产工具或日用器皿的研究所使用的方法是不同的，因为它包含了造型艺术在里面，所以它要借助于其他方面的知识，特别是和艺术史的研究结合起来。但它又不是艺术史的研究，因为艺术史属于历史学科，里面有一个历史的概念，一定要解决一个"史"的问题。我不敢说现在从事美术史（艺术史）学科的先生是否已经解决了这个问题，但至少美术考古的目的不是要解决艺术历史的问题。而中国历史研究的问题是整个考古学要解决的问题，不是美术考古这样一个单纯的分支学科能够解决的。也就是说，考古学全面地要解决史学的问题，而不是靠美术考古去解决。这样一来美术考古研究跟艺术史研究的目的就有所区别了，它是为考古学本身的研究来分析解决问题的。考古学本身的问题包括建立时空框架、断代等等，是以复原古代人的物质文化和精神文化等方面为最终目的，在考古学基础上的综合研究才能够解决史学的问题。但是目前因为考古学的材料是有局限性的，所以任何一个分支学科都不能单独拿出来去解决广义的史学的问题。

采：是否可以把美术考古理解成进行美术史研究的一个基础？

答：我在清华大学的一个会上说过，考古学里面做与美术有关的考古标本基本类型和时代分析的这些人，被认为是给做艺术史研究的人做垫脚石、上马石的。后来在三联书店的发布会上有一个年轻人非常反对我这个意见，认为我说得太不合适了。但实际上我是说得很客观的，美术考古是一个非常基础的工作，但是它与美术史是不同的学科，美术史研究者可以借用美术考古的基础资料，踏着这个基础去发展他们那个学科的研究。只不过那与美术考古学的学科研究没什么关系。

采：那么反过来是否可以这样理解，就是现在的美术史研究在利用考古学材料时，缺乏对考古学材料的理解，或者是它缺乏一个中间的环节，这个中间环节正好可以由美术考古学来做一个补充？

答：我已经强调过美术考古学与艺术史是泾渭分明的两个学科。艺术史要解决的问题和美术考古学是不一样的，因为从事美术考古学的目的并不是解决艺术史的问题，它只是就现已发现的有限的材料做进一步分析。例如，美术考古中所讲的墓室壁画是指至今已经发现的墓室壁画，而不能说现在发现的墓室壁画已经涵括了所有墓室壁画的规律和内容。我们到现在还在不断地积累基础材料。虽然根据现有的材料已经能够提出很多问题来了，但是可能还会有新的材料出现，导致新的问题提出。有些人对考古的新发现常常用一种惊诧的、赞美的眼光去看，认为好得不得了，当然对古人留下的东西从艺术的或人文的价值去看也是很好的。但是这样赞叹了之后，等到再有一个新的东西发现了，原来说的话就会显得苍白褪色，不是那么回事了。怎么去全面地分析古代文献和有关的这些考古发现是一项很艰巨的工作，常常是费力不讨好的。特别要说明的是目前并没有掌握古代墓室壁画的全貌，还有大量缺环。

采：比起现在参与讨论美术考古的很多先生来，您对美术考古学的定义其实是一个非常慎重的和更为切合实际的定义。

答：我从北大毕业参加工作到现在已超过六十年，这么多年的经历让我发现，很多问题是需要花很多精力才能解决的，当初很多轻易下结论的东西，回过头来看时有的是失之轻率，也有的是完全错误的。从这半个多世纪走过的路来看，确实很多事是要踏踏实实去做的。我们那个年代的人和老一代更早的那些前辈学者比，从念书的时间、精力和条件上都要差得多，所以在学术上很多方面都差得很远。现在如果要把美术考古这个分支学科真正建立起来，把它说清楚，还是需要有人真正沉下心来念书，而不是哗众取宠地去发明新的概念，或是新的方法，更不应该去拾洋人（特别是那些"半洋人"）的牙慧。有的人认为自己在美术考古学或艺术考古学等很多名称的创造上已经很成熟、很有创造力了，但是回过头来检讨一下这个概念，考虑一下得失，总结一下经验还是很有必要的。年轻的学者应该来组织这项工作。

采：您刚才说过您还曾经想报考美术学院，看来您开始从事美术考古研究和从小对美术的兴趣有关的。我们看到您的文章和专著中好多线图都是您亲手绘制的，非常精彩，是不是从小关注和训练的结果？

答：小的时候我对美术是有一些兴趣的，因为我的曾祖父在清朝做过外交官，家里有许多西方的画册，还有一些西方雕塑的复制品，里面包括那些西方的美神维纳斯、安琪儿之类，我看了很多这种画册。不过那个时候中国人对于不穿衣服是不大能接受的，我的小学同学来了看到那些长着翅膀光着身子的小孩还好，看到光着身子的维纳斯都觉得莫名其妙。在中学的时候教我们绘画的有一位姓杨的先生，我也跟他参加过一些课外活动，如素描班之类。再者当时育英小学和中学的图书馆都是非常不错的。育英小学当时的图书馆叫"儿童生活园"，我在上小学和高中的时候都被学校选中去参加过图书馆的管理工作，所以比别的学生有条件在书库里面随意乱看书。那个时候看的外文翻译作品中很多书对我影响比较大，比如荷马的史诗《伊利亚特》（是万有文库本）是在小学那个时候看的，我还动手描过里面的全部插图，不管是海伦也好，别的什么人也好，都描绘下来。可是到底为什么要报考美术专业我也说不清楚，那个时候的孩子似乎不像现在的孩子有非常明确的志愿。家长也不像现在这样寄予特别大的希望，或者对孩子的志愿有什么要求。那个时候学生也没有考什么双百分的，能考上八十分就是很好的。我就不能理解作文怎么能考一百分。在中学阶段我的数学和物理这些课程好像比国文还好呢，特别是几何我当时学得比什么都好。

采：要学好几何其实对形象思维的能力还是有很高要求的。现在有些学校不重视考古绘图方面的训练，您觉得做研究的人是否都应该自己动手画图？

答：我觉得做考古的人最好自己会画图，要是全靠别人画图很难进行深入研究。如果要研究考古标本上那个局部的东西，我可以在画图时把它画得清楚一些加以强调，而别人画图时是不会这样处理的。铠甲的交代次序就是一个例子，考古出土的一些俑身上的铠甲只是模型，画的时候得注意哪些部分是反映现实的、哪些是出于墓仪需要增加的华饰……画时要用不同线条把它们区分开，绘图的人没有研究过就只能照着形象画了。而且只要你仔细画过一遍，这个东西就会刻在你脑子里忘不掉了。再比如对石窟的近景摄影总是不成功，这是因为近景摄影完成之后选线是很重要的，很关键的一点是你得参加进去。日本有一些近景摄影做得很成功，那是因为研究者和绘图者是一体的，选留哪根线的目的很清楚。在其他照相中也存在类似问题，器物像是容易照的，因为那都是正投影，可是怎么把石窟照好就不容易了。特别是如果你要作比较图更是只能自己动脑。如果这些能力都没有掌握，全靠技术人员是不行的。陶罐、碗之类的器物要靠别人画图还凑合，其他的东西就不行了。现在大学里很多学考古的学生没有受过绘图的基本训练，很随便地去画，画的图都不能用。其实画图是一件很不容易的事，1956年我们班由宿白先生和老苏公带着去洛阳实习的时候，我在参观时随意画器物图，宿先生看到之后狠狠说了我一顿，他说画图就得认真画，画了图就该能用，你这图能用吗？以后我就不敢随便画了。所以说研究工作在一开始的时候要建立好的习惯，将来会一辈子受益。要是一开始就做最省事的事，那就一辈子都只能做最省事的事了。

采：您的话对我们有很大的启发。在最冷酷的研究——兵器研究和最浪漫的研究——美术品、艺术品研究之间，您还有一个从材料上讲是比较中性的研究领域，就是家具的研究。您又是怎么开始研究家具的呢？

答：家具的研究又是一个很偶然的情况。我原来的宿舍就在中国美术馆大厅后面——现在美术馆已经把那个宿舍收去拆掉改建成画库了，我住的地方与美术馆之间只隔着很矮的一道墙。那个时候全国美协在美术馆办公，执行主席是郁风，丁聪也在那儿上班，他们有事时经常隔着墙叫我，然后我就顺着围墙走一圈去了美术馆。他们两位还和李松涛一起在 1981 年介绍我加入了美术家协会。那时候美术家协会每年春节要组织一次所有在北京的会员都参加的茶话会。在某一年的茶话会上，王世襄说想和我合作搞家具史，我说这个我有能力能搞吗？他说可以。因为那时王世襄的家在芳嘉园，黄苗子、郁风也住在那个院里，沈从文也住得不远，我晚上经常去他们家聊天，虽然我和他们年岁差得很多，但他们都不嫌弃我，算是忘年交。当时去的都是些右派之类的，因为王世襄还没摘帽子，别的人都不太敢去，而我就不太怕，我虽然没戴帽子，但在政治上的情况也不怎么样。再加上王世襄和他去世的夫人都是北京旧式家庭出身的，我们的出身比较接近。因为有这个交情，他提出要合作，我说那我要先写一个我对家具史的看法的提纲，你看了要是同意我们就合作。我的提纲就是整理了之后发表在《庆苏秉琦考古五十年论文集》上的《考古发现与中国古代家具史的研究》那一篇。他看了认为可以，于是我们就合作了。遗憾的是后来他很忙，我在考古所的任务也越来越重，实际只是说过合作，并没有真正付诸实践。

采：那是您最早写的有关古代家具的文章吗？

答：此前我在文物丛谈那个小栏目上也写过一些有关家具的小文章。不过我做的其实不是真正的家具研究，只是把考古学发现的材料作一点绍介，加一点分析，从复原当时社会生活的角度去写的。并不是家具史，而主要是从大的方面去着眼，和建筑、家居、人的生活有关。

采：这让我们想起了您的《汉唐之间城市建筑、室内布置和社会生活习俗的变化》那篇文章，当时您这篇文章一出来让人感觉耳目一新，在视角及方法上都很独特。

答：我写那篇文章的设想是要做一个从宏观到具体的观察，通过考古材料最后去复原当时人们的社会生活及社会行为。

采：看来您无论作美术考古、兵器考古还是家具的考古，都是要通过分析考古材料去复原古代人的社会生活。虽然涉及的领域不同，但您的理念是贯穿始终的。您是怎么想到要做这种跨学科的研究的？

答：其实我都是被动的。举古代兵器为例，主要是因为编《中国大百科全书》时，部队的那些编审人员他们不熟悉这方面的材料，又需要组织这方面的人给他们工作，我就凑合着帮他们干了一些力所能及的工作。再有因为我在考古所作了很多编辑的工作，所以很长时间里我不写别人热门的研究。因为编辑的工作要不断地看别人的文章，退稿的文章再坏也是有闪光点的，把退稿的五篇文章合在一起，就是一篇好文章。这样做是不可以的。所以我必须绕开别人的研究。做的都是没人做的事情，没人做的我就做了。

采：您在考古所做了很多编辑的工作，这也是您和其他考古学者不太一样的地方。并且您与《考古》、《考古学报》还有《文物》三大杂志的渊源都很深，这样的经历与您同时代的学者相比可以说是非常独特的。能否谈谈您是怎么开始做编辑工作的？

答：我们当年毕业的时候是国家统一分配，1958年，学校通知我们八个同学一起到考古研究所报到，报到时才明白其中三个人并不是在考古研究所工作，而是由考古研究所代收，本是被派到兰州分院的。报到以后，我们五个人先是被派到洛阳去参加整风——就是考古所人习惯说的"洛阳整风"，接着就分配下去做田野发掘工作。我被分到长江工作队，到均县丹江水库主持发掘新石器时代遗址，年末回到所内之后就到三室——即汉唐研究室工作。在那个时候，夏鼐先生是主张研究人员都应该要参加一段编辑工作的，大凡考古所的老先生都在编辑室工作过。所以我当时是既在三室又在编辑室。当时考古所编辑室的组长是饶惠元，副组长是周永珍。参加编辑室工作的还有徐苹芳、陈公柔、徐元邦等多位。——我们那时候编辑室是两个大办公室，两个办公室中间的一个小屋里就是已经被划成右派的陈梦家，三间房子共用一个出口。当时在室内管《考古学报》的是饶惠元，管"专刊"的是徐保善，室内还有比我高一届的北大考古专业毕业生徐元邦和夏振英。还有几位是为当年考古所和上海博物馆的徐森玉先生合作编石刻总录服务的，有商复九、邵友诚和张明善，此外还有管文书收发的张世澄和几位见习员。原来还有个楼宇栋，但是我到编辑室那年他已经到洛阳参加当年的干部下放劳动去了。一年以后他回来了，我们合作了很短一段时间，他不久又下放到陕西去了。第二年又来了学俄文的莫润先。总之那时的编辑室是非常庞大的队伍，我就是在这样一个环境里开始工作的。我刚开始学习编辑工作是跟饶惠元和徐保善等先生们学的。经我编辑加工的第一篇考古学的文章，就是发表在《考古学报》上的那篇《长沙楚墓》。当时我贴了第一版图版，贴完之后拿给饶先生去看，他看了看，然后一句话没说，就拿过去把照片全揭掉，重新贴了一遍，之后再拿给我看。经过他这种教法，以后我就学会贴图版了。

采：当时在夏先生主张下，考古所的研究人员都去做编辑工作，那么考古所的编辑部应该是一个学术气氛浓厚的部门吧？

答：是的。原来在考古所编辑室工作的人的职称，几乎都不是属于编辑级的，而是研究级的，像我从一开始就是实习研究员。与我同时在编辑室工作的研究级人员先后有安志敏、黄展岳、卢兆荫、徐苹芳、陈公柔、周永珍等，还不算陈梦家。那时候在编辑室工作，好像比考古所的任何一个发掘队还更有学术气氛，是学术能力比较强的一个集体。我在编辑室一直工作到"文化大革命"以后，到徐苹芳当所长时开始重新调整编辑室，只把编辑职称的人留在编辑室，这样编辑室就真正成为只做编辑工作的专业科室。而原来在编辑室属研究职称的三个人，卢兆荫和周永珍因年龄关系都让退休了。我就在那时离开了编辑室，彻底返回到三室去了。

采： 这应该是您进入研究领域时与众不同的一段经历。比起很多先生来我们觉得您的研究领域特别宽，这是不是和编辑工作有直接关系的？

答： 应该是这样，应该说和所里安排的一些工作也有关系。在编辑室你会碰到各种各样的稿子，都要能够处理。那个时候编辑室的审稿，是由编辑室的人先作处理，稿子很少拿到编辑室外去审，我们都要自己去学习和了解相关的知识。负责编辑的人在改别人稿子的时候其实也是自己在学习。特别是有些稿子，还得帮作者重写。在 20 世纪 50 年代到 60 年代初的时候，很多文章都是所里给指定的，说这个事你得帮他做好。那个时候夏鼐先生主持工作的时候，对考古所的人和与他相当的做研究的先生们是特别严格的，审阅稿子时他从不管亲疏远近，什么人的稿子他都仔细审阅评注。后来有一段时间，所里有个不成文的规定，就是不再把什么稿子都送去让夏先生看，因为这太浪费他的精力了。在夏先生言传身教下，我们都遵从这一宗旨，在做编辑工作的时候，对于无论是作者是谁，是什么地区或单位来的稿子，全都一视同仁，要"一碗水端平"。对于来稿，不管稿子写成什么样，只要能够有合理的部分，我们都尽量帮他们发表，甚至得给他们重写。那时候的编辑就是经常要给别人写，有些稿子看起来是他的稿子，实际上是编辑的手笔。这在当时都是我们的本职工作，可能和现在的编辑不太一样。再如后来写《新中国的考古发现和研究》的时候，最后成立的编辑小组，徐苹芳是组长，组里还有王世民和其他几位作具体工作的人，但是作具体的编辑工作的实际上只有我一个人，我就从旧石器到宋元明清统统做了一遍。这就不像别的先生做的是专门的研究，可以在考古学的某个方面有非常深入的实践。好处是各个方面都能知道一点，成了一个"万金油"式的人。

采： 很多人会把编辑和学者视为两种完全不同的工作，认为编辑是在为他人作嫁衣。很多编辑也不会把自己定义为一个学者。您觉得一个编辑和一个学者二者之间有什么关系？

答： 当时夏先生是要求我们做"学者型的编辑"的。后来我到文物出版社工作时曾经和一些很要好的朋友们争论过这个问题，有些人认为一个好的编辑应该是什么书都能编，而不是仅仅能编考古报告。一个好的编辑应该无论在文物出版社还是在高教出版社都一样能工作。那个时候文物出版社是不主张编辑写文章的。

采： 当时考古所是主张编辑写文章的吗？

答： 当然。不仅如此，当时在考古所，我因为跨编辑室和第三研究室两个室，还是有研究和写作任务的。庆祝建国十周年，参加编写《新中国的考古收获》时，我们都是主要的写作力量。当然因为又是编者又是作者，分配写作任务时，我们是尽量让给别人，但有的时候原来的作者由于各种原因写不成了，还要由我们补写。比如建国三十周年编写《新中国的考古发现和研究》时，汉代壁画墓那段就是我补的。因为当时那个年轻学者临时撂挑子，已是到了最后阶段没有办法再去另请作者了。实际上在考古所做编辑工作的很多人都有他们自己专长的研究项目，比如卢兆荫、黄展岳。有些先生如徐保善等是不太喜欢写文章，但这并不是因为他是编辑。你们可以去查查饶惠元、周永珍写了多少篇文章。徐元邦写得也很多。改文章的时候如果你不是这方面的专家，你不懂的话，你也改不动人家的。我很怀念过去的老编辑室。考古所当初老编辑室成员的学术水平在考古所来讲都是一流的，所以那时的编辑室在学术上是具有权威性的。现在很多年轻的先生在那里工作了，有些岁数大的人就很看不起编辑这个工作了。编辑如果没有研究的权威的话，改文章时是无法说服作者的，例如地方上作汉代研究的人为改文章的事来了，负责接待的是黄展岳。虽然黄展岳非常客气，但是从研究水平上讲，作者比他差得远，自然是信服他的。我并不是说编辑都要提高到每个学科的最高的水平，当时有当时的条件，现在是现在的情况。但还是应该是个学术型的编辑，这样对自己的现在和将来的工作都有好处。

采：现在感觉编辑不怎么改稿子了，稿子往往拿去什么样就是什么样。

答：那也是他们尊重作者，尤其是编辑改研究文章的时候必须尊重作者。给人改文章是非常费力不讨好的事情，作者很容易就不同的看法来争论。夏先生在世的时候，如果实在有人到考古所来争论改文章的事，我们实在对付不了，最后交由夏先生处理，那谁都再说不出什么了。我们编《新中国的考古收获》的时候，特别是编《新中国的考古发现和研究》的时候，在我们那个编辑小组工作时，如果有人不听我的，就让他找徐苹芳说去，他再不听徐苹芳的，就让他找夏先生去，谁到了夏先生那儿都听话了。现在考古所就没有这样一个人了，考古界也是，因为不仅要学问好，要德高，更要望重。

采：看来当时夏先生对考古所起着非常大的作用，是否对您也有很多影响？

答：这方面我写过一篇文章，到了考古所以后很多事情我都受到夏先生影响。夏先生对年轻人和对与他同辈的先生们不太一样，他对年轻人请教的问题是非常不厌其烦的讲解。早在1959年我们写《新中国的考古收获》时，在内蒙古曾经出土了北魏的虎符，还出了青铜的羊距骨。当时有另外一位先生告诉我说这和宗教有关，我也就写上可能和宗教有关。夏先生看了后说不是这样，这个东西应该是玩具。不但中国古代有这种玩具，西方也是这样，希腊、罗马也有这个。他说完我就记住了，也修改了文稿。没想到第二天他又来找我了，还特地拿了一本书来给我看，上面有罗马的一幅图像，有两个人蹲在一起玩羊距骨。他对年轻人的帮助就可以达到这种程度，不但把书拿给你看，还要给你查了并把页码告诉你。对同辈他却是不留情面的。当年有位先生的稿子，就为所谓和阗马钱的事，当时夏先生说得那位老专家简直是满面通红，我是晚辈站在旁边十分尴尬，看到那位老专家的狼狈表情，走也不是不走也不是。或许咱们都应该向夏先生学习，对同辈的人严格一点，对年轻人则应该更宽容，给予更多支持和鼓励，更不应自己才八十岁，就总好为人师，老虎屁股摸不得。再者夏鼐先生当年对于考古报告的主张也和现在不一样，现在好些人总想把报告都变成一个格式，好像报告都得按照某些人的要求，一个模子，甚至不是由学术研究机构而是政府行政当局去统治，恨不得哪句话先写哪句话后说都要一样。你们看看当时夏鼐先生在世的时候，他是认为不同的考古报告可以有不一样的写法。所以我们在十年大庆时的那些报告，就是一个报告一个格式，当然也有人说那时候是探索。但那时候的考古报告如《长沙发掘报告》、《庙底沟与三里桥》、《西安半坡》、《上村岭虢国墓地》、《三门峡漕运遗迹》、《唐长安大明宫》，等等。都是一本一个样，根据不同的人、不同的遗迹，就应该有各种不同的写法，只要他把他的工作都客观全面地介绍出来就行了。

采：您觉得一个理想的考古报告是什么样的？

答：考古报告越准确越客观越全面，它的生命力越强。说点题外话，前些年《读书》杂志的某些人发起关于"考古围城"的讨论时也问过我的意见，我很客气地表示我不想碰这个。其实这很简单，"围城"这个词是钱锺书提出来的，是城里面的人要出去，外面的人要进来。可是写考古报告的人没有要出来。考古报告就是一个客观的东西，读不懂的人想进来有时有点摸不着头脑。其实读不懂考古报告的人是因为不明白考古报告不是要读的，是用来查的。考古报告越客观越实际才越有用，多少年后都可以供大家去查证，去作研究。我记得以前于省吾先生有时从吉林出差到北京来，他每次都来我们编辑室。他曾经说起他以前读书都是要背书的，不管是《说文解字》还是四书五经都是真正背过的。他说：我到什么时候背不成了？就是《安阳发掘报告》。我们就笑了。考古报告确实不是让人读、让人背的，就是让人查的。打个不十分准确的比方，考古报告就像医院的那堆化验书。一定要真实准确地反映病人的情况，医生根据那些个检查化验报告研究病情才能得出结论，只要尊重客观事实就可以得出准确的结论。如果化验书都不客观，大夫就无法得出有效的结论了。所以考古报告是越客观越好，越带有研究性质的报告越不见得有用。50年代末期考古所出了那么多报告，其中《西安半坡》就写成了"研究型"的报告，结果最不成功。反而是很简要而客观的一些报告，后来学者还能据以进行再研究。

采：您除了做研究和编考古书刊以外还写了不少普及性的文章。现在考古界大家公认能够把普及文章写好的主要是您和孙机等几位先生。能把很深的东西写得深入浅出是非常不容易的，您是怎么开始写这些文章的？

答：我开始写这种稿子最初是因为工作需要。做编辑工作时，因为我年龄最小，编辑室和外面接触与联系时都是我去支应，像《中国建设》之类的杂志来人也是我接待，人家要你写个小稿子也就不得不写。好多稿子都是这样写出来的。

采：那就是说您写了很多通俗性的稿子主要是因为社会上有这种需求。

答：应该说是和工作有联系的。这是一个原因，还有一个原因是和上学时老师的指导有关，这件事我的老师可能都记不得了。当年我写高句丽墓那篇稿子写完了之后，宿白先生看了之后认为我的文字写得不好，于是他问我平时看不看小说，我说看的。他就问："怎么你看小说尽看故事，不看看人家怎么写的？"所以我到编辑室工作以后常写些小文章，也是一种文字上的锻炼，就是要写得让人爱看，文字上要写得通顺些，不要那么晦涩。再者，那个时候《北京晚报》是曹尔泗当编辑，我在徐苹芳家里和他认识了。当时徐元邦也在那儿写文章，这位师兄有时也拉我一起写，于是我就写了一些。后来我遇到在考古所的另一位师兄，他问我说："你怎么在小晚报上写文章，那种是半个人干的事。"所以我就起了个笔名叫"易水"，就是半个杨和半个泓，其实就是半个人的意思。但是遗憾的是到了"文化大革命"，有人给我贴大字报，说我的笔名是呼应邓拓的"燕山"，是"小三家村"。其实我取"易水"笔名时，那个《燕山夜话》还没有出笼呢。

采：说到这里引起了我们的好奇，我们知道您还有好几个笔名，比如"柳涵"、"谷闻"……这都是什么意思呢？

答：柳就是"杨柳"的柳，涵也是水的意思，所以涵也是泓。"谷闻"就是古代的文物。那个时候刚工作，自己不够自信，不敢用真名，后来知道那样不对，所以又用回了真名。在《文物》上发文章用笔名是因为"文物丛谈"不是特别严肃的，所以用笔名。另外还在《羊城晚报》之类的刊物上发过一些东西，我自己都忘了用的是什么笔名了。

采：有些学者不会写深入浅出的文章，或是不屑作这样的事。您是怎么看这个问题的？

答：是啊，就像我的那一位师兄，说那是半个人干的事。实际上在国外很多著名的学者都写这种东西。当然这不是在他学术上的代表作，但也只有这样的学者才能写出这样通俗的东西。我的印象中英国有些自然科学的大家也是这样的，写得很通俗，但也不是随随便便就能写得好的。

采：其实写这种文章真正能写好要更难。

答：真正要做到深入浅出是要花好大的功夫的。得有时间，还得有点灵感。还需要有读书的时间。所以我也已经很久没有写过这样的东西了。

采：现在好多不做考古工作的人写了些这类的东西，但是大家都觉得不行，考古界对那些文字的批评也比较多。如果做考古的人自己能够多写些这样的文章就好了。您觉得写这样的文章是否本来也应该是做考古的人分内的责任？

答：其实过去的老先生们他们是写的，比如夏先生写的《敦煌考古漫记》就是这样的文章。陈梦家在《新建设》上发过一篇关于鼎的文章，大约是发在 1954 年，当时对我们这些刚学考古学的人是非常有用的，写得既准确又生动有可读性。实际上这种文章对很多人，特别是不学或者初学考古的学生都有很大作用。但是作起来很难。这有点像现在有些人把学术像说相声似的去讲，让大家爱听很难，真正通俗性的文章也很难写。中华人民共和国成立后形成一种习惯，好多年来老想着要借古讽今，要古为今用，要和现实相联系，这也是很难的，也并不是好事。因为时过境迁，很多事情都已经不一样了。比如古代的清廉和现在就不是一回事，清朝的清官还拿养廉银子呢，现在的清官可没有养廉银子。

采：说到普及和通俗。其实您从 20 世纪 50 年代就写通俗文章一直到现在，那么您觉得 50 年代那个时候社会上对考古学的认识和今天相比，变化是不是很明显呢？这个对考古学本身是不是也提出了新的要求？

答：应该是。20 世纪 50 年代的传媒起码还没有像现在的电视这样的手段。报纸是平面的，它的影响力毕竟是有限的。报纸其实还有一定的深度。而电视它就是要猎奇，就要报道这种事，你怎么办，只好躲它。因为说不清楚。常常给人家的是绝对不真实的东西。它不是要给人真实准确的内容，而是要呈现编导们认为是——上海话讲叫噱头的——能够吸引人的眼球的东西。反而越是不怎么准确的电视节目，越是能够作得有声有色的。

采：但是现在有一个变化，现在整个社会上一般大众对考古的兴趣提高了。这您怎么看？

答：这跟整个全民的文化水平提高有关。很多人愿意来看，想知道一些东西。但是他们在这样一个急速发展的社会里并没有时间坐下来认真阅读，获得知识还是很难的。

采：他们获得的知识有的时候是不太准确的。

答：现在很多人希望他要得到的信息，最好在一秒钟里就得满足。不用再去读古代文献，坐在那里闭着眼睛想，再到网上可以查到各种各样的信息，但是要分辨哪是真哪是假却很难，也很难纠正。而且考古界内部也有问题存在。比如说，有个人作了一篇文章，说古代战车上的人都是坐着的。理由是因为秦始皇陵出的一乘铜车上驾车的人是坐着的，他就说所有的战车上人都是坐着的，还画了各种图，拿着戈、戟的人都坐着打仗。居然也就发表了。到现在为止也没见学者们有什么反应。其实这个问题很简单，秦始皇陵园里那个从葬坑埋有好多乘车，但仅清理出两乘车，这两乘铜车的御者，一个是站着驾车另一个是坐着驾车，其中被认为是战车的那一乘，上面配备有弩、箭箙和盾，御者是站着驾车，人家《秦始皇陵铜车马发掘报告》写得清清楚楚。那位年轻先生怎么就只看见了那个坐着的呢？这么简单的一个问题，作者居然言之凿凿，编者居然也看不出来，发表了之后大家也没有什么反应。这反映了现在一些很难说的问题。

采：希望您谈谈您对年轻人有什么期望，他们应该受什么样的训练？

答：我希望大家从网上或电子版查了东西之后最好去查一下原书。特别是，如果作历史时期的考古学的话，老老实实读一读廿四史还是有必要的，例如想研究三国两晋南北朝时期考古，至少要读《三国志》和《晋书》吧。总得下那么点功夫。现在很多人用文献时过分地依赖电子版，当然将来电子书可能比现在更好，但可能仍然代替不了文献的根据。其次就是，还是我刚才说过的话，在年轻的时候还是要注重对于前辈学者成绩的继承。我现在反思，如果当年在北大做学生能更好地去潜心学习前人的文章，今天不会像现在这样没有什么成绩。虽然有的前辈学者由于当时考古材料的局限和时代的变化，他的文章可能不如现在的一些文章能依据新的考古收获说明问题，但是在几十年以前那个时候的条件下，在那个时候写出来的东西是很值得学习的。比如夏先生过去写的讲波斯银币的文章，现在好多人觉得只要我们查了《东方铸币手册》都能做，但是别的人并没有去查，那个时候只有他做。当然现在又有了当时没有的新发现，可能现在有些新的变化，但这项研究却是由他那时的几篇文章开展的。这些很基础的东西都要有人去做。如果这些东西都不做的话，光做一些空的，讲点闭着眼睛想出来的东西，那将来怎么办呢？还有就是，年轻人一定要拓开眼界。在学习的阶段，就像吃饭一样，什么都要吃，不要光吃汉堡包或水煮鱼，吃螃蟹，可能也得吃蜘蛛，得有点神农尝百草的精神，去发现哪个是能吃的。恐怕这只能靠自己不断去碰。刚离开学校的时候我是方脑袋，磕碰到最后就成了圆脑袋了。特别是过去50年代常常觉得对国外学术界的情况了解不多。改革开放后发现什么都是新的。那么如何去看待传统的学术研究的方法和国外学术研究的方法呢？恐怕不能说只要是传统的都好，更不是外来的都好。在考古学和历史学的研究领域，国外有好多时髦的词汇到了中国，比如说艺术史里面的这个"赞助人"的概念，有一段很多人特别愿意用这个词来研究。但是外国人说的和中国人说的到底是不是一回事？"功德主"和赞助人是不是一回事？还要好好想一想。还有就是要全面地把握材料，作历史研究要复原历史，你得能够按照你研究的那个历史阶段的人的想法去看那个时候的很多问题，然后再用现代的观点去看，而不是用现代人的观点去代替古人的观点得出一个现代人的、完全合乎现代的或许还是西方人的结论。我感觉这是很难办的。所以古人也说尽信书不如无书。有时候看到各种各样的东西太多也是个麻烦，不知道别人说什么的人反正也在做。一般说来，在文史界，两个人在不同的地方做研究，分别写文章，完全能够重合的情况很少。了解情况、知道人家做什么是必要的，因为现在要有学术史，要分析。但是我常常看到有些人写的学术史是平列式的，就是不知道里面说到的哪篇文章在学术发展里面是起什么作用的。学考古的学生有时候可能把徐苹芳的文章和某个大学的刚毕业博士生的习作放在一起，说徐苹芳说什么了，某人又说什么了。古今中外都放在一起。我还记得，过去"四清"时有个"二十三条"，其中有一条说得很对："好话，坏话，正确的话，错误的话都要听，要让人家把话说完。"反正听人说完了以后，不是谁的话你都要照着做的。我这个人是不读书的，常常只能弄清一些事物的大轮廓，而有的先生愿意去作一些个案的分析。我觉得要把握大的时代特征，不要一下陷入一个针尖大的具体问题里面去。

采：谢谢杨泓先生，您说的这些对我们来说都是应该注意的，相信看到这篇访谈的人也都能够得到很大的启发并从中受益。

原刊于《南方文物》2009年第2期，2015年10月19日修正

杨泓先生著作目录

（依出版年份排列）

一 独 著

《中国古兵器论丛》，文物出版社，1980 年 6 月（增订本，文物出版社，1986 年）

《地下星空》，花城出版社，1981 年 6 月

《古代兵器史话》，上海科学技术出版社，1988 年 5 月

《文明的轨迹——从考古发掘看中国文明的演进》（Ⅰ）、（Ⅱ），中华书局（香港）有限公司，1988 年 10 月

《美术考古半世纪——中国美术考古发现史》，文物出版社，1997 年 7 月（重印本，人民美术出版社，2015 年）

《汉唐美术考古和佛教艺术》，科学出版社，2000 年 7 月

《古代兵器通论》，紫禁城出版社，2005 年 12 月

《逝去的风韵》，中华书局，2007 年 3 月

《中国古兵与美术考古论集》，文物出版社，2007 年 11 月

《华烛帐前明——从文物看古人的生活与战争》，香港城市大学出版社，2009 年 5 月

二 合 著

孙机、杨泓：《文物丛谈》，文物出版社，1991 年 12 月

杨泓、于炳文、殷稼、李力、蒋健：《话说十八般武艺——中国古代兵器纵横谈》，人民体育出版社，1992 年 9 月

杨泓、于炳文、李力：《中国古代兵器与兵书》，新华出版社，1992 年 12 月

杨泓、李力：《文武之道——中国古代战争、战略思想和兵器发展》，中华书局（香港）有限公司，1993 年 1 月

杨泓、李力：《华夏之美——中国艺术图鉴》，中华书局（香港）有限公司，1993年10月

杨泓、孙机：《寻常的精致》，辽宁教育出版社，1996年9月

杨泓、李力：《魏晋南北朝文化志》，上海人民出版社，1998年10月

杨泓、李力：《文物与美术》，东方出版社，1999年7月

孙机、杨泓：《文物三字经》，辽宁教育出版社，1999年9月

杨毅、杨泓：《兵器史话》，中国大百科全书出版社，2000年1月

杨泓、于炳文、李力：《中国古代兵器》，外文出版社，2002年10月

李松、［美］安吉拉·法尔科·霍沃、杨泓、［美］巫鸿：《中国古代雕塑》，中国外文出版社、美国耶鲁大学出版社，2006年8月

扬之水、孙机、杨泓、林莉娜：《燕衍之暇——中国古代家具论文》，香港中文大学文物馆，2007年11月

杨泓、李力：《美源——中国古代艺术之旅》，生活·读书·新知三联书店，2008年1月

杨泓、郑岩：《中国美术考古学概论》，中国社会科学出版社，2008年2月

杨泓、郑岩、杭侃：《马的中国历史》，商务印书馆（香港）有限公司，2008年7月

杨泓、李力：《中国古兵二十讲》，生活·读书·新知三联书店，2013年1月

三　参与编撰

中国科学院考古研究所：《新中国的考古收获》，文物出版社，1961年12月

中国社会科学院考古研究所：《新中国的考古发现和研究》，文物出版社，1984年5月

中国大百科全书考古学编辑委员会：《中国大百科全书·考古学》，中国大百科全书出版社，1986年8月

中国军事百科全书编审委员会：《中国军事百科全书》，军事科学出版社，1997年7月

宿白主编：《中华人民共和国重大考古发现（1949—1999）》，文物出版社，1999年9月